정통 러시아어 문법 형태론

이용권 편역

신아사

머리말

이 책은 И.М. Пулькина, К.Б. Захава-Некрасова의 *Учебник русского языка для студентов-иностранцев*의 러시아어판을 원본으로 삼아 원문을 충실하게 번역했지만 필요에 따라 문법 내용을 쉽게 이해할 수 있도록 내용을 보충하고 역주도 달았다.

이 책은 러시아어, 영어, 일어 등 다양한 언어본이 출간되었을 정도로 권위 있는 러시아어 문법서이다. 물론 한국어판도 출간이 되었는데, 기존에 출판된 한국어판은 원문에 있는 연습문제를 대부분 수록하지 않았기에 교재로 사용하기에 어려움이 있었다. 또한 국내 유수 대학의 러시아 관련 학과에서 중급 러시아어 문법 교과서로 널리 사용된 이 책의 원본은, 러시아어가 주는 막중한 부담감으로 인해 문법 사항의 정확한 이해보다는 원문 해석에 급급해 하는 경향을 초래하기도 했다. 역자 역시 학과에서 다년간 이 책을 중급 러시아어 문법 교과서로 사용하였다. 원문 해석으로 학생들이 많이 힘들어하는 것을 보고 본 내용을 부분적으로 번역, 정리하여 본인이 운영하는 홈페이지에 올려놓고 수업 전에 미리 보고 오도록 했다. 그 결과 학생들은 이 수업에 흥미를 느끼기 시작했고 러시아어 문법을 재미있게 공부했다고 말하는 학생들이 생겨나기 시작했다.

이 책은 복잡한 러시아어 명사와 형용사의 격 체계를 경·연자음 상관쌍 체계를 이용하여 쉽고 체계적으로 설명하고 있다. 그리고 러시아어 동사 상(相)을 형성방법과 용법으로 구분하여 예문과 연습문제를 통하여 자세하게 그 뉘앙스를 알기 쉽게 설명하고 있다. 뿐만 아니라 학습자들이 어려워하는 형동사와 부동사 문제를 기능과 용법으로 구분하여 체계적으로 설명하고 있다. 그리고 현대 러시아어 문법에서 예외에 해당되는 부분은 역사문법의 내용을 주로 달아서 이해하기 쉽게 처리하였다. 특히 똘스또이, 빠우스똡스끼 등과 같은 수많은 러시아 문호들의 주옥과 같은 예문과 연습문제를 통하여 본문에서 학습하였던 내용을 반복하여 확인할 수 있도록 구성되어 있다.

5년 간의 작업으로 이제 겨우 세상에 빛을 보게 되었지만 여전히 부족한 부분이 느껴진다. 그러나 이번 작업이 러시아어 문법을 체계적으로 정리하고 학습하려는 자들에게 도움이 된다면 수년간의 나의 노력은 충분히 보람 있었다고 생각한다. 이 책의 출판을 흔쾌히 허락해 준 정현걸 사장님, 번역과 역주를 다는 과정이 너무 오래 소요되어 출판 여부를 놓고 힘들어할 때마다 계속 작업할 수 있도록 용기를 주었던 한규갑 상무님, 익숙하지 않은 러시아어 문자를 꼼꼼하게 교정 작업을 해준 최새봄 씨에게도 감사드린다. 그리고 항상 부족한 자를 위하여 기도로 격려해준 아내와 두 아들 일신이와 효신이에게도 감사드린다.

이용권

목차

형용사 • 136

대명사 • 170

수사 • 208

동사 • 226

품사에 관한 일반적인 지식

러시아어에는 독립어와 보조어가 있다.

독립어는 대상(мáльчик '소년', стол '테이블', карандáш '연필'), 대상의 자질 (краси́вый '아름다운', большóй '큰', си́ний '푸른'), 대상의 양(два '둘', три '셋', дéсять '열'), 행위(пи́шет '쓴다', бéгает '달린다', ýчится '배운다'), 행위의 자질(хорошó '잘', плóхо '서툴게', бы́стро '빨리', ти́хо '조용히')을 표시한다.

보조어는 독립어 또는 문장의 관계를 지시한다.

Кни́га и журнáл лежáт на столé. '책과 잡지가 테이블 위에 놓여있다.'

Я приéхал из Румы́нии. '나는 루마니아에서 왔다.'

Друг не пришёл в университéт, потомý что заболéл. '친구가 아파서 대학에 오지 못했다.'

이 문장에서 **и, на, из, не, в, потомý что** 등이 보조어이다.

단어가 무엇을 표시하느냐에 따라, 단어가 어떻게 변화되느냐에 따라, 단어가 문장에서 어떤 역할을 하느냐에 따라, 이 단어들은 품사라고 하는 그룹으로 나누어진다. 모든 단어는 독립어이든지 보조어이든지 어떤 품사에 속한다.

러시아어는 10개의 품사 그룹으로 나누어진다.

1. 명사 (учени́к '학생', стол '테이블', внимáние '주의')
2. 형용사 (краси́вый '아름다운', большóй '큰')
3. 수사 (оди́н '하나', два '둘', пéрвый '첫째의', двóе '두 사람', трóе '세 사람')
4. 대명사 (я '나는', ты '너는', он '그는', тот '그', мой '나의')
5. 동사 (читáть '읽다', сидéть '앉다', учи́ться '배우다')
6. 부사 (хорошó '좋다', зáвтра '내일', здесь '이곳에')
7. 전치사 (в '안에', на '표면에', из '로부터', óколо '부근에')
8. 접속사 (и '그리고', но '그러나', что '', потомý что '때문에')
9. 소사 (рáзве '과연', ли '...인가 아닌가', ведь '이지 않는가', же '그런데')
10. 간투사 (увы '아아', ах! '아!', ой! '오!')

명사, 형용사, 수사, 대명사, 동사, 부사는 독립품사이고, 이들은 문장성분이 될 수 있다.

러시아어에서 문장성분은 주어, 술어, 한정어, 상황어, 보어 등 모두 다섯 가지로 나누어진다. 위의 품사는 문장에서 주어, 술어, 한정어, 상황어, 보어가 될 수 있다는 말이다. 그리고 전치사, 접속사, 소사는 보조어이고, 이들은 문장성분이 될 수 없다. 간투사는 독립어에도 보조어에도 속하지 않는다.

단어의 구성성분

러시아어에서 단어는 형태소라고 하는 부분으로 나누어진다. 단어의 각 부분은 일정한 의미를 가진다.

단어의 어근이 주요 부분이다. 어근 속에는 단어의 기본 의미가 내포되어 있다.

1. 단어는 단 하나의 어근만으로 구성될 수 있다: **двор** '마당', **дом** '집', **стол** '테이블'

2. 단어는 어근과 접미사로 구성될 수 있다: **двóр-ник** '문지기', **дóм-ик** '작은 집', **стóл-ик** '작은 테이블'

단어 двóрник '문지기'에서 **двор** '마당'은 어근이고, **-ник**은 접미사이다. 이 경우에 접미사 **-ник**은 사람의 명칭을 표시하는 새로운 단어를 형성하는데 쓰인다. 접미사 **-ник**은 단어 бли́нник '블린을 만들어 판매하는 사람', помóщник '도우미' 등에서도 동일한 의미를 가진다.

단어 стóлик, дóмик에서 접미사 **-ик**은 지소의 의미를 가진 단어를 형성하는데 쓰인다. 접미사 **-ик**은 сáдик '작은 정원', карандáшик '몽당 연필' 등의 단어에서도 동일한 지소 의미를 가진다.

접미사는 형태를 형성하는데도 쓰일 수 있다. 여기서 형태를 형성한다고 하는 것은 어휘의미가 아닌 문법의미를 형성하는데 사용되는 부분이라는 것을 의미한다. 예를 들어 동사 дал에서 **да**-는 어근이다. 그런데 단어의 부분 **-л**-은 접미사인데, 이것에 의하여 과거시제 형태가 형성된다.

단어 краси́вее'보다 아름다운'에서 단어의 부분 **красив-**가 어근이고, **-ее**는 접미사인데, 이것에 의하여 형용사 비교급 형태가 형성된다.

접미사는 어근 다음에 위치하는 단어의 부분이고 새로운 단어 또는 단어의 형태를 형성하는데 쓰인다. 접미사는 단어에 매우 여러 가지 의미를 도입한다.

3. 단어는 어근과 접두사로 구성될 수 있다. 예를 들어, **перелёт**'(새 또는 철새 등의) 비행' (**перелёт чéрез океáн**'대양횡단비행')이 있다. 단어 **перелёт**에서 어근은 **-лёт**인데, 이 속에 단어의 기본 의미가 내포되어 있다. 이 어근은 단어 **летáть** '날다', **лётчик** '비행사', **лётная погóда**'비행하기에 좋은 날씨'에도 있다. 단어 **перелёт**에서 **пере-**는 접두사인데, 이것에 의하여'무엇을 건너서, 무엇을 가로 질러'라는 새로운 의미를 가진 단어가 만들어진다. 이 접두사는 단어 **переходи́ть (чéрез гóры)**'(산을 가로질러) 건너다', **перебежáть (чéрез ýлицу)** '(길을 가로질러) 건너 뛰다' 등에도 동일한 의미가 들어있다.

접두사는 어근 앞에 위치하면서 주로 새로운 의미를 형성하는데 쓰인다. 접두사는 단어에 매우 여러 가지 의미를 도입한다.

4. 어간. 어근, 접미사, 접두사는 단어 어간의 구성성분으로 된다. 모든 어간에는 어근이 있다. 어간은 어근으로만 이루어질 수 있다: **двор** '마당', **дом** '집', **стол** '테이블'. 그런 어간을 비파생 어간이라 한다.

어근 외에 접두사와 접미사가 있는 어간을 파생어간이라고 한다: **двóрник** '문지기', **дóмик** '작은 집', **перелёт**'(새 또는 철새 등의) 비행'

어간에는 하나의 접두사, 하나의 접미사만 있는 것이 아니다. 단어 **понастрóить** '가옥을 차례로 건축하다' (**понастрóить мнóго домóв**'여러 채의 집을 차례로 건축하다') 에는 두 개의 접두사 **по-, на-**가 있다. 단어 **исслéдователь** '연구자, 흔적을 따라서 무엇을 행하는 자'에서 어근은 **-след-**이고, 접두사는 **ис-**이고 어근 뒤에 두 개의 접미사 **-ова-**, **-тель**이 있다.

단어에는 하나의 어근만 있는 것이 아니다. 예를 들어, 단어 **пароxóд** '증기기선' 에는 두 개의 어근 **пар-**와 **-ход**가 있다. 그런 단어를 합성어라고 한다.

5. 어간 다음에 위치하고 단어와 단어 사이의 관계를 지시하는 단어의 부분을 어미라고 한다. 동일한 단어가 여러 가지 어미를 가질 수 있다. 한 단어가 또 다른 단어에 대한 여러 가지 관계는 어미에 의하여 표시된다:

Я взял журнáл брáт<u>а</u>. '나는 형제의 잡지를 가졌다.'
Я взял журнáл брáт<u>у</u>. '나는 형제에게 줄 잡지를 가졌다.'

이 문장에서 **брат**'형제'는 단어와 단어 사이의 여러 가지 관계를 지시하는 여러 가지 어미를 가질 수 있다: 첫 문장에는 형제의 소유인 잡지를 내가 가졌다는 것을 말하는 것이고, 두 번째 문장에는 형제에게 줄 잡지를 내가 가졌다는 말을 하는 것이다.

형용사 **большóй**, **большáя**, **большóе**'큰'에는 여러 가지 어미가 있다. 이 단어에서

어미는 이 형용사가 관계되는 명사의 성을 지시한다: больш**óй** мáльчик '큰 소년', больш**óй** стол '큰 테이블', больш**áя** дéвочка '큰 소녀' 등.

동사 пиш**ý**, пи́ш**ешь**, пи́ш**ет**, пи́ш**ем**, пи́ш**ете**, пи́ш**ут** '쓴다'에서 단어의 어간 пиш-와 여러 가지 어미 **-у**, **-ешь**, **-ет**, **-ем**, **-ете**, **-ут**가 있다. 이 어미는 동사가 어떤 인칭과 어떤 수에서 사용되는지에 대한 것을 지시한다.

접미사 조성법. 하나의 어간에서 접미사에 의하여 여러 가지 문법범주의 단어가 만들어질 수 있다. 단어 читáть '읽다'는 동사이고, 단어 читáтель '독자', чтéние '읽는 행위', чи́тка '청중 앞에서 큰 소리로 읽는 행위', читáльня '독서실' 등은 명사이고, 단어 читáтельские (интерéсы) '독자의 (관심)', читáльный (зал) '독서(실)' 등은 형용사이다. 단어 стрóить '건축하다'는 동사이고, строи́тель '건축자', строи́тельство '건축', строéние '구조, 건축행위', пострóйка '건축행위' 등은 명사이고, 단어 строи́тельный (материáл) '건축의 (자재)'는 형용사이다.
일정한 접미사는 모든 품사에 고유하다. 모든 품사의 접미사, 특히 명사와 형용사의 접미사는 의미가 풍부하다.
접미사는 생산성이 다르다. 생산적인 접미사에 의해서 현대 러시아어에서 사용되는 수 많은 단어가 만들어진다. 비생산적인 접미사는 제한된 수의 단어를 만드는데 쓰인다.

명사의 생산적인 접미사: **-ец** (бо**éц** '병사', бор**éц** '투사'); **-ик**, **-(н)ик** (рабó**тник** '노동자', отли́ч**ник** '우수 졸업생', хлеб**ник** '제빵사'); **-чик**, **-щик** (перевó**дчик** '통역관', развé**дчик** '정보원', кáмен**щик** '석공'); **-ани(е)**, **-ени(е)** (вним**áние** '주의', зад**áние** '과제', наблюд**éние** '관찰')

형용사의 가장 생산적인 접미사: **-н-** (лéт**н**ий '여름의', вечéр**н**ий '저녁의', мéст**н**ый '장소의', фабри́ч**н**ый '공장의'), **-ск-** (город**скó**й '도시의', крестья́н**ск**ий '농민의', армéй**ск**ий '군대의') 등.

접두사 조성법. 접두사에 의해서 새로운 단어가 동일한 범주의 단어에서 만들어진다: 동사는 동사에서 (писáть '쓰다' — **пере**писáть '고쳐서 다시 쓰다', **с**писáть '복사하다', **вы́**писать '발췌하다'), 형용사는 형용사에서 (вкýсный '맛있는' — **без**вкýсный '맛없는', мýдрый '현명한' — **пре**мýдрый '매우 현명한', весёлый '쾌활한' — **раз**весёлый '매우 쾌활한', наýчный '과학적인' — **анти**наýчный '비과학적인') 만들어진다. 접두사는 (몇몇 주로 외래어의 예외를 제외하고) 동사(**на**писáть '쓰다', **пере**стрóить '개축하다', **у**éхать '떠나다') 등과 동사에서 만들어진 명사(**при**ходи́ть '도착하다' — **при**хóд '도착', **вз**махнýть '(손 등을) 흔들다' — **вз**мах '흔드는 것')에 특유하다.

접두사는 단어에 매우 다양한 의미를 도입한다. 예를 들어, 접두사 **вы**-는 동사와 결합하여 '내부에서부터 나오는 동작'을 표시한다(**вы**ходи́ть из аудито́рии '강의실에서 나오다'; **вы**езжа́ть из го́рода '도시에서 떠나다'; **вы**носи́ть что-то из ко́мнаты '방에서 무엇을 가지고 나가다'; **вы**вози́ть това́ры из страны́ '나라에서 상품을 수출하다' 등). 그러나 접두사 **вы-**는 다른 동사와 결합하여 행위를 일정한 결과까지 이루는 것을 나타내고 (лечи́ть больно́го '환자를 치료하다' — **вы́**лечить больно́го '환자를 치료하여 낫게 하다', проси́ть у дру́га кни́гу '(친구에게) 책을 요청하다' — **вы́**просить кни́гу '(친구에게) 책을 요청하여 얻다'), 그리고 또 다른 동사와 결합하여 전체에서 부분을 추출하는 것을 나타낼 수도 있다 (**вы**реза́ть карти́нки — **вы́**резать карти́нки '그림을 잘라내다').

접두사는 접미사와 마찬가지로 생산성에서 차이가 난다. 몇몇 접두사 **при**, **пере**-, **с**-에 의해서 여러 가지 의미를 가진 많은 접두사 동사가 형성되고, 예를 들어, **вз-**, **вос-**와 같은 다른 접두사에 의하여 제한된 수의 동사가 형성된다 (**вз**ду́мать '문득 생각해내다', **вос**помина́ть '회상하다')

연습문제 1 단어의 어근에 밑줄을 치시오.

1. ро́дина, роди́тели, родно́й
2. земля́, подзе́мный, земля́к, земля́чество
3. но́вый, но́вость, нова́тор
4. лете́ть, лётчик, полёт
5. цена́, цени́ть, це́нный, оце́нка

연습문제 2 문장에서 동일한 어근의 단어를 뽑아 쓰시오.

1. Вот сад. В саду́ рабо́тает садо́вник. Он посади́л краси́вые садо́вые цветы́.
2. Ско́ро рассве́т. На горизо́нте све́тлая полоса́. Не́бо светле́ет. Ско́ро со́лнце освети́т по́ле и лес.
3. Мы идём по лесно́й доро́ге. Вокру́г густо́й лес. Впереди́ до́мик лесника́. Лесни́к охраня́ет лес.
4. На на́шей у́лице стро́ят но́вый дом. К ме́сту стро́йки ча́сто подъезжа́ют автомаши́ны. Они́ приво́зят строи́тельные материа́лы. Строи́тели рабо́тают по-но́вому. Они́ зако́нчат строи́тельство до́ма досро́чно.

연습문제 3 아래에 주어진 단어와 동일한 어근을 가진 몇 단어를 써 보시오.

рабо́та, свобо́да, мир, Москва́, борьба́, молодо́й, ста́рый, учи́ть, труд, сча́стье

연습문제 4 이탤릭체로 된 단어들에서 접미사를 지적하시오.

Садо́вник рабо́тает в саду́. *Лесни́к* охраня́ет лес. *Столя́р* де́лает столы́. *Дво́рник* подмета́ет двор. *Моря́к* лю́бит мо́ре. *Писа́тель* написа́л рома́н. *Учи́тель* у́чит. *Ученики́* у́чатся. *Трактори́ст* во́дит тра́ктор.

연습문제 5 다음 어결합에서 이탤릭체로 된 단어를 구성성분으로 나누어 분석하시오.

보기: Мор(어근)-ск(형용사 접미사)-ой(형용사 어미)

лесна́я доро́га; *садо́вые* цветы́; *зи́мняя* оде́жда; *интере́сная* но́вость; *счастли́вая* мо́лодость; *беспоко́йная* жизнь; *се́льское* хозя́йство; *подзе́мная* ста́нция; *ли́повая* алле́я

연습문제 6 단어에서 접두사를 찾으시오.

вы́ход, вход, полёт, разгово́р, безопа́сность, рассве́т

단어의 어간에서 음의 교체

러시아어에서는 동일한 단어의 여러 가지 형태를 형성할 때 그리고 접미사에 의하여 단어가 만들어질 때 이따금 어떤 음이 또 다른 음에 의한 교체가 발생한다. 자음이 다른 자음으로 교체될 수 있고(예를 들어, пи**с**а́ть '쓰다' — пи**ш**у́ '쓴다'; дру**г** '친구' — дру́**ж**еский '친구의'), 모음이 다른 모음으로 교체될 수 있다 (лом**и́**ть '파괴하다', ло́м**и**т '파괴한다' — разла́м**ы**вать '둘로 나누다'; взд**ы**ха́ть '한숨을 쉬다' — взд**о**х '한숨'). 이외에 단어의 어간에서 그 단어의 형태를 변화시킬 때 모음 **о**, **е**가 사라질 수 있다. 예를 들어, сон '꿈' — сна́ '꿈의', оте́ц '아버지' — отца́ '아버지의', день '날' — дня '날의', боре́ц '투사' — борцы́ '투사들', кусо́к '조각' — куски́ '조각들', ко́роток '짧다(형용사 단어미 남성형)' — коротка́ '짧다(형용사 단어미 여성형)'. 어떤 음을 또 다른 어떤 음으로 바꾸는 것을 교체(чередование)라고 하고, 사라지는 모음을 출몰모음이라고 한다.

중요한 자음교체

с — ш: писа́ть '쓰다' — пишу́ '쓴다', носи́ть '나르다' — ношу́ '나른다', высо́кий '높은' — вы́ше '더 높게'

х — ш: паха́ть '경작하다' — пашу́ '경작한다', у́хо '귀' — у́ши '귀들', стару́ха '노파' — стару́шка, сухо́й '건조한' — су́ше '더 건조하게', стра́х '두려움' — стра́шный '두려운'

з — ж: вози́ть '운송하다' — вожу́ '운송한다' — во́зишь '운송한다', ни́зкий '낮은' — ни́же '더 낮게'

г — ж: ля́гу '눕는다' — лёг '누웠다' — лежа́ть '누워 있다', дорого́й '귀한' — доро́же '더 귀하게', нога́ '다리' — но́жка '작은 다리'

г — ж — з: друг '친구' — дру́жный '사이가 좋은' — дру́жеский '친구의' — друзья́ '친구들'

д — ж: сиде́ть '앉다' — сижу́ '앉는다' — сиди́шь '앉는다', молодо́й '젊은' — моло́же '더 젊게'

к — ч: крик '외침' — крича́ть '외치다', сук '가지' — су́чья '가지들', река́ '강' — ре́чка '작은 강', кре́пкий '강한' — кре́пче '더 강하게', восто́к '동쪽' — восто́чный '동쪽의'

ц — ч: лицо́ '얼굴' — ли́чный '얼굴의', пти́ца '새' — пти́чий '새의'

т — ч: хоте́ть '원하다' — хочу́ '원한다', круто́й '가파른' — кру́че '더 가파르게'

ст — щ: пусти́ть '놓아주다' — пущу́ '놓아준다', просто́й '간단한' — про́ще '더 단순하게'

ск — щ: иска́ть '찾다' — ищу́ '찾는다'

б — бл: люби́ть '사랑하다' — люблю́ '사랑한다'

п — пл: терпе́ть '참다' — терплю́ '참는다'

в — вл: лови́ть '(고기를) 잡다' — ловлю́ '(고기를) 잡는다'

ф — фл: графи́ть '(선을) 긋다' — графлю́ '(선을) 긋는다'

м — мл: корми́ть '양육하다' — кормлю́ '양육한다'

연습문제 7 다음 단어의 어근과 교체되는 자음들에 밑줄을 치시오.

1. восто́к, восто́чный райо́н.
2. столи́ца, столи́чные теа́тры.
3. рука́, ру́чка, ручно́й медве́дь, вручи́ть письмо́.
4. друг, дружо́к, подру́га, подру́жка, друзья́, дружи́ть, дру́жная рабо́та, дру́жеский приве́т

연습문제 8 자음 교체를 하는 동일한 어근의 단어를 뽑아 쓰고, 자음교체를 하는 자음에 밑줄을 치시오.

1. Прошу́ тебя́, приходи́ ко мне́ сего́дня ве́чером. — Не проси́, не могу́, я сего́дня о́чень за́нят. Я бу́ду сиде́ть до́ма и занима́ться. — Жаль! Но е́сли не мо́жешь сего́дня, приходи́ за́втра. — Не могу́ и за́втра: за́втра — четве́рг, я ка́ждый четве́рг хожу́ рабо́тать в библиоте́ку и сижу́ там весь ве́чер.
2. Вчера́ я купи́л интере́сную кни́гу. Я давно́ хоте́л купи́ть э́ту кни́жку. Если хо́чешь, я и тебе́ куплю́ таку́ю кни́гу.
3. Почему́ у тебя́ сего́дня тако́й плохо́й вид? — Вчера́ я по́здно лёг спать, и у меня́ боли́т голова́. Обы́чно я ложу́сь в 11 часо́в, вчера́ лёг в 2 часа́ но́чи и до́лго лежа́л — не мог засну́ть.
4. На окра́ине го́рода постро́или но́вую фа́брику. Фабри́чное зда́ние — большо́е, све́тлое

합성어

어간의 합성. 둘 또는 몇몇 어간을 합성하여 단어를 형성할 수 있다: **пар**-о-**хóд** '증기기선', **овц**-е-**вóд** '양치기', **трёх-этáжный** '3층의'. 기본적으로 명사와 형용사가 그런 방법으로 형성된다.

두 (간혹 그 이상의) 어간으로 형성된 단어를 합성어라고 한다. 합성어의 부분을 연결시키기 위하여 소위 연결모음이 경자음(парохóд '증기기선') 뒤에서는 **о**가 사용되고, 연자음(земл**е**дéлие '농업'), 쉿소리(друж**е**лю́бие '우정'), ц(овц**е**вóд '양치기') 뒤에서는 **е**가 사용된다.

합성어는 연결모음 없이도 형성될 수 있다: рóбот-оперáтор '수술하는 로보트', гóрод-миллионéр '주민이 백만 이상인 도시'

합성어는 일반적으로 명사 어간과 동사 어간(парохóд '증기기선', листопáд '낙엽', паровозостроéние '기관차 제조'), 형용사와 동사어간(чернозём '흑토'), 대명사와 명사 어간(самокри́тика '자기비평'), 수사와 명사어간(четырёхтонка '4톤차')으로 형성된다.

합성어에서 접미사에 의하여 새로운 단어가 형성될 수 있다: парохóд-**ств**(о) '선박회사', овцевóд-**ств**(о) '양치는 일', земледéль-**ческ**(ий) '농업의', дружелю́б-**н**(ый) '우정의', доброду́ш-**н**(ый) '선의의'

단어는 완전 어간뿐만 아니라 불완전 어간에서도 형성될 수 있다(зарплáта '임금', колхóз '집단농장'). 불완전 어간에서 형성된 단어를 복합약어라고 한다.

약어와 합성 방법에 따라 명사는 몇 그룹으로 나누어진다:

1) 첫 단어만의 축약: профсою́з '노동조합'(= профессиональный союз), стенгазета '벽보' (= стенная газета)
2) 합성명사의 성분에 포함되는 모든 단어의 축약: колхóз '집단농장'(= коллективное хозяйство), райкóм '지구위원회'(= районный комитет), комсомóл '공산청년동맹' (= коммунистический союз молодёжи)
3) 단어의 첫 음에 의한 형성: вуз '고등교육기관'(= высшее учебное заведение), ЦУМ '모스끄바 중앙백화점'(=Центральный универсальный магазин)
4) 여러 단어의 첫 문자의 명칭에서 형성: ВДНХ '러시아 국민경제달성박람회'(= Выставка достижений народного хозяйства)
5) 각 단어의 첫 부분으로 형성: продмáг '식료품점' (= продовольственный магазин), продкóм '양식 위원회' (= продовольственный комитет)

6) 첫 단어의 부분과 다음 단어의 첫 음으로 형성: сельпó '농촌소비조합' (= сельское потребительское общество)

7) 첫 단어의 부분과 온전한 두 번째 단어로 형성: запчáсти'예비부품' (= запасные части), сбербáнк '저축은행' (= сберегательный банк)

8) 첫 단어의 첫 부분과 두 번째 단어의 끝부분으로 형성: мопéд '모터와 페달을 갖춘 자전거의 일종, 모페드' (мотоцикл-велосипед)

명사

러시아어에서 명사는 성에 따라 구별되고 수와 격에 따라 변화된다.

명사의 성

러시아어에서 명사는 남성, 여성, 중성의 세 가지 성으로 구별된다.

명사의 성을 구분해야 한다. 왜냐하면 명사와 관련 있는 형용사, 몇몇 대명사, 순서수사 그리고 과거시제 동사는 명사와 성에서 일치하기 때문이다. 즉 그들은 그들이 어떤 종류의 명사에 관계되느냐에 따라 어미를 변화시킨다:

남성	여성	중성
интере́сный докла́д '흥미로운 보고서'	интере́сная кни́га '흥미로운 책'	интере́сное зада́ние '흥미로운 과제'
си́ний каранда́ш '푸른 연필'	си́няя бума́га '푸른 종이'	си́нее пятно́ '푸른 점'
наш пе́рвый урок '우리의 첫 수업'	на́ша пе́рвая ле́кция '우리의 첫 강의'	на́ше пе́рвое собра́ние '우리의 첫 모임'
Пришёл студе́нт. '대학생이 도착했다.'	Пришла́ студе́нтка. '여대생이 도착했다.'	Пришло́ письмо́. '편지가 도착했다.'

I. 사람의 명칭을 표시하는 명사의 문법성은 자연성으로 결정되고 나머지 경우는 어미로 결정된다.

자연성으로 남성을 표시하는 **мужчи́на** '남자', **ю́ноша** '젊은이', **де́душка** '할아버지', **оте́ц** '아버지', **брат** '형제', **ма́льчик** '소년' (**мальчи́шка** '소년'), **па́рень** '청년' (**парни́шка** '청년') 등은 어미에 관계없이 남성명사이다.

자연성으로 여성을 표시하는 **де́вушка** '아가씨', **мать** '어머니', **дочь** '딸', **ба́бушка** '할머니', **сестра́** '누나' 등은 여성명사이다.

어미에 관계없이 남자의 이름은 남성명사이다(괄호 안은 애칭임): **Иван** '이반' (**Ваня** '바냐'), **Никола́й** '니꼴라이' (**Ко́ля** '꼴랴'), **Влади́мир** '블라지미르' (**Воло́дя** '발로자'), **Ники́та** '니끼따', **Валенти́н** '발렌찐' (**Ва́ля** '발랴'), **Алекса́ндр** '알렉산드르' (**Са́ша** '사샤')

어미에 관계없이 여자의 이름은 여성명사이다(괄호 안은 애칭임): **Татья́на** '따찌야나' (**Та́ня** '따냐'), **Анна** '안나' (**Аня** '아냐'), **Валенти́на** '발렌찌나' (**Ва́ля** '발랴'), **Алекса́ндра**

'알렉산드라' (**Са́ша** '사샤')

사람을 표시하는 단어 중에서 오직 한 단어 **дитя́** '아이'만 중성명사이다. 이 단어는 현대 러시아어에서 거의 사용되지 않는다.

II. 명사의 성은 단수주격 어미에 따라 다음과 같이 정해진다:

1. 어미 **-а(-я)**를 가진 명사는 여성명사이다: **страна́** '나라', **ро́дина** '조국', **земля́** '땅', **дере́вня** '농촌', **а́рмия** '군대'

2. 어미 **-о(-ё)**, **-е**를 가진 명사는 중성명사이다: **письмо́** '편지', **пра́во** '권리', **ружьё** '소총', **мо́ре** '바다', **зда́ние** '건물', **уще́лье** '골짜기', **пла́тье** '의복'

3. 어간의 끝에 경자음(**лес** '숲', **го́род** '도시', **мост** '다리', **дом** '집') 또는 자음 **й**(**музе́й** '박물관', **край** '끝', **бой** '전투')를 가진 제로어미 명사는 남성명사이다.

4. 어간의 끝에 **-ь**를 가진 명사는 남성과 여성 모두 될 수 있다. **день** '날', **ого́нь** '불', **у́голь** '석탄' — 남성; **тень** '그늘', **жизнь** '삶', **сталь** '강철' — 여성

   어간의 끝에 **-ь**이 쉿소리(**шипящий**: **ж, ч, ш, щ**) 다음에 오면 100% 여성명사이다: **рожь** '호밀', **глушь** '미개척지, 벽지', **ночь** '밤', **вещь** '사물'.

5. 러시아어에서 **-мя**로 끝나는 10단어는 중성명사이다: **и́мя** '이름', **вре́мя** '시간', **зна́мя** '깃발', **пла́мя** '불길', **пле́мя** '종족', **се́мя** '종자', **те́мя** '머리의 정수리', **стре́мя** '말의 등자', **бре́мя** '하중, 부담', **вы́мя** '짐승의 젖통'

6. 러시아어에는 비활동체를 표시하는 차용어가 있다: **ко́фе** '커피', **пальто́** '코트', **метро́** '지하철', **кино́** '영화', **бюро́** '국'), **жюри́** '심사위원', **пари́** '내기'), **боа́** '모피 목도리' 등. 이 단어는 **ко́фе** '커피'를 제외하고 모두 중성명사이다 (**чёрный ко́фе** '블랙 커피').

연습문제 9 다음 문장을 해석하고 이탤릭체로 된 명사의 성을 정하고 이들을 세 칸으로 분류하시오: (1) 남성 명사, (2) 여성 명사, (3) 중성명사. 그리고 명사에 강세를 치시오.

남성명사	여성명사	중성명사
го́род	*ста́нция*	*у́тро*

Было *воскресенье*. Мы решили поехать за *город*. Рано утром пришли мы на *вокзал* и сели в *поезд*. Мы ехали *час*. *Время* прошло незаметно. Вот наша *станция*. Мы вышли из вагона. Было ясное *утро*, чистое *небо*. На небе лишь одно белое *облачко*. Недалеко от станции был *лес*. В лес через поле вела *тропинка*. В поле ещё стоял *туман*. Мы вошли в *лес*. *Трава* была мокрая. На траве блестела *роса*. Мы шли и вдыхали свежий лесной *воздух*. Кругом *тишина* и *покой*. Слышно только *пение* птиц. Вот мы услышали тихое *журчание* воды. Это *ручей*. В ручье была холодная прозрачная *вода*. Мы выпили воды и пошли дальше. *Дорога* привела нас в поле. *Солнце* высоко стояло в небе. Был уже *полдень*. В лесу была прохладная *тень*, а в поле жарко. Мы остались в лесу.

연습문제 10 다음 명사의 뜻과 성을 정하고 이들을 성별로 분류하시오.

дерево, дуб, сосна, берёза, клён, куст, болото, река, речка, озеро, пруд, овраг, поляна, луг, ягода, гриб, погода, жара, гроза, гром, молния, радуга, ветер, деревня, село, стадо, ночь, луна, костёр, луч, рожь

연습문제 11 다음 문장의 이탤릭체로 된 명사의 아래에 남성명사는 한 줄, 여성명사는 두 줄, 그리고 중성명사는 물결표를 하시오.

1. Близ леса протекала тихая *речка*.
2. На солнце ярко блестело *озеро*.
3. Мы вышли на поляну. *Поляна* пестрела цветами. Уже появилась *земляника*.
4. Стояла сильная *жара*.
5. В деревне мы пили чудесное *молоко*.
6. Вечером *погода* изменилась: началась *гроза*. Ярко сверкала *молния*, гремел *гром*. Но очень скоро гроза утихла. Небо прояснилось. Мы развели *костёр*, вскипятили *чай*, поужинали и легли спать.
7. *Ночь* мы провели в лесу.

연습문제 12 마지막에 쉿소리(шипящие)를 가진 명사들에 밑줄을 치시오.

1. Врач спешит на помощь к больному.
2. На столе лежит чертёж. В банке чёрная тушь.
3. Сторож взял ключ и открыл гараж.
4. Директор произнёс речь.
5. С песнями вышла молодёжь на работу.
6. В поле поспела рожь.
7. Стояла тёмная ночь.
8. В мае цветёт ландыш.

연습문제 13 다음 명사를 대명사 мой, твой(남성), моя, твоя(여성) 등을 사용하여 어결합을 만드시오.

мяч, нож, вещь, ключ, карандаш, тушь, плащ, речь

연습문제 14 다음 명사를 수사 один(남성), одна(여성) 등을 사용하여 어결합을 만드시오.

этаж, гараж, мышь, сторож, печь

연습문제 15 다음 명사를 수사 один(남성), одна(여성), одно(중성) 등을 사용하여 어결합을 만드시오. 그리고 모든 단어에 강세를 치시오.

студент, студентка, ученик, ученица, юноша, девушка, письмо, книга, альбом, клуб, библиотека, аудитория, музей, окно, месяц, час, минута, секунда

연습문제 16 다음 문장에서 이탤릭체로 된 대명사와 명사의 어결합을 세 칸으로 분류하시오: (1) 남성, (2) 여성, (3) 중성.

1. *Это большое здание* — театр. *Эта улица* — улица Горького. *Эта площадь* — площадь Маяковского. *Этот памятник* — памятник Пушнину.
2. Как *ваша фамилия*? *Моя фамилия* — Полло. Как *ваше имя*? *Моё имя* — Стефан.
3. Вчера я *всё утро* работал дома. *Весь день* я был в университете.
4. Первого Мая мы были на Красной площади. *Вся площадь* была полна народу.

연습문제 17 주어진 명사를 형용사 новый 또는 новая를 가지고 쓰시오.

жизнь, путь, тетрадь, цель, день, портфель

연습문제 18 다음 명사를 형용사 интересный, -ая, -ое последний, -яя, -ее와 결합하여 쓰시오.

доклад, лекция, беседа, речь, консультация, выступление, протокол, собрание, голосование, конференция, заседание, совещание, начало, конец.

연습문제 19 문장에서 어떤 단어들이 이탤릭체로 된 명사와 일치하는지를 지적하고, 이 명사의 성을 정하시오.

1. В саду растёт большой серебристый *тополь*. Хорошо в знойный *полдень* под тенью тополя.
2. Наступила *осень*. Часто идёт мелкий *дождь*.
3. В огороде росла *морковь* и рос *картофель*.
4. Вот морская *пристань*. У пристани стоит большой *корабль*.
5. *Болезнь* помешала ему принять участие в нашей работе.
6. Я советую вам посмотреть этот интересный *спектакль*.

단수주격에서 어미를 가지지 않고 어간의 끝에 연자음을 가진 명사의 성

단수주격에서 어미를 가지지 않고 어간의 끝에 연자음을 가진 명사의 성은 암기해야 한다. 이런 명사는 사전에 성이 표기되어 있다. 그러나 어떤 경우에서는 이런 종류의 명사의 성을 정하는 것이 가능하다.

1. 접미사에 따라

a) 접미사 **-тель**, **-арь**를 가진 명사는 남성명사이다: чита́тель '독자', писа́тель '작가', выключа́тель '스위치', библиоте́карь '도서관 사서'.
мете́ль '눈보라', арте́ль '협동조합'은 여성명사이지만 이 단어에 있는 -тель은 접미사가 아니다. мете́ль에서는 мет-가 어근이고 -ел-이 접미사이고, арте́ль에서는 артел-이 어근이다.

b) 접미사 **-ость**, **-есть**를 가진 모든 명사는 여성명사이다: но́вость '소식', ра́дость '기쁨', промы́шленность '산업', све́жесть '신선함'

2. 의미에 따라

월의 명칭은 남성명사이다: янва́рь '1월', февра́ль '2월', апре́ль '4월', ию́нь '6월', ию́ль '7월', сентя́брь '9월', октя́брь '10월', ноя́брь '11월', дека́брь '12월'.

3. 단어의 끝에 있는 음에 따라

비활동체를 표시하고 단어의 끝에 **-знь**(жизнь '삶'), **-сть**(честь '명예'), **-сь**(высь '하늘의 높은 곳'), **-вь**(любо́вь '사랑'), **-бь**(про́рубь '얼음구멍'), **-пь**(степь '초원') 등을 가진 명사는 여성명사이다.

연습문제 20 이탤릭체로 된 명사의 성을 지적하시오.

1. Глухая *ночь*. *Река* ревёт (*П.*).
2. Вот *дождик* брызнул. *Пыль* летит (*Тютч.*).
3. Был вечер. *Небо* меркло. Воды струились тихо. Жук жужжал (*П.*).
4. *Ветер* спал. *Метель* утихла, *небо* было необыкновенно чисто (*Б. Пол.*).
5. Был *январь*, со степи дул острый северный *ветер* (*Б. Пол.*).
6. Мороз и *солнце*. *День* чудесный (*П.*).
7. Прозрачный *лес* один чернеет, И *ель* сквозь иней зеленеет, И *речка* подо льдом блестит (*П.*).
8. *Дождь* прошёл. *Трава* блестит. В небе *радуга* стоит (*Марш.*).

연습문제 21 명사의 성을 정하고 이 명사에 형용사를 부가하시오.

народ, родина, мир, жизнь, труд, дружба, единство, союз, борьба, свобода, независимость, молодёжь, безопасность, союзник, борец, прогресс, правительство, государство, армия, партия, представитель, председатель, съезд, политика, культура, идеология.

직업이나 지위를 표시하는 명사의 성

직업이나 지위를 표시하는 명사는 일반적으로 남성명사이다(педаго́г '교육가', профе́ссор '교수', доце́нт '부교수', врач '의사', судья́ '재판관', секрета́рь '비서', меха́ник '기계기사', то́карь '선반공', садово́д '원예가'). 그러나 이 명사는 현대 러시아어에서 여성에게도 사용될 수 있다:

1. Она́ **о́пытный врач**. '그녀는 노련한 의사다.'

   Эта де́вушка **хоро́ший то́карь**. '이 아가씨는 훌륭한 선반공이다.'

   Моя́ сестра́ **прекра́сный педаго́г**. '나의 누이는 뛰어난 교육가이다.'

Эта же́нщина **наро́дный судья́**.'이 부인은 국민 재판관이다.'

이 경우에 명사를 한정하는 형용사는 명사 **врач**'의사'의 외형적인 성에 따라 남성형이 된다.

2. Кто выступа́л на собра́нии с докла́дом?'누가 집회에서 보고 연설을 했느냐?' — **Выступа́ла** профе́ссор Миха́йлова.'미하일로바 교수가 연설했습니다.'

Скажи́те, пожа́луйста, где секрета́рь?'비서는 어디에 있습니까?' — Секрета́рь **вы́шла**.'비서는 나갔습니다.'

과거시제로 된 술어 동사가 여성에 관하여 말하는 것이라면 일반적으로 여성을 사용한다: **выступа́ла** профе́ссор'여 교수가 연설했다.'; Миха́йлова секрета́рь **вы́шла**'미하일로바 비서가 나갔다'; касси́р **пришла́**'출납원이 도착했다.'

총성명사

러시아어에서 남성과 여성을 동시에 나타낼 수 있는 총성명사가 있다. 이 명사는 어미 -**а**(-**я**)를 가진다(сирота́ '고아', кале́ка '불구자', у́мница '똑똑한 아이', рази́ня '얼간이', неря́ха '단정치 못한 사람'). 이 명사의 성은 이들이 남성에 관계되느냐 여성에 관계되느냐에 따라 정해진다.

a) 여성에 관한 것이라면 이 명사는 여성명사가 되고, 이 명사와 관련이 있는 형용사, 대명사, 순서수사, 동사 과거시제는 여성어미를 가진다. **Эта** де́вочка — кру́гл**ая** сирота́'이 소녀는 천애의 고아다.'; Как**а́я** же она́ у́мница'그런데 그녀는 얼마나 똑똑한 아이냐'; э́та де́вушка — на́ш**а** лу́чш**ая** запева́ла'이 아가씨는 우리 합창단에서 가장 뛰어난 선창자이다.

b) 남성에 관한 것이라면 형용사, 대명사, 순서수사, 동사 과거시제는 일반적으로 남성으로 사용된다. Э́тот па́рень — наш лу́чш**ий** запева́ла.'이 청년은 우리 합창단에서 가장 뛰어난 선창자이다.' 그러나 어떤 경우에는 여성형이 사용될 수도 있다 (Э́тот ма́льчик — кру́гл**ый** сирота́'이 소년은 천애의 고아다.' Этот ма́льчик — кру́гл**ая** сирота́'이 소년은 천애의 고아다.' Как**ой** же он у́мница!'그런데 그는 얼마나 똑똑한 사람이냐!'; Как**ая** же он у́мница!'그런데 그는 얼마나 똑똑한 사람이냐!').

불변명사의 성

러시아어에서 격변화를 하지 않는 차용어가 있다. 이들 모든 단어는 모음으로 끝난다.

1. 비활동체를 표시하는 명사는 중성이다. (моё пальто́'나의 외투', краси́вое метро́ '아름다운 지하철', удо́бное купе́ '편안한 객실', э́то кино́ '이것은 영화관이다', э́то такси́ '이것은 택시다',

комсомо́льское бюро́ '공산청년 동맹원 사무국', интере́сное интервью́ '흥미로운 인터뷰', пуши́стое боа́ '털이 부드러운 목도리', вку́сное рагу́ '맛있는 프랑스 요리 라구'). 그러나 ко́фе '커피'는 남성명사이다: пью кре́пкий ко́фе '진한 커피를 마신다'

2. 활동체를 표시하는 명사는 남성이다 (краси́вый какаду́ '아름다운 붉은 앵무새', ма́ленький коли́бри '조그만한 벌새', большо́й кенгуру́ '큰 캥거루', заба́вный шимпанзе́ '재미있는 침팬지'). 그러나 шимпанзе́ корми́ла своего́ детёныша '침팬지가 자기 새끼에게 먹이를 먹였다.', кенгуру́ корми́ла своего́ детёныша '캥거루가 자기 새끼에게 먹이를 먹였다.'의 문장에서 여성 과거시제를 하고 있는 술어 동사 형태 이 문장에서 명사 шимпанзе́, кенгуру́ 가 동물의 암컷을 표시하는 것을 가리킨다.

러시아어 문장에서 명사의 의미로 사용되는 어떤 단어(간투사, 부사, 보조어 등)는 다른 단어와 문장에서 중성명사처럼 결합된다:

Раздало́сь гро́мкое «ура́»! '우렁찬 «만세» 소리가 울려퍼졌다!.'

Это «но» мне не нра́вится '이 «그러나» 라는 말은 나의 마음에 들지 않는다.'.

Вы не уме́ете произноси́ть **ру́сское твёрдое** «л» '당신은 러시아어 경자음 «엘»을 발음하기가 용이하지 않다.'

부록 1

단어의 끝에 -знь, -сть, -сь, -вь, -бь, -пь를 가진 매우 자주 사용되는 여성명사

боле́знь '병'	бровь '눈썹'	весть '소식'	власть '권력'
высь '하늘의 높은 곳'	горсть '한줌'	грусть '비애'	жизнь '삶'
за́пись '메모'	за́висть '질투'	казнь '사형'	кисть '화필'
кость '뼈'	кровь '피'	ле́топись '연대기'	лесть '아첨'
любо́вь '사랑'	месть '복수'	морко́вь '당근'	не́нависть '증오'
о́бувь '신발'	по́весть '중편소설'	про́пасть '심연'	по́дпись '서명'
про́рубь '얼음구멍'	со́весть '양심'	скорбь '비탄'	степь '대초원'
страсть '정욕'	цепь '쇠사슬'	часть '부분'	честь '명예'
шерсть '양모'			

부록 2

(위의 경우를 제외하고) 단어의 끝에 -ь을 가진 매우 자주 사용되는 남성명사와 여성명사

남성명사:

автомоби́ль '자동차'	анса́мбль '앙상블'	бино́кль '쌍안경'	бюллете́нь '공보'
вихрь '회오리 바람'	гвоздь '못'	го́спиталь '병원'	день '날'
дождь '비'	ка́мень '돌'	карто́фель '감자'	ка́шель '기침'
кисе́ль '젤리'	контро́ль '관리'	кора́бль '배'	ко́рень '뿌리'
кремль '끄레믈린'	ла́герь '야영'	ли́вень '호우'	ло́коть '팔꿈치'
монасты́рь '수도원'	но́готь '손톱, 발톱'	нуль '영'	ого́нь '불'
паро́ль '암호'	пень '그루터기'	по́лдень '정오'	портфе́ль '서류가방'
пузы́рь '거품'	путь '길'	реме́нь '벨트'	роя́ль '피아노'
рубль '루블'	руль '키'	спекта́кль '연극'	сте́бель '줄기'
сте́ржень '핵심'	стиль '문체'	суха́рь '건빵'	та́бель '일람표'
то́поль '포플라'	тунне́ль '터널'	у́голь '석탄'	у́ровень '수준'
фона́рь '초롱불'	ци́ркуль '콤파스'	я́корь '닻'	я́чмень '보리'

여성명사

арте́ль '협동조합'	боль '고통'	брань '욕설'	быль '과거의 사실'
га́вань '항만'	гармо́нь '아코디온'	ги́бель '멸망'	горта́нь '후두'
грань '경계'	грудь '가슴'	грязь '오물'	даль '먼곳'
дверь '문'	дробь '분수'	ель '전나무'	колыбе́ль '요람'
корь '홍역'	крова́ть '침대'	ладонь '손바닥'	лень '게으름'
мазь '연고'	меда́ль '메달'	медь '구리'	мель '여울'
мете́ль '눈보라'	мора́ль '도덕'	мысль '사고'	нефть '석유'
нить '실'	о́сень '가을'	ось '축'	о́трасль '부분'
о́ттепель '해빙'	о́чередь '순서'	па́мять '기억'	печа́ль '슬픔'
печа́ть '인쇄'	пе́чень '간장'	пло́щадь '광장'	посте́ль '침상'
при́быль '이익'	при́стань '부두'	пыль '먼지'	роль '역할'
ртуть '수은'	связь '관계'	сире́нь '라일락'	ска́терть '탁상보'
смерть '죽음'	соль '소금'	сталь '강철'	сте́пень '등급'
ступе́нь '계단'	тень '그늘'	тетра́дь '노트'	ткань '직물'
треть '1/3'	цель '목적'	шине́ль '외투'	ширь '넓은 곳'
щель '틈'			

명사의 수

러시아어에서 명사는 수 변화를 한다. 명사는 단수와 복수가 될 수 있다. 명사가 수에 따른 변화를 할 때 명사 어미가 변화된다(заво́д '공장' — заво́д**ы** '공장들', дом '집' — дом**а́** '집들', газе́т**а** '신문'- газе́т**ы** '신문들', кни́г**а** '책' — кни́г**и** '책들', письм**о́** '편지' — пи́сьм**а** '편지들', по́л**е** '들판' — пол**я́** '들판들'); 어떤 경우에서는 어미가 변화될 뿐만 아니라 명사 어간의 변화도 발생한다(граждани́н '시민' — гра́ждане '시민들', ребёнок '어린아이' — ребя́та '어린아이들', брат '형제' — бра́тья '형제들', зна́мя '기' — знамёна '기들'). 어떤 경우에는 단어의 강세도 변화된다.

남성과 여성명사의 복수 조성방법

복수주격에서 어미 -ы, -и를 가진 남성과 여성명사 복수 조성방법

1. 다음 명사의 복수주격 어미는 **-ы**를 가진다:

1) 어간의 끝이 경자음으로 끝나는 남성명사의 복수주격 어미는 **-ы**이다: заво́д '공장' — заво́д**ы** '공장들', колхо́з '집단농장'— колхо́з**ы**'집단농장들' . 그러나 명사 сосе́д'이웃'와 чёрт'악마'에서는 어간의 끝이 경자음으로 끝나 있지만 이들의 복수는 각각 сосе́ди과 че́рти이다.

[역주] 고대 러시아어 시대에 만들어진 명사 сосе́д'이웃'의 복수명사 сосе́ди'이웃들'과 чётр'악마'의 복수명사 че́рти'악마들'은 현대 러시아어의 관점에서 볼 때 불규칙 변화에 속한다. 고대 러시아어 시대에 명사의 복수주격 어미가 -и인 그룹이 있었다. 그러나 이와 같은 명사의 복수주격 형태를 가진 단어는 거의 다 없어지고 현대 러시아어에 сосе́д와 чёрт 두 단어만 남아 있다.

2) 어간의 끝이 경자음으로 끝나는 여성명사의 복수주격 어미는 남성명사의 복수주격과 동일한 형태인 **-ы**이다.

[역주] 여성명사는 어미가 없는 남성명사와는 달리'단수주격'을 의미하는 어미-а를 제거하고 '복수주격'을 의미하는 어미 -ы를 통하여 명사의 복수주격이 만들어진다: газе́та '신문' — газе́ты '신문들', маши́на'기계' — маши́ны'기계들'

2. 다음 명사의 복수주격 어미는 **-и**이다.

1) 어간의 끝이 연자음인 남성명사 또는 여성명사의 복수주격 어미는 **-и**이다. 어간의 끝이 연자음으로 끝나는 남성명사와 여성명사의 복수주격어미가 왜 -и가 되는지를 설명하면 다음과 같다:

(1) -й로 끝나는 남성명사: геро́й'영웅' — геро́и'영웅들', музе́й '박물관' — музе́и'박물관들'

[역주] й는 연자음이다. 복수주격형태를 만들기 위해서는 경자음으로 끝나는 명사의 복수주격 어미 ы를 사용해야 하지만 연자음 뒤에는 어미 -ы가 올 수 없고 이에 대응하는 음인 -и가 와야 한다: герой + и. 여기에서 й와 и가 하나의 и로 되는 음운변화를 겪었고, 결국에는 герои로 되었다.

(2) -я로 끝나는 여성명사: дере́вня'시골마을' — дере́вни'시골마을들', статья́ '논문, 기사' — статьи́'논문들, 기사들', ли́ния'노선' — ли́нии'노선들'

[역주] дере́вня의 어간은 어미 -а를 떼어내고 나면 деревн'으로 된다. 이 단어의 어간의 마지막 자음 н은 연자음(н')이다. 연자음 뒤에는 -ы가 올 수 없고 대응음인 -и가 와야 한다. 결국 деревн' + и ···› деревни로 되었다.

(3) -ь으로 끝나는 남성명사와 여성명사: дождь'비' — дожди́'비들', пло́щадь'광장' — пло́щади'광장들'

[역주] ь은 앞의 자음을 연자음으로 만드는 부호이다. 그러므로 단어 дождь의 어간의 마지막 음은 연자음(д')이다. 마찬가지로 연자음 뒤에는 -ы가 올 수 없고 대응음인 -и가 와야 한다. 결국 дожд' + и ···› дожди로 되었다.

(4) 어간의 끝이 쉿소리(ж, ч, ш, щ)로 끝나는 남성명사와 여성명사: **нож** '칼' — **ножи́** '칼들', **каранда́ш** '연필' — **карандаши́** '연필들', **врач** '의사' — **врачи́** '의사들', **плащ** '우비' — **плащи́** '우비들', **ко́жа** '가죽' — **ко́жи** '가죽들', **но́ша** '짐' — **но́ши** '짐들', **ро́ща** '숲' — **ро́щи** '숲들'

[역주] 이는 쉿소리 뒤에 **ы**를 못쓰고 **и**를 쓰는 러시아어 정자법 규칙 때문이다.

(5) 어간의 끝이 г, к, х로 끝나는 남성명사와 여성명사: **враг** '적' — **враги́** '적들', **звук** '음' — **зву́ки** '음들', **пасту́х** '목동' — **пастухи́** '목동들', **нога́** '다리' — **но́ги** '다리들', **фа́брика** '경공업 공장' — **фа́брики** '경공업 공장들', **стару́ха** '할머니' — **стару́хи** '할머니들'

[역주] 이는 문자 **г, к, х** 뒤에 **ы**를 못쓰고 **и**를 쓰는 러시아어 정자법 규칙 때문이다.

[역주] 정리하면 남성명사와 여성명사의 복수주격 어미는 어간의 끝이 경자음으로 끝나면 **-ы**이고, 연자음으로 끝나든지, 아니면 어간의 끝이 쉿소리 또는 **г, к, х**로 끝나는 경우면 **-и**이다.

연습문제 22 주어진 명사의 복수형태를 쓰고 그 단어에 강세를 치시오. 단수와 복수 명사를 읽으시오.

보기: страна́ — стра́ны

рука, нога, звезда, земля, трава, голова, гора, стена, доска

보기: нож — ножи́, solове́й — соловьи́

уж, ёж, рубеж, шалаш, плащ, карандаш, ключ, врач, воробей

보기: огонёк — огоньки́, кружо́к — кружки́

кусок, листок, платок, потолок, звонок

연습문제 23 다음 이탤릭체로 된 명사들과 이 명사들에 일치된 단어들을 복수로 만드시오.

보기: Весной *овраг* наполнился водой. Весной *овраги наполнились* водой.

1. *Пастух* выгнал стадо.
2. Вдали мелькнул *огонёк*.
3. Под горой бьёт холодный *ключ*.
4. Зеленеет *роща*.
5. Яркий *луч* солнца осветил комнату.
6. Идёт сильный *дождь*.
7. В наших лесах растёт *ель*.
8. Как преобразилась наша *степь*!
9. В поле собралась большая *стая* птиц.
10. В саду поёт *соловей*.

복수주격에서 어미 -а(-я)를 가진 남성명사

어떤 남성 명사는 어미에 강세를 가진 복수주격어미 **-а(-я)**를 가진다. 어간의 끝이 경자음으로 끝나면 **-а**이고, 연자음으로 끝나면 **-я**이다. 이 그룹의 단어는 항상 강세가 어미 **-а(-**

я)에 떨어진다.: дом'집' — **домá**'집들', край'끝' — **краŷ**'끝들', бéрег'기슭' — **берегá**'기슭들', гóрод'도시' — **городá**'도시들', учи́тель'선생님' — **учителя́**'선생님들', профéссор'교수' — **профессорá**'교수들'.

이 그룹의 단수주격에서는 강세가 항상 마지막 음절에 떨어지지 않는다.

[역주] 고대 러시아어에서는 현대 러시아어와 달리 복수주격어미가 -**а**(-**я**)인 것이 있었다. 고대 러시아어에서는 복수주격어미 -**ы**와 -**а**가 동시에 사용되다가 시간이 지나면서 복수주격 자리를 -**ы**에게 넘겨주었다. 이 그룹의 단어들은 아래와 같이 몇 단어 남지 않았다.

한 음절 단어	두 음절 단어	세 음절 단어
бок — бокá'측면'	бéрег — берегá'기슭'	профéссор—профессорá '교수'
век — векá'세기'	вéчер — вечерá'저녁'	учи́тель — учителя́ '선생'
глаз — глазá'눈'	гóлос — голосá'목소리'	
дом — домá'집'	гóрод — городá'도시'	
край — краŷ'끝'	дóктор — докторá'박사'	
лес — лесá'숲'	мáстер — мастерá'장인'	
луг — лугá'초원'	нóмер — номерá'번호'	
снег — снегá'눈'	óстров — островá'섬'	
рог — рогá'뿔'	пóгреб — погребá'지하 저장소'	
сорт — сортá'종류'	пóяс — поясá'띠'	
	пáрус — парусá'돛'	
	пóезд — поездá'기차'	
	пóвар — поварá'요리사'	

[주1] 현대 러시아어 표준어에서 일반적인 복수 형태 профессорá, директорá, редакторá와 함께 профéссоры, дирéкторы, редáктора와 함께 редакторы 도 간혹 사용된다. 그러나 рéкторы, лéкторы만 있다.

[주2] 현대 구어에서 자주 договорá가 사용되지만, 표준어 형태는 договóры이다.

연습문제 24 다음 이탤릭체로 된 단어에 강세를 치시오.

1. Красивы *берега* Волги, особенно красив правый *берег* — крутой, покрытый лесом.
2. Весной зеленеют *луга*.
3. Далеко в море белеют *паруса*.
4. Оживились окраины *города*: построены новые высокие *дома*, новые *заводы, фабрики*.
5. Преображаются наши *города*.

중성명사 복수 조성방법

중성명사의 복수주격은 어미 -**а**(-**я**)를 가진다.

1. 어간의 끝이 경자음으로 끝나면 중성명사의 복수주격어미는 **-а**이다: письмó '편지' — пи́сьма '편지들', дéло '일' — делá '일들', госудáрство '정부' — госудáрства '정부들'

[역주] -о로 끝나는 중성명사 어간의 마지막 자음은 경자음이다.

2. 어간의 끝이 연자음으로 끝나면 중성명사의 복수어미는 **-я**이다: пóле '들판' — поля́ '들판들', мóре '바다' — моря́ '바다들', здáние '건물' — здáния '건물들', ружьё '소총' — ру́жья '소총들', копьё '창던지기' — кóпья '창던지기들'

[역주] 어간의 끝이 연자음으로 끝나는 중성명사는 어미 -е, -ё 등을 가진 단어이다. пóле의 어간은 пол'이다. 어간의 끝이 연자음(л')이기 때문에 여기에 경자음 복수어미 а를 부가하면 '연자음성' + а ···› я가 되어 пол' + а ···› поля로 되었다. ружьё의 어간은 ружьй이다. 연자음 й에 경자음 복수 어미인 а를 부가하면 й + а ···› я로 되어 ружьй + а ···› ру́жья로 되었다.

[주] 특이하게 어떤 중성명사에서 어미 -и를 가진 복수주격형태가 만들어지는 경우가 있다: у́хо '귀' — у́ши '귀들', плечó '어깨' — плéчи '어깨들', колéно '무릎' — колéни '무릎들', вéко '눈꺼풀' — вéки '눈꺼풀들', я́блоко '안구' — я́блоки '안구들'

[역주] 현대 러시아어에서는 사라졌지만, 고대 러시아어에는 대상이 둘일 때 사용되는 쌍수범주가 있었다. 위에서 예를 든 단어는 고대 러시아어 중성명사의 쌍수 주격형이 현대 러시아어에 남아있는 몇 안되는 예이다. 예를 든 단어는 모두 두 쌍으로 이루어진 단어이다.

[역주] 정리하면 중성명사의 복수주격 어미는 어간의 끝이 경자음으로 끝나면 -а이고, 연자음으로 끝나면 -я이다.

3. 중성명사의 복수를 형성할 때에 다음의 강세 유형에 유의하시오.

첫 음절에서 마지막 음절로 이동하는 유형: дéло '일' — делá '일들', прáво '권리' — правá '권리들'
마지막 음절에서 첫 음절로 이동하는 유형: окнó '창' — óкна '창들', ружьё '소총' — ру́жья '소총들', письмó '편지' — пи́сьма '편지들'
접미사 **-ани(е)**, **-ени(е)**, **-ств(о)**를 가진 단어는 강세가 불변이다: здáние '건물' — здáния '건물들', собрáние '모임' — собрáния '모임들', впечатлéние '인상' — впечатлéния '인상들', госудáрство '국가' — госудáрства '국가들', хозя́йство '경제' — хозя́йства '경제들'

연습문제 25 주어진 명사에서 복수를 만들고 단수와 복수에 강세를 치시오.

보기: окнó — óкна
письмо, кольцо, стекло, зерно, лицо, село

보기: дéло — делá
право, стадо, место, зеркало, слово

보기: здáние — здáния, госудáрство — госудáрства
собрание, заседание, совещание, упражнение, правительство

남성과 중성명사 복수 조성방법의 몇몇 특징

1. 접미사 **-анин(-янин)**을 가진 남성명사의 복수는 **-ане(-яне)**으로 끝난다: граждани́н ⋯▸ гра́ждане, крестья́нин ⋯▸ крестья́не

   -ин으로 끝나는 명사의 복수주격은 서로 다르게 형성된다:

хозя́ин — хозя́ева '주인'	болга́рин — болга́ры '불가리아인'
господи́н — господа́ '...씨'	грузи́н — грузи́ны '그루지아인'
тата́рин — тата́ры '따따르인'	

2. 동물의 새끼를 표시하는 접미사 **-онок(-ёнок)**을 가진 남성명사의 복수는 **-ата(-ята)** 으로 끝난다: волчо́нок '새끼늑대' — волча́та '새끼늑대들', котёнок '새끼고양이' — котя́та '새끼고양이들'

   단어 ребёнок '어린아이'의 복수는 ребя́та '어린아이들'이지만 де́ти가 더 자주 사용된다.

3. 어떤 남성과 중성명사의 복수는 어미 **-ья**이다.

[역주] 복수 **-ья**는 고대 러시아어에서 사용되었던 형태였다:

брат — бра́тья '형제'	муж — мужья́ '남편'
лист — ли́стья '나뭇잎'	стул — сту́лья '의자'
прут — пру́тья '나무가지'	ко́лос — коло́сья '이삭'
перо́ — пе́рья '펜'	крыло́ — кры́лья '날개'
де́рево — дере́вья '나무'	звено́ — зве́нья '고리'

몇몇 명사의 어간에서는 복수의 조성에서 자음 교체가 발생한다: 예를 들어, друг — друзья́ '친구', сук — су́чья '큰 가지'

4. -мя으로 끝나는 중성명사의 복수는 원형에 없는 -ен, -ён이 추가된다.

[역주] 이 유형의 단어는 고대 러시아어에서 -мен- 어간의 명사였다. 이 어간은 사라졌지만 복수 격변화를 하는 과정에서 다시 나타났다. 이 유형의 단어는 현대 러시아어에서 10단어만 남았다:

вре́мя — времена́ '시간'	и́мя — имена́ '이름'
зна́мя — знамёна '깃발'	се́мя — семена́ '종자'
пле́мя — племена́ '종족'	стре́мя — стремена́ '말의 등자'

бре́мя '부담', вы́мя '짐승의 젖통', пла́мя '불길', темя '정수리'는 복수가 사용되지 않는다.

вре́мя의 복수는 아주 특별한 의미로 사용된다. В те далёкие времена́ ... '먼 옛날에' 그러나 이 표현은 В то далёкое время으로도 사용할 수 있다.

5. не́бо '하늘', чу́до '기적'의 복수는 원형에 없는 -ес-가 추가되어 небеса́ '하늘들',

чудеса́ '기적들'이다.

[역주] 이 유형의 단어는 고대 러시아어에서 -ec-어간의 단어이다. 이 유형의 단어는 대부분 사라지고 오늘날에는 не́бо, чу́до 등 복수변화에만 -ec-가 남아있다.

연습문제 26 다음 문장에서 이탤릭체로 된 명사를 복수로 바꾸어서 문장을 다시 쓰시오.

1. *Брат* отправился на рыбную ловлю.
2. *Ребёнок* играл около дома.
3. *Друг* часто пишет письма.
4. Напротив моего окна растёт *дерево*.
5. Хозяин приветливо встретил гостей.
6. Из-под забора выскочил *котёнок*.
7. В комнате тишина, слышно только, как скрипит *перо*.
8. Агроном внимательно разглядывал *колос* пшеницы.
9. Впереди колонны демонстрантов развевалось *знамя*.

단수	복수	
лист	листы́ '종이의 복수'	ли́стья '잎의 복수'
	Мы пригото́вили больши́е **листы́** бума́ги для диагра́мм. '우리는 도표를 그리기 위해 큰 종이들을 준비했다.'	На дере́вьях жёлтые **ли́стья**. '나무에는 노란 잎들이 있다.'
пропуск	про́пуски '결석'	пропуска́ '통행증의 복수'
	У ученика́ есть **про́пуски** заня́тий по боле́зни. '학생은 질병으로 수업에 결석했다.'	Часово́й проверя́л **пропуска́**. '보초는 통행증을 검사했다.'
счёт	счёты '주판'	счета́ '계산서'
	Я купи́л конто́рские **счёты**. '나는 사무소용 주판을 구입했다.'	Коми́ссия проверя́ла **счета́** '위원회는 회계 검사를 했다.'

[주1] 단어 цвето́к의 복수는 цветы́이고(На лугу запестрели цветы); 단어 цвет의 복수는 цвета́이다 (Люблю́ я́ркие цвета́).

[주2] 단어 челове́к의 복수는 лю́ди이다. 이 단어의 복수형태 челове́к은 수사와 결합한 생격으로만 사용된다(пять челове́к).

[주3] 단어 счёт의 복수는 счета́이고(Коми́ссия проверя́ла счета́); 단어 счёты (Я купи́л конто́рские счёты)는 단수 형태가 없다.

연습문제 27 문장의 끝에 있는 괄호 속에 있는 단어의 의미를 살려서 필요한 형태를 넣으시오.

1. Осень. На деревьях жёлтые и красные (   ). На столе лежали белые (   ) бумаги. (листы́, ли́стья)
2. У некоторых товарищей в нашей группе есть (   ) занятий по болезни. При входе в университет нужно предъявлять (   ). (про́пуски, пропуска́)
3. В картине преобладали мрачные (   ). На окне стояли (   ). (цветы́, цвета́)
4. Бухгалтер проверял (   ). Конторские (   ) с грохотом упали на пол. (счета́, счёты)

단수 또는 복수로만 사용되는 명사

러시아어에서 어떤 명사는 단수 또는 복수로만 사용된다.

1. 다음의 명사는 단수로만 사용된다:

a) 집합명사, 즉 단수에서 많은 대상을 하나의 전체로 표시하는 명사. 활동체를 표시하는 명사(молодёжь '젊은이', детвора́ '어린아이들', студе́нчество '대학생', челове́чество '인류', беднота́ '가난한 사람')와 비활동체를 표시하는 명사(бельё '내의', посу́да '그릇', листва́ '나무 잎사귀', ме́бель '가구')로 나누어진다.

b) 금속을 표시하는 명사(желе́зо '철', медь '동'), 화학기호(кислоро́д '산소', азо́т '질소', водоро́д '수소'), 약품(аспири́н '아스피린', йод '요드', биомици́н '바오미찐'), 액체(вода́ '물', вино́ '포도주'), 식품(мя́со '육고기', са́хар '설탕', мука́ '밀가루', рис '쌀')

[주] 이 그룹의 어떤 명사들은 복수로도 사용될 수 있다: минера́льные во́ды '광천수', дороги́е ви́на '값비싼 포도주'

c) 채소, 곡물, 딸기 등의 명칭을 표시하는 명사 (карто́фель '감자', лён '아마', лук '양파', морко́вь '당근', рожь '호밀', мали́на '산딸기')

d) 어떤 식물의 명칭 (сире́нь '라일락', черёмуха '벚꽃', крапи́ва '쐐기풀')

e) 형용사, 동사에서 파생한 추상명사 (чте́ние '독서', внима́ние '주의', перепи́сывание '고쳐 씀', мо́лодость '젊음', белизна́ '가난', темнота '어두움' 등)

2. 다음의 명사는 복수로만 사용된다:

a) 쌍의 물체를 표시하는 명사, 동일한 두 부품으로 되어 있는 대상: очки́ '안경', но́жницы '가위', щипцы́ '뻰찌', брю́ки '바지', тру́сики '팬츠', воро́та '대문', пери́ла '층계의 난간', са́ни '썰매', кавы́чки '인용부'

b) 암기할 필요가 있는 여러 명사들: бу́дни '평일', ви́лы '갈퀴', весы́ '저울', гра́бли '써레', де́ньги '돈', дрова́ '장작', дро́жжи '효모', духи́ '향수', жму́рки '술래잡기',

кани́кулы '방학', **носи́лки** '들것', **пери́ла** '난간', **кура́нты** '궁정외교신문, 음악시계', **по́хороны** '장례식', **су́мерки** '황혼', **сли́вки** '크림', **су́тки** '하루 24시간', **счёты** '주판', **черни́ла** '잉크', **шахматы** '서양장기', **ша́шки** '서양바둑', **щи** '양배추 스프', **фина́нсы** '재정', **по́иски** '탐색', **про́воды** '송별', **хло́поты** '성가신 것'

이 명사와 일치되는 모든 형용사도 복수로 사용된다.

Купи́л кра́сные черни́ла. '붉은 색 잉크를 구입했다.'

Хорошо́ провёл ле́тние кани́кулы. '여름방학을 잘 보냈다.'

Не спал це́лые су́тки. '하루 24시간 온종일 잠을 자지 못했다.'

3. пальто́ '외투', метро́ '지하철', такси́ '택시', шоссе́ '신작로' 등의 불변 명사는 수 변화를 하지 않는다. 그러나 만약 이 명사가 몇몇 대상을 표시하는데 사용되면, 이 명사와 일치하는 단어는 복수로 사용된다.

Сда́йте, пожа́луйста, все ва́ши пальто́ в гардеро́б. '여러분의 모든 외투를 외투 보관실로 건네주세요.'

Проло́жены но́вые доро́ги, но́вые шоссе́. '새 도로, 새 신작로가 부설되었다.'

Появи́лись но́вые краси́вые такси́. '아름다운 새 택시가 모습을 보였다.'

연습문제 28 다음 명사의 성을 말하시오.

крестьянство, интеллигенция, студенчество, детвора, родня, сырьё, бельё, оружие, листва, обувь, одежда, мебель

연습문제 29 다음 명사의 성을 말하시오.

любовь, дружба, честь, терпение, печаль, смелость, ловкость, помощь

연습문제 30 모든 명사에 형용사를 부가하고 형용사와 명사를 세 난으로 분류하시오.

железо, медь, золото, серебро, сталь, олово, нефть, пшеница, овёс, ячмень, рожь, лук, капуста, морковь, картофель, земляника, крыжовник, клубника, молоко, чай, сало, мясо, мука, мыло, керосин, бензин, пыль, воздух

연습문제 31 다음 명사를 세 난으로 분류하시오: (1) 단수로만 사용되는 명사, (2) 복수로만 사용되는 명사, (3) 단수도 사용되고 복수로도 사용되는 명사. 이탤릭체로 된 명사에 형용사를 부가하시오.

солнце, луна, звезда, воздух, мороз, жара, пыль, дождь, снег, туман, трава, сыр, молоко, вино, крупа, мука, соль, сахар, сани, молоток, топор, клещи, обувь, мебель, ворота, чернила, ножницы, шахматы, шашки, оружие, орудие, сапоги, брюки, перчатки, рубашка, костюм

명사 격변화

러시아어에서 명사는 격변화를 한다. 러시아어에서는 여섯 개의 격이 있다. 이들 중 각각의 격은 일정한 질문에 답한다.

주격 - кто? что?

생격 - кого? чего?

여격 - кому? чему?

대격 - кого? что?

조격 - кем? чем?

전치격 - о ком? о чём?

주격을 제외한 모든 격을 사격이라고 한다.

명사가 주격의 질문에 답을 하면 그 명사는 문장에서 주어나 술어가 된다.

Брат живёт в Москвé. '형제가 모스끄바에 살고 있다.' (Кто живёт в Москвé? '누가 모스끄바에 살고 있나?') Брат. '형제입니다.' (주어)

На столé лежи́т **кни́га**. '테이블 위에 책이 놓여있다.' (Что лежи́т на столé? '테이블 위에 무엇이 놓여있나?') Кни́га. '책입니다.' (주어)

Мой брат **учи́тель**. '나의 형제는 선생님이다.' (Кто ваш брат? 당신의 형제는 무엇하는 분입니까?) Учи́тель. '선생님입니다.' (술어)

Это **тетра́дь**. '이것은 노트입니다.' (Что э́то? '이것이 무엇입니까?') Тетра́дь. '노트입니다.' (술어)

주어와 술어는 문장의 주성분이다.

만약 명사가 사격의 질문에 대답을 하면 그 명사는 문장에서 문장의 이차성분이다:

Я написа́л **письмо́ бра́ту**. '나는 형제에게 보낼 편지를 썼다.'

(Что я написа́л? '내가 무엇을 썼느냐?') Письмо́. '편지를 썼습니다.' (문장의 이차성분)

(Кому́ я написа́л? '누구에게 편지를 썼습니까?') Бра́ту '형제에게 썼습니다.' (문장의 이차성분)

Я занима́лся **с дру́гом**. '나는 친구와 함께 공부했다.'

(С кем я занима́лся? '나는 누구와 함께 공부했나요?') С дру́гом. '친구와 함께 했습니다.' (문장의 이차성분)

조격 명사는 술어성분으로 될 수 있다.

Я бу́ду **учи́телем**. '나는 선생님이 될 겁니다.'

만약 명사가 문장의 이차성분이라면, 그 명사는 문장에서 전치사 없이도 사용될 수 있고 아니면 전치사와 함께 사용될 수도 있다.

Я написа́л **письмо́**.'나는 편지를 썼다.' Я написа́л **бра́ту**.'나는친구에게 썼다.' (전치사 없는 이차성분)

Я был **у дру́га**.'나는 친구에게 있었다' Я занима́лся **с дру́гом**. (나는 친구와 공부했다.) (전치가 y와 c를 가진 이차성분)

활동체를 표시하는 명사는 다음의 질문에 대답한다:

주격 кто? **Друг** живёт в Москве́.'친구는 모스끄바에 살고 있다.'

생격 кого? Я был **у дру́га**.'나는 친구에게 있었다.'

여격 кому́? Я написа́л **дру́гу**.'나는 친구에게 썼다.'

대격 кого́? Я встре́тил **дру́га**.'나는 친구를 만났다.'

조격 кем? Я занима́лся **с дру́гом**.'나는 친구와 공부했다.'

전치격 о ком? Мы говои́м **о дру́ге**.'우리는 친구에 대하여 말한다.'

비활동체를 표시하는 명사는 다음의 질문에 대답한다:

주격 что? **Письмо́** лежи́т на столе́.'편지가 책상위에 놓여있다.'

생격 чего? Это слова́ **пе́сни**.'이것은 노래의 가사이다.'

여격 чему? Ка́тя ра́дуется **прихо́ду** госте́й. '까짜는 손님들이 방문한 것에 기뻐한다.'

대격 что? Я получи́л **письмо́**.'나는 편지를 받았다.'

조격 чем? Пётр копа́ет зе́млю **лопа́той**.'뾰뜨르는 삽으로 땅을 판다.'

전치격 о чём? Я рассказа́л **о письме́**.'우리는 편지에 대하여 말했다.'

연습문제 32 다음 이탤릭체로 된 명사들을 참조하여 해당 문장이 대답이 될 수 있는 의문문을 만드시오.

A.

1. *Студент* работает в лаборатории.
2. Вчера я был на консультации у *профессора*.
3. Я написал письмо *отцу*.
4. в театре я встретил *друга*.
5. На экскурсии мы разговаривали с *директором* завода.
6. Вечером рабочие говорили о заводе, о новом *директоре*.

B.

1. Ярко светило *солнце*.
2. Сегодня нет *солнца*.
3. Мы всегда рады *солнцу*.
4. Я люблю *солнце*.
5. Я доволен расписанием.
6. Я рассказал другу о *собрании*.

격 의미

러시아어의 격은 의미가 풍부하다. 문장에서 동일한 명사의 격이 대상의 여러 가지 관계를 표시하는데 사용된다.

명사 생격

1. 다른 명사와 결합하여 소속, 소유를 표시한다.

   Кни́га **бра́та** 형제의 책, Лес **университе́та** 대학 소유의 숲

2. 단어 нет, не было, не будет와 결합하여 대상의 부재를 표시한다.

   У меня́ **нет карандаша́**. '나는 연필이 없다.'

   Вчера́ **не́ было дождя́**. '어제 비가 오지 않았다.'

   За́втра **не бу́дет врача́**. '내일 의사가 있지 않을 거예요.'

3. 여러 가지 전치사와 결합하여 여러 가지 의미를 가진다.

   Я был **у до́ктора**. '나는 박사에게 있었다.'

   Я купи́л кни́гу **для дру́га**. '나는 친구를 위한 책을 구입했다.'

   Он прие́хал **из Санк-Петербурга**. '나는 상트-뻬쩨르부르그에서 왔다.'

명사 여격

전치사 없이 또는 전치사 к와 함께 일반적으로 행위가 향하여 지는 사람 또는 사물을 표시한다.

Помога́ю **дру́гу**. '친구를 돕는다.'

Ра́дуюсь **успе́хам**. '성공을 기뻐한다.'

Иду́ **к преподава́телю**. '강사에게 간다.'

명사 대격

1. 타동사와 결합하여 행동이 이행되는 대상을 표시한다.

   Чита́ю **газе́ту**. '잡지를 읽는다.'

   Встре́тил **дру́га**. '친구를 만났다.'

2. 전치사 в, на와 결합하여 행위가 행해지는 장소를 표시한다.

Иду́ **в декана́т**. '학부 사무국으로 걸어간다.'

Иду́ **на собра́ние**. '모임 장소로 걸어간다.'

◈◈◈

명사 조격

1. 행위가 수행되는 기구나 수단을 표시할 수 있다.

Пишу́ **ме́лом**. '분필로 쓴다.'

Ре́жу **ножо́м**. '칼로 자른다.'

2. 행위가 수행되는 사람을 표시할 수 있다.

Занима́юсь **с дру́гом**. '친구와 공부한다.'

Говорю́ **с преподава́телем**. '강사와 이야기한다.'

◈◈◈

명사 전치격

전치격은 반드시 전치사와 함께 사용된다.

a) 전치사 о를 가지고 언급하고 있는 사람이나 사물을 나타낸다.

Чита́ли **о Пу́шкине**. '뿌쉬낀에 대하여 읽었다.'

Говори́ли **о литерату́ре**. '문학에 대하여 말하였다.'

b) 전치사 в, на를 가지고 행위장소를 표시한다.

Был **в теа́тре**. '극장에 다녀왔다.' / Рабо́таю **на фа́брике**. '공장에서 일한다.'

연습문제 33 모든 문장의 모든 명사들에 의문문을 만드시오.

1. Мой отец работает на заводе. Брат учится в институте.
2. Сестра друга учится в Москве.
3. Театр находится в центре города.
4. Студент сдал зачёт преподавателю.
5. Я пишу письмо другу. Я подарил брату портфель.
6. На этой бумаге можно писать только карандашом.
7. Вчера мы слушаем интересный доклад о международном положении.
8. На улице я встретил друга.
9. Я долго разговаривал с другом о докладе.

명사 격변화의 세 가지 유형

I. 단수 격 어미에 따라 러시아어 명사 격 변화는 세 가지 유형으로 나누어진다.

1. 활용명사에는 다음의 것이 관계된다.

   a) 주격에서 경자음과 연자음 어간을 가지고 어미가 없는 남성명사(**го́род** '도시', **день** '날', **май** '5월')

   b) 어미 **-о(-ё)**, **-е**를 가진 중성 명사(**письмо́** '편지', **ружьё** '소총', **по́ле** '들판', **зда́ние** '건물')

   [주] 지소와 지대 접미사 그리고 어미 -о, -е를 가진 남성명사(городи́шко 'город의 비칭', доми́шко '조그마한 나쁜 집')도 1식 활용형에 속한다.

2. 어미 **-а**, **-я**를 가진 여성명사는 2식에 속한다(**страна́** '나라', **земля́** '땅', **а́рмия** '군대')

   [주] -а, -я로 끝나는 남성명사(ю́ноша, ста́роста, судья́, дя́дя, Кузьма́, Ва́ня)와 -а, -я로 끝나는 총성명사(сирота́, у́мница, рази́ня)도 2식 활용형에 속한다.

3. 주격에서 연자음과 쉿소리(경자음과 연자음)로 끝나는 어간을 가지고 어미가 없는 여성명사는 3식에 속한다(**тень** '그늘', **степь** '대초원', **ночь** '밤', **рожь** '호밀', **мышь** '쥐')

II. 몇몇 명사는 위에서 언급한 세 가지 변화에 속하지 않고 특수하게 변화된다. **-мя**로 끝나는 중성명사(**и́мя** '이름', **вре́мя** '시각' 등), 남성명사 **путь** '길', 중성명사 **дитя́** '아이', 여성명사 **мать** '어머니', **дочь** '딸'

III. 수 변화도 하지 않고 격 변화를 하지 않는 명사가 있다(пальто́ '외투', кино́ '영화', метро́ '지하철', шоссе́ '신작로', жюри́ '심사위원단', кенгуру́ '캥거루', ко́фе '커피'). 이 명사는 ко́фе '커피'를 제외하고 중성명사이다. 이 명사들은 러시아어에서 외래어이다.

단수 명사 격변화

명사 제1식 변화

주격에서 어미가 없는 남성명사와 어미 **-о(-ё)**, **-е**를 가진 중성명사가 1식 변화에 속한다. 1식 변화는 경자음 변화와 연자음 변화로 나누어진다.

[역주] 모든 변화에서 경자음 변화가 기본이다. 그렇기 때문에 경자음 변화는 반드시 암기해야 한다.

1. 어간이 경자음으로 끝나는 남성명사의 격변화

격	명사		어미
주격	студент	завод	제로
생격	студента	завода	-а
여격	студенту	заводу	-у
대격	студента	завод	주격 또는 생격
조격	студентом	заводом	-ом
전치격	о студенте	о заводе	-е

[역주] 활동체 남성명사에서 대격은 생격과 형태가 같다. 비활동체 남성명사에서 대격은 주격과 형태가 같다.

2. 어간이 연자음과 -й로 끝나는 남성명사의 격변화

격	명사				어미
주격	вождь	огонь	геро́й	бой	제로
생격	вождя	огня	геро́я	боя	-я
여격	вождю	огню	геро́ю	бою	-ю
대격	вождя	огонь	геро́я	бой	주격 또는 생격
조격	вождём	огнём	геро́ем	боем	-ём, -ем
전치격	о вожде	об огне	о геро́е	о бое	-е

[역주] 경자음 기본형은 무조건 암기해야 하지만 연자음 변화는 암기하는 것이 아니라 경자음이 연자음으로 되는 과정을 이해해야 한다. 위에서 예를 든 **вождь**는 어간이 **вожд'**로 끝나 있다. 따라서 이 단어의 마지막 자음이 연자음(д')이다. 생격을 형성하기 위해서는 연자음 д'에 경자음 생격어미 -а를 붙이면 д' + а = дя가 되어 결국 **вождя**로 된다. 여격을 형성하기 위해서는 연자음 д'에 경자음 여격어미 -у를 붙이면 д' + у = дю가 되어 결국 **вождю**로 된다. 활동체 명사인 **вождь**의 대격은 생격과 동일한 방법으로 형성된다. 조격을 형성하기 위해서는 연자음 д'에 경자음 조격어미 -ом을 붙이면 д' + ом = дём으로 되어 결국 **вождём**로 된다. 조격어미는 어미에 강세가 떨어지면 ём이 되고 강세가 떨어지지 않으면 ем이 된다. 마지막으로 전치격은 경자음 기본형에서 어간의 끝이 연자음으로 되어 있다. 경자음 기본형 변화이지만 사실 전치격에서는 연자음으로 끝나 있다는 말이다. 그렇기 때문에 전치격에서는 경자음에서 연자음으로 되는 음운변화가 적용되지 않는다. 그렇기 때문에 연자음 변화에서도 경자음 변화와 동일하게 되어 **о вожде**로 된다.

[역주] 어간이 연자음 -й로 끝나는 남성명사의 변화는 위의 연자음 변화와 유사한 방법으로 변화된다. **герой**의 생격은 어간의 끝에 있는 й에 경자음 생격어미 -а를 붙이면 й + а = я가 되어 결국 **героя**로 된다. 여격은 연자음 й에 경자음 여격어미 -у를 붙이면 й + у = ю가 되어 **геро́ю**로 된다. 활동체 명사인 **геро́й**의 대격은 생격과 동일한 방법으로 형성된다. 조격은 연자음 й에 경자음 조격어미 -ом을 붙이면 й + ом = ем으로 되어 결국 **геро́ем**으로 된다. 마지막으로 전치격은 경자음 변화와 동일하게 되어 **о геро́е**로 된다.

집합의 의미를 가진 남성명사 **наро́д**'민족', **отря́д** '부대'는 대격이 주격과 형태가 동일하다 (**люби́ть наро́д**'민족을 사랑하다', **вести́ отря́д**'부대를 이끌다').

중성명사의 격변화

1. 어간이 경자음으로 끝나는 중성명사의 격변화

격	명사		어미
주격	окнó	дéло	-о
생격	окнá	дéла	-а
여격	окнý	дéлу	-у
대격	окнó	дéло	주격과 동일
조격	окнóм	дéлом	-ом
전치격	об окнé	о дéле	-е

중성명사의 대격 어미는 항상 주격 어미와 형태가 동일하다.

2. 어간이 연지음으로 끝나는 중성명사의 격변화

격	명사		어미
주격	ружьё	пóле	-ё, -е
생격	ружья́	пóля	-я
여격	ружью́	пóлю	-ю
대격	ружьё	пóле	주격과 동일
조격	ружьём	пóлем	-ём, -ем
전치격	о ружьé	о пóле	-е

[역주] 위에서 예를 든 중성명사 ружьё의 어간은 ружьй로 끝나있다. 따라서 어간이 연자음 й로 끝나는 중성명사의 변화는 다음과 같다: ружьё의 생격은 어간의 끝에 있는 연자음 й에 경자음 생격어미 -а를 붙이면 й + а = я가 되어 결국 ружья로 된다. 여격을 형성하기 위해서는 연자음 й에 경자음 여격어미 -у를 붙이면 й + у = ю가 되어 결국 ружью로 된다. ружьё의 대격은 주격과 동일한 방법으로 형성된다. 조격을 형성하기 위해서는 연자음 й에 경자음 조격어미 -ом을 붙이면 й + ом = ём으로 되어 결국 ружьём으로 된다. 마지막으로 전치격은 경자음 기본형과 동일하게 되어 о ружье로 된다.

쉿소리와 ц 다음에 명사 격어미의 정자법 규칙

중성명사 단수주격에서 쉿소리(ж, ч, ш, щ)와 ц 다음에서는 강세 아래에서와 무강세 아래에서는 서로 다르다. 강세 아래에서는 -о(кольцó '둥근 고리', плечó '어깨')가 쓰이고 무강세 아래에서는 -е(сéрдце '심장', учи́лище '학교')가 쓰인다.

남성명사와 중성명사 단수조격에서는 강세아래에서 -ом(бойцóм, ножóм, кольцóм, плечóм)이 쓰이고 무강세 아래에서는 -ем(сéрдцем, учи́лищем)이 쓰인다.

-ий와 -ие로 끝나는 남성명사와 중성명사의 격변화

격	남성명사		중성명사
주격	ге́ний	санато́рий	собра́ние
생격	ге́ния	санато́рия	собра́ния
여격	ге́нию	санато́рию	собра́нию
대격	ге́ния	санато́рий	собра́ние
조격	ге́нием	санато́рием	собра́нием
전치격	о ге́нии	о санато́рии	о собра́нии

[역주] -**ий**로 끝나는 남성명사와 -**ие**로 끝나는 중성명사의 격변화는 나중에 설명할 -**ия**로 끝나는 여성명사(**лаборатория**'실험실', **армия**'군')와 더불어 모두 어간의 끝이 동일하게 -**ий**로 되어있다. 남성명사와 중성명사의 전치격과 여성명사의 여격과 전치격에서는 동일하게 어미가 -**ии**이라는 것에 유의하시오. 나머지 변화는 **й**로 끝나는 연자음 변화와 동일하다.

연습문제 34 다음 이탤릭체로 된 명사의 성과 격을 정하시오.

Вчера у нас было студенческое *собрание*. На *собрании* были студенты I курса. Протокол *собрания* вёл друг Карпов. *Собрание* прошло очень живо: все хорошо подготивились к *собранию*, многие выступали.

연습문제 35 이탤릭체로 된 명사의 성과 격을 정하고 이 단어들에 강세를 치시오.

1. Мы слушали доклад о событиях *за рубежом*.
2. Вчера мы ходили *с другом* в театр.
3. Я говорил *с врачом*.
4. Старик работает в колхозе *сторожем*.
5. Птенец вырос и стал весёлым *певцом*.
6. Мы покрыли дно лодки *камышом*.
7. В лесу пахнет *ландышем*.

연습문제 36 남성명사 преподаватель, лаборант를 사용하여 주어진 질문에 답을 하시오. 모든 단어에 강세를 치시오.

1. Кто вошёл в аудиторию?
2. Чья это книга?
3. Кому студенты отдали свои работы?
4. Кого студенты выбрали на собрании секретарём?
5. С кем студенты работают в лаборатории?
6. О ком была в стенгазете статья?

연습문제 37 중성명사 строительство, здание, заседание를 격변화시키시오. 그리고 이 명사의 전치격 형태를 사용하여 문장을 만드시오.

연습문제 38 다음 명사의 조격을 쓰시오.

карандаш, луч, кузнец, солнце, лицо, палец, скворец, птенец

◆◆◆

생격과 전치격에서 특수한 남성명사 격변화 형태

〖어미 -у(ю)를 가진 생격〗

어떤 사물, 물질의 양이나 부분이 지시될 때 어떤 남성명사는 단수 생격에서 어미 **-у(ю)**를 가진다:

кусóк сáхару '설탕 한 조각', стакáн чáю '차 한잔', килогрáмм мёду '벌꿀 1킬로'

купи́ть сáхару, мёду '설탕, 벌꿀을 조금 사다', вы́пить чáю '차를 조금 마시다' набрáть хвóросту '나뭇가지를 조금 모으다'

명사 хлеб, овёс는 생격에서 어미 -у를 가지지 않는다.

[주] 이떤 경우에시 이미 -у를 가진 남성 명사 생격은 전치사와의 결합에서 나다난다. 예를 들이, **вышел и́з дому, и́з лесу, шёл дó дому час.** 그런 경우에 강세는 종종 전치사로 이동한다.

연습문제 39 이탤릭체로 된 명사의 생격에서 어미가 왜 -у 또는 -ю가 사용되는지 설명하시오.

1. Налейте мне, пожалуйста, чашку *чаю.*
2. Дайте мне, пожалуйста, кило *сахару* и стакан *мёду.*
3. Ты пойдёшь в магазин? Купи мне, пожалуйста, хлеба, *сыру* и *сахару.*
4. Не уходи, мы сейчас выпьем *чаю.*

〖어미 -у(ю)를 가진 전치격〗

어떤 남성명사는 전치격에서 전치사 **в**, **на** 뒤에서 어미에 강세를 가진 **-у(ю)**를 가진다.

a) **в** лесý '숲에서', **в** садý '정원 안에서', **в** углý '구석에서', **в** шкафý '찬장 안에서', **в** носý '코 안에서'

b) **на** берегý '기슭 위에서', **на** мостý '다리 위에서', **на** шкафý '찬장 위에서'

В какóм годý? '몇 년에?' — **В** 2008 годý '2008년에'

В котóром часý? '몇 시에' — **В** пéрвом часý '12시가 지나서'

연습문제 40 이탤릭체로 된 명사의 격을 정하고 이 명사의 주격과 전치격을 쓰시오. 강세를 치시오.

보기: лес — в лесу

1. Мы долго гуляли *в лесу.*

2. Пожелтели листья *в саду*.
3. Студенты разожгли костёр *на берегу* реки.
4. *На посту* стоит часовой.
5. *На мосту* большое движение.
6. Лето мы провели *в Крыму*.
7. В каком *году* вы родились? Я родился *в 1992 году*.
8. В котором *часу* вы пришли домой.
9. Он много видел на своем *веку*.

명사 제2식 변화

-а(-я)로 끝나는 여성명사가 이 변화에 속한다. 2식 변화에서도 경자음 변화, 연자음 변화 그리고 정자법 규칙으로 나누어진다.

어간이 경자음으로 끝나는 여성명사의 격변화

격	명사		어미
주격	страна́	же́нщина	-а
생격	страны́	же́нщины	-ы
여격	стране́	же́нщине	-е
대격	страну́	же́нщину	-у
조격	страно́й	же́нщиной	-ой
전치격	о стране́	о же́нщине	-е

[역주] 경자음 변화는 기본형에 속한다. 그렇기 때문에 반드시 외워야 한다.

어간이 г, к, х로 끝나는 여성명사의 격변화

격	명사		어미
주격	рука́	доро́га	-а
생격	руки́	доро́ги	-и
여격	руке́	доро́ге	-е
대격	ру́ку	доро́гу	-у
조격	руко́й	доро́гой	-ой
전치격	о руке́	о доро́ге	-е

[역주] 위의 변화는 경자음 변화에 속하지만 г, к, х 다음에 ы를 쓰지못하고 и를 쓰야하는 러시아어 정자법 규칙으로 이 부분만 차이가 난다. 나머지는 경자음 기본형과 동일하다.

어간이 연자음으로 끝나는 여성명사의 격변화

격	명사			어미	명사	어미
주격	земля́	семья́	ста́я	-я	а́рмия	-я
생격	земли́	семьи́	ста́и	-и	а́рмии	-и
여격	земле́	семье́	ста́е	-е	а́рмии	-и
대격	зе́млю	семью́	ста́ю	-ю	а́рмию	-ю
조격	землёй	семьёй	ста́ей	-ей	а́рмией	-ей
전치격	о земле́	о семье́	о ста́е	-е	а́рмии	-и

[역주] 연자음 변화는 어간의 끝에 있는 자음의'연자음성'에 경자음 어미를 부가하여 만들어진다. 연자음성 + а ···› я, 연자음성 + ы ···› и, 연자음성 + у ···› ю, 연자음성 + ой ···› ей, ёй로 된다. 마지막 경우는 강세 아래에서 ёй, 무강세 아래에서 ей 형태로 된다. 앞에서 이미 설명한 바와 같이 여격과 전치격에서는 경자음 기본형에서 경자음이 아니기 때문에'경자음 ···› 연자음' 대응변화를 하지 않고 동일한 형태로 된다. 그러므로 명사 어미가 -а, -ы, -у, -ой로 되어 있으면 어간의 끝이 경자음이라는 말이고, 명사 어미가 -я, -и, -ю, -ей, ёй로 되어 있으면 어간의 끝이 연자음이라는 말이다. 위의 것은 각각 해당되는 경자음과 연자음 변화의 어미로 대응된다: -а(경자음)/-я(연자음);-ы(경자음)/-и(연자음);-у(경자음)/-ю(연자음);-ой(경자음)/-ей, ёй(연자음). 이 간단한 음운변화를 알고 있으면 명사 격변화를 암기하는데 매우 편리하다.

[역주] армия 변화도 어간의 끝이 연자음이기 때문에 연자음 변화 유형이지만 앞의 명사변화에서 설명한 바와 같이 어간이 -ий로 끝나 있는 명사변화에서는 여격과 전치격 어미가 -ии인 것이 특징적이다. 생격이 армии로 된 것은 й + ы => и의 음운변화 때문이다. 이것은 경자음 ···› 연자음 변화의 기본 유형에 속하는 것이다.

쉿소리(ж, ч, ш, щ)와 ц 다음의 명사 격어미의 정자법 규칙

단수 조격에서 강세 아래에서는 **-ой**(**межо́й** '경계로', **свечо́й** '초를 가지고', **овцо́й** '양에 의하여'), 무 강세 아래에서는 **-ей**(**кры́шей** '지붕으로', **ро́щей** '작은 숲으로', **пти́цей** '새에 의하여', **ту́чей** '먹구름으로', **лу́жей** '웅덩이로')로 된다.

연습문제 41 여성명사 преподавательница, сестра, лаборантка를 사용하여 주어진 질문에 대답하시오. 이 단어의 어미에 밑줄을 치시오. 모든 단어에 강세를 치시오.

1. Кто вошёл в комнату?
2. Чья это книга?
3. Кому вы написали письмо?
4. Кого вы видели на собрании?
5. С кем вы разговаривали по телефону?
6. О ком вы говорили с другом?

연습문제 42 명사 фабрика, книга, аудитория의 격변화를 시키시오. 이 명사의 전치격을 가지고 문장을 만드시오.

연습문제 43 다음 이탤릭체로 된 단어에 강세를 치시오.

1. Студенты были на экскурсии с *преподавательницей.*
2. Вершина горы закрылась *тучей.*
3. Мы шли *рощей.*
4. Комната освещалась *свечой.*
5. Ученики заинтересовались *задачей.*
6. Ласточки свили гнездо под *крышей.*

연습문제 44 다음 명사의 단수 조격을 쓰시오.

птица, овца, крыша, дача, межа, куча

명사 제3식 변화

-ь로 끝나는 여성명사가 이 변화에 속한다.

격	명사			어미
주격	жизнь	ночь	рожь	제로어미
생격	жизни	ночи	ржи	-и
여격	жизни	ночи	ржи	-и
대격	жизнь	ночь	рожь	주격과 동일
조격	жизнью	ночью	рожью	-ью
전치격	о жизни	о ночи	о ржи	-и

a) 주격과 대격이 동일하다.

b) 생격, 여격, 전치격에서 어미 **-и**를 가진다.

c) 조격어미는 **-ью**이다.

d) 어간의 모든 단수의 격에서 강세를 가진 어떤 명사는 장소의 의미를 가질 때 어미에 강세를 가진다: цепь, це́пи, це́пью 그러나 на цепи́; степь, сте́пи, сте́пью, о степи 그러나 в степи́, кровь, кро́ви, кро́вью 그러나 в крови́.

연습문제 45 이탤릭체로 된 명사의 격을 정하시오.

1. Широко раскинулась *степь.* Хорошо *в степи.*
2. Труд советских людей преображает *степь.* Огни гигантских строек горят *над*

степью.

3. Наша страна богата *нефтью*. Мы добываем *нефть* во многих местах нашей страны.
4. Мы были на заводе — в цехе, где льют *сталь*.
5. Мы слушали *лекцию*.

연습문제 46 명사 речь, смелость를 격변화시키시오.

연습문제 47 명사 осень, зима, лето와 모든 월의 명칭이 어떤 격변화 유형에 관련되는지 말하시오.

연습문제 48 이탤릭체로 된 명사에서 왜 어떤 경우에서는 어미 -и가 되고, 어떤 경우에서는 어미 -е가 되는지 설명하시오.

1. Мы были на Красной площади.
2. На площадке перед домом играют дети.
3. Я записываю лекции в общей тетради, а новые слова — в маленькой тетрадке.

연습문제 49 다음 명사를 격변화시키시오.

ночь, ночка, кровать, кроватка, лошадь, лошадка, ступень, ступенька

명사 복수 격변화

명사 복수 격변화에서는 여격, 조격, 전치격 어미가 성과 관계없이 동일한 형태를 가진다. 어간의 끝이 경자음일 경우에는 **-ам**, **-ами**, **-ах**이고 연자음 일 경우에는 **-ям**, **-ями**, **-ях**이다. 생격에서는 명사 어미가 서로 다르다.

남성명사 제1식 변화

격	명사			어미
주격	заво́ды	огни́	геро́и	-ы, -и
생격	заво́дов	огне́й	геро́ев	
여격	заво́дам	огня́м	геро́ям	-ам (-ям)
대격	заво́ды	огни́	геро́ев	
조격	заво́дами	огня́ми	геро́ями	-ами (-ями)
전치격	о заво́дах	о огня́х	о геро́ях	-ах (-ях)

중성명사 제1식 변화

격	명사			어미
주격	делá	пол́я	здáния	-а(-я)
생격	дел	полéй	здáний	
여격	делáм	пол́ям	здáниям	-ам (-ям)
대격	делá	пол́я	здáния	
조격	делáми	пол́ями	здáниями	-ами (-ями)
전치격	о делáх	о пол́ях	о здáниях	-ах (-ях)

여성명사 제2식 변화

격	명사		어미
주격	жéнщины	зéмли	-ы(-и)
생격	жéнщин	земéль	
여격	жéнщинам	зéмлям	-ам (-ям)
대격	жéнщин	зéмли	
조격	жéнщинами	зéмлями	-ами (-ями)
전치격	о жéнщинах	о зéмлях	-ах (-ях)

여성명사 2, 3식 변화

격	명사		어미
주격	áрмии	стéпи	-и
생격	áрмий	степéй	
여격	áрмиям	степ́ям	-ям
대격	áрмии	стéпи	
조격	áрмиями	степ́ями	-ями
전치격	об áрмиях	о степ́ях	-ях

1. 예에서 보는 바와 같이 성과 관계없이 또는 격변화의 유형에 관계없이 경자음 뒤에서는 **-ам**, **-ами**, **-ах**이고 연자음 뒤에서는 **-ям**, **-ями**, **-ях**이다.
2. 명사가 활동체를 나타내면 복수 대격과 생격이 동일하고, 명사가 비활동체를 나타내면 복수 대격과 주격이 동일하다. 단수에서는 남성명사에서만 활동체 대격이 생격과 동일했는데 복수에서는 활동체의 영역이 확대되어 여성명사에서도 활동체 대격이 생격과

동일하게 되었다.

3. 복수주격에서 **-ья**를 가지고 있는 남성과 여성명사(бра́тья '형제들', дере́вья '나무들')는 모든 격에서 ь이 보존된다: 생격 — бра́тьев, дере́вьев, 여격 — братьям, деревьям, 전치격 — о братьях, о деревьях.

연습문제 50 괄호 속에 있는 명사들을 단수 형태의 필요한 격으로 만들고, 그리고 복수 형태의 필요한 격으로 만드시오.

1. Мы выпустили стенгазету к ... (праздник)
2. Ученики прислали ... поздравление к Новому году. (преподаватель, проподавательница)
3. Я написал письмо ... (товарищ, брат, сестра)
4. Преподаватель поставил зачёт ... (студент, слушатель, слушательница)
5. Колхозники обрабатывают землю ... и убирают урожай ... (трактор, комбайн).
6. Самолёт летит над ... (степь, поле, лес, город, деревня)
7. Преподаватель доволен ... (ученик, ученица)
8. Мы любовались ... (здание, картина, статуя)
9. Началось большое строительство в ... (город, деревня, степь)
10. Студенты записывают лекции в ..., а новые слова в ... (тетрадь, словарик)
11. Мы были на ... и в ... (завод, фабрика, музей, колхоз)
12. Я рассказал товарищу о ... (книга, письмо, картина)

명사 복수 생격 (제1식 변화)

A. 남성명사는 복수 생격에서 다음의 어미 **-ов**, **-ев**, **-ёв**, **-ей**를 가진다:

1. 경자음으로 끝나는 남성명사는 어미 **-ов**을 가진다: заво́д — заво́ды — заво́д**ов**; учени́к — ученики́ — ученик**о́в**; лес — леса́ — лес**о́в**.

   그러나 복수주격이 **-ья**인 남성명사(брат '형제' — бра́т**ья** '형제들', лист — ли́ст**ья**, стул '의자' — сту́л**ья** '의자들', ко́лос — коло́с**ья**)는 생격에서 **-ьев**를 가진다. 예외: друзья́ — друз**е́й**, сыновья́ — сынов**е́й** 등.

   어간이 **-ц**로 끝나는 남성명사(оте́**ц** '아버지', живопи́се**ц** '화가')는 강세 아래에서는 -ов(отц**о́в**)이고 무강세 아래에서는 **-ев**(живопи́сц**ев**)이다.

2. 연자음으로 끝나는 남성명사(бой '전투', герой '주인공')는 어미 **-ёв**, **-ев**을 가진다: 강세 아래에서는 **-ёв**(бо**ёв**)이고 무 강세 아래에서는 **-ев**(геро́**ев**)이다.

3. -ь와 쉿소리로 끝나는 남성명사는 어미 **-ей**를 가진다: вождь '지도자' — вожд**е́й** '지도자들의', ого́нь '불' — огн**е́й** '불들의'; плащ '방수 망토' — плащ**е́й** '방수 망토들의',

врач '의사' — врач**е́й** '의사들의', нож '칼' — нож**е́й** '칼들의', каранда́ш '연필' — карандаш**е́й** '연필들의'.

[주] 어떤 남성 명사들은 복수어미를 가지지 않는다: пять солдат '다섯 명의 군인', шесть человек '여섯 명의 사람', пара сапог '장화 한 켤레', несколько раз '몇 번'

B. 중성명사 복수 생격의 기본형은 제로어미이다.

1. **-о**(окн**о́**, письм**о́**), **-ие**(собра́н**ие**)로 끝나는 중성명사 그리고 어간의 끝에 **-ц**나 쉿소리(ж, ч, ш, щ) 다음에 **е**를 가진 중성명사(полоте́н**це**, учи́ли**ще**)는 복수 생격에서 어미를 가지지 않는다: окно '창' — о́кон, письмо́ '편지' — пи́сем, собра́ние '수집, 회의' — собра́ний, учи́лище '학교' — учи́лищ, полоте́нце '타올' — полоте́нец, ружьё '소총' — ру́жей, мгнове́ние '순간' — мгнове́ний, уще́лье '계곡' — уще́лий 등. 예를 든 중성명사의 복수 생격에는 어미가 없다.

   ① окно́, письмо́, ружьё의 복수 생격 о́кон, пи́сем, ру́жей에는 출몰모임 о, е가 삽입되었다.
   ② собра́ние, мгнове́ние의 어간은 собра́ний, мгнове́ний이다. 그러므로 собра́ний, мгнове́ний는 제로어미 형태이다.
   ③ уще́лье는 щель에서 접두사 у와 접미사 -ий에 의하여 만들어진 것이다.

2. 명사 о́блако '구름'의 복수 생격은 облако́в이다.

[역주] 고대 러시아어에서는 облак와 облаков의 두 가지 형태가 모두 사용되었으나 облак이 사라지고 облаков만 남았다.

복수주격이 **-ья**이고, 단수주격이 **-о**인 중성명사의 복수 생격 어미는 **-ьев**이다: перо́ — пе́р**ья** — пе́р**ьев**, крыло́ — кры́л**ья** — кры́л**ьев**

3. мо́ре, по́ле의 복수 생격 어미는 **-ей**이다: мор**е́й**, пол**е́й**

[역주] 정리하자면 중성명사 복수 생격의 기본형은 제로어미이지만 예외적으로 -ов, -ьев, -ей 형태가 있다.

연습문제 51 괄호 안의 단어를 이용하여 복수 생격 명사를 만드시오.

1. На улицах Москвы большое движение ... (автобус, троллейбус, автомобиль, трамвай).
2. В Москве много ... (театр, музей).
3. Я получил несколько писем от ... (друг).
4. Колхозники закончили вспашку ... (поле).
5. Электричество провели во все дома ... (колхозники).
6. В году двенадцать ... (месяц).
7. В сентябре тридцать ... (день).

연습문제 52 이탤릭체로 된 부분을 복수로 만드시오.

1. Из *колхоза* в город едут машины с пшеницей.

2. Падают жёлтые листья с *дерева*.
3. После *дождя* всё зазеленело.
4. Из-за *облака* выглянуло солнце.
5. Гудки *паровоза* нарушили тишину ночи.

연습문제 53 다음 명사의 복수 생격을 만드시오.

врач, председатель, руководитель, директор, чертёж, урожай, герой, озеро, море, гнездо, пастбище, училище, кольцо, яйцо, здание.

명사 복수 생격 (제2식 변화)

어미 **-а(-я)**로 끝나는 여성명사는 복수 생격에서 어미를 가지지 않는다:

단수주격	복수주격	복수생격
же́нщина	же́нщины	же́нщин
страна́	стра́ны	стран
земля́	зе́мли	земе́ль
дере́вня	дере́вни	дереве́нь
ста́я	ста́и	стай
семья́	се́мьи	семе́й
а́рмия	а́рмии	а́рмий

1. 경자음 어간을 가진 명사는 어간의 마지막에 경자음 어간을 가진다: же́нщина — же́нщин, страна́ — стран
2. 연자음 어간을 가진 명사는 어간의 마지막에 연자음 어간을 가진다: земля́ — земе́ль, дере́вня — дереве́нь. 그러나 пе́сня '노래'와 ви́шня '벚나무'는 예외적으로 경자음으로 끝이 난다: песен, вишен.
3. ста́я, семья́, а́рмия의 어간은 각각 стай, семе́й, а́рмий이다. 따라서 이 형태는 제로 어미 형태이다.

[역주] 제2식 변화 복수생격의 기본형은 제로어미이다.

명사 복수 생격 (제3식 변화)

제3식 변화의 여성 명사(-ь로 끝나는 여성명사)는 복수생격에서 어미 **-ей**를 가진다.

단수 주격	복수 주격	복수 생격
степь	степи	степей
ночь	ночи	ночей
мышь	мыши	мышей
тетрадь	тетради	тетрадей

연습문제 54 괄호 안에 주어진 명사를 사용하여 복수 생격으로 만드시오.

1. Двери ... были открыты. (комната, аудитория).
2. На собрании мы обсуждали план .... (экскурсия).
3. В саду много ... (груша).
4. В нашем лесу много .... (берёза, сосна, ель).
5. В саду слышно жужжание .... (пчела).
6. В лесу слышно пение .... (птица).

연습문제 55 명사의 단수 생격 대신에 복수 생격으로 쓰시오.

энергия реки, строительство электростанции, ремонт машины, сияние звезды, темнота ночи, вспышка молнии, простор степи, лай собаки, ржание лошади, мычание коровы.

단수를 가지지 않는 명사

단수를 가지지 않는 명사는 복수생격에서 다음의 형태를 가진다:

1. 어미 **-ов**:

очки́ '안경' — очко́в, трусы́ '팬츠' — трусо́в, фина́нсы '재정' — фина́нсов, часы́ '시계' — часо́в, штаны́ '바지' — штано́в, по́иски '탐색' — по́исков, духи́ '향수' — духо́в, счёты '주판' — счётов, про́воды '송별' — про́водов, щипцы́ '뻰찌' — щипцо́в, консе́рвы '통조림' — консе́рвов, кура́нты '대형 시계' — кура́нтов, весы́ '저울' — весо́в

2. 어미 **-ей**

са́ни '썰매' — сане́й, дро́жжи '효모' — дрожже́й, се́ни '가옥의 현관' — сене́й, бу́дни '평일' — бу́дней, щи '양배추 스프' — щей, я́сли '탁아소' — я́слей, лю́ди '사람들' — люде́й

3. 제로어미

но́жницы '가위' — но́жниц, черни́ла '잉크' — черни́л, де́ньги '돈' — де́нег, пери́ла '난간' — пери́л, хло́поты '성가신 것' — хлопо́т, су́тки '하루 24시간' — су́ток, воро́та '대문' — воро́т, кани́кулы '방학' — кани́кул, су́мерки '황혼' — су́мерек, дрова́ '장작' — дров, по́хороны '장례식' — похоро́н, носи́лки '들 것' — носи́лок

몇몇 명사의 특수 격변화

-мя로 끝나는 중성명사(и́мя '이름', зна́мя '군기' 등), 남성명사 путь '길', 여성명사 мать '어머니', дочь '딸' 그리고 중성명사 дитя́ '어린아이'는 다음과 같이 격변화된다.

격	중성		남성	여성	
			단수		
주	и́мя	зна́мя	путь	мать	дочь
생	и́мени	зна́мени	пути́	ма́тери	до́чери
여	и́мени	зна́мени	пути́	ма́тери	до́чери
대	и́мя	зна́мя	путь	мать	дочь
조	и́менем	зна́менем	путём	ма́терью	до́черью
전	об и́мени	о зна́мени	о пути́	о ма́тери	о до́чери
			복수		
주	имена́	знамёна	пути́	ма́тери	до́чери
생	имён	знамён	путе́й	матере́й	дочере́й
여	имена́м	знамёнам	путя́м	матеря́м	дочеря́м
대	имена́	знамёна	пути́	матере́й	дочере́й
조	имена́ми	знамёнами	путя́ми	матеря́ми	дочерьми́
전	об имена́х	о знамёнах	о путя́х	о матеря́х	о дочеря́х

1. -мя로 끝나는 모든 중성명사(вре́мя '시간', зна́мя '깃발', пла́мя '불길', пле́мя '종족', се́мя '종자', те́мя '머리의 정수리', стре́мя '말의 등자', бре́мя '하중, 부담', вы́мя '짐승의 젖통')는 단수에서 명사 и́мя과 같이 격변화된다.

단어 пла́мя, бре́мя, те́мя, вы́мя는 복수에서 사용되지 않는다. зна́мя의 복수의 모든 격에서 강세가 접미사 -ён 위에 떨어진다. 단어 се́мя, стре́мя의 복수생격은 -мя로 끝나는 다른 단어의 복수 생격 형태(예: имён)와는 달리 семя́н, стремя́н이다.

[역주] 고대 러시아어에서는 -мя로 끝나는 모든 중성명사의 복수 생격 형태가 -ён과 -ян의 두 가지가 다 사용되었다. 그러다가 -ян 형태는 се́мя, стре́мя를 제외하고 사라졌다.

2. 남성명사임에도 불구하고 전체적으로 3식 변화를 따르지만 단수 5격에서 путём 형태를 가지는 것에 주의해야 한다. 이는 путь가 и식 변화인 3식 변화의 영향을 받은 결과이다. 그러나 단수 조격을 통하여 남성명사임을 나타내고 있다.

3. мать, дочь는 고대 러시아어에서 -ер- 어간 변화에 속하는 것으로 원형에서 없는 어간 -ер-가 격변화에서 나타나는 것이 특징이다.

전치사의 유무에 따른 격의 사용

생격의 사용

러시아어에서 생격은 전치사를 사용하지 않을 수도 있고(кни́га дру́га '친구의 책', рабо́та студе́нта '대학생의 일') 사용할 수도 있다(кни́га у дру́га '친구가 가지고 있는 책', рабо́та без оши́бок '실수하지 않는 일').

전치사 없이 사용되는 생격

전치사 없이 사용되는 생격은 명사(отве́т студе́нта '대학생의 대답'), 형용사 (по́лный ра́дости '기쁨이 충만한'), 수사(пять студе́нтов '다섯 명의 대학생'), 동사(доби́ться успе́хов '성공을 달성하다')와 결합하여 사용된다.

명사와 결합하여 사용되는 생격

생격은 명사와 결합하여 다음으로 쓰인다.

① 사람의 소유를 표시한다.

Это кни́га **дру́га**. '이것은 친구의 책이다.'

Это альбо́м **сестры́**.'이것은 누이의 앨범이다.'

② 행위를 표현하는 명사 뒤에서 행위주체를 표시한다.

Мы слу́шали пе́ние **арти́ста**. '우리는 배우가 노래하는 것을 들었다.'

Студе́нты отвеча́ли на вопро́сы **преподава́теля**. '대학생은 교수가 던지는 질문에 대답했다.'

③ 명사로 표현되어 있는 행위의 대상을 표시한다.

Изуче́ние **грамма́тики** необходи́мо. '문법을 공부하는 것은 꼭 필요하다.'

Зако́нчилась убо́рка **урожа́я**. '수확을 거두어 들이는 일이 끝났다.'

④ 대상의 자질을 표시한다.

В клу́бе был ве́чер **та́нцев**. '클럽에 춤추는 저녁파티가 열렸다.'

Нас интересу́ют вопро́сы **совреме́нности**. '현대적인 문제가 우리를 흥미롭게 한다.'

⑤ 대상의 자질을 표시하기 위하여 자주 형용사와 결합한 생격 명사가 사용된다.

Вошёл челове́к **высо́кого ро́ста**. '키가 큰 사람이 들어왔다.'

Мы проезжа́ли места́ **замеча́тельной красоты́.** '우리는 대단히 아름다운 장소를 통과했다.'

⑥ 자질의 전달자를 표시한다.

белизна́ **сне́га** '눈처럼 새하얀 백색'

темнота́ **но́чи** '밤의 어두움'

во́ля **челове́ка** '인간의 의지'

⑦ 대상의 부분을 표시한다.

ве́тка **де́рева** '나무가지'; кусо́к **хле́ба** '빵 조각'; ру́чка **две́ри** '손잡이', у́гол **ко́мнаты** '방구석'.

연습문제 56 생격 명사들을 찾아서 그 명사에 해당되는 질문을 하시오.

보기: Книга сестры лежит на столе.
Чья книга лежит на столе?

1. Сестра принесла сумку. Сумка сестры лежит на столе.
2. Друг предложил мне учебник. Я взял учебник друга.
3. Профессор читал лекцию. Лекция профессора была интересна.
4. Писатель закончил новый роман. Новый роман писателя вышел из печати.
5. Пушкин — великий русский поэт. Мы учим стихотворения Пушкина.

연습문제 57 이탤릭체로 된 명사를 생격으로 만드시오.

A.

1. На концерте выступал *хор*. Выступление ... всем понравилось.

2. *Ученик* ответил уверенно. Ответ… был правильным.
3. Наступает *весна*. Нас радует наступление…
4. Во дворе играли *дети*. Мы наблюдали за игрой…
5. *Преподаватель* объяснил правило. Объяснение… понятно ученикам.
6. *Друг* попросил меня купить ему билет. Я выполнил просьбу…

B.

1. На нашей улице строится новый *дом*. Строительство… через месяц будет закончено.
2. Мы организуем литературный *вечер*. Друзья поручили мне организацию …
3. Завод выполнил *план*. Директор сообщил о выполнении …
4. На собрании студенты критиковали *недостатки* в учебной работе. Критика … улучшает работу.
5. Аспирант защитил *диссертацию*. Защита… состоялась вчера.
6. Вчера группа студентов посетила *музей*. Друг рассказал мне о посещении …

연습문제 58 다음 문장에서 생격 한정어와 명사 어결합으로 된 부분을 뽑아쓰시오.

보기: Письмо неприятного содержания.

1. Обломов накануне получил из деревни письмо неприятного содержания. (*Гонч.*).
2. На стене Тихонов увидел два портрета прекрасной работы. (*Пауст.*).
3. Аркадий оглянулся и увидел женщину высокого роста в чёрном платье. (*Тург.*).
4. Это был человек лет тридцати двух-трех от роду, среднего роста, приятной наружности. (*Гонч.*).
5. Все события последних дней казались ему невероятными. (*Пауст.*).

연습문제 59 괄호 속에 있는 단어를 이용하여 질문에 대답하시오.

보기: Какие места мы проезжали? (замечательная красота).
Мы проезжали места замечательной красоты.

1. Какой человек вошёл в комнату? (высокий рост).
2. Какие вопросы интересуют вас? (международное положение).
3. Какой человек этот писатель? (большой ум и талант).
4. Какое платье было на девушке? (синий цвет).

연습문제 60 다음 문장을 읽고 이탤릭체로 된 명사의 생격의 의미를 정하시오.

1. Я выполнил просьбу *друга*.
2. На столе лежали чертежи *брата*.
3. Строительство *завода* идёт быстрыми темпами.
4. Завод выпускает продукцию *высокого качества*.
5. Путешественников поразила красота *моря*.
6. Машины облегчают труд *человека*.
7. Преподаватель исправил ошибки *студента*.
8. Руководитель проверил исполнение *поручения*.

연습문제 61 다음 어결합을 가지고 문장을 만드시오.

доклад студента; выступление делегата; изучение опыта; путь борьбы; вопрос большой важности; глава диссертации.

◈◈◈

형용사와 결합하여 사용되는 생격

1. 형용사 비교급과 결합하여 사용된다.

Брат **ста́рше сестры́**.'형은 누나보다 나이가 많다.'

Во́лга **длинне́е Днепра́**.'볼가 강은 드네쁘르 강보다 더 길다.'

[주] 형용사 비교급과 결합하여 사용되는 생격 대신에 접속사 **чем**을 가진 주격이 사용될 수 있다.

Брат старше, **чем** сестра.'형은 누나보다 나이가 많다.'

Волга длиннее, **чем** Днепр.'볼가 강은 드네쁘르 강보다 더 길다.'

[역주] '비교급 + 생격'은 '비교급, **чем** 주격'과 동일하다.

연습문제 62 접속사 чем과 주격 명사로 된 부분을 생격 명사로 바꾸시오.

보기: Москва больше, чем Киев.
Москва больше Киева.

1. Волга шире, чем Ока.
2. Крымский климат теплее, чем климат Поволжья.
3. Золото дороже, чем серебро.
4. Сын стал выше, чем отец.

2. 생격은 형용사 полный, достойный와 결합하여 사용된다.

На столе́ стоя́л кувши́н, по́лный **молока́**. '테이블 위에는 우유가 가득찬 항아리가 놓여 있었다.'

Он прожи́л жизнь, по́лную **борьбы́**(.'그는 투쟁으로 가득찬 삶을 살았다.'

Этот вопро́с досто́ин **внима́ния**.'이 문제는 주의할 가치가 있다.'

연습문제 63 다음 문장을 읽고 형용사와 생격 명사의 어결합으로 된 부분을 뽑아쓰시오.

1. Товарищи, жизнь даёт каждому человеку огромный, неоценимый дар — молодость, полную сил, юность, полную чаяний, желаний, стремлений к знаниям, к борьбе, полную надежд и упований ... (*Н.О.*).
2. Лишь тот достоин жизни и свободы, Кто каждый день за них идёт на бой (*Гёте*).

◆◆◆

수량을 표시하는 단어와 결합하여 사용되는 생격

1. 생격은 주격과 대격 형태의 수량수사 **два** '둘', **три** '셋', **четы́ре** '넷', **пять** '다섯'과 결합하여 사용된다.

В аудито́рии **четы́ре окна́**.'강의실에는 창문이 넷 있다.'
Я купи́л **две кни́ги**.'나는 책을 두 권 구입했다.'
В на́шей кварти́ре **пять ко́мнат**.'우리 아파트에는 방이 다섯 개 있다.'

수사 **два**, **две**, **о́ба**, **о́бе**, **три**, **четы́ре** 다음과 합성수사의 마지막에 **два**, **три**, **четы́ре**를 가진 수사 (два́дцать два '스물 둘', пятьдеся́т три '오십 셋') 다음에 단수 생격이 사용된다.
два **карандаша́** '두 자루 연필', две **ру́чки** '두 개의 펜', о́ба **ученика́** '두 명의 학생', три **ма́льчика** '세 명의 소년', черыре **де́вушки** '네 명의 아가씨', два́дцать два **ученика́** '스물 두 명의 학생'

수사 **пять** '다섯', **шесть** '여섯', **семь** '일곱' 등의 다음에는 복수 생격이 사용된다.
пять **карандаше́й** '다섯 자루 연필', шесть **ру́чек** '여섯 개의 펜', семь **ученико́в** '일곱 명의 학생'

2. 생격은 불확정적인 수량을 나타내는 단어와 결합하여 사용될 수 있다.

a) **мно́го** '많이', **ма́ло** '적게', **ско́лько** '얼마', **сто́лько** '그만큼', **не́сколько** '약간' (мно́го **студе́нтов** '많은 대학생', не́сколько **мину́т** '몇 분')

b) **большинство́** '대다수', **меньшинство́** '소수', **мно́жество** '다수' (большинство́ **студе́нтов** '대다수의 대학생', меньшинство́ **делега́тов** '소수의 대표단')

[주] 복수를 가지지 않는 명사는 단수에서 단어 много, мало와 함께 사용된다: много энергии, мало времени

3. 생격은 측량단위를 표시하는 명사와 함께 사용된다.

кило **хле́ба** '일 킬로그램의 빵', кило **са́хару** '일 킬로그램의 설탕', литр **молока́** '일 리터의 우유', метр **сукна́** '일 미터의 나사'

연습문제 64 다음 문장을 읽고 명사 생격의 사용을 설명하시오.

1. Перед окнами растут три дерева.
2. В институте не одна, а несколько библиотек.

3. Студенты задали лектору много вопросов.
4. Нужно купить полкило масла и литр молока.
5. У меня в этом месяце много работы.
6. Большинство друзей поддержало моё предложение.
7. Я купил сестре на платье три метра шёлку.

연습문제 65 괄호 안에 있는 단어를 사용하여 질문에 대답하시오.

1. Сколько столов в аудитории? (десять).
2. Сколько окон в аудитории? (четыре).
3. Сколько книг он купил? (две).
4. Сколько писем вы получили из дома? (пять).
5. Сколько месяцев вы прожили в Москве? (три).
6. Сколько студентов в вашей группе? (двенадцать).

연습문제 66 괄호 안에 있는 명사를 알맞은 격으로 만드시오.

1. В этом году у меня много … (работа).
2. Для отдыха остаётся мало … (время).
3. На площади стояло несколько … (автомабиль).
4. По улицам двигалось множество … (машина).
5. В Донбассе много … (уголь).
6. В Финляндии много … (озеро).
7. Сколько … стоит поезд? (минута).
8. В экскурсии участвовало большинство … (студент).
9. В этом году в лесу мало … (гриб).
10. Дети принесли из леса много … (ягода).

동사와 결합하여 사용되는 생격

1. 만약 행위가 사물의 전체가 아니라 사물의 일부분, 어떤 불확정적인 양에 미치면, 생격은 타동사 다음에 사용된다.

타동사 다음에 생격과 대격의 사용을 비교하세요.

대격	생격
В буты́лке ещё есть молоко́.	Ребёнок хо́чет есть.
'병에 아직 우유가 있다.'	'아이가 먹고 싶어한다.'
Да́йте э́то **молоко́** ребёнку.	Да́йте ему́ **молока́**.
'이 우유를 아이에게 가져다 주세요.'	'아이에게 우유를 좀 가져다 주세요.'

Я принёс тебе́ **де́ньги**, кото́рые ты проси́л. Я принёс тебе́ **де́нег**.
'나는 너가 요청한 돈을 너에게 가져왔다.' '나는 너에게 줄 돈을 좀 가져왔다.'

어떤 동사는 항상 사물의 일부분이나 어떤 불확정적인 양으로 이행하는 행위를 나타낸다. 이 동사는 항상 생격을 요구한다. 이 동사는 어떤 타동사에 접두사 на-를 부가하여 형성된다.

불완료상	**완료상**
руби́ть **дрова́**(대격)'장작을 패다'	наруби́ть **дров**(생격)'장작을 많이 패다'
печь **пироги́**(대격)'만두를 굽다'	напе́чь **пиро́гов**(생격)'일정량의 만두를 굽다'
носи́ть **во́ду**(대격)'물을 가져오다'	наноси́ть **воды́**(생격)'물을 많이 가져오다'
рвать **цветы́**(대격)'꽃을 꺾다'	нарва́ть **цвето́в**(생격)'꽃을 많이 꺾다'

[역주] 위에서 예를 든 동사는 서로 상짝이 아니다. 접두사 **на**-를 가진 동사는 해당 동사에서부터 파생되었다. 예를 들어, **печь** '굽다'의 짝이 되는 완료상 동사는 **испечь**이고, **напечь** '일정량의 만두를 굽다'의 짝이 되는 불완료상 동사는 **напекать**이다.

접두사 на-와 후접사 **-ся**를 가진 동사는 행위의 완전한 만족의 의미를 가진다: **напи́ться воды́** '물을 실컷 마시다' **нае́сться я́год** '딸기를 실컷 먹다'

연습문제 67 명사 생격과 대격의 사용을 설명하시오.

1. Нужно купить тетрадей и карандашей. Я забыл дома тетради и карандаши.
2. Больной попросил воды. Он выпил всю воду, которая была в графине.
3. Мать налила мне чаю. Я выпил чай и встал из-за стола.
4. Отец с братом во дворе пилили и кололи дрова. Потом они принесли дров, и мы затопили печь.

연습문제 68 주어진 명사를 가지고 문장을 만드시오. 동사 뒤에 생격 보어를 넣으시오.

привезти, принести, купить, достать, дать, налить, прислать, насыпать

연습문제 69 명사 생격의 사용을 설명하시오.

1. В праздник мать напекла пирогов и мы позвали гостей.
2. Девушка нарвала цветов и сплела венок.
3. Брат помогал матери по хозяйству. Он наколол дров.
4. Я поехал в город и накупил книг.
5. Мы остановились у ручья и напились воды.
6. В лесу мы наелись сладкой земляники.

2. 대상을 부정할 때 타동사 다음에 생격이 사용된다.

Я не по́нял **вопро́са**.'나는 질문을 이해하지 못했다.'

Мы не получи́ли **твоего́ письма́**.'우리는 너의 편지를 받지 못했다.'

Он ещё не ви́дел **но́вого фи́льма**.'그는 아직 새 영화를 보지 못했다.'

대상을 부정하지 않을 때는 대격이 사용된다.

Я по́нял вопро́с.'나는 질문을 이해했다.'

Мы получи́ли твоё письмо́.'우리는 너의 편지를 받았다.'

Он ви́дел но́вый фильм.'그는 새 영화를 보았다.'

[주] 대상을 부정할 때 간혹 회화체에서는 타동사 다음에서 대격도 사용된다: Я не получи́л э́ту кни́гу.'나는 이 책을 받지 못했다.' Мы не получи́ли твоё письмо́.'나는 너의 편지를 받지 못했다.' 그러나 이 경우도 항상 가능한 것은 아니다. 동사가 전의되어 사용되어 명사가 구체적인 대상을 표시하지 못하면, 대격을 사용할 수 없다: Его́ предложе́ние не встре́тило подде́ржки.'그의 제의는 지지를 얻어내지 못했다.' В рабо́те он не знал уста́лости.'그는 일할 때 아무런 피로를 느끼지 못했다.' 그러나 명사가 구체적인 대상이나 사람을 표시하는 문장에서는 대격이 가능하다: Он не дал мне кни́гу.'그는 나에게 그 책을 주지 않았다.' Он не знал э́ту студе́нтку. '그는 이 여대생을 알지 못했다.'

연습문제 70 왼쪽 난과 오른쪽 난의 문장을 비교하시오. 이탤릭체로 된 단어의 격을 정하고 명사 생격과 대격의 사용을 설명하시오.

1. Я уже читал *сегодняшнюю газету*.	Я ещё не читал *сегодняшней газеты*.
2. Ученик понял *вопрос*.	Ученик не понял *вопроса*.
3. Брат получил *письмо*.	Брат не получил *письма*.
4. Студент выполнил *задание*.	Студент не выполнил *задания*.
5. Он переменил *решение*.	Он не переменил *решения*.
6. Студенты обсуждали *доклад*.	Студенты не обсуждали *доклада*.
7. Школьник решил *задачу*.	Школьник не решил *задачи*.
8. Почтальон уже принёс *почту*.	Почтальон ещё не принёс *почты*.

3. 단어 нет, не было, не будет과 함께 사용되면 항상 명사 생격이 사용된다.

У меня́ нет **биле́та**.'나는 표를 가지고 있지 않다.' (현재)

У меня́ не́ было **биле́та**.'나는 표를 가지고 있지 않았다' (과거)

У меня́ не бу́дет **биле́та**.'나는 표를 가지고 있지 않을 것이다.' (미래)

단어 нет, не́ было, не бу́дет를 가진 문장은 주어가 없는 무인칭문장이다. 이는 대상의 부재를 가리킨다.

🔍 [주] 단어 нет, нé было, нé будет 대신에 간혹 소사 **не**를 가진 다음 동사가 사용된다: не существýет '존재하지 않는다.', не остáлось '남아있지 않았다', не оказáлось '인정되지 않았다.', не встрéтилось '만나지 않았다.' 등. 이들이 소사 **не**를 가지고 사용되고 대상의 부재를 나타내면, 이 동사와도 생격이 사용된다.
Этих **трýдностей** тепéрь не существýет (нет). '이제는 이 어려움이 존재하지 않는다.'
Журнáла на столé не оказáлось (нет, не было). '테이블 위에 잡지가 없는 것을 알게 되었다.'
Хлеба не осталось (нет). '빵은 남지 않았다.'
Никакúх затруднéний в рабóте не встрéтится (не будет). '일하는 동안 어떠한 장애도 부딪히지 않을 것이다.'

연습문제 71 긍정문을 부정문으로 바꾸시오.

1. На небе тучи.
2. Сегодня дождь.
3. Брат дома.
4. Друг здесь.
5. Около дома сад.
6. У меня сегодня есть свободное время.
7. У нас сегодня лекция по истории России.
8. В понедельник у меня экзамен.
9. У этого друга есть опыт работы.

연습문제 72 질문에 대하여 부정적인 대답을 쓰시오.

1. Есть ли у вас журнал?
2. Дома ли отец?
3. Есть ли сегодня лекция по химии?
4. Будет ли завтра семинар?
5. Был ли вчера дождь?
6. Есть ли у вашего брата способности к музыке?
7. Будет ли сегодня в клубе концерт?
8. У вас есть часы?
9. Были ли в зале свободные места?
10. Будет ли у вас завтра свободное время?

연습문제 73 생격 명사에 밑줄을 치고 왜 이 명사가 생격으로 되는지 설명하시오.

1. Машинист вовремя остановил поезд, и крушения не произошло.
2. На нашем пути не встретилось ни одной деревни.
3. В кассе театре не осталось билетов на сегодня.
4. В нашем магазине не оказалось учебника по физике.

4. 소망, 기대, 요청, 요구 등을 표시하는 다음 동사는 생격을 요구한다.

불완료상	**완료상**	
добива́ться	доби́ться успе́хов '성공을 이루다'	
достига́ть	дости́чь успе́хов '성공을 달성하다'	
	дости́гнуть верши́ны горы́ '산 정상에 도달하다'	
хоте́ть	—	мира '평화를 원하다'
жела́ть	пожела́ть	сча́стья '행복을 바라다'
ждать, ожида́ть	—	успе́ха '성공을 기대하다'
дожида́ться	дожда́ться	отве́та '대답을 기다리다' подде́ржки́ 지지를 기다리다'
проси́ть	попроси́ть сове́та '조언을 요청하다'	
тре́бовать	потре́бовать выполне́ния '이행을 요구하다'	

이 동사 다음에 사용되는 생격명사는 소망, 기대, 요청 등의 사물을 표시한다.

Мы хоти́м **ми́ра**.'우리는 평화를 원한다.'

Мы добива́емся **счастли́вой жи́зни** для всех. '우리는 모든 이들을 위하여 행복한 삶을 얻으려고 노력한다.'

Он иска́л в кни́гах **отве́та** на э́тот вопро́с.'그는 책에서 이 문제에 대한 답을 찾았다.'

동사 добива́ться '(노력해서) 얻다'와 достига́ть '달성하다'는 생격하고만 사용된다. 그러나 хоте́ть '원하다', ждать '기다리다', иска́ть '찾다', проси́ть '요청하다', тре́бовать '요구하다' 등은 생격과 대격이 모두 사용되는데 대격이 사용될 때는 그 명사가 구체적이고, 확정적인 사물이나 사람을 나타낼 때 사용된다.

대격	**생격**
кого? что?	чего?
Я ищу́ **кни́гу**.'나는 책을 찾고 있다.'	Я ищу́ **подде́ржки**.'나는 지지를 구한다.'
Она́ ждёт **подру́гу**. '그녀는 친구를 기다린다.'	Мы ждём **отве́та** на наш вопро́с. '우리는 우리의 질문에 대답을 기다린다.'
Он попроси́л у меня́ **тетра́дь**. '그는 나에게 공책을 빌려달라고 요청했다.'	Он попроси́л **сове́та**. '그는 조언을 요청하였다.'

[주] 동사 ждать 다음에 명사 письмо́, по́езд, трамва́й는, 비록 이들이 구체적인 대상을 표시하지만, 생격으로 된다: жду письма́, по́езда, трамва́я. '나는 편지, 기차, 전차를 기다린다.'

만약 동사 проси́ть, тре́бовать와 함께 사용된 명사가 대상의 양의 일부분을 표시하면,

생격이 사용되고, 사물의 확정된 대상을 표시하면 대격이 사용된다.

대격	생격
что?	чего?
Он попроси́л **тетра́дь**.	Он попроси́л **бума́ги**.
'그는 노트를 요청했다.'	'그는 종이를 좀 달라고 요청했다.'
Он про́сит **рубль**.	Он про́сит **де́нег**.
'그는 일 루블을 달라고 요청하고 있다.'	'그는 돈을 좀 달라고 요청하고 있다.'
Она потре́бовала свою́ **кни́гу**.	Она́ потре́бовала **книг**.
'그녀는 자기 책을 달라고 요청하였다.'	'그녀는 책을 좀 달라고 요청하였다.'

연습문제 74 괄호 안에 있는 어결합을 이용하여 질문에 대답하시오.

1. Чего добиваются студенты? (хорошая успеваемость).
2. Чего добились наши лыжники? (победа в состязаниях).
3. Чего достигли студенты? (хорошие результаты в изучении русского языка).
4. Чего достигли путешественники? (вершина горы).

연습문제 75 생격 사용 동사에 밑줄을 치시오.

1. Мы хотели прекрасной, счастливой жизни, и мы шли рядом со своими отцами завоёвывать своё счастье (*Н.О.*).
2. Мы не можем ждать милостей от природы, взять их у неё — наша задача (*Мич.*).
3. Большого напряжения и великой страсти требует наука от человека (*Пав.*).
4. Работа была сложная, кропотливая, требовала новых методов и была связана с вычислениями (*Пауст.*).
5. Проза, когда она достигает совершенства, является, по существу, подлинной поэзией (*Пауст.*).

연습문제 76 괄호 안의 명사를 필요한 격으로 만들어 넣으시오.

1. Она ждала…, чтобы вместе идти в театр (подруга).
2. Я жду… на своё письмо (ответ).
3. Учитель требовал от учеников… (внимание).
4. Друг попросил у меня… (учебник).
5. Люди на перроне ждали… (поезд).
6. Народы всех стран хотят… (мир).

연습문제 77 주어진 동사 중 각각의 동사를 가지고 두 문장씩 쓰시오. 한 문장은 대격 명사를 사용하고 또 다른 문장은 생격 명사를 사용하시오.

보기: Я прощу книгу. Я прощу извинения.
хотеть, ждать, просить, требовать

5. 다음의 동사는 생격을 요구한다.

a) **불완료상** **완료상**

избега́ть избежа́ть встре́чи '만남을 피하다'
лиша́ться лиши́ться подде́ржки '지지를 잃다'
пуга́ться испуга́ться шу́ма '소음에 놀라다'
боя́ться хо́лода '추위를 두려워하다'
опаса́ться осложне́ния '분규를 겁내다'
остерега́ться просту́ды '감기를 조심하다'
стыди́ться оши́бки '실수를 부끄러워하다'
сторони́ться люде́й '사람을 피하다'
чужда́ться люде́й '사람을 피하다'

이 그룹의 동사와 함께 사용한 생격 명사는 일반적으로 피하고 싶거나, 두려워하거나, 무엇으로부터 벗어나고 싶어하거나 벗어나는 것을 표시한다.

Она́ почему́-то избега́ет **встре́чи** с людьми́. '그녀는 왠일인지 사람 만나기를 피하고 있다.'
Он стыди́тся э́той **неуда́чи**. '그는 이 실패를 부끄러워한다.'
Ребёнок испуга́лся **соба́ки**. '어린 아기가 개에 놀랐다.'
Цветы́ боя́тся **хо́лода**. '꽃은 추위를 두려워 한다.'

b) 다음의 동사도 생격을 요구한다.

каса́ться(불완) — косну́ться(완) '건드리다'
слу́шаться(불완) — послу́шаться(완) '따르다, 순종하다'
держа́ться(불완) '유지하다, 고수하다'
Э́тот вопро́с каса́ется **на́шей рабо́ты**. '이 문제는 우리 일에 관한 것이다.'
Ве́тка де́рева косну́лась **моего́ плеча́**. '나무가지가 나의 어깨를 건드렸다.'
Ребёнок слу́шается **ма́тери**. '어린아이가 어머니의 말에 순종한다.'
Друг послу́шался **моего́ сове́та**. '친구는 나의 조언에 따랐다.'
Он де́ржится **того́ же мне́ния**. '그는 동일한 의견을 고수하고 있다.'

c) 동사 сто́ить '가치가 있다'가 가격에 대하여 말하는 것이 아니라면 생격을 요구한다.

Э́тот вопро́с сто́ит **внима́ния**. '이 문제는 주의를 요구한다.'
Кни́га сто́ит **рубль**. '책 가격이 일 루블이다.'

d) 무인칭동사 хвата́ет — хва́тит '충분하다'는 생격을 요구한다. 과거시제 형태는 хвата́ло — хвалти́ло 이다.

У меня́ хвата́ет **вре́мени** на отдых.'나는 휴식하기에 시간이 충분하다.

Ему́ хва́тит **э́тих де́нег**.'그는 돈이 충분할 것이다.'

연습문제 78 괄호 안의 명사를 필요한 격으로 만들어 넣으시오.

1. Она избегала ... (разговоры на эту тему).
2. Больной лишился ... (сон).
3. Врач опасался ... (осложнение).
4. Врачи обсуждали вопросы, которые касаются ... (новые методы лечения).
5. Больной послушался ... врача (совет).

연습문제 79 다음 동사를 가지고 문장을 만드시오.

добиваться, достигать, избегать, бояться, лишаться, пугаться, касаться, слушаться, стоить, хватать

전치사와 함께 사용되는 생격

다음의 전치사가 생격과 함께 사용된다.

1. 장소를 표시하고 '어디에서?'의 질문에 답하는 전치사는 다음과 같다:

   близ дере́вни '시골마을 가까이에', **во́зле** ле́са '숲 곁에', **о́коло** до́ма '집 주위에', **у** окна́ '창가에', **вокру́г** до́ма '집 주위에', **вдоль** доро́ги '길을 따라서', **внутри́** до́ма '집의 내부에', **вне** до́ма '집 바깥쪽에', **ми́мо** воро́т '대문 곁을', **посреди́** (среди́) пло́щади '광장 가운데', **ме́жду** дере́вьев '나무 사이에', **про́тив** окна́ '창문 맞은 편에'

2. 동작 방향을 표시하고 '어디에서부터?'의 질문에 답하는 전치사는 다음과 같다:

   из ко́мнаты '방에서', **с** кры́ши '지붕에서', **от** бе́рега '해안가에서부터', **из-за** ту́чи '먹구름 뒤에서부터', **из-под** куста́ '관목 아래에서부터'

3. 행위 시간을 표시하고 '언제?'의 질문에 답하는 전치사는 다음과 같다:

   накану́не пра́здника '축제일 전날에', **по́сле** рабо́ты '일을 하고나서', **среди́** но́чи '밤중에', **до** войны́ '전쟁 전에'

4. 원인을 표시하고 '무엇 때문에?'의 질문에 답하는 전치사는 다음과 같다:

из при́нципа '원리로 인하여', **из-за** плохо́й пого́ды '나쁜 날씨 때문에', **от** хо́лода '추위로 인하여', **с** го́ря '슬퍼서'

5. 기타 전치사:

без интере́са '흥미없이', **вме́сто** дру́га '친구 대신에', **для** повторе́ния '반복을 위하여', **кро́ме** меня́ '나를 제외하고', **поми́мо** бра́та '형을 제외하고'

[주1] 많은 전치사들은 한 개가 아니라 여러 개의 의미를 가진다. 예를 들어, 전치사 **у**, **около**, **между**, **против** 등이 있다.

[주2] 생격과 함께 사용되는 몇몇 전치사들은 다른 격과도 사용된다. 예를 들어, 전치사 с는 조격과도 사용되고(беседовал **с другом** '친구와 대화를 나누었다') 대격과도 사용된다(прошли с километр '거의 일 킬로미터를 걸었다.').

[주3] 전치사 **между**는 동일한 의미로 조격과도 사용된다 (Дорога шла **между скал**. Дорога шла **между скалами**. '길이 절벽 사이로 나 있었다.').

〖장소 의미 전치사〗

전치사 **у** '곁에', **о́коло** '주위에', **во́зле** '곁에', **близ** '가까이에', **вблизи́** '가까이에', **вокру́г** '주위에', **вдоль** '~을 따라서', **ми́мо** '옆을, 곁을 지나서', **среди́** '가운데', **посреди́** '가운데', **про́тив** '마주 대하여', **ме́жду** '사이에'는 대상이 위치하고 있거나 행위가 발생하는 장소를 표시한다. 전치사 ме́жду는 생격뿐만 아니라 조격도 지배한다. 장소의 의미로 사용될 때 조격이 더 보편적으로 사용된다.

(Где стои́т стол? '테이블이 어디에 있느냐?') Стол стои́т **у окна́**. '테이블은 창문 곁에 있다.'

(Где сидя́т го́сти? '손님이 어디에 앉아 있느냐?') Го́сти сидя́т **вокру́г стола́**. '손님이 테이블 주위에 앉아 있다.'

(Где расту́т дере́вья? '나무가 어디에서 자라고 있느냐?') Дере́вья расту́т **вдоль доро́ги**. '나무는 길을 따라서 자라고 있다.'

(Где прохо́дят демонстра́нты? '데모대가 어디를 통과하고 있느냐?') Демонстра́нты прохо́дят **ми́мо трибу́ны**. '데모대는 연단 옆을 지나가고 있다.'

(Где стои́т па́мятник? '기념비가 어디에 있느냐?') Па́мятник стои́т **посреди́ пло́щади**. '기념비는 광장 중앙에 있다.'

(Где останови́лась маши́на? '자동차는 어디에 세워져 있었느냐?') Маши́на останови́лась **про́тив вхо́да**? '자동차는 입구 맞은 편에 세워져 있었다.'

연습문제 80 где?의 질문에 대답하는 전치사와 함께 사용한 명사를 뽑아 쓰시오.

1. У подъезда остановилась машина.
2. Вокруг ёлки прыгали дети.

3. Посреди озера был островок.
4. Вдоль берега плыла лодка.
5. Около шкафа стоял диван.
6. Памятник стоит против театра.

〖방향 의미 전치사〗

전치사 **из** '~의 안에서부터', **с** '~의 표면에서부터', **от** '에서부터', **из-за** '뒤에서부터', **из-под** '아래에서부터'는 방향을 표시하는데 생격과 함께 사용된다. 명사는 이 전치사를 가지고 '어디에서?'의 질문에 답한다.

Студéнт приéхал **из Санкт-Петербýрга**. '대학생은 상트-뻬쩨르부르그에서 왔다.'

Я взял кни́гу **со стола́**. '나는 테이블에서 책을 집었다.'

Лóдка плывёт **от бéрега** к пароxóду. '보트는 해안가에서부터 기선이 있는 쪽으로 가고 있다.'

Сóлнце появи́лось **из-за** тýчи. '태양이 먹구름 뒤에서부터 나타났다.'

Зáяц вы́скочил **из-под куста́**. '토끼가 관목 아래에서 뛰어 나왔다.'

장소의 의미를 가진 **в** '안에', **на** '표면에', **у** '곁에', **за** '너머에', **под** '아래에'는 방향의 의미를 가진 **из** '안에서부터', **со** '표면에서부터', **от** '에서부터', **из-за** '뒤에서부터', **из-под** '아래에서부터'에 대응된다:

в гóроде '도시에서'(전치격)	**из** гóрода '도시에서부터'(생격)
на столé '테이블 위에서'(전치격)	**со** стола́ '테이블 위에서부터'(생격)
у бéрега '해안가에서'(생격)	**от** бéрега '해안가에서부터'(생격)
за тýчей '먹구름 너머에서'(조격)	**из-за** тýчи '먹구름 너머에서부터'(생격)
под кустóм '관목 아래에서'(조격)	**из-под** куста́ '관목 아래에서부터'(생격)

연습문제 81 필요한 전치사와 격을 사용하여, 첫 번째 문장의 이탤릭체로 된 명사들을 두 번째 문장 속으로 넣으시오.

보기: Книга лежала (где?) *на полке*.
Я не знаю, кто взял книгу (откуда?) *с полки*.

1. Письмо было *в конверте*. Он вынул письмо …
2. *В стакане* вода. Вылей воду …
3. *На столе* пыль. Сотри пыль …
4. Дети гуляли *в лесу*. Они принесли … много ягод.
5. Я иду *в институт*, … я пойду не домой, а на каток.
6. Картина висела *на стене*. Мальчик снял картину …
7. Летом пионеры отдыхали *в лагере*. Они приехали … загорелые и окрепшие.
8. Мать была *на рынке* и *в магазине*, … она принесла мясо и овощи, а … хлеб и сахар.

9. Купи *на почте* конверты и марки и возвращайся … прямо домой.
10. Сегодня я был *в библиотеке*. Я принёс … книги.
11. Мой друг летом был *на Кавказе*. Он прислал … два письма.
12. Он жил *в Сибири*. … он приехал в Москву учиться.
13. Вечером я буду *на собрании*. Я приду … поздно.
14. Брат сейчас *на заводе*. Он скоро вернётся …
15. Ребёнок был *в детском саду*. Мать привела ребёнка домой …
16. Спортсмен стоит *на вышке*. По сигналу он прыгнет … в воду.
17. *На фабрике* кончился рабочий день. Рабочие шли домой …
18. Мы занимались *в аудитории*. Друг вышел … покурить.
19. Многие птицы проводят зиму *на юге*. Весной они опять прилетят к нам ...
20. Он давно не был на *родине*. Он уехал ... три года назад.

연습문제 82 이탤릭체로 된 단어를 사용하고 필요한 전치사와 격을 시용하여 질문에 대답하시오.

1. Письмо лежало *под книгой*. Откуда он достал письмо?
2. Заяц сидел *за кустом*. Откуда выскочил заяц?
3. Трава *под снегом* была зелёная. Откуда показались первые подснежники?
4. Солнце долго пряталось *за тучей*. Откуда появилось солнце?
5. Змея уползла *под камень*. Откуда выползла змея?

〖시간 의미 전치사〗

전치사 **до** '전에', **после** '후에', **накануне** '전날에', **среди** '의 사이에'는 시간을 표시하는데 생격하고만 사용되고, 이 전치사와 함께 사용되는 명사는 '언제?'의 질문에 대답한다.

Тяжела́ была́ жизнь наро́дов Росси́и **до револю́ции**. '혁명 전 러시아 인민의 생활은 어려웠다.'

После револю́ции трудя́щиеся на́чали стро́ить но́вую жизнь. '혁명 후에 노동자는 새로운 생활을 영위하기 시작했다.'

Друзья́ соберу́тся вме́сте **накану́не Но́вого го́да**. '친구는 신년 전에 함께 모일 것이다.'

Ребёнок просну́лся **среди́ но́чи**. '어린아이는 밤중에 잠을 깼다.'

전치사 **накану́не**는 다음의 결합에서 '전날에'의 의미로 사용된다:

накану́не пра́здника '축제 전날에'

накану́не побе́ды '승리하기 전날에'

накану́не револю́ции '혁명 전날에'

여러가지 의미로 사용되는 전치사 **от, до, с, из, у** 등

〚전치사 **от**〛

1. 전치사 **от**를 가진 명사는 동작이 시작되는 위치(시발점, 출발점)를 나타낸다.

   От о́зера путеше́ственники шли пешко́м.'여행객은 호수에서부터 걸어 갔다.'

   Ло́дка отплыла́ **от бе́рега.**'배는 해안가에서부터 출항하였다.'

   이 경우 운동 동사는 자주 접두사 **от-**를 가진다.

   По́езд **ото**шёл **от ста́нции** в 7 часо́в.'기차는 7시에 역에서 출발했다.'

2. 전치사 **от**는 전치사 **до**와 함께 거리를 표시하는데 사용된다.

   От Санкт-Петербу́рга до Москвы́ 650 киломе́тров.'상뜨-뻬쩨르부르그에서 모스끄바까지 650 킬로미터다.'

   Расстоя́ние **от ле́са до ста́нции** мы прошли́ пешко́м.'우리는 숲에서 역까지 걸어서 통과했다.'

3. 전치사 **от**를 가진 명사는 행위의 기점이 되는 사람이나 사물을 표시한다.

   Я получи́л письмо́ **от бра́та**.'나는 형으로부터 편지를 받았다.'

   От де́рева ложи́тся дли́нная тень. '긴 그늘이 나무에서부터 드리워져 있다.'

4. 전치사 **от**에 의하여 서류, 편지 등의 날짜가 표시된다.

   Письмо́ **от пя́того декабря**'12월 5일자 편지'

   Резолю́ция **от пе́рвого ма́рта**'3월 1일자의 결의서'

   Протоко́л собра́ния **от тридца́того апре́ля**'4월 30일자 회의록'

5. 전치사 от를 가진 명사는 벗어나고, 방어하고 싶은 사물을 표시한다.

   Лека́рство **от гри́ппа** '감기약'

   Защи́та **от ве́тра**'바람막이'

   Убе́жище **от бомб**'폭탄 대피소'

   이 의미에서는 **против**을 사용하기도 한다: лека́рство **про́тив** гри́ппа '감기약'

6. 전치사 **от**는 **далеко́**'먼곳에', **недалеко́**'멀지 않은 곳에', **спра́ва**'오른쪽에', **сле́ва** '왼쪽에'와 함께 사용된다.

   Недалеко́ **от дере́вни** протека́ла река́'마을에서 멀지 않은 곳에 강이 흘러지나가고 있었다.'

7. 다음 동사는 전치사 **от**를 요구한다.

불완료상	완료상
освобожда́ть(ся)	**освободи́ть(ся) от**'해방시키다(해방되다)'
избавля́ть(ся)	**изба́вить(ся) от**'벗어나게 하다(벗어나게 되다)'
защища́ть(ся)	**защити́ть(ся) от**'방어하다(스스로 방어하다)'
спаса́ть(ся)	**спасти́(сь) от**'구하다(구원받다)'
скрыва́ть(ся)	**скры́ть(ся) от**'숨기다(숨다)'
пря́тать(ся)	**спря́тать(ся) от**'숨기다(숨다)'
отка́зывать(ся)	**отказа́ть(ся) от**'거절하다'
зави́сеть	— '~에 의하다'
отстава́ть	**отста́ть от**'에 뒤떨어지다'
отлича́ться	— '~의 차이가 있다'

Он уже́ освободи́лся **от** э́той **рабо́ты**.'그는 벌써 이 일에서 벗어났다.'

Я до́лго не мог изба́виться **от мы́слей** о своей неуда́че.'나는 오랫동안 실패한 생각에서부터 벗어날 수 없었다.'

Мы спря́тались **от дождя́** под ста́рым ду́бом.'우리는 오래된 참나무 아래에서 비를 피하고 있었다.'

8. 전치사 от를 가진 명사는 행위나 자질의 원인을 표현할 수 있다.

① смея́ться **от ра́дости** '기뻐서 웃다'; пла́кать **от го́ря**, **от оби́ды** '슬퍼서, 분해서 울다'; дрожа́ть **от хо́лода**, **от стра́ха** '추위로, 두려움으로 떨다'; стона́ть, крича́ть **от бо́ли** '아파서 신음하다, 소리를 지르다'; умере́ть **от ра́ны** '상처로 죽다'; поги́бнуть **от бо́мбы**, **от пу́ли** '폭탄으로 인하여, 총알에 맞아서 죽다'; вздро́гнуть **от неожи́данности** '뜻밖의 일로 몸을 떨다'; Ребёнок засмея́лся **от ра́дости**.'아이는 기뻐서 웃기 시작하였다.' Ребёнок запла́кал **от оби́ды.**'아이는 모욕으로 인하여 울기 시작했다.' Он дрожа́л **от хо́лода**.'그는 추위로 떨었다.'

② бе́лый **от сне́га** '눈으로 인하여 하얀'; мо́крый **от дождя́** '비로 인하여 축축한'; се́рый **от пы́ли** '먼지로 더러워진'; горя́чий **от со́лнца** '햇볕으로 인하여 뜨거운'; Трава́ была́ мо́крой **от дождя́**.'풀이 비 때문에 축축했다.'

연습문제 83 다음 문장을 읽고 전치사 от의 의미를 설명하시오.

A.

1. Лодка плыла от берега к пароходу.

2. Студент получил письмо от родителей.
3. Мне нужна газета от двадцать первого февраля.
4. Поля стали белыми от снега.
5. Пожалуйста, пойди в аптеку и купи мне лекарство от кашля.
6. Свет от уличного фонаря падал в окно.
7. Он долго не мог ничего сказать от волнения.
8. Я поздно вчера пришёл от друга.

B.

1. Легко на сердце от песни весёлой (*Леб.-К.*).
2. Когда солнце поднимается над лугами, я невольно улыбаюсь от радости… (*М.Г.*).
3. Всё было мокро от росы (*Пауст.*).
4. От моего жилища до крутого обрыва над озером всего двадцать шагов (*Приш.*).
5. Тут же, на вокзале, от знакомого начальника станции лейтенант узнал, что отец его умер месяц назад (*Пауст.*).
6. Даша отказалась от обеда, взяла в карман хлеба и крыжовнику и ушла в лес (*А.Т.*).

연습문제 84 문장에서 전치사 от와 함께 사용되는 동사를 뽑아쓰시오. 이 동사를 가지고 문장을 만드시오.

1. Высокие берега закрывают озеро от ветров.
2. Горы защищали залив от ветра.
3. Дети укрылись от дождя под деревом.
4. Один мальчик отстал от друзей и заблудился в лесу.
5. Учитель написал предложение и отошёл от доски.

연습문제 85 동사 зависеть, отказаться, отличаться, спасти, прятаться와 이 동사 뒤에 전치사 от를 사용하여 문장을 만드시오.

연습문제 86 형용사 белый, чёрный, мокрый, горячий, усталый와 원인의 의미를 가지는 전치사 от를 사용하여 문장을 만드시오.

연습문제 87 전치사 от와 부사 далеко, вблизи, справа, слева를 사용하여 문장을 만드시오.

〖전치사 **до**〗

전치사 **до**는 생격만을 요구한다.

1. 전치사 **до**를 가진 명사는 행위 또는 운동의 한계가 되는 장소를 표시한다.

До ста́нции мы шли пешко́м. '우리는 걸어서 역까지 걸어갔다.'

Я дочита́л кни́гу **до середи́ны**. (나는 책을 중간까지 다 읽었다.)

이 경우에 동사는 자주 접두사 **до**를 가진다.

Дочита́л **до конца́** '끝까지 다 읽다', дое́хал **до до́ма** '집에까지 갔다.'

2. 전치사 **до**를 가진 명사는 행위의 한계가 되는 시간을 표시한다.

Дождь шёл **до утра́**. '비는 아침까지 내렸다.'

Мы рабо́тали **до ве́чера**. '우리는 저녁까지 일했다.'

Де́ти жи́ли на да́че **до сентября́**. '아이들은 별장에서 9월까지 지냈다.'

3. 전치사 до를 가진 명사는 행위시간을 표시할 수 있다.

Он сего́дня пришёл домо́й **до обе́да**. '그는 점심식사 전에 집에 도착했다.'

Студе́нты вошли́ в аудито́рию **до звонка́**. '대학생들은 종이 울리기 전에 강의실에 들어갔다.'

연습문제 88 전치사 до와 함께 사용한 명사들에 대하여 다음의 질문(до какого места? до какого времени до каких пор? когда?)을 하시오.

1. Кончились экзамены — начались каникулы. Друзья расстались до осени.
2. Когда мы добрались до вершины горы, солнце уже садилось.
3. Лекции будут до трёх часов.
4. Молодёжь гуляла в парке до позднего вечера.
5. Сегодня мы доехали до института за 30 минут.
6. Буря продолжалась до утра.
7. Я приеду домой до обеда.
8. Мы решили отложить работу до возвращения руководителя.

연습문제 89 다음 문장을 읽고 전치사 от와 до를 사용하여 세 문장을 만드시오.

1. От Москвы до Санкт-петербурга 650 километров.
2. От деревни до города мы шли пешком.
3. За один день он прочитал книгу от первой до последней страницы.
4. От Волгограда до города Горького мы плыли на теплоходе по Волге, от Горького до Москвы — ехали поездом.
5. Длина Волги почти равна расстоянию от Москвы до Северного полюса.

〖전치사 c〗

전치사 **c**는 생격뿐만 아니라 조격과 대격과도 함께 사용된다.

1. 전치사 **c**를 가진 명사는 행위시작 시간을 표시한다.

Заня́тия в ву́зах и шко́лах начина́ются **с пе́рвого сентября́**. '대학과 초중고등학교의 수업은 9월 1일부터 시작된다.'

Он гото́вится к экза́мену **с понеде́льника**. '그는 월요일부터 시험을 준비한다.'

Де́ти **с утра́** гуля́ют в саду́. '아이들이 아침부터 정원에서 산책하고 있다.'

전치사 c는 행위의 끝을 표시하는 전치사 до와 함께 시간의 양을 나타낸다.

На поля́х **с утра́ до ве́чера** кипи́т рабо́та.'들판에서 아침부터 저녁까지 일이 한창이다.'

Врач принима́ет **с десяти́ до трёх часо́в**.'의사는 10시부터 3시까지 진료한다.'

2. 전치사 **c**는 운동방향을 표시한다. 전치사 **c**를 가진 명사는 이 경우에 '어디서?'의 질문에 대답한다.

Студе́нт взял кни́гу **с по́лки**.'대학생은 책장에서 책을 집었다.'

Он пришёл **с у́лицы**.'그는 거리에서 왔다.'

3. 전치사 c를 가진 명사는 어떤 어결합에서 행위의 원인을 표시할 수 있다.

запла́кать **с го́ря**'슬퍼서 울기 시작하다'; сде́лать что-либо **с отча́яния** '절망에서 아무 것이든 하다'; сказа́ть **со зло́сти**'악의로 말하다'; убежа́ть со стра́ху '두려워서 도망치다'; закрича́ть **с испу́гу**'놀라서 소리치기 시작하다'; уста́ть **с непривы́чки**'익숙치 못하여 지치다'

연습문제 90 다음 문장을 읽고 전치사 c와 함께 사용한 명사들에 대하여 문제를 제기하시오. 전치사의 의미를 설명하시오.

1. Занятия в школах начинаются с сентября.
2. С раннего утра до позднего вечера работают в поле тракторы.
3. С улицы в комнату доносились гудки автомабилей.
4. После праздника со стен домов снимали транспаранты, портреты, убирали флаги.
5. Библиотека работает с девяти утра до одиннадцати вечера.
6. Сильный дождь идёт с утра.
7. С деревьев падают последние жёлтые листья.
8. Он с детства увлекался музыкой.

연습문제 91 시간의 의미로 사용되는 전치사 c, до를 사용하여 당신에 의하여 이루어졌던 하루 일과를 묘사하시오.

〚전치사 **из**〛

전치사 **из**는 생격으로만 사용된다.

1. 전치사 **из**는 행위 또는 운동의 방향을 표시한다.

Он прие́хал сюда́ **из дере́вни**.'그는 마을에서 이리로 왔다.'

Она вы́нула плато́к **из карма́на**.'그녀는 주머니에서 손수건을 꺼냈다.'

Друг позвони́л мне **из институ́та**.'친구는 대학에서 나에게 전화했다.'

2. 전치사 **из**를 가진 명사는 정보 출처, 사물이나 사람의 기원을 표시할 수 있다.

Эти слова́ **из стихотворе́ния** Пу́шкина. '이 가사는 뿌쉬낀의 시에서 온 것이다.'

Этот друг **из рабо́чей семьи́**. '이 친구는 노동자 집안 출신이다.'

Я узна́л об э́том **из газе́т**. '나는 신문에서 이것에 대하여 알았다.'

3. 전치사 **из**를 가진 명사는 만들어진 물건의 재료를 표시할 수 있다: плато́к **из шёлка** '비단 손수건'; пла́тье **из ше́рсти** '모직 외투'; кры́ша **из желе́за** '철 지붕'

4. 전치사 **из**를 가진 명사는 어떤 어결합에서 원인을 표현할 수있다: слу́шать **из ве́жливости** '정중하게 듣다'; отказа́ться **из го́рдости**, **из при́нципа**, **из упря́мства** '자존심 때문에, 원칙 때문에, 고집 때문에 거절하다'; соверши́ть по́двиг **из любви́ к ро́дине** '조국에 대한 사랑 때문에 공적을 세우다'

5. 전치사 **из**를 가진 명사는 분리되어 나오기 전의 전체를 표시할 수 있다.

Не́которые **из рабо́чих** вы́полнили зада́ние досро́чно. '몇몇 노동자들이 기한 전에 과제를 수행하였다.'

Мно́гие **из студе́нтов** на́шей гру́ппы уча́ствовали в лы́жных состяза́ниях. '우리 그룹의 대학생 중에서 많은 이들이 스키 경기에 참가하였다.'

На собра́нии вы́ступил оди́н **из аспира́нтов**. '대학원생 중 한 명이 모임에서 연설했다.'

연습문제 92 다음 문장을 읽고 전치사 из의 용법을 설명하시오.

1. Много подвигов совершили люди из любви к родине.
2. Многие из рабочих нашего цеха из года в год перевыполняют нормы.
3. В метро прекрасные колонны из мрамора из люстры из хрусталя.
4. В один из ясных зимних дней друзья отправились на лыжную прогулку.
5. Уроки кончились, дети шли из школы.
6. Записка была написана на листке из блокнота.
7. Бензин и керосин делают из нефти.
8. Из осторожности он не сразу открыл дверь.

연습문제 93 괄호 안에 주어진 단어를 전치사 из와 명사 생격으로 만들어 넣으시오.

1. На столе стояла красивая ваза…
2. ... выехал автомобиль.
3. Певец исполнил арию…
4. Ему было скучно, но он слушал…
5. Поезд… приходит в восемь часов.

6. Мы узнали… о фестивале индийских фильмов в Москве.
7. Во многих вузах России учатся студенты…
8. Никто… не мог решить этой задачи.

(ворота, Москва, разные страны, ученики, стекло, вежливость, газеты, опера).

『전치사 у』

전치사 **у**는 생격하고만 사용된다.

1. 전치사 у를 가진 명사는 사람이나 사물의 소유를 표시한다.

У бра́та есть интере́сная кни́га. '형은 재미있는 책을 가지고 있다.'

У студе́нта име́ются програ́ммы по всем дисципли́нам. '대학생은 전학과의 프로그램이 있다.'

У сестры́ краси́вый го́лос. '누이는 아름다운 목소리를 지니고 있다.'

У орла́ могу́чие кры́лья. '독수리는 위풍당당한 날개를 가지고 있다.'

2. 전치사 **у**를 가진 명사는 가까이에 있는 사물이나 사람을 표시한다.

① Стол стои́т у окна́. '테이블은 창가에 서 있다.'
Мы жи́ли ле́том **у мо́ря**. '우리는 여름에 바다가에 살았다.'
Де́ти игра́ли **у реки́**. '아이들은 강가에서 놀았다.'

② Я был **у врача́**. '나는 의사에게 갔었다.' Он жил ле́том **у роди́телей**. '그는 여름에 부모님 집에서 살았다.'

3. 전치사 у는 다음 동사 다음에 사용된다.

불완료상	완료상
брать	**взять** '취하다'
отнима́ть	**отня́ть** '빼앗다'
проси́ть	**попроси́ть** '요청하다'
спра́шивать	**спроси́ть** '묻다'
покупа́ть	**купи́ть** '구입하다'
красть	**укра́сть** '훔치다'

이 동사에서 전치사 у를 가진 명사는 사람에게서 무언가가 취해지는 사람을 표시한다.

Я взял **у дру́га** уче́бник. '나는 친구에게서 교과서를 빌렸다.'

Мать отняла́ **у ребёнка** но́жницы. '어머니는 아이에게서 가위를 빼앗었다.'

Он попроси́л **у сестры́** кни́гу. '그는 누이에게서 책을 요청했다.'

연습문제 94 다음 문장을 읽고 전치사 у와 함께 사용한 명사들에 대하여 질문을 하시오.

1. Охотники сидели у костра.
2. Вечером у брата собрались его школьные друзья.
3. У девочки ангина. Она должна лежать.
4. Летом школьники отдыхали в лагере у моря.
5. У этого друга большой опыт работы.
6. На столе у секретаря стоял телефон.
7. У нас на родине идёт большое строительство.
8. В поезде мы сели у окна.
9. Летом я жил у родителей.
10. Он был у врача.
11. Я взял эту книгу у друга по институту.
12. Он учился пению у известного певца.
13. У входа в штаб стоял часовой.
14. Машина остановилась у самого дома.

〖전치사 **без**〗

전치사 **без**는 생격하고만 사용된다.

1. 전치사 **без**는 사람이나 사물의 부재를 가리킨다.

Он пришёл сего́дня **без портфе́ля**. '오늘 그는 가방도 들지 않고 왔다.'

Я пью чай **без са́хара**. '나는 설탕을 넣지 않고 차를 마신다.'

Без твое́й по́мощи я не могу́ успе́шно рабо́тать. '너의 도움이 없이 나는 성공적으로 일을 할 수 없다.'

Де́ти гуля́ли **без ма́тери**. '아이들은 어머니 없이 산책하고 있었다.'

이 의미에서 전치사 **без**의 반의어는 명사조격과 함께 사용되는 전치사 с이다.

Пришёл **без портфе́ля** '가방도 들지 않고 왔다' — Пришёл **с портфе́лем** '가방을 들고 왔다'

Пью чай **без са́хара** '설탕을 타지 않고 차를 마신다' — Пью чай **с са́харом** '설탕을 넣고 차를 마신다'

2. 전치사 **без**를 가진 명사는 행위발생방법을 표시할 수 있다. 이 경우에 전치사 **без**를 가진 명사는 как? '어떻게?'의 질문에 대답한다.

Учени́к реши́л зада́чу **без труда́**. '학생은 어렵지 않게 과제를 풀었다.'

Он говори́л по-ру́сски **без оши́бок**. '그는 실수하지 않고 러시아어로 말했다.'

이 의미에서도 전치사 **без**의 반의어는 명사조격과 함께 사용되는 전치사 **с**이다.

Реши́л зада́чу **без труда́**. '과제를 어렵지 않게 해결했다.' — Реши́л зада́чу **с трудо́м**.

'과제를 어렵게 해결했다.'

Говори́т по-ру́сски **без оши́бок**. '실수하지 않고 러시아어로 말한다.' — Говори́т по-ру́сски **с оши́бками**. '실수하면서 러시아어로 말한다.'

3. 전치사 **без**는 시간을 표시할 때 사용된다.

Сейча́с **без пяти́** де́сять. '지금은 10시 5분 전이다.'

연습문제 95 다음 문장을 읽고 전치사 без와 함께 사용한 명사에 밑줄을 치고 여러분이 문장을 어떻게 이해했는지 말하시오.

1. Без труда не вынешь и рыбку из пруда (속담).
2. Дыма без огня не бывает (속담).
3. Человек без родины — соловей без песни (속담).
4. Кто живёт без печали и гнева, тот не любит отчизны своей (*Н.*).

연습문제 96 전치사 без와 함께 사용한 명사들에 대하여 질문을 하시오.

1. Студент уже может читать газету без словаря.
2. Он должен был прийти с сестрой, но пришёл без сестры.
3. Я пришёл на занятия с конспектом, а он явился без конспекта.
4. Студент написал сочитение без ошибок.
5. Ученик без труда выполнил грамматическое задание, а сочинение написал с трудом.
6. Он рассказывал спокойно, без волнения.
7. Он выполнял эту работу без увлечения, а я работал с увлечением.
8. Сегодня тепло, можно ходить без пальто. Ещё вчера все ходили в пальто.

연습문제 97 괄호 속에 주어진 명사를 필요한 격변화를 시키시오.

1. Он обещал прийти с друзьями, но пришёл без… (друзья) (복수).
2. Ученики написали диктант без… (ошибки) (복수).
3. Отец не может читать без… (очки).
4. Все студенты без… участвовали в субботнике (исключение).
5. Он рассказывал спокойно, без… (волнение).
6. Уже тепло. Можно ходить без… (пальто).
7. В новом доме окна были ещё без… (стёкла) (복수).
8. Он выполнил поручение без… (труд).

『전치사 **для**』

전치사 **для**는 생격하고만 사용된다.

1. 전치사 **для**는 사람이나 사물의 이익이 되는 행위를 나타낸다. 이 전치사를 가진 명사는 '누구를 위하여?' '무엇을 위하여?'의 질문에 대답한다.

Я купи́л кни́гу **для дру́га**. '나는 친구를 위해 책을 구입했다.'

Студе́нт чита́л литерату́ру **для докла́да** на семина́ре. '대학생은 세미나의 보고서를 쓰기 위하여 문헌을 읽었다.'

Он иска́л в словаре́ слова́ **для сочине́ния**. '그는 사전에서 작문에 쓸 단어를 찾았다.'

2. 행위목적

Путеше́ственники останови́лись **для о́тдыха**. '여행자들은 휴식하기 위하여 멈추었다.'

3. 사물의 용도

На столе́ лежи́т тетра́дь **для сочине́ний**. '테이블 위에는 작문용 노트가 놓여있다.'

Не забу́дь посу́ду **для молока́**. '우유를 넣을 용기를 잊지 말아라'

4. 어결합으로

① 명사와 결합하여

значе́ние для ... '...를 위한 의의', **осно́ва для** ... '...를 위한 근거', **усло́вие для** ... '...를 위한 조건', **возмо́жность для** ... '...를 위한 가능성', **сре́дство для** ... '...를 위한 수단', **по́вод для** ... '...를 위한 동기'

В на́шей стране́ со́зданы все **усло́вия для** разви́тия нау́ки. '우리 나라에는 과학의 발전을 위한 모든 조건들이 갖추어져 있다.'

Э́то откры́тие име́ет большо́е **значе́ние для** произво́дства. '이 발견은 생산을 위한 대단한 의의를 가진다.'

② 형용사와 결합하여

ну́жный '필요한', **необходи́мый** '필연적인', **обяза́тельный** '의무적인', **ва́жный** '중요한', **тду́дный** '어려운', **лёгкий** '쉬운', **интере́сный** '흥미로운', **изве́стный** '알려진', **знако́мый** '알고 있는', **поня́тый** '이해가 되는' (장어미 또는 단어미와 결합하여 사용):

Прису́тствие на собра́нии **обяза́тельно для** всех студе́нтов. '집회의 출석은 모든 대학생들에게 의무적이다.'

Зада́ча была́ **тру́дной для** ученика́. '과제는 그 학생에게 어려웠다.'

③ 부사와 결합하여

нýжно'필요하다', **необходи́мо**'필연적이다', **обязáтельно**'의무적이다', **вáжно**'중요하다', **полéзно**'유익하다' 등

Для успéшной учёбы нам **необходи́мо** овладéть рýсским языкóм. '우리는 성공적인 학습을 위하여 러시아어를 숙달하는 것이 필연적이다.'

연습문제 98 전치사 для와 명사에 대하여 질문을 하시오.

1. На юг я приехал для работы над книгой (*Пауст.*).
2. Мы купили для рыбной ловли надувную резиновую лодку (*Пауст.*).
3. Я счастлив, что я могу работать дял моей любимой Родины и для счастья всего человечества (*Пав.*).
4. Советский писатель Аркадий Гайдар писал книги для детей. Его книги интересны не только для детей, но и для взрослых.
5. С каждым годом промышленность даёт все больше машин дял сельского хозяйства.

연습문제 99 주어진 단어와 전치사 для를 가지고 문장을 만드시오.

интересный, понятый, полезный, вредный, опасный, нужный

연습문제 100 전치사 для를 가지고 문장을 만드시오. 이 문장에서 어결합을 사용하시오.

иметь значение; иметь возможность; создать условия; принять меры.

〖전치사 **кроме**〗

전치사 **кроме**는 생격하고만 사용한다. 전치사 **кроме**는 다음의 의미를 가진다.

1. 사물이나 사람의 배제의 의미를 표시한다.

   На при́стани никогó нé было, **крóме стóрожа**. '부두에는 경비 외에는 아무도 없었다.'

   На экскýрсии бы́ли все студéнты, **крóме одногó больнóго**. '아픈 사람 한 명을 제외하고 모든 대학생이 소풍을 다녀왔다.'

2. 사물이나 사람에 대한 부가의 의미를 표시한다.

   Крóме рýсского языкá он знáет ещё англи́йский. '러시아어 외에도 그는 영어를 안다.'

   В садý **крóме я́блонь** росли́ ещё две грýши. '정원에는 사과나무 외에도 두 그루의 배나무가 자라고 있었다.'

연습문제 101 왼쪽 난과 오른쪽 난의 문장의 보기에 따라 자신의 문장을 만드시오.

1. Все пришли вовремя. Только один друг опоздал.	Все, кроме одного друга, пришли вовремя.
2. Никто не знал дороги. Дорогу знал только руководитель экспедиции.	Никто, кроме руководителя экспедиции, не знал дороги.
3. У всех студентов есть учебники, а у одного друга нет учебника.	У всех студентов, кроме одного друга, есть учебники.
4. Летом я от всех получил письма. Только от брата я не получил письма.	Летом я получил письма от всех, кроме брата.
5. Дома была не только мать, но и отец.	Дома кроме матери был отец.
6. Мы купили не только учебники, но и словарь.	Кроме учебников мы купили словарь.

〚전치사 вместо〛

전치사 **вместо**는 생격하고만 사용하고 사람이나 사물의 교체를 표시한다.

Сегóдня я рабóтал **вмéсто больнóго дрýга**. '오늘 나는 아픈 친구를 대신하여 일했다.'

В клýбе **вмéсто концéрта** бýдут тáнцы. '클럽에는 연주회 대신에 춤추는 시간이 있을 것이다.'

연습문제 102 왼쪽 난과 오른쪽 난의 문장의 보기에 따라 문장을 만드시오.

1. Друг обещал написать мне письмо. Но он прислал не письмо, а телеграмму.	Вместо письма друг прислал мне телеграмму.
2. Туристы шли в деревню через лес. Когда они вышли из леса, они увидели не деревню, а поле и реку.	Туристы шли в деревню через лес. Когда они вышли из леса, вместо деревни они увидели поле и реку.
3. Я должен был взять с собой учебник. Но я взял не учебник, а словарь.	Вместо учебника я взял с собой словарь.

여격의 사용

러시아어에서 여격은 전치사 없이도 사용되고(**дари́ть сестре́** '누이에게 선물하다', **помога́ть дру́гу** '친구를 돕다') 전치사를 가지고도 사용된다(**идти́ к дру́гу** '친구에게 가다', **е́хать по у́лице** '길을 따라 (차를 타고) 가다').

전치사 없이 사용되는 여격

〚동사와 결합하여 사용되는 여격〛

1. 여격은 동사와 결합하여 행동이 향해지는 사람이나 사물을 나타낸다.

   Я написа́л письмо́ **отцу́**. '나는 아버지에게 편지를 썼다.'
   На уро́ке мы уделя́ем мно́го внима́ния **произноше́нию**. '수업 시간에 우리는 발음에 많은 주의를 기울이고 있다.'

   상기의 의미로 사용되는 여격은 사람의 유익이 되는 행위를 표시하는 동사 다음에서 사용된다.

불완료상	**완료상**
дава́ть	дать '주다'
дари́ть	подари́ть '선물하다'
покупа́ть	купи́ть '사주다'
приноси́ть	принести́ '가져오다'
посыла́ть	посла́ть '보내다'
пока́зывать	показа́ть '보여주다'
обеща́ть	пообеща́ть '약속하다'
помога́ть	помо́чь '돕다'

   이 동사에서 파생된 약간의 명사도 명사 여격을 요구한다:
   дари́ть **де́тям** '아이들에게 선물하다' — пода́рки **де́тям** '아이들에게 주는 선물'
   помога́ть **дру́гу** '친구를 돕다' — по́мощь **дру́гу** '친구에 대한 도움'

2. 여격은 사람에게 말하는 동사 다음에서 사용된다:

   говори́ть **слу́шателям** '청중에게 말하다'
   расска́зывать **дру́гу** '친구에게 이야기하다'
   отвеча́ть **учи́телю** '선생님에게 대답하다'

объясня́ть **ученику́** '학생에게 설명하다'

불완료상	**완료상**
говори́ть	сказа́ть '말하다'
расска́зывать	рассказа́ть '이야기하다'
сообща́ть	сообщи́ть '알리다'
объявля́ть	объяви́ть '광고하다'
отвеча́ть	отве́тить '대답하다'
объясня́ть	объясни́ть '설명하다'
писа́ть	написа́ть '쓰다'
звони́ть	позвони́ть '전화하다'

이 동사에서 파생된 몇몇 명사도 여격을 요구한다.

писа́ть **отцу́** '아버지에게 편지 쓰다' — письмо́ **отцу́** '아버지에게 쓰는 편지'

отвеча́ть **учи́телю** '선생님에게 대답하다' — отве́т **учи́телю** '선생님에게 하는 대답'

3. 여격은 사람이나 사물에 해를 끼치는 동사를 표시하는 동사 다음에 사용된다:

меша́ть **бра́ту** '형제를 불안하게 하다', меша́ть **рабо́те** '일을 방해하다', вреди́ть **лю́дям** '사람에게 해를 끼치다', вреди́ть **здоро́вью** '건강에 해를 끼치다', изменя́ть **делу** '임무를 배반하다', мстить **врагу́** '적에게 복수하다'

불완료상	**완료상**
меша́ть	помеша́ть '방해하다'
препя́тствовать	воспрепя́тствовать '방해하다'
вреди́ть	повреди́ть '해를 끼치다'
изменя́ть	измени́ть '배신하다'
мстить	— отомсти́ть '복수하다'
сопротивля́ться	— '저항하다'

이 동사에서 파생된 몇몇 명사도 여격을 요구한다:

измени́ть де́лу '임무를 배신하다' — изме́на де́лу '임무의 배신'

мстить врагу́ '적에게 복수하다' — месть врагу́ '적에 대한 복수'

4. 다음의 동사는 여격을 요구한다.

불완료상	완료상	
обуча́ть	обучи́ть '가르치다'	Преподава́тель **обуча́л** студе́нтов **ру́сскому языку́**. '교수는 대학생들에게 러시아어를 가르쳤다.' Преподава́тель **обучи́л** студе́нтов **ру́сскому языку́**. '교수는 대학생들에게 러시아어를 가르쳤다.'
учи́ть	научи́ть '가르치다'	Преподава́тель **учи́л** студе́нтов **пра́вильному произноше́нию.** '교수는 대학생들에게 올바른 발음을 가르쳤다.' Преподава́тель **научи́л** студе́нтов **пра́вильному произноше́нию.** '교수는 대학생들에게 올바른 발음을 가르쳤다.'
учи́ться	научи́ться '배우다'	Мы у́чимся **ру́сскому языку́**. '우리는 러시아어를 배우고 있다.' Мы **научи́лись ру́сскому языку́**. '우리는 러시아어를 배웠다.'

[주1] 여격과 함께 사용되는 완료상 동사 **научи́ться**는 드물게 사용되고 이 동사는 동사원형과 자주 사용된다: Мы научи́лись говори́ть по-ру́сски. '우리는 러시아어로 말하는 것을 배웠다.'

[주2] '무엇을 암송하다'의 의미로 사용되는 동사 **учить**는 접미사 **вы-**를 가진 쌍의 완료상 동사 **вы́учить**를 가진다: Я учи́л стихотворе́ние. Я вы́учил стихотворе́ние. '나는 시를 암송했다.'

5. 다음의 감정 동사는 여격을 요구한다.

불완료상	완료상
ра́доваться	обра́доваться '기뻐하다'
удивля́ться	удиви́ться '놀라다'
зави́довать	позави́довать '부러워하다'
сочу́вствовать	посочу́вствовать '공감하다'

이 동사에 속하여 있는 여격 명사는 감정을 불러일으키는 사람이나 사물을 표시한다: ра́доваться весне́ '봄을 기뻐하다'; удивля́ться сме́лости '용기에 놀라다'; зави́довать дру́гу '친구를 부러워하다'; зави́довать успе́ху '성공을 부러워하다'; сочу́вствовать дру́гу '친구에 공감하다'

〚몇몇 어결합으로 사용되는 여격〛

여격은 다음의 어결합으로 사용된다.

Ми́ру — мир. '세계에 평화를'

Война́ — **войне́**. '전쟁에 반대하는 전쟁'

Сла́ва **геро́ям**. '영웅에게 영광이'

Приве́т **друзья́м**. '친구에게 안부를'

Ве́чная па́мять **геро́ям**. '영웅에 대한 영원한 기억'

Па́мятник **Пу́шкину**. '뿌쉬낀 기념비'

Па́мятник **Го́голю**. '고골 기념비'

연습문제 103 괄호 속에 주어진 단어를 필요한 격 형태로 바꾸시오.

A.

1. Отец подарил... велосипед (сын).
2. Маленькой... он купил куклу (дочь).
3. Мать поёт... колыбельную песню (ребёнок).
4. Бабушка рассказывает... сказку (внук).
5. Учитель диктует... текст (дети).
6. Я написала письмо... (подруга).
7. Почтальон принёс... письмо (сосед).
8. Он послал... телеграмму (родители).
9. Ученик задал... вопрос (учитель).
10. Учитель объяснил... непонятное слово (ученик).
11. Лектор показывает... схемы и диаграммы (слушатели).
12. Докладчик сообщил... о выполнении плана (делегаты).
13. Студент сдаёт экзамен... (профессор).
14. Студент ответил... на все вопросы (экзаменатор).
15. Библиотекарь дал... новую книгу (читатель).
16. Пассажиры платят деньги за проезд... (кондуктор).
17. Кондуктор даёт... билеты (пассажиры).

B.

1. Дочь помогает... готовить обед (мать).
2. Шум мешает... заниматься (дети).
3. Я обещал... принести книгу (друг).
4. Генерал приказал... руководить переправой (офицер).
5. Врач запретил... курить (больной).
6. Преподаватель поручил... сделать доклад (студент).
7. Руководитель посоветовал... прочитать эту статью (аспирант).
8. Мать разрешила... идти на каток (сын).

연습문제 104 괄호 속에 있는 단어를 필요한 격으로 변화시켜 질문에 대답하시오.

1. Кому мать сшила новое платье? (сестра).
2. Кому студент сдаёт экзамен? (профессор).
3. Кому аплодируют зрители? (артист).
4. Кому ты отдал записку? (председатель).

5. Кому читатель сдал книги? (библиотекарь).
6. Кому она звонила по телефону? (подруга).
7. Кому помогает мальчик? (мать).

연습문제 105 여격을 필요로 하는 동사에 밑줄을 치시오.

1. Великий русский критик Белинский посвятил свою жизнь борьбе за передовое искусство, которое служит народу.
2. Искусство, литература помогают человечеству в его движении от прошлого к будущему (*Кор.*).
3. Он (Горький) знал и любил свою родину, и этому чувству мы должны у него учиться (*Пауст.*).
4. Она радовалась свободе, была в восторге, что могла одна ходить по городу, радовалась всему, что видела в Ленинграде (*Пауст.*).

연습문제 106 주어진 동사를 가지고 문장을 만드시오. 동사 다음의 명사를 여격으로 만드시오.

вредить, подчиняться, возражать, верить, доверять, служить, подражать, сочувствовать

연습문제 107 어결합 уделять внимание (кому? чему?); приносить пользу (кому? чему?); давать возможность (кому? чему?)를 가지고 문장을 만드시오.

연습문제 108 모든 명사들의 격을 정하고 이들의 용법을 설명하시오.

Наш долг отстоять мир, и мы его отстоим. Пусть все знают, что те же мысли, те же чувства в сердцах всех советских граждан. Мир народам, мир городам и сёлам, мир старикам и детям! Мир миру! (*И.Э.*).

〚무인칭 문장의 여격〛

무인칭문장에서 여격은 어떤 상태를 행하거나 경험하는 사람을 표시하는데 사용된다.

무인칭문장에서 여격은 다음으로 사용된다.

1. **на́до**, **ну́жно**, **необходи́мо**, **мо́жно**, **нельзя́**와 동사원형이 결합하여 무인칭문이 사용된다.

   Бра́ту необходи́мо вы́ехать сего́дня. '형제는 오늘 외출하지않으며 안된다.'

   Студе́нтам ну́жно гото́виться к экза́мену. '대학생은 시험을준비해야 한다.'

   Я нездоро́в, мо́жно **мне** уйти́ с заня́тий? '나는 건강이 좋지 못합니다. 수업을 좀 빠져도 될까요?'

   Больно́му нельзя́ кури́ть. '환자는 담배를 피워서는 안된다.'

2. 단어 **ве́село**, **хорошо́**, **гру́стно**, **ску́чно** 등이 때로는 동사원형과 때로는 동사원형을

사용하지 않고 무인칭문장이 사용된다.

Дéтям вéсело. '어린아이들은 즐겁다.'

Сестрé скýчно. '누이는 지루해한다.'

Студéнтам интерéсно слýшать лéкцию. '대학생들은 강의 듣는 것이 재미있다.'

3. 무인칭 동사와 함께 무인칭문이 사용된다.

Мáтери не спи́тся. '어머니는 잠이 오지 않는다.'

Брáту нездорóвится. '형제는 건강상태가 나쁘다.'

Дрýгу не рабóтается. '친구는 일할 기분이 아니다.'

Дéтям хóчется гуля́ть. '어린아이들은 산책하고 싶어한다.'

연습문제 109 문장을 읽고 여격 용법을 설명하시오. 주어진 문장의 보기에 따라 자신의 문장을 만드시오.

1. Делегатам нужно зарегистрироваться до начала конференции.
2. Студентам нашей группы захотелось отправиться на лыжную прогулку.
3. Сюда нельзя входить посторонним.
4. В парке культуры нам было интересно.
5. Сегодня нет дождя, детям можно идти гулять.
6. Ласточкам холодно зимой в наших краях, они улетают на юг.
7. Лодке трудно было двигаться против течения.

〖형용사와 결합하여 사용되는 여격〗

1. 여격은 다음의 몇몇 형용사(장어미 형용사와 단어미 형용사)와 결합하여 사용된다: **подóбный** '유사한', **свóйственный** '특유한', **вéрный** '신실한', **враждéбный** '적의가 있는', **благодáрный** '감사하는'

Он был благодáрен **друзья́м** за пóмощь. '그는 도움을 준 것에 대하여 친구들에게 감사했다.'

Он рабóтал со свóйственной **емý** энéргией. '그는 그에게 특유한 에너지를 가지고 일했다.'

Я не встречáл людéй, подóбных **э́тому человéку**. '나는 이 사람과 유사한 사람을 만나지 못했다.'

2. 여격은 형용사 рад와 결합하여 사용된다.

Я рад **встрéче** с дрýгом. '나는 친구와의 만남을 기뻐한다.'

3. 여격은 다음의 형용사와 결합하여 사용된다:

ну́жный '필요한', **необходи́мый** '필연적인', **интере́сный** '흥미로운', **поле́зный** '유익한', **изве́стный** '알려진', **знако́мый** '알고 있는', **поня́тный** '이해가 되는'

Эта кни́га ну́жна **бра́ту**. '이 책은 형에게 필요하다.'

Докла́д был интере́сен **слу́шателям**. '보고서는 청중들에게 흥미로웠다.'

Объясне́ние поня́тно **ученика́м**. '설명은 학생들에게 이해가 된다.'

Я принёс кни́гу, ну́жную **бра́ту**. '나는 형에게 필요한 책을 가져왔다.'

[주] 이 형용사와 '전치사 **для** + 생격 명사'도 사용될 수 있다.
Доклад был интересен для слушателей. '보고서는 청중들에게 흥미로웠다.'

연습문제 110 여격 명사와 형용사에 밑줄을 치시오.

1. Народам нужен мир, народам не нужна война.
2. Докладчик приводил примеры, понятные и интересные всем слушателям.
3. Слушатели были благодарны докладчику за хороший доклад.
4. Поэзия Пушкина удивительно верна русской действительности (*Бел.*).
5. И взрослые, и дети рады весне.

〖나이표시 여격〗

여격은 나이를 표시할 때 사용된다.

Мне тогда́ бы́ло три́дцать два го́да. '그 당시 나는 32살이었다.'

Мару́се — два́дцать де́вять, а **до́чери на́шей Светла́не** — шесть с полови́ной. '마루사는 29살이고, 우리 딸 스베뜰라나는 6살 반이다.'

У моего́ бра́та сего́дня день рожде́ния. '오늘은 나의 형의 생일입니다.'

Бра́ту испо́лнилось 18 лет. '형은 만 18살이 되었습니다.'

연습문제 111 질문에 대답하시오.

1. Сколько вам лет?
2. Сколько лет вашей сестре?
3. Сколько лет вашему брату?
4. Сколько лет вашему отцу?

전치사와 함께 사용되는 여격

전치사 **к**, **по**, **благодаря**, **согласно**, **навстречу**, **вопреки**는 여격과 함께 사용된다.

Иду́ **к дру́гу**. '친구에게 걸어간다.' Ло́дка плывёт **к бе́регу**. '보트가 해안가로 항해한다.' Мы гуля́ли **по у́лице**. '우리는 길을 따라 산책했다.' **Благодаря́ твое́й по́мощи** рабо́та шла успе́шно. '너의 도움 덕분에 일은 성공적으로 진행되었다.' **Согла́сно реше́нию** собра́ния. '모임의 결정에 따르면' **Согла́сно прика́зу** дире́ктора. '디렉터의 명령에 따르면' **Согла́сно статье́** конститу́ции. '헌법의 내용에 따르면' Хозя́ин вы́шел **навстре́чу гостя́м**. '주인은 소님을 마중하러 나왔다.' Он встал с посте́ли **вопреки́ сове́ту** врача́. '그는 의사의 충고에 반대로 침대에서 일어났다.'

〖전치사 к〗

전치사 **к**의 기본적인 의미는 사람이나 사물에 대한 공간과 시간에서의 방향, 접근을 표시한다.

1. 전치사 **к**를 가진 명사는 다른 사물이나 사람이 접근되는 사물이나 사람을 표시하고 куда? к чему? к кому?의 질문에 대답한다.

Де́ти бегу́т **к реке́**. '아이들이 강 쪽으로 달려가고 있다.'

Учени́к подошёл **к доске́**. '학생은 칠판으로 다가갔다.'

Больно́й идёт **к врачу́**. '환자는 의사에게 간다.'

[주] 위의 의미와 반대의미는 전치사 от로 표현된다. Учени́к отошёл от доски́. '학생은 칠판에서부터 물러섰다.'

접근을 표시하는 동사는 일반적으로 동사에 접두사 **при-** 또는 **под-**를 부가한다.

Сын **прие́хал к** роди́телям на кани́кулы. '아들은 방학 중에 부모님께 왔다.'

Автомоби́ль **подъе́хал к** до́му и останови́лся у подъе́зда. '자동차는 집 쪽으로 다가와서 현관 입구에서 멈추었다.'

Я **пришёл** к дру́гу в го́сти. '나는 손님으로 친구에게 왔다.'

Я уви́дел дру́га и **подошёл к** нему́. '나는 친구를 보고 그에게 다가갔다.'

접두사 **под-**를 가진 운동동사는 항상 전치사 **к**를 요구한다(**подошёл к** дру́гу '친구에게 다가갔다', **подъе́хал к** до́му '집에 도착했다', **подплы́л к** бе́регу '해안가로 접근하여 항해했다')

접두사 **при-**를 가진 운동동사는 전치사 в 또는 на와 함께 사용된다 (пришёл в университе́т '대학에 도착했다', пришёл на заво́д '공장에 도착했다', прие́хал в Москву́ '모스끄바에 도착했다')

2. 전치사 **к**를 가진 명사는 접합되는 사물을 표시할 수 있다:

прикле́ить марку **к конверту** '우표를 봉투에 붙이다'; привяза́ть ло́шадь **к де́реву**

'말을 나무에 매어두다'; **пришить пуговицу к пальто** '외투에 단추를 달다'

3. 접두사 **при-**를 가진 동사와 기타 다른 동사는 전치사 **к**를 요구한다.

불완료상	완료상	
приближáться	прибли́зиться	к гóроду '도시에 접근하다'
привыкáть	привы́кнуть	к кли́мату '기후에 익숙해지다'
приучáть	приучи́ть	к поря́дку '질서를 익히다'
приучáться	приучи́ться	к поря́дку '질서에 익숙해지다'
призывáть	призвáть	к борьбé '투쟁을 호소하다'
принадлежáть		к организáции '조직에 속하다'
прислу́шиваться	прислу́шаться	к разговóру '대화에 귀를 기울이다'
готóвиться	подготóвиться	к экзáмену '시험을 준비하다'
обращáться	обрати́ться	к нарóду '국민의 쪽으로 향하다'
относи́ться		к дру́гу '친구에 태도를 취하다'
стреми́ться		к знáниям '지식을 지향하다'

[주] 동사 принадлежáть는 전치사 к 없이도 사용될 수 있다.
Кому́ принадлежи́т э́та кни́га? '이 책은 누구 것이냐?'
Кни́га принадлежи́т преподавáтелю. '책은 교수님의 것이다.'

위에서 열거한 동사에서 파생된 명사도 동일한 전치사 **к**를 요구한다:
подготóвка **к экзáмену** '시험준비'; обращéние **к нарóду** '인민에 대한 호소'; отношéние **к друзья́м** '친구들에 대한 관계'; приближéние **к гóроду** '도시에로의 접근'; привы́чка **к поря́дку** '질서에 대한 습관'; призы́в **к борьбé** '투쟁에 대한 호소'; принадлéжность **к организáции** '조직에 대한 소속'; стремлéние **к знáниям** '지식에 대한 갈망'

4. 전치사 **к**는 감정이나 관계를 표시하는 수많은 명사 다음에 사용된다. (동일한 감정을 표시하는 동사는 전치사 к를 요구하지 않는다.):

интересовáться музыкой '음악에 관심을 가지다' — интерéс к му́зыке '음악에 대한 관심'
люби́ть рóдину '조국을 사랑하다' — любóвь к рóдине '조국에 대한 사랑'
ненави́деть врагá '적을 미워하다' — нéнависть к врагу́ '적에 대한 미움'
уважáть учи́теля '선생님을 존경하다' — уважéние к учи́телю '선생님에 대한 존경'
доверя́ть лю́дям '사람들을 신뢰하다' — довéрие к лю́дям '사람들에 대한 신뢰'
сочу́вствовать дру́гу '친구와 공감하다' — сочу́вствие к дру́гу '친구에 대한 공감'

5. 전치사 **к**는 다음의 형용사와 함께 사용된다.

гото́вый к отъе́зду '출발 준비가 된'; **спосо́бный к** му́зыке '음악에 소질이 있는'; **привы́чный к** хо́лоду '추위에 익숙해진'; **стро́гий к** ученика́м '학생들에게 엄격한'; **требова́тельный к** ученика́м '학생들에게 엄한'; **до́брый к** де́тям '어린 아이들에게 호의적인'; **равноду́шный к** му́зыке '음악에 무관심한'; **беспоща́дный к** врага́м '적들을 용서할 수 없는'; **внима́тельный к** ну́ждам друзе́й '친구들의 필요에 경청하는'

6. 전치사 **к**는 시간을 표시하는데 사용된다.

Он пришёл домо́й **к обе́ду**. '우리는 점심 식사 시간 즈음에 집에 도착했다.'

Мы зако́нчили рабо́ту **к ве́черу**. '우리는 저녁 때에 일을 마쳤다.'

Студе́нты должны́ прие́хать **к пе́рвому сентября́**. '대학생들은 9월 1일 경에 도착해야 한다.'

연습문제 112 전치사 к와 함께 사용하는 명사들에 대하여 질문을 하시오.

1. Лодка плывёт от парохода к берегу.
2. Мать зовёт детей. Дети бегут к матери.
3. Дорога привела нас к озеру.
4. Автомобиль повернул налево, к зданию клуба.
5. Я приду домой к обеду.
6. Завтра я пойду к подруге в гости.
7. Ученик подошёл к доске.
8. Друзья соберутся к часу дня.
9. Ночью мы подъехали к маленькой станции.

연습문제 113 괄호 안에 주어진 명사를 전치사와 여격으로 만드시오.

1. Студенты готовились ... (экзамен).
2. Покупатель обратился ... с вопросом (продавец).
3. Мы привыкли ... (климат севера).
4. Пароход приближался ... (пристань).
5. Охотник прислушивается ... (каждый звук).
6. Мы присоединились ... (экскурсия).
7. Мать приучила детей ... (порядок).
8. Сестра пришила пуговицу ... (рубашка).

연습문제 114 문장을 만드시오.

a) 동사

готовиться к ..., стремиться к ..., привыкнуть к ..., относиться к ..., призывать к ...

b) 형용사

готовый к ..., способный к ..., строгий к ..., равнодушный к ..., внимательный к ...

c) **명사**

отношение к ..., доверие к ..., стремление к ... .

『전치사 **по**』

1. 전치사 **по**는 표면의 운동을 표시하는데 사용된다.

Дéти бéгали **пó двору**.'어린아이들이 마당에서 뛰어 다니고 있었다.'
Автомоби́ль éдет **по шоссé**.'자동차는 포장된 도로를 따라 달리고 있다.'
Парохóд плывёт **по Вóлге**.'배는 볼가강을 따라 항해하고 있다.'
Мы гуля́ли **по бéрегу** реки́.'우리는 강가를 따라 산책하였다.'
Рекá течёт **по равни́не**.'강은 평야를 따라 흐르고 있다.'

동사 бить '때리다', стучать '두드리다', ударять '두드리다'와 결합하여 전치사 **по**를 가진 명사가 표면을 표시한다.
Он удáрил кулакóм **пó столу**.'그는 주먹으로 테이블을 두드렸다.'
Дождь стучáл **по кры́ше**.'비는 지붕을 두드리고 있었다.'

2. 전치사 **по**는 운동장소를 표시한다.

a) 전체 속에서의 운동장소를 표시한다.

По всему́ ми́ру распространи́лось движéние сторóнников ми́ра. '평화 지지자들의 운동이 전 세계로 확산되었다.'

b) 여러 가지 장소에서의 운동장소를 표시한다.

По фáбрикам, по завóдам устрáивались ми́тинги. '여러 경공업 공장과 중공업 공장에서'모임이 결성되었다.'

c) 여러 가지 방향에서의 운동장소를 표시한다.

Пóсле собрáния все разошли́сь **по домáм**.'모임을 마친 후에 모든 사람은 집으로 흩어졌다.'

d) 한 장소에서 또 다른 장소로의 이동을 표시한다.

Мы ходи́ли **по магази́нам**.'우리는 상점마다 돌아다녔다.'
Санитáрная коми́ссия ходи́ла **по всем кóмнатам** общежи́тия. '위생 위원회는 기숙사의 모든 방을 돌아다녔다.'

3. 전치사 **по**는 일정한 시간에 반복되는 행위를 표시

Дóктор принимáет **по втóрникам и суббóтам**. '의사는 매주 화요일과 토요일마다 환자를 진찰한다.'

Я рабóтаю **по вечерáм**, иногдá **по ночáм**. '나는 저녁마다 근무하고, 이따금 밤마다 근무한다.'

4. 전치사 **по**는 행위의 원인을 표시하는데 사용된다. 전치사 по-를 가진 명사는 이 때 почему?에 대한 질문에 답한다.

Студéнт отсýтствовал на лéкции **по болéзни**. '대학생은 병 이 나서 강의에 결석했다.'

Он пропусти́л заня́тия **по уважи́тельной причи́не**. '그는 상당한 이유 때문에 수업을 결석했다.'

Учени́к сдéлал оши́бку **по небрéжности**, **по рассéянности**. '학생은 부주의와 산만함 때문에 실수를 했다.'

Онá разби́ла вáзу **по неосторóжности**. '그녀는 부주의 때문에 꽃병을 깨뜨렸다.'

5. 전치사 **по**는 전공, 학과목의 종류를 표시한다.

специали́ст **по сéльскому хозя́йству** '농업 전문가'; рабóта **по** геогрáфии '지리학 업무'; заня́тия **по фи́зике** '물리학 수업'

6. 전치사 **по**는 "…에 따라서, …에 일치하여, …에 근거하여"의 의미를 가진다.

Мы рабóтали **по плáну**. '우리는 계획에 따라 일했다.'

рабóтать **по плáну** '계획에 따라 일하다'; занимáться **по расписáнию** '시간표에 따라 공부하다'; сдéлать что-либо **по прóсьбе**, **по прикáзу**, **по трéбованию** '요청, 명령, 요구에 따라 무언가를 하다'

7. 전치사 **по**는 대상의 자질을 가리킬 때 사용된다.

Я узнáл егó **по гóлосу**, **по похóдке**. '나는 그를 목소리로, 걸음걸이로 알아차렸다.'

Нáша грýппа занялá вторóе мéсто **по успевáемости**. '우리 그룹은 학업진척 정도에서 2위를 차지했다.'

Итáлия превосхóдит Испáнию **по чи́сленности населéния**. '이탈리아는 인구수에서 스페인을 능가한다.'

8. 전치사 **по**는 친족, 친밀한 관계를 가리킬 때 사용된다.

рóдственник **по мáтери** '외가 친척'; друг **по шкóле** '동문'; друг **по рабóте** '직장 동기'; сосéд **по кóмнате** '룸 메이트'

9. 전치사 **по**는 사물을 하나씩 분배하는 것을 표시할 때 사용된다.

Ка́ждый челове́к получи́л **по уче́бнику**.'모든 사람이 참고서 한 권씩 받았다.'

Я купи́л два биле́та **по рублю́**.'나는 일루블짜리 표 두 장을 구입했다.'

10. 전치사 **по**는 어결합에서 커뮤니케이션의 수단을 표시하는데 사용된다.

посла́ть письмо́ **по по́чте**'우편으로 편지를 보내다'; позвони́ть **по телефо́ну** '전화로 전화하다'; говори́ть **по телефо́ну**'전화로 말하다'; сообщи́ть **по телегра́фу**'전보로 알리다'; выступа́ть **по ра́дио**'라디오에 출연하다'; слу́шать **по ра́дио**'라디오로 듣다'.

[주] 전치사 по는 대격과 전치격과도 사용된다.

연습문제 115 전치사 по의 의미를 정하시오. 이 전치사와 함께 사용한 명사에 대하여 질문을 하시오.

1. Мы долго гуляли по улицам и площадям Москвы.
2. По вечерам мы часто встречались в клубе.
3. Секретарь райкома ездил по всем колхозам района.
4. Движение за мир распространилось по всем странам.
5. В зимнюю сессию мы будем сдавать экзамен по истории России.
6. Он взял чужую тетрадь по ошибке.
7. Набежала туча, и по крыше застучал дождь.
8. Преподаватель ведёт занятия по программе.
9. Стране нужны специалисты по сельскому хозяйству.
10. Эту новую песню мы недавно слышали по радио.
11. Мать дала детям по яблоку.

연습문제 116 전치사 по와 동사 идти, гулять, плыть, ехать를 가지고 문장을 만드시오.

연습문제 117 어결합을 가지고 문장을 만드시오.

разговаривать по телефону; действовать по приказу; плыть по течению; узнать по голосу; идти по новому пути.

〖전치사 **благодаря**〗

전치사 **благодаря**는 원인을 표시하는데 사용되고, 긍정적인 현상에 관하여 표시한다.

Благодаря́ хоро́шему руково́дству рабо́та была́ зако́нчена досро́чно.'잘 지도해준 덕분에 일은 기한 전에 마쳤다.'

Экску́рсия прошла́ уда́чно **благодаря́ хоро́шей пого́де**.'소풍은 날씨가 좋은 덕분에 잘 마쳤다.'

[주] 부정적인 현상에 대하여 말하면, 일반적으로 전치사 **из-за**가 사용된다.

Из-за плохо́го руково́дства рабо́та не была́ зако́нчена в срок.'지도를 잘못해서 일이 기한 내에 끝나지 못했다.'
Экску́рсия не состоя́лась из-за плохо́й пого́де.'날씨가 나빠서 소풍은 이루어지지 못했다.'

연습문제 118 괄호 안에 주어진 단어를 문장의 의미에 맞는 전치사를 가지고 넣으시오.

1. Бойцы победили ... (несокрушимая воля к победе).
2. Быстрые темпы строительства возможны ... (успехи техники).
3. Я закончил работу досрочно ... (помощь друзей).
4. Урожай был прекрасный ... (весенние дожди).
5. Мальчик отлично учился ... (усидчивость и хорошие способности).

〚전치사 **вопреки, навстречу, согласно**〛

1. 전치사 **вопреки́**는 전치사 несмотря́ на (+ 대격)로 교체될 수 있다.

Вопреки́ всем тру́дностям экспеди́ция вы́полнила зада́ние.	**Несмотря́ на все тру́дности,** экспеди́ция вы́полнила зада́ние. '온갖 어려움에도 불구하고 탐험대는 과제를 수행했다.'
Вопреки́ сове́ту врача́ больно́й встал с посте́ли.	**Несмотря́ на сове́т врача́,** больно́й встал с посте́ли. '의사의 충고에도 불구하고 환자는 침대에서 일어났다.'

그러나 전치사 **несмотря́ на**는 항상 **вопреки́**와 교체될 수 있는 것은 아니다. 예를 들어, **Несмотря́ на** моро́зы, я́блони не поги́бли. '추위에도 불구하고 사과는 얼어죽지 않았다.'에서 전치사 **несмотря́** 대신에 전치사 **вопреки́**로 대체시킬 수 없다. 전치사 **вопреки́**는 주로 다른 사람의 의지 또는 극복해야 하는 어려움이 사람과 대립되는 경우에만 사용된다. 이 경우에는 사람이 아닌 사과와 추위가 내조되어 있는 문장이기 때문에 **вопреки́**와 교체가 불가능하다.

2. 전치사 **навстре́чу**는 일반적으로 운동동사와 결합되어 사용된다.

Мне **навстре́чу шёл** друг.'친구가 나를 마주 향하여 왔다.'
Чле́ны экспеди́ции **шли навстре́чу** всем опа́сностям. '탐험대 대원들은 온갖 위험을 극복하며 갔다.'

3. 전치사 **согла́сно**는 일상적인 문체에서 자주 사용된다.

согла́сно распоряже́нию ре́ктора'총장의 명령에 따라서'; **согла́сно директи́вам** '지령에 따라서'; **согла́сно реше́нию** суда́ '재판의 판결에 따라서'.

Согла́сно распоряже́нию ре́ктора, зачёты начина́ются по́сле 15 декабря́.
'총장의 명령에 따라 임시시험이 12월 15일 후에 시작된다.'

대격의 사용

러시아어에서 대격은 전치사 없이도 (чита́ю **кни́гу** '책을 읽는다') 사용되고 전치사를 가지고도 (е́ду в **Москву́** '모스끄바로 간다') 사용된다.

전치사 없이 사용되는 대격

전치사 없는 대격은 동사와 결합하여서만 사용된다. 전치사 없는 대격은 명사와 결합하여서는 사용되지 않는다.

1. 대격은 행위대상을 표시하는데 사용된다. 즉 대격은 행위가 이행되는 사람이나 사물을 표시하는데 사용된다.

Рабо́чие стро́ят **дом**. '노동자들이 집을 건축하고 있다.'
Оте́ц чита́ет **газе́ту**. '아버지가 신문을 읽고 있다.'
Мать лю́бит **сы́на**. '어머니는 아들을 사랑하다.'

전치사 없이 대격명사를 구성할 수 있는 동사를 타동사라고 한다.
타동사는 물리적인 행위, 지각, 감각, 발화 등을 표시할 수 있다.

불완료상	완료상	
стро́ить	постро́ить	дом '집을 건축하다'
шить	сшить	пла́тье '옷을 바느질하다'
убира́ть	убра́ть	ко́мнату '방을 정돈하다'
брать	взять	кни́гу '책을 빌리다'
класть	положи́ть	тетра́дь '노트를 두다'
ста́вить	поста́вить	стака́н '잔을 놓다'
ве́шать	пове́сить	пальто́ '외투를 걸어놓다'
ви́деть	уви́деть	дру́га '친구를 보다'
смотре́ть	посмотре́ть	карти́ну '그림을 보다'
слы́шать	услы́шать	пе́ние '노래를 듣다'

слу́шать	прослу́шать	ле́кцию '강의를 듣다'
чу́вствовать	почу́вствовать	боль '고통을 느끼다'
испы́тывать	испыта́ть	беспоко́йство '불안을 경험하다'
замеча́ть	заме́тить	недоста́тки '부족을 눈치채다'
люби́ть	—	ро́дину '조국을 사랑하다'
ненави́деть	—	врага́ '적을 미워하다'
презира́ть	—	тру́са '겁쟁이를 경멸하다'
цени́ть	—	челове́ка '사람을 평가하다'
по́мнить	—	пе́сню '노래를 기억하다'
понима́ть	поня́ть	объясне́ние '설명을 이해하다'
изуча́ть	изучи́ть	вопро́с '문제를 연구하다'
реша́ть	реши́ть	зада́чу '과제를 해결하다'
учить	вы́учить	стихотворе́ние '시를 암기하다'
расска́зывать	рассказа́ть	ска́зку '동화를 말하다'
объясня́ть	объясни́ть	пра́вило '규칙을 설명하다'
сообща́ть	сообщи́ть	но́вость '소식을 알리다'
говори́ть	сказа́ть	пра́вило '규칙을 말하다'
благодари́ть	поблагодари́ть	дру́га '친구에게 감사하다'
поздравля́ть	поздра́вить	дру́га '친구를 축하하다'
вспомина́ть	вспо́мнить	дру́га '친구를 기억하다'
встреча́ть	встре́тить	сестру́ '누나를 만나다
руга́ть, брани́ть	поруга́ть	ма́льчика '소녀에게 욕하다'
ждать	подожда́ть	дру́га '친구를 기다리다'

연습문제 119 괄호 안에 주어진 단어를 사용하여 질문에 대답하시오.

1. Что читает профессор? (доклад).
2. Кого слушают студенты? (профессор).
3. Что сдаёт студент? (экзамен).
4. Кого спрашивает преподаватель? (студент).
5. Что строят рабочие? (мост).
6. Кого ждут рабочие? (инженер).

7. Что учит брат? (стихи).
8. Кого брат учит кататься на коньках? (сестра).
9. Что рассказывает бабушка детям? (сказка).
10. Кого зовёт мать? (дочь).
11. Кого вы встретили? (почтальон).
12. Что принёс почтальон? (журнал).

연습문제 120 문장에서 대격을 필요로 하는 동사를 지적하고 이 동사를 가지고 문장을 만드시오.

1. Ректор поздравил студентов-дипломников с окончанием университета.
2. Я долго не мог вспомнить песню и наконец вспомнил её.
3. Он поблагодарил друзей за помощь.
4. Я помню вашу просьбу.
5. Я запомнил ваш адрес.

연습문제 121 어결합을 가지고 문장을 만드시오.

иметь значение; играть роль; дать слово; подавать пример; оказывать помощь; принять решение; совершить подвиг; исполнить просьбу.

2. 대격은 임의의 동사와 결합하여 행위가 발생하는 시간의 일정한 조각을 표시할 수 있다.

Мы жи́ли **всё ле́то** в дере́вне. '우리는 여름 내내 시골에서 살았다.'

Он отдыха́л **неде́лю**. '그는 일주일 동안 쉬었다.'

Второ́й день идёт дождь. '이틀째 비가 오고 있다.'

Мы занима́емся ру́сским языко́м **ка́ждый день**. '우리는 매일 러시아어를 공부한다.'

Студе́нты слу́шают ле́кции по полити́ческой эконо́мии **ка́ждую неде́лю**. '대학생들은 매주 정치경제학 강의를 청강한다.'

3. 운동동사와 결합하여 대격은 일정한 공간을 표시할 수 있다.

Полови́ну доро́ги мы е́хали на маши́не. '우리는 길의 절반을 차로 갔다.'

Всю доро́гу они́ шли мо́лча. '그들은 길을 걸어 오면서 내내 조용히 걸었다.'

Мы прошли́ **киломе́тр** и уви́дели ре́ку. '우리는 1킬로미터를 걸어가서 강을 보았다.'

이 경우에 운동동사는 종종 접두사 **про**-를 가진다(**про**е́хать киломе́тр '일 킬로미터를 차를 타고 통과하다', **про**йти́ версту́ '일 베르스타 거리를 걸어서 지나가다', **про**плы́ть де́сять ме́тров '십 미터를 수영하여 지나가다')

4. 대격은 동사 стоить '값이 나가다'와 весить '무게가 나가다'와 결합하여 사용할 수 있다.

Кни́га сто́ит 21 **рубль**. '책의 가격은 21루블이다.'

Ка́мень ве́сит **то́нну**. '돌의 무게는 1톤이다.'

Чемода́н ве́сит **де́сять килогра́ммов**. '가방의 무게가 10킬로그램이다.'

연습문제 122 괄호 안에 주어진 단어를 사용하여 질문에 대답하시오.

1. Сколько времени вы ехали сюда? (два дня).
2. Сколько времени вы говорили по телефону? (одна минута).
3. Как часто у вас бывает симинар? (каждая неделя).
4. Сколько километров проехал автомобиль? (тридцать километров).
5. Сколько стоит портфель (четыре рубля).

연습문제 123 질문에 대답하시오.

1. Сколько времени вы отдыхали летом?
2. Сколько времени продолжаются зимние каникулы?
3. Сколько времени вы занимались русским языком?
4. Сколько дней в неделю вы занимались русским языком?
5. Сколько дней вы ехали в Москву?

전치사와 함께 사용되는 대격

전치사 **про**, **сквозь**, **через**, **в**, **на**, **за**, **под**, **по**, **с**, **о**는 대격과 함께 사용된다.

Я люблю́ чита́ть кни́ги **про молодёжь**. '나는 젊은이들에 대한 글을 읽기를 좋아한다.'

Он рассказа́л **про посеще́ние** музе́я. '그는 박물관 방문에 대하여 이야기했다.'

Сквозь кры́шу протека́ла вода́. '물이 지붕을 통하여 스며들어왔다.'

Че́рез ре́ку постро́или мост. '강을 가로지르는 다리를 건설하였다.'

Студе́нт положи́л кни́ги **в портфе́ль** '대학생은 책들을 가방 속에 넣었다.'

Он положи́л кни́ги **на стол**. '그는 책들을 테이블 위에 놓았다.'

Мы выступа́ем **за мир**. '우리는 평화를 공공연하게 지지한다.'

Он положи́л письмо́ **под кни́гу**. '그는 편지를 책 밑에 두었다.'

У меня́ о́тпуск **по сентя́брь**. '나는 9월까지 휴가다.'

С киломе́тр мы шли мо́лча. '우리는 약 1킬로미터를 말없이 걸었다.'

Кора́бль разби́лся **о ска́лы**. '배가 바위에 부딛혀 쪼개졌다.'

[주1] 전치사 про, сквозь, через는 대격하고만 사용된다.

[주2] 전치사 в, на, о는 전치격과도 사용된다.

[주3] 전치사 за, под, с는 조격과도 사용된다. 전치사 с는 생격과도 사용된다.

[주4] 전치사 по는 여격과 전치격과도 사용된다.

〚방향표시 전치사 **в, на, за, под**〛

전치사 **в**, **на**, **за**, **под**는 방향을 표시하기 위하여 대격과 함께 사용된다. 이 전치사를 가진 명사는 '어디로?'의 질문에 대답한다.

Дéти идýт **в шкóлу**. '어린아이들이 학교로 걸어간다.'

Студéнты идýт **на собрáние**. '대학생들이 모임장소로 걸어간다.'

Он положи́л чертежи́ **на шкаф**. '그는 도면들을 장 위에 놓았다.'

Он положи́л письмó **под кни́гу**. '그는 편지를 책 아래에 놓았다.'

Газéта упáла под стол. '신문이 테이블 아래로 떨어졌다.'

연습문제 124 괄호 속에 주어진 단어를 사용하여 질문에 대답하시오.

1. Куда мальчик повесил картину? Где висит картина? (стена).
2. Куда сестра положила книги? Где лежат книги? (шкаф).
3. Куда вы спрятались, когда начался дождь? Где вы спрялались от дождя? (дерево).
4. Куда скрылось солнце? Где солнце? (туча).

〚전치사 **сквозь**〛

전치사 сквозь를 포함한 명사는 어떤 사물에 의하여 스며들어 가든지 아니면 또는 어떤 행위, 동작에 방해되는 사물을 표시한다:

Кровь просочи́лась **сквозь бинт**. '피는 붕대를 관통하여 스며나왔다.'

Водá протекáет **сквозь кры́шу**. '물이 지붕을 통하여 스며들었다.'

Сквозь тумáн и **тýчи** нáши самолёты настóйчиво пробивáются вперёд. '우리 비행기들은 안개와 먹구름들을 관통하여 집요하게 앞으로 빠져나가고 있다.'

연습문제 125 전치사 сквозь를 가진 명사를 뽑아 쓰시오.

1. Сквозь ночной туман Вдали чернеет холм огромный (*П.*).
2. Сквозь зелёные ветви володых берёз просвечивало солнце (*Л.Т.*).
3. В аллею тёмную вхожу я, Сквозь кусты глядит вечерний луч (*Л.*).

〚전치사 **через**〛

1. 전치사 **через**는 사물의 한 측면에서 또 다른 한 측면으로 나아가는 행위를 표시하는데 사용된다.

Пешехóд идёт **чéрез ýлицу**.'통행인이 길을 건너고 있다.'

Чéрез рéку мы переплы́ли на лóдке.'우리는 배를 타고 강을 건넜다.'

일반적으로 동사 접두사 **пере**-를 부가한다(перейти́ **чéрез ýлицу** '길을 건너다', переплы́ть **чéрез рéку** '강을 건너가다', перепры́гнуть **чéрез ручéй**'개천을 뛰어서 건너가다'.) 전치사 없는 대격 명사와 상기의 동사의 결합도 동일한 의미를 가진다(перейти́ **ýлицу**'거리를 건너다', переплы́ть **рéку**'강을 건너가다'.)

2. 전치사 **чéрез**는 전치사 **сквозь**와 유사한 의미로 사용된다(Мы шли **чéрез лес**). 그러나 전치사 **чéрез**를 전치사 **сквозь**와 교체하는 것은 어떤 방해를 극복하는 것과 관련이 있는 동작에 관하여 언급할 때만 가능하다:

   Мы пробирáлись **чéрез** непроходи́мую **чáщу** лéса. Мы пробирáлись **сквозь** непроходи́мую **чáщу** лéса.'우리는 지나갈 수 없는 우거진 숲을 관통하여 겨우 지나갔다.'

   Кровь просочи́лась **чéрез бинт**. Кровь просочи́лась **сквозь бинт**.'피는 붕대를 관통하여 스며 나왔다.'

3. 전치사 **чéрез**는 시간의 간격을 표시하는데 사용된다.

   Чéрез год он вернётся в роднóй гóрод.'일년 지나서 그는 고향으로 돌아올 것이다.'

   Чéрез минýту начнётся концéрт.'1분 후에 연주회가 시작될 것이다.'

4. 전치사 **чéрез**는 사람이나 사물의 도움을 의미하는데 사용된다.

   Разговóр шёл **чéрез перевóдчика**.'대화는 통역관에 의하여 진행되었다.'

   Объявлéния бы́ли даны́ **чéрез газéту**.'신문을 통하여 공고되었다.'

연습문제 126 전치사 через의 의미를 정하시오.

1. Разведчик перешёл через линию фронта.
2. Через неделю мы будем сдавать зачёт.
3. Девушка бросила мяч через сетку.
4. Он передал мне письмо через сестру.
5. Мы переправились через речку вброд.
6. Наш путь лежал через горы.
7. Мы занимаемся русским языком через день.
8. Через лес проложили новую дорогу.
9. Мы вошли в дом через главный вход.
10. Мы не знали русского языка и поэтому разговаривали через переводчика.

연습문제 127 주어진 동사와 전치사 **через**를 가지고 문장을 만드시오.

перейти, перепрыгнуть, перебежать, перебросить, перелезть, переплыть.

〖전치사 **про**〗

전치사 **про**는 말이나 사고의 동사 또는 이 동사와 관련이 있는 명사 다음에 말이나 사고의 대상을 표시하는데 사용된다.

Друг рассказáл мне **про своѝ поéздку**.'친구는 나에게 자신의 여행에 관하여 이야기했다.'

Дéти слýшали скáзку **про Ивáна-царéвича**.'어린아이들은 이반 왕자에 관한 동화를 들었다.'

전치사 **про**는 전치사 **о**와 동의 전치사이다. 전치사 **про**는 구어체에서 사용되고, 전치사 **о**는 구어체와 문어체에서 사용된다.

연습문제 128 다음 문장을 읽고 이텔렉체로 된 명사의 격을 정하고 이 명사들의 단수와 복수 주격을 말하시오.

1. Помни про *школу* —
   только с ней
   станешь
   строителем
   радостных дней! (*Маяк.*).
2. Спой нам, ветер, про дикие *горы*,
   Про глубокие *тайны* морей,
   Про птичьи *разговоры*,
   Про синие *просторы*,
   Про смелых и больших *людей* (*Леб.-К.*).
3. Недаром помнит вся Россия
   Про *день* Бородина (*Л.*).
4. Опять старик рассказывал свои бесконечные истории про *охоту* (*Л.Т.*).

〖전치사 **за**〗

1. 전치사 **за**는 대격과 함께 방향을 표시하는데 사용된다. 이 전치사를 가진 명사는 '어디로?'의 질문에 대답한다.

   Сóлнце зашлó **за тýчу**.'태양이 먹구름 너머로 사라졌다.'

   Автомоби́ль повернýл **зá угол**.'자동차가 모퉁이를 돌았다.'

2. 전치사 **за**는 사람에 관하여 말하면 전치사 **вмéсто**의 의미로 사용된다.

   Сегóдня я рабóтаю **за дрýга (вместо друга)**.'오늘 나는 친구를 대신하여 일한다.'

3. 전치사 за는 다음의 동사 다음에서 사람이나 사물의 이익을 위하여 수행하게 되는 투쟁이나 행위 표시한다.

боро́ться за мир '평화를 위해 싸우다', **стоя́ть за** мир '평화를 지지하다' (그러나 **отста́ивать** мир '평화를 옹호하다', **защища́ть** мир '평화를 지키다'); **сража́ться за** ро́дину '조국을 위해 싸우다'; **воева́ть за** свобо́ду '자유를 위해 싸우다', **выступа́ть за** предложе́ние '제의를 지지하다'; **вы́сказаться за** предложе́ние '제의에 찬성하다'; **голосова́ть за** кандида́та '후보자에게 찬성 투표를 하다', **голосова́ть за** резолю́цию '결의에 찬성하다'

이 동사 뒤에서 전치사 **за**를 가진 명사는 투쟁의 대상을 표시한다.

전치사 за는 상기의 동사에서 파생된 명사와 결합하여서도 사용된다.
борьба́ за мир '평화를 위해 싸움', би́тва, сраже́ние за ро́дину '조국을 위한 전투, 싸움'; выступле́ние за предложе́ние '제의에 대한 지지'

해당 어결합에서 전치사 **за**의 의미는 전치사 **против**의 의미와 대립된다: голосова́ть (голосова́ние) про́тив резолю́ции '결의에 반대 투표를 하다 (결의에 대한 반대투표)', выступа́ть (выступле́ние) про́тив предложе́ния '제의에 반대하다 (제의에 대한 반대)'

4. 전치사 **за**는 다음의 동사와 함께 사용된다.

불완료상	완료상	
a) благодари́ть	поблагодари́ть '감사하다'	Я **поблагодари́л** дру́га **за по́мощь.** '나는 도움을 준 것에 대하여 친구에게 감사했다.' (Я сказа́л дру́гу спаси́бо за по́мощь. 나는 도움을 준 것에 대하여 감사하다고 친구에게 말했다.
награжда́ть	награди́ть '상을 주다'	**За отли́чную учёбу** его́ **награди́ли меда́лью**. '성적이 우수하여 그에게 메달을 수여했다.'
хвали́ть	похвали́ть '칭찬하다'	Учи́тель **похвали́л** ученика́ за хоро́ший отве́т. '선생님은 대답을 잘한다고 학생을 칭찬했다.'
руга́ть	поруга́ть '욕하다'	Отец **руга́л** сы́на **за плохо́е поведе́ние**. '아버지는 나쁜 행동에 대하여 아들을 나무랐다.'
нака́зывать	наказа́ть '벌하다'	Оте́ц **наказа́л** сы́на **за плохо́е поведе́ние**. '아버지는 나쁜 행동에 대하여 아들을 벌했다.'

штрафова́ть	оштрафова́ть '벌금을 부여하다'	Милиционе́р **оштрафова́л** его́ **за наруше́ние пра́вил** у́личного движе́ния. '경찰은 도로 교통법 위반에 대하여 그에게 벌금을 부여했다.'
b) плати́ть	заплати́ть '지불하다'	**Заплати́л за кни́гу** рубль. '책 값으로 1루블을 지불했다.'
покупа́ть	купи́ть '구입하다'	**Купи́л** кни́гу **за рубль**. '1루블을 지불하고 책을 구입했다.'
получа́ть	получи́ть '받다'	Он **получи́л** де́ньги **за рабо́ту**. '그는 일의 댓가로 돈을 받았다.'
продава́ть	прода́ть '팔다'	Он **про́дал** радиоприёмник **за сто рубле́й**. '그는 라디오 수신기를 100루블에 팔았다.'

5. 전치사 **за**는 다음의 어결합으로도 사용된다.

불완료상	**완료상**	
бра́ться	взя́ться	за де́ло, за рабо́ту '일에 착수하다', '공부를 시작하다'
принима́ться	приня́ться	за де́ло, за учёбу '일에 착수하다', '공부를 시작하다'

Все дру́жно взя́лись **за рабо́ту**. '모두들 사이좋게 일을 시작했다.'

Кани́кулы ко́нчились, пора́ принима́ться **за учёбу**. '방학이 끝났고, 공부를 시작할 때가 되었다.'

6. 전치사 **за**는 시간을 표현하는데 사용된다.

a) 전치사 **за**를 가진 명사는 행위이행 기간인 시간의 일부를 표시할 수 있다.

За какой срок (за какое время) ты прочита́л кни́гу? — Я прочита́л кни́гу **за неде́лю**. '얼마 걸려서 책을 다 읽었느냐? — 나는 일주일 걸려서 책을 다 읽었다.'

b) 전치사 **за**를 가진 명사는 무엇에 선행하는 시간의 일부를 표시할 수 있다.

Он пришёл **за мину́ту** до звонка́. '벨이 울리기 1분 전에 도착했다.'

Мы прие́хали в Москву́ **за два дня** до нача́ла заня́тий. '우리는 수업 시작하기 이틀 전에 모스끄바에 도착했다.'

연습문제 129 전치사 за와 함께 사용되는 동사를 뽑아쓰고 이 동사를 가지고 문장을 만드시오.

1. Наши спортсмены упорно боролись за первое место в соревнованиях.
2. Она с утра оживлённо принялась за приготовления к отъезду.
3. С утра я взялся за уборку квартиры.
4. Мы голосовали за резолюцию комитета.
5. Мы выступаем за развитие торговли и сотрудничества с другими странами.

6. Инженер получил премию за изобретение.
7. Встречая Новый год, мы пили за здоровье друзей, которых не было с нами.
8. Войдя в комнату, она извинилась за опоздание.
9. Я поблагодарил друзей за помощь.
10. Учитель похвалил ученика за сочинение.
11. Друзья уважали его за принципиальность.
12. Его критиковали за плохую работу.
13. Её любили за весёлый характер.
14. Он купил учебник за рубль.
15. Он заплатил за учебник рубль.
16. Милиционер оштрафовал шофёра за нарушение правил уличного движения.

연습문제 130 이탤릭체로 된 단어에 질문을 하시오.

1. Нельзя отступать перед первыми же трудностьями, нужно бороться *за осуществление* нашего плана.
2. *За день до отъезда* Кузьмина Башилов передал ему письмо для своей жены (*Пауст.*).
3. *За отличную учёбу* выпускников школы награждают медалью.
4. Машина свернула *за угол* большого дома.
5. Всё лето дети были в пионерском лагере. *За лето* они поправились и загорели.
6. Брату принесли телеграмму. Его не было дома. *За брата* расписалась сестра.
7. Летом мы переселились *за реку*, в деревню.
8. Этот дом построили *за месяц*.
9. Он купил билет в кино *за сорок копеек*.

〖전치사 **в**〗

1. 전치사 **в**는 행위 방향 및 행위가 시작되는 장소를 표시하는데 사용된다. 이 의미로 사용된 전치사 в와 대격명사는 '어디로?'의 질문에 대답한다.

   Студéнт положи́л тетрáдь **в портфéль**. '대학생은 노트를 가방에 넣었다.'

   Он вошёл **в кóмнату**. '그는 방으로 들어갔다.'

2. 전치사 **в**는 요일과 시각을 나타내는데 사용된다.

   Собрáние бýдет **в срéду**. '모임은 수요일에 열릴 것이다.'

   Собрáние начнётся **в шесть часóв**. '모임은 6시에 시작될 것이다.'

시간을 표시하기 위하여 대격과 함께 사용하는 전치사 **в**는 다음의 어결합으로도 사용된다.

В минýту опáсности он помóг мне. '위험할 때에 그는 나를 도왔다.'

В гóды войны́ он рабóтал на завóде. '전쟁 때에 그는 공장에서 일했다.'

В пéрвый день канúкул мы пошлú в теáтр. '방학 첫날에 우리는 극장에 갔다.'

3. 시간단위를 표시하는 명사는 전치사 **в**와 함께 (전치사 **за**를 가지고도) 이행기간을 표시할 수 있다.

   Прочитáл кнúгу **в один день** (또는 за один день). '하루 동안에 책을 다 읽었다.'
   Написáл доклáд **в недéлю** (또는 за недéлю). '일주일만에 보고서를 다 작성했다.'

4. 대격으로 사용되는 전치사 **в**는 다음의 어결합으로도 사용된다.

   раз в мéсяц '한 달에 한 번' (Я писáл домóй раз в мéсяц. '나는 한 달에 한 번씩 집으로 편지를 썼다.'); бóльше **в два рáза** '두 배나 많이' (У дéвочки орéхов в два рáза бóльше, чем у мáльчика. '소녀는 소년보다 두 배나 더 많이 호도를 가지고 있다.')

5. 다음의 동사와 이와 관련된 명사는 대격과 함께 사용되는 전치사 **в**를 요구한다.

   вéрить в побéду '승리를 믿다' (вéра в побéду '승리에 대한 믿음'), **стрелять в цель** '목표를 명중하다' (стрельбá в цель '목표에 대한 명중'), **игрáть в шáшки** '서양바둑 놀이를 하다' (игрá в шáшки '서양바둑 놀이'), **игрáть в волейбóл** '배구놀이를 하다' (игрá в волейбол '배구 놀이')

〖전치사 **на**〗

1. 전치사 **на**는 행위방향 또는 행위가 행해지는 위치를 표시하는데 사용된다.

   Карандáш упáл **на пол**. '연필이 마루에 떨어졌다.'
   Я повéсил картúну **нá стену**. '나는 그림을 벽에 걸었다.'
   Он вы́шел **на ýлицу**. '그는 길로 나갔다.'

2. 전치사 **на**는 다음의 어결합으로 시간을 표시하기 위하여 대격과 함께 사용된다.

   на другóй день '다른 날, 다음날'; на слéдующий день '다음날'; на вторóй, трéтий и т.д. день '둘째 날, 셋째 날 등...'

   На вторóй день пóсле приéзда он пришёл к нам. '도착한 후 둘째 날에 그는 우리에게 왔다.'

3. 대격과 함께 사용되는 전치사 **на**는 행위결과가 미치는 시간의 일부를 나타내는데 사용된다.

   Он уéхал в дерéвню **на лéто**. '그는 여름을 지내기 위해 시골마을로 떠났다.'
   Он лёг отдохнýть **на час**. '그는 한 시간 동안 누워서 쉬었다.'
   Я взял кнúгу в библиотéке **на недéлю**. '나는 일주일 동안 도서관에서 책을 빌렸다.'

4. 전치사 **на**는 для와 유사한 의미로 사용된다.

На э́ту рабо́ту ну́жно де́сять дней. '이 일을 하는데 10일이 필요하다.'

Я взял де́ньги **на кни́гу**. '나는 책을 살 돈을 가졌다.'

Магази́н закры́ли **на ремо́нт**. '수리 하기 위하여 상점을 닫았다.'

5. 전치사 **на**를 가진 명사는 형용사나 부사의 비교급과 결합하여 차이를 표시하는데 사용된다.

Друг **на́ голову вы́ше** меня́. '친구는 나보다 머리 하나가 더 크다.'

Он прие́хал **на неде́лю ра́ньше**, чем я. '그는 나보다 일주일 일찍 도착했다.'

6. 다음의 동사는 대격과 함께 사용되는 전치사 **на**를 요구한다:

влия́ть на разви́тие '발전에 영향을 끼치다'; **наде́яться на** по́мощь '도움을 기대하다'; **серди́ться на** сы́на '아들에게 화를 내다'; **напа́сть на** врага́ '적을 습격하다.'; **походи́ть на** отца́ '아비지를 닮다'; **дели́ть на** ча́сти '부분으로 나누다'

연습문제 131 이탤릭체로 된 단어들에 질문하시오. 전치사 в와 на의 의미를 설명하시오.

1. Альпинисты поднялись *на вершины* горы.
2. Он послал телеграмму и *на другой день* получил ответ.
3. Во двор привезли доски *на постройку* сарая.
4. Брат старше сестры *на год*.
5. Ребёнок похож *на мать*.
6. Мать приготовила обед *на два дня*.
7. Все участники экспедиции разделились *на несколько отрядов*.
8. Осенью птицы летят *на юг*.
9. Магазин закрыт *на ремонт*.
10. Поезд въехал *в туннель*.
11. *В воскресенье* мы пойдём *на каток*.
12. Я прочитал эту книгу *в один вечер*.
13. Этот завод был построен *в годы* первой пятилетки.
14. Наш кружок пения работает *раз в неделю*.
15. Друг всегда поможет тебе *в трудную минуту*.
16. Брат старше сестры *в два раза*.

연습문제 132 문장을 읽고 문장의 의미를 설명하시오. 예를 들어, Отец выписал газеты и журналы на год. '아버지는 일년 동안 신문과 잡지를 구독할 것이다.'

1. Дети уехали в лагерь на лето.
2. Туристы взяли с собой продуктов на неделю.
3. Он лёг отдохнуть на час.

4. Рабочий остановил станок на полчаса.
5. Студент составил план работы на месяц.
6. Я взял книгу на неделю.
7. Брат приехал в Москву на три дня.
8. Поезд остановился на десять минут.

연습문제 133 문장의 의미를 비교하시오.

1. Студент составил план работы *за неделю*. Студент составил план работы *на неделю*.
2. Мы собрались *в один день*. Мы собрались *на один день*.

연습문제 134 다음 문장을 읽고 전치사 за와 на의 용법을 설명하시오.

1. Дети уехали за город *на всё лето*.
2. *За лето* дети хорошо отдохнут и окрепнут.
3. Солнце показалось из-за туч *на одно мгновение* и снова скрылось.
4. Студенты приехали в Москву учиться *на пять лет*.
5. *За три года* студенты хорошо овладели русским языком.
6. Врач освободил его от работы *на месяц*.
7. *За год* моего отсутствия в нашем городе многое изменилось.
8. Подождите его. Он вышел из комнаты *на минутку*.

연습문제 135 의미가 적당한 전치사 на 또는 за를 넣으시오.

1. Рабочий остановил станок ... полчаса.
2. Школьник приготовил уроки ... два часа.
3. Все уехали, а он остался ... час, чтобы закончить работу.
4. Инженер уехал в командировку ... месяц.
5. Первая пятилетка в СССР была выполнена ... четыре года и три месяца.
6. Библиотеку закрыли ... месяц, чтобы произвести ремонт.
7. Мы доехали до института ... полчаса.
8. Позовите его сюда ... минутку.
9. Этот дом был построен ... три месяца.

연습문제 136 아래에 주어진 동사와 전치사 в 또는 на를 가지고 문장을 만드시오.

верить, надеяться, влиять, превращаться

〖전치사 **по**〗

1. 전치사 **по**는 대격으로 사용하여 사물이 하나씩이 아닌 둘 또는 그 이상씩 분배될 때 사용된다.

   Все купи́ли **по́ две кни́ги**. '모두는 책을 두 권씩 구입했다.'

   Ка́ждый получи́л **по четы́ре я́блока**. '각자 사과를 네 개씩 받았다.'

[주] 사물을 하나씩 분배할 때 여격이 사용된다: **Де́ти получи́ли по я́блоку.** '아이들은 사과를 하나씩 받았다.' 수를

셀 때 5부터는 대격과 여격이 모두 사용된다: по пять я́блок 또는 по пяти́ яблок.

2. 전치사 **по**는 한 개가 아니라 여러 개의 같은 종류의 물건가격을 표시할 대 사용된다.

Студе́нт купи́л четы́ре тетра́ди **по со́рок** копе́ек (но одну́ тетра́дь **за со́рок** копе́ек). '대학생은 40까뻬이까짜리 노트 4권을 (그러나 40까뻬이까짜리 노트 한 권을) 구입했다.'

[주] 만약 가격을 표시하기 위하여 수사 없이 명사 копейка, рубль, пятак 등이 사용되면, 여격이 사용된다: Купил четыре книги по рублю. '1루블짜리 책 4권을 구입했다.'

3. 전치사 **по**는 기간의 종료를 표시하는데 사용된다:

Учи́тель получи́л о́тпуск **по пе́рвое сентября́**. '선생님이 9월 1일까지 휴가를 얻었다.'

4. 전치사 **по**는 한계를 표시하는데 사용된다.

Воды́ в ручье́ бы́ло **по коле́но**. '시냇물이 무릎까지 찼다.'

У него́ рабо́ты **по го́рло**. '일이 목까지 찼다.'

〖전치사 под〗

1. 전치사 **под**는 대격과 함께 행위의 방향 및 행위가 행해지는 장소를 표시하는데 사용된다. 전치사 **под**와 함께 사용된 명사는 이 경우에 '어디로?'의 질문에 대답한다.

Она́ положи́ла письмо́ **под кни́гу**. '그녀는 편지를 책 아래 쪽에 두었다.'

2. 전치사 **под**는 사물의 용도를 가리키는 데 사용된다.

Э́ту ко́мнату отвели́ **под чита́льный зал**. '이 방을 독서실 용도로 배당했다.'

Возьми́ буты́лку **под молоко́** (для молока로도 표현할 수 있다.) '우유 담을 용도로 쓸 병을 가져가라.'

3. 전치사 **под**는 다음의 어결합에서 **накануне**의 의미로 사용된다.

под Но́вый год '새해 전날에', под пра́здник '축제 전날에', под воскресе́нье '일요일 전날에', под выходно́й день '휴일 전날에'

Под выходно́й день он уе́хал за́ город. '휴일 전날에 그는 교외로 떠났다.'

4. 전치사 **под**는 다음 유형의 어결합으로 사용된다.

танцева́ть **под му́зыку** '음악소리에 맞추어 춤을 추다'; засыпа́ть **под шум** дождя́ '빗소리에 맞추어 잠들다'; зако́нчить речь **под аплодисме́нты** '박수소리 가운데 연설을 마치다'

5. 전치사 **под**는 자주 다음의 어결합으로 사용된다.

взять под контроль '관리하다', взять под наблюдение '관찰하다', взять под надзор '감독하다', ставить под угрозу '위험 속에 두다'

연습문제 137 대격과 함께 사용되는 전치사 по와 под의 의미를 정하시오. 여러가지 의미로 사용되는 전치사 по와 под를 가지고 다섯 문장을 만드시오.

1. Каждый ребёнок получил по два яблока.
2. Отец получил отпуск по пятое авгутса.
3. Нам нужно четыре билета по сорок копеек.
4. Трава нам была почти по пояс.
5. Самую большую и светлую комнату отвели под читальный зал.
6. Друзья опять собрались вместе под Новый год.

연습문제 138 어결합을 가지고 문장을 만드시오.

взять под контроль, взять под наблюдение, отдать под суд, ставить по угрозу

조격의 사용

러시아어에서 조격은 전치사 없이도 사용되고(писать **кадрандашо́м**) 전치사를 가지고도 사용된다(бессе́довать с дру́гом).

전치사 없이 사용되는 조격

1. 조격은 행위기구를 표시하는데 사용된다.

   писа́ть **карандашо́м**, **ру́чкой** '연필로, 펜으로 쓰다'; вытира́ть до́ску **тря́пкой** '칠판을 걸레로 문지르다'; ре́зать хлеб **ножо́м** '빵을 칼로 자르다'; руби́ть де́рево **топоро́м** '나무를 도끼로 패다'; маха́ть **руко́й**, **платко́м** '손으로, 손수건으로 흔들다'
2. 조격은 행위양태를 표시하는데 사용된다.

   На́ше хозя́йство развива́ется **бы́стрыми те́мпами**. '우리 경제는 빠른 속도로 발전되고 있다.'

   Кто-то **бы́стрыми шага́ми** вошёл в ко́мнату. '누군가가 빠른 걸음으로 방 안으로 들어왔다.'

   Он заговори́л с на́ми **весёлым го́лосом**. '그는 즐거운 목소리로 말하기 시작했다.'

행위가 어떻게 발행하는지를 나타내고 있는 조격명사는 다른 사물을 비교하는 사물을 표시할 수 있다.

Тропи́нка вила́сь **змеёй** (как змея́).'오솔길은 뱀처럼 뒤틀어져 있었다.'

Вре́мя лети́т **пти́цей** (как птица).'시간은 새처럼 날라간다.'

3. 어떤 명사의 조격은 이동장소를 표시할 수 있다.

Отря́д шёл **бе́регом** реки́ (또는 по бе́регу реки́).'부대는 강가를 따라 이동하였다.'

За́яц вы́скочил из ле́са и побежа́л **по́лем** (또는 по́ полю).'토끼는 숲에서 나와서 들판을 따라 뛰기 시작했다.'

Доро́га шла́ **сосно́вым ле́сом** (또는 че́рез лес).'길은 소나무 숲을 따라 뻗어 있었다.'

4. 조격은 시간을 표시할 수 있다.

выйти **ра́нним у́тром** '이른 아침에 나가다'; верну́ться **по́здним ве́чером** '늦은 저녁에 돌아오다'; ехать **тёмной но́чью** '어두운 밤에 가다'; рабо́тать **ноча́ми** (또는 по ноча́м) '밤마다 일하다'; занима́ться **це́лыми дня́ми** '하루 온종일 일하다'; встреча́ться **вечера́ми** (또는 по вечера́м) '저녁마다 만나다'

5. 조격은 이동방법을 표시하는데 쓰일 수 있다.

е́хать **по́ездом**, **парохо́дом**, **трамва́ем** '기차로, 배로, 전차로 가다'; лете́ть **самолётом** '비행기로 날라가다' (또는 전치사 на와 전치격을 사용하여 на по́езде, на парохо́де, на трамва́е, на самолётe로 될 수 있다.)

[주] 이동방법을 표시하는데 무엇보다도 자주 전치사 на와 전치격이 사용된다. 조격은 이 의미에서 항상 가능한 것은 아니다(다음의 경우에는 ехать на велосипе́де, на ло́шади, на теле́ге '자전거를 타고, 말을 타고, 마차를 타고 가다'라고만 해야 한다.)

6. 조격은 차이를 표시하는데 사용된다.

Он пришёл **ча́сом** по́зже(또는 на час позже), чем я.'그는 내보다 한시간 늦게 도착했다.'

Брат **двумя́ года́ми** ста́рше сестры. (또는 на два го́да ста́рше) '형은 누나보다 두 살 위다.'

7. 다음의 경우에 행위자를 표시하는데 조격이 사용된다.

① 행위가 피동형 동사로 표시되면,

Зада́ние **выполня́ется студе́нтами** ежедне́вно.'과제는 매일 대학생들에 의하여 수행되고 있다.'

Диссерта́ция **защищена́ аспира́нтом** в срок.'학위논문은 기한안에 대학원생에 의하여 방어되었다.'

② 행위가 명사에 의하여 표시되면,

выполне́ние зада́ния **студе́нтами** '대학생들에 의한 과제의 수행', **защи́та** диссерта́ции **аспира́нтом** '대학원생에 의한 학위논문의 방어'.

8. 조격은 형용사 **дово́льный, бе́дный, бога́тый**과 결합하여 사용된다.

Руководи́тель дово́лен **рабо́той**. '책임자는 일에 만족하고 있다.'

Учи́тельница дово́льна **ученика́ми**. '여선생님은 학생들에 만족한다.'

Ура́л бога́т **поле́зными ископа́емыми**. '우랄은 유용광물들로 풍부하다.'

연습문제 139 괄호 안에 주어진 단어를 사용하여 질문에 대답하시오.

1. Чем пишет ученик на доске? (мел).
2. Чем рисует мальчик? (карандаш).
3. Чем мы режем хлеб? (нож).
4. Чем плотник пилит дерево? (пила).
5. Чем плотник рубит дерево? (топор).
6. Чем садовник копает землю? (лопата).
7. Чем мы причёсываемся? (расчёска).
8. Чем мы чистим платье? (щётка).
9. Чем в колхозе пашут землю? (трактор).
10. Чем в колхозе убирают хлеб? (комбайн).
11. Чем раньше косили сено? (коса).
12. Чем теперь убирают сено? (сенокосилка).

연습문제 140 이탤릭체로 된 단어에 질문을 하시오.

1. *Тёмной осенней ночью* пришлось мне ехать по незнакомой дороге (*Тург.*).
2. Под голубыми небесами Великолепными коврами, Блестя на солнце, снег лежит (*П.*).
3. Весь день мы шли *сосновыми лесами* (*Пауст.*).

연습문제 141 전치사와 함께 사용한 이탤릭체로 된 부분을 전치사 없는 조격으로 만드시오.

1. В колхоз мы шли *по берегу* реки, а из колхоза возвращались *по другой дороге.*
2. Футбольная команда приехала в наш город *на пароходе.*
3. *По целым дням* дети пропадали в лесу.
4. Мой брат *на два года* моложе меня.
5. Мы шли к центру Москвы *по улице Горького.*
6. Он пришёл *на час* позже, чем я.

연습문제 142 문장을 보기에 따라 조격 어결합으로 바꾸시오.

보기: Ученики повторяют пройденное.
Повторение пройденного учениками.

1. Завод выполняет план.
2. Студенты сдают экзамен.

3. Врач принимает больных.
4. Ученик решает задачу.
5. Студенты изучают философию.
6. Поезд перевозит грузы.
7. Рабочие завода используют новую технику.
(использование, перевозка, изучение, приём, выполнение, сдача, эксплуатация, решение).

〚조격 요구 동사〛

1. 다음의 동사는 조격을 요구한다.

быть (Он был **инженéром**.'그는 기사가 되었다.' Он **бýдет инженéром**. '그는 기사가 될 것이다.')

стать (Он стал **инженéром**'그는 기사가 되었다.'. Он **стáнет инженéром**. '그는 기사가 될 것이다.')

являться (Наýка в Россíи **являéтся достоя́нием** всех трудя́щихся. '러시아에서 과학은 모든 근로자의 자산이다.')

казáться (Пароxóд и́здали **казáлся тóчкой**. '기선은 멀리서 점으로 생각되었다.')

оказáться (Тóчка, котóрую мы замéтили на горизóнте, **оказáлась пароxóдом**. '우리가 수평선 위에서 보았던 점은 기선으로 판명되었다')

예를 든 동사는 독립 동사가 아니다. 이들은 조격 명사와 함께 술어의 성분으로 포함된다. 그러한 동사를 조동사라고 한다.

연습문제 143 조격 명사들에 질문을 하시오.

1. Литература была для меня самым великолепным явлением в мире (*Пауст.*).
2. Народ является главной силой развития общества, творцом истории.
3. Михаил Васильевич Ломоносов был гениальным мыслителем и учёным. Он был химиком и поэтом, физиком и филологом, астрономом и художником, геологом и философом.

연습문제 144 동사 являться를 사용하여 보기에 따라 문장을 다시 만드시오.

보기: Тесная связь науки с жизнью — залог процветания науки.
Тесная связь науки с жизнью является залогом процветания науки.

1. Практика — высший критерий истинности всех научных систем и теорий.
2. Вопрос об отношении мышления к бытию — основной вопрос всякой философии.

2. 다음의 동사는 조격을 요구한다.

불완료상

a) руководи́ть	семина́ром, строи́тельством, рабо́той '세미나, 건설, 일을 지도하다'
управля́ть, пра́вить	госуда́рством, маши́ной '국가를 통치하다. 자동차를 운전하다'
заве́довать	магазийом, библиоте́кой, ка́федрой '상점, 도서관을 관리하다, 강좌를 담당하다'
кома́ндовать	ро́той, батальо́ном, полко́м '중대, 대대, 연대를 지휘하다'
распоряжа́ться	сре́дствами, людьми́ '자금, 인력을 관리하다'
b) располага́ть	вре́менем, возмо́жностями '시간, 가능성을 갖다'
облада́ть	спосо́бностями, зна́ниями, о́пытом '능력, 지식, 경험을 소유하다'
владе́ть	языко́м, ору́жием, те́хникой, землёй '언어, 무기, 기술을 자유롭게 관리하다, 땅을 소유하다'
овладева́ть	зна́ниями, языко́м, те́хникой '지식, 언어, 기술을 습득하다'
c) интересова́ться	литерату́рой, му́зыкой, те́хникой '문학, 음악, 기술에 흥미를 가지다'
увлека́ться	рабо́той, иску́сством '일, 예술에 몰두하다'
любова́ться	ви́дом, карти́ной, приро́дой '경치, 그림, 자연에 도취되다'
восхища́ться восторга́ться	красото́й, кни́гой, сме́лостью '아름다움, 책, 용기에 감탄하다'
d) наслажда́ться	поко́ем, му́зыкой '안정, 음악을 즐기다'
горди́ться	успе́хом, результа́тами '성공, 결과를 자랑하다'
занима́ться	спорто́м, ру́сским языко́м, исто́рией '스포츠, 러시아어, 역사를 공부하다'
по́льзоваться	сове́том, о́пытом, словарём '충고에 따르다, 경험을 살리다, 사전을 이용하다'
дорожи́ть	дове́рием, дру́жбой, челове́ком '신용을 중시하다. 우정을 소중히 여기다, 인간을 귀중하게 여기다'
же́ртвовать	жи́знью, удо́бствами '생명, 편리함을 희생하다'
рискова́ть	жи́знью '생명을 걸다'

e) 동사 рабóтать, выбирáть — выбрать, назначáть — назнáчить와 결합하여 사용되는 조격 명사는 직위 또는 직업을 표시한다.

Он рабóтает на завóде **инженéром**. '그는 공장에서 기사로 일한다.'

Егó назнáчили **дирéктором**. '그를 지배인으로 임명했다.'

Собрáние вы́брало его **делегáтом** на конферéнцию. '집회에서 그를 회의의 대표로 선출하였다.'

연습문제 145 조격 요구 동사를 뽑아쓰시오. 이 동사를 가지고 문장을 만드시오.

1. Писатель должен обладать хорошим знанием истории прошлого и знанием социальных явлений совремнности (*М.Г.*).
2. Наша молодая литература по справедливости может гордиться значительным числом великих художественных созданий (*Бел.*).
3. Уж мало нас осталось, старых друзей. От этого я так и дорожу твоего дружбой (*Л.Т.*).
4. Он любил работать, увлекался делом (*М.Г.*).
5. Однажды я почти всё лето занимался сбором трав и цветов (*Пауст.*).
6. С особенным чувством любуется охотник окружающей его природой (*С.-М.*).

연습문제 146 동사를 가지고 문장을 만드시오.

руководить, управлять, заведовать, командовать, распоряжаться.

연습문제 147 동사를 가지고 문장을 만드시오.

интересоваться, увлекаться, любоваться, восхищаться, наслаждаться, гордиться

전치사와 함께 사용되는 조격

전치사 **с**, **над**, **под**, **перед**, **за**, **между**는 조격과 함께 사용된다.

Я был в теáтре **с дрýгом**. '나는 친구와 극장에 다녀왔다.'

Вчерá я бесéдовал **с руководи́телем**. '어제 나는 지도자와 대화를 나누었다.'

Самолёт летéл **над лéсом**. '비행기는 숲의 상공에서 비행했다.'

Студéнт рабóтал **над доклáдом**. '대학생은 보고서를 작성했다.'

Мы сидéли **под дéревом**. '우리는 나무 아래에서 앉아있었다.'

Шкóльники готóвили доклáды **под руковóдством** учи́теля. '학생들은 선생님의 지도 하에 보고서를 준비하였다.'

Пéред дóмом растýт цветы́. '집 앞에 꽃들이 피어있다.'

Больно́й при́нял лека́рство **пе́ред едо́й**. '환자는 식사 전에 약을 받았다.'

За до́мом был большо́й сад. '집 너머에 큰 정원이 있었다.'

Сестра́ пошла́ в сад **за я́блоками**. '누나는 사과를 구하기 위하여 정원으로 갔다.'

Стол сто́ит **ме́жду окно́м и крова́тью**. '테이블은 창과 침대 사이에 있다.'

Река́ течёт **ме́жду гора́ми**. '강은 산과 산 사이에 흐른다.'

[주1] 전치사 над, перед는 조격과만 사용된다.

[주2] 전치사 за와 под는 대격과도 사용된다.

[주3] 전치사 между는 만약 대상이 동일한 종류라면, 동일한 의미로 간혹 생격과도 사용된다: между двух сосен, между скал. 그러나 대상이 다른 종류라면 조격과 사용된다. между сосной и елью . 전치사 с는 생격과 대격과 사용된다.

〖장소 의미 조격 전치사 **над, под, перед, за, между**〗

전치사 **над, под, перед, за, между**는 장소를 표시하기 위하여 사용된다. 이 경우에 조격 명사는 '어디에'라는 질문에 대답한다.

Ла́мпа виси́т **над столо́м**. '램프가 테이블 위에 메달려있다.'

Тетра́дь лежи́т **под кни́гой.** '노트가 책 밑에 놓여있다.'

Цветы́ расту́т **пе́ред до́мом**. '꽃이 집 앞에 피어있다.'

Огоро́д нахо́дится **за до́мом**. '채소밭은 집 뒤에 있다.'

Доро́га шла **ме́жду реко́й и гора́ми**. '길이 강과 산 사이를 지나고 있다.'

전치사 **под**는 '~로부터 멀지 않은 곳에, 근교에'라는 의미로 사용된다.

Ле́том мы жи́ли **под Москво́й**. '모스끄바 근교에 살았다.'

전치사 **под**와 **за**는 방향을 표시하기 위하여 대격과 함께 사용된다. 이 경우에 전치사 под와 за를 수반하는 명사는 куда?의 질문에 대답한다.

Ле́том они́ пое́хали **под Москву́**. '여름에 그들은 모스끄바 근교로 갔다.'

Маши́на поверну́ла **за́ угол**. '지동차는 모퉁이로 돌았다.'

연습문제 148 문장을 읽고 전치사와 함께 사용한 명사 조격의 의미를 정하시오.

1. Деревня за рекой ещё спала ... Дымок не поднимался над крышами (*Пауст.*).
2. Широкая радуга стояла над лесом: там, где-то за озером, шёл небольшой дождь (*Пауст.*).
3. Перед берёзовой рощей расстилался ровный, широкий луг (*Тург.*).
4. Над круглым столом горит лампа под белым фарфоровым абажуром (*А.Т.*).
5. За дверью залаяла собака, послышались тяжёлые мужские шаги (*Пауст.*).

6. Я поселился поздней осенью в деревне под Рязанью (*Пауст.*).
7. Был тёплый июнь. Концерты проходили в городском парке под открытым небом (*Пауст.*).

연습문제 149 이탤릭체로 된 명사에 질문을 하시오. 이들의 격을 정하시오.

1. Я положил письмо *под книгу*. Я забыл, что оно лежит *под книгой*.
2. Солнце зашло *за тучу*. Сейчас темно, потому что солнце *за тучей*.
3. *За деревней* начинается поле, *за полем* — лес.
4. Змея уползла *под камень*.
5. Когда начался дождь, мы встали *под дерево*. *Под деревом* дождь не мочил нас.

〖여러 가지 의미로 사용되는 조격 전치사 **над, под, перед, между** (장소의미 제외)〗

1. 전치사 **над**는 동사 рабóтать와 рабóта와의 어결합으로(рабóтать **над доклáдом** '보고서를 작성하다', рабóта **над доклáдом** '연설문 작성'), 그리고 동사 смеяться, дýмать와의 어결합으로(смеяться **над глýпостью** '우둔하다고 비웃다', дýмать **над вопрóсом** '문제를 궁리하다') 사용된다.

2. 전치사 **под**는 종종 다음의 어결합으로 사용된다.

   под руковóдством '감독하에', под наблюдéнием '감시하에', под знáменем '깃발 아래에'

   Ученикú дéлали óпыты **под наблюдéнием** преподавáтеля. '학생들은 교수의 감시하에 실험했다.'

3. 전치사 **пéред**는 시간을 표시하는데 사용될 수 있다.

   Ты дóлжен вернýться домóй **пéред обéдом**. '너는 점심식사 전에 집으로 돌아와야 한다.'
   Я зайдý к тебé пéред собрáнием. '나는 모임 전에 너에게 들를 것이다.'

   전치사 **пéред**는 다음의 어결합으로 사용된다.
   ответственность **пéред нарóдом** '인민에 대한 책임'; обязанность **пéред óбществом** '사회의 의무'; долг пéред рóдиной '조국에 대한 의무, 빚'

4. 전치사 **между**는 행위시간을 표시할 수 있다.

   Мы пойдём в буфéт **мéжду послéдней лéкцией и семинáром**. '우리는 마지막 강의와 세미나 사이에 간이음식점으로 갈 것이다.'

   Он вернётся **мéжду пятью́ и шестью́ часáми**. '그는 5시와 6시 사이에 돌아올 것이다.'

5. 전치사 **мéжду**는 상호관계를 표시할 때 사용된다.

отношéния **мéжду государствами** '국가와 국가 사이의 관계'; мир, дрýжба **мéжду нарóдами** '백성과 백성 사이의 평화, 우정'; договóр, союз **мéжду стрáнами** '나라와 나라 사이의 조약, 동맹'

연습문제 150 전치사와 이탤릭체로 된 명사에 질문을 하시오.

1. Автомобиль остановился *перед домом.*
2. *Перед рассветом* началась гроза.
3. *Перед нашей молодёжью* открыта широкая дорога к знаниям.
4. *Перед народами всех стран* стоит великая задача — отстоять мир.
5. Наша внешняя политика — политика мира и дружбы *между народами.*
6. Летом 1942 года в степях *между Волгой и Доном* шли бои.

〖전치사 с〗

1. 전치사 **с**를 가진 명사는 공동 행위자를 표시한다.

Брат пришёл домóй **с дрýгом**.

Я разговáривал **с преподавáтелем**.

2. 전치사 **с**를 가진 명사는 사물의 자질을 표시할 수 있다.

Мы жи́ли в кóмнате **с больши́ми óкнами**. '우리는 큰 창문이 달린 방에서 살았다.'

Автомоби́ль останови́лся óколо дóма **с колóннами**. '자동차는 큰 기둥들이 있는 집 주위에 멈추었다.'

Я запóмнил э́того высóкого человéка **с бородóй**. '나는 수염을 기른 이 키가 큰 사람을 기억하였다.'

3. 전치사 с는 시간을 표시할 때 사용된다. 전치사 с는 시간의 의미에서 동시적인 현상을 표시한다.

Пти́цы просыпáются **с зарёю**. '새들이 새벽노을이 질 때 잠에서 깬다.'

Лéтом я вставáл **с восхóдом сóлнца.** '여름에 나는 태양이 떠 오를 때 일어났다.'

4. 전치사 **с**는 행위양태를 표시하는데 사용된다.

Студéнты слýшали лéкцию **с интерéсом**. '대학생들은 흥미롭게 강의를 들었다.'

Он руководи́т рабóтой **со знáнием дéла**. '그는 업무를 잘 알고 일을 지도한다.'

Он спроси́л об э́том **с любопы́тством**. '그는 호기심으로 이것에 대하여 물어보았다.'

전치사 с를 가진 조격은 보통 전치사 без를 가진 생격과 반대의 의미를 가지는 경우에 사용된다.

слу́шать **с инте́ресом** '흥미를 가지고 듣다.' — слу́шать **без интере́са** '흥미 없이 듣다.'

руководи́ть **со зна́нием де́ла** '숙련되게 지도하다.' — руководи́ть **без зна́ния де́ла** '미숙하게 지도하다.'

написа́ть рабо́ту **с оши́бками** '연습문제를 실수로 쓰다.' — написа́ть рабо́ту **без оши́бок** '연습문제를 실수없이 쓰다'.

[주] 행위양태를 나타내기 위해서는 전치사 없는 조격도 사용된다: петь басом '베이스로 노래하다.', жить новой жизнью '새로운 인생으로 살다.'

5. 전치사 с는 동사 поздравля́ть — поздра́вить와 함께 사용된다.

   Поздравля́ем вас **с пра́здником**, **с Но́вым го́дом**! '축제, 신년을 축하합니다!'

6. 전치사 с는 동사 боро́ться '싸우다', дра́ться '싸우다', сража́ться '싸우다' 그리고 명사 борьба́, дра́ка, сраже́ние와 결합하여 **про́тив**의 의미로 사용된다.

   боро́ться **с врага́ми** '적과 싸우다'

   сража́ться **с проти́вником** '적과 싸우다'

   соревнова́ться **с друзья́ми** '친구들과 싸우다'

연습문제 151 전치사 с와 함께 사용된 명사들에 질문을 하시오. 여러가지 의미로 사용되는 전치사 с를 가지고 문장을 만드시오.

1. Собаки с лаем выбежали нам навстречу.
2. Охотник бродил по лесу с ружьём.
3. Жил старик со своею старухой у самого синего моря (*П.*).
4. С приездом брата в нашем доме стало весело.
5. После лекции студент разговаривал с преподавателем.
6. Он человек с твёрдыми убеждениями.
7. Дети с нетерпением ждали праздника.
8. Вырастают новые посёлки с прекрасными домами, клубами, школами, больницами, магазинами.
9. Я поздравил друзей с Новым годом.

연습문제 152 괄호 안에 주어진 단어를 전치사 с를 수반하는 조격 또는 전치사 с를 수반하지 않는 조격으로 만드시오.

1. Мы отнеслись к этому рассказу … (недоверие).
2. Студенты слушали лекцию … (внимание).
3. Студент написал упражнение … (ошибки).
4. Зрители смотрели фильм … (большой интерес).

5. Этот ученик пишет... (красивый почерк).
6. Ребёнок спит... (крепкий сон).
7. Дети смеялись... (звонкий смех).
8. Друг... согласился мне помочь (радость).
9. Он вошёл в комнату... (быстрые шаги).
10. Он говорит по-русски хорошо, но... (акцент).
11. Расскажите текст... (свои слова).
12. Молодой инженер работает хорошо... (знание дела).
13. Я... пойду на концерт (удовольствие).
14. Статья написана... (понятный, простой язык).

〖전치사 **за**〗

1. 전치사 **за**는 장소를 표시하는데 사용된다.

За рекóй вúден лес.'강 너머에 숲이 보인다.'

За лéсом — пóле.'숲 너머에 들판이 있다.'

Лéтом мы жúли **зá городом**.'여름에 우리는 교외에서 살았다.'

Мы сидéли **за столóм**.'우리는 테이블에 앉아 있었다.'

2. 전치사 **за**는 운동동사와 함께 결합하여 운동의 목적을 표시하는데 사용된다.

Мать ушлá в магазúн **за хлéбом** (чтобы принести хлеб).'어머니는 빵을 구하러 상점으로 떠났다.'

Я пойдý в библиотéку **за кнúгами** (чтобы взять книги).'나는 책을 구하러 도서관으로 갈 것이다.'

3. 운동동사와 결합하여 운동의 목적뿐만 아니라 사람과 사물에 뒤이어 운동이 발생하는 사람과 사물을 나타낸다.

Мáльчик пошёл **за отцóм**. 이 문장은 문맥에 따라 두 가지 의미를 가질 수 있다:'아버지를 뒤따라 나갔다.', '아버지를 부르러 또는 데리러 나갔다.'

4. 다음의 동사는 조격과 전치사 **за**를 요구한다.

слéдовать за проводникóм '안내자를 뒤따라간다'; **следúть** за ребёнком '아이를 지켜보다'; **наблюдáть** за собы́тиями '사건을 관찰하다'; **гнáться** за зáйцем '토끼를 쫓다'

5. 전치사 **за**는 다음의 어결합에서 시간을 표시하는데 사용된다.

за обéдом '점심식사 때에', за ýжином '저녁식사 때에', за зáвтраком '아침식사 때에', за

ча́ем '차 마시는 때에', **за рабо́той** '일하는 중에'

За обе́дом отец чита́л газе́ту '식사 하는 중에 어버지는 신문을 읽었다.' (во время обеда 라고도 할 수 있다.)

6. 어결합에서 구어체에서 원인 표시

за неиме́нием '없어서', **за отсу́тствием** '없어서', **за недоста́тком** '부족해서'

За отсу́тствием свобо́дного вре́мени я не смог вы́полнить поруче́ние. '여유시간이 없어서 나는 위임 받은 일을 다 할 수 없었다.'

За неиме́нием материа́лов строи́тельство заде́рживается. '자재가 없어서 건설은 지연되고 있다.'

연습문제 153 주어진 문장에서 전치사 за의 의미를 정하시오.

1. Сразу за деревней начинался густой лес.
2. Брат поехал на вокзал за билетами.
3. За обедом мы рассказали друг другу все новости.
4. Мы пошли за экскурсоводом в следующий зал музея.
5. Летом пионеры жили в лагере за городом.
6. Шёл день за днём, а они не возвращались.

연습문제 154 괄호 안의 단어를 이용하여 질문에 대답하시오.

1. За чем дети пошли в лес? (грибы и ягоды).
2. За кем послали самолёт? (врач).
3. За кем ты идёшь в детский сад? (маленький брат).
4. За чем приехал грузовик? (кирпич).
5. За кем приехала машина? (директор).

연습문제 155 어결합을 가지고 문장을 만드시오.

работать под руководством; работать над докладом; развиваться под влиянием; отступать перед трудностями; выступать перед студентами; следить за событиями.

연습문제 156 의미상 적당한 전치사(перед, за, над, под, между, с)를 넣으시오. 조격 명사에 질문을 하시오.

1. … входом в дом был цветник.
2. Деревня находится далеко, … этим лесом.
3. … деревом стояла скамейка.
4. … лекцией я пошёл в библиотеку … книгами.
5. Мы шли по узкой тропинке … берегом реки и лесом.
6. Самолёт летел … лесом.
7. Студент беседовал … преподавателем.

연습문제 157 괄호 안의 단어를 전치사를 포함하는 조격명사로 채워넣으시오.

1. Пароход шёл… (мост).
2. Окно было высоко… (земля).
3. На столе стояла ваза… (цветы).
4. Мы отдохнули… (ель).
5. Небо потемнело… (гроза).
6. ... развевался флаг (крыша).
7. Мы выполним свой долг… (Родина).
8. Дети… ждали отца (нетерпение).

전치격 사용

전치격은 전치사하고만 사용한다. 전치사 **о**, **при**, **в**, **на**, **по** 등이 전치격과 함께 사용된다.

Расска́зывать **о встре́че**'미팅에 관하여 이야기하다', вспомина́ть **о де́тстве** '어린시절에 관하여 회상하다', писа́ть **о рабо́те**'일에 관하여 쓰다', спроси́ть **при встре́че**'만났을 때 물어보다', сад **при до́ме**'집에 딸린 정원', кни́га лежи́т **в портфе́ле**'책이 가방 안에 놓여있다.', кни́га лежи́т на столе́'책이 테이블 위에 놓여있다.', **по возвраще́нии**, **по прие́зде** продолжа́л рабо́ту'돌아갈 때, 도착하였을 때 일을 계속하였다.'

[주1] 전치사 в와 на는 대격과도 사용된다.

[주2] 전치사 по는 무엇보다 자주 여격과 대격과 사용된다.

[주3] 전치사 о는 대격과도 사용된다.

[역주] 지금까지 살펴보았던 2격~5격은 전치사를 사용할 수도 있고 전치사를 사용하지 않을 수도 있었다. 그러나 6격은 항상 전치사와 함께 사용한다. 고대 러시아어에서는 6격을 장소격이라고 했다. 이때는 전치사를 사용하지 않을 수도 있었다. 그러나 현대 러시아어에서는 6격은 항상 전치사와 함께 사용된다. 이후 6격을 전치격이라고 하게 되었다.

전치사 о

전치사 **о**는 발화나 사고의 대상을 표시할 때 사용된다.

Студе́нты расска́зывали **о посеще́нии** музе́я.'대학생들은 박물관 견학에 관하여 이야기를 나누었다.'

Мы чита́ли расска́зы **о лётчиках**.'우리는 비행사에 관한 이야기를 읽었다.'

다음의 발화와 사고의 동사, 또는 이에 관련있는 명사는 전치사 о를 요구한다.

	불완료상	완료상	
a)	говори́ть	сказа́ть	о недоста́тках '부족함에 대하여 말하다';
			разгово́р о недоста́тках'부족함에 대한 대화'
	расска́зывать	рассказа́ть	о пое́здке'여행에 대하여 이야기하다';
			расска́з о по́ездке'여행에 대한 이야기'
	разгова́ривать	—	о пого́де'일기에 관하여 대화하다';
			разгово́р о пого́де'일기에 관한 대화'
	бесе́довать	побесе́довать	о зада́чах'과제에 관하여 대화하다';
			бесе́да о зада́чах'과제에 관한 대화'
	сообща́ть	сообщи́ть	о прие́зде'도착을 알리다';
			сообще́ние о прие́зде'도착을 알림'
	проси́ть	попроси́ть	о по́мощи'도움을 요청하다';
			про́сьба о по́мощи '도움의 요청'
	спра́шивать	спроси́ть	о результа́тах'결과에 대하여 질문하다';
			вопро́с о рузульта́тах'결과에 관한 질문'
	предупрежда́ть	предупреди́ть	об опа́сности'위험에 관하여 경고하다';
			предупрежде́ние об опасности '위험에 관한 경고'
b)	ду́мать	поду́мать	о будущем'미래에 관하여 생각하다'
	мечта́ть	помечта́ть	о встре́че'만남을 꿈꾸다';
			мечта́ о встре́че'만남의 염원'
	вспомина́ть	вспо́мнить	о де́тстве'유년시절을 회상하다';
			воспонина́ние о де́тстве '유년시절의 회상'
	по́мнить		о поруче́нии'위임한 것을 기억하다'
	знать		о собра́нии'집회에 관하여 알다'

동사 забо́титься, беспоко́иться (Мать забо́тится **о де́тях**. '어머니는 아이들에 관하여 염려한다.' Мы беспоко́ились **о дру́ге**. '우리는 친구에 관하여 염려하였다.') 그리고 이와 관련있는 명사도 전치사 **о**를 요구한다. (забо́та о де́тях,'아이들에 관한 염려' беспоко́йство о друзья́х'친구들에 관한 염려')

연습문제 158 전치격 명사의 성과 수를 정하시오. 문장에서 전치사 о 요구 동사를 뽑아쓰고, 이 동사와 전치사 о와 전치격 명사를 가지고 문장을 만드시오.

1. Бывшие ученики пишут учителю о своей жизни и работе.
2. Друг рассказал о фестивале молодёжи.
3. Я читал в газете о соревновании шахтёров.
4. Нельзя молчать о недостатках в работе.
5. Друзья спорили о новом фильме.
6. Ты должен был помнить о своём обещании.
7. Радио сообщило об открытии строительной выставки.
8. Я не специалист и не могу судить о работе этой машины.
9. Он во время работы забывал об отдыхе.

연습문제 159 전치사 о와 함께 사용하는 명사를 뽑아쓰시오. 이 명사를 가지고 문장을 만드시오.

1. Дети читали «Сказку о рыбаке и рыбке» Пушкина.
2. В сегодняшней газете есть сообщение о результатах выборов.
3. Хор исполнил «Песню о Родине».
4. Вчера в клубе был интересный доклад о международном положении.
5. В журнале был интересная статья о новых достижениях медицины.
6. Радио принесло радостную весть о победе.
7. Дети разных народов, мы мечтою о мире живём (*Ош.*).
8. Такие речи о себе, о своей жизни она слышала впервые (*М.Г.*).
9. Воспоминание о весне возбуждает мысль и уносит её далеко-далеко.
10. Одно время я всерьёз думал стать моряком. Но вскоре мысль о писательстве вытеснила всё остальное (*Пауст.*).

연습문제 160 명사 разговор, лекция, вопрос, мысль, известие, рассказ 그리고 전치사 о를 가지고 문장을 만드시오.

전치사 при

1. 전치사 **при**는 시간(시대, 역사적인 시기)을 표시하는데 사용된다.

   при феодали́зме '봉건주의 시대에', **при** капитали́зме '자본주의 시대에', **при** социали́зме'사회주의 시대에'

   При Петре́ I Росси́я ста́ла си́льным госуда́рством поме́щиков и купцо́в.

   '뾰뜨르 1세 시대에 러시아는 강한 지주귀족과 상인의 국가였다'

   Я узна́л от дру́га все но́вости **при встре́че**.'만났을 때 나는 친구에게서 모든 소식을 았았다.'

2. 전치사 **при**는 장소를 표시하는데 쓰인다. 전치사 **при**를 가진명사는 장소 표시, 부속 건물의 의미로 사용된다.

   При заво́де есть де́тский сад.'유치원이 공장에 부속되어 있다.'

При до́ме име́лся небольшо́й огоро́д.'크지 않은 채소밭이 집에 딸려 있었다.'

3. 전치사 **при**는 다음의 어결합에서 조건의 의미로 사용된다.

при усло́вии'조건으로', при нали́чии'있을 때', при отсу́тствии'없을 때', при жела́нии '원하면', при стара́нии'노력하면', при по́мощи'도움으로', при соде́йствии'협력 하에서', при подде́ржке'지지하에서'

При жела́нии ты мог бы вы́полнить поруче́ние.'원하면 너는 위임한 일을 수행할 수 있을텐데.'

При всео́бщей подде́ржке это предложе́ние уда́стся осуществи́ть. '전체적인 지지가 있으면 이 제의는 실현될 수 있을 것이다.'

4. 전치사 **при**가 '...있는 곳에서'의 의미로 사용된다.

Мы ви́делись то́лько **при друзья́х**.'우리는 친구들이 있을 때에만 만났다.'

Это произошло́ **при свиде́телях**.'이것은 증인들이 있을 때에 일어났다.'

5. 전치사 при는 자주 다음의 어결합으로 사용된다.

при све́те ла́мпы'램프의 불빛 아래에서' = при ла́мпе; при луне́'달빛 아래에서';

при вечёрнем освеще́нии'저녁 불빛에서'; при дневно́м све́те'한 낮의 빛에서'

Так как ко́мната была́ тёмная, днём приходи́лось читать **при ла́мпе** (при све́те ла́мпы)'방이 어두웠기 때문에 낮에 램프의 불빛 아래에서 책을 읽어야만 했다.'

연습문제 161 전치사 при의 의미를 설명하시오.

1. Мы обычно обедаем в столовой при институте.
2. При желании ты можешь хорошо работать.
3. Я скажу ему об этом при встрече.
4. Дорога была хорошо видна при свете луны.
5. При переводе этого текста мы пользовались словарём.
6. При жизни родителей она часто приезжала в родной город.

전치사 на

1. 전치사 **на**는 행위장소를 표시하는데 사용된다. 전치사 **на**를 가진 명사는 где?의 질문에 대답한다.

Дом стои́т **на берегу́** реки́. '집은 강가에 있다.'

Студе́нт бы́л **на промы́шленной вы́ставке**. '대학생은 산업 전시회장에 다녀왔다.'

Все должны́ прису́тствовать **на собра́нии**. '모든 사람들은 회의에 참석해야 한다.'

2. 전치사 **на**는 이동수단을 표시하는데 사용된다.

   е́хать **на по́езде**, **на трамва́е**, **на парохо́де**, **на велосипе́де**, **на ло́шаде** '기차를 타고, 전차를 타고, 배를 타고, 자전거를 타고, 말을 타고 간다'; лете́ть **на самолёте** '비행기를 타고 날라간다.'

3. 전치사 **на**는 어떤 명사와 결합하여 시간을 표시하는데 사용된다.

   На э́той неде́ле мы пойдём в музей. '이번 주에 우리는 박물관에 갈 거야.'

   (그러나 в э́том году́ '금년에', в э́том ме́сяце '금월에'의 경우에는 в를 사용함)

   Охо́тники вы́шли из до́ма **на рассве́те**. '사냥꾼들은 새벽에 집에서 나갔다.'

   Они́ верну́лись домо́й **на зака́те**. '그들은 석양이 질때 집에 돌아왔다.'

4. 다음의 동사는 전치격과 함께 사용하는 전치사 **на**를 요구한다.

   говори́ть, писа́ть на ру́сском языке́ '러시아어로 말하다, 쓰다.'

   어떤 기구로 연주하다 — игра́ть на скри́пке, на роя́ле '바이올린을 연주하다, 피아노를 치다'

   (그러나 스포츠 관련 종족을 할 때는 'играть + в 대격'을 사용한다: игра́ть **в ша́хматы**, **в волейбо́л** '장기를 두다, 배구를 하다.')

   жени́ться на ком-либо '누구와 결혼하다'

   наста́ивать на своём мне́нии '자기의 의견을 고집하다'

연습문제 162 전치사 на의 의미를 설명하시오.

1. На полях кончилась уборка урожая.
2. На рассвете начинают свою работу комбайны.
3. Беседа велась на русском языке.
4. На прошлой неделе мы были в музее.
5. Уже зима. На тротуарах, на мостовых, на крышах, на деревьях — везде лежит снег.
6. В соседней комнате кто-то играет на рояле.
7. Летом мы поедем на пароходе по Волге.

◆◆◆

전치사 в

1. 전치사 **в**는 내부에 있는 또는 어떤 한계 안에 있는 장소를 표시하는데 사용된다. 전치사 **в**를 가진 명사는 где?의 질문에 대답한다.

   Кни́ги лежа́т **в шкафу́**. 책들은 책장 안에 놓여있다.

   Плато́к лежи́т **в карма́не**.'손수건은 호주머니 안에 있다.'

   Де́ти игра́ют **в саду́**.'아이들은 정원에서 놀고 있다.'

   Ле́том они́ жи́ли **в дере́вне**.'여름에 그들은 시골에서 살았다.'

2. 전치사 **в**는 전치격과 함께 사용되는 경우 시간을 표시하는데 사용된다.

   a) 월, 년, 세기를 나타낼 때 사용된다.

   Я прие́хал в Москву́ **в а́вгусте**.'나는 8월에 모스끄바에 도착했다.'

   Я прие́хал **в 2007 году́**. '나는 2007년에 도착했다.'

   Ломоно́сов жил **в XVIII веке**. '로모노소프는 18세기에 살았다.'

   b) 삶의 시기를 표시할 때 사용된다.

   в де́тстве '유년시절에', в ю́ности '청년시절에', в мо́лодости '젊었을 때', в зре́лом во́зрасте '성년기에' в ста́рости'노년기에'

   c) **на́чало**, **середи́на**, **коне́ц**와 결합하여 시간을 나타낸다. (в нача́ле '초순에', в середи́не'중순에', в конце́'하순에')

   Он прие́хал **в середи́не** сентября́. '그는 9월 중순에 도착했다.'

   d) 어림짐작의 시간을 표시한다.

   Он верну́лся **в оди́ннадцатом часу́**. '그는 10시 넘어서 돌아왔다.'

3. 전치사 **в**는 심적 상태를 표시하는 명사와 결합하여 사용된다.

   в печа́ли '슬픔에 잠겨', в го́ре '비애에 잠겨', в тоске́'울적하여', в гне́ве '분노하여', в возмуще́нии '분개하여', в волне́нии'흥분하여', в беспоко́йстве'걱정하여', в восто́рге '환희하여', в восхище́нии'황홀하여', в удивле́нии'놀라서'

   Все бы́ли **в восто́рге** от карти́ны.'모두들 그 장면으로 인하여 매우 기뻐하였다.'

   Он **в волне́нии** ходи́л по ко́мнате.'그는 흥분하여 방을 왔다갔다 하였다.'

4. 전치사 **в**는 의복을 의미하는 명사와 결합하여 사용된다.

   Де́вушка была́ **в бе́лом пла́тье**.'아가씨는 흰 옷을 입었다.'

   Он пришёл сего́дня **в но́вом костю́ме и в шля́пе**. '그는 새 양복과 모자를 쓰고 왔다.'

5. 다음의 동사들과 이 동사들에서 파생된 명사는 'в + 전치격'을 요구한다.

불완료상	완료상	
нужда́ться	—	в по́мощи '도움을 필요로 하다'; нужда́ в по́мощи '도움의 필요'
сомнева́ться	—	в пра́вильности '진실성을 의심하다'; сомне́ние в пра́вильности '진실성의 의심'
помога́ть	помо́чь	кому́-либо в рабо́те '어떤 사람을 일하도록 돕다'; по́мощь в рабо́те '일에 대한 도움'
обвиня́ть	обвини́ть	кого́-либо в нече́стности '어떤 사람을 불성실하다고 책망하다; обвине́ние в нече́стности '불성실에 대한 책망'
подозрева́ть	—	кого́-либо в преступле́нии '어떤 사람의 범죄를 의심하다'
упрека́ть	упрекну́ть	кого́-либо в равноду́шии '누구를 무관심하다고 비난하다'; упрёк в равноду́шии '무관심에 대한 비난'
ошиба́ться	ошиби́ться	в оце́нке '평가에 대하여 실수하다'; оши́бка в оце́нке в произноше́нии '발음 평가에 대한 실수'
упражня́ться	—	в произноше́нии '발음을 연습하다'
отка́зывать	отказа́ть	кому́-либо в по́мощи '어떤 사람의 도움을 거부하다'; отка́з в по́мощи '도움의 거부'
убежда́ть	убеди́ть	кого́-либо в необходи́мости '어떤 사람의 필요성을 설득하다'
уверя́ть	уве́рить	кого́-либо в необходи́мости '어떤 사람의 필요성을 단언하다'

형용사 **уве́ренный** (**уверен**)와 결합하여 항상 전치사 'в + 전치격'이 사용된다: Мы уве́рены **в побе́де**. '우리는 승리를 믿는다'

그러나 동사 ве́рить는 전치사 'в + 대격'이 사용된다: Мы ве́рим **в побе́ду**. '우리는 승리를 믿는다.'

연습문제 163 괄호 안의 단어를 이용하여 필요한 격의 명사를 채워 넣으시오.

1. В… появляются первые цветы (май).
2. В… я жил в деревне (детство).

3. В… цветут яблони (сад.).
4. В… будет участвовать известный артист (концерт).
5. Мы уверены в… (успех).
6. Перед экзаменом все студенты были в… (большое волнение).
7. Сегодня праздник. Все пришли в… (новые костюмы).

전치사 по

전치격과 함께 사용되는 전치사 **по**는 после의 의미로 시간을 표시하는데 사용된다.

По приéзде в Москвý мы сейчáс же отпрáвились на Крáсную плóщадь.
'모스끄바에 도착한 후 우리는 곧 바로 붉은 광장으로 떠났다.'

По возвращéнии на рóдину он стал преподавáть в институ́те. '조국으로 돌아온 후 그는 대학에서 교수하기 시작했다.'

연습문제 164 괄호 안의 명사를 필요한 전치사와 전치격 명사로 채워 넣으시오.

1. Писатель написал повесть… (шахтёры).
2. Было темно, и мы работали… (лампа).
3. Вчера отец с братом были в лесу… (охота).
4. Брат живёт… в Архангельске (север).
5. … Россия была отсталой страной (царизм).
6. Лодка скрылась… (туман).
7. Он ходил по комнате… (волнение).
8. Летом студенты-геологи были в горах… (практика).
9. … лаборант сразу приступил к работе (возвращение из отпуска).
10. В газетах много писали… (съезд писателей).
11. Путешественники отдыхали… (тень дерева).
12. Забота… отнимала у матери всё время (дети).
13. Летом брат отдыхал… в деревне (Украина).

장소 표시 전치사 в와 на를 사용하는 몇몇 경우

어떤 경우에 전치사 в와 на는 장소 또는 방향을 표시하는데 사용된다. 이 경우에 해당 전치사의 사용은 전적으로 어떤 명사와 함께 사용되느냐에 달려있다.

рабо́таю	в колхо́зе	на заво́де
	в учрежде́нии	на фа́брике
	в магази́не	на по́чте
	в больни́це	на телегра́фе
	в библиоте́ке	на ста́нции
		на вокза́ле
		на предприя́тии
		на строи́тельстве
		на произво́дстве
учу́сь	в шко́ле	на пе́рвом ку́рсе
	в деся́том кла́ссе	на истори́ческом факульте́те
	в институ́те	на ку́рсах шофёров
	в те́хникуме	
	в акаде́мии	
был	в теа́тре	на спекта́кле
	в кино́	на репети́ции
	в консервато́рии	на вече́рнем (у́треннем, дневно́м) сеа́нсе
	в ци́рке	на конце́рте
		на у́треннем представле́нии
		на уро́ке
		на ле́кции
		на заня́тиях
		на семина́ре
		на собра́нии
		на заседа́нии
		на конфере́нции
		на съе́зде
живу́	в го́роде	на пло́щади Восста́ния
	в переу́лке	на у́лице Ге́рцена
	в Сиби́ри	на Ура́ле
	в Крыму́	на Кавка́зе

	в Белору́ссии	на Украи́не
	в Румы́нии	на ю́ге
	в Чехослова́кии	на се́вере
		на за́паде
		на восто́ке
был	в саду́	на стадио́не
	в па́рке	на ры́нке
	в лесу́	на бульва́ре
	в тылу́	на фро́нте
	в э́той ме́стности	на э́той террито́рии
	в на́шей стране́	на ро́дине

연습문제 165 전치사 в, на와 함께 사용하는 명사의 성와 격을 정하시오. 여러가지 명사와 장소의 의미로 사용되는 в, на의 용법에 주의하시오.

1. Я иду в магазин и на почту.
2. Отец работает на заводе, мать — на фабрике, а сестра учится в школе.
3. Директора нет в кабинете. Он на совещании в министерстве.
4. Мы были в клубе на концерте.
5. Сестра уехала в дом отдыха на Кавказ.
6. Мой друг живёт на Русской улице в доме No 15.
7. Машина свернула в переулок.
8. Утром на улицах много народу. Взрослые спешат на работу, дети — в школу.
9. Поезд остановился на маленькой станции.
10. Мы провели лето в деревне, на берегу Волги.
11. Сегодня на стадионе интересные состязания.
12. Я буду ждать тебя на остановке трамвая.
13. Сегодня в парке на промышленной выставке было много народу.
14. Дети были в цирке на утреннем представлении.
15. Я взял билеты в кино на вечерний сеанс.
16. Аспирант сделал доклад на заседании кафедры.
17. Я иду в институт на лекцию.
18. Он учился в университете на физическом факультете.
19. Сегодня в Москву приезжает мой брат. Я пойду на вокзал встречать его.
20. Мама ведёт ребёнка гулять на бульвар.
21. Бригадир сейчас в поле, на уборке урожая.

연습문제 166 필요한 전치사를 채워 넣으시오.

1. … заводах и… фабриках состоялись предвыборные собрания.
2. Нужно пойти… почту и купить марок и конвертов.
3. Мы случайно встретились… остановке автобуса.
4. Мы пообедали… ресторане… вокзале.
5. … бульваре цветут липы.
6. … улицах и… площадях столицы горят яркие огни.
7. Летом я поеду… дом отдыха… Крым.
8. В воскресенье мы поедем… сельскохозяйственную выставку.
9. У нас… родине уже весна, а здесь ещё лежит снег.
10. … нашей стране климат более тёплый.
11. Брата нет дома. Он… институте… лекции.
12. Город Свердловск находится… Урале, Красноярск… Сибири, Севастополь… Крыму, Тбилиси… Кавказе, Игарка… Крайнем Севере, Киев… Украине, Минск… Белоруссии.

복습 연습문제

연습문제 167 이탤릭체로 된 어결합에서 사용되어 있는 전치사를 동일한 의미를 가진 다른 전치사로 바꾸시오.

1. *Вблизи деревни* протекала речка.
2. *Накануне Нового* года все члены семьи собрались вместе.
3. *После возвращения* в родной город он поступил работать на завод.
4. У директора отпуск *по 10 сентября включительно.*
5. Девочка приготовила уроки *за два часа.*
6. *На подготовку* теоретической конференции нужен месяц.
7. Он рассказал мне *о своей встрече* с нашими общими друзьями.
8. *В числе артистов*, которые выступали на концерте, был известный скрипач.
9. Путники прошли *с километр* и остановились на берегу реки.
10. *Через щели* в сарай проникал слабый свет.

연습문제 168 전치사와 함께 사용되어 있는 각 쌍의 어결합이 어떤 의미를 가지는지 설명하시오.

1. Я живу около друга. Я живу у друга.
2. Совещание было у директора. Совещание было при директоре.
3. Сделай это для меня. Сделай это за меня.
4. Пришёл после часа. Пришёл через час.
5. Помещение для библиотеки. Помещение библиотеки.
6. Мы сидели вокруг стола. Мы сидели за столом.
7. Учебник на русском языке. Учебник по русскому языку.
8. Я принёс книги для сестры. Я принёс кнını сестре.
9. Два билета за сорок копеек.
10. Составил план на месяц. Составил план за месяц.
11. Прочитал газету за завтраком. Прочитал газету после завтрака.

12. Автомобиль едет по улице. Автомобиль едет через улицу.
13. Мы идём к театру. Мы идём в театр.
14. Выполнить работу за брата. Выполнить работу для брата.
15. Забыл статью. Забыл о статье.
16. Написал сатью за лето. Написал статью летом.
17. Пришёл к обеду. Пришёл перед обедом. Пришёл до обеда.
18. При школе большой сад. Около школы большой сад.

형용사

러시아어에서 형용사는 성, 수, 격 변화를 한다.

형용사는 명사에 관계되고 명사와 일치된다. 즉 형용사는 명사와 동일한 성, 수, 격으로 된다.

성에 따른 형용사 변화

형용사 성의 어미

남성	여성	중성
какой?	какая?	какое?
-ый, -ой, -ий	-ая, -яя	-ое, -ее
нóвый (дом)	нóвая (дорóга)	нóвое (здáние)
молодóй (дуб)	молодáя (сосна)	молодóе (дéрово)
лёгкий (текст)	лёгкая (задáча)	лёгкое (упражнéние)
зи́мний (день)	зи́мняя (ночь)	зи́мнее (ýтро)
хорóший (отвéт)	хорóшая (рабóта)	хорóшее (сочинéние)
большóй (успéх)	большáя (побéда)	большóе (достижéние)

1. 어간의 끝에 경자음을 가진 형용사는 어미 **-ый(-ой)** (нó**вый** дом '새 집', молод**óй** дуб '어린 참나무'), **-ая**(нó**вая** дорóга '새 길', молод**áя** соснá '어린 소나무'), **-ое**(нó**вое** здáние '새 건물', молод**óе** дéрово '어린 나무')를 가진다.

남성 형용사에서 **-ый**로 끝나는 남성 형용사에서 어미는 항상 무강세이다: нó**вый**, нó**вая**, нó**вое**

남성 형용사에서 **-ой**는 항상 어미에 강세가 떨어진다: молод**óй**, молод**áя**, молод**óе**; передов**óй**, передов**áя**, передов**óе**

2. 어간의 끝이 **г, к, х**로 끝나면 남성단수주격에서 **-ий**를 가진다. **г, к, х** 다음에서는 **ы**를 쓰지 못하고 **и**를 쓰는 정자법 규칙 때문에 이렇게 된 것이다: **стро́гий** прика́з '엄한 명령', **лёгкий** те́кст '쉬운 텍스트', **ти́хий** го́лос '조용한 목소리'

3. 어간의 끝에 연자음을 가진 형용사는 어미 **-ий**, **-яя**, **-ее**를 가진다: **зи́мний** день '겨울 낮', **зи́мняя** ночь '겨울 밤', **зи́мнее** у́тро '겨울 아침'

   연자음을 가진 형용사는 결코 어미에 강세가 떨어지지 않는다.

4. 어간의 끝이 쉿소리(ж, ч, ш, щ)로 끝나면 남성단수주격에서 **-ий**를 가진다. 이는 쉿소리 다음에서 **ы**를 쓰지 못하고 **и**를 쓰는 러시아어 정자법 규칙 때문이다: **све́жий** во́здух '신선한 공기', **хоро́ший** отве́т '좋은 대답', **горя́чий** чай '뜨거운 차', **о́бщий** труд '일반적인 노동'

   중성에서는 강세 아래에서는 어미 **-ое**를 가지고(**чужо́е** лицо́ '낯선 얼굴', **большо́е** достиже́ние '큰 업적') 무강세 아래에서는 **-ее**(**све́жее** дыха́ние '신선한 호흡', **хоро́шее** сочине́ние '훌륭한 작문', **горя́цее** со́лнце '뜨거운 태양', **о́бщее** де́ло '공통적인 일')를 가진다.

   여성에서는 **ч**, **щ** 다음에서 어미 **-ая**를 가진다: **горя́чая** вода́ '뜨거운 물', **о́бщая** рабо́та '공통된 일'.

   문자 **ч**, **щ**는 연자음이지만 **ч**, **щ** 다음에는 **я**를 사용하지 못하고 **а**를 사용하는 러시아어 정자법 규칙 때문에 이렇게 된 것이다.

   연자음으로 끝나는 어간을 가진 형용사는 많지 않다. 이 모든 것은 어간의 끝에 **ч**, **щ** 또는 연자음 **н**을 가지고 있다.

연자음 н으로 끝나는 어간을 가진 형용사의 목록

осенний	-яя, -ее, -ие	'가을의'
зимний	» » »	'겨울의'
весенний	» » »	'봄의'
летний	» » »	'여름의'
вчерашний	» » »	'어제의'
сегодняшний	» » »	'오늘의'
завтрашний	» » »	'내일의'

верхний » » » ‘위의’
нижний » » » ‘아래의’
передний » » » ‘앞의’
средний » » » ‘중간의’
задний » » » ‘뒤의’
дальний » » » ‘먼’
ближний » » » ‘가까운’
нынешний » » » ‘현재의’
теперешний » » » ‘현재의’
древний » » » ‘고대의’
прошлогодний » » » ‘작년의’
новогодний » » » ‘신년의’
пятилетний » » » ‘5개년의’
трёхлетний » » » ‘3개년의’
утренний » » » ‘아침의’
вечерний » » » ‘저녁의’
ранний » » » ‘이른’
поздний » » » ‘늦은’
давний » » » ‘옛날의’
тогдашний » » » ‘그 당시의’
прежний » » » ‘이전의’
соседний » » » ‘이웃의’
домашний » » » ‘집의’
внутренний » » » ‘내부의’
внешний » » » ‘외부의’
крайний » » » ‘극단의’
последний » » » ‘최근의’
синий » » » ‘푸른의’
лишний » » » ‘잉여의’
здешний » » » ‘여기의’
посторонний » » » ‘외부의’
односторонний » » » ‘일방적인’
разносторонний » » » ‘다방면의’
многосторонний » » » ‘다방면에 걸친’
искренний » » » ‘진실한’
порожний » » » ‘짐이 없는’

연습문제 169 목록에 주어진 연자음 **н** 어간 형용사에 어울리는 명사를 쓰고 이 명사에 성과 수를 일치시키시오.

보기: осенняя погода, ранний час

연습문제 170 형용사의 성을 정하고 각각의 남성, 여성, 중성 형용사를 쓰시오.

1. Поздняя осень. Грачи улетели (*Н.*).
2. Мороз и солнце. День чудесный (*П.*).
3. Я из лесу вышел. Был сильный мороз (*Н.*).
4. В тот год осенняя погода стояла долго на дворе (*П.*).
5. Теплый ветер гуляет по траве, гнёт деревья и поднимает пыль. Сейчас брызнет майский дождь и начнётся настоящая гроза (*Чех.*).
6. Ночной туман уже лёг на сырую тропу. Холодная луна поднялась над чащами (*Пауст.*).

연습문제 171 괄호 안에 주어진 형용사를 채워 넣으시오.

1. Я получил от друга ... письмо.
2. Сегодня на первом курсе было ... собрание.
3. Идёт ... дождь.
4. Перед нами ... цель.
5. В нашем городе есть ... завод и ... фабрика.
6. В нашей стране развивается ... и ... промышленность.
7. По обеим сторонам дороги тянулась ... степь.
8. Позади деревни ... поле.
9. Вдали показался ... поезд.
10. В центре Москвы возвышается ... Кремль.
11. На столе лежала ... газета.
12. Наконец, мы увидели в окно вагона ... море.

(комсомольский, сильный, длинный, ясный, машиностроительный, текстильный, колхозный, лёгкий, тяжёлый, бесконечный, товарный, синий, древний, вчерашний)

연습문제 172 이탤릭체로 된 명사에 어울리는 형용사를 쓰시오.

Прошла *ночь*. На востоке загорелась *заря*. Дует *ветерок*. Появилось *солнце*. Солнце ответило *лес*, *лук*, *поле и озеро*.

연습문제 173 형용사의 반의어를 쓰고, 어미에 까만 표시를 하고 강세를 치시오.

보기: молодóй — стáрый

молодой специалист, большой дом, дорогой товар, плохой пример, простой вопрос, пустой стакан, тупой нож, сухой тротуар, больной ребёнок, передовой метод, злой человек.

연습문제 174 주어진 형용사에 대한 반의어를 사용하여 봄에 대한 이야기를 하시오.

Грустная холодная осень. Низкое тёмное небо. Плохая дождливая погода. Холодный ветер. Пасмурные печальные дни.

수에 따른 형용사 변화

단수	복수
но́в**ый** дом, зи́мн**ий** день	но́в**ые** (дома́, доро́ги, зда́ния)
но́в**ая** доро́га, зи́мн**яя** доро́га	зи́мн**ие** (дни, доро́ги, у́тра)
но́в**ое** зда́ние, зи́мн**ее** у́тро	

복수에서 세가지 모든 성의 형용사는 어간의 끝이 경자음으로 끝나면 **-ые**이고 (но́в**ые** '새로운', молод**ы́е** '젊은', си́льн**ые** '강한', сме́л**ые** '용감한'); 연자음 (зи́мн**ие** '겨울의', после́дн**ие** '마지막의'), **г**, **к**, **х** (лёгк**ие** '가벼운', стро́г**ие** '엄한', тих**ие** '조용한') 그리고 쉿소리(све́ж**ие** '신선한', горя́ч**ие** '뜨거운', больш**и́е** '큰', о́бщ**ие** '공동의') 뒤에서 **-ие**를 가진다.

연습문제 175 이틸릭체로 된 명사와 형용사를 복수로 만드시오.

1. Рабочие применяют *новый метод.*
2. У брата *хорошая новая книга.*
3. Напротив *большой высокий дом.*
4. На столе *свежая газета.*
5. Он взял по ошибке *чужой учебник.*
6. Вот *вчерашняя газета.*
7. *Старший* брат дома.

연습문제 176 이탤릭체로 된 명사와 형용사에서 단수를 만드시오. 이 동사들을 필요한 형태로 만드시오.

1. *Яркие лучи* солнца осветили речку и луг.
2. Перед окном росли *высокие тенистые деревья.*
3. По реке стремительно двигались *лёгкие быстрые лодки.*
4. Начались *холодные осенние дожди.*
5. В поле работали новые комбайны.
6. В комнате висят *красивые ковры.*
7. На диване лежат *мягкие подушки.*

형용사 단수 격변화

형용사 단수 격변화는 경자음 기본형을 포함하여 모두 여섯가지의 유형이 있다. 여기에서 경자음 기본형은 반드시 암기해야 하고 나머지 유형은 경자음 기본형에서 어떤 차이가 있는지를 살펴보고 그 차이를 이해하면 된다.

A. 경자음 어간 기본형

1. 단수 남성명사에서는 활동체와 비활동체를 구별한다. 비활동체 대격은 주격과 모양이 같고, 활동체 대격은 생격과 모양이 같다.
2. 남성과 중성 형용사 어미는 주격과 대격을 제외하고 모든 격변화에서 일치한다.

비활동체와 활동체 남성 경자음 변화

격	남성	어미
주격	но́вый заво́д, но́вый дире́ктор	**-ый**
생격	но́вого заво́да, но́вого дире́ктора	**-ого**
여격	но́вому заво́ду, но́вому дире́ктору	**-ому**
대격	но́вый заво́д, но́вого дире́ктора	주격 또는 생격
조격	но́вым заво́дом, но́вым дире́ктором	**-ым**
전치격	о но́вом заво́де, о но́вом дире́кторе	**-ом**

중성 경자음 변화

격	중성	어미
주격	но́вое де́ло	**-ое**
생격	но́вого де́ла	**-ого**
여격	но́вому де́лу	**-ому**
대격	но́вое де́ло	주격과 동일
조격	но́вым де́лом	**-ым**
전치격	о но́вом де́ле	**-ом**

여성 경자음 변화

격	여성	어미
주격	нóвая фáбрика	**-ая**
생격	нóвой фáбрики	**-ой**
여격	нóвой фáбрике	**-ой**
대격	нóвую фáбрику	**-ую**
조격	нóвой фáбрикой	**-ой**
전치격	о нóвой фáбрике	**-ой**

B. 형용사 기본형이 -óй인 유형

형용사 기본형이 **-óй**인 유형은 어미가 **-ый**로 끝나는 형용사 기본형과 동일하게 격변화된다. 단지 어미에 항상 강세가 있는 점만 차이가 난다.

남성 변화

격	남성	어미
주격	передовóй мéтод, молодóй дирéктор	**-óй**
생격	передовóго мéтода, молодóго дирéктора	**-óго**
여격	передовóму мéтоду, молодóму дирéктору	**-óму**
대격	передовóй мéтод, молодóго дирéктора	주격 또는 생격
조격	передовы́м мéтодом, молоды́м дирéктором	**-ы́м**
전치격	о передовóм методе, о молодóм дирéкторе	**-óм**

중성 변화

격	중성	어미
주격	простóе дéло	**-óе**
생격	простóго дéла	**-óго**
여격	простóму дéлу	**-óму**
대격	простóе дéло	주격과 동일
조격	просты́м дéлом	**-ы́м**
전치격	о простóм дéле	**-óм**

여성 변화

격	여성	어미
주격	передова́я фа́брика	**-а́я**
생격	передово́й фа́брики	**-о́й**
여격	передово́й фа́брике	**-о́й**
대격	передову́ю фа́брику	**-у́ю**
조격	передово́й фа́брикой	**-о́й**
전치격	о передово́й фа́брике	**-о́й**

c. 어간의 끝이 **-г, -к, -х**로 끝나는 유형

이 유형은 경자음 기본형과 동일하지만 **г, к, х** 다음에 **ы**를 쓰지 못하고 **и**를 쓰야하는 정자법 규칙 때문에 이 부분만 차이가 난다. 여성형은 변화되는 것이 없기 때문에 예를 들지 않았다.

비활동체와 활동체 남성 변화

격	남성	어미	비고
주격	ти́хий ве́чер, ти́хий ребёнок	**-ий**	ы → и
생격	ти́хого ве́чера, ти́хого ребёнка	**-ого**	
여격	ти́хому ве́черу, ти́хому ребёнку	**-ому**	
대격	ти́хий ве́чер, ти́хого ребёнка	주격 또는 생격	ы → и
조격	ти́хим ве́чером, ти́хим ребёнком	**-им**	ы → и
전치격	о ти́хом ве́чере, о ти́хом ребёнке	**-ом**	

중성 변화

격	중성	어미	비고
주격	лёгкое упражне́ние	**-ое**	
생격	лёгкого упражне́ния	**-ого**	
여격	лёгкому упражне́нию	**-ому**	
대격	лёгкое упражне́ние	주격과 동일	
조격	лёгким упражне́нием	**-им**	ы → и
전치격	о лёгком упражне́нии	**-ом**	

D. 연자음 변화

연자음 변화는 경자음 변화에서 온 것이다. 연자음 변화는 어간의 끝이 연자음이기 때문에 ы → и, а → я, о → е, ё, у → ю의 음운변화를 겪게 된다. 연자음 다음에 ы가 올 수 없기에 대응되는 음인 и가 오게 되고, 연자음 다음에 а는 я(연자음성+а)로 되고, 연자음 다음에 о는 е(연자음성+о) 또는 강세 아래에서는 ё로 되고, 연자음 다음에 у는 ю(연자음성 + у)로 된다. 따라서 연자음 변화는 경자음 변화에서 위의 음운변화에서만 차이가 난다.

비활동체와 활동체 남성 변화

격	남성	어미	비고
주격	после́дний день, после́дний докла́дчик	**-ий**	ы → и
생격	после́днего дня, после́днего докла́дчика	**-его**	о → е
여격	после́днему дню, после́днему докла́дчику	**-ему**	о → е
대격	после́дний день, после́днего докла́дчика	주격 또는 생격	
조격	после́дним днём, после́дним докла́дчиком	**-им**	ы → и
전치격	о после́днем дне, о после́днем докла́дчике	**-ем**	о → е

중성 변화

격	중성	어미	비고
주격	после́днее ме́сто	**-ее**	о → е
생격	после́днего ме́ста	**-его**	о → е
여격	после́днему ме́сту	**-ему**	о → е
대격	после́днее ме́сто	주격과 동일	
조격	после́дним ме́стом	**-им**	ы → и
전치격	о после́днем ме́сте	**-ем**	о → е

여성 변화

격	여성	어미	비고
주격	после́дняя страни́ца	**-яя**	а → я
생격	после́дней страни́цы	**-ей**	о → е
여격	после́дней страни́це	**-ей**	о → е
대격	после́днюю страни́цу	**-юю**	у → ю
조격	после́дней страни́цей	**-ей**	о → е
전치격	о после́дней страни́це	**-ей**	о → е

E. 어간의 끝이 쉿소리(ж, ч, ш, щ)로 끝나면서 어미에 강세가 떨어지지 않는 유형

이 유형은 기본적으로 연자음 변화와 유사한 구조를 하고 있지만, 어간의 끝이 상악음으로 끝나는 경우에 상악음 다음에 **я**를 못쓰고 **а**를 쓰고, **ю**를 못쓰고 **у**를 쓰는 정자법 규칙(**я** → а, ю → у)으로 인하여 생긴 유형이다.

비활동체와 활동체 남성 변화

격	남성	어미
주격	хоро́ший отве́т, хоро́ший челове́к	**-ий**
생격	хоро́шего отве́та, хоро́шего челове́ка	**-его**
여격	хоро́шему отве́ту, хоро́шему челове́ку	**-ему**
대격	хоро́ший отве́т, хоро́шего челове́ка	주격 또는 생격
조격	хоро́шим отве́том, хоро́шим челове́ком	**-им**
전치격	о хо́рошем отве́те, хоро́шем челове́ке	**-ем**

중성 변화

격	중성	어미
주격	хоро́шее сочине́ние	**-ее**
생격	хоро́шего сочине́ния	**-его**
여격	хоро́шему сочине́нию	**-ему**
대격	хоро́шее сочине́ние	주격과 동일
조격	хоро́шим сочине́нием	**-им**
전치격	о хо́рошем сочине́нии	**-ем**

여성 변화

격	여성	어미	비고
주격	хоро́шая рабо́та	**-ая**	я → а
생격	хоро́шей рабо́ты	**-ей**	
여격	хоро́шей рабо́те	**-ей**	
대격	хоро́шую рабо́ту	**-ую**	ю → у
조격	хоро́шей рабо́той	**-ей**	
전치격	о хоро́шей рабо́те	**-ей**	

F. 어간의 끝이 쉿소리(ж, ч, ш, щ)로 끝나면서 어미에 강세가 떨어지는 유형

이 유형은 기본적으로 E 유형과 동일하지만 어미에 강세가 떨어지는 것으로 인하여 e가 o로 되는 음운변화(e→o)만 차이가 난다.

비활동체와 활동체 남성변화

격	남성	어미	비고
주격	большóй дом, большóй человéк	**-ой**	e → o
생격	большóго дóма, большóго человéка	**-ого**	e → o
여격	большóму дóму, большóму человéку	**-ому**	e → o
대격	большóй дом, большóго человéка	주격 또는 생격	
조격	большúм дóмом, большúм человéком	**-им**	
전치격	о большóм дóме, о большóм человéке	**-ом**	e → o

중성 변화

격	중성	어미	비고
주격	большóе здáние	**-ое**	e → o
생격	большóго здáния	**-ого**	e → o
여격	большóму здáнию	**-ому**	e → o
대격	большóе здáние	주격과 동일	e → o
조격	большúм здáнием	**-им**	
전치격	о большóм здáнии	**-ом**	e → o

여성 변화

격	여성	어미	비고
주격	большáя кóмната	**-ая**	я → а
생격	большóй кóмнаты	**-ой**	
여격	большóй кóмнате	**-ой**	
대격	большýю кóмнату	**-ую**	ю → у
조격	большóй кóмнатой	**-ой**	
전치격	о большóй кóмнате	**-ой**	

연습문제 177 a) 형용사 горный를 사용하여 질문에 대답하시오.

1. Какое это озеро?
2. У какого озера вы жили летом?
3. К какому озеру отправилась экспедиция?
4. На какое озеро вы пошли?
5. Над каким озером пролетел самолёт?
6. В каком озере много рыбы?

b) 형용사 старший를 사용하여 질문에 대답하시오.

1. Какой брат приехал к тебе?
2. От какого брата ты получил письмо?
3. Какому брату ты писал?
4. С каким братом ты провёл лето?
5. О каком брате ты рассказывал?

연습문제 178 괄호 안에 있는 형용사를 필요한 격으로 만드시오.

A.

1. На полях идёт работа с… утра до… вечера (ранний, поздний).
2. С… поля доносится шум трактора (соседний).
3. Горы защищают залив от… ветра (северный).
4. Промышленность даёт всё больше машин для… хозяйства (старший).

B.

1. Я написал письмо… брату (старший).
2. Поезд приближается к… мосту (большой).
3. Все радуются… солнцу (весенний).
4. Студенты готовятся к… экзамену (последний).

C.

1. Поезд переехал через… мост (большой).
2. Мы идём на… собрание (профсоюзный).
3. Бригады соревнуются за… качество продукции (отличный).
4. Преподаватель объяснил… правило (новый).
5. Сквозь… туман ничего не было видно (густой).

D.

1. В этом году мы занимаемся с… преподавателем (новый).
2. Я приехал в Москву с… братом (младший).
3. Перед… домом фонтан и много цветов (соседний).
4. Ученик решил задачу с… трудом (большой).
5. Студент свободно владеет… языком (русский).
6. Мы отдохнули под… деревом (тенистый).

E.

1. Мы были на… собрании (профсоюзный).
2. Докладчик говорил о… движении за мир (могучий).
3. Нужно чаще бывать на… воздухе (свежий).
4. На… неделе мы начнём читать новую книгу (следующий).

5. Мы были в цирке на… представлении (утренний).

연습문제 179 a) 형용사 главная를 사용하여 질문에 대답하시오.

1. Какая это улица?
2. На кокой улице находится телеграф?
3. На какую улицу повернула машина?
4. По какой улице ходит автобус?
5. Вдоль какой улицы растут липы?
6. Какой улицей вы шли к вокзалу?

b) 형용사 сегодняшняя를 사용하여 질문에 대답하시오.

1. Какая газета лежит на столе?
2. Из какой газеты ты узнал эту новость?
3. В какой газете ты прочитал об этом?
4. Какую газету он читает?
5. Какой газетой вы интересуетесь?
6. За какой газетой вы пришли?

연습문제 180 괄호 안에 있는 형용사를 필요한 격으로 만드시오.

A.

1. Мы узнали об этом из… газеты (сегодняшний).
2. Поезд опоздал из-за… метели (сильный).
3. До… деревни два километра (ближайший).
4. Мой успех был бы невозможен без… помощи друзей (дружеский).
5. После… ходьбы мы отдохнули на берегу… речки (долгий, маленький).

B.

1. Я написал письмо… сестре (старший).
2. Машина ехала по… дороге (ровный).
3. Мы привыкли к… жизни (студенческий).
4. Студенты готовятся к… сессии (экзаменационный).
5. Благодаря… погоде экскурсия прошла удачно (хороший).

C.

1. В… и… погоду хочется поехать за город (тёплый, солнечный).
2. Вдруг путешественники увидели на горизонте… ... тучу (тёмный грозовой).
3. Мы обсуждали нашу… работу (общий).
4. Бригады соревнуются за… производительность труда (высокий).
5. Через… реку построили мост (широкий).
6. Он положил свои книги на… полку (верхний).

D.

1. Он руководит… лабораторией (химический).
2. Эти яблоки созревают… осенью (поздний).
3. Деревья покрылись… зеленью (свежий).
4. Мы очень довольны… прогулкой (вчерашний).
5. Я пойду в библиотеку за… книгой (новый).

6. Перед… рощей расстилался ровный широкий луг (берёзовый).

E.

1. Он нуждается в… помощи (дружеский).
2. Руководитель рассказал нам о… работе (предстоящий).
3. Мой друг живёт в… комнате (соседний).
4. Студент не сделал ни одной ошибки в… работе (письменный).
5. Капли дождя блестели на… зелени (свежий).

형용사 복수 격변화

1. 복수 형용사 변화는 성 구분을 하지 않는다.
2. 단수 형용사 변화는 여섯가지 유형으로 구분되었지만, 복수 형용사 변화는 두 가지 유형으로 구분된다.
3. 단수 형용사 변화에서는 남성에서만 활동체와 비활동체를 구분하였지만 복수 형용사 변화에서는 남성과 여성 형용사 모두 활동체와 비활동체를 구분한다.

A. 경자음 기본형

경자음 변화

격	모든 성의 변화	어미
주격	но́вые (заво́ды, учителя́, учи́тельницы) (зда́ния, фа́брики)	-ые
생격	но́вых (заво́дов, учителе́й, учи́тельниц) (зда́ний, фа́брик)	-ых
여격	но́вым (заво́дам, учителя́м, учи́тельницам) (зда́ниям, фа́брикам)	-ым
대격	новые (заводы, здания, фабрики) новых (учителей, учительниц)	주격 또는 생격
조격	но́выми (заво́дами, учителя́ми, учи́тельницами) (зданиями, фабриками)	-ыми
전치격	о но́вых (заво́дах, учителя́х, учи́тельницах) (зда́ниях, фа́бриках)	-ых

B. 연자음 변화

어간의 끝이 **г**, **к**, **х**로 끝나는 유형과 쉿소리로 끝나는 유형도 이 변화에 속한다. 어간의 차이로 인하여 경자음 변화에서 **ы**가 들어가는 자리에 **и**가 들어가는 것만 차이가 난다.

1. 연자음 기본형

격	모든 성의 변화	어미
주격	после́дние (дни, страни́цы, места́) (посети́тели, посети́тельницы)	**-ие**
생격	после́дних (дней, страни́ц, мест) (посети́телей, посети́тельниц)	**-их**
여격	после́дним (дням, страни́цам, места́м) (посетителям, посети́тельницам)	**-им**
대격	после́дние (дни, страни́цы, места́) после́дних (посетителей, посети́тельниц)	주격 또는 생격
조격	после́дними (дня́ми, страни́цами, места́ми) (посети́телями, посети́тельницами)	**-ими**
전치격	о после́дних (днях, страни́цах, места́х) (посети́телях, посети́тельницах)	**-их**

2. 어간의 끝이 г, к, х으로 끝나는 유형

격	모든 성의 변화	어미
주격	лёгкие (те́ксты, за́дачи, упражне́ния) строгие (учителя́, учи́тельницы)	**-ие**
생격	лёгких (те́кстов, зада́ч, упражне́ний) строгих (учителе́й, учи́тельниц)	**-их**
여격	лёгким (те́кстам, зада́чам, упражне́ниям) строгим (учителя́м, учи́тельницам)	**-им**
대격	лёгкие (те́ксты, зада́чи, упражне́ния) строгих (учителе́й, учи́тельниц)	주격 또는 생격
조격	лёгкими (те́кстами, зада́чами, упражне́ниями) стро́гими (учителя́ми, учи́тельницами)	**-ими**
전치격	о лёгких (те́кстах, зада́чах, упражне́ниях) о стро́гих (учителя́х, учи́тельницах)	**-их**

3. 어간의 끝이 쉿소리로 끝나는 유형

어미에 강세가 있는 것과 있지 않는 것을 구별하지 않고 두 가지 모두 같은 어미를 가진다.

격	모든 성의 변화	어미
주격	больши́е (дома́, ко́мнаты, зда́ния) хоро́шие (ученики́, учени́цы)	**-ие**
생격	больши́х (домо́в, ко́мнат, зда́ний) хоро́ших (ученико́в, учени́ц)	**-их**
여격	больши́м (дома́м, ко́мнатам, зда́ниям) хоро́шим (ученика́м, учени́цам)	**-им**
대격	больши́е (дома́, ко́мнаты, зда́ния) хоро́ших (ученико́в, учени́ц)	주격 또는 생격
조격	больши́ми (дома́ми, ко́мнатами, зда́ниями) хоро́шими (ученика́ми, учени́цами)	**-ими**
전치격	о больши́х (дома́х, ко́мнатах, зда́ниях) о хоро́ших (ученика́х, учени́цах)	**-их**

연습문제 181 형용사 большой를 사용하여 질문에 대답하시오.

1. Какие у них успели?
2. О каких успехах сообщила газета?
3. С какими успехами их поздравили?
4. Каким успехам они радуются?
5. Каких успехов они достигли?
6. На какие успехи они надеются?

연습문제 182 괄호 안의 형용사를 필요한 격으로 만드시오.

A.

1. Студенты возвращаются с ... каникул (летний).
2. После ... холодов наступили тёплые весенние дни (зимний).
3. Мне скучно без ... книг (интересный).
4. Девушка надела венок из ... цветов (полевой).
5. В это лето было много ... дней (жаркий).

B

1. Студенты готовятся к ... экзаменам (весенний).
2. Сегодня я написала письма ... друзьям (старый).
3. Самолёт приближается к ... горам (Кавказский).
4. Урожай был хороший благодаря ... дождям (частый).
5. По ... улицам мчатся автомобили (широкий).

C.

1. Студент выписал из текста… слова (трудный).
2. Мы весело провели… каникулы (зимний).
3. В родном городе он встретил… друзей (школьный).
4. Студенты слушают… лекции (последний). Скоро экзамены.
5. Весной на… поля выехали тракторы (колхозный).

D.

1. В праздник все улицы были украшены… флагами (красный).
2. Демонстранты шли с… песнями (весёлый).
3. Весной всё оживает под… лучами солнца (горячий).
4. Я встретился с… друзьями (институтский).

E.

1. На… полях созрела пшеница (колхозный).
2. На… соревнованиях он занял первое место (лыжный).
3. Мы знаем о… трудностях (предстоящий).
4. На… занятиях присутствовали все (вечерний).
5. Мы сажаем лес в… степях (сухой).

연습문제 183 괄호 안의 형용사를 필요한 격으로 만드시오.

A.

1. Мой друг живёт в квартире… .
2. Мы подошли к… .
3. Девушка вошла в… .
4. Автомобиль остановился перед… .
5. При… красивый сад.
   (большой соседний дом)

B.

1. Мы мечтали о… .
2. Все стали тёмными от… .
3. Мы привыкли к… .
4. Нельзя злоупотреблять… .
5. Нельзя смотреть без тёмных очков на… .
   (горячее южное солнце)

C.

1. Я читаю… .
2. Я рад… .
3. Я давно не читал… .
4. Мы интересуемся… .
5. Мне рассказали о… .
   (хорошая новая книга)

D.

1. Я собрал букет… .
2. Мы купили… .
3. Мы радовались… .

4. Дети украсили комнату… .
5. Поэт написал стихи о… .
(первые весенние цветы)

연습문제 184 다음 형용사와 명사로 이루어진 어결합을 말로 격변화시키시오.

последний трудный экзамен; важное общее дело; дальний сосновый лес; яркое весеннее солнце; последние тёплые дни.

연습문제 185 괄호 안의 어결합을 필요한 격으로 채워 넣으시오.

1. После… путешественники наконец приблизились к… (долгий трудный путь, сосновый лес).
2. Дети играли вокруг… (новогодняя ёлка).
3. Эти цветы боятся… (ранние осенние морозы).
4. Студенты увлекаются… (зимний спорт).
5. Все радуются… (яркое весеннее солнце).
6. Я взял эту книгу с… (правая верхняя полка).
7. Мы читали рассказы о… (смелые русские лётчики).
8. Студенты готовились к… (последний трудный экзамен).
9. Россия с каждым годом расширяет… (внешняя торговля).
10. Рабочие овладевают… (передовые методы труда).
11. Этот важный вопрос требует… (широкое и всестороннее обсуждение).

성질 형용사와 관계 형용사

형용사는 크기(большóй, мáленький дом '큰, 작은 집'), 색(крáсное я́блоко '붉은 사과', зелёные ли́стья '푸른 잎들'), 물질(кáменный дом '돌로 만든 집'), 사람의 소속(Мáшин учéбник '마사의 교과서', отцóвская библиотéка '아버지의 도서관') 등의 대상의 여러 가지 성질을 표시할 수 있다:

형용사는 러시아어에서 의미에 따라 성질형용사와 관계형용사로 나누어진다.

성질 형용사는 대상이 가질 수 있는 많고 적은 여러 가지 등급의 자질을 표시할 수 있다.
Это **большóй** дом, а тот дом **ещё бóльше**. '이것은 큰 집이지만, 저 집은 더욱 크다.'
Сейчáс вéтер **холóдный**, а вéчером он бýдет **ещё холоднée**. '지금 바람이 차갑다, 그러나 저녁에 바람은 더 차가워질 것이다.'

성질 형용사들은 다음을 표시할 수 있다.

① 크기, 치수: **большóй** дом '큰 집', **мáленькая** кóмната '조그마한 방', **огрóмный** гóрод '거대한 도시', **ширóкая** дорóга '넓은 길', **ýзкий** коридóр '좁은 복도', **нúзкий** дивáн '낮은 소파', **высóкое** дéрево '높은 나무';

② 색: **зелёная** трава '녹색 풀', **сúнее** мóре '푸른 바다', **голубóе** нéбо '푸른 하늘', **крáсный** платóк '붉은 손수건', **жёлтый** лист '노란 잎', **сéрая** пыль '회색 먼지', **корúчневый** портфéль '갈색 가방'

③ 맛: **слáдкое** яблоко '맛있는 사과', **кúслая** клюква '신 귤나무', **гóрькое** лекáрство '쓴 약', **солёная** водá '짠 물'

④ 무게: **тяжёлый** чемодáн '무거운 가방', **лёгкая** лóдка '가벼운 보트'

⑤ 온도: **холóдный** вéтер '차가운 바람', **тёплая** погóда '따뜻한 날씨', **жáркое** сóлнце '더운 태양', **горя́чий** песóк '뜨거운 모래', **прохлáдный** вéчер '시원한 저녁'

⑥ 사람들과 사물들의 여러 가지 성질: **смéлый** лётчик '용감한 비행사', **прилéжный** ученúк '부지런한 학생', **красúвая** дéвушка '아름다운 아가씨', **отлúчная** рабóта '훌륭한 일', **интерéсная** кнúга '재미있는 책', **грýстная** пéсня '우울한 노래'

관계 형용사들은 대상의 자질들을 표시하고 한 대상과 또 다른 대상에 대한 관계를 지시한다. 관계 형용사들은 관계에 따른 대상의 자질을 나타낼 수 있다:

① 대상이 만들어지는 자질에 대한 관계: **кáменный** дом (дом из камня) '돌로 만든 집', **деревя́нный** сарай (сарай из дерева) '나무로 만든 헛간'

② 대상이 속하여 있는 사람에 대한 관계: **Мáшина** кнúга (книга Маши) '마샤의 책', **отцóвская** библиотéка (библиотека отца) '아버지의 도서관', **Пéтины** конькú (коньки Пети) '뻬쨔의 스케이트화'

③ 시간에 대한 관계: **мéсячный** óтпуск (отпуск на месяц) '한 달간의 휴가', **осéнние** лúстья (листья осенью) '가을 잎들'

④ 장소에 대한 관계: **городскóй** трáнспорт (транспорт в городе) '도시 교통', **леснóй** вóздух '숲의 공기'

⑤ 해당 대상이 예정되어 있는 다른 대상에 대한 관계: **студенчéское** общежúтие (общежитие для студентов) '대학생 기숙사', **пассажúрский** пóезд (поезд для пассажиров) '객차'

관계 형용사들은 대상이 많고 적은 등급으로 될 수 없는 그런 자질들을 표시한다.

관계 형용사들은 만일 그들이 의미가 전이되어 사용된다면 성질 형용사가 될 수 있다. 예를 들어, **желéзная** крыша '철로 만든 지붕'에서 형용사는 관계 형용사이다, 그러나 **желéзная** вóля '강한 의지'에서 형용사는 성질 형용사이다.

연습문제 186 주어진 명사들 중 각각에 성질 형용사와 관계 형용사를 부가하시오.

보기: большой город, приморский город

город, дом, комната, стол, книга, флаг, река, лес, дорога, ветер, цветы, ночь, воздух, лодка, солнце

연습문제 187 어결합에서 사용된 형용사를 전치사와 명사로 바꾸시오.

железная крыша; пятилетний план; московское метро; кожаный портфель; детская книга; яблочный пирог; шерстяное платье; книжный шкаф.

연습문제 188 어떤 어결합에서 관계 형용사들이 성질의 의미를 가지는지 지적하시오.

железная крыша; железная дисциплица; стальная воля; стальной нож; золотое кольцо, золотое время; воздушное платье, воздушное пространство; детская комната, детское рассуждение.

형용사의 장어미형과 단어미형 그리고 문장에서 이들의 역할

러시아어에는 장어미 형용사와 단어미 형용사가 있다.

성질 형용사는 장어미 형용사(**интере́сный** расска́з '재미있는 이야기', **интере́сная** кни́га '재미있는 책', **интере́сное** сообще́ние '재미있는 보도', **интере́сные** но́вости '재미있는 소식')와 단어미 형용사(расска́з **интере́сен** '이야기는 재미있다.', кни́га **интере́сна** '책은 재미있다.', сообще́ние **интере́сно** '보도는 재미있다.', но́вости **инте́ресны** '소식들은 재미있다.') 모두 될 수 있다.

관계 형용사는 장어미 형용사만 가능하다 (студе́нческий биле́т '대학생의 표', студе́нческая жизнь '대학생이 삶', студе́нческое общежи́тие '대학생의 기숙사', студе́нческие рабо́ты '대학생의 일들').

장어미 형용사들은 문장에서 한정어뿐만 아니라(Я прочита́л интере́сную кни́гу '나는 재미있는 책을 다 읽었다') 술어로도 가능하다(Эта кни́га интере́сная '이 책은 재미있다'). 장어미 형용사들은 성, 수, 격에 따라 변화되고 명사와 성, 수, 격에서 일치된다.

단어미 형용사들은 문장에서 술어로 사용되고 격변화하지 않고 명사와 (주어와) 성, 수에서 일치한다 (расска́з **интере́сен** '이야기는 재미있다.', кни́га **интере́сна** '책은 재미있다.', сообще́ние **интере́сно** '보도는 재미있다.'; расска́зы **интере́сны** '이야기는 재미있다.', сообще́ния **интере́сны** '보도는 재미있다.').

계사 **быть**는 현재시제에서 일반적으로 사용되지 않는다. 과거시제에서는 계사 **был**, **была**,

было, **были**가 사용된다.

Расска́з **был** интере́сен. '이야기는 재미있었다.'

Ле́кция **была́** интере́сна. '강의는 재미있었다.'

Сообще́ние **бы́ло** интере́сно. '보도는 재미있었다.'

Расска́зы, ле́кции, сообще́ния **бы́ли** интере́сны. '이야기, 강의, 보도는 재미있었다.'

미래시제에서는 계사 **будет**, **будут**가 사용된다.

Расска́з **бу́дет** интере́сен. '이야기는 재미있을 것이다.'

Ле́кция **бу́дет** интере́сна. '강의는 재미있을 것이다.'

Сообще́ние **бу́дет** нтере́сно. '보도는 재미있을 것이다.'

Расска́зы, ле́кции, сообще́ния **бу́дут** интере́сны. '이야기, 강의, 보도는 재미있을 것이다.'

[주] 형용사 рад와 должен은 단어미 형용사만 있다.

Он рад встре́че с ва́ми.'그는 당신과의 만남을 기뻐하고 있다.'

Она ра́да ви́деть вас. '그녀는 당신을 만나니 기뻐한다.'

Они́ должны́ ско́ро прийти́.'그들은 곧 도착해야 한다.'

단어미 형용사 어미

장어미 형	단어미 형
단수	
высо́кий дом краси́вый цвето́к тру́дная зада́ча широ́кая река́ свобо́дное ме́сто пра́вильное реше́ние	дом высо́к цвето́к краси́в зада́ча трудна́ река́ широка́ ме́сто свобо́дно реше́ние пра́вильно
복수	
высо́кие дома́ тру́дные зада́чи свобо́дные места́	дома́ высоки́ зада́чи трудны́ места́ свобо́дны

장어미 형용사의 어간의 끝에 자음들이 결합되면 남성 단어미 형용사에서 간혹 출몰모음 **о** 또는 **е**가 나타난다: бли́зкий — бли́зок, бе́дный — бе́ден.

출몰모음 **о**는 장어미 형용사의 어근의 끝에서 접미사 **-к-** 앞에 경자음이 있을 때 나타난다:

бли́зкий — бли́зок '가까운'	то́нкий — то́нок '가는'
ни́зкий — ни́зок '낮은'	у́зкий — у́зок '좁은'
крепкий — крепок '단단한'	ло́вкий — ло́вок '교묘한'
лёгкий — лёгок '가벼운'	сла́дкий — сла́док '맛이 단'

이 외에 출몰모음 о는 다음의 단어미 형용사에서도 나타난다: до́лгий — до́лог '긴', по́лный — по́лон '가득 찬', смешно́й — смешо́н '재미있는'

출몰모음 е는 자음 다음에서와 접미사 -н- 앞에서 나타난다:

бе́дный — бе́ден '가난한'	тру́дный — тру́ден '어려운'
больно́й — бо́лен '아픈'	не́жный — не́жен '상냥한'
бле́дный — бле́ден '창백한'	гря́зный — гря́зен '더러운'
вре́дный — вре́ден '해로운'	у́мный — умён '현명한'
поле́зный — поле́зен '유익한'	чёрный — чёрен '검은'
ну́жный — ну́жен '필요한'	

출몰모음 **е**는 어근의 끝에서 접미사 **к** 앞에 연자음 또는 **й**가 있을 경우에 나타난다: го́рький — го́рек '쓴', бо́йкий — бо́ек '기민한', сто́йкий — сто́ек '견고한'

이 외에 е는 다음의 형용사에서도 나타난다:

ки́слый — ки́сел '신 맛의'	хи́трый — хитёр '교활한'
све́тлый — све́тел '밝은'	о́стрый — остёр '날카로운'
тёплый — тёпел '따뜻한'	

[주] 자음 с와 т 사이에는 출몰모임이 결코 나타나지 않는다: чи́стый — чист '깨끗한', то́лстый — толст '두꺼운', пусто́й — пуст '공허한', просто́й — прост '단순한'

단어의 끝에 **-енный**를 가지고 있는 장어미 형용사(уверенный '확신하는', откровенный '솔직한')는 단어미 형에서 **-ен** 또는 **-енен**을 가진다(уверен, откровенен):

легкомы́сл**енный** — легкомы́сл**ен** '경솔한', боле́зн**енный** — боле́зн**ен** '병적인', ограни́**ченный** — ограни́**чен** '제한된', уве́**ренный** — уве́**рен** '확신하는'. 그러나 обыкнов**е́нный** — обыкнове́н**ен** '보통의', и́скр**енний** — и́скрен**ен** '성의 있는', неизм**е́нный** — неизме́н**ен** '불변의', откров**е́нный** — открове́н**ен** '솔직한', ро́дств**енный** — ро́дств**ен** '친족의'

연습문제 189 단어미 형용사에 밑줄을 치시오. 이들의 성과 수를 정하시오.

1. Русский поэт родился в стране, где небо серо, снега глубоки, морозы трескучи, вьюги страшны, лето знойно, земля обильна и плодородна (*Бел.*).
2. Морозна ночь; всё небо ясно (*П.*).
3. Печальны были наши встречи (*П.*).
4. Путь на озёра был долог (*Пауст.*).
5. Чудесен шум ночного дождя (*А.Т.*).

연습문제 190 장어미 형용사와 명사의 어결합을 단어미 형용사와 명사의 어결합으로 바꾸시오.

보기: строгий учитель — учитель строг

свежий воздух; ясный прямой путь; трудный вопрос; короткий рассказ; простой способ; низкий потолок; пустой стакан; тонкий стебель; больной ребёнок; узкий коридор; нужный учебник; лёгкий чемодан; свободный вход.

연습문제 191 형용사 장어미 형과 단어미 형을 찾으시오.

1. Язык Тургенева, Толстого, Добролюбова и Чернышевского — велик и могуч (*Ленин*).
2. Во дни сомнений, во дни тягостных раздумий о судьбах моей родины — ты один мне поддержка и опора, о великий, могучий, правдивый и свободный русский язык!... Нельзя верить, чтобы такой язык не был дан великому народу (*Тург.*).

연습문제 192 단어미 형용사를 찾고 문장에서 이들의 역할을 정하시오.

1. Земля велика и прекрасна. Есть на ней много чудесных мест (*Чех.*).
2. Загадочны и потому прекрасны тёмные чащи лесов, глубины морей (*Пауст.*).
3. Жизнь прекрасна и удивительна (*Маяк.*).
4. Утро было свежее и прекрасное (*Л.*).
5. Тиха украинская ночь. Прозрачно небо (*П.*).
6. Как лес хорош поздней осенью! (*Тург.*).
7. Почему так хорош и художествен язык народной речи? Потому что в народной речи живут и всегда действуют законы рождения языка (*А.Т.*).

형용사 비교급

비교급은 성질 형용사에서만 만들어진다. 관계 형용사는 비교급을 가지지 않는다.
성질 형용사는 비교급과 최상급의 두 개의 비교급을 가진다.

비교급:

Зóлото **тяжелéе** желéза.'금은 철보다 무겁다'

Вóлга **длиннéе** Днепрá.'볼가 강은 드네쁘르 강보다 길다.'

최상급:

Санкт-Петербу́рг — **краси́вейший** го́род Росси́и.'상트-뻬쩨르부르그는 러시아에서 가장 아름다운 도시이다.'

Эверест — **высоча́йшая** гора́ в ми́ре.'에베레스트는 세계에서 가장 높은 산이다.'

Моско́вский госуда́рственный университе́т — **старе́йший** университе́т страны́.'모스끄바 국립대학교는 이 나라의 가장 오래된 종합대학이다.'

형용사 비교급 조성

비교급은 단일 비교급 (интереснее, выше)과 합성 비교급(более интересный, более высокий)이 있다.

단일식 비교급

단일 비교급은 접미사 **-е**, **-ее(-ей)**에 의하여 만들어진다.

단일 비교급은 대부분의 형용사에서부터 접미사 -е, -ее(-ей)에 의하여 만들어진다:

си́льный '강한' — **сильне́е (сильне́й)**
тёмный '어두운' — **темне́е (темне́й)**
сла́бый '약한' — **слабе́е (слабе́й)**
прямо́й '직접적인' — **пряме́е (пряме́й)**
све́тлый '밝은' — **светле́е (светле́й)**

이 비교급의 강세는 접미사 **-ее**의 첫 번 째 **е**에 떨어진다.

3음절 이상의 다음절 형용사에서 비교급의 강세는 어간에 떨어진다:

интере́сный '흥미로운' — интере́снее (интере́сней)
поле́зный '유익한' — поле́знее (поле́зней)
краси́вый '아름다운' — краси́вее (краси́вей)
счастли́вый '행복한' — счастли́вее (счастливей)
внима́тельный '주의 깊은' — внима́тельнее (внима́тельней)

2. 비교급은 접미사 **-е**에 의하여 어간이 **г, к, х**로 끝나는 어간을 가진 형용사에서부터, 어간이 **д, т, ст**로 끝나는 어간을 가진 형용사에서부터 그리고 다른 어간을 가진 몇몇 형용사에서부터 만들어진다. 강세가 접미사 **-е**에 결코 떨어지지 않는다. 비교급을 형성할 때 자음교체현상이 발생한다:

дорого́й '귀중한' — доро́**ж**е
молодо́й '젊은' — моло́**ж**е
стро́гий '엄한' — стро́**ж**е
твёрдый '단단한' — твёр**ж**е

крéпкий '견고한' — крéпче
грóмкий '큰 소리의' — грóмче
тúхий '조용한' — тúше
сухóй '건조한' — сýше
богáтый '부유한' — богáче
крутóй '가파른' — крýче
тóлстый '두꺼운' — тóлще
чúстый '깨끗한' — чúще
дешёвый '값싼' — дешéвле

3. 접미사 **-к**, **-ок**를 가진 몇몇 형용사들에서 비교급을 만들 때 이 접미사들은 사라지고 어근의 마지막 자음들의 교체가 발생한다:

нúзкий '낮은' — нúже
высóкий '높은' — вы́ше
ýзкий '좁은' — ýже
близкий '가까운' — блúже
корóткий '짧은' — корóче
рéдкий '드문' — рéже

4. 형용사 далёкий, дóлгий, тóнкий의 비교급은 접미사 **-ше**에 의하여 형성된다. 게다가 к와 г는 사라진다:

далёкий '먼' — дáльше
тóнкий '가느다란' — тóньше
дóлгий '오랜' — дóльше

5. 형용사 плохóй, хорóший, мáленький의 비교급은 다른 어근에서 만들어진 형태들이 사용된다: плохóй '나쁜' — хýже '더 나쁜', хорóший '좋은' — лýчше '더 좋은', мáленький '적은' — мéньше '더 적은'

형용사 большóй, пóздний, слáдкий, глубóкий의 비교급은 특수하게 형성된다.

большóй '큰' — бóльше '더 큰'
пóздний '늦은' — позднée 또는 пóзже '더 늦은'
слáдкий '맛있는' — слáще '더 맛있는'
глубóкий '깊은' — глýбже '더 깊은'

비교급 형용사는 접두사 по-를 가지고 사용될 수 있다. 접두사 по-는 '좀 더'의 의미를 가진다: побóльше '좀 더 많은', повы́ше '좀 더 높은', подорóже '좀 더 비싼'.

합성식 비교급

몇몇 성질 형용사의 비교급은 접미사에 의하여 형성되지 않는다. 그런 형용사는 다음과 같다:

1. 접미사 **-ск-**를 가진 형용사: дрýжеский '친근한', товáрищеский '격의 없는'
2. 접미사 **-ов-**, **-ев-**를 가진 형용사: деловóй '사무적인', передовóй '진보적인', мáссовый

'대중적인', **боевóй** '전투적인'

3. 기타 형용사: **рáнний** '이른', **гóрький** '쓴', **ли́шний** '잉여의', **рóбкий** '수줍어하는', **ли́пкий** '귀찮게 따라다니는', **дéрзкий** '건방진', **гóрдый** '오만한', **отлóгий** '험하지 않은', **вéтхий** '노후한', **плóский** '평평한', **устáлый** '피곤한'

이런 형용사들의 비교급은 **бóлее**와 **мéнее**에 의하여 형성된다.

мáссовый '대중적인' — **бóлее мáссовый** '더 대중적인', **мéнее мáссовый** '덜 대중적인'
рáнний '이른' — **бóлее рáнний** '더 이른', **мéнее рáнний** '덜 이른'
устáлый '피곤한' — **бóлее устáлый** '더 피곤한', **мéнее устáлый** '덜 피곤한'
дрýжеский '친근한' — **бóлее дрýжеский** '더 친근한', **мéнее дрýжеский** '덜 친근한'

합성식 비교급은 모든 성질 형용사에서 형성될 수 있다.

Эта кни́га интерéснее, чем та. 또는 Эта кни́га бóлее интерéсна, чем та.'이 책은 저 책 보다 더 재미있다'로 말할 수 있다.

Кавкáзские гóры вы́ше, чем Урáльские. 또는 Кавкáзские гóры бóлее высóкие, чем Урáльские.'카프카즈 산맥은 오랄 산맥보다 더 높다.'로 말할 수 있다.

비교급의 사용법

단일식 비교급(сильнее, выше 유형의)은 성, 수, 격 변화를 하지 않는다.

일반적으로 단일식 비교급은 문장에서 술어의 부분으로 사용되지만 (Брат **молóже** сестры́ '형은 누나보다 나이가 더 어리다', Брат был **вы́ше** сестры́ '형은 누나보다 키가 더 컸다') 한정어도 될 수 있다(Он получи́л кóмнату **бóльше** мóей. '그는 나보다 더 큰 방을 받았다.').

한정어로 사용되는 단일식 비교급은 항상 피한정어 다음에 놓인다.

합성식 비교급에서 (более интересный '보다 더 흥미로운', более ранний '보다 더 이른') 두 번 째 부분은 성, 수 변화를 한다.

Сегóдняшняя лéкция бóлее **интерéсна**, чем вчерáшняя. '오늘 강의는 어제보다 더 재미있다.'

Сегóдняшний семинáр бóлее **интерéсен**, чем вчерáшний. '오늘 세미나는 어제보다 더 재미있다.'

Сегóдняшнее задáние бóлее **интерéсно**, чем вчерáшнее.'오늘 과제는 어제보다 더 재미있다.'

Сегóдняшние лéкции бóлее **интерéсны**, чем вчерáшние. '오늘 강의들은 어제보다 더 재미있다.'

합성식 비교급은 격변화도 한다. 예를 들어, Я не по́мню у́тра **бо́лее голубо́го и све́жего**. '나는 이 보다 더 푸르고 신선한 아침을 기억하지 못한다.'

합성식 비교급은 문장에서 술어-단어미 형으로 (Сего́дняшняя ле́кция бо́лее **интере́сна**, чем вчера́шняя. '오늘 강의는 어제보다 더 재미있다.') 그리고 한정어-장어미 형으로 (Я не по́мню у́тра **бо́лее голубо́го** и **све́жего**. '나는 이 보다 더 푸르고 신선한 아침을 기억하지 못한다.') 사용된다.

러시아어에서 비교되는 대상을 표시하는 명사는 생격(Сестра́ приле́жнее бра́та '누나는 형보다 더 부지런하다.')이나 접속사 'чем + 주격'(Сестра́ приле́жнее, чем брат)의 두 가지 방법으로 표시된다. 합성식 비교급 다음에는 생격이 사용되지 않고, 'чем + 주격'만 가능하다:

Сестра́ бо́лее приле́жна, **чем брат**. '누나는 형보다 더 부지런하다.'

Брат ме́нее приле́жен, **чем сестра́**. '형은 누나보다 덜 부지런하다.'

연습문제 193 보기에 따라 주어진 형용사에서부터 비교급을 쓰고 강세를 치시오.

1. си́льный — сильне́е
   слабый, добрый, новый, острый, бедный, светлый, тёмный, важный
2. изве́стный — изве́стнее
   красивый, приятный, интересный, внимательный
3. ти́хий — ти́ше
   сухой, глухой
4. кре́пкий — кре́пче
   яркий, жаркий, резкий, громкий, звонкий, лёгкий, мягкий, жёсткий
5. туго́й — ту́же
   дорогой, строгий
6. круто́й — кру́че
   богатый
7. то́лстый — то́лше
   чистый, простой, густой, частый

연습문제 194 이탤릭체로 된 형용사를 비교급으로 만드시오.

1. Сегодня погода хуже, чем вчера. Ветер холодный и резкий. Мороз *сильный*.
2. Он теперь лучше работает. Его движения *уверенны*.
3. Мы шли другой дорогой. Эта дорога была *трудной*, подъём в гору был *крутой*.

연습문제 195 괄호 안에 주어진 형용사를 비교급으로 만드시오.

1. Ночь становилась всё ... (тёмный).
2. С каждым шагом подъём в гору становился ... (крутой).
3. Тропинка становилась всё ... и скоро совсем пропала (узкий).
4. Приближалась весна. Дни становились ..., ночи становились ... (длинный,

короткий).
5. Задача оказалась ..., чем мы думали (трудный).
6. Мы смотрели в окно вагона, и перед нами открывались картины одна другой ... (интересный).
7. С каждой минутой его речь становилась ... и ... (уверенный, спокойный).

형용사 최상급 조성

최상급은 단일식 최상급(красивейший '가장 아름다운', интереснейший '가장 재미있는')과 합성식 최상급(самый интересный '가장 흥미로운', самый красивый '가장 재미있는')이 있다.

단일식 최상급

단일식 최상급은 접미사 **-айш-** (вели́кий '위대한' — велич**а́йш**ий '가장 위대한'), **-ейш-** (си́льный '강한' — сильн**е́йш**ий '가장 강한')에 의하여 만들어진다.

1. 접미사 **-айш-**에 의할 때 단일식 최상급은 **г, к, х**로 끝나는 어간을 가진 형용사에서 만들어진다. 이 때 **г — ж, к — ч, х — ш**의 자음교체가 일어난다:

   стро́**г**ий '엄한' — стро**жа́**йший '가장 엄한', высо́**к**ий '높은' — высо**ча́**йший '가장 높은', ти́**х**ий '조용한' — ти**ша́йш**ий '가장 조용한'

2. 접미사 **-ейш-**에 의할 때 나머지 형용사에서부터 만들어진다: краси́вый '아름다운' — краси́вейший '가장 아름다운', но́вый '새로운' — нове́йший '가장 새로운', ста́рый '오래된' — старе́йший '가장 오래된', си́льный '강한' — сильне́йший '가장 강한', просто́й '평범한' — просте́йший '가장 평범한', бога́тый '부유한' — бога́тейший '가장 부유한', злой '악의가 있는' — зле́йший '매우 악의가 있는'

3. 몇몇 형용사에서부터는 최상급이 접미사 **-ш-**에 의하여 만들어진다: 이 때 가끔 어간이 교체된다: хоро́ший '좋은' — лу́чший '가장 좋은', плохо́й '나쁜' — ху́дший '가장 나쁜', высо́кий '높은' — вы́сший (и высоча́йший) '가장 높은', ни́зкий '낮은' — ни́зший '가장 낮은', ма́ленький '적은' — ме́ньший '가장 적은'

4. 몇몇 최상급 형용사에 대하여 접두사 **наи-**가 부가된다: наилу́чший '가장 좋은', наиху́дший '가장 나쁜', наивы́сший '가장 높은', наиме́ньший '가장 적은', наикраси́вейший '가장

아름다운', наисильнéйший '가장 힘이 센'. 이 접두사는 강조의미를 가지고 질적인 최상급을 가리킨다. 접두사 **наи-**를 가진 형용사는 드물게 사용된다.

많은 형용사에서 단일 최상급이 만들어지지 않는 경우도 있다. 예를 들어, больнóй '병든', рáнний '이른', деловóй '일상적인' дрýжеский '친근한', ýзкий '좁은', гúбкий '민첩한', молодóй '젊은', роднóй '친족의' 등이 있다.

합성식 최상급

합성식 최상급은 모든 성질 형용사에서부터 대명사 **сáмый** (сáмый смéлый '가장 용감한', сáмый рáнний '가장 이른')에 의하여 만들어진다. 합성식최상급은 단일식 최상급 보다 더 자주 사용된다. 간혹 합성식 최상급을 형성하는데 대명사 сáмый 대신에 단어 **наибóлее**가 사용되기도 한다. 예를 들어, наибóлее интерéсный '가장 재미있는' 또는 сáмый нитерéсный 라고 할 수 있다.

단어 наибóлее는 문어체에서 사용된다.
합성식 최상급은'형용사 비교급 + 대명사 все의 생격인 всех'으로 만들어진다:
сáмый интерéсный'가장 재미있는' — интерéснее всех '무엇보다도 가장 재미있는'
сáмый молодóй'가장 젊은' — молóже всех '무엇보다도 가장 젊은'

최상급의 사용법

최상급은 성, 수, 격 변화를 한다:
сильнéйший (сáмый сúльный) пловéц'가장 강한 수영선수'
сильнéйшая (сáмая сúльная) комáнда'가장 강한 팀'
сильнéйшие (сáмые сúльные) комáнды'가장 강한 팀들'

Он игрáет в сильнéйшей (сáмой сúльной) футбóльной комáнде. '그는 가장 강한 축구 팀에서 경기를 한다.'
최상급은 문장에서 술어의 일부분으로도 한정어로도 사용된다:
Озеро Байкáл — **глубочáйшее** (сáмое глубóкое) óзеро в мúре. '바이칼 호수는 세계에서 가장 깊은 호수이다.' (여기에서 최상급은 술어의 일부분이다.)
Пóезд приближáется к **глубочáйшему** (сáмому глубóкому) óзеру в мúре.'기차는 세계에서 가장 깊은 호수로 다가가고 있다.' (여기에서 최상급은 한정어이다.)
단일식 최상급은 합성식 최상급 보다 드물게 사용되고, 일반적으로 문어체에서 사용된다.

대명사 **са́мый**를 가진 합성식 최상급은 문어체와 구어체에서 광범위하게 사용된다.

최상급을 가진 문장은 여러 가지로 만들어질 수 있다:

① 전치사 없이 명사 생격과 함께

Озеро Байка́л — глубоча́йшее о́зеро **ми́ра**.'바이칼 호수는 세계의 가장 깊은 호수이다.'

② 전치사 '**в** + 전치격'과 함께

Озеро Байка́л — глубоча́йшее **в ми́ре.**'바이칼 호수는 세계에서 가장 깊은 호수이다.'

③ 전치사 '**из** + 복수 생격'과 함께

Озеро Байка́л — глубоча́йшее **из озёр** ми́ра. '바이칼 호수는 세계의 호수들 중 가장 깊은 호수이다'

④ 전치사 '**среди** + 복수 생격'과 함께

Озеро Байкал — глубоча́йшее **среди́ озёр** ми́ра. '바이칼 호수는 세계의 호수들 가운데 가장 깊은 호수이다.'

연습문제 196 형용사 최상급에 밑줄을 치시오.

1. Пушкин — величайший русский поэт.
2. От самой северной точки СССР до самой южной — почти пять тысяч километров.
3. Прямая — кратчайшее расстояние между двумя точками.
4. Русский язык достаточно богат; он обладает всеми средствами для выражения самых тонких ощущений и оттенков мысли (*Кор.*).

연습문제 197 합성 최상급을 단일 최상급으로 바꾸시오.

1. Кузбасс — самое крупное месторождение угля в СССР.
2. Московский государственный университет — самый старый университет страны.
3. Енисей — самая многоводная река России.

연습문제 198 주어진 형용사에서 단일 최상급을 만드시오.

добрый, сильный, тонкий, лёгкий, строгий, простой, новый, редкий, трудный, близкий, богатый, широкий, плохой, хороший.

연습문제 199 주어진 어결합을 가지고 문장을 만드시오.

кратчайший срок; кратчайший путь; новейшие достижения; мельчайшие подробности; злейший враг; вернейшее средство; глубочайшее уважение.

연습문제 200 비교급 형용사와 최상급 형용사를 지적하시오.

1. Из всех средств для распространения образованности самое сильное — литература.

2. На краю дороги стоял дуб. Вероятно, в десять раз старше берёз, составляющих лес, он был в десять раз толще и в два раза выше каждой берёзы (*Л.Т.*).
3. Нет силы, более могучей, чем знание (*М.Г.*).
4. Моя родина, моя родная земля, моё отечество, в жизни нет горячее, глубже, священнее чувства, чем любовь к тебе (*А.Т.*).

형용사의 명사화

몇몇 형용사는 명사의 의미로 사용될 수 있다: **Рабо́чий** вошёл в цех.'노동자는 공장 안으로 들어갔다.' 다른 문장들과 비교하시오: Он за́нял своё **рабо́чее** ме́сто.'그는 자신의 작업장소를 차지했다.' **Рабо́чий** день начался́.'노동일이 시작되었다.'

첫 번째 문장에서 단어 рабо́чий는 кто?의 질문에 대답한다. (Кто вошёл в цех?'누가 공장 안으로 들어갔느냐?') *Рабо́чий.*'노동자입니다.' 이 문장에서 단어 명사 рабо́чий는 문장에서 주어로 쓰인다. 두 번째 문장에서 단어 рабо́чее는 какое?의 질문에 대답한다. (Како́е ме́сто он за́нял?'그는 어떤 자리를 차지하였느냐?') 이 문장에서 형용사 рабо́чее는 단어 ме́сто에 대한 한정어로 쓰이고 이 단어와 성, 수, 격에서 일치한다. 세번째 문장에서 단어 рабо́чий도 한정어로 쓰인다.

어떤 경우에 형용사들은 완전하게 명사로 되어버렸다. 예를 들어, 단어 портно́й '재봉사', вожа́тый '길 안내자', прохо́жий'통행인', мостова́я'교각', запята́я'꼼마' 또한 прилага́телное '형용사', существи́телное'명사', числи́тельное '수사'와 같은 품사의 명칭 등을 들 수 있다.

기원으로 볼 때 형용사인 명사, 그리고 명사의 의미로 전환된 형용사들은 형용사와 같이 격변화를 한다: мостовая, мостовой 등. 그런 단어들은 형용사들로 표현된 한정어를 가질 수 있다.

Костю́м шил **о́пытный** портно́й.'노련한 재봉사는 양복을 기웠다.'

Ко мне пришёл мой **ста́рый** знако́мый.'나의 오랜 친구가 나에게 왔다.'

연습문제 201 이탤릭체로 된 단어에 밑줄을 치시오. 명사에는 한 줄을 치고, 형용사에는 두 줄을 치시오.

1. Я на минуту остановился в *передней*, чтобы снять галоши. Мы ехали в *передней* машине.
2. Я навестил *больного* друга. *Больной* начал поправляться.
3. Его принял *дежурный* врач. *Дежурный* должен следить за порядком.
4. *Военные* вышли из палатки. Вошёл человек в *военной* форме.
5. Я смотрю из окна вагона на *знакомые* места. На улице я встретил *знакомого.*
6. После лекции мы пойдём обедать в *столовую*. В буфете стоит *столовая* посуда.

복습 연습문제

연습문제 202 주어진 테마 중 한 테마에 대한 간단한 이야기를 쓰시오. 명사와 형용사의 주어진 어결합을 이용하시오.

лыжная прогулка

ясный зимний день, голубое небо, яркое солнце, белые поля, прозрачный лес, голые деревья, зелёные ели, заячьи следы, крутая гора, крепкий лёд, морозный воздух, румяные лица, серебристый иней, ослепительный блеск.

летнее утро

свежий раний ветерок, розовый край неба, солнечные лучи, редкие облака, голубое небо, зелёная трава, пастуший рожок, большое стадо

연습문제 203 텍스트에서 성질 형용사를 찾고 이들을 장어미와 단어미 형태로, 비교급과 최상급으로 쓰시오.

Как лес хорош поздней осенью ... Ветра нет, и нет ни солнца, ни света, ни тени, ни движения, ни шума; в мягком воздухе разлит осенний запах, подобный запаху вина; тонкий туман стоит вдали над жёлтыми полями. Сквозь обнажённые бурые сучья деревьев мирно белеет неподвижное небо; кой-где на липах висят последние золотые листья. Сырая земля упруга под ногами; высокие сухие былинки не шевелятся; длинные нити блестят на побледневшей траве ... (*Тург.*).

부록 3
성과 도시명칭 표시 명사 격변화

-ын, -ин으로 끝나는 남성 성과 남성과 중성 도시 명칭 격변화

주격	Ильин		-ын, -ин으로 끝나는 성은 남성 명사와는 달리 조격에서 어미 -ым을 가진다.
생격	Ильина́		
여격	Ильину́		
대격	Ильина́		
조격	Ильины́м	-ым	
전치격	об Ильине́		
주격	Каля́зин, Цари́цын		-ын, -ин으로 끝나는 도시의 명칭은 경자음으 로 끝나는 남성명사와 같이 조격에서 어미 -ом을 가진다.
생격	Каля́зина, Цари́цына		
여격	Каля́зину, Цари́цыну		
대격	Каля́зин, Цари́цын		
조격	Каля́зином, Цари́цыном	-ом	
전치격	о Каля́зине, о Цари́цыне		

-ов, -ев, -ов(о). ев(о)으로 끝나는 남성과 중성의 도시, 촌락 명칭

주격	Сара́тов	Кунцево		-ов, -ев으로 끝나는 도시, 촌락, 농촌, 시골 마을, 부락의 명칭은 모든 격에서 경자음으로 끝나는 남성명사와 같이 격변화된다.
생격	Сара́това	Кунцева		
여격	Сара́тову	Кунцеву		
대격	Сара́тов	Кунцево		
조격	Сара́товом	Кунцевом	-ом	
전치격	о Сара́тове	о Кунцеве		

-ов, -ев으로 끝나는 남성의 성

주격	Петро́в	Серге́ев		-ов, -ев으로 끝나는 남성의 성은 조격에서 어미 -ым을 가진다.
생격	Петро́ва	Серге́ева		
여격	Петро́ву	Серге́еву		
대격	Петро́ва	Серге́ева		
조격	Петро́вым	Серге́евым	-ым	
전치격	о Петро́ве	о Серге́еве		

-ин(а), -ов(а)로 끝나는 여성의 성

주격	Ильина́	Петро́ва	-у	-ин(а), -ов(а)로 끝나는 여성의 성은 여성 형용사처럼 격변화되지만 대격에서는 남성처럼 어미 -у를 가진다.
생격	Ильино́й	Петро́вой		
여격	Ильино́й	Петро́вой		
대격	Ильину́	Петро́ву		
조격	Ильино́й	Петро́вой		
전치격	об Ильино́й	о Петро́овой		

남성과 여성 성과 이름의 격변화

Ивани́цкий, Ивани́цкая Бе́льский, Бе́льская	형용사 어미를 가진 성은 형용사처럼 격변화된다.
Ива́н Ива́нович Мари́я Ива́новна	이름과 부칭은 해당되는 어미를 가진 명사처럼 개별적으로 따로 격변화된디.
Пушны́х Чутки́х Долги́х	러시아 성이 러시아어에 일반적이지 않은 어미를 가지고 있으면 이들은 격변화되지 않는다.
Шевче́нко Короле́нко Безборо́дко Хвойко́	-енко, -ко로 끝나는 우끄라이나 성은 격변화되지 않지만 (у Короленко, в Хвойко). 그러나 격변화되면 일반적으로 -а로 끝나는 여성 명사처럼 격변화된다(у Короленки, писал Короленке, видел Короленку, говорил с Короленкой).
Мицке́вич Барано́вич Боро́дич	-ич, -ович, -евич로 끝나는 성은 남성과 관계 있으면 이는 어미에 따라 관련되는 남성명사처럼 격변화되고 여성과 관련되면 격변화되지 않는다.
Шмидт Мо́царт Ли Дэ-цун Ким	자음으로 끝나는 외래어 기원의 성은 남성과 관련되면 어미에 따라 관련되는 명사처럼 격변화되고, 여성과 관련되면 격변화되지 않는다.
Гариба́льди Баку́ Салье́ри Тбили́си Россе́ти Со́чи Золя́ Ско́пле Джамба́ Чика́го	모음으로 끝나는 비 러시아 성과 -у, -и, -е, -о로 끝나는 도시의 명칭은 격변화되지 않는다.
Хора́ва Сы́рзя	강세를 가지고 -а(-я)로 끝나는 비 러시아 성은 마지막 음절에서 격변화될 수 없다.

대명사

대명사는 의미에 따라 9개 그룹으로 나누어진다.

1. 인칭 대명사: **я** '나는', **ты** '너는', **он** '그는', **она́** '그녀는', **оно́** '그것은', **мы** '우리는', **вы** '당신은', **они́** '그들은'
2. 재귀 대명사: **себя́** '자신'
3. 소유 대명사: **мой** '나의', **твой** '너의', **его́** '그의', **её** '그녀의', **наш** '우리의', **ваш** '당신의', **их** '그들의', **свой** '자신의'
4. 지시 대명사: **э́тот** '이것', **тот** '저것', **тако́й** '그러한', **тако́в** '그러하다', **сто́лько** '그만큼'
5. 한정 대명사: **сам** '자신', **са́мый** '그 자체의', **весь** '모든', **вся́кий** '모든', **любо́й** '임의의', **ка́ждый** '각각의'
6. 의문 대명사: **кто?** '누가?', **что?** '무엇이?', **какой?** '어떤', **чей?** '누구의', **кото́рый?** '어느', **сколько?** '얼마만큼의'
7. 관계 대명사: кто, что, како́й, чей, кото́рый, ско́лько는 의문대명사와 형태가 일치한다. 그러나 이들은 의문을 위해서 사용되는 것이 아니라 문장의 관계를 위하여 사용된다.
8. 부정 대명사: **никто́** '누구도', **ничто́** '무엇도', **никако́й** '어떠한 것도', **ниче́й** '누구의 것도', **не́кого** '...할 사람이 없다', **не́чего** '...할 것이 없다'
9. 불확정 대명사: **кто́-то** '누군가', **что́-то** '무엇인가', **како́й-то** '어떤', **чей-то** '누군가의', **кто́-нибудь** '누구든', **что́-нибудь** '무엇이든', **како́й-нибудь** '어떤 것이든', **че́й-нибудь** '누군가의', **кто́-либо** '누군가', **что́-либо** '무엇인가', **како́й-либо** '어떤', **че́й-либо** '누군가의', **кое-что́** '다소', **кое-кто́** '몇몇 사람', **кое-како́й** '다소의', **не́кто** '어떤 사람', **не́что** '무엇인가', **не́сколько** '약간의', **не́который** '어떤'

인칭대명사

인칭대명사의 격변화

격	단수		복수	
	1인칭	2인칭	1인칭	2인칭
주격	я	ты	мы	вы
생격	меня́	тебя́	нас	вас
여격	мне	тебе́	нам	вам
대격	меня́	тебя́	нас	вас
조격	мной	тобо́й	на́ми	ва́ми
전치격	обо мне	о тебе́	о нас	о вас

1. 대명사 **я**의 사격 앞에서 전치사 **к, с, перед, над**는 **о**가 추가된다:

   Ко мне пришёл друг. '나에게 친구가 찾아왔다.'

   Он незнако́м со мной. '그는 나와 모르는 사이다.'

   Вы сиди́те пе́редо мной. '당신은 내 앞에 앉아 있다.'

2. 전치사 **о**는 대명사 **я**의 전치격 мне 앞에서 **о**가 아니고 **обо**가 사용된다:

   Он говори́л вам обо мне́. '그는 나에 관하여 당신에게 말했다.'

3. 대명사 **вы**는 복수뿐만 아니라, 한 사람에 대한 존칭으로도 사용된다. 이 경우에는 대문자로 사용된다.

격	단수			복수
	3인칭			
주격	он	оно́	она́	они́
생격	его́	(у него́)	её (у неё)	их (у них)
여격	ему́	(к нему)	ей (к ней)	им (к ним)
대격	его́	(на него)	её (на неё)	их (на них)
조격	им	(с ним)	ей, ею (с ней, с нею)	ими (с ни́ми)
전치격	о нём	(о нём)	о ней	о них

삼인칭 대명사 **он**, **она́**, **оно́**, **они́**는 전치사 다음에 **н**을 추가한다.

Я пришёл **к нему́**, чтóбы помóчь **ему́**.'나는 그를 돕기 위하여 그에게 왔다.'

동사 пришёл은 전치사 **к**와 함께 사용되고, 이 때문에 대명사 он의 여격 ему 앞에 **н**이 추가되었다. 그러나 помочь는 전치사 없이 사용된다. 그래서 **н**이 필요하지 않다.

[주] 전치사라 하더라도 вне'밖에', благодаря́'덕분에', вслéдствие'때문에', вопреки́'임에도 불구하고', соглáсно '에 따라서', навстрéчу'을 마주 향하여' 다음에는 **н**을 첨가하지 않는다.
Былá прекрáсная погóда.'날씨가 좋았다.'
Благодаря́ ей экску́рсия прошлá хорошó. '날씨 덕분에 여행은 아주 좋았다.'
К дóму подошли́ лю́ди.'사람들이 집 쪽으로 다가왔다.'
Навстрéчу им из ворóт вы́бежала собáка.'개가 대문에서 그들을 마주 향하여 달려갔다.'

전치사 다음에 삼인칭 소유 대명사 его, её, их가 놓이면 대명사는 **н**이 필요하지 않다:

Мы говори́м о егó (её, их) рабóте.'우리는 그의 (그녀의, 그들의) 일에 관하여 말한다.'

문장 **Я был у егó брáта**. '나는 그의 형의 집에 다녀왔다.'에서 대명사 егó는 소유 대명사이다, 그래서 **н**이 필요하지 않다.

문장 **Я был у негó**.'나는 그의 집에 있었다.'에서 대명사 его는 인칭대명사이다. 그래서 **н**을 가진다.

연습문제 204 필요한 격의 인칭 대명사를 채워 넣으시오.

1. Был очень сильный мороз. Из-за … мы не пошли на каток.
2. В пятницу будет семинар. Пора готовиться к …
3. Ученик хорошо занимается. Учитель доволен … .
4. Друг просил меня, чтобы я купил для … книгу.
5. Сестра прислала письмо. Я ответил … .
6. Перед домом растут деревья. Между … стоит скамейка.
7. Мы подъезжали к Москве. До … осталось двадцать километров.
8. Посреди комнаты стоит стол. Вокруг … сидят люди.
9. Студент много занимался русским языком и сейчас владеет … хорошо.
10. Он не был на экскурсии. Кроме … были все студенты нашей группы.
11. Завтра в клубе будет лекция. После … будет концерт.
12. Скоро у брата день рождения. Мы уже купили … подарок.
13. С вершины горы открылся прекрасный вид. Путешественники долго любовались … .
14. Эта дорога короче. Мы пойдём по … .
15. На берегу реки стояло большое дерево. Мы отдохнули под … .
16. Вчера в клубе был интересный доклад, но я не был на … .
17. Я не мог вчера прийти к друзьям. Я позвонил … и сказал, что не приду к … .
18. Эта книга очень нужна мне. Спасибо тебе за … .

재귀대명사 себя

1. 재귀대명사 себя́는 성 변화를 하지 않는다.

   Он ви́дит себя́ в зе́ркале.'그는 거울을 보고 있다.'

   Она ви́дит себя́ в зе́ркале.'그녀는 거울을 보고 있다.'

2. 재귀대명사 себя́는 수 변화를 하지 않는다.

   Он ви́дит себя́ в зе́ркале. '그는 거울을 보고 있다.'

   Они́ ви́дят себя́ в зе́ркале.'그들은 거울을 보고 있다.'

3. 재귀대명사 себя́는 주격이 없다. 재귀대명사 себя́는 대명사 тебя́처럼 격변화한다: 생격 себя́ 여격 себе́ 대격 себя́ 조격 собо́й 전치격 о себе́

4. 대명사 себя́는 모든 격에서 1, 2, 3인칭에 관계되고 항상 행위자에 관계된다.

   Я ви́жу себя́ в зе́ркале.
   '나는 거울을 본다.'
   Ты ви́дишь себя́ в зе́ркале.
   '너는 거울을 본다.'
   Он ви́дит себя́ в зе́ркале.
   '그는 거울을 본다.'
   Она́ ви́дит себя́ в зе́ркале.
   '그녀는 거울을 본다.'

   Мы ви́дим себя́ в зе́ркале.
   '우리는 거울을 본다.'
   Вы ви́дите себя́ в зе́ркале.
   '당신은 거울을 본다.'
   Они́ ви́дят себя́ в зе́ркале.
   '그들은 거울을 본다.'

   Я купи́л себе́ кни́гу.
   '나는 자신이 쓸 책을 구입하였다.'
   Ты купи́л себе́ кни́гу.
   '너는 자신이 쓸 책을 구입하였다.'
   Он купи́л себе́ кни́гу.
   '그는 자신이 쓸 책을 구입하였다.'
   Она купи́ла себе́ кни́гу.
   '그녀는 자신이 쓸 책을 구입하였다.'

   Мы купи́ли себе́ кни́гу.
   '우리는 자신이 쓸 책을 구입하였다.'
   Вы купи́ли себе́ кни́гу.
   '당신은 자신이 쓸 책을 구입하였다.'
   Они́ купи́ли себе́ кни́гу.
   '그들은 자신이 쓸 책을 구입하였다.'

5. 문장에서 себя́는 보어이고 주어는 될 수 없다.

연습문제 205 형용사 себя의 격을 정하고 그것이 어떤 인칭에 관계되는지 말하시오.

1. Мой попутник рассказал мне о себе много интересного.
2. Я посмотрел вокруг себя и увидел, что в комнате, кроме меня, никого нет.
3. Настоящий руководитель требователен не только к другим, но и к себе.
4. Сын попросил отца: «Возьми меня с собой».
5. В минуту опасности он думал не о себе, а о друзьях.
6. Я купил себе коньки.
7. Я виню в неудачах только себя.
8. Ты всегда имеешь при себе часы.
9. Ученик положил книгу перед собой и стал готовить уроки.

연습문제 206 재귀 대명사를 가진 원형동사를 뽑아쓰시오.

보기: владеть собой

1. Как вы себя чувствуете?
2. Кто не видел моря, не может представить себе его очарование.
3. Он всегда владеет собой, никогда не выходит из себя.
4. Умей держать себя в руках.
5. Раненый пришёл в себя и попросил пить.

연습문제 207 다음 어결합을 가지고 문장을 만드시오.

уверен в себе; доволен собой; владеть собой; держать себя в руках; жертвовать собой; надеяться на себя; чувствовать себя; купить себе; рассказать о себе.

연습문제 208 전치사 вместо, около, вокруг, для, кроме, против, у, к, про, над, перед, с, между, при, о와 대명사 себя를 가지고 문장을 만드시오.

예: Я положил портфель около себя.
Они посмотрели вокруг себя.

소유 대명사

1. 소유 대명사 **мой, твой, наш, ваш, егó, её, их**는 대상이 어떤 사람에게 속하여 있는지를 나타낸다.

1인칭과 2인칭 소유 대명사

단수			복수
남성	여성	중성	모든 성
мой, твой, наш, ваш } брат	моя́, твоя́, нáша, вáша } сестра	моё, твоё, нáше, вáше } дело	мои́, твои́, нáши, вáши } брáтья, сёстры, делá

소유 대명사 **мой, твой, наш, ваш**는 형용사처럼 성, 수, 격 변화를 한다. 이 대명사들의 성, 수, 격은 이 대명사들이 관계되어 있는 명사의 성, 수, 격에 따른다.

연습문제 209 뿌쉬낀의 시에서 발췌한 문장에서 소유 대명사들과 이들이 관계되는 명사에 밑줄 치시오.

1. Друзья мои, прекрасен наш союз!
2. Мне грустно и легко; печаль моя светла; Печаль моя полна тобою.
3. Окончен мой труд многолетний.
4. Шли годы. Бурь порыв мятежный Рассеял прежние мечты, И я забыл твой голос нежный, Твои небесные черты.

1인칭과 2인칭 소유 대명사의 격변화

격	단수		복수	단수		복수
	남성, 중성	여성	모든성	남성, 중성	여성	모든 성
주격	мой　моё	моя́	мои́	наш　наше	нáша	нáши
생격	моегó	моéй	мои́х	нáшего	нáшей	нáших
여격	моемý	моéй	мои́м	нáшему	нáшей	нáшим
대격	주, 생　моё	мою́	주, 생	주, 생　нáше	нáшу	주, 생
조격	мои́м	моéй	мои́ми	нáшим	нáшей	нáшими
전치격	о моём	о моéй	о мои́х	о нáшем	о нáшей	о нáших

[주1] 만약 **мой, наш, мои, наши**가 활동체를 표시하는 명사와 관계되면, 대격은 생격과 일치한다: Он встре́тил моего́ бра́та, на́шего дру́га, мои́х бра́тьев, на́ших друзе́й. 만약 이 대명사가 비활동체를 표시하는 명사에 관계되면, 대격은 주격과 일치한다: Он взял мой слова́рь, наш план, мои́ словари́, на́ши пла́ны.

[주2] 대명사 **твой**는 **мой**와 같이 격변화하고, 대명사 **ваш**는 **наш**와 같이 격변화한다.

3인칭 소유 대명사 его, её, их

3인칭 소유대명사 его́, её, их는 형태상으로는 3인칭 인칭 대명사(он, она́, оно́, они́)의 생격을 하고 있다.

Пришёл брат и **его** друг (друг брата).

Пришла́ сестра́ и **её** друг (друг сестры).

Пришли́ бра́тья и **их** друг (друг братьев).

3인칭 소유 대명사 его, её, их는 수와 격 변화를 하지 않는다.

격	단수	복수
주격	Пришёл его́, её, их друг.	Пришли́ его́, её, их друзья́
생격	Я был у его́, её, их друга.	Я был у его́, её, их друзе́й.
여격	Я пойду́ к его́, её, их дру́гу.	Я пойду́ к его́, её, их друзья́м.
대격	Я ви́дел его́, её, их дру́га.	Я ви́дел его́, её, их друзе́й.
조격	Я говори́л с его́, её, их дру́гом.	Я говори́л с его́, её, их друзья́ми.
전치격	Я говори́л о его, её, их дру́ге.	Я говори́л о его́, её, их друзья́х.

소유 대명사 его, её, их는 전치사 다음에 н을 가지지 않는다.

인칭대명사	소유대명사
Я был у **него́**	Я был у **его́** бра́та.
Я пришёл к **нему́**.	Я пришёл к **его́** бра́ту.
Я получи́л письмо от **неё**.	Я получи́л письмо́ от **её** бра́та.
Я говори́л с **ней**.	Я говори́л с **её** бра́том.

연습문제 210 이탤릭체로 된 대명사들에 질문을 하시오. 이탤릭체로 된 대명사들이 어떤 경우에 인칭 대명사가 되고, 어떤 경우에 소유 대명사가 되는지 말하시오.

A.

1. На вечере выступил писатель. Мы не видели *его* раньше, но читали *его* книги.

2. У моего друга большая библиотека. Я часто посещаю *его* и беру *его* книги.
3. Мне нужно позвонить *ей*, но я не знаю *её* телефона.
4. *Их* помощь была нужна мне. Я поблагодарил *их* за помощь.
5. К сестре пришёл *её* друг, но *её* не было дома.

в.

1. Меня всегда интересовала жизнь замечательных людей. Я пытался найти общие черты их характеров — те черты, что выдвинули их в ряды лучших людей человечества (*Пауст.*).
2. Впрочем, никто *его* не удерживал и никто не заметил *его* отсутствия (*Тург.*).

대명사 свой

만약 문장의 인칭이 행위자이라면 대명사 свой는 1, 2, 3인칭에 대한 대상의 소유를 나타낸다:

Я ко́нчил **свою́** рабо́ту.'나는 자신의 일을 마쳤다.'

Ты ко́нчил **свою́** рабо́ту.'너는 자신의 일을 마쳤다.'

Он ко́нчил **свою́** рабо́ту.'그는 자신의 일을 마쳤다.'

Я рассказа́л о **свое́й** рабо́те.'나는 자신의 일에 대하여 말하였다.'

Ты рассказа́л о **свое́й** рабо́те.'너는 자신의 일에 대하여 말하였다.'

Он рассказа́л о **свое́й** рабо́те.'그는 자신의 일에 대하여 말하였다.'

대명사 свой는 대명사 мой, твой와 같이 성, 수, 격변화를 한다.

대명사 свой는 한 사람이 아니라 여러 행위자에 속한 대상의 소유를 지시할 수 있다.

Мы ко́нчили **свою́** рабо́ту.'우리는 자신의 일을 마쳤다.'

Вы ко́нчили **свою́** рабо́ту.'당신은 자신의 일을 마쳤다.'

Они ко́нчили **свою́** рабо́ту.'그들은 자신의 일을 마쳤다.'

Мы рассказа́ли о **свое́й** рабо́те.'우리는 자신의 일에 대하여 말하였다.'

Вы рассказа́ли о **свое́й** рабо́те.'당신은 자신의 일에 대하여 말하였다.'

Они рассказа́ли о **свое́й** рабо́те.'그들은 자신의 일에 대하여 말하였다.'

문장에서 주어가 1인칭이나 2인칭 대명사(я, ты, мы, вы)로 표현되어 있으면 대명사 свой는 이따금 관련되는 1인칭과 2인칭 소유 대명사(мой, твой, наш, ваш)로 대체시킬 수 있다.

예를 들어 Мы ко́нчили **свою́** рабо́ту.'우리는 자신의 일을 마쳤다.'를 Мы ко́нчили **на́шу** рабо́ту. '우리는 우리 일을 마쳤다.'로 말할 수 있다. 그러나 이 경우에 의미는 바뀌지 않는다.

그러나 문장에서 주어가 명사나 명사를 대체시키는 3인칭 인칭 대명사(он, она, оно, они)로 표현되면, 대명사 свой를 3인칭 소유 대명사로 교체하는 것은 불가능하다. 이럴 경우 문장의 의미가 달라진다.

Брат отпра́вил **своё письмо**. '형은 자신의 편지를 보냈다.'

Брат отпра́вил **его́ письмо́**. '형은 그의 편지를 보냈다.'

첫 번째 문장에서 편지가 형의 소유라는 것을 말하고, 두 번째 문장은 형이 아니라 또 다른 사람의 소유라는 것을 말한다.

대명사 **свой**는 소유 대명사가 관계되는 사물이 행위자의 소유일 경우에만 사용된다.

1. Мы сажа́ем цветы́ о́коло **своего́ до́ма**. '우리는 자신의 집 주위에 꽃을 심는다.'
2. Мы забы́л **свою́ кни́гу** в аудитории. '우리는 강의실에서 자신의 책을 잊어 버렸다.'
3. Сестра́ присла́ла мне **свою́ фотока́рточку**. '누이는 나에게 자신의 사진을 보냈다.'
4. Вам необходи́мо испра́вить **свои́ оши́бки**. '당신은 자신의 실수를 고칠 필요가 있다.'
5. Мне ну́жно собра́ть **свои́ ве́щи**. '나는 자신의 물건을 수집해야 한다.'

행위자가 표시하는 단어가 문장에서 주어(1. 2. 3. 경우) 또는 무인칭 문장에서 여격 보어(4. 5의 경우)가 될 수 있다.

만약 사물이 행위자의 소유가 아니든지 문장에서 일반적으로 행위자가 없으면 대명사 свой의 사용은 불가능하다:

Около **на́шего** до́ма есть сад. '우리 집 주위에 정원이 있다.'

У моего́ дру́га больша́я библиоте́ка. '나의 친구는 큰 도서관을 가지고 있다.'

Твоя́ кни́га оста́лась в аудито́рии. '너의 책은 강의실에 그대로 남아 있었다.'

Я получи́л от сестры́ **её** фотока́рточку. '나는 누이에게서 그녀의 사진을 받았다.'

소유의 의미로 사용된 대명사 свой는 일반적으로 주격으로 사용되지 않는다. (간혹 대명사 свой가 주격으로 사용되지만 다른 의미로 사용된다: Это свой человек. '이 사람은 친구이다.' 여기에서 свой는 '낯선 사람이 아닌'이라는 뜻으로 사용되었다.)

연습문제 211 이탤릭체로 된 대명사의 사용법을 설명하시오.

A.

1. Писатель работал над *своим* романом четыре года. *Его* роман недавно вышел из печати.
2. Ученик забыл *свою* тетрадь дома. *Его* тетрадь осталась дома.
3. Я положил *свои* книги на стол. *Мои* книги лежат на столе.

4. Мы часто посещаем *свой* клуб. В *нашем* клубе бывают интересные лекции и концерты.
5. *Мой* брат живёт в Санк-Петербурге. Вчера я послал письмо *своему* брату.
6. Он получил премию за *свою* работу. *Его* работу оценили высоко.
7. Против *моего* дома парк. Из окна *своего* дома я вижу аллеи парка.
8. Она убирает *свою* комнату. В *её* комнате всегда чистота и подарок.
9. У *твоего* друга есть этот учебник. Ты можешь взять учебник у *своего* друга.

в.

1. Она (Елена) много думала о Берсеневе, о *своём* разговоре с ним; он ей нравился; она верила теплоте *его* чувств, чистоте *его* намерений (*Тург.*).
2. Сергей Иванович ожидал, что *его* книга появлением своим должна будет произвести серьёзное впечатление на общество (*Л.Т.*).
3. Он знал, что она не пела со времени *своей* болезни, и потому звух её голоса удивил и обрадовал его (*Л.Т.*).
4. В народе — все начала, в *его* силе все возмозности, *его* трудом кормится жизнь, и ему принадлежит право распределять труд *свой* по справедливости (*М.Г.*).

연습문제 212 대명사 свой를 필요한 격으로 또는 대명사 его, её, их를 채워 넣으시오.

1. Эту историю рассказал брату один… приятель. Брат слышал эту историю от одного… приятеля.
2. Он обрадовал нас ... письмом. Мы обрадовались ... письму.
3. Вечером пришла моя сестра с одной ... подругой. Вечером пришла сестра и одна ... подруга.
4. Солнце вышло из-за тучи, и ... лучи осветили сад. Солнце вышло из-за тучи и осветило ... лучами сад.
5. Она говорит, что ... домашние дела отнимают у неё много времени. Она сказала, что приедет к нам, как только закончит ... домашние дела.
6. Они заявили, что справятся с этой работой ... силами. Они сказали, что сейчас все ... силы сосредоточены на этой работе.

연습문제 213 뿌쉬낀의 시를 읽고 소유대명사를 지적하시오. 시를 암송하시오.

Няне

Подруга дней моих суровых,
Голубка дряхлая моя!
Одна в глуши лесов сосновых
Давно, давно ты ждёшь меня.
Ты под окном своей светлицы
Горюешь, будто на часах.
И медлят поминутно спицы
В твоих наморщенных руках.
Глядишь в забытые вороты
На чёрный отдалённый путь:
Тоска, предчувствия, заботы
Теснят твою всечасно грудь…

연습문제 214 괄호 안에서 필요한 대명사를 채워 넣으시오.

A.

1. Мальчик отлично учится благодаря … (его, своим) способностям.
2. Друзья помогли мне. Благодаря… (их, своей) помощи я успешно закончил работу.
3. Нам читают лекции о творчестве Пушкина. Сегодня профессор рассказал нам о … (его, своей) поэме «Медный всадник».
4. Один из друзей предложил прекратить прения. Большинство было за… (его, своё) предложение.
5. Он не согласился с выступавшими и остался при … (его, своём) мнении.
6. Мы поднялись на гору. С… (её, своей) вершины хорошо была видна вся местность.
7. Путешественники дошли до реки и пошли вдоль … (её, своего) берега.
8. Они остановились под деревом и немного отдохнули в… (его, своей) тени.

B.

1. Меня с первого взгляда поразило в ней удивительное спокойствие всех… движений и речей (*Тург.*).
2. Она (Валя) была начитанной девушкой, хорошо играла на пианино, по… развитию она выделялась среди подруг (*Фад.*).
3. Городок этот мне понравился… местоположением у подошвы двух высоких холмов (*Тург.*).
4. Они только что приехали из Москвы и рады были… уединению (*Л.Т.*).
5. Он тихо отворил дверь и увидел Наташу в… лиловом платье (*Л.Т.*).

지시 대명사

단수						복수	
남성		여성		중성		모든 성	
э́тот	дом	э́та	у́лица	э́то	зда́ние	э́ти	дома́
тот	дом	та	у́лица	то	зда́ние	те	у́лицы
тако́й	дом	така́я	у́лица	тако́е	зда́ние	таки́е	зда́ния

지시 대명사는 관계되는 명사와 성, 수, 격에서 일치한다.

Он живёт **на э́той у́лице**, в **э́том до́ме**. '그는 이 거리에 있는 이 집에서 살고 있다.'

지시 대명사 этот, тот의 격변화

격	단수			복수
	남성과 중성		여성	모든 성
주격	э́тот э́то	тот то	э́та та	эти те
생격	э́того	того́	э́той той	этих тех
여격	э́тому	тому́	э́той той	этим тем
대격	주/생 это	то	э́ту ту	주격 또는 생격
조격	э́тим	тем	э́той (э́тою) той (тою)	этими теми
전치격	об э́том	о той	об э́той о той	об этих о тех

지시 대명사 этот

대명사 **э́тот**, **э́та**, **э́то**, **э́ти**는 문장에서 여러 가지 역할을 한다.

1. 한정어의 역할로 사용되는 **э́тот**, **э́та**, **э́то**, **э́ти**는 како́й? кака́я? како́е? каки́е?의 질문에 대답한다.

Како́й дом? '어떤 집?' **Э́тот** дом. '이 집'

Кака́я у́лица? '어떤 길?' **Э́та** у́лица. '이 길'

Како́е зда́ние? '어떤 건물?' **Э́то** зда́ние. '이 건물'

Какúе домá? '어떤 집들?' **Эти** домá. '이 집들'

이들은 명사와 성, 수, 격에서 일치한다.

Я живý в большóм нóвом дóме. '나는 큰 새 집에서 산다.'

Этот дом нахóдится на глáвной ýлице гóрода. '이 집은 도시의 주요 도로에 위치하고 있다.'

Эта ýлица — ширóкая и красúвая. '이 길은 넓고 아름답다.'

Рядом с моúм дóмом — большóе здáние с колóннами. '내 집의 부근에 기둥이 있는 큰 건물이 있다.'

Это здáние — теáтр. '이 건물은 극장이다.'

Напрóтив — тóже большúе нóвые домá. '맞은 편에도 큰 새 집들이 있다.'

Эти домá ещё стрóятся. '이 집들은 아직 건축 중이다.'

В э́тих домáх бýдут жить рабóчие и рабóтницы текстúльной фáбрики. '이 집들에는 방직공장의 남여 직공들이 살 것이다.'

2. 주어의 역할로는 중성형태 это만 사용된다. 주어의 역할을 하는 대명사 это는 사람이나 사물을 나타내고 성, 수 변화를 하지 않는다.

В лесý стоúт бéлый **дом с колóннами** '숲에는 기둥이 있는 하얀 집이 있다.'

Это дом óтдыха. '이 집은 휴식의 집이다.'

В кóмнату вошлá **дéвушка**. '아가씨가 집 안으로 들어왔다.'

Это сестрá моегó дрýга. '이 사람은 나의 친구의 누이다.'

Вперéдú видны́ **дóмики**. '앞에는 조그만 집들이 보인다.'

Это селó. '이것은 마을이다.'

На столé лежáт **кнúги**. '테이블 위에 책들이 놓여있다.'

Это учéбники. '이것은 교과서들이다.'

인용된 예문들에서 대명사 **это**는 앞 문장에서 언급되어 있는 사물을 가리킨다.
과거와 미래시제에서는 계사 **быть**가 사용된다. 계사는 대명사 **э́то**가 아니라 술어의 일부분인 명사와 성, 수에서 일치한다.

Это был дом óтдыха. '이것은 휴식의 집이다.'

Это былá сестрá моегó дрýга. '이 사람은 나의 친구의 누이였다.'

Это бы́ло селó. '이것은 마을이다.'

Это бы́ли учéбники. '이것은 교과서들이었다.'

왼쪽 문장과 오른쪽 문장을 비교하세요.

Этот дом — дом óтдыха.
'이 집은 휴식의 집이다.'

Это дом óтдыха.
'이것은 휴식의 집이다.'

Эта дéвушка — сестрá моегó дрýга.
'이 아가씨는 내 친구의 누이이다.'

Это сестрá моегó дрýга.
'이 사람은 내 친구의 누이이다.'

Эти дóмики — селó. '이 작은 집들은 마을이다.'

Это селó. '이것은 마을이다.'

Эти кни́ги — учéбники.
'이 책들은교과서들이다.'

Это учéбники.
'이것은 교과서들이다.'

왼쪽 문장에서 대명사는 한정어이고 명사와 일치된다. 오른쪽 문장에서 대명사는 **это**는 주어이고 명사와 일치되지 않는다. 왼쪽 문장과 오른쪽 문장은 동의 문장이다.

주어의 역할을 하는 대명사 **это**는 대상뿐만 아니라 전체 발화를 지시할 수 있다. 이 경우에 동사나 형용사로 표현된 술어는 대명사 **это**와 일치한다. 즉 중성단수로 된다:

Сын дóлго не возвращáлся. '아들은 오랫동안 돌아오지 않았다.'
Это беспокóило мать. '이것은 어머니를 불안하게 하였다.'
Он обещáл помóчь нам. '그는 우리를 돕겠다고 약속했다.'
Это хорошó. '이것은 좋다.'

3. 보어의 역할을 하는 대명사 **это**는 앞의 모든 발화를 가리키고 명사의 의미로 사용된다.

Начинáется веснá. '봄이 시작된다.'
Мы рáдуемся **э́тому**. '우리는 이것을 기뻐한다.'
Погóда былá плохáя. '날씨가 좋지 않았다.'
Из-за **э́того** мы не поéхали зá город. '이것 때문에 우리는 교외로 가지 못했다.'
Мне нýжно посовéтоваться с тобóй. '나는 너와 상담을 해야겠다.'
Для **э́того** я пришёл сюдá. '이것을 위하여 나는 여기로 왔다.'
Ядерное орýжие должнó быть запрещенó. '핵 무기는 금지되어야 한다.'
Все нарóды трéбуют **э́того**. '모든 민족들이 이것을 요구한다.'

연습문제 215 다음 왼쪽 난과 오른쪽 난의 문장을 읽고 대명사 **этот, это, эта, эти**가 문장의 어떤 성분인지 지적하시오.

1. Эта книга интересная. — Это интересная книга.
2. Это дерево высокое. — Это высокое дерево.
3. Это время самое удобное. — Это самое удобное время.
4. Этот шкаф — книжный. — Это книжный шкаф.

5. Эта дорога — самая короткая. Это самая кототкая дорога.
6. Этот магазин — продовольственный. Это продовольственный магазин.
7. Эти места — свободные. Это свободные места.
8. Эта девушка — моя сестра. Это моя сестра.
9. Эти комнаты — наши. Это наши комнаты.

연습문제 216 문장의 술어에서 계사 **быть**의 과거시제를 사용하시오.

보기: Это интересная лекция.
Это **была** интересная лекция.

1. Это трудная задача.
2. Это удачный ответ.
3. Это правильный путь.
4. Это только первые трудности.
5. Это большая удача.

연습문제 217 대명사 этот의 필요한 형태를 채워 넣으시오.

1. Я принёс новые книги, положи… книги в шкаф.
2. По реке плыла лодка,… лодка двигалась медленно.
3. Наконец пассажиры увидели огромное водное пространство,… было Цимлянское море.
4. Автомобиль въехал в лес, … лес тянулся на несколько километров.
5. Вдали сверкали огни, … был большой город.
6. В аудиторию вошли два студента, … были студенты химического факультета.
7. Скоро будет большая станция. На… станции поезд будет стоять 30 минут.

연습문제 218 어결합을 가지고 문장을 만드시오.

против этого; за это; после этого; перед этим; об этом; благодаря этому; из-за этого; для этого; вместо этого.

보기: Весь день шёл дождь. Из-за этого пришлось отложить экскурсию.

연습문제 219 어결합을 가지고 문장을 만드시오.

требовать этого; радоваться этому; мешать этому; помнить об этом; надеяться на это; бороться за это.

보기: Ядерное оружие должно быть запрещено. Народы мира требуют этого.

지시 대명사 тот

단문에서 지시 대명사 **тот**, **та**, **то**, **те**는 일반적으로 한정어이고, 피한정어와 성수격이 일치한다.

Этот дом высо́кий, а **тот** дом ещё вы́ше.'이 집은 높은 집이고, 저 집은 더 높다.'

Эта кни́га мне не нужна́, а **та** кни́га нужна́. '이 책은 내가 필요하지 않고, 저 책은 필요하다.'

Дай мне **э́ту** кни́гу, а **ту** кни́гу оста́вь у себя́.'이 책을 나에게 주시고, 저 책은 당신 자신에게 남겨두세요.'

Дере́вня нахо́дится за **тем** ле́сом.'마을은 저 숲 너머에 있다.'

이 문장에서 지시 대명사 **тот**은 한정어이고 명사와 성, 수, 격이 일치된다.
지시 대명사 **тот**은 복문에서 사용되고, 주문의 성분 중 하나로 쓰인다.

1. 주어: Кто не работает, **тот** не ест.'일하지 않는 자는 먹지 않는다.'
2. 술어: Хозя́ин — **тот**, кто тру́дится.'주인은 일하는 자이다.'
3. 보어: Я принёс **то**, что ты проси́л.'나는 네가 요청하였던 것을 가져왔다.'
4. 한정어: Дай мне **ту** кни́гу, кото́рую я проси́л.'나에게 내가 요청하였던 책을 주세요.'

지시 대명사 такой

지시 대명사 **тако́й**, **така́я**, **таки́е**는 대상의 자질을 가리키고 문장에서 한정어이거나 술어의 일부분이 되고 명사와 성, 수, 격이 일치한다.

Мне нужна́ пи́счая бума́га.'나는 필기용 종이가 필요하다.'

Здесь нет **тако́й** бума́ги.'여기에 그런 종이가 없다.'

Така́я бума́га есть в сосе́днем магази́не.'그런 종이는 옆 가계에 있다.' (지시 대명사 **такой**는 한정어이다.)

Это не мой портфель.'이것은 나의 가방이 아니다.'

Этот портфе́ль чёрный и большо́й.'이 가방은 검고 크다.'

Мой портфель **не тако́й**.'나의 가방은 그런 가방이 아니다.'

Он кори́чневый и ма́ленький.'그 가방은 갈색이고 적다.' (지시 대명사 не тако́й는 술어이다.)

대명사 **тако́й**는 자주 한정어로 쓰이거나 주문에서 술어로 쓰인다.

Дайте мне **таку́ю** бума́гу, каку́ю я проси́л.'내가 요청하였던 종이를 나에게 주세요.' (지시 대명사 **таку́ю**는 한정어이다.)

Тума́н был **тако́й**, что ничего́ круго́м не было ви́дно. (지시 대명사 **тако́й**는 술어의 부분이다.)

지시 대명사 столько

지시 대명사 **сто́лько**는 대상의 양을 가리키고 수량수사를 대신한다.

지시 대명사 **сто́лько**는 주격과 이와 유사한 대격에서 명사 생격을 요구한다.

Он принёс две па́чки бума́ги.'그는 두 묶음의 종이 다발을 가져왔다.'

Мне не ну́жно **сто́лько бума́ги**.'나는 그 만큼의 종이가 필요하지 않다.'

Пришло́ пятьдеся́т челове́к.'50명이 도착했다.'

В э́той ко́мнате не помести́тся **сто́лько люде́й**.'이 방에는 그 만큼의 사람들이 자리를 잡을 수 없을 것이다.'

지시 대명사 сто́лько는 복수 형용사처럼 변화된다. 사격에서 지시 대명사 сто́лько는 명사와 일치된다.

주격	сто́лько люде́й	대격	сто́льких люде́й
생격	сто́льких людей	조격	сто́лькими людьми́
여격	сто́льким лю́дям	전치격	о сто́льких лю́дях

연습문제 220 지시 대명사에 밑줄을 치고 이들이 문장의 어떤 성분인지 지적하시오.

1. Человек! Это звучит гордо (*М.Г.*).
2. В наше время тот — поэт, тот — писатель, кто полезен (*Мояк.*).
3. Тому, кто строит, творит, создаёт, кто честно трудится и живёт плодами рук своих, нужен мир (*И.Э.*).
4. Начало стройки падало на зиму — в этом заключалась особенная трудность положения (*Аж.*).
5. Часа в два мелкий дождь превратился в ливень. Это заставило нас остановиться раньше времени и искать спасения в палатке (*Арс.*).
6. Надя пошла наверх и увидела ту же постель, те же окна с белыми наивными занавесками, а в окнах тот же сад, залитый солнцем, весёлый, шумный (*Чех*).

한정 대명사 сам, самый, весь, всякий, любой, каждый

한정 대명사 сам과 самый

A.

1. 대명사 **сам**은 다른 사람의 도움 없이 독립적으로 행동을 수행하는 사람에 대한 것이다.

Он сде́лал это **сам**. '그가 이것을 스스로 했다.'

Не объясня́й мне. '나에게 설명하지 말아라.'

Я **сам** хочу́ поня́ть. '내 스스로 이해하고 싶다.'

Она́ **сама** э́то зна́ет. '그녀는 스스로 이것을 안다.'

Пусть он **сам** расска́жет обо всём. '그가 스스로 이 모든 것에 관하여 설명하게 하세요.'

2. 다른 것이 아니라 바로 해당 사람이나 사물에 대하여 언급하는 것을 강조하기 위하는데도 사용된다.

Сам дире́ктор приказа́л. '바로 지배인 자신이 명령했다.'

Пришёл **сам** хозя́ин. '바로 주인이 도착했다.'

Он **сам** винова́т в э́том. '바로 그 자신이 이 일에 책임이 있다.'

Скажи́ об э́том не мне, а ему́ **самому́**. '이것에 관하여 나 말고 바로 그 자신에게 말하세요.'

3. 대명사 сам은 재귀 대명사 себя와 함께 사용된다.

Ты пло́хо зна́ешь **самого́ себя́**. '너는 자기 자신을 잘 모른다.'

Он обвиня́л во всём то́лько **самого́ себя́**. '그는 이 모든 것에 대하여 자신 자신만을 책망했다.'

Он **сам над собо́й** смея́лся. '그는 그 자신을 비웃었다.'

Он дово́лен **сам собо́й**. '그는 자기 자신에 대하여 만족한다.'

4. 대명사 сам은 관용적 표현으로 사용된다.

само́ собо́й разуме́ется '물론이다'

само́ собо́й поня́тно '자명한 일이다'

сам по себе́ '그 자신'

B. **대명사 са́мый는 다음의 경우에 사용된다.**

1. 대명사 **э́тот**, **тот**과 함께 '바로 그', '그 자체의'의 의미로 사용된다.

Это **та са́мая** кни́га, о кото́рой я тебе́ говори́л.'이것은 내가 너에게 말했던 바로 그 책이다.'
Он сказа́л мне **то же са́мое**, что и ты.'그는 너가 말했던 것과 동일한 것을 나에게 말했다.'
Мы встре́тились **на то́м же са́мом** ме́сте.'우리는 동일한 장소에서 만났다.'
Это **тот са́мый** челове́к.'이 사람이 바로 그 사람이다.'

2. 장소와 시간의 극단적인 영역을 지시하기 위하여 장소와 시간을 표시하는 명사와 함께 사용된다.

Дождь шёл **с са́мого утра́**.'비는 이른 아침부터 내리고 있었다.'
Ло́дка останови́лась **у са́мого бе́рега**.'배가 해안 가까이에 정박하였다.'
Он повтори́л всё **с са́мого нача́ла**.'그는 모든 것을 맨 처음부터 반복하였다.'
Доро́га шла **по са́мому кра́ю** обры́ва.'길은 절벽의 가장자리까지 나 있었다.'

3. 합성 최상급 형용사를 만들기 위하여 형용사와 함께 사용된다.

Его́ докла́д — **са́мый интере́сный**.'그의 보고서는 매우 재미있다.'
Ему́ поручи́ли **са́мую тру́дную** рабо́ту.'그에게 매우 어려운 과업을 부여하였다.'

4. 대명사 самый는 형용사 변화를 한다.

대명사 сам의 격변화

격	단수		복수
	남성과 중성	여성	모든 성
주격	Пришёл он сам Пришёл сам руководи́тель	Пришла́ она́ сама́ сама́ руководи́тельница	Пришли́ они са́ми сами руководи́тели
생격	Ещё нет его́ самого́ Ещё нет самого́ руководи́теля	её само́й само́й руководи́тельницы	их сами́х сами́х руководи́телей
여격	Я переда́л письмо́ ему́ самому́ Я переда́л письмо́ самому́ руководи́телю	её само́й само́й руководи́тельнице	им сами́м сами́м руководи́телям
대격	Я ви́дел его́ самого́ Я ви́дел самого́ руководи́теля	её самоё, её саму́ самоё (саму́) уководи́тельницу	их сами́х сами́х руководи́телей
조격	Я говори́л с ним сами́м Я говори́л с самим руководи́телем	с ней само́й с само́й руководи́тельницей	с ни́ми сами́ми с сами́ми руководи́телями
전치격	Мы говори́ли о нём само́м Мы говори́ли о само́м руководи́теле	о ней само́й о само́й руководительнице	о них самих о самих руководителях

대명사 самый의 격변화

격	단수		복수
	남성과 중성	여성	모든 성
주격	Это са́мый лу́чший учени́к Это са́мое интере́сное зада́ние	са́мая лу́чшая учени́ца	са́мые лу́чшие учени́ки
생격	Сего́дня нет са́мого лу́чшего ученика́	са́мой лу́чшей учени́цы	са́мых лу́чших учени́ков
여격	Да́ли пре́мию са́мому лу́чшему ученику́	самой лучшей ученице	са́мым лу́чшим ученика́м
대격	Премирова́ли са́мого лу́чшего ученика́ Он получи́л са́мое нте́ресное зада́ние	са́мую лу́чшую учени́цу	са́мых лу́чших учени́ков са́мые нтере́сные зада́ния
조격	Мы бесе́довали с са́мым лу́чшим учени́ко́м	с са́мой лу́чшей учени́цей	с са́мыми лу́чшими ученика́ми
전치격	Мы говори́ли о са́мом лу́чшем ученике́	о са́мой лу́чшей учени́це	о са́мых лу́чших ученика́х

연습문제 221 이탤릭체로 된 대명사에 강세를 치고 이들의 의미를 설명하시오.

A.

1. Раненому удалось *самому* добраться до перевязочного пункта.
2. Ей *самой* не нравится её работа.
3. На сцену вышел тот *самый* артист, которого мы видели в прошлое воскресенье.
4. Я получил распоряжение от *самого* директора.

B.

1. Пока ещё я *сам* точно не знаю, что буду писать (*Пауст.*).
2. С *самого* детства дружили они, вместе учились, переходили из класса в класс (*Фад.*).
3. С рассветом ушла в воздух первая эскадрилья под командованием *самого* полковника (*Б. Пол.*).
4. Остановка была у *самых* ворот завода (*Ант.*).
5. В лесу показалось много следов оленей. Вскоре мы увидели и *самих* животных (*Арс.*).

연습문제 222 대명사 сам 또는 самый의 필요한 격으로 채워 넣고 강세를 치시오.

1. Машина остановилась у… моста.
2. Он получил разрешение от… директора.
3. Мы пойдём обратно той же… дорогой.
4. Они сидели на… лучших местах.
5. Работа в поле продолжалась с раннего утра до позднего вечера.

6. Мне нужно видеть её…, а не её сестру.
7. Мой друг всегда недоволен… собой.
8. Охотники остановились в том же… доме, в котором они ночевали прошлый раз.
9. Музыка всегда была для него… любимым занятием.
10. Он обвинял в случившемся только… себя.
11. Уже у… театра он вспомнил, что забыл билеты дома.
12. Не нужно помогать им. Они могут сделать это… .

대명사 весь

대명사 весь는 명사와 함께 사용되기도 하고 명사 없이 독립적으로 사용되기도 한다.

1. 첫 번째 경우에 대명사 весь는 문장에서 한정어로 쓰이고 피한정어 명사와 성, 수, 격에서 일치한다.

Этого учёного знáет вся странá. '모든 나라가 이 학자를 안다.'

Всё прогрессúвное человéчество выступáет за мир. '모든 진보적인 인류는 평화를 지지한다.'

Все лю́ди дóброй вóли выступáют за мир. '선한 의지를 가진 모든 사람들은 평화를 지지한다.'

Мы бóремся за мир во всём мире. '우리는 모든 나라에서 평화를 위하여 투쟁한다.'

2. 명사 없이 단독으로 사용되는 두 번째 경우에서 대명사 весь는 중성과 복수로만 사용되어 문장에서 주어나 보어로 사용된다.

На собрáние пришлú все. '모든 사람들이 모임에 도착했다.'

Он ужé познакóмился со всéми. '그는 이미 모든 사람들과 인사를 나누었다.'

Он сказáл об э́том при всех. '그는 모든 사람들이 있는 곳에서 이것에 관하여 말했다.'

Все вúдели э́ту картúну. '모든 사람들이 이 그림을 보았다.'

Я довóлен всем. '나는 모든 것에 만족한다.'

Спасúбо вам за всё. '모든 것에 대하여 당신에게 감사합니다.'

Посетúтели расспрáшивали обо всём. '참석자들이 모든 것에 대하여 질문하였다.'

3. 대명사 весь는 관용적인 표현으로 사용된다:

Прéжде всегó '무엇보다 먼저'

всё равнó '어느 것이나 상관없다'

во весь го́лос '큰 소리로'

◆◆◆

весь의 격변화

격	단수		복수
	남성과 중성	여성	모든 성
주격	весь наро́д, всё челове́чество	вся страна́	все наро́ды, стра́ны
생격	всего наро́да, всего́ челове́чества	всей страны́	всех наро́дов, стран
여격	всему наро́ду, всему́ челове́честву	всей стране́	всем наро́дам, стра́нам
대격	весь наро́д, всё челове́чество, всего́ челове́ка	всю страну́	все наро́ды, стра́ны, всех люде́й
조격	всем наро́дом, всем челове́чеством	всей страно́й	все́ми народами, странами
전치격	обо всём народе, обо всём челове́честве	обо всей стране	обо всех наро́дах, стра́нах

연습문제 223 대명사 **весь**가 문장의 어떤 성분인지 정하고, 이 대명사의 성, 수, 격을 지적하시오.

1. Всё уже стихло в городе (*Фад.*).
2. Был первый час ночи. В доме все уже легли (*Чех.*).
3. Степь без конца и без края тянулась на все концы света. (*Фад.*).
4. Всё, всё напоминало о приближении тоскливой, хмурой осени (*Чех.*).
5. Дождь стучал в окна всю ночь (*Чех.*).
6. Незаметно плывет над Волгой солнце; каждый час всё вокруг ново, всё меняется (*М.Г.*).
7. Изредка подымался ветерок, и лёгкий шорох пробегал по всему саду (*П.*).

연습문제 224 어결합 весь город; вся земля; всё небо; все друзья를 가지고 문장을 만들고, 명사 없이 대명사 всё와 все를 가지고 문장을 만드시오.

◆◆

한정 대명사 каждый, любой, всякий

한정 대명사 **ка́ждый**, **любо́й**, **вся́кий**는 동일한 종류의 많은 수 중에서 개별적인 단위를 표시한다.

Вся́кий (또는 **ка́ждый**, **любо́й**) челове́к на моём ме́сте поступи́л бы так же. '나의 입장이라면 누구라도 그렇게 행동했을 것이다.'

Это зна́ет **ка́ждый** (또는 **любо́й**) шко́льник. '어떤 학생이라도 이것을 안다.'

Любóй (всякий) укáжет вам дорóгу на стáнцию. '누구라도 당신에게 역으로 가는 길을 가리켜 줄 것이다.'

A. 이 외에도 대명사 **кáждый**는 대명사 **все**와 비슷한 의미를 가진다. 이 의미에서 대명사 кáждый는 대명사 **любóй, всякий**와 대체될 수 없다.

На совещáнии вы́сказался **кáждый** присýтствующий. '참석자들 중 각각 협의회에서 발언했다.'

На совещáнии вы́сказались **все** присýтствующие. '모든 참석자들이 협의회에서 발언했다.'

대명사 **кáждый**는 일반적으로 단수로 사용된다: кáждый учени́к, кáждая учени́ца, кáждое слóво

복수에서 대명사 **кáждый**는 다음의 경우에서 사용된다.

① 단수를 가지지 않은 명사들에서 사용된다.

Он приезжáл **кáждые сýтки**. '그는 매일 찾아왔다.'

② 수량수사와 명사의 결합에서 사용된다.

Мы встречáлись **кáждые два дня**. '우리는 매 이틀 간격으로 만났다.'

Кáждые четы́ре человéка помести́лись в отдéльной кóмнате. '네 사람씩 각 방에 자리를 차지했다.'

[주] 대명사 каждый는 시간을 표시하는 명사와 더불어 전치사 없이 사용된다: **каждый день, каждое утро, каждый год, каждую зиму**, 그러나 **каждый**가 아닌 다른 경우에는 전치사를 사용한다: **в это утро, в этот год, в прошлую зиму**

B. 대명사 **любóй**는 이따금 같은 종류의 사물들 중에서 다른 것보다 더 선호하는 것을 강조하기 위하여 사용된다.

Ты мóжешь взять **любýю** кни́гу, котóрая тебé нрáвится. '네가 마음에 드는 책을 어떤 책이든 가져도 된다.'

이 의미에서 대명사 **любóй**는 대명사 **кáждый, всякий**와 대체할 수 없다.

Эта кни́га есть в **любóм** (또는 **кáждом, всякoм**) кни́жном магази́не. '이 책은 어떤 서점에서도 있다.' 그러나 Зайди́ в **любóй** кни́жный магази́н и купи́ э́ту кни́гу. '좋아하는 어떤 서점이든 들러서 이 책을 사와라.'

C. 대명사 **всякий**는 '여러 가지의', '여러 가지 다양한'의 의미로도 사용된다.

В нáшей рекé вóдится **всякая** ры́ба. '우리 강에는 온갖 종류의 물고기가 살고 있다.'

Он читáл **всÿкие** кни́ги.'그는 온갖 종류이 책을 읽었다.'

Он расскáзывал всÿкие интерéсные истóрии.'그는 온갖 재미있는 이야기를 했다.'

이 경우에 **всÿкий**는 대명사 **кáждый**, **любóй**로 대체시키지 못한다.

대명사 **кáждый**, **любóй**, **всÿкий**는 문장에서 한정어이고 피한정 명사와 성, 수, 격에서 일치한다. 이 대명사는 형용사처럼 격변화한다.

대명사 **кáждый**, **любóй**, **всÿкий**는 이따금 명사처럼 사용되고 문장에서 주어나 보어로 된다.

Что вóлки жáдны, **всÿкий** знáет.'늑대가 탐욕스럽다는 것은 누구든 다 안다.'

연습문제 225 어떤 문장에서 세가지 대명사 каждый, любой, всякий를 모두 사용할 수 있는지 정하시오.

A.

1. Вы можете прийти ко мне в любое время.
2. Поезд останавливается на каждой станции.
3. У него ещё осталось в городе много всяких дел.
4. Брат ходил на охоту в любую погоду.
5. Каждый студент должен сделать доклад на семинаре.
6. Любой студент может подготовить доклад на эту тему.
7. Он преодолеет любые трудности на пути к цели.
8. Сейчас у нас в деревне в любом доме есть радио.
9. Связной должен был предупреждать об опасности каждого подпольщика.
10. Мой спутник рассказывал мне всякие интересные истории.

B.

1. Для детей каждый взрослый кажется существом немного таинственным (*Пауст.*).
2. Дорогою много приходило ему всяких мыслей на ум (*Г.*).
3. Не всякий вас, как я, поймёт (*П.*).
4. Я сделал только то, что всякий другой сделал бы на моём месте (*Чех.*).
5. В зимней работе связистов на каждом шагу возникали неприятные неожиданности (*Аж.*).

의문 대명사

의문대명사에는 **кто**? **что**? **какóй**? **чей**? **котóрый**? **скóлько**? 등이 있다.

1. 대명사 **кто**? **что**?는 성과 수를 가지지 않는다. 문장에서 대명사 **кто**? **что**?와 관련이 있는 단어는 단수로 된다.

   Кто идёт?'누가 가고 있느냐?'

   Что виднéется вдалú?'멀리서 무엇이 보이느냐?'

   대명사 **кто**?와 관련이 있는 단어는 남성으로 된다.

   Кто пришёл?'누가 도착했느냐?'

   Кто готóв?'누가 준비되어 있느냐?'

   Кто из студéнтов кóнчил рабóту?'대학생들 중 누가 일을 마쳤느냐?'

   대명사 **что**?와 관련이 있는 단어는 중성으로 된다.

   Что случúлось?'무슨 일이 있어났느냐?'

   Что произошлó здесь?'여기에서 무엇이 발생했느냐?'

대명사 кто?와 что?의 격변화

주격	кто?	что?	대격	кого?	что?
생격	кого?	чего?	조격	кем?	чем?
여격	кому?	чему?	전치격	о ком?	о чём?

2. 대명사 **какóй**?와 **котóрый**?는 명사와 성, 수, 격에서 일치되고 형용사처럼 격변화된다.

3. 대명사 **чей**?도 명사와 성, 수, 격에서 일치된다.

대명사 чей?의 격변화

격	단수	
	남성과 중성	여성
주격	чей (учéбник)? чьё (письмó)?	чья (книга)?
생격	чьегó (учéбника, письмá)?	чьей (книги)?
여격	чьемý (учéбнику, письмý)?	чьей (книге)?
대격	чей (учéбник)? чьё (письмó)?, чьегó (брáта)?	чью (книгу)?
조격	чьим (учéбником, письмóм)?	чьей (книгой)?
전치격	о чьём (учéбнике, письмé)?	о чьей (книге)?
복수(모든 성)		
주격	чьи (учéбники, пи́сьма, книги)?	
생격	чьих (учéбников, пи́сем, книг)?	
여격	чьим (учéбникам, пи́сьмам, книгам)?	
대격	чьи (учéбники, пи́сьма, книги)?, чьих (брáтьев, сестёр)?	
조격	чьими (учéбниками, пи́сьмами, книгами)?	
전치격	о чьих (учéбниках, пи́сьмах, книгах)?	

4. 대명사 **скóлько**?는 복수 형용사처럼 격변화된다. 대명사 **скóлько**?는 주격에서 명사 생격을 요구한다.

   Скóлько людéй? '몇 사람이냐?

   Скóлько книг? '몇 권이냐?'

   Скóлько врéмени? '몇 시냐?'

   Скóлько воды? '물이 얼마냐 되냐?'

   사격에서 대명사 сколько?는 명사와 일치된다. 명사는 복수로 된다.

대명사 ско́лько의 격변화

주격	ско́лько людéй?	ско́лько книг?
생격	ско́льких людéй?	ско́льких книг?
여격	ско́льким лю́дям?	ско́льким кни́гам?
대격	ско́льких людéй?	ско́лько книг?
조격	ско́лькими людьми?	ско́лькими книгами?
전치격	о ско́льких людях?	о ско́льких книгах?

연습문제 226 이탤릭체로 된 단어들에 대하여 질문을 하시오.

1. «Теперь садитесь, — взглянув на часы, сказал *отец*. Сейчас начнётся *самое главное*». Он пошёл и включил *радиоприёмник*. Все сели и замолчали.

   Сначала было тихо. Но вот раздался шум, гул, гудки. Потом что-то стукнуло, зашипело, и откуда-то издалека донёсся мелодичный *звон*.

   Чук с Геком переглянулись. Они угадали, что это. Это в далёкой-далёкой Москве, под красной звездой, на Спасской башне звонили *золотые Кремлёвские часы*.

   И этот звон — перед Новым годом — сейчас слушали *люди* и в городах, и в горах, в степях, в тайге, на синем море.

   И тогда люди встали, поздравили друг друга с Новым годом и пожелали всем *счастья*.
2. Поезда только что прошли в обе стороны, и на платформе *никого* не было.

   Из тёмных тоннелей дул прохладный ветерок. Далеко под землёй что-то гудело и постукивало.

   Вдруг пустынные платформы ожили, зашумели. Внезапно возникли *люди*. Они шли, торопились. *Их* было много, но становилось всё больше, целые толпы, сотни… Отражаясь в блестящих мраморных стенах, замелькали их быстрые тени, а под высокими светлыми куполами зашумело, загремело разноголосое эхо.

   И тут я понял, что это *народ* едет веселиться в Парк культуры, где сегодня открывается блестящий карнавал (*Гайд.*).

부정 대명사

부정 대명사 никто, ничто, никакой, ничей

부정 대명사 **никтó**, **ничтó**, **никакóй**, **ничéй**는 대명사 кто, что, какóй, чей에서 부정소사 **ни**에 의하여 만들어졌다.
부정 대명사는 관련되는 의문 대명사처럼 격변화된다.
부정 대명사를 가진 문장에서 술어 앞에서는 항상 부정을 나타내는 **не**가 온다.

никтó, **ничтó**는 문장에서 주어와 보어로 사용된다.
Никтó не отвéтил на мой вопрóс. '어느 누구도 나의 질문에 대답을 하지 않았다.'
Ничтó не мешáет емý занимáться. '무엇도 그가 일하는 것을 방해하지 않는다.'
Я **никогó** не встрéтил по дорóге сюдá. '나는 이쪽으로 오는 도중에 아무도 만나지 않았다.'
Он **ничегó** не забы́л. '나는 아무 것도 잊지 않았다.'
Я **никомý** не скажý об э́том. '나는 어느 누구에게도 이것에 관하여 말하지 않을 것이다.'

대명사 **никто**, **ничто**와 함께 사용된 전치사들은 분리해서 사용되고 전치사들은 소사 **ни**와 대명사 사이에 놓인다.
Ни у когó нет э́той кни́ги. '아무도 이 책을 가지고 있지 않다.'
Я зáвтра **ни к комý** не пойду. '나는 내일 어느 누구에게도 가지 않을 것이다.'
Он **ни за что** не согласи́тся. '그는 어떤 것에도 동의하지 않는다.'
Он **ни с кем** не прости́лся. '그는 누구와도 화해하지 않았다.'
Я его **ни о чём** не спрáшивал. '나는 어느 것에 관해서도 그에게 물어보지 않았다.'

대명사 **никакóй**와 **ничéй**는 문장에서 한정어로 사용되고 명사와 성, 수, 격에서 일치된다.
Емý не нýжно **ничьéй** пóмощи. '그는 어느 누구의 도움도 필요하지 않다.'
Он не бои́тся **никаки́х** трýдностей. '그는 어떤 어려움도 두려워하지 않는다.'
Никакóй си́лой нельзя́ останови́ть движéния человéчества вперёд, к свéтлому бýдущему. '어떤 힘으로도 밝은 미래로 전진하려는 인류의 동력을 멈출 수 없다.'

이 대명사와 함께 사용한 전치사들은 분리해서 쓰고 소사 **ни**와 대명사 사이에 놓인다.
Он не соглáшался **ни** на каки́е устýпки. '그는 어떤 양보에도 동의하지 않았다.'

연습문제 227 부정 대명사의 격을 정하시오.

1. В эту ночь никто на корабле не спал (*Пауст.*).
2. Теперь ничто не напоминало ей (Наташе) причину её грусти (*Л.Т.*).
3. Я чувствовал себя счастливым… Но отчего я был счастлив? Я ничего не желал, я ни о чём не думал... Я был счастлив (*Тург.*).
4. Всё тихо было в саду. Я кликнул шёпотом Веру, кликнул в другой раз, в третий… Ничей голос не отозвался (*Тург.*).
5. Он не терялся ни в каких случаях (*А.Т.*).
6. Вернуться домой не было никакой возможности (*Тург.*).
7. Мне ничьего сочувствия не нужно (*Тург.*).
8. Я не хочу печалить вас ничем (*П.*).

연습문제 228 지시 대명사와 소유 대명사를 부정 대명사로 바꾸시오.

보기:
1. **Это** его не интересует. — **Ничто** его не интересует.
2. **Эти** вопросы его не интересуют. — **Никакие** вопросы его не интересуют.
3. Я не брал **твоих** книг. — Я не брал **ничьих** книг.

1. Он не забыл этого.
2. Они не знают об этом.
3. Эти лекарства не помогали.
4. Она недовольна вашей работой.
5. Он с этой задачей не может справиться.
6. Эти препятствия нас не остановят.
7. Он не согласен с этими доводами.
8. Он не слушал наших советов.
9. Ты не обратил внимания на это.
10. Она не отвечала на мои вопросы.

연습문제 229 긍정문을 부정문으로 바꾸시오. 대명사 всё, все를 대명사 никто, ничто로 바꾸시오.

A. 보기: **Все** забыли об этом.
Ничто не забыл об этом.

1. Всех заинтересовал этот вопрос.
2. Брат всем рассказал о своём путешествии.
3. Посетители обо всём спрашивали.
4. Вошедший человек поздоровался со всеми.
5. Он виноват во всём.
6. Он у всех спрашивал дорогу.
7. Брат купил билеты в театр для всех.

B. 보기: **Все** забыли об этом.
Ничто не забыл об этом.
Никто из студентов нашей группы не участвовал в лыжных соревнованиях.

1. Докладчик согласился со всеми выступавшими.
2. Все члены комитета поддержали это предложение.

3. Все пассажиры вышли из вагона.
4. Он советовался со всеми друзьями.
5. Он обращался за помощью ко всем старшим друзьям.

대명사 некого와 нечего

대명사 **нéкого**와 **нéчего**는 주격이 없다.

이들은 의문 대명사에서 부정을 나타내는 **не**에 의하여 만들어졌고 의문대명사 кто와 что처럼 격변화된다. 모든 격에서 강세는 부정 소사 не위에 떨어진다.

주격	—	—	대격	нéкого	нéчего
생격	нéкого	нéчего	조격	нéкем	нéчем
여격	нéкому	нéчему	전치격	нé о ком	нé о чем

Нéкого послáть за билéтами.'표를 구하러 보낼 수 있는 사람이 없다.'

Емý **нéчего** читáть.'그는 읽을 것이 없다.'

대명사 нéкого와 нéчего와 함께 사용된 전치사는 분리해서 쓰고 부정소사 не와 대명사 кого와 чего 사이에 놓인다.

Нам **нé о чем** говорúть.'우리는 말할 것이 없다.'

Ему **нé с кем** посовéтоваться.'그는 상의할 사람이 없다.'

대명사 **нéкого**와 **нéчего**는 행위대상이나 행위자의 부재로 인하여 행위의 불가능성을 나타내는 무인칭문장에서 사용된다.

Нéкого послáть за билéтами.의 문장은 «Нет человека, которого можно было бы послать за билéтами.'표를 구하러 보낼 수 있는 사람이 없다.'»을 의미한다.

Емý **нéчего** читáть.의 문장은 «Нет ничего, что он мог бы читать.'그가 읽을 수 있는 것이 없다.'»을 의미한다.

Нéкому пойтú за билéтами.의 문장은 «Нет человека, который мог бы пойти за билéтами.'표를 구하러 갈 수 있는 사람이 없다.'»을 의미한다.

대명사 **нéкого**와 **нéчего**를 가진 술어는 동사원형으로 표현된다: нéчего читáть'읽을 것이 없다', нéкому рассказáть это'이것을 말할 사람이 없다', нé с кем поговорúть'누구와도

대화할 사람이 없다.'

행위자를 표시하는 명사나 대명사는 여격으로 된다.

Другу не́чего чита́ть. '친구는 읽을 것이 없다.'

Мне не́ с кем посове́товаться. '나는 의논할 사람이 없다.'

Не́кому пойти́ за биле́тами. '표를 구하러 갈 사람이 없다.'

연습문제 230 대명사 никто와 ничто를 가진 문장과 대명사 некого와 нечего를 가진 문장을 비교하시오. 이 문장들의 의미의 차이를 설명하시오.

	никто, ничто	некого, нечего
1.	Он ничего не сказал.	Ему нечего было сказать.
2.	Я никого не спросил.	Мне некого было спросить.
3.	Он никому не рассказал об этом.	Ему некому было рассказать об этом.
4.	Он ни о чём не рассказал.	Ему не о чем было рассказать.
5.	Никто не пошёл в магазин.	Некому было пойти в магазин.
6.	Никто не заботился о ребёнке.	Некому было заботиться о ребёнке.

연습문제 231 주어진 복문을 대명사 некого와 нечего를 가진 단문으로 바꾸시오. 대명사에 강세를 치시오. (복문에서 동사의 조건법 형태가 사용되어 있는 것에 유의하시오.)

보기: У меня не было **ничего**, что я мог бы подарить ему на память.
Мне **не́чего** было подарить ему на память.

1. Не было ничего, во что можно было бы завернуть книгу.
2. Не было никого, у кого можно было бы узнать дорогу.
3. Нет человека, с которым я мог бы сегодня пойти в кино.
4. Не было ничего, чем мы могли бы заняться в тот вечер.
5. Нет ничего, за что можно было бы похвалить этого мальчика.
6. Нет человека, который руководил бы нашим кружком.
7. Не было людей, которых нужно было бы ждать.
8. Нет человека, которому можно было бы поручить это дело.
9. Нет человека, от которого я мог бы получать письма.

연습문제 232 질문에 대하여 부정적인 대답을 하시오.

1. С кем вы встретились по дороге?
2. Чьё сочинение вам понравилось?
3. Кто из вас знает этот рассказ?
4. К кому мне обратиться с этим вопросом?
5. Кого послать за книгами?
6. С кем мне посоветоваться об этом?
7. О чём он сообщил тебе?
8. В какой театр вы идёте?
9. Чью статью вы использовали в своей работе?
10. Что вы слышали об этом?

11. Кому вы расскажите об этом?

연습문제 233 대명사 **никто, ничто** 또는 **некого, нечего**를 필요한 격으로 채워 넣으시오. 대명사에 강세를 치시오.

1. Мы не говорили…
2. Нам говорить было…
3. Он не посоветовался…
4. Ему… было посоветоваться.
5. Мы не боимся…
6. Нам бояться…
7. Открыть дверь было…
8. Ребёнок не слушается…
9. Мне… грустить.
10. Он не заботится…
11. Нам беспокоиться…
12. Я не встретился…
13. Меня благодарить…
14. Им спорить…
15. Ждать нам было…
16. Сам виноват. Жаловаться…

연습문제 234 문장에서 부정 대명사를 찾고 이들의 격을 정하시오. 이들이 문장의 어떤 성분인지 말하시오. 인칭문과 무인칭문을 지적하시오.

1. В доме все уже легли, но никто не спал (*Чех.*).
2. Я ничего не слышал, кроме шума листьев (*Тург.*).
3. Я добрался, наконец, до угла леса, но там не было никакой дороги (*Тург.*).
4. Есть было нечего, да и не хотелось (*Арс.*).
5. Писать было легко. Никто не мог оторвать меня от любимых мыслей. Ни о чём, совершенно ни о чём не надо было думать, кроме как о рассказе, который я писал (*Пауст.*).
6. Мы медлили. Никому не хотелось двигаться. Деревня за рекой ещё спала (*Пауст.*).
7. Он уже рассказал мне о себе всё, а мне было нечего рассказывать (*Л.*).
8. Ничто так не сближает людей, как пережитые вместе трудности (*Фад.*).
9. Утром холодно, топить печи некому, сторож ушёл куда-то (*Чех.*).
10. Прения опять возобновились, но часто наступали перерывы, и чувствовалось, что говорить больше не о чем (*Л.Т.*).
11. Скучен день до вечера, коли делать нечего (*Посл.*).

불확정 대명사

대부분의 불확정 대명사는 의문대명사 кто? что? какой? чей? сколько?에다가 소사 **-то**, **-либо**, **-нибудь**, **кое**-를 부가하여 만든 것이다.

кто́-то '누군가', что́-то '무엇인가', че́й-то '누군가의', како́й-то '어떤';

кто́-либо '누구든', что́-либо '무엇이든', че́й-либо '누군가의', како́й-либо 어떤;

кто́-нибудь '누구든', что́-нибудь '무엇이든', че́й-нибудь '누구의', како́й-нибудь '어떤 것이든', ско́лько-нибудь '어느 정도이든';

ко́е-кто '몇몇 사람', ко́е-что '다소', ко́е-чей '어떤 누구의', ко́е-какой '다소의'

소사 **-то**, **-либо**, **-нибудь**, **кое**-를 가진 몇몇 불확정 대명사들은 이 소사가 없는 대명사처럼 격변화된다(кого-нибудь, кому-нибудь, с кем-нибудь). 불확정 대명사를 가진 소사들은 항상 짧은 하이픈 '-'를 사용한다. -то, -либо, -нибудь는 단어의 끝에 놓이지만 кое-는 단어의 처음에 놓인다.

만약 кое-를 가진 대명사들이 전치사와 함께 사용되면 전치사들은 소사 다음에 놓이고 '-'는 사용하지 않는다.

Он рассказа́л **ко́е о чём**. '그는 무언가를 말했다.'

Он побесе́довал **ко́е с ке́м**. '그는 누군가와 대화를 나누었다.'

만약 **-то**, **-либо**, **-нибудь**를 가진 대명사들이 전치사와 함께 사용되면 전치사들은 대명사 앞에 놓인다(от кого́-нибудь, с ке́м-либо, у кого́-то).

소사 **-либо**를 가진 대명사(кто-либо, что-либо, чей-либо, какой-либо)와 소사 **-нибудь**를 가진 대명사(кто-нибудь, что-нибудь, чей-нибудь, какой-нибудь)는 동일한 의미를 가진다.

소사 **-либо**를 가진 대명사는 일반적으로 문어체에서 사용된다:

Это вряд ли приба́вит **что́-либо** суще́ственное к тому́, что уже́ сказа́но. '이것은 이미 언급되어진 것에 어떤 중요한 것을 첨가하는 것 같지는 않다.'

소사 -нибудь를 가진 대명사는 구어체와 문어체에서 사용된다.

Я, мо́жет, **что́-нибудь** не так сказа́ла? '아마도 내가 뭔가 잘못 말했느냐?'

Худо́жественное произве́дение лишь тогда́ значи́тельно и поле́зно, когда́ оно́ в свое́й иде́е соде́ржит **каку́ю-нибудь** обще́ственную зада́чу.

'예술작품은 그것이 자신의 사상 속에 무언가 사회적인 과제를 내포하고 있을 때에만 중요하고 유익하다.'

소사 -то와 -нибудь를 가진 불확정 대명사

1. 소사 -то를 가진 대명사는 문장에서 화자에게는 불확실하지만, 다른 사람들에게는 확실한 사람이나 사물에 관하여 언급할 때에 사용된다.

Ктó-то ти́хо постучáл в дверь.'누군가가 문을 조용히 두드렸다.' 이 문장의 뜻은 '누군가가 문을 두드리기는 했지만 화자는 이 사람이 누군지 모른다'는 말이다.

Чтó-то с шу́мом упáло нá пол.'무언가가 소리를 내면서 마루에 떨어졌다.' 이 문장의 뜻은'어떤 물건이 마루에 떨어진 것은 사실이지만 화자는 어떤 물건인지를 모른다'는 말이다.

2. 소사 **-нибудь**(또는 **-либо**)를 가진 대명사는 문장에서 화자에게나 다른 사람들에게나 불확실한 사람이나 사물에 관하여 언급할 때에 사용된다.

Позови́ **когó-нибудь**.'아무나 불러주게'(누구든 상관없다는 뜻임)

Дáйте мне **чтó-нибудь** почитáть.'나에게 어떤 것이든 읽을 것을 좀 주세요.' (무엇이든 상관없다는 뜻임)

Если **ктó-нибудь** придёт, позови́те меня́.'누가 오든 나를 불러주세요.'

연습문제 235 왼쪽 난과 오른쪽 난에 있는 대명사의 사용법을 설명하시오.

1. Расскажи мне *что-нибудь*. / Он сказал мне *что-то*, но я не расслышал.
   Пусть *кто-нибудь* придёт. / Там *кто-то* пришёл.
2. Тебе нужно поговорить об этом с *кем-нибудь* из преподавателей. / Я видел тебя вчера в институте, когда ты разговаривал с *кем-то*.
3. Я не знаю, принёс ли он *что-нибудь*. / Я вижу, что он *что-то* принёс.
4. Если *кто-нибудь* придёт, попросите его подождать меня. / Когда я пришёл домой, я узнал, что *кто-то* приходил ко мне (был у меня).
5. Когда мы хотели пить, мы пили из *какого-нибудь* ручья. / Мы напились воды из *какого-то* ручья.
6. Я возьму *что-нибудь* почитать. / Он взял *что-то* почитать.

연습문제 236 왼쪽 난과 오른쪽 난의 문장의 의미적인 차이를 설명하시오.

1. Он стал звать *кого-то* на помощь. / Он стал звать *кого-нибудь* на помощь.
2. Брат обещал дать ему *какую-то* книгу. / Брат обещал дать ему *какую-нибудь* книгу.
3. Один из читателей просит *какой-то* журнал. / Один из читателей просит *какой-нибудь* журнал.
4. Её заставляли спеть *какую-то* песню. / Её заставляли спеть *какую-нибудь* песню.

5. Он говорил, что надо применить *какой-то* новый метод.	Он говорил, что надо применить *какой-нибудь* новый метод.
6. Ему будет помогать *кто-то* из друзей.	Ему будет помогать *кто-нибудь* из друзей.

연습문제 237 소사 -то와 -нибудь를 포함한 대명사의 사용을 설명하시오.

1. Вот *кто-то* вышел из дома и остановился на крыльце (*Чех.*).
2. В комнате раздались *чьи-то* шаги (*Аж.*).
3. Скажите же мне *какую-нибудь* новость! (*Л.*).
4. Ему чрезвычайно не нравилось, когда *кто-нибудь* заводил речь о его молодости. (*Чех.*).
5. Я вставал рано, с рассветом, и тотчас же принимался за *какую-нибудь* работу. (*Чех.*).
6. Вдруг позади нас в овраге раздался шум: *кто-то* спускался к источнику (*Тург.*).
7. Когда *кто-нибудь* заслонял лампочку и большая тень падала на окно, то виден был яркий лунный свет (*Чех.*).
8. Пройдёт двадцать лет, и мы не узнаем скалы. Тут выстроят великолепный *какой-нибудь* санаторий или поставят памятник (*Павл.*).
9. Она (Наташа) не могла и не умела делать *что-нибудь* не от всей души, не изо всех сил (*Л.Т.*).

연습문제 238 소사 -нибудь 또는 -то를 채워 넣으시오.

1. Он сказал мне что- ... важное, но я не могу сейчас вспомнить, что он сказал. Расскажи мне что-… интересное.
2. Что ты ищешь? — Я ищу какую-… интересную книгу. Брат принёс сегодня какую-… новую книгу, попроси у него.
3. Пусть кто-… откроет окно. Кто-… открыл окно, и в комнату ворвался свежий ветер.
4. Я надеялся узнать у кого-… дорогу. Неожиданно я столкнулся с кем-… в темноте.
5. Мы услышали, что кто-… вошёл в соседнюю комнату. Я не знаю, придёт ли к нам кто-… сегодня.
6. Если вы о чём-… захотите спросить меня, позвоните мне по-телефону. Тебя ищет секретарь. Он хочет спросить тебя о чём-…
7. Сегодня он о чём-… рассказывал, и все слушали очень внимательно. Вообще, когда он о чём-… рассказывает, все слушают с интересом.
8. Когда поезд останавливался на какой-… большой станции, пассажиры выходили из вагонов подышать свежим воздухом. Поезд только что остановился на какой-… большой станции.
9. Он закончит работу в срок, если ему что-… не помешает. Он не успел закончить работу, потому что ему что-… помешало.
10. Приведи в порядок комнату, каждую минуту может кто-… войти. Вот кто-… идёт.
11. Я не знаю, принёс ли он что-… Я вижу, что он что-… принёс.
12. В нашу комнату зашёл один друг и спросил, не хочет ли кто-… пойти на концерт. Кто-… из моих соседей взял у него билет.
13. Если бы кто-… помог мне, я давно бы уже кончил работу.

14. Мы можем переночевать в каком-… доме.

연습문제 239 의미상 필요한 불확정 소사를 채워 넣으시오.

Вдруг впереди меня послышался треск сучьев, и вслед за тем я услышал чьи-… шаги. Кто-… шёл мерной тажёлой походкой. Я испугался и хотел было уйти назад, но поборол в себе чувство страха и остался на месте. Вслед за тем я увидел в кустах какую-… тёмную массу. Это был большой медведь (*Арс.*).

소사 кое-를 가진 불확정 대명사

소사 **кóе- (кой-)**를 가진 대명사들은 문장에서 화자는 알고 있지만 대화자에게는 불확실한 경우에 관하여 언급할 때 사용된다.

Я хочу́ рассказа́ть тебе **кóе о чём**.'나는 너에게 무언가에 대하여 말해주고 싶다.'

화자는 그가 무엇을 말하고자 하는지 알지만, 내화자는 모른다.

소사 **кóе-**를 가진 대명사가 '어떤'의 의미로 사용되기도 한다.

Он встре́тил **кóе-когó** из свои́х друзе́й.'그는 자신의 친구들 중 어떤 사람을 만났다.'

연습문제 240 소사 кое-를 가진 대명사의 사용법을 설명하시오.

1. Ночь была хотя и тёмная, но благодаря выпавшему снегу можно было кое-что рассмотреть (*Арс.*).
2. У Ростовых, как и всегда по воскресеньям, обедал кое-кто из близких знакомых (*Л.Т.*).

불확정 대명사 нéкто, нéчто, нéкий, нéкоторый, нéсколько

소사 -то, -либо, -нибудь, кое-를 가진 대명사들 외에 위에서 예를 든 불확정 대명사들도 있다.

1. 대명사 **нéкто, нéчто**는 주격과 대격만 사용된다.

대명사 **нéчто**는 중성이고 항상 한정어와 함께 사용된다.

Случи́лось **нéчто** удиви́тельное.'무언가 놀라운 일이 발생하였다.'

Я ви́жу **не́что** неопределённое.'나는 무언가 불명확한 것을 보고 있다.'

대명사 не́что는 대명사 что-то와 의미가 유사하다. (대명사 что-то는 한정어와 함께 사용될 수도 있고 한정어 없이 사용될 수도 있다: **что-то случи́лось.** '무언가가 발생하였다.')

대명사 **не́кто**는 남성과 여성 명칭들과 함께 주격으로만 사용된다.

Пришёл **не́кто** Ивано́в.'이바노프라고 하는 사람이 도착했다.'

Пришла́ **не́кто** Ивано́ва.'니바노바라고 하는 사람이 도착했다.'

2. 대명사 **не́кий**는 성, 수, 격 변화를 하고 문장에서 한정어로 쓰이고 사격에서 드물게 사용된다.

Прие́хал **не́кий** худо́жник.'어떤 화가 한 사람이 찾아왔다.'

Выступа́ла **не́кая** Ивано́ва.'이바노바라는 사람이 연설했다.'

대명사 не́кто, не́что, не́кий는 일반적으로 문어체에서 사용된다.

3. 대명사 **не́который**는 형용사처럼 격변화하고 문장에서 한정어로 쓰인다.

Не́которые студенты (некоторые из студентов) на́шей гру́ппы увлека́ются спо́ртом. '우리 그룹의 몇몇 학생들은 스포츠에 몰입하고 있다.'

Я говори́л с **не́которыми** студе́нтами. (с некоторыми из студентов) '나는 몇몇 대학생들과 말하였다.'

Не́которое время все молча́ли.'모든 사람들이 얼마 동안 침묵했다.'

Не́которую часть пути все шли молча.'여행 오는 얼마 동안 모두들 조용히 걸었다.'

대명사 **не́который**'어떤'은 소사 кое-를 가진 대명사(кое-какой, кое-что, кое-кто)와 의미가 유사하다.

Я взял с собо́й **ко́е-каки́е** кни́ги. 또는 Я взял с собо́й **не́которые** кни́ги. '나는 몇몇 책들을 가졌다.'

Я взял с собо́й **ко́е-что** из веще́й. 또는 Я взял с собо́й **не́которые** из ве́щей. '나는 물건들 중 몇몇 물건을 가졌다.'

Кое́-кто́ из студе́нтов увлека́ется спо́ртом. 또는 **Не́которые** студе́нты увлека́ются спо́ртом.'학생들 중 몇몇 학생들이 스포츠에 몰입하고 있다.'

4. 대명사 **не́сколько**'몇몇의'는 대상의 불확정적인 양을 가리킨다.

격과 대격의 대명사 **не́сколько**는 명사복수 생격을 요구한다.

Вошло́ **не́сколько челове́к**. '몇몇 사람들이 안으로 들어왔다.'

Он принёс **не́сколько книг**. '그는 몇 권의 책을 가져왔다.'

대명사 **не́сколько**는 복수 형용사처럼 격변화한다. 사격에서 명사와 일치한다:

Брат пришёл домо́й с **не́сколькими** друзья́ми. '형제는 몇 명의 친구들과 함께 집으로 왔다.'

Тури́сты размести́лись в **не́скольких** пала́тках. '관광객들이 몇 개의 텐트로 나누어 숙박했다.'

연습문제 241 불확정 대명사를 지적하시오.

1. И здесь он (Серёжка) увидел нечто, настолько поразившее его воображение, что вынужден был остановиться (*Фад.*).
2. Мысль о том, что здесь должен быть парк, возникла среди старых комсомольцев. Некоторые из них и сейчас ещё работали в Краснодоне (*Фад.*).
3. Потух свет и в некоторых окнах первого этажа, и эти окна тоже распахнулись (*Фад.*).
4. Мне приснился сон, которого никогда не мог я позабыть и в котором до сих пор вижу нечто пророческое (*П.*).
5. Вдруг немного впереди нас, в темноте, зажглось несколько огоньков (*Тург.*).
6. Месяца два назад умер у нас в городе некий Беликов, учитель греческого языка (*Чех.*).

연습문제 242 의미상 적당한 부정 대명사와 불확정 소사를 채워 넣으시오.

Я понял, что заблудился. Дальше идти было нельзя; впереди было какое-… болото.

Я пошёл налево и вышел на узкую заросшую дорожку, по которой давно не ездили. Я не знал, куда она меня приведёт, но делать было …, и я пошёл по ней, надеясь выйти к какой-… деревне. Я шёл долго, но … признаков жилья не было видно. Кругом густой лес. Давно уже … нога не ступала здесь. Я прошёл несколько километров, но … деревни не было.

Стало темнеть. Через некоторое время показались огни какой-… деревни. Теперь мне … было беспокоиться. Я решил переночевать в каком … доме. Подойдя к калитке крайнего дома, я постучал, но … не открывал. Я постучал ещё раз и прислушался. Не было слышно … шагов. Тогда я толкнул калитку и, споткнувшись обо что-… вошёл во двор. Как только я постучал в дверь, послышались чьи… шаги, потом кто-… загремел замком, и дверь открылась.

수사

수사의 분류

수사는 의미에 따라 수량수사, 집합수사 그리고 순서수사로 나누어진다.

수량수사와 집합수사는 대상의 양을 표시하고 сколько?의 질문에 대답한다.

В аудито́рии **две** две́ри и **пять** о́кон.'강의실에는 두 개의 문과 다섯개의 창이 있다.'

оди́н '하나', два '둘', три '셋', четы́ре '넷', пять '다섯' 등은 수량수사이다.

У бра́та **дво́е** дете́й.'형은 아이들이 둘 있다.'

Он е́хал **че́тверо** су́ток.'그는 나흘을 달렸다.'

дво́е, тро́е, че́тверо, пя́теро, ше́стеро, се́меро 등은 집합수사이다.

순서수사는 셈을 할 때 대상의 순서를 나타내고 который? '몇 번째의'의 질문에 대답한다.

Шесто́й ме́сяц '여섯 번째 달'

Второ́й раз '두 번

(Кото́рый ме́сяц вы занима́етесь языко́м? '당신은 몇 달 동안 언어를 공부하고 있느냐?'

Шесто́й ме́сяц '육 개월째 하고 있다.'

(Кото́рый раз ты чита́ешь э́ту кни́гу? '너는 이 책을 몇 번 읽느냐?"

Второ́й раз '두 번째 읽는다.'

пе́рвый '첫 번째의', второ́й '두 번째의', тре́тий '세 번째의', четвёртый '네 번째의', пя́тый '다섯 번째의' 등은 순서수사이다.

연습문제 243 수량수사는 밑에 한 줄을 긋고, 순서수사의 밑에는 두 줄을 그으시오. 이들에 질문을 하시오.

Я учусь на втором курсе экономического факультета. На нашем курсе сто двадцать пять студентов. У нас восемь учебных групп. Я в четвёртой группе. Сегодня у нас две лекции и один семинар. Первая лекция — по политической экономии, вторая лекция — по математике. Лекция по политической экономии будет в двадцать четвёртой аудитории, лекция по математике — в седьмой аудитории. Семинар будет в двенадцатой аудитории.

수량수사

단일수사, 합성수사, 복합수사

성분과 구성에 따라 수사는 단일수사, 합성수사 복합수사 등으로 구분된다.

단일수사: оди́н '하나' два '둘', три '셋', четы́ре '넷', пять '다섯', ше́сть '여섯', семь '일곱', во́семь '여덟', де́вять '아홉', де́сять '열', со́рок '마흔', сто '백', ты́сяча '천', миллио́н '백만', миллиа́рд '십억'

합성수사:

1. оди́ннадцать '열하나', двена́дцать '열둘', трина́дцать '열셋', четы́рнадцать '열넷', пятна́дцать '열다섯', … девятна́дцать '열아홉'
2. два́дцать '스물', три́дцать '서른', пятьдеся́т '쉰', … восемьдеся́т '여든', … девяно́сто '아흔'
3. две́сти '이백', три́ста '삼백', четы́реста '사백', пятьсо́т '오백', шестьсо́т '육백', девятьсо́т '구백'.

합성수사의 부분은 붙여서 쓴다.

복합수사는 둘 또는 그 이상의 단일 수사 또는 합성수사로 구성된다: два́дцать оди́н '스물 하나', сто два́дцать '백 스물', три́ста пятна́дцать '삼백 열 다섯', четы́реста во́семьдевят шесть '사백 여든 여섯', ты́сяча девятьсо́т со́рок шесть '천 구백 마흔 여섯' 복합수사의 부분은 따로 분리해서 쓴다.

수량수사의 정서법

1. 수사 15, 16, 17, 18, 19, 20, 30에서 연음기호는 단어의 끝에서만 사용된다: пятна́дцать, шестна́дцать, семна́дцать, восемна́дцать, девятна́дцать, два́дцать, три́дцать
2. 수사 50, 60, 70, 80 그리고 수사 500, 600, 700, 800, 900에서 연음기호는 단어의 중간에 합성수사의 부분과 부분 사이에 사용된다: пятьдеся́т, шестьдеся́т, се́мьдесят, во́семьдесят, пятьсо́т, шестьсо́т, семьсо́т, восемьсо́т, девятьсо́т

1에서 9까지	11에서 19까지	10의 배수	100의 배수
1 — один	11 — одиннадцать	10 — десять	100 — сто
2 — два	12 — двенадцать	20 — двадцать	200 — двести
3 — три	13 — тринадцать	30 — тридцать	300 — триста
4 — четыре	14 — четырнадцать	40 — сорок	400 — четыреста
5 — пять	15 — пятнадцать	50 — пятьдесят	500 — пятьсот
6 — шесть	16 — шестнадцать	60 — шестьдесят	600 — шестьсот
7 — семь	17 — семнадцать	70 — семьдесят	700 — семьсот
8 — восемь	18 — восемнадцать	80 — восемьдесят	800 — восемьсот
9 — девять	19 — девятнадцать	90 — девяносто	900 — девятьсот

연습문제 244 위에 주어진 표의 수사를 읽으시오. 11에서 19까지의 수사의 발음에 유의하시오.

연습문제 245 수사를 단어로 쓰시오. 단순 수사(простые числительные)의 밑에 한 줄로 긋고, 합성 수사(сложные числительные)의 밑에는 두 줄로 긋고, 복합 수사(составные числительные)의 밑에는 물결표를 하시오.

1. В Москве 9 вокзалов.
2. В Москве и Московской области 103 высших учебных заведения.
3. В Московском университете 16 факультетов.
4. От Москвы до Санк-Петербурга 650 километров.
5. Всесоюзная выставка достижений народного хозяйства занимает 207 гектаров.
6. Длина Волго-Донского канала 101 километр. На канале 13 шлюзов и 3 насосных станции.
7. Канал имени Москвы имеет длину 128 километров.

명사와 수량수사의 결합

수량수사는 수사 1, 2를 제외하고 성에 따른 변화를 하지 않는다.

수사 1은 남성, 여성, 중성 형태를 가진다: **один** — 남성형, **одна** — 여성형, **одно** — 중성형: **оди́н** дом '한 채의 집', **одна́** кни́га '한 권의 책', **одно́** письмо́ '한 통의 편지'

복합수사의 끝에 **оди́н**을 가지고 있는 경우에 마지막 **один**만 변화된다:

два́дцать оди́н дом '스물 한 채의 집'

два́дцать одна́ кни́га '스물 한 권의 책'

два́дцать одно́ письмо́'스물 한 통의 편지'

수사 **два**는 남성형과 중성형의 **два**와 여성형의 **две**의 두 가지 형태가 있다:
два до́ма'두 채의 집', **два** письма́'두 통의 편지', **две** кни́ги'두 권의 책'

복합수사의 끝에 2를 가지고 있는 경우에 마지막의 2는 변화된다:
со́рок **два** до́ма'마흔 두 채의 집', со́рок **два** письма́'마흔 두 통의 편지', со́рок **две** кни́ги '마흔 두 권의 책'

나머지 수량수사는 성에 따른 변화를 하지 않고 나머지 수사는 세 가지 성 모든 명사와 동일한 형태로 사용된다: три до́ма'세 채의 집', три кни́ги'세 권의 책', три письма́'세 통의 편지'

러시아어는 수사가 격을 지배한다.
끝이 1로 끝나는 수사(1, 21, 31, 41 등)는 주격을 지배한다:
оди́н дом, **одна́** кни́га, **одно́** письмо́,
два́дцать одий дом, **три́дцать одна́** книга

끝이 2, 3, 4로 끝나는 수사(2, 3, 4, 22, 23, 24, 32, 33, 34 등)는 주격과 이와 유사한 대격에서 단수 생격을 지배한다:
два **до́ма**, три **кни́ги**, четы́ре **письма́**

끝이 5에서 20까지 끝나는 수사는 주격과 이와 유사한 대격에서 복수 생격을 지배한다:
пять **домо́в**, шесть **книг**, семь **пи́сем**, двадцать пять **рубле́й**

격변화를 할 때 주격과 이와 유사한 대격을 제외한 모든 격에서 모든 수사들은 명사와 격에서 일치하고 복수로 된다.

주격	три книги	учебника	пять книг	учебников
생격	трёх книг	учебников	пяти книг	учебников
여격	трём книгам	учебникам	пяти книгам	учебникам
대격	три книги трёх сестёр	учебника братьев	пять книг пять сестёр	учебников братьев
조격	тремя книгами	учебниками	пятью книгами	учебниками
전치격	о трёх книгах	учебниках	о пяти книгах	учебниках

연습문제 246 질문에 대하여 대답하시오.

A.

1. Сколько дней в неделе?
2. Сколько часов в сутках?
3. Сколько минут составляют час?
4. Сколько месяцев в году?
5. Сколько дней в месяце?
6. Солько дней в году?

B.

1. Сколько дверей в аудитории? (1)
2. Сколько окон в аудитории? (4)
3. Сколько столов в аудитории? (12)
4. Сколько студентов на первом курсе? (122)
5. Сколько студентов в вашей группе? (6)
6. Сколько книг лежит на столе? (3)

수량수사와 명사, 형용사의 결합

수사가 주격이나 주격과 유사한 대격이 사용되면 다음과 같이 된다:

1. 수사 **оди́н, одна́, одно́** 뒤에서 형용사는 주격이고 명사와 성에서 일치된다: **оди́н большой** дом '한 채의 큰 집', **одна́ больша́я** ко́мната '하나의 큰 방', **одно́ большо́е** письмо́ '한 통의 큰 편지'

2. 수사 **два, три, четы́ре** 뒤에서 형용사는 복수로 된다. 만약 형용사가 남성이나 중성명사에 관계되면, 일반적으로 복수 생격으로 된다: **два больши́х** до́ма '두 채의 큰 집들', **три ва́жных** изве́стия '세 개의 중요한 소식들'

3. 형용사가 여성명사에 관계되면 수사 **два, три, четы́ре** 뒤에서 형용사가 일반적으로 복수 주격으로 된다: **две тру́дные** зада́чи '두 개의 어려운 과제들', **четы́ре больши́е** аудито́рии '네 개의 큰 강의실' (그러나 **две тру́дных** зада́чи, **четы́ре больши́х** аудито́рии도 가능하다.)

4. пять 이상 수사 다음에는 형용사, 명사 모두 복수 생격이다: **пять больши́х** домо́в '다섯 채의 큰 집들', **шесть тру́дных** зада́ч '여섯 개의 어려운 과제들'

5. 주격이 아닌 사격에서는 수사와 형용사는 명사와 일치한다:

Не реши́л **двух тру́дных** зада́ч. '두 개의 어려운 과제들을 해결하지 못했다.'

Заня́тия иду́т в **четырёх больши́х** аудито́риях. '수업은 네 개의 큰 강의실에서 진행된다.'

연습문제 247 괄호 안의 형용사를 필요한 형태로 채워 넣으시오.

1. Больница занимает четыре ... дома.
2. Он знает два ... языка.
3. Ученик решил три ... задачи.
4. Два ... места в трамвае были заняты.
5. В конце коридора есть четыре ... аудитории.
6. На холме росли четыре ... сосны.
7. В парке стояло двенадцать ... скамеек.
8. Четыре ... этажа нового дома уже заселены.
9. В нашем городе две ... фабрики.
10. Я купил двадцать два ... карандаша.

(небольшой, иностранный, алгебраический, передний, большой, высокий, деревянный, первый, текстильный, красный)

수량수사의 격변화

수량수사 один, одна, одно의 격변화

<table>
<tr><th rowspan="2">격</th><th colspan="3">단수</th><th>복수</th></tr>
<tr><th colspan="2">남성과 중성</th><th>여성</th><th>모든 성</th></tr>
<tr><td>주격</td><td>один</td><td>одно</td><td>одна</td><td>одни</td></tr>
<tr><td>생격</td><td colspan="2">одного</td><td>одной</td><td>одних</td></tr>
<tr><td>여격</td><td colspan="2">одному</td><td>одной</td><td>одним</td></tr>
<tr><td>대격</td><td>주격 또는 생격</td><td>одно</td><td>одну</td><td>주격 또는 생격</td></tr>
<tr><td>조격</td><td colspan="2">одним</td><td>одной</td><td>одними</td></tr>
<tr><td>전치격</td><td colspan="2">об одном</td><td>об одной</td><td>об одних</td></tr>
</table>

◆◆◆

수사 один의 복수 사용법

복수에서 수사 **одни́**, **одни́х**, **одни́м** 등은 다음의 경우들에서 사용된다.

1. «단지, 다만»의 의미로 사용된다.

   На собра́нии бы́ли **одни́** же́нщины. '회의에는 부인들만 참석했다.' (на собрании были только женщины의 의미로 사용되었다.)

   В э́том шкафу́ **одни́** уче́бники. '이 책장에는 참고서들만 있다.' (в этом шкафу только учебники의 의미로 사용되었다.)

2. 단수 형이 없는 명사들과 함께 사용된다.

   одни́ часы́ '한 개의 시계', **одни́** су́тки '하루 24시간', **одни́** но́жницы '한 벌의 가위'

3. '어떤, 일부의, 약간의'의 의미로 사용된다.

   Я взял снача́ла **одни́** кни́ги, пото́м други́е. '나는 처음에는 몇 권의 책을, 그리고 나중에는 몇권의 다른 책을 가졌다.'

   Одни́ избира́тели приходи́ли, други́е уходи́ли. '어떤 선거인단은 도착했고, 또 다른 어떤 선거인단은 떠났다.'

   Я говори́л с **одни́ми** друзья́ми, пото́м с други́ми. '나는 몇 명이 친구들과 이야기하였고 나중에는 또 다른 몇 명의 친구들과 이야기하였다.'

   (단수에서 수사 **оди́н**, **одна́**, **одно́**도 단어 '어떤'과 유사한 의미로 사용된다. Был у меня **одии́** знако́мый, кото́рый был стра́стным охо́тником. '나는 열정적인 사냥꾼인 친구 한 명을 알고 있다.')

연습문제 248 수사 один을 필요한 형태로 채워 넣으시오.

1. Я прожил в Санк-Петербурге … месяц.
2. Студент написал доклад за … неделю.
3. Он ни … раза не опоздал.
4. Я не могу ждать ни … минуты.
5. Мы все ехали в … вагоне.
6. Все не могут поместиться в … лодке.
7. Туристы отправились в поход с … палаткой.
8. Все уселись за … столом.

수사 два, две, три, четыре의 격변화

주격	два	две	три	четы́ре
생격	двух		трёх	четырёх
여격	двум		трём	четырём
대격	주격 또는 생격		주격 또는 생격	주격 또는 생격
조격	двумя́		тремя́	четырьмя́
전치격	о двух		о трёх	о четырёх

수사 сорок, девяносто, сто의 격변화

주격	со́рок	девяно́сто	сто
생격	сорока́	девяно́ста	ста
여격	сорока́	девяно́ста	ста
대격	со́рок	девяно́сто	сто
조격	сорока́	девяно́ста	ста
전치격	о сорока́	о девяно́ста	о ста

수사 **со́рок**, **девяно́сто**, **сто**는 생격, 여격, 조격 그리고 전치격에서 동일한 어미 **-а**를 가진다.

연습문제 249 수사 два를 필요한 형태로 채워 넣으시오.

Собрание началось в ... часа. Все пришли к часам. Когда я пришёл, было без ... минут ... часа. На собрании выступили ... докладчика. Они остановились на ... интересных вопросах. Между ... докладами был перерыв.

연습문제 250 숫자를 문자로 바꾸시오.

1. К 3 прибавить 7, будет 10. От 4 отнять 3. будет 1. 100 разделить на 4, будет 25. 4 умножить на 2, будет 8.
2. Врач принимает с 3 часов. Он зайдёт между 2 и 4 часами.
3. Мы прошли 3 километра. Лодка остановилась в 4 километрах от берега.

연습문제 251 문자로 쓰시오.

4 + 8 = 12; 40 — 7 = 33; 16:4 = 4; 8 x 9 = 72.

수사 пять, пятьдесят, пятьсот의 격변화

주격	пять	пятьдеся́т	пятьсо́т
생격	пяти́	пяти́десяти	пятисо́т
여격	пяти́	пяти́десяти	пятиста́м
대격	пять	пятьдеся́т	пятьсо́т
조격	пятью́	пятью́десятью	пятьюста́ми
전치격	о пяти́	о пяти́десяти	о пятиста́х

1. 수사 **пять** '다섯'는 дверь '문'와 같이 3식 변화를 하는 명사와 같이 격변화된다. 수사 **пять** '다섯'에서부터 **двадца́ть** '스물'까지 동일하게 격변화된다. 수사 **во́семь** '여덟'은 사격 변화에서 모음 **е**를 가지지 않는다: 생격, 여격, 전치격은 **восьми́**이고, 조격은 **восемью́**이다.
2. 수사 **пятьдеся́т** '쉰'의 격변화에서는 пять와 десят가 따로 격변화된다. 각 부분은 명사 3식 변화를 하는 명사처럼 격변화된다. 주격과 대격에서만 수사 **пятьдеся́т** '쉰'의 둘째 부분인 десят는 경자음 어간을 가진다. 이와 같은 변화를 하는 명사는 **шестьдеся́т** '예순', **се́мьдесят** '일흔', **во́семьдесят** '여든'도 동일하게 변화한다.
3. 수사 пятьсо́т '오백'를 격변화시킬 때 두 부분이 따로 격변화하는데 첫 번째 부분은 수사 пять와 같이 3식 변화 명사와 같이 변화되고, 둘째 부분(сот)은 주격과 대격을 제외한 모든 격에서 복수 명사와 같은 어미를 가진다.

   수사 **шестьсо́т** '육백', **семьсо́т** '칠백', **восемьсо́т** '팔백', **девятьсо́т** '구백'' 동일하게 격변화된다.

연습문제 252 숫자를 문자로 바꾸시오.

A.
1. К 6 прибавить 5, будет 11.
2. От 15 отнять 7, будет 8.
3. 9 сложить с 6, будет 15.
4. Из 30 вычесть 12 будет 18.
5. 7 умножить на 6, будет 42.
6. 42 разделить на 7, будет 6.

B.
1. Определить сумму 16 и 7.
2. Сколько раз 3 содержится в 9?
3. Извлечь квадратный корень из 9.

C.

1. Сейчас без 15 минут 3.
2. Мы занимаемся с 9 до 3.
3. Врач принимает с 12 до 6.
4. Я приду к 10 часам.
5. Мы встретимся между 7 и 9 часами.

D.

1. Турист прошёл около 60 километров.
2. Деревня находится в 12 километрах от города.

E.

1. Ему не больше 20 лет. Сестра старше его на 4 года.
2. Бригада перевыполнила план на 30 процентов.
3. Рабочий в 2 раза перевыполнил норму.

F.

1. Предложение было принято 75 голосами против 4 голосов.

연습문제 253 문자로 쓰시오.

30 – 24 = 6; 67 + 13 = 80; 9 x 9 = 81; 125 : 5 = 25

수사 двести, триста, четыреста 격변화

주격	двéсти	трúста	четы́реста
생격	двухсóт	трёхсóт	четырёхсóт
여격	двумстáм	трёмстáм	черытёмстáм
대격	двéсти	трúста	четы́реста
조격	двумястáми	тремястáми	четырьмястáми
전치격	о двухстáх	о трёхстáх	о четырёхстáх

수사 **двéсти**, **трúста**, **четы́реста**가 격변화될 때는 두 부분이 변화된다.

수사 **ты́сяча**(여성), **миллиóн**(남성), **миллиáрд**(남성)은 해당 어미를 가진 명사와 같이 격변화된다. 이 수사와의 결합에서 명사는 항상 생격으로 된다:

Библиотéка купúла **ты́сячу** книг. '도서관은 천권의 책을 구입했다.'

Расстоя́ние измеря́ется **ты́сячами** киломéтров. '거리는 수 천 킬로미터이다.'

복합 수량수사의 격변화

복합 수량수사가 격변화될 때는 그의 모든 부분들이 변화된다.

주격	В на́шей библиоте́ке девятьсо́т пятьдеся́т две кни́ги. '우리 도서관에는 952 권의 책이 있다.'
생격	От девятисо́т пяти́десяти двух отня́ть со́рок, бу́дет девятьсо́т двена́дцать. '952에서 40을 빼면 912가 된다.'
여격	К девятиста́м пяти́десяти двум приба́вить во́семь, бу́дет девятьсо́т шестьдеся́т. '952에 8를 더하면 960이 된다.'
대격	Библиоте́ка купи́ла девятьсо́т пятьдеся́т две кни́ги. '도서관은 952권의 책을 구입했다.'
조격	Мы отпра́вились на экску́рсию с девятьюста́ми пятью́десятью двумя́ рубля́ми.'우리는 952 루블을 가지고 여행을 떠났다.'
전치격	Нам ну́жно отчита́ться в девятиста́х пяти́десяти двух рубля́х. '우리는 952 루블을 지불하지 않으면 안된다.'

집합수사

다음 수사들이 집합수사들에 관계된다: **дво́е**'둘', **тро́е**'셋', **че́тверо**'넷', **пя́теро**'다섯', **ше́стеро**'여섯', **се́меро**'일곱', **во́сьмеро**'여덟'.

단어 **о́ба**, **о́бе**'둘, 쌍방'도 집합수사에 관계된다: **о́ба** бра́та'두 형제', **о́бе** сёстры́'두 자매'.

집합수사는 의미상 수량수사와 비슷하다. 이들은 대상의 수량을 표시한다.

Во дворе́ игра́ло **че́тверо** дете́й.'마당에서 네 명의 아이들이놀고 있었다.'

Мы отпра́вились на лы́жную прогу́лку.'우리는 스키 산책을 떠났다.' Нас бы́ло ше́стеро.'우리는 남여 모두 여섯 명이었다.'

집합수사 다음에 명사는 복수 생격으로 된다: **дво́е друзе́й**'두 친구', **тро́е дете́й**'세 아이들', **че́тверо друзе́й**'네 친구들', **пя́теро охо́тников**'다섯 사냥꾼들'. (비교하세요.) два дру́га'두 친구들', три ребёнка'세 아이들', четы́ре дру́га'네 친구들', пять охо́тников'다섯 사냥꾼들'.)

집합수사는 형용사 복수 변화를 한다.

주격	двóе	трóе	чéтверо	(друзéй)
생격	двои́х	трои́х	четверы́х	(друзéй)
여격	двои́м	трои́м	четверы́м	(друзья́м)
대격	двои́х двóе	трои́х трóе	четверы́х чéтверо	(друзéй) (сýток)
조격	двои́ми	трои́ми	четверы́ми	(друзья́ми)
전치격	о двои́х	о трои́х	о четверы́х	(друзья́х)

수사 **пя́теро**, **шéстеро** 등도 **чéтверо**와 같이 격변화된다.

집합수사의 사용법

집합수사는 관련되는 수량수사보다 드물게 사용된다. 집합수사는 다음의 단어들과 결합해서만 사용된다.

1. 남성 명사들과 결합하여 사용된다:

двóе мáльчиков '두 명의 소년들', **трóе** ученикóв '세 명의 학생들', **чéтверо** студéнтов '네 명의 대학생들', **пя́теро** рабóчих '다섯 명의 노동자들'

그리고 명사 дéти, лю́ди와 함께 사용된다.

трóе людéй '세 사람들', **чéтверо** детéй '네 명의 아이들'

이 경우에는 집합수사와 함께 수량수사와의 사용도 가능하다: **два** мáльчика '두 소년들', **три** человéка '세 사람들', **пять** рабóчих '다섯 명의 노동자들'

여성명사와는 수량수사와만 사용된다: **две** дéвочки '두 소녀들', **три** учени́цы '세 명의 학생들', **четы́ре** студéнтки '네 명의 대학생들'

2. 대명사와 함께 사용될 경우에는 주로 남성 명사에 관하여 언급할 때 더 자주 사용된다.

Их бы́ло **пя́теро**. '그들은 다섯이었다.'

Нé было вас **двои́х**. '당신들 두 사람이 없었다.'

Пришли́ все **чéтверо**. '모두 네 명이 왔다.'

3. 대명사와 명사 없이 독자적으로 사용된다:

Трóе стоя́ли на углý. '세 사람이 길 모퉁이에 서 있었다.'

Он рабóтает за **двои́х**. '그는 두 사람을 위하여 일한다.'

Се́меро одного́ не ждут.‘일곱 명이 한 명을 기다리지 않는다.’ (속담)
Шли **тро́е**: **дво́е** мужчи́н и же́нщина.‘세 명이 갔다: 두 명은 남자이고 한 명은 여자다.’

4. 동물의 새끼를 나타내는 명사와 함께 사용된다:

дво́е котя́т ‘두 마리 새끼 고양이’, **че́тверо** щеня́т ‘네 마리 강아지’, **се́меро** козля́т ‘일곱 마리 새끼 염소’.

5. 단수를 가지지 않는 명사들과 함께 사용된다:

дво́е но́жниц ‘가위 두 벌’, **тро́е** су́ток ‘삼일 주야’, **че́тверо** сане́й ‘썰매 네 대’

이 명사들과는 일반적으로 수사 **дво́е**, **тро́е**, **че́тверо**가 주격과 대격으로 사용된다:
Он про́жил здесь **че́тверо** су́ток.‘그는 이곳에서 나흘 주야를 보냈다.’
Он купи́л **тро́е** но́жниц.‘그는 세 벌의 가위를 구입했다.’

나머지 격에서는 수량수사가 사용된다:
Он про́жил здесь о́коло **четырёх** су́ток.‘그는 여기서 약 나흘 동안 지냈다.’

6. 쌍을 가진 사물의 명칭들과 함께

дво́е рук ‘두 사람의 팔’ (‘두 팔을 가진 사람 두 명’이라는 뜻임); **тро́е** лыж ‘세 벌의 스키’ (‘두 짝으로 된 스키 세 벌’이라는 뜻임)

[주] 집합수사는 비활동체를 표시하는 다른 명사들과 사용되지 않는다.

주격과 이와 유사한 대격 집합수사 **дво́е** ‘둘’, **тро́е** ‘셋’, **че́тверо** ‘넷’, **пя́теро** ‘다섯’와 함께 사용되는 명사는 복수 생격으로 된다:
тро́е **дете́й** ‘세명의 아이들’, пя́теро **дете́й** ‘다섯 명의 아이들’

수사와 함께 사용된 인칭대명사는 주격으로도(То́лько **мы дво́е** оста́лись здесь. ‘우리 둘만 여기서 남았다.’ **Мы тро́е** бы́ли в кино́.‘우리 셋이서 영화관에 갔다 왔다.’) 생격으로도(**Нас** оста́лось то́лько **дво́е**.‘우리는 둘만 남았다.’ **Нас** бы́ло в кино́ **тро́е**. ‘우리는 셋이서 영화관에 갔다 왔다.’) 될 수 있다.

단어 о́ба와 о́бе도(**о́ба** брата ‘두 명의 형제들’, **о́бе** сестры́ ‘두 명의 누이들’) 집합수사에 속한다. 주격과 이와 유사한 대격 형태의 수사 다음에서 명사는 단수 생격으로 된다.

수사 **о́ба**와 **о́бе**는 남성, 여성, 중성의 어떤 명사와도 결합할 수 있다: о́ба **бра́та** ‘두 명의 형제들’, **о́бе** сестры́ ‘두 명의 누이들’, **о́ба** окна́ ‘두 개의 창들’

оба, обе의 격변화

격	남성과 중성	여성
주격	óба	óбе
생격	обóих	обéих
여격	обóим	обéим
대격	주격 또는 생격	
조격	обóими	обéими
전치격	об обóих	об обéих

연습문제 254 수사, 수사의 격과 관련있는 집합수사, 명사 또는 대명사를 지적하시오.

1. Мост был готов, и армия спокойно переправилась в трое суток (*П.*).
2. На кухне стряпали в трое рук, как будто на десятерых (*Гонч.*).
3. Семеро одного не ждут (*Посл.*).
4. Они оба работали на заводе.
5. Волчата, все трое, крепко спали (*Чех.*).
6. У меня были заняты обе руки.
7. Полчаса спустя они все трое шли по берегу Москвы-реки.
8. С обеих сторон улицы тянулись каменные ограды садов (*Тург.*).
9. Впереди по дороге показались люди. Они шли навстречу Леонтьеву. Он остановился, пригляделся. Шли двое: мужчина и женщина (*Пауст.*).

연습문제 255 집합수사와 명사의 어결합을 말로 격변화시키시오. 임의의 격으로 된 모든 어결합을 가지고 한 문장씩 만드시오.

четверо друзей; трое братьев; двое суток; все семеро; трое саней; двое лыж; оба друга; обе подруги.

순서수사

пéрвый	одúннадцатый	десятый	сóтый
вторóй	двенáдцатый	двадцáтый	двухсóтый
трéтий	тринáдцатый	тридцáтый	трёхсóтый
четвёртый	четы́рнадцатый	сороковóй	четырёхсóтый

пя́тый	пятна́дцатый	пятидеся́тый	пятисо́тый
шесто́й	шестна́дцатый	шестидеся́тый	шестисо́тый
седьмо́й	семна́дцатый	семидеся́тый	семисо́тый
восьмо́й	восемна́дцатый	восьмидесятый	восьмисо́тый
девя́тый	девятна́дцатый	девяно́стый	девятисо́тый

1. 순서수사는 관련 있는 수량수사의 생격 어간에서 만들어진다. 이 때 생격 어미 **-а** 또는 **-и**가 탈락되고 형용사 어미가 부가된다:

   пят-**и́** → пя́т-**ый**, пя́т-**ая**, пя́т-**ое**, пя́т-**ые**
   пяти́десят-**и** → пятидеся́т-**ый**, **-ая**, **-ое**, **-ые**
   девяно́ст-**а** → девяно́ст-**ый**, **-ая**, **-ое**, **-ые**

2. 다음 수사는 특수하게 만들어진다:

   пе́рв**ый**, **-ая**, **-ое**, **-ые**; втор**о́й**, **-ая**, **-ое**, **-ые**
   тре́т**ий**, **-ья**, **-ье**, **-ьи**; четвёрт**ый**, **-ая**, **-ое**, **-ые**
   седьм**о́й**, **-ая**, **-ое**, **-ые**; сороков**ой**, **-ая**, **-ое**, **-ые**

3. 단어 ты́сяча, миллио́н, миллиа́рд에서부터 만들어진 순서수사는 접미사 **-н-**과 어미에 의하여 만들어진다: ты́сячный '천번째의', миллио́нный '백만번째의', миллиа́рдный '십억번째의'

4. 합성 순서수사에서는 마지막 단어만 순서수사가 된다: два́дцать **пя́тый** '스물 다섯 번째의', две́сти со́рок **восьмо́й** '이 백 마흔 여덟 번 째의'

5. 순서수사는 일반적으로 명사와 함께 사용된다. 이들은 항상 명사와 성, 수, 격에서 일치된다.

   순서수사는 형용사와 같이 성, 수, 격에 따라 변화된다: **пе́рвый** экза́мен '첫 번째 시험', **пе́рвая** ле́кция '첫 번째 강의', **пе́рвое** занятие '첫 번째 수업', **пе́рвые** заня́тия '첫 번째 수업들', **пе́рвого** экза́мена '첫 번째 수업의', **пе́рвой** ле́кции '첫 번째 강의의' 등.

6. 수사 **тре́тий** '세 번째의'는 격변화 할 때 어미 앞에 **ь**를 가진다: тре́т**ь**его, тре́т**ь**ему, тре́т**ь**им, о тре́т**ь**ем (чей와 같은 격변화된다.)

7. 복합 순서수사는 이들의 마지막 단어만 격변화된다:

Я чита́ю две́сти со́рок **восьму́ю** страни́цу.'248번째 페이지를 읽는다.'

Он живёт в пятьдеся́т **второ́й** кварти́ре.'그는 52번째 아파트에 살고 있다.'

8. 시간을 표시할 때 순서수사는 다음의 경우에서 사용된다:

a) 시와 분을 표기하는데 사용된다.

Сейча́с де́сять мину́т **четвёртого**. (Сейча́с три часа́ де́сять мину́т.)'지금은 제 3시 10분이다.'

b) 일과 월을 표기하는데 사용된다.

Заня́тия начали́сь **пе́рвого** сентября́.'수업은 9월 1일에 시작되었다.'

c) 년을 표기하는데 사용된다.

Я прие́хал в Москву́ в **ты́сяча девятьсо́т пятьдеся́т пя́том** году́.'나는 1955년에 모스끄바에 도착했다.'

연습문제 256 숫자를 문자로 (순서수사로) 바꾸시오.

1. Я учусь на I курсе.
2. Мой младший брат учится в 3 классе.
3. Наши места в 10 ряду.
4. Я живу на 6 этаже в 34 квартире.
5. Лифт поднял нас с 3 этажа на 8 этаж.
6. Мы спустились на лифте с 12 этажа на 4 этаж.
7. Лекция будет в 5 аудитории.
8. Из 32 аудитории вышли студенты.
9. Мы сидели в театре в 3 ложе.

연습문제 257 순서수사를 지적하시오.

1. Москва впервые упоминается в летописи в 1147 году.
2. Московский университет был основан в середине XVIII века, в 1755 году.
3. Город Сант-Петербург был основан в 1703 году.
4. Отечественная война русского народа против Наполеона I была в 1812 году.
5. В 1905 году в России произошла первая буржуазно-демократическая революция.
6. В 1917 году рабочие и крестьяне России свергли власть помещиков и капиталистов и взяли власть в свои руки.

연습문제 258 시간을 표시하는 숫자를 단어로 바꾸시오.

보기: 1. Я вышел из дома в 8 часов 15 минут.

Я вышел из дома *в пятнадцать минут девятого.*

2. Я пришел в институт в 8 часов 45 минут.

Я пришел в институт *без пятнадцати минут девять.*

1. Мы встретимся у театра в 7 часов 20 минут.
2. Сейчас 11 часов 5 минут.
3. Поезд отправляется в 12 часов 6 минут.
4. Киносеанс начнется в 3 часа 15 минут.
5. Магазин закрывается в 7 часов 45 минут.
6. В 9 часов 50 минут по радио будет передаваться концерт.

분수사

분수사들은 단위의 부분을 나타낸다. 이들은 순서수사와 수량수사의 결합으로 만들어진다. 분모는 순서수사 복수 생격으로 표시되고, 분자는 수량수사 주격으로 표시된다.

$\frac{5}{8}$ — пять восьмы́х, $\frac{7}{9}$ — семь девя́тых

만약 분자가 1일때, 분자는 여성형 одна가 사용되고, 분모는 순서수사 여성 주격으로 표시된다.

$\frac{1}{2}$ — одна́ втора́я, $\frac{1}{5}$ — одна́ пя́тая

분자가 2일때, 분자는 여성형 две가 사용되고, 분모는 순서수사 복수 생격으로 표시된다.

$\frac{2}{5}$ — две пя́тых, $\frac{2}{8}$ — две восьмы́х

분수의 격변화는 분모와 분자의 두 부분이 따로 격변화된다.

$\frac{3}{5}$ 의 격변화

주격	три пя́тых	대격	три пя́тых
생격	трёх пя́тых	조격	тремя́ пя́тыми
여격	трём пя́тым	전치격	о трёх пя́тых

분수사와 결합하여 사용되는 명사는 항상 단수 생격이다: три пя́тых ме́тра '$\frac{3}{5}$ 미터', шесть деся́тых уча́стка '6/10구역'

분수사가 격 변화할 때 명사는 항상 생격으로 된다:

주격 три пя́тых **уча́стка**
생격 трёх пя́тых **уча́стка**
여격 трём пя́тым **уча́стка** 등

1/2 — одна́ втора́я, 그러나 구어에서는 명사 **полови́на**가 사용된다.
1/4 — одна́ четвёртая, 명사 **че́тверть**가 사용된다.
1 1/2 — одна́ целая и одна вторая, 그러나 **полтора́**가 사용된다.
수사 полтора́는 남성형과 중성형 **полтора́**와 여성형 **полторы́**가 있다.

полтора의 격변화

격	남성과 중성	여성
주격	полтора́ (часа́, ведра́)	полторы (мину́ты)
생격	полу́тора (часов, вёдер)	полу́тора (мину́т)
여격	полу́тора (часа́м, вёдрам)	полу́тора (мину́там)
대격	полтора́ (часа́, ведра́)	полторы (мину́ты)
조격	полу́тора (часа́ми, вёдрами)	полу́тора (мину́тами)
전치격	о полу́тора (часа́х, вёдрах)	о полу́тора (мину́тах)

분수사가 정수와 함께 사용되면 정수를 표시하는 수량수사에 항상 형용사 целый가 부가된다.

1 5/6 — одна́ це́лая и пять шесты́х
2 4/5 — две це́лых и четы́ре пя́тых
5 3/4 — пять це́лых и три че́тверти (또는 три четвёртых)
0,6 — ноль це́лых, шесть деся́тых
7,5 — семь це́лых, пять деся́тых

연습문제 259 다음 분수사를 격변화시키시오.
1/7; 3/8; 1/25; 0,7; 2,03; 7 3/8; 2 1/6.

연습문제 260 다음 분수사를 격변화시키시오.
1/5; 2/7; 11/12. 9 2/5; 2 3/4 ведра; 5/8 площади.

동사

러시아어는 다음의 형태들을 가진다: 동사원형(**читáть** '읽다'), 직설법(현재 — **читáю** '읽는다', 과거 — **читáл** '읽었다', 미래 — **бýду читáть** '읽을 것이다'), 명령법(**читáй** '읽어라'), 조건법(**читáл бы** '읽을 수 있다면').

미래시제는 어떤 동사에는 합성식(**бýду читáть** '읽을 것이다')이 있고, 어떤 동사에는 단일식(**прочитáю** '읽을 것이다')이 있다.

이 외에 동사는 특수한 형태로 형동사(**читáющий** '읽고 있는', **читáвший** '읽었던', **прочи́танный** '읽게 되었던')와 부동사(**читáя** '읽으면서', **прочитáв** '읽고난 후')가 있다.

많은 동사들이 소사 **-ся**, **-сь**를 가진다(**занимáться** '종사하다', **учи́ться** '공부하다', **борóться** '투쟁하다' 등). 소사 **-ся**는 항상 모든 동사 형태에서 단어의 끝에 위치한다 (**занимáешься** '종사한다', **занимáлся** '종사했다', **занимáющийся** '종사하고 있는', **занимáясь** '종사하면서' 등).

러시아어에서 모든 동사 형태들은 두 가지 어간에서 만들어진다: 어떤 동사 형태들은 원형어간에서 만들어지고, 어떤 동사 형태들은 현재시제 어간에서 만들어진다. 모든 동사 형태들을 만들기 위해서는 이 두 가지 어간을 알고 있어야 한다.

동사 상의 개념

러시아어 동사의 근본적인 특징은 다른 동사들과는 달리 러시아어 동사가 상 형태를 가지고 있다는 것에 있다. 상은 불완료상(**читáть** '읽다', **писáть** '쓰다', **стрóить** '건축하다', **изучáть** '배우다', **вставáть** '일어나다', **одевáть** '옷을 입다', **толкáть** '밀다', **отрезáть** '자르다')과 완료상(**прочитáть, написáть, пострóить, изучи́ть, встáть, одéть, толкнýть, отрéзать**)의 두 가지다.

완료상 동사들과 불완료상 동사들은 접미사들에 의해서(ср. **изучáть — изучи́ть** '배우다', **толкáть — толкнýть** '밀다') 또는 불완료상 동사들에서 접미사 **-ва-**의 유무에 따라서(ср. **вставáть — встать** '일어나다', **одевáть — одеть** '옷을 입다'), 또는 완료상 동사들에서 접두사의 유무에 따라서(ср. **писáть — написáть** '쓰다', **стрóить — пострóить** '건축하다') 또는 단어에서 강세의 위치에 따라서(**отрезáть — отрéзать** '자르다') 구별된다.

상의 의미

완료상 동사들은 종결된 행위를 표시하고 (과거시제와 미래시제에서) 그 행위가 끝까지 완료된 것을 표시한다.

과거시제: Я **написа́л** статью́. '나는 논문을 다 썼다.' — 논문을 다 완성했기 때문에 그 논문이 준비되어 있다는 의미다; Я **изучи́л** русский язык. '나는 러시아어를 배웠다.' — 배운 결과가 있고 그 언어를 안다는 의미다; В дере́вне **постро́или** но́вую шко́лу. '시골 마을에서 새 학교를 건축했다.' — 건축을 끝냈기 때문에 그 학교가 준비되어 있다는 의미다;

미래시제: Я **напишу́** письмо́. '나는 편지를 쓸 것이다.' — 미래의 일정한 시점에서 편지를 꼭 쓰겠다는 화자의 의지를 나타낸다; Я **изучу́** ру́сский язы́к. '나는 러시아어를 배울 것이다.' — 미래의 일정한 시점에서 꼭 배워서 결과를 내겠다는 의미다; В дере́вне к нача́лу уче́бного го́да **постро́ят** шко́лу. '시골 마을에서 학년 초가 되면 학교를 다 지을 것이다.' — 학교를 건축하는 행위가 완료되어 새 학교가 학기 초에 맞추어 준비될 것이라는 의미다. (напишу, изучу, построят와 같은 완료상 미래를 단일 미래라고 한다.)

불완료상 동사들은 행위가 시간 속에서 경과하지만 그 행위가 끝까지 완료되었는지 또는 결과가 있는지 아닌지에 대해서는 표시하지 않는다.

과거시제: Я **писа́л** статью́. '나는 논문을 썼다.' — 과거에 논문을 쓰는 행위가 발생하였지만, 그 행위가 완료되었는지 아닌지에 대한 정보는 나타나 있지 않다; Я **изуча́л** ру́сский язы́к. '나는 러시아어를 배웠다.' — 과거에 러시아어를 배운 적이 있었다는 의미다. 배운 결과가 있는지 없는지에 대해서는 알려져 있지 않다; В дере́вне **стро́или** шко́лу. '시골 마을에서 학교를 건축하였다.' — 학교가 다 준비되어 있는지 없는지에 대해서는 알려져 있지 않다.

미래시제: Я **бу́ду писа́ть** письмо́. — 미래의 일정한 시점에서 편지를 쓰는 행위가 발생할 것이지만 그 행위가 완료될 행위인지에 대한 정보는 나타나 있지 않다; Я **бу́ду изуча́ть** ру́сский язы́к. '나는 러시아어를 배울 것이다.' В дере́вне **бу́дут стро́ить** шко́лу. '시골 마을에 학교를 지을 것이다.' — 상기의 발생할 것이지만 그 행위가 완료될 것인지에 대해서는 알려져 있지 않다.

어떤 완료상 동사들은 행위의 종결성뿐만 아니라 일회성, 행위의 순간성을 가리킨다. 즉 행위가 일회적으로 발생하였지만 바로 그 순간에 종결된 것을 표시한다: Он **толкну́л** стол. '그는 테이블을 떠 밀었다.' Он **махну́л** руко́й. '그는 손을 흔들었다.'

불완료상 동사들은 행위가 몇 번 지속적이고 반복적이었다는 점을 표시한다:

Он **толкáл** стол.'그는 테이블을 떠 밀곤 했다.'

Он **махáл** рукóй.'그는 손을 흔들곤 했다.'

연습문제 261 다음 각 문장에서 이탤릭체로 된 쌍의 동사를 비교하고 완료상 동사의 사용법을 설명하시오.

1. Я всегда *выполнял* (불완) все задания по русскому языку, но вчера я чувствовал себя очень плохо и не *выполнил* (완) задания.
2. Обычно я *кончал* (불완) заниматься в 12 часов, но вчера болела голова и я *кончил* (완) заниматься в 10 часов и лёг рано спать.
3. Летом я часто *писал* (불완) письма на родину, сейчас я очень занят и редко пишу домой: за последний месяц я *написал* (완) только одно письмо.
4. Каждый месяц я *получал* (불완) от друга несколько писем, но в этом месяце я *получил* (완) только одно письмо.
5. С каждым семестром *поднималась* (불완) успеваемость в нашей группе, но особенно она *поднялась* (완) в этом семестре.
6. В новом тексте было много незнакомых слов; я долго в нём *разбирался* (불완) с помощью словаря и, наконец, *разобрался* (완).
7. Русский друг всегда *помогал* (불완) мне в изучении русского языка. Сегодня он *помог* (완) мне выполнить особенно трудное задание.
8. Я никогда не *опаздывал* (불완) на занятия, но вчера *опоздал* (완) на три минуты.
9. Мы каждый день *вставали* (불완) в 7 часов утра, *завтракали* (불완) и *шли* (불완) в университет. Вчера мы, как обычно, *встали* (완), *позавтракали* (완) и *пошли* (완) на занятия.

상의 문법적인 차이

불완료상 동사(читáть '읽다', писáть '쓰다')는 현재(читáю '읽는다', пишý '쓴다'), 과거(читáл '읽었다', писáл '썼다'), 미래(бýду читáть '읽을 것이다', бýду писать '쓸 것이다')의 세 가지 시제를 가지고, 완료상 동사(прочитáть '읽다', написáть '쓰다')는 과거(прочитáл '읽었다', написáл '썼다')와 미래 시제(прочитáю '읽을 것이다', напишý '쓸 것이다')만 가진다. 완료상 동사에서 현재시제는 이 동사들이 종결된 행위를 표시하기 때문에 존재하지 않는다.

불완료상 동사의 미래시제는 합성식 미래이다. 조동사의 역할을 하는 **быть**의 동사활용과 불완료상 동사원형으로 이루어진다(бýду читáть, бýду писáть); 완료상 동사들에서는 단일 미래이다(прочитáю, напишý)

동사원형

1. 동사원형은 행위를 명명하지만(**читáть** '읽다', **нестú** '가지고 가다', **берéчь** '소중히 하다') 인칭이나 시제를 표시하지는 않는다.

2. 원형 동사들은 단어의 끝에 원형 접미사 -ть(читáть), -ти(нестú), -чь (берéчь)의 세 가지 형태를 가진다.

모음 뒤와 자음 с, з 뒤에 접미사 -ть	자음과 ц 뒤에 접미사 -ти	모음 뒤에 -чь
рабóтать	идтú	берéчь
изучáть	нестú	стерéчь
стрóить	растú	жечь
говорúть	везтú	мочь
смотрéть	вестú	печь
тянýть	спастú	толóчь
сесть	найтú	увлéчь
лезть	пройтú	берéчься
занимáться	спастúсь	увлéчься
вúдеться	пройтúсь	

3. 원형의 강세

a) 접미사 **-ть**를 가진 동사의 강세는 여러가지 음절들에 떨어진다;

b) 접미사 **-ти**를 가진 동사들의 강세는 이 접미사 위에 떨어진다;

c) 접미사 **-чь**를 가진 동사들의 강세는 마지막 음절에 떨어진다. 이 동사들에 소사 **-ся**가 부가되어도 강세는 변하지 않는다.

접두사 **вы**-를 가진 모든 완료상 동사들에서 강세는 항상 이 접두사 위에 떨어진다: **вы́**строить, **вы́**нести, **вы́**печь, **вы**лезть, **вы́**расти, **вы́**жечь

접두사 вы-를 가진 모든 불완료상 동사들에서 강세는 이 접두사에 떨어지지 않는다. выстрáивать, вылезáть, выносúть, вырастáть, выпекать, выжигáть

동사원형 어간

동사원형어간을 찾으려면 원형 접미사를 구분해야 한다: чита-(**ть**), говори-(ть), смотре-(**ть**), тяну-(**ть**); нес-(**ти**), вез-(**ти**), рас-(**ти**)

동사원형어간에서 동사 과거시제(**чита**-л, **нёс**, **вёз**, **рос**), 형동사 과거시제 (**чита**-вший, **нёс**-ший, **вёз**-ший), 완료상 부동사(**прочита**-в, **принёс**-ши, **привёз**-ши, **вырос**-ши) 등이 만들어진다.

원형에서 접미사 **-чь**로 끝나는 동사들은 역사적으로 берегти, стерегти, могти 등에서 발생하였고 이 모든 동사형태들은 **г**나 **к**로 끝나는 어간에서 형성된다: **берег-**, **стерег-** , **мог-**, **пек-**.

연습문제 262 다음 원형동사를 접미사 -ть를 가진 동사, 접미사 -ти를 가진 동사, 접미사 -чь를 가진 동사 등으로 세 그룹으로 분류하시오. 강세를 치고 원형동사의 어간에 밑줄을 치시오.

наблюдать, учиться, слушать, учить, выполнять, выполнить (완), поберечь (완), сеять, веять, принести (완), унести (완), любить, зреть, исчезнуть (완), выйти (완), крепнуть, позвать (완), течь, смеяться, охранять, собраться (완)

동사원형의 사용법

동사와 결합하여 사용되는 동사원형의 사용법

1. 동사원형은 다음을 표현하는 동사들과 결합하여 사용된다.

a) 행위의 시작, 계속, 끝을 의미하는 동사와 결합하여 사용된다: начина́ть — нача́ть '시작하다', стать '시작하다', продолжа́ть '계속하다', переставáть — переста́ть '중지하다', броса́ть — бро́сить '그만두다', конча́ть — ко́нчить '끝마치다'

Мы **начина́ем занима́ться** в 9 часо́в. '우리는 9시에 작업을 시작한다.'

Преподава́тель **на́чал объясня́ть** но́вую те́му. '교수님은 새로운 테마를 설명하기 시작했다.'

Этот студе́нт **стал** хорошо́ **учи́ться**. '이 대학생은 공부를 잘 하기 시작했다.'

Мы **продолжа́ем изуча́ть** ру́сский язы́к. '우리는 러시아어를 계속해서 시작한다.'

b) 행위수행의 가능성과 불가능성, 능력 또는 무능력을 나타내는 동사와 결합하여 동사원형이 사용된다: мочь — смочь '가능하다', уме́ть — суме́ть '할 줄 알다', удава́ться

— **удáться**'성공하다', **успевáть — успéть**'... 수 있다', **учи́ться — научи́ться**'배우다'

Я **могу́ прийти́** к вам сегóдня.'나는 오늘 당신에게 갈 수 있다.'

Я **не умéю рисовáть.**'나는 그림을 그릴 줄 모른다.'

Мне **удалóсь купи́ть** билéт на интерéсный спектáкль.'나는 재미있는 연극의 입장권을 구입할 수 있었다.'

Все друзья́ **успéли вы́полнить** задáние.'모든 친구들은 과제를 수행할 수 있었다.'

c) 행위를 수행하려는 행위자의 소망 또는 소망 없음, 또는 그것을 이루려는 갈망, 기도 등을 나타내는 동사와 결합하여 사용되는 동사원형: **хотéть — захотéть** '원하다', **хотéться — захотéться** '원하다', **старáться — постарáться** '노력하다', **стреми́ться** '지향하다', **надéяться** '기대하다', **пытáться — попытáться** '시도하다', **прóбовать — попрóбовать** '시도하다', **собирáться — собрáться** '...하려하다', **готóвиться — приготóвиться** '준비하다', **ду́мать** '생각하다', **мечтáть** '염원하다', **решáть — реши́ть** '결정하다', **решáться — реши́ться** '결심하다', **соглашáться — согласи́ться** '동의하다', **откáзываться — отказáться** '거절하다'

Я **хочу́ изучáть** ру́сский язы́к.'나는 러시아어를 배우고 싶다.'

Мы **постарáемся вы́полнить** э́ту рабóту как можно скорее. '우리는 이 일을 가능하면 빨리 수행하려고 노력하다.'

Попрóбуйте пересказáть текст свои́ми словáми.'텍스트를 자신의 말로 다시 말해 보세요.'

Я **ду́маю** лéтом поéхать нá море.'나는 여름에 바다로 가려고 생각한다.'

d) 동사원형으로 표현된 행위에 대한 감정, 관계: **люби́ть — полюби́ть** '사랑하다', **нрáвиться — понрáбиться**'마음에 들다', **боя́ться**'두려워하다', **стесня́ться**'사양하다'

Я **люблю́ катáться** на конькáх.'나는 스케이트를 타는 것을 좋아한다.'

Мне **нрáвится катáться** на конькáх.'나는 스케이트 타는 것을 마음에 들어한다.'

Онá одéлась тепло́, потому́ что **боя́лась простуди́ться.**'그녀는 감기 걸리는 것이 걱정되기 때문에 따뜻하게 옷을 입었다.'

e) 어떤 사람으로부터 또 다른 사람에게 대한 행위의 촉구: **проси́ть — попроси́ть** '요청하다', **уговáривать — уговори́ть** '설득하다', **заставля́ть — застáвить** '강요하다', **учи́ть — научи́ть**'가르치다', **прикáзывать — приказáть**'명령하다', **велéть**'명령하다', **совéтовать — посовéтовать** '충고하다', **поручáть — поручи́ть** '위임하다', **предлагáть — предложи́ть** '제의하다', **запрещáть — запрети́ть** '금지하다', **разрешáть — разреши́ть** '허락하다'

Мы **попроси́ли** друзéй **помóчь** нам.'우리는 친구들에게 우리를 도와달라고 요청했다.'

Профéссор **посовéтовал** аспирáнту **прочитáть** э́ту статью́. '교수는

대학원생에게 이 논문을 읽도록 충고했다.'

Мне **поручи́ли написа́ть** статью́ для стенгазе́ты.'나에게 벽보에 쓸 글을 쓰도록 위임했다.'

2. 운동동사(идти́ — ходи́ть '걸어가다', е́хать — е́здить '차를 타고 가다', приходи́ть — прийти́ '걸어서 도착하다', приезжа́ть — прие́хать '차를 타고 도착하다')와 결합하여 사용되는 동사원형은 목적을 나타낸다.

Я **иду́ обе́дать**.'나는 식사하러 간다.'

Я всегда́ **хожу́ обе́дать** в столо́вую.'나는 항상 식당으로 식사하러 다닌다.'

Мы **прие́хали** сюда́ **учи́ться**.'우리는 이쪽으로 공부하러 왔다.'

Ле́том мы обы́чно **е́здим отдыха́ть** на́ море.'여름에 우리는 보통 바다로 휴가를 보내러 간다.'

행위의 목적을 표시하는데 다음의 동사 다음에도 사용될 수 있다:

остана́вливаться — останови́ться '멈추다', остава́ться — оста́ться '머무르다', звать — позва́ть '부르다'

Мы **отсанови́лись отдохну́ть**.'우리는 휴식하기 위하여 멈추었다.'

Он **оста́лся помога́ть** нам.'그는 우리를 돕기 위해서 남았다.'

Мать **позвала́** нас **у́жинать**.'어머니는 저녁식사 하도록 우리를 불렀다.'

서술부사와 결합하여 사용되는 동사원형의 사용

1. 동사원형은 다음의 부사와 결합하여 무인칭문장에서 사용된다: на́до '필요하다', необходи́мо '하지 않으면 안된다', мо́жно '가능하다', невозмо́жно '불가능하다', нельзя́ '해서는 안된다'.

Сего́дня мне **на́до зако́нчить** рабо́ту.'오늘 나는 일을 마쳐야 한다.'

За́втра **ну́жно** бу́дет **пойти́** в библиоте́ку.'내일 도서관에 갈 필요가 있을 거다.'

Необходи́мо системати́чески **занима́ться**.'체계적으로 공부해야 한다.'

В э́той реке́ **мо́жно купа́ться**?'이 강에서는 수영할 수 있느냐?'

Здесь **нельзя́ купа́ться**.'여기서는 수영해서는 안된다.'

2. 동사원형은 다음의 성질 형용사에서 만들어진 서술부사와 결합하여 무인칭 문장에서 사용된다: тру́дно '어렵다', легко́ '쉽다', интере́сно '재미있다', ску́чно '지루하다', ве́село '즐겁다', гру́стно '우울하다', прия́тно '즐겁다', поле́зно '유익하다', вре́дно '해롭다', бесполе́зно '유익하지 않다', стра́шно '두렵다' 등

Мне **тру́дно** пра́вильно **говори́ть** по-ру́сски. '나는 러시아어로 올바르게 말하기가 어렵다.'
Нам бы́ло **легко́ чита́ть** э́тот текст. '우리는 이 텍스트를 읽기가 쉬웠다.'
Студентам будет **интере́сно слу́шать** э́ту ле́кцию. '학생들은 이 강의를 듣는 것이 재미있을 것이다.'

◆◆◆

몇몇 형용사와 결합하여 사용되는 동사원형의 사용

동사원형은 단어미 형용사와 결합하여 사용된다: до́лжен '해야 한다', обя́зан '의무가 있다', вы́нужден '어쩔 수 없이 ...하다', гото́в '준비가 되어 있다', наме́рен '... 할 작정이다', рад '기쁘다', сча́стлив '행복하다'

Мы **должны́ зако́нчить** э́ту рабо́ту к пя́тнице. '우리는 금요일 경에 이 일을 마쳐야 한다.'
Студе́нты **обя́заны приходи́ть** на заня́тия во́время. '대학생들은 제 시간에 수업에 와야 한다.'
Он заболе́л и был **вы́нужден лечь** в посте́ль. '그는 몸이 아파서 자리에 누워야만 했다.'
Все **гото́вы помо́чь** дру́гу. '모든 사람들은 친구를 도울 준비가되어 있다.'
Я серьёзно **наме́рен занима́ться** англи́йским языко́м. '나는 영어공부를 하려고 진지하게 마음 먹고 있다.'
Я всегда́ бу́ду **рад ви́деть** вас. '나는 항상 당신을 만나면 기쁠 것이다.'

◆◆◆

명사와 결합하여 사용되는 동사원형의 사용

1. 동사원형은 동사원형과 함께 사용되고 있는 동사들과 동일한 어휘 의미를 가지는 몇몇 명사들과 결합할 수 있다: уме́ть рабо́тать '일할 능력을 가지다' — уме́ние рабо́тать '일할 수 있는 능력', стреми́ться помо́чь '도우려고 노력하다' — стремле́ние помо́чь '도우려는 노력', пыта́ться испра́вить оши́бку '실수를 교정하려고 시도하다' — попы́тка испра́вить оши́бку '실수를 교정하려는 시도', согласи́ться вы́ступить '출연하는데 동의하다' — согла́сие вы́ступить '출연하는 동의', обеща́ть написа́ть письмо́ '편지를 쓰기로 약속하다' — обеща́ние написа́ть письмо́ '편지를 쓰기로 한 약속', наде́яться встре́титься '만나려고 기대하다' — наде́жда встре́титься '만나려는 기대', отказа́ться уча́ствовать '참석하는 것을 거절하다' — отка́з уча́ствовать '참석하려는 것의 거부', разреши́ть уйти́ '떠나는 것을 허락하다' — разреше́ние уйти́ '떠나려는 것의 허락', попроси́ть оста́ться '잔류하도록 요청하다' — про́сьба оста́ться '잔류하게 하려는 부탁', приказа́ть собра́ться '모이라고 명령하다' — прика́з,

приказáние собрáться '모이라는 명령':

Они́ сказáли мне о своём **решéнии переéхать** в другóй гóрод. '그들은 다른 도시로 이사가려는 자신의 결심에 대하여 나에게 말했다.'

Я узнáл о вáшем **соглáсии помóчь** нам. '나는 당신이 우리를돕는 것에 동의했다는 것을 알았다.'

Попы́тка испрáвить э́ту оши́бку не увенчáлась успéхом. '이 실수를 교정하려는 시도는 성공하지 못했다.'

Мне нрáвится в э́том человéке **умéние рабóтать**. '나는 이 사람에게 일할 능력이 있다는 것이 마음에 든다.'

동사 хотéть, хотéться의 명사는 **желáние**가 사용되고 이 명사와 동사원형이 결합된다.

Я не хотéл идти́ в теáтр. = У меня́ нé было **желáния идти́** в театр. '나는 극장에 가고 싶지 않았다.'

Ей хотéлось занимáться мýзыкой. = У неё бы́ло **желáние занимáться мýзыкой**. '그녀는 음악을 공부하고 싶었다.'

2. 동사원형은 형용사와 서술부사에서 만들어진 명사들과 결합될 수 있다: готóв помóчь '도우려고 준비하다' — готóвность помóчь '도우려는 준비', обя́зан учáствовать '참가하는 것을 의무로 하다' — обя́занность учáствовать '참가하려는 의무', спосóбен наблюдáть '관찰할 수 있다' — спосóбность наблюдáть '관찰할 수 있는 능력'. необходи́мо спеши́ть '서두르는 것이 필요하다' — необходи́мость спеши́ть '서두려는 필연성'; мóжно пойти́ в теáтр '극장에 갈 수 있다' — возмóжность пойти́ в теáтр '극장에 갈 가능성', невозмóжно поня́ть '이해하는 것이 불가능하다'— невозмóжность поня́ть '이해의 불가능성'

Все ви́дели его́ **готóвность помóчь** дрýгу. '모든 사람들은 그가 친구를 도울 준비가 되어 있다는 것을 알았다.'

У него́ была **возмóжность продолжáть** рабóту. '그는 일을 계속할 수 있었다.'

Нет **необходи́мости спеши́ть** с решéнием э́того вопрóса. '이 문제의 해결을 서두를 필요가 없다.'

연습문제 263 다음 문장을 읽고 이탤릭체로 된 동사원형의 사용법을 설명하시오.

A

1. Я люблю *ходить* на лыжах.
2. На собрание обязаны *явиться* все.
3. Он дал обещание *выполнить* задание досрочно.

4. Ученик не мог *решить* задачу.
5. Мы были рады *встретиться* снова.
6. Я поеду на вокзал *встречать* сестру.
7. Мы должны *сдать* три экзамена.
8. В конце июня студенты кончат *сдавать* экзамены.
9. Мать разрешила детям *пойти* в кино.
10. Студенты нашего курса хотят *организовать* вечер отдыха.
11. Брат работает на заводе и продолжает *учиться*.
12. Он всегда готов *помочь* друзьям.
13. Нужно упорно и терпеливо *добиваться* своей цели.
14. Без умения *преодолевать* препятствия нельзя добиться победы.

B.

1. В дорогу он взял несколько книг, которые мог читать и *перечитывать* бесконечно (*Пауст.*).
2. Мы не имеем тайн друг от друга, я должна сейчас *рассказать* всё маме и сестре (*Чех.*).
3. В темноте ничего нельзя было *разобрать* (*Л.*).
4. Николай объявил матери о своей любви к Соне и о твёрдом решении *жениться* на ней (*Л.Т.*).
5. Мать уехала на вокзал *покупать* билеты на вечерний завтрашний поезд (*Гайд.*).
6. Я не умею *играть* на фортепьяно, не умею рисовать (*Тург.*).
7. Мне было весело *подъезжать* первый раз к незнакомому месту (*Г.*).
8. На тёмно-синем небе начинали *мигать* звёзды. Мы легко могли *различить* дорогу (*Л.*).
9. Я пригласил своего спутника *выпить* вместе стакан чая (*Л.*).
10. Моя писательская жизнь началась с желания всё *видеть*, всё *знать* и *путешествовать* (*Пауст.*).

연습문제 264 주어진 문장에서 이탤릭체로 된 동사 대신에 다음의 어결합을 사용하여 다시 쓰시오: дать разрешение, дать согласие, дать обещание, иметь возможность, иметь желание, иметь надежду, сделать попытку.

1. Директор *разрешил* ему уехать на месяц.
2. Друг *согласился* участвовать в этой работе.
3. Туристы ещё раз *попытались* взобраться на гору.
4. У неё был прекрасный голос, но она *не хотела* заниматься пением.
5. Брат *обещал* писать домой каждую неделю.
6. Он *не надеялся* ещё раз встретиться с этими людьми.
7. Она *могла* поступить в аспирантуру, но решила работать.

연습문제 265 막심 고리끼의 장편소설 «어머니»에서 발췌한 부분을 읽고 동사원형이 왜 사용되었는지를 설명하시오.

— Что же ты хочешь делать? — спросила она, перебивая его речь.

— Учиться, а потом — учить других. Нам, рабочим, надо учиться. Мы должны узнать, должны понять — отчего жизнь так тяжела для нас.

Ей было сладко видеть, что его голубые глаза, всегда серьёзные и строгие, теперь горели так мягко и ласково. На её губах появилась довольная, тихая улыбка, хотя в морщинах щёк ещё дрожали слёзы. В ней колебалось двойственное чувство гордости сыном, который так хорошо видит горе жизни, но она не могла забыть о его молодости и о том, что он говорит не так, как все, что он один решил вступить в спор с этой привычной для всех — и для неё — жизнью.

Ей хотелось сказать ему:

— Милый, что ты можешь сделать?

Но она боялась помешать себе любоваться сыном, который вдруг открылся перед нею таким умным ... хотя немного чужим для неё.

동사 과거시제

불완료상					완료상	
я,	ты,	он	писа́л,	выполня́л	написа́л,	вы́полнил
я.	ты,	она	писа́ла,	выполня́ла	написа́ла,	вы́полнила
		оно	писа́ло,	выполя́ло	написа́ло,	вы́полнило
мы вы они	}		писа́ли,	выполня́ли	написа́ли,	вы́полнили

동사 과거시제는 인칭 변화를 하지 않고, 수 변화는 한다(я **писа́л**, мы **писа́ли**). 단수에서는 성 변화도 한다(он **писа́л**, она **писа́ла**, оно (дитя́) **писа́ло**). 복수에서는 과거시제에서 성 변화를 하지 않는다: студе́нты **писа́ли**, студе́нтки **писа́ли**.

만약 술어가 과거시제 동사로 표현되어 있으면, 그 술어는 주어와 수에서 일치되고 (Журна́л **лежа́л** на столе́. Журна́лы **лежа́ли** на столе́), 단수에서는 성에서도 일치된다.

Журна́л **лежа́л** на столе́. '잡지는 테이블 위에 놓여 있었다.'

Тетрадь **лежа́ла** на столе́. '노트는 테이블 위에 놓여 있었다.'

Полоте́нце **лежа́ло** на столе́. '수건이 테이블 위에 놓여 있었다.'

연습문제 266 남성명사와 중성명사로 표현된 주어를 대신에 여성 명사로 표현된 주어를 사용하시오. 술어와 한정어를 주어와 일치시키시오.

교체할 명사: сестра, студентка, роса, яблоня, буря, река, роща

1. Мой старший брат поступил на завод. Сейчас он на одну неделю уехал в командировку.
2. Мой младший брат вступил в университет.
3. Вчера на собрании очень хорошо выступал староста нашей группы.
4. Собрание приняло резолюцию.
5. К утру выпал снег.
6. Дерево почти до земли наклонило ветки.
7. Бушевал ураган.
8. Шумел лес.
9. Опустел сад.

연습문제 267 L.N. 똘스또이의 단편소설 «상어»를 읽고 이탤릭체로 된 술어에 해당되는 주어를 찾으시오.

АКУЛА

Наш корабль *стоял* на якоре у берега Африки. День был прекрасный, с моря *дул* свежий ветер, но к вечеру погода *изменилась*: стало душно и, точно из топленной печи, несло на нас горячим воздухом с пустыни Сахары.

Перед закатом солнца капитан *вышел* на палубу, крикнул: «Купаться!», и в одну минуту матросы *попрыгали* в воду, *спустили* в воду парус, *привязали* его и в парусе *устроили* купальню.

На корабле с нами было два мальчика. Мальчики первые *попрыгали* в воду, но им тесно было в парусе, и они *вздумали* плавать наперегонки в открытом море.

Оба, как ящерицы, вытягивались в воде и, что было силы, поплыли к тому месту, где был бочонок над якорем.

Один мальчик сначала *перегнал* товарища, но потом стал отставать. Отец мальчика, старый артиллерист, *стоял* на палубе и любовался на своего сынишку. Когда сын стал отставать, отец *крикнул* ему: «Не выдавай! Понатужься!».

Вдруг с палубы кто-то *крикнул*: «Акула!» — и все мы *увидели* в воде спину морского чудовища. Акула *плыла* прямо на мальчиков.

— Назад! Назад! Вернитесь! Акула! — *закричал* артиллерист. Но ребята *не слыхали* его, плыли дальше, *смеялись* и *кричали* ещё веселее и громче прежнего. Артиллерист, бледный, как полотно, не шевелясь *смотрел* на детей.

Матросы *спустили* лодку, *бросились* в неё и, сгибая вёсла, *понеслись* что было силы к мальчикам; но они были ещё далеко от них, когда акула уже была не дальше двадцати шагов.

Мальчики сначала не слыхали того, что им кричали, и не видали акулы; но потом один из них *оглянулся*, и мы все услыхали пронзительный визг, и мальчики *поплыли* в разные стороны.

Визг этот как будто *разбудил* артиллериста. Он *сорвался* с места и *побежал* к пушкам. Он повернул хобот, прилёг к пушке, прицелился и взял фитиль. Мы все, сколько нас ни было на корабле, *замерли* от страха и ждали, что будет.

Раздался выстрел, и мы все увидели, что артиллерист упал подле пушки и закрыл лицо руками. Что сделалось с акулой и с мальчиками, мы не видали, потому что на минуту дым застлал нам глаза.

Но когда дым *разошёлся* над водою, со всех сторон послышался сначала тихий ропот, потом ропот стал сильнее, и, наконец, со всех сторон *раздался* громкий, радостный крик.

Старый артиллерист *открыл* лицо, *поднялся* и *посмотрел* на море.

По волнам *колыхалось* жёлтое брюхо мёртвой акулы. В несколько минут лодка *подплыла* к мальчикам и привезла их на корабль.

과거시제의 조성

동사 과거시제는 동사원형 어간에서 만들어진다.

접미사 -ть를 가진 동사로부터 과거시제의 조성

원형에서 접미사 -ть를 가진 동사들에서부터 과거시제를 조성할 때 접미사 **-ть**는 제거되고 원형 어간에 접미사 -л이 부가된다: **чита́ть** '읽다' — **чита́-л**, **изучи́ть** '학습하다' — **изучи́-л**, **ви́деть** '보다' — **ви́де-л**, **засну́ть** '잠들다' — **засну́-л**

접미사 **-л** 앞에는 항상 원형에서 **-ть** 앞에 있는 모음이 보존된다: рабо́тать '일하다' — рабо́тал, се́ять '파종하다' — се́ял, ви́деть '보다' — ви́дел, люби́ть '사랑하다' — люби́л, боро́ться '투쟁하다' — боро́лся.

원형동사에서 -сти, -зти를 가진 동사로부터 과거시제의 조성(нести́ '휴대하다', везти́ '운송하다', плести́ '뜨다', грести́ '노를 젓다', расти́ '자라다')

Я,	ты,	он	нёс,	вёз,	плёл,	грёб,	рос
Я,	ты,	она	несла́,	везла́,	плела́,	гребла́,	росла́
		оно	несло́,	везло́,	плело,	гребло,	росло
Мы,	вы,	они	несли́,	везли́,	плели́,	гребли́,	росли́

1. 원형동사에서 -сти, -зти를 가지고, 현재시제(또는 단순미래시제)에서 어간의 끝에 д와 т를 가지고 있지 않은 유형(**нес**-у́т, **вез**-у́т)

여성형과 중성형에서 그리고 복수에서 과거시제 접미사 -л이 다시 나타난다 (нёс, несла;

вёз, везла)

2. 원형동사에서 **-сти**를 가지고 있는 동사들(**плести́** '뜨다', **вести́** '데리고 가다')이 현재시제(또는 단순미래시제)의 어간의 끝에 д(вед-у́)와 т(плет-у́, приобрет-у́)를 가지고 있으면, 과거시제 접미사 -л-은 모든 인칭들과 수에서 직접 어간의 모음에 붙는다(**вести́** '데리고 가다' — веду — вёл; плести́ '뜨다' — плету — плёл; приобтести́ '가지다, 얻다' — приобрету — приобрёл)

3. 동사 **грести́** '노를 젓다'에서 조성된 과거시제는 **-б**로 끝나는 어간을 가지고 조성된다(грёб, гребла́, гребли́)

4. 동사 **расти́** '자라다'에서 과거시제는 남성 **рос**, 여성 **росла́**, 중성 **росло́**, 복수 **росли́**가 조성된다.

5. упа́сть '떨어지다'(пасть '떨어지다'), сесть '앉다', лезть '기어 오르다'의 과거시제는 упа́л (упа́ла, упа́ли), сел (се́ла, се́ли), лез (ле́зла, ле́зли)이 조성된다.

◆◆◆

동사 идти '걸어가다'의 과거시제 조성

я,	ты,	он,	шёл	мы	шли
я,	ты,	она,	шла	вы	
		оно	шло	они	

연습문제 268 다음 동사의 과거시제를 쓰고 강세를 치시오. 그리고 이 동사를 가지고 문장을 만드시오.

выполнять, выполнить, надеяться (на что-нибудь), смеяться, признать, толкнуть

연습문제 269 다음 문장의 과거시제 동사의 원형을 쓰고 강세를 치시오.

1. На море синее вечерний пал туман (*П.*).
2. Снег выпал только в январе (*П.*).
3. Я вышел на опушку леса и побрёл по полю.

연습문제 270 동사 принести, отвезти, цвести, изобрести, приобрести, напасть, спасти의 과거시제 변화를 시키시오. 이 과거시제 동사를 가지고 간단한 문장을 만드시오.

◆◆◆

-чь로 끝나는 동사의 과거시제 조성

(мочь '가능하다', берéчь '소중히 하다', жечь '태우다', течь '흐르다', привлéчь '유인하다')

я,	ты,	он	мог,	берёг,	жёг,	тёк,	привлёк
я,	ты,	она	моглá,	береглá,	жгла,	теклá,	привлеклá
		оно	моглó,	береглó,	жгло,	теклó,	привлеклó
мы,	вы,	они	моглú,	береглú,	жгли,	теклú,	привлеклú

1. -чь로 끝나는 동사(берéчь '소중히 하다', печь '굽다')에서부터 과거시제는 г (берёг)와 к (пёк)로 끝나는 어간을 가지고 조성된다. 남성형태에서 과거접미사 -л-이 없다.

2. 동사 жечь '태우다'의 인칭변화를 할 때 동사 현재시제변화(жгу, жжёшь, жжёт, жжём, жжёте, жгут)에서와 마찬가지로 여성과 중성에서 그리고 복수에서 е가 상실된다: жгла, жгло, жгли.

연습문제 271 동사 помочь, зажечь, увлечься의 과거시제 변화를 시키고 이 과거시제 동사를 가지고 문장을 만드시오.

◆◆◆

접미사 -ну-를 가진 완료상과 불완료상 동사에서부터 과거시제 조성

я,	ты,	он	крúкнул,	привы́к,	мёрз
я,	ты,	она	крúкнула,	привыкла,	мёрзла
		оно	крúкнуло,	привы́кло,	мёрзло
мы,	вы,	они	крúкнули	привы́кли,	мёрзли

1. 접미사 -ну-를 가진 대부분의 완료상 동사는 과거시제에서 이 접미사가 유지된다:

крúкнуть '외치다' — крúкнул, толкнýть '밀다' — толкнýл, мигнýть '눈을 깜박거리다' — мигнýл, махнýть '손을 흔들다' — махнýл.

그러나 몇몇 완료상 동사에서 과거 시제 형태는 이 접미사가 사용되지 않는다:

привы́кнуть '익숙해지다' — привы́к, погúбнуть '멸망하다' — погúб, исчéзнуть '사라지다' — исчéз, достúгнуть '달성하다' — достúг, погáснуть '(불이) 꺼지다' — погáс, све́ргнуть — сверг, ути́хнуть — ути́х.

2. 접미사 **-ну-**를 가진 불완료상 동사는 일반적으로 과거시제에서 이 접미사를 상실한다: **вя́знуть** '(진흙탕 속에) 빠지다' — **вя́зли, вя́нуть** '시들다' — **вя́ли, мо́кнуть** '젖다' — **мо́кли, га́снуть** '꺼지다' — **гасли, ги́бнуть** '멸망하다' — **ги́бли, гло́хнуть** '귀먹다' — **гло́хли, зя́бнуть** '얼다' — **зя́бли, кре́пнуть** '튼튼해지다' — **кре́пли, мёрзнуть** '얼다' — **мёрзли, па́хнуть** '냄새 풍기다' — **па́хли, сле́пнуть** '실명하다' — **сле́пли,** 그러나 **тяну́ть** '끌다' — **тяну́ли, тону́ть** '빠지다' — **тону́ли.**

상기의 모든 불완료상 동사들은 접두사를 첨가함으로써 완료상 동사가 되고 과거시제에서 접미사 -ну-를 가지지도 않는다: **цветы́ увя́ли** '꽃들이 시들었다'; **огни́ пога́сли** '불들이 꺼졌다'; **друг поги́б** '친구가 죽었다'; **стари́к огло́х, осле́п** '노인은 귀먹고 눈 멀었다'; **я озя́б** '나는 몸이 얼었다'; **де́ти окре́пли** '아이들의 몸이 튼튼해졌다'; **вода́ замёрзла** '물이 얼어 붙어 버렸다'; **цветы́ запа́хли** '꽃들이 냄새를 풍기기 시작했다'; **огни́ поту́хли** '불들이 꺼졌다'.

3. 과거시제에서 접미사 **-ну-**를 보존하고 있지 않은 동사들(**привы́к, мёрз**)에서는 남성에서 접미사 **-л-**이 없다. 여성과 중성 그리고 복수에서는 접미사 **-л-**이 있다: **привы́кла, привы́кло, привы́кли; мёрзла, мёрзло, мёрзли.**

연습문제 272 이탤릭체로 된 동사의 원형을 말하시오.

1. Я памятник себе *воздвиг* нерукотворный, К нему не зарастёт народная тропа... (*П.*).
2. Встает заря во мгле холодной; На нивах шум работ *умолк*... (*П.*).
3. Что же ты, моя старушка, *Приумолкла* у окна? (*П.*).
4. В селе за рекою *потух* огонёк... (*П.*).
5. *Погасло* дневное светило, На море синее вечерний пал туман... (*П.*).

연습문제 273 다음 동사의 과거시제 동사의 변화를 시키시오. 이 동사를 가지고 문장을 만드시오.

свергнуть, отвергнуть, достигнуть, привыкнуть, затихнуть, умолкнуть

◆◆◆

원형어간의 끝에 -ере-를 가지고 있는 동사(заперéть '잠그다', стерéть '닦다')의 과거조성

я,	ты,	он	зáпер,	стёр
я,	ты,	она	заперлá,	стёрла
мы вы они			зáперли,	стёрли

1. 동사원형에 **-ере-**를 가지고 있는 동사들에서는 과거시제에서 원형 접미사 **-ть** 앞에 있는 모음 **е**가 보존되어 있지 않다: **заперéть**'잠그다' — **зáпер, заперлá, зáперли; стерéть**'닦다' — **стёр, стёрла, стёрли; умерéть**'죽다' — **ýмер, умерлá, ýмерли** 등.

2. 남성에서 접미사 -л-이 없다: **зáпер, стёр, ýмер.** 여성과 중성과 복수에서 접미사 -л-은 존재한다: **заперлá, зáперли; умерлá, ýмерли; стёрла, стёрли.**

연습문제 274 동사 **отпереть, вытереть**의 과거시제 변화를 시키시오.

연습문제 275 다음 문장에서 이탤릭체로 된 과거시제 형태를 동사원형으로 바꾸시오.

1. Солнце только что *взошло.* Трава на лугу ещё не *высохла*, а роса *сверкала* на солнце.
2. Перед домом *росли* липы. Они неда вно *расцвели* и сильно *пахли.*
3. Наше внимание *привлёк* огонёк, который то *появлялся*, то *гас.*
4. Собака *увидела* дичь и *замерла.*
5. Он *запер* дверь и *ушёл.*
6. Дети *увлеклись* игрой.

연습문제 276 괄호 속에 있는 동사를 과거시제 형태로 바꾸시오.

В холодный зимний день через лес медленно (брести) усталые охотники. (Идти) дождь. Охотники (промокнуть) и (замёрзнуть). Наконец они (достигнуть) опушки леса. Вдоль неё (течь) река, а за рекой (тянуться) поле. На берегу пастух (пасти) стадо. Охотники (остановиться) отдохнуть под большим дубом, который (расти) на краю леса. Они (разжечь) костер и (сесть) вокруг него. Они (поесть) и (отдохнуть). Когда их одежда (высохнуть), они (решить) продолжать охоту и снова (исчезнуть) в лесу.

동사 현재시제

동사 현재시제에서 인칭과 수의 변화

	단수			복수		
1인칭	я	иду,	стою	мы	идём,	стоим
2인칭	ты	идёшь,	стоишь	вы	идёте,	стоите
3인칭	он она оно	идёт,	стоит	они	идут,	стоят

-у(-ю); -ёшь, -ишь; -ёт, -ит; -ём, -им; -ёте, -ите; -ут. -ят는 동사의 인칭을 나타내기 때문에 이들을 인칭어미라고 한다.

동사 1식 변화와 2식 변화

1식 변화			어미		2식 변화		어미
я	живу́,	рабо́таю	-у,	(-ю)	стучу́,	строю́	-у(-ю)
ты	живёшь,	рабо́таешь	-ёшь,	-ешь	стучи́шь,	стро́ишь	-ишь
он она оно	живёт	рабо́тает	-ёт,	-ет	стучи́т,	стро́ит	-ит
мы	живём,	рабо́таем	-ём,	-ем	стучи́м,	стро́им	-им
вы	живёте,	рабо́таете	-ёте,	-ете	стучи́те,	стро́ите	-ите
они	живу́т,	рабо́тают	-ут,	(-ют)	стуча́т,	стро́ят	-ат(-ят)

동사 1식 변화는 다음의 인칭어미를 가진다: -у(-ю); -ешь, -ёшь; -ет, -ёт; -ем, -ём; -ете, -ёте; -ут(-ют). 1식 변화 동사의 인칭어미 е 위에 강세가 떨어지면 ё로 된다.

동사 2식 변화는 다음의 인칭어미를 가진다: -у(-ю), -ишь, -ит, -им, -ите, -ат(-ят).

어떤 동사는 인칭어미에 강세가 떨어지고(живу́, живёшь, живёт 등; стучу́, стучи́шь, стучи́т 등), 어떤 동사는 어미에 강세가 떨어지지 않는다(рабо́таю, рабо́таешь, 등; стро́ю, стро́ишь 등). 어떤 동사는 단수 1인칭에서 어미에 강세가 오지만, 단수와 복수의 나머지 인칭에서는 어미에 강세가 오지 않는다: учу́, у́чишь, у́чит, у́чим, у́чите, у́чат; борю́сь, бо́решься, бо́рется 등.

단수 2인칭에서 ш 뒤에서는 항상 연음부호 ь가 놓인다: живёшь, рабо́таешь, стучи́шь, стро́ишь.

불규칙 변화 동사

동사 хоте́ть '원하다', бежа́ть '달려가다'는 어떤 인칭은 1식 변화에 따라 변화되고, 어떤 인칭은 2식 변화에 따라 변화된다.

я	хочу́,	бегу́
ты	хо́чешь,	бежи́шь
он / она / оно	хо́чет,	бежи́т
мы	хоти́м,	бежи́м
вы	хоти́те,	бежи́те
они	хотя́т,	бегу́т

연습문제 277 이탤릭체로 된 단어들을 복수로 만드시오.

보기: Высоко в синем небе *летит птица.*
Высоко в синем небе *летят птицы.*

1. Высоко в синем небе *летит самолёт.*
2. О низкий берег *бьёт волна.*
3. *Краснеет* и *спеет* яблоко под горячими лучами солнца.
4. С реки *дует ветер.*
5. *Лодка* быстро *плывёт* вниз по реке.
6. *Мальчик сидит* на берегу и удит рыбу.
7. В камышах *кричит утка.*
8. *Шелестит лист* на тополе.
9. *Мальчик бежит* к реке.

강세 인칭어미를 가진 동사들

1식 변화동사

1. 동사원형에 접미사 **-ти**를 가진 유형(идти́, расти́, нести́ 등)

   идти́ '걸어가다' — иду́, идёшь ... иду́т
   расти́ '자라다' — расту, растёшь ... растут
   цвети́ '꽃이 피다' — цвету, цветёшь ... цветут

2. 동사원형에서 **-чь**를 가진 동사(бере́чь, стере́чь, влечь 등)

   бере́чь '지키다' — берегу́, бережёшь ... берегу́т
   стере́чь '감시하다' — стерегу́, стережёшь ... стерегу́т
   влечь '유인하다 — влеку́, влечёшь ... влеку́т

예외: a) 동사 мочь '가능하다'는 단수 1인칭에서 어미에 강세가 떨어진다(могу́), 그러나 단수와 복수의 나머지 인칭에서는 어간에 강세가 떨어진다(мо́жешь мо́жет мо́жем мо́жете мо́гут). 완료상 동사 помо́чь '돕다', превозмо́чь '극복하다'도 단수 1인칭에서만 어미에 강세가 온다:

помогу́	превозмогу́
помо́жешь	превозмо́жешь
помо́жет	превозмо́жет
помо́жем	превозмо́жем
помо́жете	превозмо́жете
помо́гут	превозмо́гут

b) 완료상 동사 лечь '눕다'는 어미에 강세가 오지 않는다: ля́гу, ля́жешь, ля́жет, ля́жем, ля́жете, ля́гут.

3. 동사원형에서 да-, зна-, ста- 뒤에 접미사 -ва-를 가진 유형(дава́ть '주다', узнава́ть '인지하다', встава́ть '일어나다')

   дава́ть '주다' — даю́, даёшь ... даю́т
   узнава́ть '인지하다' — узнаю́, узнаёшь ... узнаю́т
   встава́ть '일어나다' — встаю́, встаёшь ... встаю́т
   (이 그룹의 동사는 현재시제에서 접미사 -ва-를 상실한다.)

4. 동사원형어간에 -и-를 가진 단음절 동사로부터 만들어진 모든 동사(шить '깁다', пить '마시다', бить '때리다', лить '액체를 붓다', вить '감다')

шить '깁다' — шью, шьёшь ...шьют

пить '마시다' — пью, пьёшь ... пьют

бить '때리다' — бью, бьёшь ... бьют

лить '액체를 붓다' — лью, льёшь ... льют

예외: жить '살다' — живу́, живёшь ... живу́т

상기의 동사에 접두사 вы가 부가되면 완료상 동사에서 강세의 위치가 변화된다:

вы́пить '마셔 버리다' — вы́пью, вы́пьешь ... вы́пьют

вы́лить '따르다, 쏟다' — вы́лью, вы́льешь ... вы́льют

5. 동사원형어간에 -ере-를 가진 동사(умере́ть '죽다', стере́ть '닦아내다', запере́ть '잠그다')

умере́ть '완, 죽다' — умру́, умрёшь ... умру́т

стере́ть '완, 닦아내다' — сотру́, сотрёшь ... сотру́т

запере́ть '완, 잠그다' — запру́, запрёшь ... запру́т

접두사 вы-를 가진 완료상 동사들은 예외적으로 다음과 같이 된다: вы́тру, вы́трешь, вы́трут

6. 암기해야 할 단어들:

брать '**불완**, 취하다' — беру́, берёшь ... беру́т

взять '완, 취하다' — возьму́, возьмёшь ... возьму́т

ждать '**불완**, 기다리다' — жду, ждёшь ... ждут

жить '**불완**, 살다' — живу́, живёшь ... живу́т

звать '**불완**, 부르다' — зову́, зовёшь ... зову́т

плыть '**불완**, 수영하다' — плыву́, плывёшь ... плыву́т

смея́ться '**불완**, 웃다' — смею́сь, смеёшься ... смею́тся

상기의 동사에 접두사가 부가되면 강세 위치가 변화된다: вы́зову, вы́плыву ...

2식 변화 동사

강세가 인칭어미에 있고 매우 많이 사용되는 동사들(알파벳 순서임):

боя́ться '두려워하다' — боюсь, бои́шься ...
говори́ть '말하다' — говорю́, говори́шь ...
горе́ть '타다' — горю́, гори́шь ...
греме́ть '울려 퍼지다' — гремлю́, греми́шь ...
дрожа́ть '떨다' — дрожу́, дрожи́шь ...
жужжа́ть '웅웅 소리내다' — жужжу́, жужжи́шь ...
звене́ть '하품하다' — звеню́, звени́шь ...
звуча́ть '소리내다' — звучи́т ...
крича́ть '외치다' — кричу́, кричи́шь ...
крои́ть '재단하다' — крою́, крои́шь ...
лежа́ть '누워있다' — лежу́, лежи́шь ... лежа́т
лете́ть '날다' — лечу́, лети́шь ... летят
ложи́ться '눕다' — ложу́сь, ложи́шься ... ложа́тся
молча́ть '침묵하다' — молчу́, молчи́шь ... молча́т
реши́ть '해결하다' — решу́, реши́шь ... реша́т
сади́ться '앉다' — сажу́сь, сади́шься ... садя́тся
свисте́ть '휘파람을 불다' — свищу́, свисти́шь ... свистя́т
сиде́ть '앉다' — сижу́, сиди́шь ... сидя́т
спать '잠자다' — сплю, спишь ... спят
спеши́ть '서두르다' — спешу́, спеши́шь ... спеша́т
стоя́ть '서 있다' — стою́, стои́шь ... стоя́т
стуча́ть '두드리다' — стучу́, стучи́шь ... стуча́т

이 동사들에 접두사를 부가해도 단어에서 강세의 위치는 변경되지 않는다 (замолчи́шь, скрои́шь, накричи́шь). 예외적으로 접두사 **вы-**를 추가하면 완료상 동사가 되고 이 접두사 **вы́-** 위에 강세가 떨어진다: **вы́**говоришь '말하다', **вы́**кроишь '재단하다', **вы́**летишь '날다' 등.

연습문제 278 a) 다음 동사를 현재시제 형태로 변화시키시오.
вести, везти; мочь, печь; отдавать, сознавать, уставать; бить, пить; звать; плыть; лежать, говорить, молчать.

b) 이 동사의 현재시제 형태를 가지고 간단한 문장을 만드시오.

c) 다음 완료상 동사를 단일미래시제 형태로 변화시키시오.
лечь, запереть, вылить, вырасти

인칭어미에 강세가 오지 않는 동사들

동사 인칭어미를 올바르게 쓰기 위해서는 해당 동사가 어떤 동사 변화식에 속하는지 — 1식 변화에 속하는지 2식 변화에 속하는지 알아야 한다.

1. 강세가 인칭어미에 떨어지면 동사가 어떤 변화식에 속하는지 알기가 쉽다: идёшь … иду́т (1식 변화), говори́шь … говоря́т (2식 변화)

2. 강세가 어미에 떨어지지 않으면 해당 동사가 어떤 변화식에 속하는지 동사원형으로 알 수 있다.

1식 동사

a) -ить로 끝나는 한 동사

брить '면도하다' — бре́ю, бре́ешь, бре́ют

b) -еть로 끝나는 모든 동사

красне́ть '빨갛게 되다' — красне́ю, красне́ешь, красне́ют

беле́ть '하얗게 되다' — беле́ю, беле́ешь, беле́ют

владе́ть '지배하다' — владе́ю, владе́ешь, владе́ют

오른쪽 일곱 단어를 제외한 모든 단어

c) -ать로 끝나는 모든 동사

отвеча́ть '대답하다' — отвеча́ю, отвеча́ешь, отвеча́ют

2식 동사

a) -ить로 끝나는 모든 동사

стро́ить '건설하다' — стро́ю, стро́ишь, стро́ят

ходи́ть '걸어가다' — хожу́, хо́дишь, хо́дят

бели́ть '하얀 백분을 바르다' — белю́, бе́лишь, бе́лят

b) -еть로 끝나는 일곱 동사

смотре́ть '바라보다' — смотрю́, смо́тришь, смо́трят

ви́деть '보다' — ви́жу, ви́дишь, ви́дят

ненави́деть '좋아하지 않다' — ненави́жу, ненави́дишь, ненави́дят

терпе́ть '참다' — терплю́, те́рпишь, те́рпят

оби́деть '화나게 하다' — оби́жу, оби́дишь, оби́дят

верте́ть '돌리다' — верчу́, ве́ртишь, ве́ртят

зави́сеть '…에 의존하다' — зави́шу, зави́сишь, зави́сят

이 단어들에서부터 접두사 조성법으로 만들어지는 모든 단어들도 동일하게 변화된다 — посмотре́ть, уви́деть, вы́терпеть 등.

c) -ать로 끝나는 네 동사

дыша́ть '호흡하다' — дышу́, ды́шишь, ды́шат

ломáть '깨다' — ломáю, ломáешь, ломáют

надéяться '기대하다' — надéюсь, надéешься, надéются

오른쪽의 네 단어를 제외한 모든 단어는 1식 변화를 한다.

слы́шать '들리다' — слы́шу, слы́шишь, слы́шат

держáть '붙잡다' — держý, дéржишь, дéржат

гнать '쫓다' — гоню́, гóнишь, гóнят

이 단어들로부터 접두사 조성법에 의하여 만들어지는 모든 단어들로 2식 변화를 한다 — подышáть, услы́шать, вы́держать, согнáть 등.

연습문제 279 무강세 인칭어미의 다음 동사들을 변화시키시오.

работать, получать, отправлять, отвечать, болеть, ходить, бороться, трудиться, веять, уметь, рисовать, советовать, горевать

연습문제 280 점들이 있는 자리에 괄호 안에 있는 동사를 현재시제로 변화시키시오.

1. Роса ... на траве и цветах (блестеть).
2. В зелёной траве ... ягоды земляники (краснеть).
3. Дует ветер, мельничные крылья … быстро (вертеться).
4. Я зову его, а он не … (слышать).
5. Она … книги в библиотеке (брать).
6. Друзья … мне прочитать эту книгу (советовать).
7. Врачи … за жизнь больного (бороться).
8. Напротив нашего дома … здание кинотеатра (строиться).
9. Он … и поэтому сейчас не может подойти к телефону (бриться).

연습문제 281 동사 зависеть, держать의 단수와 복수 3인칭을 사용하여 문장을 만드시오.

연습문제 282 a) 동사 слушать와 слышать의 현재형을 말로 그리고 문자로 변화시키고, 강세를 치시오. 이 동사를 가지고 두 문장씩 만들고 이 동사들의 의미에 어떤 차이가 있는지 설명하시오. b) 동사 видеть와 смотреть의 현재형을 말로 그리고 문자로 변화시키고 강세를 치시오. 이 동사를 가지고 두 문장씩 만들고 이 동사들의 의미에 어떤 차이가 있는지 설명하시오.

동사 быть '존재하다', есть '먹다', ехать '차를 타고 가다'의 현재시제

현대 표준어에서 동사 быть '존재하다'에서 온 현재 단수와 복수 1, 2인칭은 사용되지 않는다. 단지 단수 3인칭 형태 есть는 몇몇 경우에 사용되고 복수 суть는 드물게 사용된다.

A. **есть**는 현대 러시아어에서는 다음의 경우로 사용된다:

1. 과학정의의 명사합성술어의 계사로 사용된다(Мышле́ние **есть** проду́кт де́ятельности мо́зга. '사유는 뇌의 활동의 산물이다.'). 그러나 일반적으로는 계사 есть는 사용되지 않는다.

   Я студе́нт университе́та. '나는 종합대학의 학생이다.'

   Они́ студе́нты пединститу́та. '그들은 사범대학의 학생이다.'

   Мой друг — инжене́р. '나의 친구는 기사이다'

2. 어떤 사물의 존재를 설정할 때 사용된다.

   У меня́ **есть** брат и сестра́. '나는 형과 누나가 있다.'

   У меня́ **есть** бра́тья и сёстры. '나는 형들과 누나들이 있다.'

   Сего́дня у меня́ **есть** вре́мя пойти́ в кино́. '오늘 나는 영화관에 갈 시간이 있다.'

   У моего́ дру́га **есть** интере́сная кни́га. '나의 친구는 재미있는 책을 가지고 있다.'

   그러나 어떤 자질, 대상의 특성, 심리적인 상태, 질병의 존재가 설정되는 문장에서는, 동사 **есть**를 사용하지 않는다:

a) У ма́льчика све́тлые во́лосы и си́ние глаза́. '소년은 밝은 머리카락과 푸른 눈동자를 가지고 있다.';

   У де́вочки тёмные во́лосы и се́рые глаза́ '소녀는 어두운 머리카락과 회색 눈동자를 하고 있다.';

   У моего́ друга прекра́сная па́мять '나의 친구는 기억력이 좋다.';

   У него́ хоро́ший хара́ктер '그는 성격이 좋다.';

   У арти́ста вырази́тельное лицо́ '배우는 얼굴 표정이 풍부하다';

   У певи́цы чуде́сный го́лос '여 가수는 목소리가 매력적이다'.

b) Сего́дня у меня́ хоро́шее настрое́ние. '오늘 나는 기분이 좋다.';

   У нас больша́я ра́дость: все студе́нты на́шей гру́ппы получи́ли на экза́менах «отли́чно» '우리는 매우 기쁘다. 왜냐하면 우리 반의 모든 학생들이 시험을 매우 잘 쳤기 때문이다.'.

   У дру́га го́ре: у́мер его́ бли́зкий друг. '친구는 슬프다. 왜냐하면 그의 가까운 친구가 죽었기 때문이다.'.

c) Сего́дня не пришёл на заня́тия наш препода́ватель: у него́ грипп. '오늘 우리 교수님은 수업하러 오지 못하셨다. 왜냐하면 교수님은 독감이 들었기 때문이다.';

   Мой друг не мо́жет уча́ствовать в лы́жных соревнова́ниях: у него́ поро́к се́рдца. '나의 친구는 스키 대회에 참석할 수 없다. 왜냐하면 그는 심장병이 있기 때문이다.'.

[주의] У тебя есть новый костюм? '너는 새 양복이 있느냐? 없느냐?'와 У тебя новый костюм? '너의 양복은 새것이냐?'의 문장은 의미가 차이가 난다. 첫 번째 문장은 상대방에게 새 양복이 있는지 없는지의 존재 여부를 확인하는 문장이다. 그리고 두 번째 문장은 양복의 질을 묻는 것이기 때문에 есть가 생략되었다.

B. **суть**는 현재시제 복수 3인칭의 옛날 형태이다.

   Сии́ столь оклеве́танные смотри́тели вообще́ **суть** лю́ди ми́рные от приро́ды, услу́жливые, скло́нные к общежи́тию.'이 매우 비방 받았던 감시인들은 일반적으로 남을 보살피기 좋아하고 함께 사는 것을 좋아하는 천성이 평화로운 사람들이다.'

연습문제 283 다음 문장에서 동사 есть를 사용하는 경우 또는 사용하지 않는 경우를 설명하시오.

1. У кого есть конспект? У меня есть конспект, у друга Иванова тоже есть конспект.
2. У кого мой конспект? Конспект у меня.
3. У моей сестры красивые глаза.
4. Друг не пришёл на занятия: у него ангина.

연습문제 284 다음 문장을 한국어로 번역하시오.

1. У вас есть брат? У меня есть брат и сестра.
2. У брата хороший голос.
3. У меня много интересных книг. Есть у меня книги по разным вопросам техники.

연습문제 285 동사 быть의 현재시제를 가지고 의문문과 서술문을 각각 두 개씩 만드시오.

동사 есть('먹다'의 의미로 사용됨)

〚현재시제〛

я	ем	мы	еди́м
ты	ешь	вы	еди́те
он / она / оно	ест	они	едя́т

〚과거시제〛

я	ел, е́ла	мы / вы / они́	е́ли
ты	ел, е́ла		
он	ел		
она	е́ла		
оно	е́ло		

접두사를 가진 완료상 동사들 съесть'다 먹어버리다', перее́сть'과식하다', недое́сть'실컷

먹지 않다' 등과 동사 **надоéсть(надоéм, надоéшь** 등)도 그렇게 활용을 한다. 그런데 동사 **надоéсть**는 의미상 동사 **есть** '먹다'와 아무 관계가 없다. 이 동사의 뜻은 '싫증나게 하다' 이다.

동사 ехать

〖현재시제〗

я	éду	мы	éдем
ты	éдешь	вы	éдете
он	éдет	они	éдут

연습문제 286 ('먹다'의 의미로 사용된) 동사 **есть**와 **ехать**의 복수 현재를 가지고 네 문장씩 만드시오.

동사 미래시제

<table>
<tr><th colspan="3">불완료상</th><th colspan="2">완료상</th></tr>
<tr><td colspan="3">동사원형</td><td colspan="2">동사원형</td></tr>
<tr><td colspan="3">писáть
выполня́ть
добивáться</td><td colspan="2">написáть
вы́полнить
доби́ться</td></tr>
<tr><td colspan="3">합성식 미래</td><td colspan="2">단일식 미래</td></tr>
<tr><td>я</td><td>бýду</td><td>писáть</td><td>я</td><td>напишý</td></tr>
<tr><td>ты</td><td>бýдешь</td><td>писáть</td><td>ты</td><td>напи́шешь</td></tr>
<tr><td>он
она
оно</td><td>бýдет</td><td>писáть</td><td>он
она
оно</td><td>напи́шет</td></tr>
<tr><td>мы</td><td>бýдем</td><td>писáть</td><td>мы</td><td>напи́шем</td></tr>
<tr><td>вы</td><td>бýдете</td><td>писáть</td><td>вы</td><td>напи́шете</td></tr>
<tr><td>они</td><td>бýдут</td><td>писáть</td><td>они</td><td>напи́шут</td></tr>
</table>

합성식 미래			단일식 미래	
я	бу́ду	выполня́ть	я	вы́полню
ты	бу́дешь	выполня́ть	ты	вы́полнишь
он она оно	бу́дет	выполня́ть	он она оно	вы́полнит
мы	бу́дем	выполня́ть	мы	вы́полним
вы	бу́дете	выполня́ть	вы	вы́полните
они	бу́дут	выполня́ть	они	вы́полнят
합성식 미래			**단일식 미래**	
я	бу́ду	добива́ться	я	добью́сь
ты	бу́дешь	добива́ться	ты	добьёшься
он она оно	бу́дет	добива́ться	он она оно	добьётся
мы	бу́дем	добива́ться	мы	добьёмся
вы	бу́дете	добива́ться	вы	добьётесь
они	бу́дут	добива́ться	они	добью́тся

러시아어에서 미래는 단일미래시제 형태와 합성미래시제 형태로 둘로 나누어진다.

단일미래는 완료상 동사에서 만들어지며 미래의 시점에서 행위가 실현되어 끝까지 이루어지는 행위를 표시한다.

합성미래는 불완료상 동사에서 만들어지며 미래의 시점에서 행위가 실현되지만 그 행위가 끝까지 실현되었는지 안되었는지를 불확실한 행위를 표시한다.

단일미래시제 조성방법은 완료상 동사에서 만들어지지만, 기본적으로 불완료상 현재시제어미 조성방법과 동일하다.

Напишу́ '나는 쓸 것이다.'

Напи́шешь '너는 쓸 것이다.'

Напи́шет '그는(그녀는) 쓸 것이다.'

Напи́шем '우리들은 쓸 것이다.'

Напи́шете '당신(들)은 쓸 것이다.'

Напи́шут '그들은 쓸 것이다.'

합성미래시제 조성방법은 быть의 변화형 буду, будешь, будут에 불완료상 동사원형을 합성하여 만들어진다.

Бу́ду писать '나는 쓸 것이다.'

Бу́дешь писать '너는 쓸 것이다.'

Бу́дет писать '그는(그녀는) 쓸 것이다.'

Бу́дем писать '우리들은 쓸 것이다.'

Бу́дете писать '당신(들)은 쓸 것이다.'

Бу́дут писать '그들은 쓸 것이다.'

연습문제 287 다음 완료상 동사의 복수 3인칭 형태로 된 단일미래시제를 가지고 문장을 만드시오.

пойти (пойду, пойдёшь…), взять (возьму, возьмёшь…); сказать (скажу, скажешь…), спросить (спрошу, спросишь…); сделать (сделаю, сделаешь…); выучить (выучу, выучишь…); посмотреть (посмотрю, посмотришь…); выполнить (выполню, выполнишь…).

연습문제 288 완료상 동사 дать의 활용형을 쓰시오.

연습문제 289 다음 문장을 읽고 왼쪽 편과 오른쪽 편의 동사들이 어떤 시제로 되어 있는지 지적하시오.

1.	Мы каждый день получаем газету «Правда».	Скоро мы получим новый журнал.
2.	Мы выписываем две газеты.	Мы выпишем в этом году три газеты.
3.	Наша группа обычно в срок выполняет все задания.	Наша группа выполнит в срок все задания.
4.	Мы учим каждый месяц несколько стихотворений.	Мы выучим к следующему уроку стихотворение Пушкина.
5.	На каждом уроке русского языка студенты делают небольшие устные сообщения на русском языке.	Сегодня сообщение сделает друг Иванов.
6.	Все студенты нашей группы готовят материал в стенгазету.	В стенгазету приготовят материал студенты нашей группы.
7.	Я готовлюсь к выступлению на вечере.	Я приготовлюсь к выступлению на вечере.
8.	Я часто хожу по магазинам, покупаю книги.	Сегодня я пойду в книжный магазин и куплю новый словарь.
9.	Я всегда в срок возвращаю в библиотеку книги и беру новые.	Завтра я верну в библиотеку книги и возьму новые.

10. Мы будем упорно добиваться высокой успеваемости на нашем курсе.

Мы обязательно добьёмся высокой успеваемости на нашем курсе.

연습문제 290 다음 불완료상 동사와 완료상 동사에서부터 단수와 복수 3인칭을 쓰시오.

строить — построить; укреплять — укрепить; изучать — изучить; получать — получить; изменяться — измениться; защищать — защитить; превращаться — превратиться; цвести — зацвести; развиваться — развиться; всходить — взойти; сдвигать — сдвинуть; брать — взять; говорить — сказать; выбирать — выбрать.

연습문제 291 다음 질문에 답하시오.

1. Что вы будете делать летом?
2. Как вы будете проводить свои каникулы?
3. В какой области вы будете работать по окончании университета?

현재시제 어간과 단일 미래시제 어간

1. 동사 형태를 옳바르게 조성하는데 원형 어간뿐만 아니라 현재시제 어간 (또는 단일 미래시제 어간)을 알아야 한다.

2. 현재시제 어간을 찾기 위하여 복수 3인칭 어미를 제거해야 한다:

   они́ иду́т (**ид**-у́т)
   они́ пи́шут (**пи́ш**-ут)
   они́ и́щут (**ищ**-ут)
   они́ рабо́тают (**рабо́таj**-ут)
   они́ берегу́т (**берег**-у́т)
   они́ хотя́т (**хот**-а́т)
   они́ стуча́т (**стуч**-а́т)

   현재시제 어간에서의 자음교체로 인하여 단수 1인칭, 단수 2인칭 그리고 복수 3인칭은 여러가지 어간을 가질 수 있다: 예를 들어, я **хож**-у́, ты **хо́д**-ишь; я **грущ**-у́, ты **груст**-и́шь; я **мог**-у́, ты **мо́ж**-ешь, они **мо́г**-ут; я **берег**-у́, ты **береж**-ёшь, они **берег**-у́т. 이 때문에 (동사원형과 더불어) 새로운 동사를 표기 할 때 어떤 경우에는 단수 1인칭과 2인칭을 써야 하고, 어떤 경우에는 복수 3인칭을 써야 한다(могу́, мо́жешь … мо́гут; лгу, лжёшь, … лгут).

3. 동사원형과 현재시제는 동일한 어간을 가질 수 있다: **нес-ти́; нес-у́**.

4. 동사원형에서 유사어간을, 예를 들어, 어간의 끝에 a를 가지는 동사(**пис*а́*-ть, чит*а́*-ть,** пах**а́**-ть, ре́з**а**-ть, дав**а́**-ть, организов**а́**-ть)는 현재에서 여러 가지 어간을 가질 수 있다:

원형어간	현재시제 어간	주
a) чита́-ть изуча́-ть одева́-ть	чита́j-ут (читают) изуча́j-ут (изучают) одева́j-ут (одевают)	현재시제 어간에서 j가 있다. 이것은 정자법으로는 ю이지만 이 문자는 j + y로 구분되고 j는 어간에 속한다.
b) писа́-ть паха́-ть ре́за-ть иска́-ть дрема́-ть	пи́ш-ут па́ш-ут ре́ж-ут и́щ-ут дремл'-ут (дремлют)	동사원형어간과 현재시제 어간에서 자음이 서로 다르다; 현재시제 어간의 끝에 a가 없다.
c) дава́-ть встава́-ть узнава́-ть	даj-ут (дают) встаj-ут (встают) узнаj-ут (узнают)	동사원형에서 да-, зна-, ста- 다음에 접미사 -ва-를 가지고 있는 동사는 현재시제에서 이 접미사를 상실한다. 현재시제 어간은 이 접미사는 사라지고 끝에 j를 가진다.
d) организова́-ть советова-ть воева́-ть	огранизу́j-ут (организуют) сове́туj-ут (советуют) воюj-ут (воюют)	동사원형에서 접미사 -ова-를 가진 동사는 현재시제에서 접미사 -у- (-ю-)를 가진다. 현재시제 어간에 j를 가진다.

동사의 기본 유형

러시아어에서 모든 동사 형태들은 두 개의 어간 — 원형어간과 현재시제 또는 단일미래시제의 어간에서부터 만들어진다.

이 두 가지 어간들과 이들의 상관관계에 따라서 동사의 주요한 유형들이 구분된다. 생산성적인 유형(чита́ть — чита́ю, чита́ешь; рисова́ть — рису́ю, рису́ешь)과 비생산적인 그룹(писа́ть — пишу́, пи́шешь; дава́ть — даю, даёшь)으로 구분된다.

생산적인 유형이란 현대 러시아어에서도 새롭게 만들어질 수 있는 동사들로 보충될 수 있는 그런 동사들을 말한다.

비생산적인 그룹이란 과거에 만들어졌던 것으로 현대 러시아어에서는 더 이상 새로운 동사로 만들어지지 않고 이 때문에 동사의 수가 어느 정도 한정되어 있다.

러시아어에서는 다섯 개의 생산적인 유형과 몇몇 비생산적인 그룹으로 구분된다.

불완료상과 완료상 동사 형태 비교표

		불완료상			완료상			
		изучать		стро́ить	изучи́ть			постро́ить
직설법	현재시제	я	изуча́ю	стро́ю	현재시제 없음			
		ты	изуча́ешь	стро́ишь				
		он, она, оно	изуча́ет	стро́ит				
		мы	изуча́ем	стро́им				
		вы	изуча́ете	стро́ите				
		они	изуча́ют	стро́ят				
	과거시제	я, ты, он	изуча́л	стро́ил			изучи́л	постро́ил
		я, ты, она	изуча́ла	стро́ила			изучи́ла	постро́ила
		оно	изуча́ло	стро́ило			изучи́ло	постро́ило
		мы, вы, они	изуча́ли	стро́или			изучи́ли	постро́или
	미래시제	я	бу́ду изуча́ть	бу́ду стро́ить	단일미래시제	я	изучу́	постро́ю
		ты	бу́дешь изуча́ть	бу́дешь стро́ить		ты	изу́чишь	постро́ищь
		он, она, оно	бу́дет изуча́ть	бу́дет стро́ить		он, она, оно	изу́чит	постро́ит
		мы	бу́дем изуча́ть	бу́дем стро́ить		мы	изу́чим	постро́им
		вы	бу́дете изуча́ть	бу́дете стро́ить		вы	изу́чите	постро́те
		они	бу́дут изуча́ть	бу́дут стро́ить		они	изу́чат	постро́ят
조건법		я, ты, он	изуча́л бы	стро́ил бы		я, ты, он	изучи́л бы	постро́ил бы
		я, ты, она	изуча́ла бы	стро́ила бы		я, ты, она	изучи́ла бы	постро́ила бы
		оно	изуча́ло бы	стро́ило бы		оно	изучи́ло бы	постро́ило бы
		мы, вы, они	изуча́ли бы	стро́или бы		мы, вы, они	изучили бы	постро́или бы
명령법			изуча́й	стро́й			изучи́	постро́й
			изуча́йте	стро́йте			изучи́те	постро́йте

[주] -ся로 끝나는 동사(умываться, заниматься)는 이것이 없는 동사와 동일한 형태를 조성한다: –ся는 항상 어미 다음에 단어의끝에 위치한다(자음 다음에는 -ся, 모음 다음에는 -сь이다.)

I. 동사원형에서 -a (-я)로 되는 어간의 생산적인 유형

동사원형	현재시제 또는 단일미래시제	
чита́-ть '읽다'	чита́ю, чита́ешь ..., чита́ют	현재
зна-ть '알다'	зна́ю, зна́ешь ..., зна́ют	현재
воспи́тыва-ть '양육하다'	воспи́тываю, воспи́тываешь ..., воспитыва́ют	현재
воспита́-ть '양육하다'	воспита́ю, воспита́ешь ..., воспита́ют	단일미래
гуля́-ть '산책하다'	гуля́ю, гуля́ешь ..., гуля́ют	현재
влия́-ть '영향을 주다'	влия́ю, влия́ешь ..., влия́ют	현재
повлия́-ть '영향을 주다'	повлия́ю, повлия́ешь ..., повлия́ют	단일미래

동사원형에서 어간의 마지막 모음이 **-а (-я)**이고(чит**а**ть, гул**я**ть), 이 **-а (-я)**를 현재시제어간(чита́ю, чита́ешь; гуля́ю, гуля́ешь...) 또는 단일미래시제 어간(воспита́ю, воспита́ешь; повлия́ю, повлия́ешь...)에서 보존하고 있는 동사들이 이 유형에 속한다.

일반적으로 **-а (-я)**는 접미사이지만 어떤 경우에는 동사 어근에 속하기도 한다(зна-ть).

해당 생산적인 유형의 동사들은 1식 변화 동사에 속한다.

이 유형의 동사들의 강세는 결코 인칭어미에 떨어지지 않는다.

[주1] 어떤 상짝의 동사는 상짝 모두가 여러가지 생산적인 유형에 속할 수 있다:
получа́ть — получа́ю, получа́ешь... (I 생산적인 유형, I식 활용동사);
получи́ть — получу́, полу́чишь... (V 생산적인 유형, I식 활용동사).
또는 상짝 중 한 상의 동사는 생산적인 유형에 속하고, 또 다른 상의 동사는 비생산적인 유형에 속할 수 있다:
понима́ть — понима́ю, понима́ешь... (I 생산적인 유형, I식 활용동사)
поня́ть — пойму́, поймёшь... (비생산적인 유형, I식 활용동사)

[주2] 만약 동사의 완료상이 접두사에 의하여 불완료상으로부터 조성된 것이라면, 두 동사(불완료상과 완료상)는 생산적인 유형이든 비생산적인 유형이든 동일한 유형에 속한다:
생산적인 유형: **чита́ть — прочита́ть**; чита́ю — прочита́ю, чита́ешь — прочитаешь;
비생산적인 유형: **писа́ть — написа́ть**: пишу́ — напишу́; пи́шешь — напи́шешь

[주3] 접미사 **-ыва-**, **-ива-**를 가진 모든 동사는 생산적인 유형에 속한다: **перепи́сывать** — перепи́сываю, перепи́сываешь...; **спра́шивать** — спра́шиваю, спрашиваешь...

연습문제 292 다음 불완료상 동사의 단수와 복수 3인칭 현재시제를 쓰시오:

работать, изучать, отдыхать, отвечать, переписывать, воспитывать, повторять, отправлять, выполнять, влиять, защищать, падать, являться, прощаться.

그리고 다음 완료상 동사의 단수와 복수 3인칭 단일 미래시제를 쓰시오:
заработать, потерять, повлиять, попрощаться.

주어진 동사 중 몇몇 동사를 가지고 다섯 개의 문장을 만드시오. 동사에 강세를 치시오.

연습문제 293 다음 문장을 읽고 -ать (-ять)로 끝나는 생산적인 동사를 뽑아 쓰시오. 이들의 동사원형을 쓰시오. 단수와 복수의 임의의 인칭의 현재시제로 쓰시오.

я занимаюсь русским языком

Я занимаюсь русским языком три раза в неделю. В нашей группе 6 человек. С нами работает русский преподаватель. На уроке мы разговариваем только по-русски. Преподаватель спрашивает нас, мы отвечаем. Потом мы спрашиваем друг друга. Мы читаем тексты, делаем грамматические и фонетические упражнения. Два раза в неделю я занимаюсь в фонетической лаборатории. Там я работаю с магнитофоном: слушаю тексты и диалоги, записываю на плёнку ответы на вопросы. Дома я каждый день повторяю материал, который мы изучаем с преподавателем. Думаю, что скоро я буду хорошо понимать и говорить по-русски.

연습문제 294 이탤릭체로 된 동사들을 원형으로 만들고 강세를 치시오.

Знаете ли вы, какое наслаждение выехать весной до зари? На тёмно-сером небе кое-где *мигают* звёзды, влажный ветерок изредка *набегает* лёгкой волной ... Вам холодно немножко, вы *закрываете* лицо воротником шинели; вам дремлется. Лошади звучно *шлёпают* ногами по лужам; кучер *посвистывает* ... (*Тург.*)

동사원형에서 -а 어간 동사의 비생산적인 그룹

동사원형에서 **-a**로 되는 어간을 가진 동사들의 비생산적인 그룹은 현재시제 또는 단일미래시제의 어간의 끝에서 이 **-a**를 보존하지 않는다.

I

동사원형어간과 현재시제 (또는 단일미래시제)의 어간들에서 자음교체가 발생하는 동사들이 이 비생산적인 그룹에 속한다: 동사원형의 **-ать** 앞의 경자음 그리고 현재시제 (또는 단일미래시제)의 어간의 끝에 있는 쉿소리 또는 연자음과 자음교체가 발생한다:

		자음교체
писа́ть '쓰다'	пишу́, пи́шешь ...	с — ш
паха́ть '경작하다'	пашу́, па́шешь ...	х — ш
ре́зать '자르다'	ре́жу, ре́жешь ...	з — ж
сказа́ть '말하다'	скажу́, ска́жешь ...	з — ж
пла́кать '울다'	пла́чу, пла́чешь ...	к — ч
хлопота́ть '노력하다'	хлопочу́, хлопо́чешь ...	т — ч
ропта́ть '불평하다'	ропщу́, ро́пщешь ...	т — щ

иска́ть '찾다'	ищу́, и́щешь ...	ск — щ
дрема́ть '졸다'	дремлю́, дре́млешь ...	м — мл
посла́ть '보내다'	пошлю́, пошлёшь ...	сл — шл

이 비생산적인 그룹의 단어들은 1식 변화동사에 속한다.

동사원형에서 강세가 어간의 마지막 **-а**에 떨어지면(писа́ть, иска́ть, дрема́ть), 강세는 일반적으로 어미에 떨어지고(пишу́, скажу́, ищу́, дремлю́), 그리고 다른 형태들에서는 어간에 떨어진다(пи́шешь, пи́шут; ска́жешь ... ска́жут; и́щешь ... и́щут; дре́млешь ... дре́млют; 그러나 посла́ть — пошлю́, пошлёшь ... пошлю́т).

강세가 단어의 어근에 떨어지면, 강세는 일반적으로 이동되지 않는다(ре́зать — ре́жу, ре́жешь ... ре́жут; пря́тать — пря́чу, пря́чешь ... пря́чут)

접두사 **вы-**를 가지고 만들어진 완료상 동사들에서는 모든 형태들에서 강세가 이 접두사 위에 떨어진다(вы́писать — вы́пишу, вы́пишешь; вы́сказать — вы́скажу, вы́скажешь; вы́резать — вы́режу, вы́режешь; вы́слать — вы́шлю, вы́шлешь)

연습문제 295 다음 과거시제를 현재시제 또는 단일미래시제로 바꾸시오. (완료상 동사는 이탤릭체로 되어 있다.)

1. Сначала я читал текст, а потом писал упражнения.
2. Когда я *прочитал* эту книгу, я *послал* её тебе по почте.
3. Вы *рассказали* нам, как вы занимались русским языком.
4. Мы *показали* друзьям снимки, которые *сделали* во время туристической поездки.
5. Девочка плакала, когда она рассказывала об этом.
6. Дочка помогала маме готовить обед, она резала овощи для супа.
7. Бабушка часто теряла свои очки и всегда долго искала их.
8. Я думал, что он *отказался* выступать на вечере.

연습문제 296 불완료상 동사 плакать, прятать, скакать, шептать, искать, ехать를 현재시제로 만들고 완료상 동사 спрятать, выписать, подремать, сказать, приказать, поехать를 단일미래시제로 만들어서 그 동사를 가지고 문장을 만드시오.

연습문제 297 다음 동사의 원형을 쓰시오.

списывают — спишут, выписывают — выпишут, перепахивают — перепашут, отказываются — откажутся, рассказывают — расскажут, разыскивают — разыщут, посылают — пошлют

II.

동사원형에서 -a (-я) 어간을 가진 다른 비생산적인 그룹 중 사용 빈도수가 높은 동사들

1식 변화 동사

a) брать '쥐다' — беру́, берёшь … беру́т
звать '부르다' — зову́, зовёшь … зову́т
ждать '기다리다' — жду, ждёшь … ждут
лгать '거짓말하다' — лгу, лжёшь … лгут

b) смея́ться '웃다' — смею́сь, смеёшься … смею́тся
та́ять '녹다' — та́ю, та́ешь … та́ют
ве́ять '바람이 불다' — ве́ю, ве́ешь … ве́ют

c) жать '수확하다' — жну, жнёшь … жнут
нача́ть '시작하다' — начну́, начнёшь … начну́т
мять '부수다' — мну, мнёшь … мнут
жать '압박하다' — жму, жмёшь … жмут
взять '쥐다' — возьму́, возьмёшь … возьму́т
поня́ть '이해하다' — пойму́, поймёшь … пойму́т
приня́ть '영접하다' — приму́, при́мешь … при́мут
обня́ть '포옹하다' — обниму́, обни́мешь … обни́мут

2식 변화 동사

спать '자다' — сплю, спишь … спят
гнать '쫓다' — гоню́, го́нишь … го́нят
боя́ться '두려워하다' — бою́сь, бои́шься … боя́тся
стоя́ть '서 있다' — стою́, стои́шь … стоя́т
крича́ть '고함치다' — кричу́, кричи́шь … крича́т
молча́ть '침묵하다' — молчу́, молчи́шь … молча́т
стуча́ть '두드리다' — стучу́, стучи́шь … стуча́т
звуча́ть '소리나다' — … звучи́т … звуча́т
лежа́ть '누워있다' — лежу́, лежи́шь … лежа́т
дрожа́ть '떨다' — дрожу́, дрожи́шь … дрожа́т
слы́шать '듣다' — слы́шу, слы́шишь … слы́шат
дыша́ть '호흡하다' — дышу́, ды́шишь … ды́шат

연습문제 298 다음 동사를 현재시제 또는 단일미래시제로 만들고 문장을 만드시오.

a) звать — позвать, ждать — подождать, смеяться — засмеяться, таять — растаять, кричать — закричать, стучать — постучать;

b) понимать — понять, принимать — принять, начинать — начать, брать — взять.

연습문제 299 동사 слушать와 слышать의 임의의 인칭의 단수 또는 복수 현재시제를 가지고 세 문장씩 만드시오.

연습문제 300 과거시제 형태를 현재시제 또는 단일 미래시제로 바꾸시오. (완료상 동사는 이탤릭체로 되어 있다.)

1. Я с удовольствием вспоминал свою поездку на юг.
2. Ты *послал* ответ на это письмо? — Нет, не *послал*.
3. Я думал, что вы правильно *поняли* меня.
4. Мой брат часто писал мне.
5. Все друзья ждали тебя.
6. Ты знал, что *приехала* сестра?
7. Вы искали эту книгу?
8. Туристы *взяли* с собой продуктов на два дня? — Да, *взяли*.
9. Солнце пряталось за тучу.
10. Снег падал и таял.
11. В соседней комнате плакал ребёнок.
12. Яркий свет резал глаза.
13. Мать звала детей обедать.
14. Студент правильно отвечал на вопросы.
15. Кто-то стучал в дверь.

연습문제 301 이탤릭체로 된 모든 동사로부터 동사원형을 만드시오. 이들 중 몇몇 동사를 가지고, 이 동사를 임의의 시제로 만들고 세 문장을 만드시오.

1. *Дрожит* блестящая роса на листьях крупными слезами (*А.К.Т.*).
2. Зима *показалась* нам такой же прекрасной, как лето (*Пауст.*).
3. Голос его (*Павла*) *звучал* тихо, но твёрдо, глаза *блестели* упрямо (*М.Г.*).
4. Зима ещё *хлопочет* и на весну *ворчит*, та ей в глаза *хохочет* и пуще лишь шумит (*Тючт.*).
5. *Берусь* за перо спустя десять дней после последнего письма (*Тург.*).
6. Наконец я *перебрался* через это болото, *взобрался* на маленький пригорок (*Купр.*).

III

동사원형에서 어근 да-, зна-, ста- 다음에 접미사 -ва-를 가진 불완료상 동사들(давáть, узнавáть, вставáть)이 -а(-я)로 되는 어간을 가진 비생산적인 그룹에 속한다. 이 동사들은 현재시제에서 접미사 **-ва-**를 가지지 않는다.

дава́ть '주다' — даю́, даёшь ... даю́т

узнава́ть '인지하다' — узнаю́, узнаёшь ... узнаю́т

встава́ть '일어나다' — встаю́, встаёшь ... встаю́т

이 그룹의 동사들은 1식 변화 동사에 속하고, 현재시제에서 강세는 항상 인칭어미에 놓인다.

여러 가지 접두사를 가진 매우 많은 동사들이 이 그룹에 포함된다: передава́ть '건네다' — передаёт, отдава́ть '돌려주다' — отдаёт, подава́ть '공급하다' — подаёт; выдавать — выдаёт; удава́ться — удаётся 등; сознава́ть — создаёт, признава́ть — признаёт, отстава́ть — отстаёт, устава́ть — устаёт, расстава́ться — расстаётся, перестава́ть — перестаёт.

[주] 관련되는 완료상 동사는 접미사 -ва-를 가지지 않고(дать, встать, узнать), 비생산적인 그룹에 속한다:
дать '주다' — дам, дашь, даст, дади́м, дади́те, даду́т
встать '일어나다' — вста́ну, вста́нешь ... вста́нут
узна́ть '알다' — узна́ю, узна́ешь ... узна́ют

연습문제 302 이탤릭체로 된 동사의 원형을 쓰시오.

мой день

В 7 часов *раздаётся* звонок будильника, я встаю, быстро завтракаю и иду на занятия. Обычно мы выходим из дома вместе с моим другом. Мы идём вместе до метро. У метро мы *расстаёмся*.

Я учусь в институте иностранных языков. Моя специальность — английский язык. В институте я занимаюсь до трёх часов, потом я обедаю в столовой. Иногда после занятий я *остаюсь* в институте и занимаюсь фонетикой в фонетической кабинете или работаю в библиотеке.

Вечером я читаю газеты, отдыхаю немного, слушаю музыку, которую *передают* по радио, или включаю проигрыватель. Часто ко мне приходит мой друг, и мы разговариваем, играем в шахматы, слушаем музыку. Мы оба очень любим музыку. Если *удаётся* достать билет на симфонический концерт, мы идём в консерваторию. Иногда вечером мы ходим в кино или театр. В 11 часов я ложусь спать, а иногда, если очень устаю, и в 10 часов.

연습문제 303 이탤릭체로 된 동사의 원형을 쓰시오.

1. День был прохладный, уже осенний. Солнце не *давало* полного сияния (*Пауст.*).
2. *Встаёт* заря во мгле холодной (*П.*).
3. Она *вставала* на рассвете и тотчас открывала настежь окно (*Пауст.*).
4. В саду уже поселилась осень, но листья нашей берёзы *оставались* зелёными и живыми (*Пауст.*).
5. Ночной туман *застал* меня в дороге (*Бл.*).
6. Редеет мгла ненастной ночи, и бледный день уж *настаёт* (*П.*).

II. 동사원형에서 접미사 -ова-, -ева- 동사들의 생산적인 유형

동사원형	현재시제 또는 단일미래시제	
рисова́ть '그리다'	рису́ю, рису́ешь … рису́ют	현재
нарисова́ть '그리다'	нарису́ю, нарису́ешь … нарису́ют	단일미래
тре́бовать '요구하다'	тре́бую, тре́буешь … тре́буют	현재
ра́довать(ся) '기뻐하다'	ра́дую(сь), ра́дуешь(ся) … ра́дуют(ся)	현재
горева́ть '슬퍼하다'	горю́ю, горю́ешь … горю́ют	현재
ночева́ть '숙박하다'	ночу́ю, ночу́ешь … ночу́ют	현재

동사원형의 어간의 끝에서 경자음 다음에는 접미사 **-ова-**(рисова́ть)이고, 연자음(горева́ть)과 쉿소리(ночева́ть) 다음에는 **-ева-**가 오는 동사들이 이 유형에 속한다. 현재시제 (그리고 단일미래시제)에서, 인칭어미 앞에서 **-у**(**-ю**)가 놓인다(рису́ю — рису́ешь; нарису́ю — нарису́ешь; горю́ю — горю́ешь).

동사 кова́ть (кую́, куёшь), жева́ть (жую́, жуёшь), клева́ть (клюю́, клюёшь)의 **-ов-**, **-ев-**는 접미사가 아니고 어근에 속한다.

이 그룹의 동사들은 1식 변화동사에 속한다.

동사원형에서 강세가 어근모음에 떨어지면, 강세는 모든 동사 형태들에서 보존된다(тре́бовать — тре́бовал, тре́бовавший; тре́буют — тре́буй, требу́емый).

동사원형에서 강세가 어간의 마지막 а에 떨어지면(рисова́ть, ночева́ть, горева́ть), 현재시제 (그리고 단일미래시제)에서 강세는 일반적으로 접미사-**у** (-**ю**)에 떨어진다(рису́ю — рису́ешь; ночу́ю — ночу́ешь; горю́ю — горю́ешь, 그러나 кова́ть — кую́, куёшь; жева́ть — жую́, жуёшь).

연습문제 304 불완료상 동사 советовать, организовать, отсутствовать, присутствовать, участвовать, чувствовать를 현재시제 형태로 만든 후에 세 문장을 만들어라, 그리고 완료상 동사 нарисовать, потребовать, посоветовать, переночевать를 단일미래시제로 만들 후에 세 문장을 만들어라. 동사에 강세를 치시오.

연습문제 305 이탤릭체로 된 동사를 원형동사로 쓰시오.

1. И воробьи от солнца опьянели, И яблони *качаются* в цвету … И шумно солнцу *радуются* дети, И думают о жизни старики (*Исак.*).
2. Цыганы шумною толпой По Бессарабии кочуют, они сегодня над рекой В шатрах изодранных *ночуют* (*П.*).

연습문제 306 과거시제 형태를 현재시제 형태로 바꾸시오. 동사에 강세를 치시오.

1. Друзья советовали мне посмотреть этот фильм.
2. Во время туристического похода мы ночевали в лесу в палатках.
3. Он всегда успевал выполнять все задания.
4. Во время перерыва мы открывали окно и проветривали аудиторию.
5. Все внимательно слушали, потому что он рассказывал интересные вещи.
6. На каждой лекции мы узнавали много нового.
7. Преподаватель диктовал предложения, студенты писали.
8. Все радовались первому снегу.
9. Я много работал и очень уставал.
10. Студенты сдавали экзамены.

III. 동사원형에서 -е 어간 동사의 생산적인 유형

동사원형	현재시세 또는 단일미래시세	
красне́ть '빨갛게 되다'	красне́ю, красне́ешь, красне́ют	현재
покрасне́ть '빨갛게 되다'	покрасне́ю, покрасне́ешь, покрасне́ют	단일미래
бледне́ть '창백해지다'	бледне́ю, бледне́ешь, бледне́ют	현재
старе́ть '늙다'	старе́ю, старе́ешь, старе́ют	현재
уме́ть '할 수 있다'	уме́ю, уме́ешь, уме́ют	현재

동사원형 어간의 마지막에 **-е**를 가지고 (красне́ть, бледне́ть, старе́ть, уме́ть) 그리고 현재시제(красне́ю, красне́ешь)와 단일미래시제(побледне́ю, побледне́ешь)에 이 **-е**가 보존되어 있는 동사들이 이 그룹에 속한다. 일반적으로 **-е**는 접미사이다(зреть — созре́ть).

이 생산적인 유형의 동사들은 모두 1식변화 동사에 속한다.

강세는 항상 접미사 -е 위에 떨어진다.

연습문제 307 과거시제를 현재시제 또는 단일 미래시제로 바꾼 후에 문장을 쓰시오. (완료상 동사는 이탤릭체로 구분되어 있다.)

1. Всё сильнее грело солнце. Краснели яблоки в саду. Спели овощи.
2. Листья на деревьях *пожелтели*, стало холоднее.
3. Ты *заболел*, потому что очень легко одевался в такую холодную погоду.
4. Она была очень занята и не имела возможности часто бывать у нас.
5. Никто из вас не умел так хорошо петь, как она.
6. Я *успел* уложить чемоданы и купить билет на вечерний поезд.

연습문제 308 동사 греть, зеленеть, молодеть, болеть를 현재시제로 만들고, 동사 созреть, потемнеть, заболеть를 단일 미래시제로 바꾼 후에 문장을 쓰시오. 동사에 강세를 치시오.

연습문제 309 다음 이탤릭체로 된 단어에 강세를 치시오.

Край неба *алеет* ... *Светлеет* воздух, видней дорога, *яснеет* небо, *белеют* тучки, зеленеют поля ...

◆◆◆

동사원형에서 -е 어간 동사의 비생산적인 그룹

I. 2식 변화 동사

	자음교체
ви́деть '보다' — ви́жу, ви́дишь ... ви́дят	д — ж
оби́деть '모욕하다' — оби́жу, оби́дишь ... оби́дят	д — ж
сиде́ть '앉다' — сижу́, сиди́шь, сидя́т	д — ж
блесте́ть '빛나다' — блещу́, блети́шь ... блестя́т	ст — щ
верте́ть '회전하다' — верчу́, ве́ртишь, ве́ртят	т — ч
лете́ть '비행하다' — лечу́, лети́шь ... летя́т	т — ч
зави́сеть '의존하다' — зави́шу, зави́сишь ... зави́сят	с — ш
терпе́ть '인내하다' — терплю́, те́рпишь ... те́рпят	п — пл
скрипе́ть '삐걱삐걱 소리를 내다' — скриплю́, скрипи́шь ... скрипя́т	п — пл
шуме́ть '소음을 일으키다' — шумлю́, шуми́шь ... шумя́т	м — мл
смотре́ть '보다' — смотрю́, смо́тришь ... смо́трят	
горе́ть '불타다' — горю́, гори́шь ... горя́т	
звене́ть '울리다' — звеню́, звени́шь ... звеня́т	

이 동사들에서는 원형동사에서의 자음, 단수 1인칭에서의 자음 그리고 나머지 인칭들에서의 자음과 자음교체가 발생한다: д — ж(ви́деть — ви́жу, ви́дишь ... видят), п — пл(терпе́ть — терплю́, те́рпишь, те́рпят) 등.

강세가 원형동사에서 어근의 모음에 떨어지면, 강세는 현재시제의 모든 형태들에서 보존되고 (ви́деть — ви́жу, ви́дишь..), 강세가 원형 어간의 마지막 모음에 떨어지면(лете́ть, терпе́ть), 현재시제의 어떤 경우들에서는 단수와 복수의 모든 인칭어미에 떨어지고 (лете́ть — лечу́, лети́шь ... летя́т), 어떤 경우에서는 단수 1인칭어미에서만 떨어진다(терпе́ть — терплю́, 그러나 те́рпишь, те́рпят).

II. 1식 변화 동사

a) 동사원형어간에서 어결합 **-ере-**를 가지고 있는 동사들:

тере́ть '**불완**, 문지르다' — тру, трёшь, трут
запере́ть '완, 잠그다' — запру́, запрёшь, запру́т
умере́ть '완, 죽다' — умру́, умрёшь, умру́т

b) 소수의 몇몇 동사들:

петь '**불완**, 노래하다' — пою́, поёшь ...пою́т
наде́ть '완, 옷을 입다' — наде́ну, наде́нешь ... наде́нут
(разде́ть — разде́ну, разде́нешь ... ; оде́ть — оде́ну, оде́нешь)

연습문제 310 과거시제를 현재시제 또는 단일미래시제로 바꾸시오. (완료상 동사는 이탤릭체로 되어 있다.)

1. Сестра умела чертить.
2. Девушка хорошо пела.
3. Я видел, как на юг летели птицы.
4. Во всех окнах горел свет.
5. Море шумело.
6. У него болели глаза.
7. Дети часто болели.
8. Уж зеленела трава.
9. Солнце зимой не грело.
10. Роса блестела на траве и листьях.
11. Ты *успел* подготовиться к семинару?
12. На стенах комнаты висело много картин.
13. Я *посидел* немного на скамейке в саду.

연습문제 311 동사 **смотреть**와 **видеть**를 현재시제 동사로 만든 후에 여섯 문장을 만드시오.

연습문제 312 이탤릭체로 된 동사를 원형으로 쓰고 그리고 현재시제 또는 단일미래시제로 쓰시오.

1. Мирно *шумел* по крышам в саду тёплый дождь (*Пауст.*).
2. Весь сад теперь шумел, скрипели стволы, качались невидимые вершины (*А.Т.*).
3. Я заперлась в своей комнате и долго ходила одна взад и вперёд (*Л.Т.*).
4. Ветер *замер*, ни один лист, ни одна травка не шевелились (*Л.Т.*).
5. Через минуту робкий луч солнца уже *блестит* в лужах дороги (*Л.Т.*).
6. Молния *блистала* почти беспрерывно, и от раскатов грома *дрожали* и звенели стёкла в окнах моей комнаты (*Купр.*).
7. Мама обняла меня и заплакала. Она совсем *поседела* за то время, что мы не

виделись (*Пауст.*).

8. Ночь тёплая *одела* острова́. Взошла луна (*Бл.*).
9. *Загорелась* над степью заря, на траве засверкала роса (*И. Суриков*).

IV. 동사원형에서 -**ну**- 어간 동사의 생산적인 유형

동사원형에서 어간의 끝에 접미사 -**ну**-를 가지고 이 접미사가 과거시제에서 보존되는 동사들이 이 유형에 속한다. 기본적으로 완료상 동사들이 대부분이고 약간의 불완료상 동사들이 있다.

толкну́ть '완, 밀다' — толкну́л

кри́кнуть '완, 외치다' — кри́кнул

тяну́ть '**불완**, 끌다' — тяну́л

тону́ть '**불완**, 익사하다' — тону́л

그리고 단일미래시제 또는 현재시제에서 어간에 -**н**-가 보존된다:

толкну́ть '완, 밀다' — толкну́, толкнёшь...

тяну́ть '**불완**, 끌다' — тяну́, тя́нешь...

이 유형의 동사들은 1식변화동사에 속한다.

완료상 동사들의 강세는 원형동사에서 어근에 떨어지면(кри́кнуть), 강세는 다른 동사 형태들에서도 자신의 위치를 보존한다(кри́кну, кри́кнешь, кри́кни...).

접미사 -ну- 동사의 비생산적인 그룹

과거시제에서 접미사 -**ну**-가 보존되지 않는 완료상 동사들과 불완료상 동사들이 이 그룹을 형성한다:

дости́гнуть '완, 도달하다' — дости́г, дости́гла, дости́гли, 단일미래시제 — дости́гну, дости́гнешь

исче́знуть '완, 사라지다' — исче́з, исче́зла, исче́зли, 단일미래시제 — исче́зну, исче́знешь

мо́кнуть '**불완**, 젖다' — мок, мо́кла, мо́кли, 현재시제 — мо́кну, мо́кнешь

мёрзнуть '**불완**, 얼다' — мёрз, мёрзла, мёрзли, 현재시제 — мёрзну, мёрзнешь

이 그룹의 동사들은 1식변화 동사에 속한다.

이 그룹의 동사들에서 강세는 인칭어미와 원형동사에서 접미사 **-ну-**에 떨어지지 않는다.

연습문제 313 동사를 과거시제로 만들고 주어진 문장을 쓰시오.

1. Дети скоро привыкнут к новой школе.
2. Мы отдохнём и будем продолжать работу.
3. Ребёнок проснётся и заплачет.
4. Цветы погибнут от мороза.
5. Река замёрзнет и можно будет переходить через неё по льду.
6. Они достигнут больших успехов в изучении русского языка.
7. Я верну тебе эту книгу через неделю.

연습문제 314 생산적인 동사 отдохнуть, проснуться, вздрогнуть, шепнуть, взглянуть와 비생산적인 동사 привыкнуть, замёрзнуть, исчезнуть, погаснуть, погибнуть를 과거시제로 만들고 문장을 만드시오.

연습문제 315 동사를 원형으로 만드시오.

1. Ветер внезапно налетел и промчался. Воздух дрогнул кругом. Слабо сверкнула молния (*Тург.*).
2. Звёзды меркнут и гаснут (*Ник.*).
3. На нивах шум работ умолк (*П.*).
4. Солнце показалось на горизонте и исчезло в узкой и длинной туче (*Л.Т.*).
5. После турдного подъёма на высоты мы достигли прозрачного водоёма, горного озера (*А.Т.*).
6. Огни в деревушке давно погасли один за другим (*Кор.*).
7. В доме потухли огни, замолкли все звуки (*Л.Т.*).
8. Утихло всё. Татьяна спит (*П.*).
9. Солнце всё выше и выше. Быстро сохнет трава (*Тург.*).
10. Свежий пахучий воздух уже проник в комнату... (*Л.Т.*).
11. Он глубоко вздохнул и запел (*Тург.*).
12. Уж я доканчивал второй стакан чая, как вдруг дверь скрипнула, лёгкий шорох платья и шагов послышался за мной; я вздрогнул и обернулся (*Л.*).

V. 동사원형에서 -и-어간 동사의 생산적인 유형

동사원형에서 **-и-**로 끝나는 어간을 가진 동사들이 이 유형에 속한다 (**говори́ть, стро́ить, ходи́ть**). 이 동사들에서 **-и-**는 접미사이다. 현재시제와 단일미래시제에서 인칭어미는 동사 어근에 붙는다.

현재시제 또는 단일미래시제의 어간의 끝에 연자음이나 쉿소리가 온다.

동사원형에서의 어근이 т, д, с, з, ст 또는 б, п, в, ф, м로 끝나면 자음교체가 일어난다.

	자음교체
шути́ть '농담하다' — шучу́, шу́тишь... шу́тят	т — ч
плати́ть '지불하다' — плачу́, пла́тишь... пла́тят	т — ч
забо́титься '염려하다' — забо́чусь, забо́тишься... зобо́тятся	т — ч
ходи́ть '걸어가다' — хожу́, хо́дишь... хо́дят	д — ж
проси́ть '부탁하다' — прошу́, про́сишь... про́сят	с — ш
носи́ть '휴대하다' — ношу́, но́сишь... но́сят	с — ш
вози́ть '운반하다' — вожу́, во́зишь... во́зят	з — ж
грусти́ть '슬프하다' — грущу́, грусти́шь... грустя́т	ст — щ
пусти́ть '놔주다' — пущу́, пу́стишь... пу́стят	ст — щ
люби́ть '사랑하다' — люблю́, лю́бишь... лю́бят	б — бл
оскорбить '모욕하다' — оскорблю́, оскорби́шь, оскорбя́т	б — бл
купи́ть '구입하다' — куплю́, ку́пишь... ку́пят	п — пл
гото́вить '준비하다' — гото́влю, гото́вишь... гото́вят	в — вл
лови́ть '낚시하다' — ловлю́, ло́вишь... ло́вят	в — вл
заста́вить '...시키다' — заста́влю, заста́вишь... заста́вят	в — вл
графи́ть '선을 긋다' — графлю́, графи́шь... графя́т	ф — фл
корми́ть '먹이다' — кормлю́, ко́рмишь... ко́рмят	м — мл
познако́миться '소개하다' — познако́млюсь... ознако́мишься	м — мл

이 그룹의 단어들은 모두 2식 동사변화에 속한다.

강세는 동사원형에서는 어간의 -и- 위에 떨어지면(проси́ть, ходи́ть), 일반적으로 단수 1인칭에서는 어미에 떨어진다(прошу́, хожу́). 단수와 복수의 나머지 인칭들에서는 어근에 떨어진다(про́сишь, хо́дишь 그러나 грусти́ть — грущу́, грусти́шь).

접두사 **вы**- 를 가진 완료상 동사에서 강세는 항상 접두사들에 떨어진다: вы́прошу, вы́просишь; вы́плачу, вы́платишь 등.

연습문제 316 주어진 문장에서 1인칭 대신에 단수와 복수 3인칭 대명사와 동사를 넣으시오.

보기: Я лююлю математику.
Он любит математику.
Они любят математику.

1. Я люблю музыку.
2. К занятиям я готовлюсь вечером в библиотеке.

3. Я сижу на берегу реки и ловлю рыбу.
4. Я вижу вдали парусную лодку.
5. Каждое воскресенье я хожу в музей или на выставку. Вечером я провожу время с друзьями.
6. Я лечу завтра в Санкт-Петербург.

연습문제 317 과거시제 형태를 현재시제 또는 단일미래시제 형태로 바꾸시오. 동사에 강세를 치시오.

1. Я просил вас прийти ко мне вечером.
2. Ты неправильно произносил это слово.
3. Он переводил этот текст.
4. Через полчаса я простился с друзьями и отправился домой.
5. Я заплатил деньги в кассу и получил свои покупки.
6. Ты встретил сестру на вокзале?
7. Я сегодня отправил телеграмму.
8. Он исправил эту ошибку.
9. Я сегодня познакомился с твоим братом.
10. Троллейбус остановился против театра.
11. Мы больше не сердились на него.
12. Я обычно садился около окна.
13. Я хорошо готовил национальные блюда.
14. Я возвратился домой поздно вечером.
15. Разве вы не понимаете, что я шутил?
16. Ты ходил вечером в клуб?

연습문제 318 동사 **носить, готовиться, заботиться**를 현재시제로 만들고, 동사 разрешить, полюбить, попросить를 단일 미래시제로 만든 후 문장을 만드시오.

동사원형에서 -и- 어간 동사의 비생산적인 그룹

단음절의 1식변화 동사들과 **-и-**가 어근에 속하는 접두사를 가진 동사들이 이 그룹에 해당된다:

a) пить'마시다' — пью, пьёшь... (вы́пить — вы́пью, вы́пьешь...)
бить'때리다' — бью, бьёшь... (разби́ть — разобью́, разобьёшь...)
лить'액체를 붓다' — лью, льёшь... (нали́ть — налью́, нальёшь ... ;
вы́лить — вы́лью, вы́льешь...)
шить'깁다' — шью, шьёшь... (сшить — сошью́, сошьёшь...)

동사 брить — бре́ю, бре́ешь와 접두사 вы-를 가지고 만들어진 완료상 동사를 제외하고 강세는 항상 인칭어미에 떨어진다.

ь) 동사 жить '살다' — живу́, живёшь, живу́т

동사원형에서 **-ы**로 끝나는 어간을 가진 동사들도 이 그룹에 속한다: **плыть — плыву́, плывёшь; слыть — слыву, слывёшь.**

강세는 인칭어미에 떨어진다. 무강세 어미를 가진 몇몇 동사들도 **-ы**로 끝나는 어간을 가진 비생산적인 동사들에 속한다: **мыть — мо́ю, мо́ешь; крыть — кро́ю, кро́ешь; рыть — ро́ю, ро́ешь.**

연습문제 319 다음 문장을 단일미래시제로 만드시오.

1. Она сшила себе новое платье.
2. Мы прожили в Санк-Петербурге месяц.
3. Ребёнок выпил стакан молока.
4. Я налила вам чашку чаю.
5. Ты уронила очки и разбила их.

연습문제 320 과거시제를 현재시제 또는 단일 미래시제로 바꾸시오.

1. Она интересовалась русской литературой.
2. Вы искали эту книгу?
3. Я заплатил деньги в кассу.
4. Когда он встретил тебя в университете, он тебя не узнал.
5. Он дал мне эту статью, и я прочитал её.
6. Все с удовольствием слушали, как она пела.
7. Я купил новую ручку.
8. Он часто забывал дома свои тетради и книги.
9. Я приготовил ужин.
10. Ребёнок плакал, потому что он хотел есть.
11. Вы видели на небе тёмную точку?
12. Ты мало отдыхал и поэтому устал.
13. Студенты нашей группы спели на вечере песню и исполнили танец.
14. Мы сдавали экзамены два раза в год.
15. Она часто получала письма от родителей и часто писала им.
16. Вы задавали мне вопросы, я отвечал.
17. Мы ждали ответа, но она молчала.

사용 빈도수가 높은 비생산적인 여러 가지 유형의 1식 변화동사

동사원형에서 -чь를 가진 동사

	자음교체
мочь '가능하다' — могу́, мо́жешь... мо́гут	г — ж
бере́чь '소중히 하다' — берегу́, бережёшь... берегу́т	г — ж
стере́чь '경계하다' — стерегу́, стережёшь... стерегу́т	г — ж
лечь '눕다' — ля́гу, ля́жешь... ля́гут	г — ж
стричь '자르다' — стригу́, стрижёшь... стригу́т	г — ж
жечь '태우다' — жгу, жжёшь, жгут	г — ж
привле́чь '유인하다' — привлеку́, привлечёшь, привлеку́т	к — ч
печь '구워서 만들다' — пеку́, печёшь, пеку́т	к — ч
течь '흐르다' — теку́, течёшь, теку́т	к — ч
отре́чься '부인하다' — отреку́сь, отречёшься, отреку́тся	к — ч

-чь로 끝나는 어떤 동사들은 현재시제 또는 단일미래시제에서 어간의 끝에서 г — ж의 자음교체현상이 나타난다: 단수 1인칭과 복수 3인칭에서는 г이고(могу́ — мо́гут, берегу́ — берегу́т, ля́гу — ля́гут), 단수와 복수의 나머지 인칭들에서는 ж이다(мо́жешь, бережёшь, ля́жешь)

-чь로 끝나는 또 다른 어떤 동사들(печь, течь, привлечь)은 현재시제 또는 단일미래시제에서 어간의 끝에서 к — ч의 자음교체현상이 나타난다: 단수 1인칭과 복수 3인칭에서는 к이고(пеку́ — пеку́т, привлеку́ — привлеку́т), 단수와 복수의 나머지 인칭들에서는 ч이다(печёшь — печёт, привлечёшь — привлечёт).

-чь로 끝나는 동사들은 항상 어미에 강세가 온다. 예외는 다음과 같다:

a) 동사 мочь는 단수 1인칭에서 어미에 강세가 오지만(**могу́**), 단수와 복수의 나머지 인칭에서는 어미에 강세가 오지 않는다(**мо́жешь**). 동사 **помо́чь**도 강세가 동일하다(**помогу́**, **помо́жешь**).

b) 동사 лечь는 단일미래시제에서는 어미에 강세가 오지 않는다: ля́гу ля́жешь ля́жет ля́гут

c) 이 외에 접두사 **вы-**에 의해서 완료상 동사가 만들어지는 모든 동사들에서 강세는 이 접두사에 떨어진다: вы́жечь — вы́жгу, вы́жжешь 등

연습문제 321 주어로 단수와 복수 1인칭 대명사를 사용하고 이들과 술어를 일치시키시오.

1. Она не может сегодня пойти на экскурсию.
2. Мать поможет сестре кончить работу.
3. Он ляжет спать в 11 часов.
4. Рабочий бережёт свой станок.
5. Учитель привлечёт к работе в литературном кружке и мальчиков, и девочек.
6. Мальчик жжёт бумагу.

연습문제 322 완료상 동사의 과거시제를 미래시제로 바꾸고, 불완료상 동사들의 과거시제를 현재시제로 바꾸시오.

1. Он не мог прийти к нам в субботу вечером.
2. Мы помогли вам кончить эту работу.
3. Я лёг спать в 11 часов.
4. Она берегла своё здоровье.
5. По лицу девочки текли слёзы.
6. В воскресенье сестра испекла вкусный пирог.
7. Эта картина привлекла всеобщее внимание.

동사원형에서 -сти(-сть) -зти(-зть)를 가진 동사

нести́ '휴대하다' — несу́, несёшь... несу́т

расти́ '자라다' — расту́, растёшь... расту́т

цвести́ '꽃이 피다' — цвету́, цветёшь... цвету́т

вести́ '인도하다' — веду́, ведёшь... веду́т

везти́ '인도하다' — везу́, везёшь... везу́т

сесть '앉다' — ся́ду, ся́дешь... ся́дут

класть '설치하다' — кладу́, кладёшь... кладу́т

проче́сть '읽다' — прочту́, прочтёшь... прочту́т

упа́сть '떨어지다' — упаду́, упадёшь... упаду́т

лезть '기어오르다' — ле́зу, ле́зешь... ле́зут

동사원형에서 **-сти**, **-зти**를 가진 동사들에서 강세는 인칭어미에 떨어진다. 그러나 **-сть**, **-зть**를 가진 동사들에서 강세는 어떤 경우에서는 인칭어미에 떨어지고(кладу́, кладёшь), 어떤 경우에서는 단어의 어근에 떨어진다(ся́ду, ся́дешь; ле́зу, ле́зешь).

연습문제 323 동사 과거시제를 현재 또는 단일미래시제로 바꾸시오.

1. Я прочёл текст и перевёл его.
2. Приятель принёс мне последний номер журнала «Новый мир».
3. Ты всегда клал письма в этот ящик?
4. Мы провели лето на даче под Москвой.
5. Учёные провели этот опыт в лаборатории института.
6. После обеда она села за стол и начала заниматься.
7. В цветнике перед домом цвели тюльпаны.
8. В саду росли фруктовые деревья.

동사원형에서 어결합 -оло-, -оро-를 가진 동사

боро́ться '싸우다' — борю́сь, бо́решься… бо́рются

коло́ть '깨뜨리다' — колю́, ко́лешь… ко́лют

поло́ть '제초하다' — полю́, по́лешь… по́лют

강세는 일반적으로 단수 1인칭에서 인칭어미에 떨어진다, 그러나 나머지 형태들에서는 어근 모음에 온다.

연습문제 324 동사 бороться, принести, расти, увезти, течь, лезть의 현재시제 또는 단일미래시제를 가지고 여섯 개의 문장을 만드시오.

복습 연습문제

연습문제 325 모든 동사들의 원형을 쓰시오.

1. Погода была чудесная. Всё кругом цвело, жужжало и пело; вдали сияли воды прудов; праздничное, светлое чувство охватывало душу (*Тург.*).
2. Снег выпал только в январе (*П.*).
3. Стали птицы песни петь, и расцвёл подснежник (*Марш.*).
4. В тени ещё держался мороз, но по всей дороге текли быстрые, мутные ручьи (*Л.Т.*).
5. Гроза прошла. Над лесом светились влажные звёзды. С крыши ещё текли, постукивая, капли дождя (*Пауст.*).
6. Татьяна Петровна зажгла свечу на столе, села в кресло, долго смотрела на язычок огня (*Пауст.*).
7. По обе стороны улицы зажглись фонари, и в окнах домов показались огни (*Чех.*).
8. Огни зажглись в городе и над рекою (*Тург.*).

9. Один только раз ветер прошёл по саду, и весь он зашумел, будто над ним пролился и тотчас стих крупный и сильный ливень (*Пауст.*).

연습문제 326 다음 문장을 읽고 모든 동사들의 시제, 인칭, 수 그리고 활용을 정하시오, 그리고 동사원형을 쓰시오.

Мы уходим с бабушкой всё дальше в лес. Звенят синицы, смеётся кукушка, свистит иволга. Изумрудные лягушата прыгают под ногами; между корней лежит уж и стережёт их. Щёлкает белка, в лапах сосен мелькает её пушистый хвост. Под ногами пышным ковром лежит мох. Костяника сверкает в траве каплями крови. Грибы дразнят крепким запахом (*М.Г.*).

연습문제 327 동사를 원형과 현재 복수 3인칭으로 쓰시오.

С каждым часом ночь холодеет. К рассвету воздух уже обжигает лицо лёгким морозом.

Пора вставать. На востоке уже наливается тихим светом заря, уже видны на небе огромные очертания ив, уже меркнут звёзды. Я спускаюсь к реке, моюсь с лодки. Вода тёплая, она кажется даже слегка подогретой.

Восходит солнце. Иней тает. Прибрежные пески делаются тёмными от росы. Я кипячу крепкий чай в жестяном чайнике.

Всё утро я ловлю рыбу... (*Пауст.*).

연습문제 328 동사 활용을 정하시오. 동사원형을 쓰시오. (필요하면 사전을 참고하시오.)

В доме я ночую редко. Большинство ночей я провожу на озёрах, а когда остаюсь дома, то ночую в старой беседке в глубине сада. Она заросла диким виноградом. По утрам солнце бьёт в неё сквозь пурпурную, лиловую, зелёную и лимонную листву, и мне всегда кажется, что я просыпаюсь внутри зажжённой ёлки. Воробьи с удивлением заглядывают в беседку. Их смертельно занимают часы. Они тикают на врытом в землю круглом столе. Воробьи подбираются к ним, слушают тиканье то одним, то другим ухом и потом сильно клюют часы в циферблат (*Пауст.*)

명령법

명령법은 요청, 명령, 촉구를 일으키는 것을 표현하는데 쓰인다.

명령형은 상대방에게 명령하는 2인칭 명령과, 화자를 포함하여 행위를 촉구하는 권유 명령 그리고 제 3자에게 명령하는 3인칭 명령으로 나누어진다.

2인칭 명령법은 단수 2인칭과 복수 2인칭 형태만을 가진다:

단수	иди́	чита́й	занимайся	встань	режь
복수	иди́те	чита́йте	занима́йтесь	вста́ньте	ре́жьте

단수 명령법은 -и(иди), -й(читай) 또는 -ь(встань, режь)를 가진다.

복수는 단수에다가 **-те**를 부가한다. **-ся**를 가진 동사(занима́ться, учи́ться)에서는 이 소사는 항상 단어의 끝에 놓이고, 자음 뒤에서는 **-ся**가 놓이고(познако́мься, заннима́йся), 모음 뒤에서는 -сь가 놓인다(борись, боритесь, занимайтесь).

복수 명령법은 여러 사람에게뿐만 아니라 개인에 대한 존칭으로도 사용된다:

Да́йте мне, пожа́луйста, газе́ту. '나에게 신문을 주세요.'

дава́й, дава́йте을 이용하여 화자를 포함한 행위를 촉구하는 것을 나타낼 수 있다.

3인칭 명령은 제 3자에게 명령하는 것으로, пусть, пуска́й 등을 이용하여 나타낸다.

Пусть все **соберу́тся** к 9 часа́м утра́ в институ́те и отту́да мы пойдём на экску́рсию. '모두들 오전 9시경에 대학에 모이라고 하세요. 우리는 그곳에서 여행을 떠날겁니다.'

Пуска́й выступа́ет на собра́нии пе́рвым това́рищ Ро́гов. '로고프 동무에게 모임에서 첫 번째 발표하게 하시오.'

연습문제 329 다음 문장을 읽고 명령법 동사를 지적하시오.

1. Това́рищ! Знай и верь, что ты — самый необходимый человек на земле... ты начал создавать действительно новый мир. Учись и учи! (*М.Г.*).
2. Чувствуй всегда родную почву крепко под ногами, живи с коллективом, помни, что он тебя воспитал (*Н.О.*).
3. Будущее светло и прекрасно, любите его, стремитесь к нему, работайте для него. Переносите из него в настоящее, сколько можете перенести (*Черн.*).

연습문제 330 복수 명령법 동사를 사용하여 문장을 다시 쓰시오.

1. Выполняй точно задание преподавателей.
2. Помогай друзьям.

3. Не занимайся по ночам.
4. Пожалуйста, сядь ближе к доске.
5. Приготвься к ответу.

연습문제 331 동사 боритесь, не отказывайтесь, пытайтесь, стремитесь를 명령법 단수로 쓰시오.

명령법의 조성

1. 명령법은 불완료상 동사의 현재시제 어간과 완료상 동사의 다일미래시제의 어간으로부터 만들어진다.

   идти́ — иду́т (ид-ут) — **иди́**
   прийти́ — приду́т (прид-ут) — **приди́**
   изуча́ть — изуча́ют (изучай-ут) — **изуча́й**
   изучи́ть — изу́чат (изуч-ат) — **изучи́**
   сади́ться — садя́тся (сад-атся) — **сяди́сь**
   сесть — ся́дут (сяд-ут) — **сядь**
   ре́зать — ре́жут (реж-ут) — **режь**
   разре́зать — разре́жут (разреж-ут) — **разре́жь**

2. 명령법을 바르게 형성하기 위해서는 현재시제 또는 단일미래시제 어간을 구분할 뿐만 아니라 현재시제 또는 단일미래시제 단수 1인칭에서 강세위치를 바르게 알아야 한다. 왜냐하면 명령법 형태들은 현재시제 단수 1인칭에서 강세위치에 따라서 구별되지 때문이다.

2인칭 명령

1. 현재시제 또는 단일미래시제의 단수 1인칭에서 강세가 어미에 떨어지고(иду́, смотрю́), 어미 앞에서 자음이 있으면 명령법에서 동사는 어미 **-и**를 가진다: иду́ — иди́, смотрю́ — смотри́, учу́ — учи́, не грущу́ — не грусти́, скажу́ — скажи́

   이 동사들에 강세를 가진 접두사 **вы**-가 부가되면(вы́йду, вы́учи, вы́скажу), 명령법에서 여전히 어미 **-и**를 가진다(вы́йди, вы́учи, вы́скажи).

   현재시제와 단일미래시제에서 인칭어미 앞에 자음 **н**이 놓이고, 이 자음 앞에 또 다른 자음이

놓이면(дости́**гну**, тол**кну́**), 명령법에서 역시 어미 **-и**를 가진다:

дости́гну — дости́гни

толкну́ — толкни́

исчéзну — исчéзни

2. 현재시제 단수 1인칭 어간이 **й**로 끝날 때 어간이 명령형이다:

чита́ть — читай-у ···› чита́й

изуча́ть — изучай-у ···› изуча́й

выполня́ть — выполняй-у ···› выполня́й

петь — пой-у ···› пой

동사원형 어간에 **и**를 가진 단음절 동사에서:

пить — пью ···› пей

лить — лью ···› лей

бить — бью ···› бей

шить — шью ···› шей

вить — вью ···› вей

3. 어간이 자음으로 끝나고 어간에 강세가 놓일 때 명령형은 **-ь**로 끝나는 형태를 가진다:

встать '일어나다' — вста́ну — встань

ре́зать '자르다' — ре́жу — режь

сесть '앉다' — ся́ду — сядь

бро́сить '던지다' — бро́шу — брось

권유 명령

권유 명령은 불완료상 동사원형으로 표현되는 것과 완료상 동사 복수 1인칭으로 표현되는 두 가지가 있다.

Дава́й(те) дружи́ть! '친하게 지냅시다.'

Дава́й(те) пойдём в кино́! '영화관에 갑시다.'

위의 문장 중에서 첫 번째 문장은 당장에 행동을 수행해야 될 필요성이 없는 명령을 나타낼 때 사용되고, 두 번째 명령은 당장에 명령을 수행할 필요가 있을 때 사용된다.

◆◆◆

3인칭 명령

3인칭 명령은 제 3자에게 행동을 촉구하는 명령이다.

Пусть все соберу́тся к 9 часа́м у́тра в институ́те и отту́да мы пойдём на экску́рсию. '모든 사람들에게 오전 9시경에 대학에 모이라고 하세요. 그곳에서 우리는 여행을 떠날겁니다.'

연습문제 332 다음 문장의 명령법 동사를 현재 단수 1인칭으로 바꾸시오.

1. Останьтесь ещё минуту, — попросил я. — Умоляю вас (*Чех.*).
2. Спокойной ночи, — проговорила она... — Приходите завтра.
3. Позволь мне уехать из города! — сказала она наконец (*Чех.*).
4. — Что же мы стоим! — сказала она. — Садитесь! Вот сюда, к столу. Здесь светлее. Кузьмин сел к столу, попросил разрешения закурить. — Курите, конечно, — сказала женщина. — Я тоже, пожалуй, закурю (*Пауст.*).
5. Успокойте же меня, приезжайте и скажите, что всё хорошо (*Чех.*).

연습문제 333 다음 문장의 명령법 동사를 현재 단수 1인칭으로 바꾸어서 다시 쓰시오.

Помните: человек должен быть всегда недоволен собой. Никогда не вините обстоятельства в своих неудачах, вините только себя. Не останавливайтесь. Не успокаивайтесь, не остывайте, не старейте душой. Не соблазняйтесь легко доступными, мелкими радостями жизни за счёт менее доступных больших радостей. Есть в жизни ближняя и есть дальняя перспективы. Никогда не довольствуйтесь ближней и всегда думайте о дальней (*Аж.*).

연습문제 334 다음 동사에서부터 단수와 복수 명령법을 만드시오.

a) приду, говорю, берегу, стерегу, учу, выучу, стремлюсь;
b) крикну, махну (рукой), исчезну́
c) изучу, изучаю, получу, получаю, отправлю, отправляю, организую
d) вью, бью, лью, развиваю — разовью (деятельность), добиваюсь — добьюсь, проливаю — пролью, пробиваю — пробью, прибиваю — прибью
e) отстану, перестану, расстанусь, пересяду, выброшу
f) отрезаю — отрежу, подготавливаю — подготовлю
g) передаю — передам, узнаю́ — узна́ю

연습문제 335 다음 문장의 동사를 명령법 동사로 만들고 문장을 다시 쓰시오.

1. Ложусь спать в 11 часов.
2. Встаю рано.
3. Делаю зарядку, умываюсь холодной водой.

연습문제 336 왜 동사 разреза́ть, отреза́ть의 명령법이 разреза́й, отреза́й이고, 동사 разре́зать, отре́зать의 명령법이 разре́жь, отре́жь이고 동사 засыпа́ть (сне́гом), рассыпа́ть의

명령법이 засыпа́й, рассыпа́й이고, 동사 засы́пать (сне́гом), рассы́пать의 명령법이 засы́пь, рассы́пь인지를 말하시오.

연습문제 337 다음 속담에서 사용된 모든 동사의 원형을 말하시오.

1. Век живи, век учусь.
2. Береги платье снову, а честь смолоду.
3. За правое дело стой смело.
4. Не спеши языком, торопись делом.
5. Семь раз отмерь — один раз отрежь.
6. Не гордись званьем, а гордись знаньем.

연습문제 338 다음 문장에서 명령법 동사를 찾고 읽었던 글의 내용을 말로 전달하시오.

Что бы я хотел пожелать молодежи моей родины, посвятившей себя науке?

Прежде всего — последовательности. С самого начала своей работы приучите себя к строгой последовательности в накоплении знаний.

Изучите азы науки, прежде чем пытаться взойти на её вершины. Никогда не беритесь за последующее, не усвоив предыдущего. Никогда не пытайтесь прикрыть недостатки своих знаний хотя бы и самыми смелыми догадками и гипотезами.

Приучите себя к сдержанности и терпению. Научитесь делать чёрную работу в науке. Изучайте, сопоставляйте, накопляйте факты.

Изучая, наблюдая, старайтесь не оставаться у поверхности фактов. Пытайтесь проникнуть в тайну их возникновения. Настойчиво ищите законы, ими управляющие.

Второе — это скромность. Никогда не думайте, что вы уже всё знаете... Мы все впряжены в одно общее дело, и каждый двигает его по мере своих сил и возможностей. У нас зачастую и не разберёшь — что моё, а что твоё, но от этого наше общее дело только выигрывает.

Третье — это страсть. Помните, что наука требует от человека всей его жизни... Большого напряжения и великой страсти трубует наука от человека. Будьте страстны в вашей работе и в ваших исканиях.

Наша родина открывает большие просторы перед учёными, и нужно отдать должное — науку щедро вводят в жизнь в нашей стране. И для молодёжи, как и для нас, вопрос чести — оправдать те большие упования, которые возлагает на науку наша родина (*По И. Павлову*).

조건법

불완료상			완료상
я,	ты,	он изуча́л бы	изучи́л бы
		она изуча́ла бы	изучи́ла бы
		оно изуча́ло бы	изучи́ло бы
	мы вы они	изуча́ли бы	изучи́ли бы

조건법은 동사 과거시제형태에 소사 бы를 부가하여 만들어진다. 조건법 동사는 수 변화를하고, 단수에서는 성 변화도 한다.

조건법의 의미와 사용

어떤 조건 하에서 발생할 수 있는 가능한 행위 또는 예상되는 행위, 희망하는 행위를 표시한다.

Я **пошёл бы** сего́дня в теа́тр, **е́сли бы** у меня́ бы́ло вре́мя. '내가 시간이 있었더라면, 오늘 극장에 갈 수 있었을텐데.'

Сего́дня я не могу́, но за́втра я с удово́льствием **пошёл бы** в теа́тр. '오늘 나는 갈 수 없지만, 내일은 기꺼이 극장에 갈 수 있을텐데.'

이 외에 조건법은 구어체에서 간청이나 부드러운 명령을 나타낼 수 있다.

Что ты всё сиди́шь до́ма? **Пошёл бы** погуля́ть! '왜 줄곳 집에만 있나요? 산책이라도 하시지요!'

소사 бы는 문장의 어느 위치에서건 있을 수 있다.

Я с удово́льствием **пошёл бы** за́втра в теа́тр. '내일이라면 나는 기꺼이 극장에 갈텐데'

Я **бы** с удово́льствием **пошёл** за́втра в теа́тр.

Я с удово́льствием **бы пошёл** за́втра в теа́тр.

복문에서 조건법이 사용될 경우 소사 **бы**는 주문이나 종속문에서 똑같이 사용되어야 한다:

Я пошёл бы сего́дня в теа́тр, если бы у меня́ бы́ло вре́мя.

[주] 소사는 소망이나 추측되는 행위를 표현하는데 무인칭문에서도 사용될 수 있다.

Нужно бы навестить больного друга.'아픈 친구를 문안해야 하는건데'
Навестить бы сегодня больного.'오늘 환자를 방문해야 하는건데'
Хорошо бы побродить летом по горам!'여름에 산을 따라 돌아다니면 좋을텐데!'
Побродить бы летом по горам!'여름에 산을 따라 돌아다닐 수만 있다면!'
Поехать бы на море!'바다로 갈 수만 있다면!'

연습문제 339 다음 문장을 읽고 조건법 동사에 밑줄을 긋고 그 동사가 어떤 행위를 표시하는지 말하시오.

1. Скорей бы пришло лето! Я уехал бы на Кавказ, пошёл бы в поход в горы.
2. Если бы у меня было время, я записался бы в кружок туристов и каждый год принимал бы участие в походах.
3. Лёг бы ты отдохнуть!
4. Пошёл бы ты погулять!

연습문제 340 다음 문장을 읽고 체홉에 관한 고리끼의 회상의 한 토막을 다시 말하시오.

Однажды он позвал меня к себе в деревню Кучук-Кой, где у него был маленький клочок земли и белый двухэтажный домик. Там, показывая мне свое «имение», он оживлённо заговорил:

— Если бы у меня было много денег, я устроил бы здесь санаторий для больных сельских учителей. Знаете, я выстроил бы этакое светлое здание — очень светлое, с большими окнами и с высокими потолками. У меня была бы прекрасная библиотека, разные музыкальные инструменты, пчельник, огород, фруктовый сад; можно было бы читать лекции по агрономии, метеорологии, учителю нужно всё знать, батенька, всё!

Он вдруг замолчал, кашлянул, посмотрел на меня сбоку и улыбнулся своей мягкой, милой улыбкой, которая всегда так неотразимо влекла к нему и возбуждала особенно острое внимание к его словам.

— Вам скучно слушать мои фантазии? А я люблю говорить об этом. Если бы вы знали, как необходим русской деревне хороший, умный, образованный учитель!

연습문제 341 오스뜨롭스끼의 «Мои мечты»를 읽고 조건법 동사를 지적하시오.

Случается, что я разговариваю с каким-нибудь слюнтяем, который ноет, что ему изменила жена и жить ему не для чего, у него ничего не осталось и т.д. И тогда я думаю, что если бы у меня было то, что есть у него: здоровье, руки и ноги, возможность двигаться по необъятному миру (это страшная мечта, и я не позволяю её себе), то что было бы? Я, молодой, стройный, здоровый парень, мысленно одеваюсь, выхожу на балкон и вижу перед собой всю жизнь... Что было бы? Я не мог бы просто пойти, я побежал бы стремительно и неудержимо. Может быть, побежал бы в Москву рядом с поездом, схватившись за вагон. В Москве пришёл бы на завод и прямо в кочегарку, чтобы скорее открыть топку, понюхать запах угля, швырнуть туда добрую порцию его. О, я дал бы шесть тысяч процентов — семь тысяч процентов выработки, я невероятно выжимал бы проценты. Я жил бы жадно, до безумия... Сколько я мог бы дать, сколько надо бы выкачивать из меня, прежде чем я бы устал. Вырвавшись из девятилетней неподвижности, я был бы беспокойнейшим человеком, я бы не уходил с работы, пока не насытился ею.

타동사와 자동사

러시아어에서는 타동사와 자동사가 있다.

타동사는 전치사가 없는 대격 보어를 요구한다: читáть что? — читáть кни́гу; объясни́ть что? — слóво; пострóить что? — дом; вы́слушать когó? — доклáдчика; вы́слушать когó? — его.

кого? что?의 질문을 할 수 없는 동사를 자동사라고 한다. **-ся**를 가진 모든 동사는 자동사이다(борóться, занимáться, встречáться)

전치사가 없는 대격 보어를 직접 보어라고 한다.
어떤 경우에는 타동사 다음에 대격이 아닌 생격이 올 수 있다.

1. 타동사가 사물의 전체가 아닌 사물의 일부분을 받을 때

Дáйте мне, пожáлуйста, **мáсла**, **хлéба**, **ветчины́**. '나에게 버터, 빵, 햄을 조금 주세요.'
Купи́те **бумáги**, **тетрáдей**, **карандашéй**. '종이, 노트, 연필을 조금씩 사주세요.'
Возьми́те с собóй в похóд **сáхару**, **шоколáду**, **чáю**, **консéрвов**, **сóли**, **крупы́**. '행군할 때 설탕, 쵸컬릿, 차, 통조림 식품, 소금, 껍질을 벗긴 곡물을 조금씩 지니세요.'

2. 대격으로 놓이는 대상을 부정할 때 부정생격을 쓴다.

Учени́к не вы́учил **урóка**. '학생은 학과를 부지런하게 공부하지 않았다.'
Учени́к вы́учил **урóк**. '학생은 학과를 부지런하게 공부했다.'
Сегóдня я не получи́л **москóвской газéты**. '오늘 나는 모스끄바 신문을 받지 않았다.'
Сегóдня я получи́л **москóвскую газéту**. '오늘 나는 모스끄바 신문을 받았다.'
Студéнты не вы́полнили **всех заданий**. '학생들은 모든 과제들을 수행하지 않았다.'
Студéнты вы́полнили **все задáния**. '학생들은 모든 과제들을 수행하였다.'

연습문제 342 타동사와 자동사를 지적하시오.

1. Наконец в комнате моего соседа погас свет. В двенадцать часов мой сосед погасил свет.
2. Становится темно, нужно зажечь лампу. В окне напротив зажёгся свет.
3. Куда ты положил тетради? Тетради лежат на письменном столе.
4. Эти книги твой друг оставил для тебя. Все ушли, а я остался дома.
5. Охотники высушили у костра свою одежду. Когда одежда высохла, они

продолжали свой путь.
6. Поставь вазу на стол. Ваза стоит на столе.
7. Мать приучила ребёнка к строгому режиму. Ребёнок привык к строгому режиму.

-ся 동사

러시아어에서 동사의 끝에 **-ся**를 가진 동사들이 많다(**умыва́ться** '세수하다'; **встреча́ться** '만나다'; **труди́ться** '일하다', **занима́ться** '종사하다').

-ся는 재귀대명사 **себя**의 대격의 짧은 고어형태이었지만, 시간이 지나면서 동사와 한 단어로 융합되었다. 재귀의 옛 의미는 몇몇 동사에 보존되어 있다.

умыва́ться — умыва́ть себя́ "자신을 씻기다"

причёсываться — причёсывать себя́ "자기 머리를 빗다"

자음 다음에 **-ся**가 사용되고(занимаешься, занимался, заниматься), 모음 다음에 **-сь**가 사용된다(занимаюсь, занималась, занимались).

-ся 동사의 활용

현재시제	과거시제
я занима́юсь, учу́сь ты занима́ешься, у́чишься он занима́ется, у́чится она занима́ется, у́чится мы занима́емся, у́чимся вы занима́етесь, у́читесь они занима́ются, у́чатся	я, ты, он занима́лся, учи́лся я, ты, она занима́лась, учи́лась оно занима́лось мы занима́лись вы занима́лись они занима́лись
합성식 미래시제	
я бу́ду занима́ться ты бу́дешь занима́ться он бу́дет занима́ться она бу́дет занима́ться	мы бу́дем занима́ться вы бу́дете занима́ться они бу́дут занима́ться

연습문제 343 소사 -ся(-сь)를 수반하는 모든 동사에 밑줄을 긋고 왜 어떤 동사에서는 소사 -ся를 쓰고, 어떤 동사에서는 소사 -сь가 쓰였는지 설명하시오.

Уж небо осенью дышало,
Уж реже солнышко блистало,
Короче становился день,
Лесов таинственная сень
С печальным шумом обнажалась;
Ложился на поля туман,
Гусей крикливых караван
Тянулся к югу; приближалась
Довольно скучная пора.
Стоял ноябрь уж у двора (*П.*).

소사 -ся 동사의 기본 의미

소사 **-ся**는 타동사를 자동사로 만든다. 이 외에 **-ся**는 타동사와 자동사의 의미를 바꿀 수 있다.

1. 소사 **-ся**는 타동사들에 재귀의 의미를 부여한다: **мы́ться** '자기 몸을 씻다', **умыва́ться** '세수하다', **купа́ться** '목욕하다', **вытира́ться** '자기 몸을 닦다', **причёсываться** '자기 머리를 빗다', **одева́ться** '옷을 입다', **раздева́ться** '옷을 벗다' 등

   이 동사들에서 소사 **-ся**는 행위가 다른 대상으로 이전되는 것이 아니라, 행위자에게로 향하는 것을 나타낸다. 이 동사들에서 소사 **-ся**의 의미는 재귀대명사 **себя**의 의미와 유사하다.

   아래 두 문장의 의미를 서로 비교하시오.

Мать одева́ет ребёнка. '어머니가 아이에게 옷을 입힌다.'	Мать одева́ется. '어머니가 옷을 입는다.'
Сестра́ причёсывает подругу. '누나가 친구의 머리를 빗어준다.'	Сестра причёсывается. '누나가 자신의 머리를 빗고 있다.'
Я мою́ ру́ки. '나는 손을 씻고 있다.'	**Я мо́юсь.** '나는 (자신의 얼굴이나 손 등을) 씻는다.'

   어떤 동사들에는 소사 **-ся**가 재귀의 의미와 합해지지 못한다. 재귀를 표현하기 위해서는 이 동사 다음에 재귀 대명사 **себя**가 사용된다: **знать себя́** '자신을 알다', **уважа́ть себя́** '자신을 존경하다', **люби́ть себя́** '자신을 사랑하다', **упрека́ть себя́ в чём-нибудь** '무엇에 대해서 자신을 비난하다', **руга́ть себя́ за что́-нибудь** '무엇에 대해서 자신을 욕하다', **ви́деть себя́ в** зе́ркале'거울에서 자신을 보다'

[주1] 소사 -ся는 재귀의 의미를 가지고 동사 одевать'옷을 입히다', раздевать'옷을 벗기다'에 붙여 사용될 수 있지만(одеваться'옷을 입다', раздеваться'옷을 벗다'), надевать'의복을 몸에 걸치다'에는 붙일 수 없다.

[주2] 동사 одевать'옷을 입다'와 надевать'의복을 몸에 걸치다'의 사용에 주의 하세요: одевать ребёнка'아이의 옷을 입히다', надевать пальто, шляпу'외투를 입히다, 모자를 씌우다'; раздевать ребёнка'아이의 옷을 벗기다', снимать пальто, шляпу'외투를 벗기다, 모자를 벗기다'.

2. **-ся**는 타동사에 상호의 의미를 부가한다.

상호의 의미를 가진 동사들은 하나의 사람이나 사물이 또 다른 사람이나 사물로 상호간에 이동하는 둘 또는 그 이상의 사람이나 사물을 표시한다.

Друзья́ **встре́тились**.'친구들이 만났다.'

Отец и сын **обняли́сь**.'아버지와 아들이 서로 얼싸 안았다.'

Мы ча́сто **ви́делись**. '우리는 자주 만났다.'

어떤 경우에는 소사 **-ся** 동사뿐만 아니라 전치사 **с**는 상호성을 나타낸다:

Я **встре́тился с дру́гом**. '나는 친구와 만났다.'

Оте́ц **обня́лся с сы́ном**. '아버지는 아들과 얼싸 안았다.'

Я ча́сто **ви́делся с ним**.'나는 자주 그를 만났다.'

-ся를 가진 동사와 이것이 없는 동사의 사용을 비교하시오.

Я **встре́тил** дру́га.
'나는 친구를 만났다.'

Мы с дру́гом **встре́тились**.
'나와 친구는 서로 만났다.'

Я его́ давно́ **не ви́дел**.
'나는 그를 오랫동안 보지 못했다.'

Мы давно́ **не ви́делись**.
'우리는 오랫동안 서로 만나지 못했다.'

Мой друг **познако́мил** меня́ со свое́й сестро́й. '나의 친구는 나를 자신의 누나에게 소개시켰다.'

Я **познако́мился** с сестро́й дру́га.
'나는 친구의 누나와 서로 인사를 나누었다.'

Нас **объедини́ла** о́бщая рабо́та.
'공동 작업이 우리를 연합시켰다.'

Мы **объедини́лись**. '우리는 하나가 되었다.'

상호의 의미를 가진 모든 동사들이 소사 **-ся**를 가지는 것은 아니다. **-ся**를 가지지 않고 상호의 의미를 가지는 동사도 있다는 것을 기억하세요: разгова́ривать с + 조격'~와 이야기하다'; бесе́довать с + 조격'~와 대화하다'; спо́рить с + 조격'~와 논쟁하다'; дружи́ть с + 조격'~와 교제하다'

상호의 의미를 가지지 않은 동사들에서 행위의 상호성의 의미를 표현하기 위해서는 어결합 **друг дру́га**가 사용된다: люби́ть **друг дру́га**'서로서로를 사랑하다'; уважа́ть **друг дру́га**'서로 서로를 존경하다'.

이 어결합은 이것이 관련되어 있는 동사에 따라 전치사를 가지거나 또는 가지지 않고 여러가지 격으로 사용될 수 있다: ви́деть **друг дру́га** '서로 보다'; помага́ть **друг дру́гу** '서로를 돕다'; интересова́ться **друг другом** '서로에게 흥미를 갖다'; забо́титься **друг о дру́ге**'서로 걱정하다'; наде́яться **друг на дру́га**'서로를 기대하다'.

상기의 어결합의 첫 번째 부분은 격변화를 하지 않고, 두 번째 부분은 동사에 따라 격변화를 한다. 전치사는 어결합의 가운데 놓인다: забо́титься **друг о дру́ге** '서로 걱정하다'; серди́ться **друг на дру́га**.'서로에게 화내다'

상호의 의미를 가진 동사들에서는 상호의 의미를 강조하는 어결합 **друг с дру́гом**이 사용될 수 있다:

Они́ ча́сто **ви́делись дру́г с другом**. '그들은 서로 자주 만났다.'

Мы никогда́ **не ссо́римся друг с дру́гом**. '우리는 결코 서로 다투지 않는다.'

소사 **-ся**가 없이 **друг дру́га**를 가지고 만들어진 관련되는 타동사의 결합은 상호의 의미를 가진 어떤 동사들에 동의적일 수 있다:

Друзья́ обняли́сь. Друзья́ **о́бняли друг дру́га**.'친구들은 서로 끌어안았다.'

연습문제 345 다음 문장을 읽고 소사 **-ся**가 피동의 의미를 가진 동사와 상호의 의미를 가진 동사를 지적하시오.

1. Всякий раз, когда мы встречались, между нами возникали нескончаемые споры (*Тург.*).
2. Через полчаса он простился со мной на опушке леса (*Тург.*).
3. Когда он одевался в кухне, мать сказала ему: «Теплее оденься» (*М.Г.*).
4. Мне предстояло ещё в течение того же самого дня познакомиться с одним замечательным человеком (*Тург.*).

연습문제 346 다음 동사를 가지고 문장을 만드시오.

мыть, мыться; прятать, прятаться; защищать, защищаться; закалять, закаляться;

видеть, видеться; обнимать, обниматься; помирить, помириться; познакомить, познакомиться.

3. 소사 **-ся**는 불완료상 타동사에 피동의 의미를 부여한다.

피동의 의미를 가진 동사들은 피동태에서 사용된다. 타동사는 능동태에서 사용된다.

다음 두 문장을 비교하시오.

능동문	피동문
Заво́д **выполня́ет** план.	План **выполня́ется** заво́дом.
‘공장은 계획을 수행한다.’	‘계획은 공장에 의하여 수행된다.’
Архите́ктор **создаёт** прое́кт.	Прое́кт **создаётся** архите́ктором.
‘설계사는 설계도를 작성한다.’	‘설계도는 설계사에 의하여 작성된다.’

피동의 의미를 가진 동사는 조격 보어를 요구한다.

Прое́кт **создаётся архите́ктором**.‘설계도는 설계사에 의하여 작성된다.’

Поля́на **освеща́ется со́лнцем**.‘초원이 태양에 의하여 비추어진다.’

피동문에서 조격 보어는 행위를 수행하는 사람이나 사물을 나타낸다. 위의 두 예문에서 조격으로 되어 있지만 실제로 설계도를 작성하는 자는 설계사이고, 비추는 행위를 수행하는 것은 태양이다.

피동의 의미를 가진 동사들은 조격 보어 없이도 사용될 수 있다.

Грани́цы **охраня́ются**.‘국경이 지켜지고 있다.’

План **выполня́ется**.‘계획이 수행되고 있다.’

이 경우에는 특별하게 행위를 수행하는 행위자 또는 행위물을 나타낼 필요가 없을 때 사용한다.

능동문에서 불완료상 동사가 사용되면 피동문에서는 소사 **-ся**를 가진 동사가 사용된다.

Заво́д **выполня́л** план.‘공장이 계획을 달성했다.’ **(능동문)**

План **выполня́лся** заво́дом.‘계획이 공장에 의하여 달성되었다.’ **(피동문)**

능동문에서 완료상 동사가 사용되면, 피동문에서 대부분의 경우에 피동 형동사 단어미가 사용된다.

Заво́д **вы́полнил** план. **(능동문)**

План **вы́полнен** заво́дом. **(피동문)**

연습문제 347 다음 문장을 읽고 어떤 경우에서 행위자가 표현되지 않는지 지적하시오.

1. Дом строится плотниками.
2. В этой книге описываются интересные события.
3. Эта красивая местность часто посещается туристами.
4. Уже готовится к печати новый роман этого писателя.
5. Комната освещалась маленькой лампочкой.
6. Проект новой машины будет разрабатываться инженером.

7. Письма из дома мною получались регулярно.
8. При строительстве этой гидростанции используются новейшие достижения техники.

연습문제 348 다음 문장에 조격 보어를 보충하여 넣으면서 문장을 다시 쓰시오.

1. Книги выдаются с десяти часов.
2. В нашем клубе часто устраиваются интересные вечера.
3. Границы нашей страны зорко охраняются.
4. Эта книга читается с большим интересом.

연습문제 349 능동구문을 피동구문으로 바꾸시오.

1. Студенты изучают философию.
2. В этот район письма доставляет самолёт.
3. Я каждую неделю посылаю домой письма.
4. Руководитель проверял исполнение поручений.
5. Студенты будут проводить опыты под руководством преподавателя.

연습문제 350 다음 동사를 가지고 문장을 만드시오.

строить, строиться; обсуждать, обсуждаться; добывать, добываться; создавать, создаваться.

4. 소사 -ся가 타동사에 붙어도 재귀, 상호, 피동의 의미를 가지지 않는 경우도 있다.

타동사	자동사
Лече́ние улу́чшило состоя́ние больно́го. '치료는 환자의 상태를 호전시켰다.'	Состоя́ние больно́го **улу́чшилось**. '환자의 상태가 호전되고 있다.'
Я учу́ дру́га игре́ в ша́хматы. '나는 친구에게 장기놀이를 가르친다.'	Друг **у́чится** у меня́ игре́ в ша́хматы. '친구는 나에게 장기놀이를 배운다.'
Тури́сты измени́ли свой маршру́т. '관광객들이 자신의 여행코스를 변경시켰다.'	Направле́ние ве́тра **измени́лось**. '바람의 방향이 바뀌었다.'
Рабо́чий останови́л стано́к. '노동자가 작업대를 멈추게 했다.'	Произошла́ ава́рия и стано́к **останови́лся**. '사고가 발생하여 작업대가 멈추었다.'

이 그룹의 동사들은 의미상 다음의 몇 가지로 구분할 수 있다.

a) 행위를 수행하는 사람 또는 사물의 상태, 위치, 움직임의 변화를 가리킨다.

изменя́ться '바뀌다, 변화되다, 개정되다', **дви́гаться** '움직이다', **поднима́ться** '오르다', **спуска́ться** '내려가다', **направля́ться** '향하다', **возвраща́ться** '돌아오다', **расширя́ться** '넓어지다', **распространя́ться** '퍼지다', **развива́ться** '발달하다',

нагиба́ться '구부려지다', улучша́ться '향상되다', ухудша́ться '악화되다', увели́чиваться '증대하다', уменьша́ться '감소하다', укрепля́ться '강화되다', уси́ливаться '강해지다', ослабля́ться '약해지다', ускоря́ться '빨라지다', замедля́ться '늦어지다' 등

Подпо́льщики **распростра́няли** листо́вки. '지하운동원들이 삐라를 뿌렸다.'	Но́вость бы́стро **распространи́лась** среди́ прису́тствующих. '소식이 참석자들 사이에 빠르게 퍼졌다.'
Матро́сы **спусти́ли** на́ воду ло́дки. '선원들이 보트를 수면으로 내렸다.'	Пассажи́ры **спусти́лись** с па́лубы в ло́дки. '승객들이 갑판에서 보트로 내려갔다.'
Мы должны́ **развива́ть** тяжёлую промы́шленность. '우리는 중공업을 발전시켜야 한다.'	Хозя́йство на́шей страны́ **развива́ется** бы́стрыми те́мпами. '우리 나라의 경제가 급속하게 발전되고 있다.'
Рабо́чий **увели́чил** ско́рость движе́ния станка́. '노동자는 작업대의 움직임의 속도를 증가시켰다.'	Скоро́сть движе́ния станка́ **увели́чилась**. '작업대의 움식임의 속도가 증가되었다.'

b) 감정을 나타내는 동사들이다. 이 동사들은 활동체 명사에 의하여 표현된 주어에만 관계될 수 있다: ра́доваться '기뻐하다', весели́ться '즐거워하다', печа́литься '슬퍼하다', волнова́ться '흥분하다', трево́житься '불안해하다', беспоко́ится '근심하다', успока́иваться '안심하다', удивля́ться '놀라다', восхища́ться '감탄하다', серди́ться '화내다', зли́ться '애태우다', интересова́ться '흥미를 갖다' 등.

Му́зыка **весели́т** нас. '음악이 우리를 즐겁게 한다.'	Мы **весели́мся**. '우리는 즐거워하고 있다.'
Де́ти **ра́дуют** мать. '아이들이 어머니를 즐겁게 한다.'	Мать **ра́дуется**. '어머니는 즐거워하고 있다.'
Меня́ **волну́ет** э́тот вопро́с. '이 문제가 나를 불안하게 만든다.'	Я **волну́юсь**. '나는 흥분하고 있다.'
Всех **удивля́ют** его́ успе́хи. '그의 성공은 모든 사람들을 놀라게 한다.'	Все **удивля́ются** его́ успе́хам. '모든 사람들이 그의 성공을 놀라워하고 있다.'

c) 어떤 현상이나 행위의 시작, 계속, 끝을 나타내는 동사들. 이 동사들은 불활동체 명사에 의하여 표현된 주어에 대한 술어로 쓰인다: начина́ться '시작하다', продолжа́ться '계속하다', конча́ться '끝나다', прекраща́ться '그치다', заверша́ться '끝나다'

Профе́ссор на́чал ле́кцию. '교수는 강의를 시작했다.'	Ле́кция начала́сь. '강의가 시작되었다.'
Мы продолжа́ем занима́ться. '우리는 계속해서 공부하고 있다.'	Заня́тия продолжа́ются. '수업은 계속되고 있다.'

Прекрати́те разгово́ры. '대화를 중단하세요.'	Разгово́ры прекрати́лись. '대화가 그쳤다.'
Студе́нты ко́нчили сдава́ть экза́мены. '학생들은 시험을 끝마쳤다.'	Ле́то ко́нчилось. '여름이 끝났다.'

연습문제 351 다음 문장에서 괄호 안의 단어를 문장의 의미에 따라 소사 **-ся**를 가진 과거시제 동사 아니면 **-ся**를 가지지 않은 과거시제 동사로 채워 넣으시오.

1. Мы … работу и пошли домой. Лето …, наступила осень (кончить-ся).
2. Он … дверь и вошёл в комнату. Дверь …, и в комнату вошёл незнакомый человек (открыть-ся).
3. Все студенты нашей группы хорошо … Мы … стихотворение Пушнина (учить-ся).
4. У меня было мало времени, я … Друг … меня, так как до начала спектакля оставалось мало времени (торопить-ся).
5. Шофёр … автомобиль перед входом в гостиницу. Автобус …, пассажиры вышли (остановить-ся).
6. Я уже … эту книгу в библиотеку. Он … домой поздно (вернуть-ся).
7. Путешественники … на вершину горы. Носильщик … чемоданы и понёс их (поднять-ся).
8. Студенты … писать курсовые работы. Уже … зимний спортивный сезон (начать-ся).

연습문제 352 소사 **-ся**를 가진 동사를 뽑아 쓰시오. 소사 **-ся**를 가진 동사와 소사 **-ся**를 가지지 않은 동사를 사용하여 문장을 만드시오.

보기: успокоиться — успокоить

1. Ночью море успокоилось (*Арс.*).
2. День кончился. На землю спустилась ночная тень (*Арс.*).
3. За ночь погода испортилась (*Арс.*).
4. В жаркий летний день возвращался я однажды с охоты (*Тург.*).
5. Мы вышли из рощи, спустились с холма (*Тург.*).
6. Большая чёрная туча без малейшего ветра, но быстро подвигалась к нам (*Л.Т.*).
7. Тревожные чувства тоски и страха увеличивались во мне вместе с усилением грозы (*Л.Т.*).

연습문제 353 타동사를 뽑아 쓰시오. 소사 **-ся**를 가진 관련되는 자동사를 가지고 문장을 만드시오.

1. Я бережно поднял упавший в грязь цветок (*Тург.*).
2. Река катила тёмно-синие волны (*Тург.*).
3. На следующий день утром мы продолжали наш путь (*Арс.*).
4. Особенно одна из новых песен тревожила и волновала женщину (*М.Г.*).
5. Дружба моя с Дмитрием открыла мне новый взгляд на жизнь, на её цель и отношения (*Л.Т.*).
6. Однажды после ужина Павел опустил занавеску на окне, сел в угол и стал читать (*М.Г.*).

연습문제 354 다음 동사를 사용하여 문장을 만드시오.

изменять, изменяться; повышать, повышаться; торопить, торопиться; начинать, начинаться; беспокоить, беспокоиться; учить, учиться.

5. 소사 -ся를 가진 무인칭 동사

소사 **-ся**는 타동사뿐만 아니라(Мне **не чита́лось**. '나는 책을 읽을 기분이 아니었다.') 자동사에서 무인칭 동사를 만든다(Ему́ **не спи́тся** '그는 아무리 잠을 자려고 해도 잠이 오지 않는다.'). 이 무인칭 동사들은 일반적으로 화자의 의지와 관계없이 발생하는 상태를 나타낸다(Мне **не спало́сь**. '나는 아무리 잠을 자려고 해도 잠이 오지 않았다.'; Мне хорошо́ **рабо́талось**. '기분이 좋아서 나는 일이 잘 되었다.'). 소사 **-ся**가 없는 관련 인칭동사들은 행위자의 의지에 따른 행위나 상태를 나타낸다(Я не спал. '나는 잠을 자지 않았다.'; Я хорошо́ рабо́тал. '나는 일을 잘 했다.').

Но́чью я **не спал**.
'밤에 나는 잠을 자지 않았다.'

Но́чью мне **не спало́сь**.
'밤에 잠이 오지 않았다.'

Ребёнок **не сиди́т** на ме́сте.
'아이는 한 자리에 앉아 있지 않는다.'

Ребёнку **не сиди́тся** на ме́сте.
'아이는 한 자리에 앉아 있지 않는 법이다.'

Вчера́ я **не рабо́тал**.
'어제 나는 일을 하지 않았다.'

Вчера́ мне **не рабо́талось**.
'어제 일할 기분이 아니었다.'

동사 хоте́ть와 ду́мать에서 소사 **-ся**를 가지고 만들어진 무인칭 동사는 **-ся**가 없는 동사보다 덜 명확한 소망과 생각을 나타낸다.

Я **хочу́** пое́хать за́ город.
'나는 교외로 가고 싶다.'

Мне **хо́чется** пое́хать за́ город.
'나는 교외로 가고 싶은데.'

Я **ду́маю**, что это реше́ние неправильно.
'나는 이 결정이 옳지 않다고 생각한다.'

Мне **ду́мается**, что э́то реше́ние непра́вильно.
'제 생각으로는 이 결정이 옳지 않은 것으로 여깁니다.'

연습문제 355 연습문제에서 주어진 -ся 동사를 가지고 문장을 만드시오.

1. Он одинок. Живётся ему скучно, ничто его не интересует (*Чех.*).
2. Мне не спится, нет огня (*П.*).
3. Нигде не дышится вольней Родных лугов, родных полей (*Н.*).
4. И хочется в поле, в широкое поле, Где, шествуя, сыплет цветами весна (*Майк.*).

연습문제 356 다음 동사들을 가진 문장을 만드시오.

хочется, думается, живётся, не спалось, не верилось, не сиделось.

◆◆◆

여러가지 어휘 의미를 가진 소사 -ся를 가진 동사와 -ся를 가지지 않은 동사

〖소사 **-ся**를 가진 동사와 소사 **-ся**를 가지지 않은 동사가 서로 다른 어휘 의미를 가지는 동사〗

В э́том лесу́ мы всегда́ **нахо́дим** мно́го грибо́в. '이 숲에서 우리는 언제나 많은 버섯을 발견한다.'	Чёрное мо́ре **нахо́дится** на ю́ге Росси́и. '흑해는 러시아의 남쪽에 있다.'
Кварти́ра **состоя́ла** из двух ко́мнат. '아파트는 두 개의 방으로 되어 있었다.'	Вчера́ **состоя́лись** лы́жные соревнова́ния. '어제 스키 경기대회가 개최되었다.'
Он не **договори́л** того́, что хоте́л сказа́ть. '그는 말하고 싶은 것을 솔직하게 말하지 않았다.'	Они **договори́лись** о встре́че. '그들은 만나기로 합의했다.'
Она **прости́ла** ему́ его́ вину́. '그녀는 그에게 그의 잘못을 용서했다.'	Они **прости́лись**. '그들은 헤어졌다.'

〖소사 **-ся** 없이 사용되지 못하는 동사들〗

현대 러시아어에서는 많은 동사들이 소사 -ся가 없이 사용되지 못한다: труди́ться '일하다', стара́ться '노력하다', стреми́ться к '지향하다', наде́яться на '…를 기대하다', боя́ться '두려워하다', горди́ться '자랑하다', смея́ться '조소하다', улыба́ться '미소를 짓다', любова́ться '도취되어 바라보다', лени́ться '게을리하다', толпи́ться '무리를 이루다', распоряжа́ться '조치를 취하다', нужда́ться в чём '부족하다', остава́ться '뒤떨어지다', станови́ться '…되다', ложи́ться '드러 눕다', явля́ться '…이다', появля́ться '나타나다' 등

소사 **-ся**가 없이 사용되지 못하는 어떤 동사들은 상호의 의미를 가진다: расстава́ться '헤어지다', здоро́ваться '인사를 나누다', боро́ться '싸우다', соревнова́ться '경쟁하다'

소사-ся가 없이 사용되지 못하는 어떤 동사는 무인칭 동사이다: нездоро́вится '기분이 나쁘다', смерка́ется '어두워지다', случа́ется '…한 적이 있다'.

연습문제 357 어떤 동사들이 소사 **-ся**가 없이 사용되지 못하는지 지적하시오.

Самое лучшее в мире — смотреть, как рождается день!

В небе вспыхнул первый луч света — ночная тьма тихонько прячется в ущелья гор и трещины камней, прячется в густой листве деревьев, в кружевах травы, окроплённой росою, а вершины гор улыбаются ласковой улыбкой — точно говорят лёгким теням ночи: Не бойтесь — это солнце! (*М.Г.*).

연습문제 358 괄호 안의 단어를 소사 **-ся**를 가진 동사로 채워 넣든지 아니면 소사 **-ся**를 가지지 않은 동사로 채워 넣으시오.

1. Мы не должны … на достигнутом. Нужно … вперёд (останавливать-ся, двигать-ся).
2. Шофёр должен … машину у самого входа (остановить-ся).
3. У больного к вечеру резко … температура (поднять-ся).
4. С каждым годом в нашей стране … уровень жизни трудящихся (повышает-ся).
5. Рабочие … производительность труда (повышают-ся).
6. Уже пора … ужин (готовить-ся).
7. Число участников нашего литературного кружка за последние два года … вдвое (увеличило-сь).
8. За послевоенные годы неузнаваемо … жизнь нашей страны (изменила-сь).
9. Народ … облик своей страны (изменяет-ся).
10. Нужно пойти на почту и … телеграмму (отправить-ся).
11. Он простился с нами и … домой (отправил-ся).
12. Мне … в следующее воскресенье поехать за город (хочет-ся).
13. В холодную осеннюю погоду нужно тепло … (одевать-ся).
14. Студенты … эту лекцию с интересом (слушали сь).
15. Письменные работы студентов … преподавателем (проверяют-ся).
16. Твой друг … меня со своим братом (познакомил-ся).

무인칭동사

무인칭 동사는 모든 시제에서 단수 3인칭으로만 사용되고, 과거시제에서는 중성으로만 사용된다.

Вечере́ет. '저녁 때가 되다.'

К ве́черу **похолода́ло**. '저녁 무렵에 추워졌다.'

의미상 다음의 세 가지 그룹으로 나눌 수 있다.

1. 자연현상을 표시할 수 있다.

현재시제	과거시제	
	불완료상	완료상
света́ет '날이 밝아지고 있다'	света́ло	рассвело́
холода́ет '추워지고 있다'	холода́ло	похолода́ло
вечере́ет '저녁 때가 되고 있다'	вечере́ло	
моро́зит '얼어 있다'	моро́зило	подморо́зило

смеркáется '어두워지고 있다'　　　　　смеркáлось

2. 사람의 상태를 표시할 수 있다.

Мне **нездорóвится**. '나는 건강이 좋지 않다.'

Егó **знобúт**. '그는 오한이 난다.'

이 경우에 행위주체는 일반적으로 여격으로 나타내기만 해당 동사에 따라서 활동체 대격을 요구하는 경우도 있다.

a) 여격과 함께 사용되는 무인칭 동사:

Мне **нездорóвится**. '나는 건강이 좋지 못하다.'

Ребёнку **хóчется** гулять. '아기는 다니고 싶어한다.'

Ей не **спúтся**. '그녀는 아무리 잠을 자려고 해도 잠이 오지 않는다.'

Мáльчику не **сидúтся** на мéсте. '소년은 한 자리에 앉아 있지 못한다.'

b) 활동체 대격과 함께 사용되는 무인칭 동사:

Егó **лихорáдит**. '그는 오한이 난다.'

Больнóго **знобúт**, **тошнúт**, **мучúт**. '환자는 오한을 느끼고, 속이 거북하고, 구토를 느낀다.'

3. 의무를 표시할 수 있다.

Вам **слéдует** явúться ýтром. '당신은 아침에 출두해야 한다.'

Тебé **стóит** пойтú на вéчер. '너는 저녁 파티에 가야 한다.'

Больнóму **не слéдует** выходúть из дóма. '환자는 외출해서는 안 된다.'

이 동사들은 여격과 함께 사용된다.

어떤 인칭동사가 무인칭 의미로 사용될 수 있다. 이 경우에 이 동사들은 무인칭 동사들과 같이 단수 3인칭으로 되고, 과거시제에서는 중성으로 된다.

Здесь **дýет**. '여기서 바람이 분다.'

Здесь **дýло**. '여기서 바람이 불었다.'

На сóлнце **тáет**. '태양 볕에 눈이 녹는다.'

На сóлнце **тáяло**. '태양 볕에 눈이 녹았다.'

Шумúт в ушáх. '귀가 윙윙거린다.'

Шумéло в ушáх. '귀가 윙윙거렸다.'

이 문장에서 동사들은 주어에 속하지 않는 행위를 나타낼 수 있다. 그러나 이 동사들은 어떨 때는 주어에 속하는 행위를 나타낼 수 있다. Вéтер **дýет**. '바람이 분다.' Снег **тáет**. '눈이

녹는다.'

연습문제 359 무인칭 동사에 밑줄을 치시오.

1. Вечереет. В окно смотрит голубая весна (*Приш.*).
2. Саше не спится, — но весело ей (*Н.*).
3. Уже давно смеркалось (*П.*).
4. Морозило сильнее, чем с утра (*Г.*).
5. Уже совсем стемнело, неполный месяц стоял высоко на небе… (*Тург.*).
6. На дворе уже чуть светало (*Пан.*).
7. Время летело незаметно, значит, жилось хорошо и легко (*Чех.*).
8. Нигде не дышится вольней Родных лугов, родных полей (*Н.*).

연습문제 360 현재시제를 과거시제로 바꾸시오.

1. Мне ещё не хочется есть.
2. Эту кинокартину всем стоит посмотреть.
3. В лесу уже темнеет.
4. На берегу моря легко дышится.

연습문제 361 다음 문장을 읽고 모든 동사의 상, 시제, 타동사성을 정하시오.

Через год или через несколько лет вы получите диплом, начнёте самостоятельную научную жизнь. И должен, по дружбе, предупредить вас: на первых порах вам будет трудно. До сих пор вы учились, ваши учителя вели вас за руку по широкой и гладкой асфальтированной дороге. За 15 лет в школе и в вузе вы прошли путь, который человечество проходило за несколько тысячелетий. Но затем асфальтовая магистраль обрывается. Вам придётся ощупью пробираться по нехоженым тропинкам. В тёмных дебрях неведомого вы должны будете находить путь своими силами. На первых порах вам захочется делать открытия с той же лёгкостью, с какой вы узнавали о них на лекциях. Но теперь вам придётся набраться терпения, снизойти до ежедневной чёрной работы наблюдателя фактов.

Будьте терпеливы, настойчивы, доводите дело до концы! Не падайте духом при неудачах. Неудачи неизбежны у исследователя, ищущего свою дорогу. Будьте настойчивы, упорны, но не упрямы. Не цепляйтесь за свои выводы. Помните, что на свете есть много умных людей, которые могут заметить у вас ошибки, и если они правы, не стесняйтесь соласиться с ними.

Наука требует принципиальности. Ищите правду и только правду (*Акад. Обручев*).

운동동사

접두사 없이 사용되는 운동동사

러시아어에는 운동을 나타내는 동사들 중에서 서로 다른 어근을 가지는 두 개의 불완료상 동사들에 의하여 동일한 행위인 운동을 표현하는 동사들이 있다.

I	II	
идти́	ходи́ть	'걸어 가다'
е́хать	е́здить	'차를 타고 가다'
бежа́ть	бе́гать	'뛰어 가다'
лете́ть	лета́ть	'날라 가다'
плыть	пла́вать	'수영하다'
нести́	носи́ть	'손으로 들고 가다'
везти́	вози́ть	'차로 운반하다'
вести́	води́ть	'데리고 가다'

첫 번째 그룹과 두 번째 그룹은 운동을 서로 다르게 특징짓는다.

1. 첫 번째 그룹의 동사들은 하나의 일정한 방향에서 수행되는 운동을 나타낸다. 이들은 정태동사라고 한다:

   Утром студе́нты **иду́т в институ́т**. '아침에 대학생들이 대학으로 걸어간다.'

   Осенью перелётные пти́цы **летя́т на юг**. '가을에 철새들이 남쪽으로 날아간다.'

   Де́ти **бегу́т сюда́**. '아이들이 이쪽으로 뛰어간다.'

2. 두 번째 그룹의 동사들은 하나의 정해진 방향에 의하여 수행되는 운동이 아니라 여러가지 방향에서 발생하는 운동을 나타낸다. 이 동사들을 부정태 동사라고 한다:

   Де́ти це́лый день **бе́гают** во дворе́. '아이들은 하루 종일 마당에서 뛰어 다니고 있다.'

   Пти́цы **лета́ют**, кружа́тся над о́зером. '새들이 호수 위를 빙빙 돌며 날아다니고 있다.'

부정태 동사는 왕복을 나타낼 수 있다.

Я ка́ждый день **хожу́ в институ́т**. '나는 매일 학교를 다닌다.'

Перелётные пти́цы ка́ждый год **лета́ют на юг**.'철새들이 매년 남쪽으로 날아다닌다.'

Ле́том мы ка́ждый день **бе́гаем на ре́чку** купа́ться.'여름에 우리는 매일 강으로 수영하러 뛰어다닌다.'

부정태 동사는 과거시제에서 왕복동작이 일회적으로 이루어진 경우에 사용된다.

Сего́дня я **ходи́л** в библиоте́ку.'오늘 나는 도서관에 다녀왔다.'

부정태 동사는 행위능력에 관하여 말할 때 사용될 수 있다.

Пти́цы **лета́ют**.'새들은 날 수 있다.'

Зме́и **по́лзают**. '뱀들은 길 수 있다.'

Он хорошо́ **пла́вает**. '그는 수영을 잘 한다.'

Этот ма́льчик бы́стро **бе́гает**. '이 소년은 빨리 뛴다.'

Ребёнок уже́ **хо́дит**. '아이가 벌써 걷는다.'

[주] 다음의 불완료상 동사들도 운동동사 그룹에 포함된다:

I	II	
ползти́	по́лзать	'(곤충 등이) 기다'
брести́	броди́ть	'어슬렁 걷다'
лезть	ла́зить	'기어오르다'
гнать	гоня́ть	'짐승을 쫓다'
тащи́ть	таска́ть	'물건을 끌다'

부정태 동사 броди́ть는 다른 운동동사와는 달리 왕복의 의미도 없고, 방향도 일정치 않은 운동동사이다:

Мы до́лго броди́ли по́ лесу.'우리는 오랫동안 숲속을 방황하며 돌아다녔다.'

연습문제 362 각각의 두 문장에서 이탤릭체로 된 운동동사의 의미의 차이를 지적하시오.

1. Дети *бегают* и *играют* по дворе. Мать зовёт детей, и они *бегут* к ней.
2. Вот наши друзья, они *идут* сюда. Когда отец обдумывает какой-нибудь вопрос, он всегда *ходит* по комнате взад и вперёд.
3. Мой брат хорошо *плавает*. Лодка *плывёт* к тому берегу.
4. Почтальон *ходит* по городу и *разносит* письма, газеты и журналы. Вот *идёт* почтальон, он *несёт* нам газеты.
5. Я всегда *езжу* в институт на трамвае. Сейчас половина девятого, поэтому в трамвае много народу: все *едут* на работу.
6. Мать каждый день *водит* ребёнка в детский сад. Рано утром мать *ведёт* ребёнка в детский сад.
7. Я всегда *ношу* с собой документы. Куда ты *несёшь* книги?

연습문제 363 오른쪽 난의 문장과 왼쪽 난의 문장의 의미상의 차이를 설명하시오.

1. Мы шли по парку.	Мы ходили по парку.
2. Самолёт летел над городом.	Самолёт летал над городом.
3. Собака бежала по двору.	Собака бегала по двору.
4. Грузовик везёт кирпич на строительство.	Грузовик возит кирпич на строительство.
5. Нужно идти в театр.	Нужно ходить в театр.

연습문제 364 이탤릭체로 된 운동동사의 의미를 설명하시오.

1. В прошлое воскресенье мы *ходили* в кино, мы видели новый фильм.
2. Летом многие студенты *ездили* отдыхать на Чёрное море. Они хорошо отдохнули и очень загорели.
3. Вчера мать *водила* мальчика к врачу. Врач сказал, что ребёнок здоров.
4. Во время зимних каникул я *летал* на самолёте в Санкт-Петербург. Я прожил там неделю.

연습문제 365 다음 문장을 읽고 운동동사를 찾아서 이들의 의미를 설명하시오.

1. Я возвращался с охоты и шёл по аллее сада. Собака бежала впереди меня (*Тург.*).
2. Сорок лет назад пароходы плавали медленно; мы ехали до Нижнего очень долго (*М.Г.*).
3. Посреди равнины одиноко идёт, качаясь, небольшая тёмная фигура девушки... Трудно идти, маленькие ноги вязнут в снегу (*М.Г.*).
4. Она (мать) знала, что он ходит в город, бывает там в театре... (*М.Г.*).
5. Я ходил по парку, держась подальше от дома, и отыскивал белые грибы (*Чех.*).
6. Наконец он увидел, что едет не в ту сторону (*П.*).
7. Лошади бежали дружно (*П.*).
8. Кошка бегала по кровле пылающего сарая (*П.*).
9. Толпы солдат на носилках и вели под руки раненых. (*Л.Т.*)

연습문제 366 괄호 안에서 의미상 필요한 동사를 채워 넣으시오.

1. Мы увидели самолёт, который … по направлению к Москве (*летал, летел*).
2. Домашние птицы (*куры, гуси*) почти не … (*летают, летят*).
3. … сюда эти книги, я положу их в шкаф (*носи, неси*).
4. Уже поздно, нужно … домой (*ходить, идти*).
5. Дети любят … (*бегать, бежать*).
6. Дети … нам навстречу (*бегали, бежали*).

연습문제 367 괄호 안의 동사 중 하나를 현재시제 형태로 채워 넣으시오.

1. Школьники ... во дворе. Раздался звонок, и они … в класс (*бежать, бегать*).
2. Сегодня мы … в театр. Мы часто … в театр (*идти, ходить*).
3. Этот почтальон уже много лет … почту в наш дом. По лестнице подымается почтальон и … нам почту (*нести, носить*).
4. Наша группа каждое лето … на Кавказ, но в это лето мы … в Крым (*ехать, ездить*).
5. Наши пловцы отлично … Пловцы … сейчас к берегу (*плыть, плавать*).

6. Преподавательница … сегодня детей на прогулку. Она часто … их в парк (*вести, водить*).
7. Сегодня в 7 часов утра самолёт … в Санкт-Петербург (*лететь, летать*).

접두사와 함께 사용되는 운동동사

방향의 의미를 가진 접두사들이 정태동사에 부가되면, 이 동사는 완료상 동사가 된다:

идти́ — войти́, вы́йти, прийти́, уйти́;

лете́ть — влете́ть, вы́лететь, прилете́ть, улете́ть

부정태 동사에 접두사가 부가되면 불완료상 동사가 된다:

ходи́ть — входи́ть, выходи́ть, приходи́ть, уходи́ть

лета́ть — влета́ть, вылета́ть, прилета́ть, уле́тать

정태동사와 부정태 동사에서 동일한 접두사를 첨가하여 쌍 짝이 만들어진다.

불완	완료상	불완료상
идти́ ходи́ть	вы́йти, уйти́, прийти́, перейти, зайти	выходи́ть, уходи́ть, приходи́ть, переходи́ть, заходи́ть
бежа́ть бе́гать	вы́бежать, убежа́ть, прибежа́ть, перебежа́ть, забежа́ть	выбега́ть, убега́ть, прибега́ть, перебега́ть, забега́ть
лете́ть лета́ть	вы́лететь, улете́ть, приле́теть, перелете́ть, залете́ть	вылета́ть, улета́ть, прилета́ть, перелета́ть, залета́ть
ползти́ по́лзать	вы́ползти, уползти́, сползти́, приползти́, заползти́	выполза́ть, уполза́ть, сполза́ть, приполза́ть, заполза́ть
везти́ вози́ть	вы́везти, увезти́, свезти́, привезти́, завезти	вывози́ть, увози́ть, свози́ть, привози́ть, завози́ть

вести́ води́ть	вы́вести, увести́, свести́, привести́, завести́	выводи́ть, уводи́ть, своди́ть, приводи́ть, заводи́ть
нести́ носи́ть	вы́нести, унести́, снести́, принести́, занести́	выноси́ть, уноси́ть, сноси́ть, при́носить, заноси́ть
гнать гоня́ть	вы́гнать, угна́ть, согна́ть, пригна́ть, загна́ть	выгоня́ть, угоня́ть, сгоня́ть, пригоня́ть, загоня́ть
е́хать е́здить	вы́ехать, уе́хать, прие́хать, перее́хать, заехать	выезжа́ть, уезжа́ть, приезжа́ть, переезжа́ть, заезжа́ть
плыть пла́вать	вы́плыть, уплы́ть, приплы́ть, переплы́ть, заплы́ть	выплыва́ть, уплыва́ть, приплыва́ть, переплыва́ть, заплыва́ть

[주1] 동사 ездить로부터는 접두사를 붙여서 만들어지는 불완료상 동사가 만들어지지 않는다. 대신에 어간 езжа-에서부터 만들어진다(приезжать, выезжать). 동사 езжать는 현대 러시아어에서는 접두사 없이 사용되지 않는다. 동사 ездить에는 단지 몇몇 접두사들만이 부가될 수 있다, 그리고 동사 ездить에 접두사가 부가되면 이 동사는 완료상 동사로 된다(съездить на Кавказ, много поездить, изъездить весь свет).

[주2] 동사 плавать에서부터도 접두사를 붙여서 만들어지는 불완료상 동사를 만들 수 없다. 동사 выплыть, уплыть, приплыть에 대한 상짝을 만들기 위해서는 접미사 -ва-가 이용된다: выплывать, уплывать, приплывать.

접두사	동사		접두사	동사	
в-(во-, в-) 내부로 운동방향	войти́ входи́ть	в дом	вы- 외부 운동방향	вы́йти выходи́ть	из до́ма
	вбежа́ть вбега́ть	в ко́мнату		вы́бежать выбега́ть	из ко́мнаты
	въе́хать въезжа́ть	в го́род		вы́ехать выезжа́ть	из го́рода
	ввезти́ ввози́ть	това́ры в страну́		вы́везти вывози́ть	това́ры из страны́
	внести́ вноси́ть	чемода́н в ко́мнату		вы́нести выноси́ть	чемода́н из ко́мнаты
위쪽으로 운동방향	въезжа́ть въе́хать	на гору	(с- со-) 아래쪽으로 운동방향	съе́хать съезжа́ть	с горы́
вз- (вс-, взо-) 위쪽으로 운동방향	взойти́ всходи́ть	на второ́й эта́ж		сойти́ сходи́ть	во второ́го этажа́
	взбежа́ть взбега́ть	на ле́стницу		сбежа́ть сбега́ть	с ле́стницы
при- 목적지 도달	прийти́ приходи́ть	в институ́т. на собра́ние, к врачу́	떨어짐	уйти́ уходи́ть	из институ́та, с собра́ния
	прие́хать приезжа́ть	в Москву́, к роди́телям		уе́хать уезжа́ть	от дру́га, из Москвы́, от роди́телей
	привести́ приводи́ть	ребёнка в де́тский сад		увести́ уводи́ть	ребёнка из де́тского са́да
под- (подо-) 접근	подойти́ подходи́ть	к доске́, к учи́телю	от- 떨어짐	отойти́ отходи́ть	от доски от друга
	подбежа́ть подбега́ть	к кра́ю обры́ва		отбежа́ть отбега́ть	от кра́я обры́ва
	подъе́хать подъезжа́ть	к до́му		отъе́хать отъезжа́ть	от до́ма
рас- (разо-) 한 장소에서 여러 방향으로 이동	разойти́сь расходи́ться	по дома́м, в ра́зные сто́роны	с- 여러방향에서 한 장소로 이동	сойти́сь сходи́ться	в одно ме́сто

접두사	동사	
до- 일정한 장소 또는 사물까지 이동	дойти́ доходи́ть	до институ́та
	добежа́ть добега́ть	до реки́
	дое́хать доезжа́ть	до грани́цы
	довести́ доводи́ть	до шко́лы
пере- 1. 사물의 한 방향에서 다른 방향으로 이동	перейти́ переходи́ть	че́рез улицу
	перебежа́ть перебега́ть	че́рез доро́гу
	переплы́ть переплыва́ть	че́рез ре́ку
2. 한 장소에서 다른 장소로 이동	перее́хать переезжа́ть	на но́вую кварти́ру
	перейти́ переходи́ть	с пе́рвого ку́рса на второ́й
про- 1. 사물의 옆으로이동	пройти́ проходи́ть	ми́мо до́ма, ми́мо челове́ка
	проехать проезжать	ми́мо ста́нции
2. 사물을 지나치거나 관통하는 운동	проехать проезжать	сквозь тунне́ль
3. 어떤 거리와 관련된 운동	пройти́ проходи́ть	киломе́тр
	прое́хать проезжа́ть	30 киломе́тров
о-(об-, обо-) 1. 사물의 주변에서의 운동	обойти́ обходи́ть	вокруг дома
	объе́хать объезжа́ть	вокру́г о́зера

2. 도중에 있는 사물의 옆을 지나는 운동	обойти́ обходи́ть	го́ру
	объе́хать объезжа́ть	боло́то
3. 사물 또는 장소의 전체에 미치는 운동	обойти́ обходи́ть	все ко́мнаты общежи́тия
за-		
1. 인물이나 사물의 부수적 운동, 방문	зайти́ заходи́ть	в магази́н по доро́ге домо́й
	занести́ заноси́ть	кни́гу в библиоте́ку по доро́ге в институ́т
	забежа́ть забега́ть	за дру́гом, что́бы вме́сте идти́ в институ́т
2. 사물의 배후에로의 운동	забежа́ть забега́ть	за де́рево
	заползти́ заполза́ть	за ка́мень
3. 한계를 넘어 사물의 심층부로의 운동	зайти́ заходи́ть	далеко́ в лес
	завести́ заводи́ть	кого́-либо в боло́то
	залете́ть залета́ть	на чужу́ю террито́рию

연습문제 368

보기: Мы вошли в сад. — До этого мы были на улице.
Мы вышли в сад. — До этого мы были в доме.

1.	Птица влетела в окно.	Птица вылетела в окно.
2.	Он подошёл к окну.	Он отошёл к окну.
3.	Самолёт прилетел в Москву.	Самолёт улетел в Москву.
4.	Брат пришёл к другу.	Брат ушёл к другу.
5.	Дети вбежали во двор.	Дети выбежали во двор.

연습문제 369 이탤릭체로 된 동사들의 반의어를 쓰시오.

1. Двери открылись, и из аудитории *вышли* студенты.
2. Он быстро *взбежал* по лестнице на второй этаж и позвонил.
3. Во двор *въехал* грузовик.
4. Дети с весёлым смехом *съезжали* на санках с горы.
5. Ко мне из Санкт-Петербурга *приехал* брат.

6. Брат *приезжает* ко мне каждый год.
7. Сестра *ушла* из дома рано утром, и до сих пор её нет.
8. Он ждал с нетерпением. Часто *подходил* к окну и смотрел, не *приехала* ли машина.
9. Учитель написал предложение и *отошёл* от доски.
10. В перерыве студент *подошёл* к профессору и задал ему вопрос.
11. Собрание кончилось, и все *разошлись* по домам.
12. Скоро начало учебного года. Студенты начали *съезжаться* в наше общежитие.
13. Когда наступает осень, перелётные птицы *улетают* на юг.
14. Когда пароход *отошёл* от берега, на берег прибежал опоздавший пассажир.

연습문제 370 다음 문장에서 사용된 운동동사의 상을 정하고 이 동사를 가지고 문장을 만드시오.

A

1. Каждую субботу к Павлу приходили товарищи (*М.Г.*).
2. Выхожу один я на дорогу (*Л.*).
3. У первой избушки он выпрыгнул из саней, подбежал к окну и стал стучаться (*П.*).
4. После обеда он тотчас же ушёл в свою комнату и в сильном волнении долго ходил по ней (*Л.Т.*).
5. Было уже за полночь, когда они стали расходиться (*М.Г.*).

B.

1. Я прошёл мимо белого дома с террасой и мезонином (*Чех.*).
2. Владимир с ужасом увидел, что он заехал в незнакомый лес (*П.*).
3. С самого детства они вместе учились, переходили из класса в класс (*Фад.*).
4. Они подъехали к разлившейся реке, которую им надо было переезжать на пароме (*Л.Т.*).

행위 시작 (발생), 종결 그리고 시간 속에서 행위의 어떤 제한을 의미하는 접두사 운동동사

1. 접두사 **по-**는 정태 동사에서부터 행위의 시작, 발생의 의미를 가진 완료상 동사들을 만든다: **идти́** '걸어가다' — **пойти́** '걸어가기 시작하다, 출발하다', **е́хать** '차를 타고 가다' — **пое́хать** '차를 타고 가기 시작하다', **лете́ть** '비행하다' — **полете́ть** '비행하기 시작하다', **бежа́ть** '뛰어가다' — **побежа́ть** '뛰어가기 시작하다', **плы́ть** '헤엄치다' — **поплы́ть** '헤엄치기 시작하다', **ползти́** '기다' — **поползти́** '기기 시작하다', **нести́** '나르다' — **понести́** '나르기 시작하다', **вести́** '인도하다' — **повести́** '인도하기 시작하다', **везти́** '운송하다' — **повезти́** '운송하기 시작하다'.

이 동사들은 일정한 시점에 시작되어 다른 선행 행위와 관련되어 있는 일회적인 동작에 관하여 말할 때 사용된다: Я встал, оде́лся, **поза́втракал** и **пошёл** на рабо́ту. '나는 일어나서 옷을 입고 아침을 먹고 직장으로 출발했다.'

Вчера́ по́сле заня́тий мы пошли́ в кино́. '어제 수업을 마치고 우리는 영화관으로 출발했다.'

[역주] 이 경우에 **пойти**는 **идти**의 상짝이 아니라 동사 **идти**에서 파생된 완료상 동사이다. **пойти**의 짝이 되는 불완료상 동사는 없다.

위에서 인용된 예문들에서는 완료상 동사 **пойти́** 대신에 불완료상 동사 **идти́**를 사용할 수 없다. 왜냐하면 여기에서는 운동과정이 아니라 일정한 시점에서 시작된 일회적인 행위에 관하여 말하는 것이기 때문이다. 일정한 시점에 시작되었던 반복적인 행위를 표현할 때 관련되는 불완료상 동사들이 사용된다.

	일회적인 행위	반복적인 행위
1.	По́сле заня́тий мы сра́зу **пошли́** в столо́вую. '수업을 마치고 우리는 즉시 식당으로 걸어가기 시작했다.'	По́сле заня́тий мы сра́зу **шли** в столо́вую. '수업을 마치고 우리는 즉시 식당으로 가곤 했다.'
2.	Он попроща́лся с на́ми и **пое́хал** домо́й. '그는 우리와 작별인사를 하고 나서 집으로 차를 타고 가기 시작했다.'	Он проща́лся с на́ми и **е́хал** домо́й. '그는 우리와 작별인사를 하면서 집으로 차를 타고 가곤했다.'

접두사 **по-**는 부정태 동사에도 부과되어 시간 속에서 제한된 행위를 표시하는 완료상 동사를 만든다(**ходи́ть** '걸어다니다' — **походи́ть** '약간 걸어다니다', **е́здить** '타를 타고 다니다' — **пое́здить** '약간 뛰어다니다', **бе́гать** '뛰어다니다' — **побе́гать** '약간 뛰어다니다', **лета́ть** '날라 다니다' — **полета́ть** '약간 날라 다니다', **пла́вать** '수영하러 다니다' — **попла́вать** '약간 수영하러 다니다', **вози́ть** '운반하다' — **повози́ть** '약간 운반하다', **носи́ть** '휴대하다' — **поноси́ть** '약간 휴대하다', **води́ть** '데리고 다니다' — **поводи́ть** '잠시동안 여기 저기 데리고 다니다').

Мы **походи́ли** полчаса́ о́коло до́ма, верну́лись и легли́ спать. '우리는 집 주위에서 30분 동안 걸어 다녔고, 돌아 와서 잠자리에 들었다.'

Я **попла́вал** не́сколько мину́т и сно́ва лёг на горя́чий песо́к. '우리는 몇 분 동안 수영하고 다시 뜨거운 모래 위에 누웠다.'

[역주] 여기에서 완료상 동사 **походи́ть** '잠간동안 걸어다니다'는 짝이 되는 불완료상 동사가 존재하지 않는다. 이 동사는 **ходи́ть** '걸어다니다'에서 '잠시'의 의미를 가진 접두사 **по-**를 부가하여 형성된 파생어이다.

2. 접두사 **за-**는, 부정태 동사 **ходи́ть**, **бе́гать**에 부가되어 운동 시작의 의미를 가진 완료상 동사가 만들어진다: **заходи́ть** '걷기 시작하다', **забе́гать** '뛰기 시작하다'.

   Он встал и **заходи́л** по ко́мнате. '그는 일어나서 방을 따라 걷기 시작했다.'

   Де́ти **забе́гали** по́ двору. '아이들은 마당을 따라 뛰기 시작했다.'

그러나 Он ко мне часто **заходи́л**, **забега́л** ле́том.‘그는 여름에 나에게 자주 들르곤 했다.’의 문장에서 사용된 동사 заходи́л, забега́л은 ‘들르다’라는 의미를 가지는 불완료상 동사들이다. 이 동사들에 쌍의 완료상 동사는 зашёл, забежа́л이다 (Он зашёл, забежа́л ко мне вчера́ у́тром по доро́ге на рабо́ту.‘그는 어제 아침에 직장으로 가는 길에 나에게 들렀다.’).

동사 забе́гал ‘뛰기 시작했다’과 забега́л ‘들렀다’는 강세 위치가 서로 다르다: 첫 번째 경우에는 강세가 어근에 있고, 두 번째 경우에는 강세가 접미사에 있다.

3. 접두사 **с-**는 ① 부정태 동사에 부가되어 이 동사에 행위종결의 의미를 부가하고 완료상 동사로 된다: **сходи́ть** ‘걸어 갔다 오다’, **сбега́ть** ‘뛰어 갔다 오다’, **съе́здить** ‘차를 타고 갔다 오다’

   Ма́льчик **сходи́л (сбе́гал)** в магази́н за хле́бом.‘소년은 빵을 사러 가게에 다녀왔다.’

   ② 접두사 с-는 부정태 동사에 부가되어 ‘위에서 아래로’라는 의미를 가지고 정태 동사와 부정태 동사에 부가하여 상 짝들이 만들어진다.

불완료상	완료상
сходи́ть с ле́стницы ‘계단에서 내려오다’	**сойти́** с ле́стницы
сбега́ть с горы́ ‘산에서 뛰어 내려오다’	**сбежа́ть** с горы́

4. 접두사 **из- (ис-)**는 부정태 동사에 부과되어, 행위가 모든 표면으로 확산되고, 소진되는 의미를 부가한다. 이 동사들은 완료상 동사들로 된다. 이 의미를 가진 짝의 불완료상 동사는 없다.

   исходи́ть всё по́ле ‘모든 들판을 쏘다니다’
   избе́гать весь сад ‘모든 정원을 뛰어 다니다’
   изъе́здить всю страну́ ‘모든 나라를 돌아다니다’

   그러나 아래 문장은 완전히 의미가 다르다.
   Этот челове́к **избега́л** люде́й.‘이 사람은 사람들을 만나지 않으려고 피해 다녔다.’
   이 단어의 상짝은 избежа́ть이다(Как я ни стара́лся, я не мог **избежа́ть** встре́чи с э́тим челове́ком.‘내가 아무리 노력해도 이 사람과의 만남을 피할 수가 없었다.’).

5. 부정태 동사들이 본래의 뜻에서 전의되어 사용되면, 몇몇 경우에 접두사를 부가하여 행위 결과, 행위 소진을 나타내는 완료상 동사를 만들 수 있다: вы́ходить больно́го ‘환자를 간호하여 낫게하다’ (Сестра́ с удиви́тельной сто́йкостью и терпе́нием **ходи́ла** за больны́м и **вы́ходила** его́. ‘누이는 놀라운 침착함과 인내로 환자를 간호하였고 그를 건강하게 했다.’). 전의되어 사용되는 그러한 동사들은 새로운 상짝을 만들 수 있다:

вы́ходить '완' — **выха́живать** '불완' больно́го '환자를 간호하여 낫게하다'

заноси́ть '완' — **зана́шивать** '불완' платье '옷을 오래 입어 헐게 하다'

износи́ть '완' — **изнашивать** '불완' платье '옷을 입어 헤어지게 하다'

вы́носить '완'— **вынашивать** '불완' идею '생각을 성숙하게 하다'

연습문제 371 다음 문장을 읽고 접두사 по-를 가진 운동동사의 사용법과 이 접두사를 가지지 않은 운동동사의 사용법을 설명하시오.

A

1. Каждое утро я вставал рано, делал зарядку, завтракал и шёл в университет.
2. Вчера я встал рано утром, сделал зарядку, позавтракал и пошёл в университет.
3. После ужина он сразу пошёл в свою комнату и лёг спать.
4. После ужина он сразу шёл в свою комнату и ложился спать.

B

1. Они шли медленно и разговаривали.
2. Путешественники немного отдохнули и пошли дальше.
3. Я увидел её, когда она шла по двору и подумал: «Куда она пошла так рано?».
4. Машина ехала по широкой улице.
5. Машина свернула направо и поехала по узкому переулку.
6. Носильщик поднял чемоданы и понёс их к выходу.
7. Носильщик без труда нёс чемоданы.

연습문제 372 운동동사에서 접두사 по-의 의미를 설명하시오.

1. Дети побегали по двору и побежали на улицу.
2. Самолёт полетал над городом и полетел на север.
3. Мы поплавали у берега и поплыли на другую сторону.
4. Мы поездили по городу, потом вышли из машины и пошли пешком в гостиницу.

연습문제 373 다음 괄호 안에 있는 동사 중 적당한 동사를 채워 넣으시오.

1. «Догоняй меня» — крикнул он и ... к берегу (плыл, поплыл).
2. Наконец мы увидели узкую тропинку и ... по ней (шли, пошли).
3. Мы долго ... по узкой лесной тропинке (шли, пошли).
4. Вы сегодня ... сюда на троллейбусе или на автобусе? (ехали, поехали).
5. У него болела нога, поэтому он ... медленно (шёл, пошёл).
6. Каждый вечер после работы мы вместе ... домой (ехали, поехали).
7. Сколько времени этот самолёт ... от Москвы до Санкт-Петербурга? (летел, полетел).
8. У меня не было этой книги, и я ... в библиотеку (шёл, пошёл).
9. Самолёт сделал круг над городом и ... на север (летел, полетел).
10. После занятий мы обычно сразу ... в столовую (шли, пошли).
11. Носильщик подожил чемоданы на тележку и ... их к выходу в город (вёз, повёз).
12. Когда он увидел, что берег уже близко, он ... медленнее (плыл, поплыл).

연습문제 374 이탤릭체로 된 동사의 상을 말하고 이들의 의미를 설명하시오.

1. Мы тогда жили на одной улице, и мой друг часто *заходил* ко мне.
2. Когда ему сообщили эту новость, он в волнении *заходил* по комнате.
3. В прошлое воскресенье мы *съездили* за город.
4. Дети играли во дворе и только изредка *забегали* в дом.
5. Сегодня с раннего утра дети *забегали* по саду; во всех его уголках звучали их звонкие голоса и весёлый смех.
6. Мать *сводила* ребёнка к врачу.
7. Мать *сводила* ребёнка с лестницы.
8. Несколько лет тому назад он *исходил* берега Адуна с изыскательской партией — и теперь, с высоты птичьего полёта, узнавал знакомые места (*Аж*).

연습문제 375 필요한 접두사를 채워 넣으시오.

Мы ехали отдыхать в Сочи. Рано утором мы … ехали в город Туапсе. За Туапсе начинается море. Поезд … шёл по берегу моря. Мы смотрели в окно и любовались морем. Вдруг стало темно и душно. Это мы … ехали в туннель, прорытый в горе. Через две минуты поезд … шёл из туннеля, и мы снова увидели яркое солнце и море. По пути в Сочи мы … ехали несколько туннелей.

연습문제 376 톨스토이의 단편소설을 읽고 운동동사의 사용을 설명하시오. 그리고 이 단편소설의 내용을 번역하시오.

Как волки учат своих детей

Я шёл по дороге и сзади себя услыхал крик. Кричал мальчик-пастух. Он бежал полем и на кого-то показывал.

Я поглядел и увидел: по полю бегут два волка: один старый, другой молодой. Молодой *нёс* на спине зарезанного ягнёнка, а зубами держал его за ногу. Старый волк *бежал* позади. Когда я увидел волков, я вместе с пастухом *побежал* за ними, и мы стали кричать. На наш крик *прибежали* мужики с собаками.

Как только старый волк увидел собак и народ, он *подбежал* к молодому, выхватил у него ягнёнка, перекинул себе на спину, и оба волка *побежали* скорее и скрылись из глаз.

Тогда мальчик стал рассказывать, как было дело: из оврага выскочил большой волк, схватил ягнёнка, зарезал его и понёс. Навстречу *выбежал* волчонок и бросился к ягнёнку. Старый отдал *нести* ягнёнка молодому волку, а сам налегке *побежал* возле.

Только когда *пришла* беда, старый оставил ученье и сам взял ягнёнка.

Воробей и ласточки

Раз я стоял на дворе и смотрел на гнездо ласточек под крышей. Обе ласточки при мне улетели, и гнездо осталось пустое.

В то время как они были в отлучке, с крыши слетел воробей, прыгнул на гнездо, огнянулся, взмахнул крылышками и юркнул в гнездо, потом высунул свою голову и зачирикал.

Скоро после того прилетела к гнезду ласточка.

Она сунулась в гнездо, но, как только увидела гостя, запищала, побилась крыльями на месте и улетела. Воробей сидел и чирикал.

Вдруг прилетел табунок ласточек; все ласточки подлетели к гнезду — как будто для того, чтобы посмотреть на воробья, и опять улетели.

Воробей не робел, поворачивал голову и чирикал.

Ласточки опять подлетали к гнезду, что-то делали и опять улетали.

Ласточки недаром подлетали: они приносили каждая в клюве грязь и понемногу замазывали отверстие гнезда.

Опять улетали и опять прилетали ласточки и всё больше и больше замазывали гнездо, и отверстие становилось всё теснее и теснее.

Сначала была видна шея воробья, потом уже одна головка, потом носик, а потом и ничего не стало видно; ласточки совсем замазали его в гнезде, улетели и со свистом стали кружиться вокруг дома.

단일한 행위를 표시하기 위한 부정태 동사의 사용법

부정태 동사들은 과거에 두 방향에서 한번 발생한 행위를 표시할 수 있다.

1. Вчера́ мы **ходи́ли** в кино́. '어제 우리는 영화관에 다녀왔다.'
2. Ле́том я **е́здил** в Крым. '여름에 나는 끄림에 다녀왔다.'
3. К тебе́ **приходи́л** друг. '친구가 너에게 왔다 갔다.'
4. В ко́мнату кто-то **входи́л**. '누군가가 방에 들어갔다 나갔다.'

만약 첫 번째와 두 번째 문장에서 접두사를 사용하지 않은 부정태 동사 ходи́л, е́здил 대신에 정태 동사 шёл, е́хал이 사용되면 (Вчера́ мы шли в кино́ … Ле́том я е́хал в Крым… '어제 우리는 영화구경갔다… 여름에 나는 끄림으로 갔다…'.), 이 동사들은 끝까지 일을 수행하지 못하고 한 방향으로 진행하는 운동을 표시한다. 그런 문장에서는 무언가 말을 다하지 못한 것이 있기 때문에 문장을 보충해야 할 필요가 있다:

Вчера́ мы **шли́** в кино́ и встре́тили знако́мого. '어제 우리는 영화관에 가서 아는 사람을 만났다.'

Ле́том я **е́хал** в Крым, и в том же ваго́не **е́хал** мой друг. '여름에 나는 끄림에 갔었는데, 동일한 차량에 나의 친구도 타고 가고 있었다.'

세번째, 네번째 문장에서 접두사를 사용한 부정태 동사 приходи́л, входи́л 대신에 정태동사 пришёл, вошёл이 사용된다면 (К тебе́ **пришёл** друг. В ко́мнату кто-то вошёл.) 동사들은 한 방향에서 종결된 운동을 표시한다.

К тебé **пришёл** друг. 친구가 너에게 왔다. (그래서 지금 있다.)

В кóмнату кто-то **вошёл**. 방으로 누군가가 들어갔다. (그래서 방에 있다.)

연습문제 377 문장의 의미상의 차이를 설명하시오.

1. К преподавателю *пришёл* студент сдавать экзамен. К преподавателю *приходил* студент сдавать экзамен.
2. В комнату кто-то *забежал*. В комнату кто-то *забегал*.
3. Зачем ты *вышел* из дома? Зачем ты *выходил* из дома?
4. Ко мне *приехала* сестра. Ко мне *приезжала* сестра.
5. Он *уехал* из Москвы. Он *уезжал* из Москвы.

연습문제 378 괄호 안의 동사들 중 필요한 형태로 바꾸어 넣으시오.

1. Я отпер дверь и ... в комнату. Я увидел, что окно было открыто и на подоконнике стоял букет цветов. Значит, без меня кто-то ... в мою комнату. (войти, входить).
2. К тебе утром ... друг, он оставил тебе записку. К тебе ... друг, он ждёт тебя уже полчаса. (прийти, приходить).
3. Я звонил тебе вчера. Мне сказали, что ты ... в театр. (уйти, уходить).
4. Я давно не видал твоего брата. Где он? — Он ... на месяц в командировку, потом неделю был дома, а вчера вечером ... отдыхать на юг. (уехать, уезжать).

연습문제 379 여러 가지 접두사를 가진 운동동사를 사용하여 어떤 여행에 관한 단편을 쓰시오: выходить, приходить, отъезжать, приезжать, переезжать, подходить 등.

명사와 운동동사로 이루어진 몇몇 결합의 의미

일련의 여러 어결합에서 사용된 운동동사들(нести́ отвéтственность '책임지다', нанести́ удáр '일격을 가하다')은 자신의 본래의 의미로 사용되지 않을 수 있다; 그런 경우에 이 동사들의 사용은 몇몇 특징들이 있다:

1. 만약 운동동사가 접두사가 없이 사용되면, 정태 동사나 부정태동사 중에서 어떤 한 동사만 사용될 수 있다. 예를 들어, нести́ отвéтственность '책임지다', 그러나 нести́ фами́лию가 아니라 носи́ть фами́лию '성을 따르다'를 사용한다.

2. 운동동사가 접두사를 사용하였다면, 일정한 접두사를 가진 동사의 사용은 저마다 특징적이다: приноси́ть пóльзу '이익을 주다, 쓸모가 있다', выноси́ть вы́говор '나무라다'; 보통 부정태 동사와 정태 동사 모두 사용이 가능하다: приноси́ть, принести́ пóльзу

'이익을 주다', **выноси́ть, вы́нести вы́говор** '나무라다'.

여러가지 의미를 표현하기 위하여 여러가지 명사들과 운동동사의 그러한 결합은 암기할 필요가 있다.

동사 нести — носить

нести́ отве́тственность '책임지다', **нести́ (понести́) поте́ри** '손해를 보다' (이 어결합에서 동사 носи́ть는 사용할 수 없다.)

Он **несёт отве́тственность** за э́ту рабо́ту. '그는 이 일에 대한 책임을 진다.'

Населе́ние **понесло́ больши́е поте́ри** по́сле наводне́ния. '주민은 홍수 후에 막대한 피해를 입었다.'

носи́ть костю́м '양복을 입다', **носи́ть очки́** '안경을 쓰다' (어결합 нести́ костю́м, нести́ очки́는 가능하다, 그러나 이 결합에서 동사 нести́는 직접적인 의미로 사용된다, 예를 들어, нести́ костю́м в чи́стку '세탁소에 양복을 가지고 가다', нести́ очки́ в мастерску́ю '안경을 수리점에 가지고 가다')

носи́ть фами́лию '성을 가지다', **носи́ть и́мя** '이름을 가지다' (이 결합에서는 нести́를 사용하지 못한다.)

Она́ но́сит фамилию мужа. '그녀는 남편의 성을 가지고 있다.'

Моско́вский университе́т **но́сит и́мя** вели́кого ру́сского учёного Ломоно́сова. '모스끄바 대학교는 러시아의 위대한 학자 로모노소프의 이름을 가지고 있다.'

〖접두사를 수반하는 동사들〗

вноси́ть, внести́ предложе́ние '제의하다'
выноси́ть, вы́нести вы́говор '질책하다, 비난하다'
произноси́ть, произнести́ речь, слова '발음하다, 연설하다'
наноси́ть уда́ры(복수), нанести́ удар(단수) '일격을 가하다'
приноси́ть, принести́ по́льзу, вред '쓸모가 있다, 해가 되다'

동사 вести — водить

вести́ рабо́ту '일하다', заня́тия '공부하다', уро́к '수업하다', семина́р '세미나를 개최하다', кружо́к '동아리를 하다', собра́ние '모임을 하다', наблюде́ния '관찰하다'

вести́ перегово́ры '교섭을 하다', спор '논쟁을 일으키다', войну́ '전쟁을 일으키다', ого́нь '불을 일으키다'

вести́ себя́ '처신하다'

Это **ведёт** к чему-нибудь '이것은 어떤 결과를 초래한다.'

вести́ к побе́де '승리로 이끌다', доро́га ведёт в лес. '길은 숲으로 통한다' (이 모든 결합에서 동사 води́ть의 사용이 불가능하다.)

접두사를 가지고 동사 водить의 사용은 어떤 명사와의 결합에서 가능하다.

проводи́ть, провести́ рабо́ту '일하다', заня́тия '공부하다', заря́дку '체조하다', уро́к '수업하다', семина́р '세미나 하다', собра́ние '모임하다', диску́ссию '토론하다', наблюде́ния '관찰하다', провести́ в жизнь '실행하다', на пра́ктике '실시하다',

вводи́ть, ввести́ в жизнь '실현시키다', в пра́ктику '실시하다', в употребле́ние '사용하다'

наводи́ть, навести́ поря́док '정돈하다', чистоту́ '청소하다'

навести́ на мысль '생각을 불러 일으키다'

навести́ тоску́ '우울하게 하다' (Осенние дожди наводят тоску. '가을비는 우울하게 한다.')

заводи́ть, завести́ большо́е хозя́йство '대농장을 시작하다'

доводи́ть, довести́ кого́-нибудь до отча́яния '누군가를 절망하게 하다'

выводи́ть, вы́вести́ кого́-нибудь из терпе́ния '누군가를 참지 못하게 하다', из себя́ '누군가를 성나게 하다'

производи́ть, произвести́ впечатле́ние '인상을 주다' (Эта карти́на произвела́ на меня́ большо́е впечатле́ние. '이 그림은 나에게 많은 인상을 주었다.')

동사 идти — ходить

идёт рабо́та '직업 중이다', прове́рка '검사 중이다', проготó́вка '준비 중이다'

идёт собра́ние '회담이 진행 중이다', совеща́ние '컨퍼런스가 진행 중이다', диску́ссия '논의가 진행 중이다'

иду́т заня́тия '수업이 진행 중이다', экза́мены '시험이 진행 중이다', вы́боры '선거가 진행 중이다'

идёт время '시간이 흐른다', жизнь '삶이 지나간다'

иду́т дела́ '일이 진척된다'. (Как иду́т ва́ши дела́? '당신의 일이 어떻게 되고 있나요', дела́ иду́т хорошо́ '잘 되고 있어요.')

идёт нóвая пьéса '새로운 희곡이 상연된다', картúна в кинó '영화가 상영 중이다'

идёт войнá '전쟁 중이다', спор '논쟁 중이다'

идёт дождь '비가 온다', снег '눈이 온다' (Тебе идёт этот костюм, эта шляпа. '이 양복, 이 모자가 너에게 어울린다.', Ничего не идёт на ум. '아무 것도 머리에 떠오르지 않는다.')

이 모든 결합에서 동사 **ходúть**는 사용하지 못하다.
접두사와 동사 **ходúть**의 사용은 몇몇 동사들과 결합하여 가능하다.

『접두사를 수반하는 동사』

прохóдит, пройдёт рабóта '일이 끝나다', провéрка '검사가 끝나다', подготóвка '준비가 끝나다', собрáние '모임이 끝나다', совещáние '컨퍼런스가 끝나다', дискýссия '논의가 끝나다'

прохóдят, пройдýт занятия '수업이 끝나다', экзамены '시험이 끝나다', выборы '선거가 끝나다'

прохóдит, пройдёт время '시간이 지나가다', жизнь '삶이 지나가다'

прохóдят, пройдýт минýты '분이 지나가다', часы '시간이 지나가다', дни '날이 지나가다', недéли '주가 지나가다', годы '해가 지나가다'

происхóдят, произойдут большие события '큰 사건이 일어나다'

происхóдит заседáние '회의가 진행 중이다', конферéнция '컨퍼런스가 진행 중이다'

произойдёт недоразумéние '오해가 발생할 것이다', бедá '고난이 찾아 올 것이다'

превосходúть, превзойтú все ожидáния '온갖 예상을 능가하다'

исходúть из предпосылок '전제에 의거하다', из положéния '상황에 의거하다'

выходúть, выйтú из трýдного положéния '어려운 상황에서 벗어나다'

выходúть, выйтú из себя '이성을 잃다'(Он так рассердúлся, что потерял всякую сдéржанность, вышел из себя и стал кричáть.'그는 너무 화가 나서 온갖 자제를 상실하였고, 이성을 잃고 고함을 치기 시작하였다.')

приходúть, прийтú в себя '제 정신으로 돌아오다' (Чéрез нéсколько минýт пóсле операции больнóй пришёл в себя. '수술 후 몇 분이 지나서 환자는 제 정신으로 돌아왔다.');

входúть, войтú во вкус '좋아하게 되다', в роль '완전히 배경의 일물이 되다.';

входúть, войтú в положéние когó-нибудь '누군가의 입장이 되다.' (Поймúте меня, войдúте в моё положéние и помогúте. '나를 이해해주시오. 나의 입장이 되어서 도와주시오..');

входúть, войтú в употреблéние '사용하다', в моду '유행하다.'

выходúть, выйти из употребления '사용하지 않게 되다', из моду '유행에 뒤지다'.

시간과 관련된 다음 표현을 기억하시오.

время идёт '시간이 지나간다.', **бежи́т**, '시간이 경과한다.' **лети́т** '시간이 빨리 경과한다.', **мчи́тся** '시간이 줄달음친다.', **прохо́дит** '시간이 지나간다.', **пройдёт** '시간이 지나갈 것이다.', **ухо́дит** '시간이 흐른다.', **уйдёт** '시간이 흐를 것이다.', **пролета́ет** '시간이 빨리 지나간다.', **пролетит** '시간이 빨리 지나갈 것이다.';

го́ды иду́т '년이 지나간다.', бегу́т '년이 경과한다.', летя́т '년이 빨리 경과한다', мча́тся '년이 줄달음친다.';

(**часы́**, **мину́ты**, **дни** '시, 분 날이') прохо́дят '경과한다', пройду́т '경과할 것이다', ухо́дят '흐른다', уйду́т '흐를 것이다', пролета́ют '빨리 지나간다.', пролетя́т '빨리 지나갈 것이다.'

연습문제 380 보어 또는 장소 상황어와 결합된 운동동사를 뽑아 쓰고 이 어결합을 가지고 문장을 쓰시오.

1. Окно выходит на юг.
2. Дверь ведёт в коридор.
3. Тропинка ведёт в лес.
4. Преподаватель очень интересно проводит занятия.
5. Экспедиция ведёт наблюдения над направлением течений в океане.
6. Школьники одной страны ведут переписку со школьниками другой страны.
7. О чём вы ведёте такой горячий спор?
8. Он не умеет вести себя в обществе.
9. Мы навели образцовый порядок в комнате.
10. На собрании друзья внесли много хороших предложений, надо их провести в жизнь.
11. Эта музыка наводит на меня тоску.
12. Новая пьеса произвела на меня очень сильное впечатление.
13. Брат перенёс серьёзную болезнь.
14. Другу вынесли выговор за опоздание на занятия.
15. Мухи приносят большой вред.

연습문제 381 다음 문장을 읽고 이탤릭체로 된 어결합을 가지고 문장을 만드시오.

1. *Часы летели за часами*, а мы всё сидели у костра и разговаривали (*Арс.*).
2. *Прошло около часа.* Зелёный огонь погас, и не стало видно теней (*Чех.*).
3. Летят за днями *дни* (*П.*).
4. *Ночь идёт*, и с нею льётся в грудь нечто сильное, освежающее (*М.Г.*).
5. Уж *десять лет ушло* с тех пор, и много Переменилось в жизни для меня (*П.*).
6. Так *идёт жизнь, полная* мечтаний и обыденного труда (*Ф.*).
7. *Время летит* иногда птицей, иногда *ползёт* червяком (*Тург.*).
8. Весь следующий день *дорога шла лесом* и горами (*Гайд.*).
9. И туман и непогоды *Осень* поздняя *несёт* (*П.*).
10. Мне нужна попутная машина, и я *не свожу глаз* с дороги. (*Ант.*).

11. Происшествие этого вечера *произвело* на меня довольно глубокое *впечатление* (*Л.*).
12. Ветер осенний *наводит печаль*, По небу тучи угрюмые гонит (*Н.*).
13. Погода в эти дни была дурная, и большую часть времени *мы проводили* в комнатах (*Л.Т.*).
14. Анна Фёдоровна большую часть дня оставалась дома одна и постепенно *входила в роль* молодой хозяйки (*М.С.*).

연습문제 382 문장의 내용을 해석하시오.

1. Факты — это воздух учёного. Без них вы никогда *не сможете взлететь* (*Пав.*).
2. Науку щедро *вводят в жизнь* в нашей стране (*Пав.*).
3. Я презираю людей, которых нарыв на пальце *выводит из равновесия*, заслоняет всё (*Н.О.*).
4. Ни одно философское учение *не может обойти* вопроса об отношении мышления к бытию.

동사 상의 조성

비파생 동사들은 일반적으로 불완료상 동사들(читáть '읽다', писáть '쓰다', люби́ть '사랑하다', дýмать '생각하다')이다. 완료상 비파생 동사들은 얼마되지 않는다: 몇 안되는 단음절 동사(дать '주다', лечь '치료하다', сесть '앉다', стать '되자', деть '치우다')와 접미사 **-и-**를 가진 몇몇 동사들(кóнчить '마치다', реши́ть '결정하다', брóсить '던지다') 이다.

한 상에서 또 다른 상을 만들기 위해서는 동사 어간에 변화가 발생한다.

완료상 동사들은 불완료상 동사에서 접두사를 첨가하여 만들어지든지(**дéлать** отчёт — **сдéлать** отчёт '보고하다', **писáть** письмó — **написáть** письмó '편지 쓰다') 아니면 하나의 접미사를 다른 접미사로 교체하여 만들어진다(**толкáть** стол — **толкнýть** стол '테이블을 밀다').

불완료상 동사들은 완료상 동사에서 어간에 접미사를 부가하여 만들어지든지 (**овладéть** рýсским языкóм — **овладевáть** рýсским языкóм '러시아어를 습득하다') 아니면 하나의 접미사를 또 다른 접미사로 변경하여 만들어진다(изуч**и́**ть — изуч**á**ть '배우다', перестрó**и**ть — перестрá**ива**ть ''). 이 외에 상의 교체에서 어근교체(перестр**ó**ить — перестр**á**ивать; оп**о**здáть - оп**á**здывать), 자음교체(отвé**т**ить — отве**ч**áть) 그리고 강세의 위치변화(разрéзать '완' — разрезáть '**불완**, 잘게 자르다') 등도 있다.

접두사에 의한 완료상 동사의 조성

불완료상 무접두사 동사들에 접두사가 부가되면 일반적으로 완료상 동사가 된다: **писáть — написáть, крéпнуть — окрéпнуть, стрóить — пострóить** (부정태 동사에서 접두사를 부가하여 불완료상 동사가 만들어지는 것은 예외이다.). 접두사에 의하여 완료상 동사가 만들어질 때 다음을 구별해야 한다: ① 접두사가 동사에 부가되어도 상적인 의미 외에 단어의 기본적인 어휘 의미가 변하지 않는 경우 (**писáть — написáть** '쓰다', **стрóить — пострóить** '건축하다', **дéлать — сдéлать** '하다')

② 접두사가 동사에 부가되어 상적인 의미가 바뀌고, 동사의 기본적인 의미에 약간의 추가적인 의미가 부가되는 경우 (**плáкать** '**불완**, 울다' — **заплáкать** '완, 울기 시작하다'. **сидéть** '**불완**, 앉다' — **поседéть** '완, 잠시 앉다')

③ 접두사가 동사에 부가되어 상적인 의미뿐만 아니라 새로운 어휘의미도 변하는 경우 (**писáть** '**불완**, 쓰다' — **переписáть** '완, 다시 쓰다', **списáть** '완, 배껴 쓰다').

새로운 의미적인 뉘앙스를 부가하지 않고 접두사로 완료상 동사가 조성되는 경우

행위 종결 의미 완료상 동사

1. 종결의 의미는 동사에 여러가지 접두사를 첨가할 수 있다.

불완료상	완료상	접두사
писáть	написáть	на-
Вчерá **я писáл** письмо. '어제 나는 편지를 쓰고 있었다.'	Вчерá **я написáл** письмó. '어제 나는 편지를 썼다.'	
читáть	прочитáть	про-
Зáвтра я **бýду читáть** расскáз Гóрького. '내일 나는 고리끼의 단편을 읽을 것이다.'	Зáвтра я обязáтельно **прочитáю** расскáз Гóрького. '내일 나는 반드시 고리끼의 단편을 읽을 것이다.'	
дéлать	сдéлать	с-
Ученúк сидéл и **дéлал** урóки. '학생은 앉아서 수업준비를 하고 있었다.'	Ученúк **сдéлал** урóки и пошёл гуля́ть. '학생은 수업준비를 하고나서 산책하러 갔다.'	

буди́ть	разбуди́ть	раз-
Я до́лго **буди́л** дру́га. '나는 오랫동안 친구를 깨우고 있었다.'	Наконе́ц я его́ **разбуди́л**. 드디어 나는 친구를 깨웠다.	
стро́ить	постро́ить	по-
Всё ле́то **стро́или** но́вое зда́ние шко́лы. '여름 내내 학교의 새 건물을 짓고 있었다.'	К о́сени но́вое зда́ние шко́лы **постро́или**. '가을 경에 학교의 새 건물을 다 지었다.'	

2. 상태의 점진적인 변화를 나타내는 불완료상 동사들에서 (특히 색의 변화가 표시되는 경우들에서) 일반적으로 접두사 **по-**에 의하여 종결의 의미를 가진 완료상 동사가 조성된다.

불완료상	완료상	예
желте́ть	пожелтеть	Сентя́брь. Уже́ **пожелте́ли** листья '9월이다. 벌써 잎사귀들이 완전하게 노랗게 되어 버렸다.'
розове́ть	порозове́ть	У́тро. **Порозове́ло** не́бо на горизо́нте. '아침이다. 지평선의 하늘이 완연하게 장미 빛을 띠어버렸다.'
черне́ть	почерне́ть	Идёт дождь. **Почерне́ли** доро́ги. '비가 내린다. 길들이 캄캄하게 되어 버렸다.'
блёкнуть	поблёкнуть	Хо́лод. **Поблёкли** я́ркие кра́ски в лесу́. '춥다. 숲에서 선명한 색조가 퇴색되어 버렸다.'
га́снуть	пога́снуть	Огни́ **пога́сли**.'불이 꺼져버렸다.'
седе́ть	поседе́ть	Во́лосы **поседе́ли**.'머리카락들이 허옇게 되어버렸다.'
беле́ть	побеле́ть	Лицо́ **побеле́ло** от испу́га. '놀라서 얼굴이 하얗게 되어버렸다.'
бледне́ть	побледне́ть	Больно́й **побледне́л**.'환자는 창백해져버렸다.'
красне́ть	покрасне́ть	Он **покрасне́л** от волне́ния. '그는 흥분해서 얼굴이 완전히 빨갛게 되어 버렸다.'
темне́ть	потемне́ть	**Потемне́ло** всё вокру́г.'주위가 온통 어두워져 버렸다.'
светле́ть	посветле́ть	**Посветле́ло**. Ско́ро взойдёт со́лнце. '훤하게 되어 버렸다. 곧 태양이 떠 오를 것이다.'
худе́ть	похуде́ть	Больно́й **похуде́л** по́сле опера́ции. '환자는 수술 후에 여위어져버렸다.'
полне́ть	пополне́ть	Ле́том на чи́стом во́здухе он поздорове́л и **пополне́л**. '여름에 깨끗한 공기로 인해서 그는 건강해지고 살이 쪄버렸다.'

3. 상태의 변화가 접미사 **-ну-**를 가진 불완료상 동사에 의하여 표현되면, 종결의 의미는 일반적으로 접두사 **за-**, **о-** 그리고 다른 접두사들에 의하여 표현된다.

불완료상	완료상	예
вя́нуть	завя́нуть	Цветы́ **завя́ли**.'꽃들이 완전히 시들어버렸다.'
	увя́нуть	Цветы́ **увя́ли**.'꽃들이 완전히 시들어버렸다.'
со́хнуть	засо́хнуть	Цветы́ **засо́хли**.'꽃들이 완전히 말라 버렸다.'
	вы́сохнуть	Бельё **вы́сохло**.'내의가 완전히 말라 버렸다.'
вя́знуть	завя́знуть	Колёса **завя́зли** в грязи́.'바퀴들이 진흙탕에 완전히 빠져버렸다.'
	увя́знуть	Колёса **увя́зли** в грязи́.'바퀴들이 진흙탕에 완전히 빠져버렸다.'
мо́кнуть	вы́мокнуть	Пу́тники **вы́мокли** под дождём. '나그네들이 비에 몸이 완전히 젖어 버렸다.'
зя́бнуть	озя́бнуть	В ко́мнате хо́лодно.'방 안이 춥다.' Я **озя́б**.'나의 몸이 추위로 완전히 얼어버렸다.'
сты́нуть	осты́нуть	Обе́д **осты́л**.'식사가 완전히 차가워져 버렸다.'
мёрзнуть	помёрзнуть	Стоя́ли си́льные моро́зы. '혹독한 추위가 계속되었다.' **Помёрзли** я́блони.'사과나무들이 완전히 얼어버렸다.'
кре́пнуть	окре́пнуть	Де́ти за ле́то **окре́пли**.'아이들이 여름 동안 몸이 튼튼하게 되어 버렸다.'
хри́пнуть	охри́пнуть	Я простуди́лся и **охри́п**.'감기에 걸려 목소리가 완전히 쉬어 버렸다.'
сле́пнуть	осле́пнуть	Она́ **осле́пла**.'그녀는 완전히 장님이 되어 버렸다.'
гло́хнуть	огло́хнуть	Она́ **огло́хла**.'그녀는 완전히 귀머거리가 되어 버렸다.'

연습문제 383 이탤릭체로 된 동사의 접두사가 어떤 의미를 내포하고 있는지 말하시오. 이 동사들의 원형을 쓰고 이들을 가지고 문장을 만드시오.

1. Когда он (Стасов) умер, я подумал: вот человек, который *делал* всё, что мог, и всё, что мог, *сделал* (*М.Г.*).
2. Читать сознательно я *научился*, когда мне было лет четырнадцать (*М.Г.*).
3. Мы, простые санитары, должны были не только *обмыть, напоить* и *накормить* всех раненых, но и проследить за их температурой, за состоянием перевязок и вовремя дать лекарства (*Пауст.*).
4. Заря уже давно *погасла*, и едва белел на небосклоне её последний след (*Тург.*).
5. Уже совсем *стемнело*, и начинало холодать. В роще звучно щёлкал соловей (*Тург.*).
6. Что *посеешь*, то и *пожнёшь* (*Посл.*).
7. Поздняя осень. Грачи улетели. Лес обнажился, поля *опустели* (*Н.*).

연습문제 384 이탤릭체로 된 술어를 합성술어로 바꾸시오.

보기: *Леса уже* **пожелтели** *и роняли листву.*
Леса уже **стали жёлтыми** *и роняли листву.*

1. Шли дожди. Дороги уже *почернели.*
2. Горизонт *порозовел.*
3. От громкого крика голос ребёнка *охрип.*
4. Лицо раненого *побледнело.*
5. Больной *оглох.*
6. Рука, в которой она держала чемодан, вздрогнула, и ноша вдруг *отяжелела.*

연습문제 385 동사가 종결의 의미를 가지게 하기 위하여 누락된 접두사를 채워 넣으시오.

1. Я ... делал эту работу с большим увлечением.
2. К вечеру самодеятельности мы ... писали статьи в стенгазету, ... рисовали плакаты, ... учили стихотворения.
3. Летом в районе ... строили школу.
4. Вечером ученик ... делал уроки.
5. Староста ... делил тетради между друзьями.
6. Колхозники ... косили траву.
7. Колхозники ... жали пшеницу.

연습문제 386 다음 동사로부터 완료상 동사를 만드시오.

строить, тушить, чинить; мыть, чистить, гладить; завтракать, обедать, ужинать; стареть, бледнеть, умнеть; глохнуть, слепнуть, хрипнуть

행위 시작, 발생 의미 완료상 동사

행위의 시작, 발생의 의미를 가진 완료상 동사들은 일반적으로 접두사 **за-**, **по-**에 의하여 형성된다.

1. 행위 시작(발생)의 의미로 사용되는 접두사 **за-**는 일반적으로 소리, 운동, 빛의 현상을 나타내는 동사에 부가된다. 어떤 경우에서는 접두사 **за-**를 가진 동사는 행위의 발생만을 나타내지만, 어떤 경우에서는 행위가 시작되어 계속되는 것을 나타낸다. 이 의미는 발화의 문맥에서만 — 개별적인 문장에서나 전체의 관련된 테스트에서 — 파악할 수 있다.

[역주] 이 동사들은 동작류 동사에 속하는 것으로 서로 상짝이 아니고 완료상 동사는 불완료상 동사에서부터 파생된 파생어이다.

불완료상	완료상	예
пла́кать '울다'	запла́кать '울기 시작하다'	Же́нщина **запла́кала**. '여인이 울기 시작했다.'
рыда́ть '통곡하다'	зарыда́ть '통곡하기 시작하다'	Же́нщина **зарыда́ла**. '여인이 통곡하기 시작했다.'
говори́ть '말하다'	заговори́ть '말하기 시작하다'	Он **заговори́л** взволно́ванно и горячо́. '그는 흥분하고 격렬하게 말하기 시작했다.'
крича́ть '외치다'	закрича́ть '외치기 시작하다'	Ребёнок **закрича́л**. '아기가 소리 지르기 시작했다.'
смея́ться '웃다'	засмея́ться '웃기 시작하다'	Ребёнок **засмея́лся**. '아기가 웃기 시작했다.'
стона́ть '신음하다'	застона́ть '신음하기 시작하다'	Больно́й **застона́л**. '환자는 신음하기 시작했다.'
шуме́ть '소음을 내다'	зашуме́ть '소음을 내기 시작하다'	Лес **зашуме́л**. '숲이 소리를 내기 시작했다.'
дрожа́ть '떨다'	задрожа́ть '떨기 시작하다'	Рука́ **задрожа́ла** от волне́ния. '손이 흥분해서 떨리기 시작했다.'
шевели́ться '약간 움직이다'	зашевели́ться '약간 움직이기 시작하다'	Ли́стья **зашевели́лись** от ветра. '나뭇잎들이 바람에 가볍게 흔들리기 시작했다.'
мелька́ть '번쩍거리다'	замелька́ть '번쩍거리기 시작하다'	Огоньки́ **замелька́ли** вдали́. '멀리서 불이 번쩍거리기 시작했다.'
ходи́ть '걷다'	заходи́ть '걷기 시작하다'	Он в волне́нии **заходи́л** по ко́мнате. '그는 흥분 상태에서 방 안을 이리저리 걷기 시작했다.'
дви́гаться '움직이다'	задви́гаться '움직이기 시작하다'	Все вдруг **задви́гались**, зашуме́ли, заговори́ли. '모두가 갑자기 움직이기 시작했고, 웅성거리기 시작했고, 말하기 시작했다.'
блесте́ть '빛나다'	заблесте́ть '빛나기 시작하다'	Взошло́ со́лнце. В траве́ **заблесте́ли** ка́пли росы́. '태양이 떠 올랐다. 풀에 이슬 방울이 반짝이기 시작했다.'
сверка́ть '번쩍이다'	засверка́ть '번쩍이기 시작하다'	Мо́лния **засверка́ла** над ле́сом. '번개가 숲 위에서 번쩍이기 시작했다.'
сия́ть '빛나다'	засия́ть '빛나기 시작하다'	Над пру́дом **засия́ла** луна. '못 위에서 달이 빛나기 시작했다.'

2. 행위 시작 (발생)의 의미로 사용되는 접두사 по-는 일반적으로 정태동사에 부가된다. 이 그룹에서도 서로 상짝이 아니고 파생어에 속한다.

불완료상	완료상	예
идти́ '걸어가다'	пойти́ '걸어가기 시작하다'	Я **пошёл** бы́стрыми шага́ми. '나는 빠른 걸음으로 걷기 시작했다.'
бежа́ть '뛰어가다'	побежа́ть '뛰어가기 시작하다'	Ребя́та **побежа́ли** к реке́. '아이들이 강으로 뛰기 시작했다.'
лете́ть '날라가다'	полете́ть '날라가기 시작하다'	Самолёт **полете́л** на юг. '비행기가 남쪽으로 날기 시작했다.'
дуть'불다'	поду́ть '불기 시작하다'	**Поду́л** си́льный ве́тер и дул три дня. '강한 바람이 불기 시작했고 삼일 동안 바람이 계속 불었다.'
лить'붓다'	поли́ть '붓기 시작하다'	В октябре́ **поли́ли** дожди́ и ли́ли весь ме́сяц. '10월에 비가 쏟아 붇기 시작해서 한달 내내 내렸다.'

연습문제 387 어떤 동사들이 행위 시작이나 발생을 나타내는지 말하시오. 그리고 이 의미가 어떻게 표현되어 있는지 말하시오.

1. В лесу стало очень тихо. Потом в кустах послышался едва заметный шорох. Зашевелились от ударов капель листья, запахло прибитой пылью. Где-то далеко прогремел ленивый гром (*Пауст.*).
2. Вдруг за окнами зашумели, заволновались игравшие близ избы ребятишки, залаяли собаки, к реке прибежали взволнованные рыбаки (*Павл.*).
3. Лес зазвенел, застонал, затрещал. Заяц послушал и вон побежал (*Н.*).
4. Одинокая капля дождя отвесно упала в воду. От неё пошли тонкие криги. Потом сразу вокруг нас зашевелилась, зашептала трава, вся вода покрылась маленькими кругами и слабый, но внятный звон поплыл над омутом. Шёл тихий тёплый дождь (*Пауст.*).
5. Мало-помалу деревья начали редеть, и Владимир выехал из лесу (*П.*).
6. Побледневшее небо стало опять синеть, — но то уже была синева ночи. Звездочки замелькали, зашевелились на нём (*Тург.*).
7. Облака рассеялись, на тёмно-синем небе ярко засверкали звёзды, на бархатной поверхности моря тоже мелькали огоньки рыбачьих лодок и отражённых звёзд (*М.Г.*).
8. Тут старик замолчал, достал трубку и закурил (*Гайд.*).
9. С серого, насупившегося неба, посыпались крупинки первого снега (*Гайд.*).

연습문제 388 다음 소설의 한 토막에서 완료상 동사들이 왜 사용되어 있는지를 설명하시오.

1. Сильный ветер внезапно загудел в вышине, деревья забушевали, крупные капли дождя резко застучали, зашлёпали по листьям, сверкнула молния, и гроза разразилась. Дождь полил ручьями (*Тург.*).
2. Всё зашевелилось, проснулось, запело, зашумело, заговорило. Всюду лучистыми алмазами зарделись крупные капли росы (*Тург.*).

연습문제 389 동사가 행위시작이나 발생을 표시할 수 있는 접두사를 채워 넣으시오.

1. Колхозная электростанция была достроена к праздникам, и 7 ноября во всех окнах ... сияли яркие огни.
2. У Тани от радости ... блестели глаза.
3. ... дул ветер, по реке ... бежала мелкая рябь, листья на деревьях ... трепетали, а через несколько мгновений по ним ... стучали первые капли дождя.
4. Гроза грянула над лесом и ... шептали деревья глухо, грозно.
5. Солнце вышло из-за облака, ... сверкала мокрая трава, над лесом встала и ... играла всеми красками радуга.
6. Старик ... кричал нам что-то, но закашлялся и ... молчал.

연습문제 390 합성술어를 접두사 за-를 가진 단일술어로 바꾸시오.

1. Когда он *начал говорить*, стало тихо. Все слушали с большим вниманием. Но вдруг кто-то *начал* тихо *смеяться*, и все обернулись.
2. Друг дал мне книгу Горького, и я *начал читать* роман «Мать».
3. Павел долго не приходил домой, и мать уже *начала беспокоиться*.
4. После Великой Октябрьской революции *стала развиваться* культура тех наций, которые до революции не имели даже своей письменности.
5. После экскурсии в Третьяковскую галерею мы *стали интересоваться* историей русской живописи.
6. После окончания института мой брат *стал работать* инженером на Уральском металлургическом заводе.
7. Станок после длительного ремонта наконец *начал работать*.
8. В зале *начали* нетерпеливо *шуметь*.
9. В университете я *начал* увлекаться спортом.
10. От радости ребёнок *начал прыгать* и *хлопать* в ладоши.

연습문제 391 다음 동사로부터 행위 시작의 의미를 가진 완료상 동사를 만드시오.

ползти, нести, гнать, мчаться, бежать; скакать, лететь; свистеть, кричать, стонать, плакать; щёлкать, шуметь, стучать, греметь

시간 속에서 행위제한 의미 완료상 동사(접두사 по-)

접두사 **по**-는 몇몇 동사와 결합하여 동사 속에 시간 속에서 행위 제한의 의미를 포함시킬 수 있다. 이 동사는 제한된 시간 속에서 행위가 발생하였거나 발생할 것을 표시하고 그리고 행위가 종결되었거나 종결된 것을 표시한다. 그런 의미에서 사용되는 접두사 **по**-는 부정태 동사에 부가되고(походи́ть, побе́гать, полета́ть, поноси́ть, попо́лзать, Ребёнок немного попо́лзал и уста́л. Де́ти во вре́мя переры́ва **побе́гали** по́ двору) 몇몇 다른 동사에도 부가된다.

[역주] 시간 속에서 행위 제한의 의미를 가진 완료상 동사는 불완료상 동사에 접두사 по-를 부가하여 만들어진다. 이 그룹도 상짝이 아니고, 파생어에 속한다.
сидеть'불완, 앉다' — **посидеть**'완, 잠시동안 앉다'
читать'불완, 읽다' — **почитать**'완, 잠시동안 읽다'
работать'불완, 일하다' — **поработать**'완, 잠시동안 일하다'
гулять'불완, 산책하다' — **погулять**'완, 잠시동안 산책하다'
Вчера вечером у меня было немного свободного времени: я посидел в библиотеке, почитал газеты и новый журнал. Сегодня утром я поработал над своей статьёй.'어제 저녁에 나는 시간이 자유로웠다. 그래서 나는 도서관에 잠시동안 앉아 있었고, 신문과 새 잡지를 읽었다. 오늘 아침에 나는 나의 논문 쓰는 작업을 잠시동안 했다.'
После обеда до занятий я погулял.'점심 먹고 수업 시작하기 전까지 잠시동안 산책을 했다.'

[주] 일반적으로 시간 속에서 행위 제한의 의미로 사용된 접두사 **по-**를 가진 동사들은 단어 **немного** '잠시 동안'과 함께 사용된다.
Утром я немного поработал над статьёй, после обеда я немного погулял.'아침에 나는 논문쓰는 작업을 잠시동안 했고, 점심을 먹은 후에 나는 산책을 잠시동안 했다.'
구어체에서는 접두사 **по-**를 가진 동일한 동사들이 몇몇 경우에서 아무런 제한이 없는 행위를 나타낼 수 있다:
Я сегодня хорошо поработал. Ну и погулял же я вчера!'나는 오늘은 멋지게 일했다. 그런데 어제는 왜 그렇게 산책을 즐겼는지!'

행위의 비계속성, 일회성 의미 완료상 동사

불완료상 동사에 접두사 **по-**를 부가시킴으로서 행위의 비계속성, 일회성의 의미를 가진 완료상 동사가 만들어진다.

проси́ть — попроси́ть'요청하다'
благодари́ть — поблагодари́ть'감사하다'
целова́ть — поцелова́ть'키스하다'
тре́бовать — потре́бовать'요구하다'
жа́ловаться — пожа́ловаться'호소하다'
звони́ть — позвони́ть'전화하다'

연습문제 392 행위시작, 완성, 시간의 제한, 비지속성 또는 일회성의 의미를 가진 완료상 동사를 지적하시오.

1. К ночи, наконец, затихло. Я немного посидел у себя в отделении, покурил, поглядел в окно (*Пауст.*).
2. На перила террасы села какая-то весёлая птичка, попрыгала по ним и упорхнула (*М.Г.*).
3. Дождь полил ручьями. Я поехал шагом и скоро принуждён был остановиться (*Тург.*).
4. Долохов поцеловал его, засмеялся, повернул лошадь и скрылся в темноте (*Л.Т.*).
5. Мы покурили, потом поднялись на крутой берег к сторожке бакенщика Сафрона. Я постучал в окошко. Сафрон тотчас вышел, будто он и не спал, узнал меня, поздоровался, сказал: «Вода прибывает. За сутки два метра» (*Пауст.*).

연습문제 393 다음 동사로부터 행위의 일회성, 제한성의 의미를 가진 완료상 동사를 만드시오.

1. пытаться, благодарить, шутить, здороваться, прощаться, трогать, беспокоить;
2. плакать, плавать, кататься, кричать, скучать, грустить, жить, петь, дышать, спать.

연습문제 394 아홉 문장을 만드시오. (동사의 각 그룹에서 완료상 동사 한개를 취하시오.)

1. стучать, застучать, постучать
2. идти, пойти, пройти
3. греметь, загреметь, погреметь, прогреметь
4. смеяться, засмеяться. посмеяться
5. кашлять, закашлять. покашлять
6. петь, спеть, попеть, пропеть, запеть
7. читать, почитать, прочитать
8. говорить, поговорить, заговорить
9. поплыть, поплавать

접두사 부가로 상적 의미뿐만 아니라 어휘의미도 변하게 되는 완료상 동사의 조성

접두사들은 행위 종결과 더불어 동사의 기본적인 어휘적 의미에 새로운 여러가지 의미적인 뉘앙스를 포함시킬 수 있다. 이 동사들도 서로 상짝이 아니고 완료상 동사는 불완료상 동사에서 파생된 것이다.

불완료상	완료상	접두사
писа́ть	списа́ть текст из кни́ги '텍스트를 책에서 베끼다'	с-
	вписа́ть слова́ в предложе́ние '단어를 문장 속에 써 넣다'	в-
	вы́писать цита́ты '인용문을 뽑아쓰다'	вы-
	дописа́ть письмо́ до конца́ '편지를 끝까지 다 쓰다'	до-
	приписа́ть несколько слов к письму́ '몇몇 단어를 편지에 가필하다'	при-
	переписа́ть сочине́ние '문장을 고쳐쓰다'	пере-
	записа́ть ле́кцию '강의를 필기하다'	за-
	исписа́ть всю тетра́дь '공책을 가득 써 넣다'	из-(ис-)
	подписа́ть протоко́л '방명록에 서명하다'	под-
	надписа́ть кни́гу '책에 표제를 쓰다'	над-
	прописа́ть лека́рство '약을 처방하다'	про-
	описа́ть приро́ду '자연을 묘사하다'	о-

строить	перестрóить здáние '건물을 개축하다'	пере-
	надстрóить дом '집을 위로 증축하다'	над-
	застрóить весь учáсток '모든 구역 가득히 건물을 짓다'	за-
	дострóить здáние '건물을 다 짓다'	до-
	пристрóить к дóму '집에 증축하다'	при-

위의 완료상 동사에서 대응되는 불완료상 동사를 만들 때는 완료상 동사에 접미사 **-ыва-**, **-ива-**; **-ва-**; **-а-** (**-я-**) 등을 부가하여 만들어진다.

a) писáть '쓰다' — списáть '완, 베껴 쓰다' — спи́сывать '**불완**'; стрóить '건축하다' — перестрóить '완, 개축하다' — перестрáивать '**불완**'

b) мыть '씻다' — смыть '완, 씻어내다' — смывáть '**불완**'; греть '따뜻하게 하다' — перегрéть '완, 가열하다' — перегревáть '**불완**'

c) стерéчь '감시하다' — подстерéчь '완, 매복하다' — подстерегáть '**불완**'; расти́ '자라다' — подрасти́ '완, 조금 성장하다' — подрастáть '**불완**'

접미사에 의한 동사 상의 조성

접미사 -ыва-, -ива-에 의한 접두사 동사

접미사 **-ыва-**, **-ива-**를 가진 거의 모든 동사는, 접두사에 의하여 동사의 기본적인 어휘 의미가 변경된 완료상 동사에서부터 만들어진다: писáть — переписáть — перепи́сывать.

만약 접두사가 동사의 기본적인 어휘적 의미를 변경시키지 않고 행위 종결 또는 발생의 의미만 포함시킨다면(писáть — написáть, дéлать — сдéлать), 완료상 동사에서 접미사 **-ыва-**, **-ива-**를 가진 불완료상 동사를 만들 수 없다. (아주 더물게 간혹 예외적인 경우가 있기는 하다: читáть — прочитáть — прочи́тывать).

접미사 **-ыва-**, **-ива-**를 가진 동사들은 행위의 지속성 또는 반복성을 나타낸다: 그리고 이 동사들은 서로 상짝이다.

완료상	**불완료상**
списáть '배껴 쓰다'	спи́сывать
переписáть '고쳐 쓰다'	перепи́сывать
вы́писать '뽑아 쓰다'	выпи́сывать

дописа́ть'다 쓰다'	допи́сывать
приписа́ть'가필하다'	припи́сывать
записа́ть '기입하다'	запи́сывать
подписа́ть'서명하다'	подпи́сывать
надписа́ть'표면에 쓰다'	надпи́сывать
прописа́ть'처방하다'	пропи́сывать
описа́ть'묘사하다'	опи́сывать

접미사 **-ыва-**, **-ива-**를 가진 불완료상 동사를 만들 때 종종 어근에서 모음 교체가 발생한다.

완료상	**불완료상**
перестро́ить'개축하다'	перестра́ивать
надстро́ить '위에 더 지어 올리다'	надстра́ивать
застро́ить'터에 꽉 차도록 건축하다'	застра́ивать
достро́ить '다 짓다'	достра́ивать
пристро́ить'증축하다'	пристра́ивать

[주] 접두사를 가지고 접미사 -ыва-, -ива-를 가진 동사(**выпи́сывать**'필요한 부분을 뽑아 쓰다', **выта́лкивать** '밀어내다')에 행위 종결의 의미를 가진 접두사 **по**-가 부가되면, 불완료상 동사가 완료상 동사로 된다: **повыпи́сывали мно́го нену́жного**'많은 불필요한 것을 뽑아 썼다'; **повыта́лкивали всех из ко́мнаты**'방에서 모든 것을 밀어내었다'. 이 경우에 이 동사는 일련의 여러 종결된 행위의 연속성이 완성된 것을 나타낸다.

연습문제 395 이탤릭체로 된 왼쪽 칸과 오른쪽 칸의 문법적인 차이를 지적하시오.

1. Он весь день *переписывал* свой доклад.	Студент *переписал* сочинение и сдал его.
2. Я уже *дописывал* письмо, когда меня позвали ужинать.	Я *дописал* письмо и пошёл ужинать.
3. Учитель писал предложения на доске, а ученики *списывали* их в тетрадь.	Ты неправильно *списал* предложение с доски.
4. Я читаю текст и *выписываю* незнакомые слова.	Из этого текста я *выписал* много новых слов.
5. Все лекции, которые я слушаю, я кратко *записываю*.	Я запишу твой адрес, чтобы не забыть.

연습문제 396 괄호 안에서 동사를 중 하나를 필요한 형태로 넣으시오.

1. Он хорошо ... свой план и выполнил его в срок. План работы мы всегда ...

вместе с руководителем (продумать, продумывать).

2. Старший брат любил ... разные игры и развлечения. Он вчера ... своим маленьким братьям и сётсрам интересную игру (придумать, придумывать).
3. Мы вместе ... ваше предложение и решили принять его. Когда он ... какой-нибудь вопрос, он всегда ходит по кабинету взад и вперёд (обдумывать, обдумать).
4. Я читал медленно и ... в каждое слово. Когда я ... в твои слова, я убедился, что ты был прав (вдуматься, вдумываться).

연습문제 397 이탤릭체로 된 동사들에 상짝을 선택하시오. 동사들의 각각의 상짝을 쓰고 동사들의 접미사에 밑줄을 치시오.

1. Я помню, когда я начал писать рассказы, я по два, иногда по три и четыре раза *переделывал* их (*А.Т.*).
2. Гагин присел на пень и начал *срисовывать* старый дуплистый дуб с раскидистыми сучьями (*Тург.*).
3. Он (Алексей) *испытывал* необыкновенную полноту чувств, ему хотелось петь (*Аж.*).
4. В те недели газеты почему-то *задерживались* на почте, и городские новости мы узнавали с большим опозданием.
5. Николай долго *рассказывал* ей (матери) о своих товарищах, живших в ссылке (*М.Г.*).
6. Мы должны всю землю нашу *обработать*, как сад (*М.Г.*).
7. Иногда он *выписывал* из книжек что-то на отдельную бумажку (*М.Г.*).
8. Он *останавливался* только изредка, чтобы прислушиваться к стуку топора (*Тург.*).
9. Молодой месяц *показался* на ясном небе (*П.*).

연습문제 398 동사 **читать, писать, строить**에서부터 여러 가지 접두사를 상짝을 만드시오. 접두사 동사의 의미를 설명하시오.

보기: делать — сделать, переделать — переделывать, доделать — доделывать, приделать — приделывать

연습문제 399 다음 동사를 가지고 문장을 만드시오.

переделать — переделывать; уговорить — уговаривать; задержать — задерживать; разработать — разрабатывть; описать — описывать; устроить — устраивать; спросить — спрашивать; опоздать — опаздывать.

접미사 -ва-를 가진 접두사 불완료상 동사 또는 무접두사 불완료상 동사

1. 접미사 -ва-를 가지고 있는 동사들(접두사가 있는 동사들과 접두사가 없는 동사들)은 의미에 따라 관련되는 완료상 동사들(접두사가 있는 동사들과 접두사가 없는 동사들)에서부터 만들어진다.

완료상	불완료상
дать '주다'	дава́ть
Друг **дал** мне интере́сную кни́гу. '친구는 나에게 재미있는 책을 주었다.'	Друг всегда́ **дава́л** мне интере́сные кни́ги. '친구는 항상 나에게 재미있는 책들을 주곤했다.'
переда́ть '전달하다'	передава́ть
Сего́дня по ра́дио **переда́ли** ва́жное сообще́ние. '오늘 라디오로 중요한 소식을 전했다.'	Не́сколько дней по ра́дио **передава́ли** ва́жное сообще́ние. '몇일 동안 라디오로 중요한 소식을 전달하곤 했다.'
сдать '건네주다'	сдава́ть
Друг **сдал** экза́мен по матема́тике на «отли́чно». '친구는 수학시험을 매우 우수한 성적으로 쳤다.'	Во вре́мя экзаменацио́нной се́ссии все студе́нты **сдава́ли** экза́мены на «отли́чно» и «хорошо́». '시험 기간 동안에 모든 대학생들은 '우수'와 '매우 우수'의 성적으로 치곤했다.'
призна́ть '인정하다'	признава́ть
На суде́ он **призна́л** свою́ вину́. '재판에서 그는 자신의 잘못을 인정했다'	Он до́лго не **признава́л** свое́й вины́. '그는 오랫동안 자신의 잘못을 인정하지 않았다.'
узна́ть '알아차리다'	узнава́ть
Я **узна́л** о боле́зни ма́тери из письма́ сестры́. '나는 누나의 편지에서 어머니의 질병을 알아차렸다.'	Я всегда́ **узнава́л** о здоро́вье ма́тери че́рез сестру́. '나는 항상 누나를 통하여 어머니의 건강에 대하여 알아차리곤 했다.'
Я не **узна́л** своего́ дру́га че́рез три го́да. '나는 3년 지나서 자신의 친구를 알아차리지 못했다.'	Он пло́хо ви́дит и не **узнаёт** на у́лице знакомых. '그는 시력이 좋지 않아서 길에서 아는 사람들을 알아차리지 못한다.'
встать '완, 일어나다'	встава́ть
Сего́дня я **встал** о́чень ра́но. '오늘 나는 매우 일찍 일어났다.'	Ле́том я ча́сто **встава́л** с восхо́дом со́лнца и уходи́л на́ реку. '여름에 나는 자주 태양이 뜰 때 일어나서 강으로 나가곤 했다.'

застáть '만나다'

Я зашёл к дрýгу и **застáл** егó дóма. '나는 친구 집에 들러 집에서 그를 만났다.'

заставáть

Нéсколько раз я заходи́л к дрýгу, но не **заставáл** егó дóма. '나는 여러 번 친구 집에 들었으나 집에서 그를 만나지 못했다.'

преодолéть '극복하다'

Путешéственники **преодолéли** на своём пути́ все трýдности. '여행객들은 자신의 여행 중에 모든 어려움을 극복했다.'

преодолевáть

Путешéственники с трудóм **преодолевáли** на своём пути́ трýдности. '여행객들은 자신의 여행 중에 모든 어려움을 여럽게 극복하고 있었다.'

овладéть '터득하다'

В оди́н год друг **овладéл** рýсским языкóм. '일년 만에 친구는 러시아어를 터득했다.'

овладевáть

Друг с больши́м трудóм **овладевáл** произношéнием. '친구는 매우 힘들게 발음을 터득하고 있었다.'

доби́ться '얻다'

Цех **доби́лся** переходя́щего Крáсного знáмени. '직장은 우승기를 얻었다.'

добивáться

Цех упóрно **добивáлся** успéхов. '직장은 꾸준히 성과를 올리고 있었다.'

забы́ть '잊다'

Не **забýдь** провéтрить кóмнату. '방을 환기시키는 것을 잊지 말아라.'

забывáть

Не **забывáйте** провéтривать кóмнаты '방을 환기시키는 것을 잊지 않도록 하세요.'

откры́ть '열다'

Открóй, пожáлуйста, фóрточку. '환기통을 여세요.'

открывáть

Открывáйте чáще фóрточку. '환기통을 자주 여세요.'

[주] 접미사 -ва-를 가진 접두사가 있는 동사에 행위 종결성의 의미를 가진 접두사 по-가 추가되는 경우에만, 접미사 -ва-를 가진 동사는 완료상 동사로 된다: В аудитории пооткрывали все окна. '강의실에서 서서히 모든 창들을 열었다.'
그러나 두 번째 접두사를 가진 그런 동사들은 문학어에서 매우 드물게 쓰인다.

2. 접미사 **-ва-**를 가진 동사 그룹에 어근 **да-** (отдавáть '돌려주다'), **зна-** (признавáть '인정하다'), **ста-** (вставáть '일어나다')를 가진 모든 동사들이 속한다. 동사 현재시제 변화를 할 때 접미사 **-ва-**가 탈락하는 것이 이 동사의 특징이다. отдаю́, отдаёшь…, признаю́, признаёшь…, встаю́, встаёшь… ,

3. 단음절 동사들에서부터 접두사를 가진 동사들은 접미사 **-ва-**를 가진 불완료상 동사를 만든다: лить '(액체를) 흘리다' — вы́лить '완, 흘러나오게 하다' — выливáть '불완'—

зали́ть '완, 물에 잠그다' — залива́ть '불완'; крыть '(물건을 위에서) 덮다' — закры́ть '완, 닫다' — закрыва́ть '불완' — прикры́ть '완, (가볍게) 닫다' — прикрыва́ть '불완'.

4. 러시아어에서 접미사 **-ва-**를 가진 동사로 접두사를 가지지 않는 동사는 얼마 되지 않는다(дава́ть, быва́ть). 이 동사에 접두사를 부가해도 상이 바뀌지 않는다 (передава́ть '전달하다', сдава́ть '건네주다'; прибыва́ть '도착하다'...). 그러나 동사 быва́ть '있다. 일어나다'에 접두사 по-가 부가되면 이 동사 (побыва́ть '방문하다')는 완료상 동사로 된다: Ле́том побыва́ю в Крыму́ и на Кавка́зе. '여름에 나는 끄림과 까프까즈를 방문할 것이다.'

연습문제 400 불완료상 동사에 밑줄을 긋고, 이 동사들로부터 현재시제를 만드시오.

1. Участники экспедиции преодолевали большие трудности. Участники экспедиции преодолели все трудности на своём пути и успешно выполнили задание.
2. Мы шли дружно, никто не отставал. Мальчик отстал от друзей и заблудился в лесу.
3. Студенты настойчиво овладевали русским языком. За три года они овладели русским языком.
4. Наша группа упорно добивалась успехов в занятиях и добилась их: все студенты нашей группы сдали экзамены на «хорошо» и «отлично».
5. От брата я узнавал все заводские новости. Вчера я узнал, что в заводском клубе готовится концерт самодеятельности.
6. Солнце то появлялось на минуту из-за туч, то опять скрывалось. Солнце скрылось за тучей, и стало холодно.

연습문제 401 괄호 안에서 필요한 상의 과거시제 동사를 넣으시오.

1. Перед сном я всегда … окно, чтобы проветрить комнату. Я …. окно, и в комнату ворвался уличный шум (открыть, открывать).
2. Мой друг умел хорошо организовать свою работу и поэтому … посещать театры, музеи, ходить в кино и на каток. Я не … прочитать всю литературу к сегодняшнему семинару (успеть, успевать).
3. Ты не … о своём обещании? Он никогда не … о своих обещаниях (забыть, забывать).
4. Садовник ходил по саду и … цветы. Садовник посадил яблони и … их (полить, поливать).
5. Вода в реке … с каждым часом, и все опасались наводнения. За два часа вода в реке … на метр (прибывать, прибыть).
6. Рана … медленно, пришлось пролежать в госпитале около месяца. Через месяц рана …, и боец вернулся в строй (зажить, заживать).
7. Дети ели кашу и … её молоком. Больной проглотил лекарство и … его водой (запить, запивать).

8. Сестра сидела у лампы и ... пуговицы к кофточке. Она ... пуговицы и надела кофточку (пришить, пришивать).

연습문제 402 이탤릭체로 된 동사들의 시제를 정하시오. ...

1. Песня студентов над миром несётся, Руку *даём* мы друзьям молодым, Чистое небо и яркое солнце, Дымом пожаров закрыть *не дадим* (*Ош.*).
2. Прощай же, море! *Не забуду* Твоей торжественной красы, И долго, долго слышать буду Твой гул в вечерние часы (*П.*).
3. Редеет мгла ненастной ночи, И бледный день уж *настаёт* (*П.*).
4. Владимир книгу *закрывает*. Берёт перо ... (*П.*).
5. *Встаёт* заря во мгле холодной (*П.*).

연습문제 403 이탤릭체로 된 동사들의 상을 정하시오. 이들에 해당되는 상짝을 쓰시오. 상짝의 조성방법을 설명하시오.

1. Мы, писатели, не имеем права *отставать* от жизни (*Н.О.*).
2. Мы *запили* прозрачный тёплый мёд ключевой водой и заснули под однообразное жужжание пчёл и болтливый лепет листьев (*Тург.*).
3. Скоро солнце *скроется* за высокими деревьями сада, начнёт постепенно темнеть (*Овеч.*).
4. Она *вставала* на рассвете и тотчас *открывала* настежь окна (*Пауст.*).
5. Простые, всем известные песни пели громко и весело, но иногда *запевали* новые, как-то особенно складные, но невесёлые и необычные по напевам (*М.Г.*).
6. Издавна, с детства, он любил *узнавать* новые места и новых людей (*Аж.*).

연습문제 404 다음 동사들에서부터 10개의 동사를 선택하고 이 동사를 가지고 문장을 만드시오. 현재와 단일미래시제의 동사를 사용하시오.

1. дать — давать; отдать — отдавать; продать — продавать; выдать — выдавать; раздать — раздавать; передать — передавать; издать — издавать; задать — задавать.
2. узнать — узнавать; признать — признавать; познать — познавать; осознать — осознавать; сознаться — сознаваться (в чём); признаться — признаваться (в чём).
3. встать — вставать; достать — доставать; застать — заставать; восстать — восставать; перестать — переставать; отстать — отставать; остаться — оставаться; настать — наставать; пристать — приставать; расстаться — расставаться.

◈◈

접미사 -**и**-, -а-를 가진 동사의 상짝

동일한 기본적인 의미를 가진 두 동사들 중에서 접미사 -**и**-를 가진 동사는 완료상 동사이고(**реши́ть** '해결하다', **разреши́ть** '허락하다', **вы́полнить** '수행하다'), 접미사 -а-를 가진 동사는 불완료상 동사이다(**реша́ть, разреша́ть, выполня́ть**). 이 동사의 상은 그것을 상짝(접미사 -и-를 가진 동사와 접미사 -а-를 가진 동사)의 다른 동사와 비교함으로서만 알 수 있다. 왜냐하면 접미사 -и-는 불완료상 동사에도 속할 수 있고(**хвали́ть**'찬양하다', **руби́ть**'벌목하다', **вали́ть**'쳐서 넘어 뜨리다'), 반대로 접미사 -а-는 완료상 동사에도 속할 수 있기 때문이다(**написа́ть**'쓰다', **прочита́ть**'읽다', **повлия́ть**'영향을 주다'). 그러나 **хвали́ть, руби́ть, вали́ть** 등은 접미사 -а-를 가진 짝이 되는 완료상 동사가 없고, **написа́ть, прочита́ть, повлия́ть** 등은 접미사 -и-를 가진 짝이 되는 불완료상 동사가 없다.

완료상	불완료상
реши́ть '해결하다'	реша́ть
Учени́к **реши́л** тру́дную зада́чу. '학생은 어려운 문제를 해결했다.'	Учени́к сиде́л и **реша́л** тру́дную зада́чу. '학생은 앉아서 어려운 문제를 해결하고 있었다.'
бро́сить '던지다'	броса́ть
Ребёнок **бро́сил** игру́шку на́ пол. '아기가 장난감을 마루에 던졌다.'	Ребёнок постоя́нно **броса́л** игру́шки на пол. '아기가 계속해서 장난감들을 마루에 던지고 있었다.'
вы́ступить '출연하다'	выступа́ть
Он **вы́ступил** с большо́й ре́чью на собра́нии. '그는 집회에서 장시간 연설을 했다.'	Он ча́сто **выступа́л** на собра́ниях. '그는 집회에서 자주 연설하곤 했다.'
ко́нчить '끝나다'	конча́ть
Сего́дня мы **ко́нчили** рабо́ту в 7 часо́в. '오늘 우리는 7시에 일을 마쳤다.'	Обы́чно мы **конча́ли** рабо́ту в 6 часо́в. '보통 우리는 6시에 일을 마쳤다.'
изучи́ть '연구하다'	изуча́ть
Мы обяза́тельно **изу́чим** ру́сский язы́к. '우리는 반드시 철저하게 러시아어를 공부할 것이다.'	Мы обяза́тельно **бу́дем изуча́ть** ру́сский язык. '우리는 반드시 러시아어를 공부할 것이다.'
прове́рить '검사하다'	проверя́ть
Учи́тель **прове́рил** пи́сьменные рабо́ты уча́щихся. '선생님은 학생들의 작문을 검사했다.'	Учи́тель до́лго **проверя́л** пи́сьменные рабо́ты уча́щихся. '선생님은 학생들의 작문을 오랫동안 검토하고 있었다.'

пусти́ть '놓아주다'

Сего́дня о́чень хо́лодно. Мать не **пусти́ла** ребёнка гуля́ть. '오늘은 매우 춥다. 어머니는 아이를 산책하도록 내 보내지 않았다.'

пуска́ть '놓아주다'

В си́льные моро́зы нельзя́ пуска́ть дете́й гуля́ть. '매우 추울 때에 아이들을 산책하도록 내 보내서는 안된다.'

пропусти́ть '통과시키다'

Пожа́луйста, **пропусти́те** меня́. Я забы́л про́пуск. '나를 지나가게 해 주세요. 나는 통행증을 잊어버리고 왔어요.'

пропускать

Дежу́рный не пропуска́ет без про́пуска. '당직자는 통행증이 없으면 통과시켜주지 않는다.'

преврати́ться '바뀌다'

Вода́ **преврати́лась** в пар.
'물이 수증기로 바뀌었다.'

превраща́ться

Вода́ превраща́ется в пар при высо́кой температу́ре. '물은 고온에서 수증기로 바뀐다.'

изобрази́ть '묘사하다'

Худо́жник ве́рно **изобрази́л** в своём произведе́нии жизнь. '예술가는 자신의 작품에서 삶을 정확하게 묘사했다.'

изобража́ть

Худо́жник изобража́ет в свои́х произведе́ниях жизнь. '예술가는 자신의 작품에서 삶을 묘사하고 있다.'

победи́ть '승리하다'

На́ши конькобе́жцы в э́том году́ не **победи́ли** в соревнова́ниях. '우리의 스케이트 선수들은 대회에서 승리하지 못했다.'

побежда́ть

На́ши спорсме́ны ча́сто **побежда́ют** в соревнова́ниях. '우리 선수들은 대회에서 자주 승리한다.'

закрепи́ть '확고히 하다'

Мы должны́ **закрепи́ть** на́ши зна́ния.
'우리는 우리의 지식을 공고히 해야 한다.'

закрепля́ть

Системати́ческие упражне́ния помога́ют **закрепля́ть** зна́ния уча́щихся. '체계적인 연습은 학생들의 지식을 확고히 하도록 돕는다.'

объяви́ть '선언하다'

Всем **объяви́ли** о собра́нии. '모든 사람들에게 모임에 대하여 알렸다.'

объявля́ть

Всегда́ то́чно **объявля́ли** о собра́нии.
'항상 모임에 대하여 정확하게 알렸다.'

купи́ть '구입하다'

Я **купи́л** календа́рь. '나는 달력을 구입했다.'

покупа́ть

Я ка́ждый год **покупа́ю** календа́рь.
'나는 매년 달력을 구입한다.'

[주] ① 접미사 **-и-**, **-а-**를 가진 그룹의 접두사가 없는 불완료상 동사는 이 동사에 접두사가 부가되면 불완료상 동사로 되고, 완료상 동사는 이 동사에 접두사가 부가되면 완료상 동사가 된다.
불완료상 동사: пуска́ть '불완, 놓아주다' — выпуска́ть '불완, 발행하다', отпуска́ть '불완, 내어주다'; реша́ть '불완, 해결하다' — разреша́ть '불완, 허락하다'

완료상 동사: пусти́ть '완, 놓아주다' — вы́пустить '완, 발행하다', отпусти́ть '내어주다'; реши́ть '완, 해결하다' — разреши́ть '완, 허락하다'

② 완료상 동사 купи́ть의 상짝이 되는 불완료상 동사는 покупа́ть이다. 그리고 완료상 동사 купить에 접두사와 접미사를 동시에 부가할 수 있다.

완료상	불완료상
Я **купи́л** кни́ги в магази́не No 14. '나는 No. 14 가게에서 책들을 구입했다.'	Я всегда́ **покупаю** кни́ги в магази́не No 14. '나는 항상 No. 14 가게에서 책을 구입한다.'
Я **закупи́л** кни́ги в магази́не No 14. '나는 No. 14 가게에서 대량으로 구입했다.'	Я всегда́ **закупа́ю** кни́ги в магази́не No 14. '나는 항상 No. 14 가게에서 대량으로 구입한다.'
Я накупи́л мно́го книг. '나는 많은 책을 사들였다.'	Я обычно сразу **накупа́ю** мно́го книг. '나는 보통 한꺼번에 많은 책을 사들인다.'

③ 접미사 -и-, -а-를 가진 동사들에서는 어간에서 자음교체가 발생할 수 있다: изобрази́ть '완, 묘사하다' — изобража́ть '불완' (з — ж); отве́тить '완, 대답하다' — отвеча́ть '불완' (т—ч); защити́ть '완, 방어하다' — защища́ть '불완' (т — щ); проводи́ть '완, 전송하다' — провожа́ть '불완' (д — ж); победи́ть '완, 승리하다' — побежда́ть '불완' (д — жд); прости́ть '완, 용서하다' — проща́ть '불완' (ст — щ); обнови́ть '완, 갱신하다' — обновля́ть '불완' (в — вл); укрепи́ть '완, 강하게 하다' — укрепля́ть '불완' (п — пл); утоми́ться '완, 지치다' — утомля́ться '불완' (м — мл) 등. 일반적이지 않은 유일한 경우로 пусти́ть '완, 놔주다' — пуска́ть '불완' (ст — ск)의 예가 있다.

④ 접미사 -и-, -а-를 가진 몇몇 동사들은 접미사뿐만 아니라 강세 위치로 상이 구별된다: a) 접미사 -а-(-я-)를 가진 동사들에서 강세는 항상 이 접미사 위에 떨어진다(конча́ть '불완, 끝마치다', проверя́ть '불완, 검사하다'); b) 접미사 **-и-**를 가진 동사들에서 강세는 접미사(пусти́ть '완, 놔주다', разреши́ть '완, 허락하다'), 어근(ко́нчить '완, 끝마치다', бро́сить '완, 던지다', отве́тить '완, 대답하다'), 접두사 **вы-** (вы́бросить '완, 집어 던지다', вы́пустить '완, 방출하다') 위에 떨어진다. (접두사 **вы-**를 가지고 완료상 동사가 된 동사들에서 강세는 항상 이 접두사 위에 떨어진다.)

연습문제 405 괄호 안에서 필요한 상의 동사를 넣으시오.

1. Ученик весь вечер … трудную задачу и наконец … её (решать, решить).
2. Он долго и тщательно … все вычисления. Он … вычисления и не нашёл ошибок (проверять, проверить).
3. В июне у меня совсем не было свободного времени, потому что я … срочную работу. Когда я … эту работу, я уехал отдыхать на море (выполнять, выполнить).
4. Она всегда … на занятия минута в минуту. Сегодня она … с опозданием (являться, явиться).
5. Каждый месяц я … письма из дома. Вчера я … письмо от отца (получать, получить).
6. Я уже … писать письмо. Когда я …, я позову тебя (кончать, кончить).
7. Сюда не … без пропуска. Если у тебя нет пропуска, тебя не … (пускать, пустить).
8. Я ходил на станцию … сестру, но не … её (встречать, встретить).

연습문제 406 각 문장에서 어떤 상의 동사를 또 다른 상의 동사로 바꾸시오.

1. Задание, которое ему поручали, он выполнял с необыкновенной добросовестностью и тщательностью.

2. Он изучил новую методику проведения опыта и применил её в своей работе.
3. Он делал вычисления, проверял на практике результаты.

연습문제 407 다음 이탤릭체로 된 동사의 상짝을 쓰시요.

1. В нашем труде, в огромном стремлении к победе мы *закаляем* свой характер (*Н.О.*).
2. Около года я не *получал* писем от матери (*Гайд.*).
3. Всё чаще она *ощущала* требовательное желание своим языком говорить людям о несправедливостях жизни (*М.Г.*).
4. Всё мрачней и ниже тучи *опускаются* над морем (*М.Г.*).
5. Через полчаса он *простился* со мной на опушке леса (*Тург.*).
6. Месяц стоял высоко и ясно *озарял* окрестность (*Тург.*).
7. Улыбкой ясною природа Сквозь сон *встречает* утро года (*П.*).
8. Он стал *спускаться* по узкой и крутой тропинке. (*Л.*).

연습문제 408

встретить, посетить, предупредить, снабдить, изобразить, повысить, навестить, пропустить, употребить, отправить, утомить.

연습문제 409 다음 동사를 가지고 여덟 개의 문장을 만드시오.

проститься — прощаться, изучать — изучить; обсудить — обсуждать, осветить — освещать; оставить — оставлять, украсить — украшать; разрешить — разрешать, объявлять — объявить; обращаться — обратиться, замечать — заметить; ошибаться — ошибиться; изменять — изменить; купить — покупать.

동사원형에서 -сти, -чь 로 끝나고 접두사를 가진 완료상 동사 (вырасти '성장하다', помочь '돕다')와 동사원형에서 -ать로 끝나고 접두사를 가진 불완료상 동사(вырастать, помогать)의 상싹

1. -сти (-сть), -зти (-зть)로 끝나고 접두사를 가진 완료상 동사와 -ать로 끝나고 접두사를 가진 불완료상 동사

완료상	불완료상
вы́расти '성장하다'	вырастáть
подрастú '약간 성장하다'	подрастать
приобрестú (кнúги) '(책을) 손에 넣다'	приобретáть
подместú (пол) '(마루를) 청소하다'	подметáть
пасть, упáсть '떨어지다'	пáдать

напáсть (на врагá)'(적을) 공격하다'	нападáть
попáсть (в цель)'(목표에) 명중하다'	попадáть
пропáсть (бéз вести) '(소식 없이) 행방불명이 되다'	пропадáть
запастú (продýктов или продýкты в дорóгу)'(여행에 쓸 식량을) 저축하다'	запасáть (продýкты в дорóгу)
спастú (утопáющего) '(물에 빠져가는 사람을) 구하다'	спасáть
отцвестú'꽃이 다 지다'	отцветáть
расцвестú'꽃이 피다'	расцветáть
съесть (хлеб)'(빵을) 먹어버리다'	съедáть
слезть'기어 내리다'	слезáть

[주1] 위의 상짝의 동사들에서는 어근과 어간에서 변화가 발생한다.

완료상	**불완료상**
подмес-тú	подметá-ть
загрес-тú	загребá-ть
напáс-ть	нападá-ть
запас-тú	запасá-ть
расцвес-тú	расцветá-ть
съе-сть	съедá-ть

불완료상 동사원형의 어간에서는 현재시제의 어간과 동일한 자음, 그리고 원형 접미사 앞에서 -а-가 있다.

[주2] a) 해당 그룹의 불완료상 동사들에서 강세는 항상 접미사 -а-에 떨어진다; b) 동사원형에서 접미사 -ти를 가진 완료상 동사들(приобрести, запасти)에서 강세는 접미사 -ти에 떨어진다. 예외적으로 접두사 вы-를 가지고 만들어진 완료상 동사들에서 강세는 항상 이 접두사 위에 떨어진다.

2. -чь로 끝나고 접두사를 가진 완료상 동사와 -ать로 끝나고 접두사를 가진 불완료상 동사

완료상	**불완료상**
сберéчь (сúлы, здорóвье)'(힘, 건강을) 비축하다'	сберегáть
подстерéчь (врагá)'(적을) 숨어 기다리다'	подстерегáть
подстрúчь (вóлосы)'(머리를) 깎다'	подстригáть
помóчь (дрýгу)'(친구를) 돕다'	помогáть
превозмóчь (устáлость)'(피곤을) 극복하다'	превозмогáть
привлéчь (вниманúе)'(주의를) 끌다'	привлекáть
увлéчь (слýшателей)'(청중을) 매료하다'	увлекáть
извлéчь (пóльзу)'(이익을) 얻다'	извлекáть

[주1] 위 불완료상 그룹의 접미사 -а- 앞에서 자음 г또는 к가 나타난다: сберегать, привлекать.

[주2] a) 불완료상 동사에서 강세는 항상 접미사 -а-에 떨어진다. b) 완료상 동사에서 강세는 항상 마지막 음절에 떨어진다. 접두사 вы-를 가지고 완료상 동사가 만들어지는 경우에는 예외적으로 이 접두사 위에 떨어진다(вы́печь).

연습문제 410 다음 문장을 읽고 이탤릭체로 된 동사의 상을 정하고, 이 동사의 원형을 쓰시오. 그리고 이 동사의 상짝을 쓰시오.

1. Зимы ждала, ждала природа. Снег *выпал* только в январе *(П.)*.
2. Я памятник себе воздвиг нерукотворный. К нему не *зарастёт* народная тропа *(П.)*.
3. И с каждой осенью я *расцветаю* вновь; Здоровью моему полезен русский холод *(П.)*.
4. Старик! Я слышал много раз. Что ты меня от смерти *спас* *(Л.)*.

연습문제 411 괄호 속의 동사를 사용하여 필요한 형태로 넣으시오. 어떤 문장에서는 괄호 속의 두 동사에서 한 동사만 사용될 수 있는지, 어떤 문장에서는 두 동사가 사용될 수 있는지 설명하시오.

1. Я был весь день занят дома и только к вечеру смог ... в библиотеку (попадать, попасть).
2. В практической работе ты ... жизненный опыт (приобретать, приобрести).
3. Я вчера ... редкую книгу (приобретать, приобрести).
4. Мы успели до дождя ... сено и уйти домой (сгребать, сгрести).
5. От волнения она то ..., то ... косу (заплетать, заплести; расплетать, расплести).
6. Белки летом ... грибы и за зиму их ... (запасать, запасти; съедать, съесть).

연습문제 412 괄호 속의 동사를 사용하여 필요한 형태로 넣으시오. 동사의 상을 지적하시오.

1. Этот вопрос в настоящее время ... внимание всего мира (привлекать).
2. Шум в соседней комнате ... моё внимание (отвлечь).
3. Все надеялись, что это лекарство ... больному (помочь).
4. Партизаны ... врага (подстеречь).
5. Доклад был очень интересен и ... всех слушателей (увлечь).

연습문제 413 다음 동사의 상짝을 쓰시오.

зарасти, изобрести, вымести, расцвести, переплести, запасти, сгрести, пропасть.

연습문제 414 다음 동사를 가지고 문장을 만드시오.

расцветать, отцветать, нападать, попадать, пропадать, спасать, запасать, подметать, смешать, выметать.

연습문제 415 다음 문장을 읽고 이탤릭체로 된 동사의 상을 말하시오.

1. Все старались как-нибудь *развлечь* и ободрить его *(Аж.)*.
2. Я наблюдал за вами и знаю: вы подчас всё хотите сделать быстро, за пять минут, готовы *пренебречь* многим. Поймите, это недопустимо! Вдумайтесь, Алёша, в то, что я сказал. Я имею право человека, наученного жизнью, *предостеречь* вас, и я *предостерегаю* *(Аж.)*.

연습문제 416 다음 동사의 상짝을 쓰시오.

помочь, превозмочь, подстричь, подстеречь, вытечь, увлечь, пресечь.

연습문제 417 다음 동사를 가지고 문장을 만드시오.

увлекаться, развлекаться, привлекать, отвлекать, извлекать.

상의 변화에서 동사 어간의 모음교체

	완료상	불완료상	
о — а	косну́ться (вопро́са) '(문제를) 언급하다' прикосну́ться (к руке́) '(팔에) 접촉하다' изложи́ть (статью́) '(논문을) 서술하다' предложи́ть (резолю́цию) '(결의를) 제의하다' приложи́ть (уси́лия) '(힘을) 더하다'	каса́ться прикасаться излага́ть предлага́ть прилага́ть	어근 кос — кас лож — лаг (어근에서 모음과 자음 ж — г의 교체)
о — а	опозда́ть (на заня́тия) '(수업에) 지각하다' вскочи́ть (со сту́ла) '(의자에서) 벌떡 일어나다' осмотре́ть (вы́ставку) '(전시회장을) 둘러보다' вздро́гнуть (от неожи́данности) '(예상하지 못한 것으로 인하여) 몸을 떨다'	опа́здывать вска́кивать осма́тривать вздра́гивать	불완료상에서 어근 а는 강세 하에 있다.
е — и	собра́ть (колле́кцию) '(수집품을) 모으다' (соберу́) вы́брать (профе́ссию) '(직업을) 선택하다' (вы́беру) разобра́ть (вопро́с) '(문제를) 검토하다' расстели́ть (ковёр) '(양탄자를) 깔다' (разостла́ть) постели́ть (бельё) '(내의를) 펼치다' (постла́ть)	собира́ть выбира́ть разбира́ть расстила́ть постила́ть	бр — бер — бир стл — стел — стил
е — и	стере́ть (с доски́) '(칠판을) 닦다' (сотру́) запере́ть (ко́мнату) '(방을) 잠그다' (запру)	стира́ть запира́ть	тр — тер — тир пр — пер — пир
	умере́ть '죽다' (умру́) зажéчь (ла́мпу) '(램프에) 점화하다' (зажгу́) поджéчь '아래부터 지펴서 불을 때다'	умира́ть зажига́ть поджига́ть	мр — мер — мир жг — жег — жиг

о — ы	вздохнýть '한숨 쉬다' созвáть '소집하다' (созовý) призвáть '호소하다' (призовý) сослáть '추방하다' (сошлю́)	вздыхáть созывáть призывáть ссылáть	дох — дых зв — зов — зыв сл — сыл
а — им	поднять '들어 올리다' понять '이해하다' принять '수용하다' обнять '포옹하다' снять '임차하다' нажáть '압박하다' сжать (рýку) '(손을) 꽉 쥐다'	поднимáть понимáть принимáть обнимáть снимáть нажимáть сжимáть	ня — ним жа — жим
а — ин	начáть '시작하다'	начинáть	ча — чин

[주1] о — а, е — и는 일반적으로 문자상으로만 반영된다, 왜냐하면 발음상으로는 강세가 없는 о, е는 а, и와 유사하게 발음나지 때문이다.

[주2] 불완료상 동사들에서 접미사 -а-에 항상 강세가 떨어진다.

[주3] 어근 -лаг-를 가진 불완료상 동사는 어근 -лож-를 가진 완료상 동사에 항상 상관되는 것은 아니다. 어떤 경우에서는 어근 -лож-를 가진 완료상 동사에 어근 -клад-를 가진 불완료상 동사가 상관된다: доложить '완' о работе, докладывать '불완' о работе '일에 관하여 보고하다'.

[주4] 어떤 의미에서 어근 -лож-를 가진 완료상 동사들은 상짝을 가지지 않는다: Туча обложила горизонт. '먹구름이 지평선을 덮었다.'에서 사용된 동사 обложить '덮다'가 그 예이다.

연습문제 418 다음 문장을 읽고 이탤릭체로 된 동사의 상을 정하시오.

1. Над седой равниной моря ветер тучи *собирает* (*М.Г.*).
2. Алексей *перебирал* в уме впечатления последних дней (*Аж.*).
3. Для защиты от ветра нужно было *забираться* в самую чащу леса (*Арс.*).
4. Огни *зажглись* в городе и над рекою (*Тург.*).
5. Морозный ветер *обжигал* ей лицо (*фад.*).
6. Сквозь волнистые туманы *Пробирается* луна (*П.*).
7. Егорушка оглядывался и никак не *понимал*, откуда эта странная песня (*Чех.*).
8. Цветы полевые завяли, Не слышно жужжанья стрекоз, И желтые листья *устлали* Подножья столетних берёз (*Бл.*).

연습문제 419 이텔렉체로 된 동사들을 동사원형의 형태로 выпишите.

1. Можно *выбрать* друга. Можно выбрать жену. Мать не *выбирают*. Мать одна. Её любят, потому что она — мать (*И.Э.*).
2. Ветер *сгибал* деревья, кусты, *срывал* с них листья.

3. Яблони в тот год *согнулись* под тяжестью урожая.
4. Золотые тучки *расстилались* по небу (*Тург.*).
5. Только в конце лета я получил отпуск, и на последний месяц мы *сняли* под Москвой дачу (*Гайд.*).
6. Наташа в эту зиму в первый раз *начала* серьёзно петь (*Л.Т.*).
7. В дождливую погоду невозможно долго *заниматься* охотой (*С.-М.*).

연습문제 420 해당 동사들에 대한 상짝을 쓰고 완료상 동사와 불완료상 동사 중 몇몇 동사를 가지고 8개의 문장을 만드시오.

предложить, изложить; опоздать, осмотреть, спросить; выбрать, разобрать, собрать(ся), избрать; коснуться, прикоснуться; запереть, умереть, вытереть, стереть; принять, занять, снять, отнять, поднять.

서로 다른 어근을 가진 상짝

A.

러시아어에서 상짝을 형성하는데 서로 다른 어근을 가진 몇몇 동사들이 있다.

говори́ть '불완' — сказа́ть '완' '말하다'	Он говори́л не́сколько часо́в. '그는 몇시간 동안 말했다.' Он сказа́л всё, что хоте́л. '그는 말하고 싶었던 모든 것을 다 말했다.'
брать '불완' — взять '완, 취하다'	Беру́ кни́ги в уче́бной библиоте́ке. '나는 학습 도서관에서 책을 빌린다.' За́втра возьму́ рома́н Го́рького «Мать». '내일 나는 고리끼의 장편소설 «어머니»를 빌릴 것이다.'
класть '불완' — положи́ть '완, 놓다'	Куда ты кладёшь ключ? '너는 열쇠를 어디다 두고 있니?' Куда ты положи́л ключ? '너는 열쇠를 어디다 두었니?'
лови́ть '불완' — пойма́ть '완, 잡다'	Ма́льчик лови́л ры́бу. '소년은 물고기를 잡고 있었다.' Он пойма́л большу́ю щу́ку. '그는 큰 담수어를 잡았다.'
иска́ть '불완' — найти́ '완, 찾다'	Я до́лго иска́л свою́ записну́ю кни́жку и наконе́ц нашёл её. '나는 오랫동안 내 수첩을 찾고 있었고 드디어 그 수첩을 찾았다.'

[주1] 불완료상 동사 брать, говорить에 접두사들이 부가되면 새로운 어휘의미를 가진 완료상 동사들(отобрать книги '책들을 고르다', уговорить друга '친구를 설득하다')이 만들어진다. 이 완료상 동사들에 쌍의 불완료상 동사는 отбирать, уговаривать이다.

완료상	불완료상
отобра́ть кни́ги '책을 골라내다'; собра́ть, убра́ть урожа́й '수확을 거두어들이다'	отбира́ть кни́ги; собира́ть, убира́ть урожа́й
уговори́ть дру́га пойти́ в кино́ '영화 보러 가도록 친구를 설득하다'	угова́ривать дру́га пойти́ в кино́

отговори́ть дру́га от пое́здки '친구에게 여행을 단념시키다'	отгова́ривать дру́га от пое́здки
улови́ть смысл '의미를 파악하다'	ула́вливать смысл '의미를 파악하다'

[주2] 동사 **сказать** '말하다'에 접두사들이 부가되면, 새로운 어휘의미를 가진 완료상 동사들이 만들어진다: **пересказать** '말을 전하다', **высказать** '발언하다'. 이 동사들은 불완료상 동사 **пересказывать**, **высказывать**와 서로 상짝이다.

[주3] 어떤 의미들에서는 어근 **-лож-**를 가진 완료상 동사들에 어근 **-клад-**를 가진 불완료상 동사들이 서로 상짝이고, 어떤 의미들에서는 어근 **-лаг-**를 가진 불완료상 동사들이 서로 상짝이다.
доложить — докладывать (о работе) '(일에 관하여) 보고하다'
переложить — перекладывать (книги со стола на полку) '(책상에서 책장으로 책들을) 옮기다'
переложить текст — перелагать (текст) '(텍스트를) 번역하다'
отложить — откладывать (собрание) '(집회를) 연기하다'
уложить — укладывать (вещи) '(물건들을) 길게 늘어놓다'
сложить — складывать (вещи) '(물건들을) 간수하다'
сложить (песню) — слагать (песни) '(노래 가사를) 짓다'
выложить — выкладывать (вещи из чемодана) '(드렁크에서 물건을) 꺼내다'
приложить — прикладывать (лёд к голове) '(머리에 얼음을) 대다'
приложить — прилагать (документы) '(서류를) 첨부하다'
обложить — обкладывать (подушками) '(방석을) 깔다'
обложить — облагать (население налогами) '(주민에게 세금을) 부과하다'

연습문제 421 다음 문장을 읽고 이탤릭체로 된 동사의 상을 정하시오. 이 동사에 해당되는 상짝을 쓰시오.

보기: *разложить костёр — раскладывать костёр*

1. Неприятель не мог *предполагать* дерзости стрельбы четырёх никем не защищённых пушек (*Л.Т.*).
2. Охотники *разложили костёр*.
3. Окончив ужин, все *расположились* вокруг костра (*М.Г.*).
4. Есть беспредельное желание — *вложить* в страницы будущей книги всю страсть, всё пламя сердца (*Н.О.*).
5. Обстоятельства заставили меня на несколько месяцев *отложить* работу над новым романом (*Н.О.*).
6. Новые дороги в науке наряду с известными учёными *прокладывают* новаторы производства.

연습문제 422 완료상 동사를 불완료상 동사로 바꾸시오.

1. Мы *сложили* вещи в два чемодана.
2. Народ *сложил* много песен о родине.
3. У меня болела голова, и приятно было *приложить* холодную руку ко лбу.
4. Надо *приложить* к документам при фотокарточки.
5. Я все нужные мне книги *разложил* на столе.
6. Воду путём электролиза можно *разложить* на водород и кислород.
7. Докладчик очень ясно и просто *изложил* свои мысли.
8. Собрание согласилось с тем, что он *предложил*.
9. Здесь *проложили* железную дорогу.

B.

다음의 동사들이 서로 상짝을 이룬다:

ложи́ться — лечь '눕다'	Я обы́чно ложу́сь спать в 11 часо́в. '나는 보통 11시에 잠자리에 든다' Вчера́ я лёг в 12 часо́в. '어제는 12시에 잠자리에 들었다.'
сади́ться — сесть '앉다'	Со́лнце ме́дленно сади́лось. '태양은 천천히 지고 있었다.' Со́лнце се́ло. '태양이 졌다.'
станови́ться — стать '되다'	Он постепе́нно станови́лся бо́лее споко́йным ребёнком. '그는 점차로 더 온순한 아이가 되었다.' Он стал споко́йным ма́льчиком. '그는 온순한 소년이 되었다.'

각 쌍의 불완료상 동사와 완료상 동사들은 어근의 음성적인 구성 성분이 서로 차이가 난다. 이외에 불완료상 동사들은 소사 **-ся**를 가진다.

연습문제 423 다음 문장을 읽고 이탤릭체로 된 동사의 상을 정하시오. 각 동사에 해당되는 상짝을 말하시오.

1. Медленно наступала весенняя ночь. Тишина *становилась* полной, глубокой (*М.Г.*).
2. В доме все уже *легли*, но никто не спал (*Чех.*).
3. Я оделся, *взял* ружьё и пошёл вниз по речке (*Арс.*).
4. Обоз весь день простоял у реки и тронулся с места, когда *садилось* солнце (*Чех.*).
5. Заря прощается с землёю, *Ложится* пар на дне долин (*Фет*).
6. Что ему книга последняя *скажет*, То на душе его сверху и ляжет (*Н.*).

강세로 구별되는 상짝

어떤 경우는 상적 의미의 차이가 강세에 의하여 구별된다.

왼쪽 그룹이 불완료상 동사들이고 오른쪽 그룹이 완료상 동사들이다.

рассыпа́ть — рассы́пать '뿌리다'
засыпа́ть — засы́пать '막다'
отреза́ть — отре́зать '잘라내다'
разреза́ть — разре́зать '몇 조각으로 자르다'

이 동사들은 동사원형에서는 강세에 의해서만 차이가 나지만, 현재시제와 단일미래시제에서는 강세와 어간 성분에 의해서 차이가 난다. 불완료상 현재시제는 다음과 같다: **рассыпа́ю, засыпа́ю, отреза́ю, разреза́ю**. 완료상 단일미래시제는 다음과 같다: **рассы́плю, рассы́плешь; засы́плю, засы́плешь; отре́жу, отре́жешь; разре́жу, разре́жешь**.

연습문제 424 다음 문장을 읽고 동사의 상을 지적하시오.

1. Снег засыпа́л дорогу. Снег засы́пал дорогу.
2. Он отреза́л кусок хлеба. Он отре́зал кусок хлеба.
3. Она среза́ла цветы. Она сре́зала цветы.
4. Садовник посыпа́л песком дорожки. Садовник посы́пал песком дорожки.

연습문제 425 괄호 안의 동사를 필요한 형태로 넣으시오.

1. Снег медленно ... дорогу. В несколько минут снег ... дорогу. В течение нескольких минут снег совсем ... дорогу (засыпа́ть, засы́пать).
2. Она каждое утро ... цветы и ставила их в вазу. Она ... цветок и подарила его мне (среза́ть, сре́зать).
3. Мать ... кусок хлеба и дала его ребенку (отреза́ть, отре́зать).
4. Нужно каждый день ... дорожки песком. В несколько минут садовник ... все дорожки песком (посыпа́ть, посы́пать).

접미사 -ну- 동사들

접두사가 있건 없건간에 접미사 **-ну-**를 가진 대부분의 동사는 완료상 동사들이다.

접미사 **-ну-**를 가진 어떤 동사들은 행위종결, 결과의 달성을 나타내고 (дости́гнуть '달성하다', прони́кнуть '침투하다', пове́ргнуть '넘어뜨리다'), 어떤 동사들은 행위의 일회성 또는 순간성을 나타낸다(толкну́ть '떠밀다', кри́кнуть '고함치다', мигну́ть '깜박이다').

불완료상	완료상
достига́ть '달성하다'	дости́гнуть
С ка́ждым го́дом мы **достига́ем** всё бо́льших и бо́льших успе́хов в рабо́те. '매년 우리는 업무에서 점점 더 많은 성공을 거두고 있다.'	Мы **дости́гли** огро́мных успе́хов в рабо́те. '우리는 업무에서 엄청난 성공을 달성했다.'
исчеза́ть '사라지다'	исче́знуть
Со́лнце постепе́нно **исчеза́ло** за горизо́нтом.'태양은 점차로 지평선 너머로 사라졌다.'	Наконе́ц, оно́ совсе́м **исче́зло**. '드디어, 태양은 완전히 사라졌다.'

мелька́ть '번쩍거리다'	мелькну́ть
Вдали́ **мелька́ли** огоньки. '멀리서 불빛이 번쩍거리고 있었다.'	Вдали́ **менькну́л** огонёк (т.е. показался один раз и исчез). '멀리서 불빛이 번쩍거렸다. 즉, 한 번 보였다가 사라졌다.'
крича́ть '외치다'	кри́кнуть
Ребёнок **крича́л** не переставая. '아이는 쉬지 않고 울고 있었다.'	Ребёнок **кри́кнул** и замо́лк. '아이는 한 번 소리지르다가 그쳤다.'
толка́ть '떠밀다'	толкну́ть
Ма́льчик шали́л и **толка́л** стол. '소년은 장난치면서 책상을 떠밀곤 했다.'	Ма́льчик **толкну́л** стол (т.е. оди́н раз). '소년은 책상을 한번 떠밀었다.'

접두사를 가지지 않고 접미사 **-ну-**를 가진 불완료상 동사들도 있다: **вя́нуть, вя́знуть, мо́кнуть, со́хнуть, мёрзнуть, зя́бнуть, гло́хнуть, сле́пнуть, кре́пнуть, ги́бнуть**. 이 동사들은 대부분 점차로 강화되는 대상의 상태를 나타낸다. 이 모든 동사들에서부터 접두사에 의하여 완료상이 만들어진다 (**увя́нуть, засо́хнуть, осло́пнуть, поги́бнуть** 등).

접두사를 가진 이 완료상 동사들 중 어떤 동사들과는 의미상 접두사를 가진 불완료상 동사들이 관련된다(**увяда́ть, засыха́ть** 등)

불완료상	완료상	불완료상
вя́нуть '시들다'	увя́нуть	увяда́ть
	завя́нуть	
мо́кнуть '젖다'	вы́мокнуть	вымока́ть
со́хнуть '마르다'	засо́хнуть	засыха́ть
	вы́сохнуть	высыха́ть
мёрзнуть '얼다'	замёрзнуть	замерза́ть
	вы́мерзнуть	вымерза́ть
ги́бнуть '멸망하다'	поги́бнуть	погиба́ть

[주1] 불완료상 동사에서 접미사 -ну-에는 결코 강세가 떨어지지 않는다. (예외: **тяну́ть** '잡아 당기다').

[주2] 접미사 -а-를 가진 불완료상 동사들에서 강세는 접미사에 떨어진다 (**увяда́ть** '시들다'). 이 동사의 상짝은 접미사 -ну-를 가진 완료상 동사이다(**увя́нуть**).

연습문제 426 이탤릭체로 된 동사의 원형을 쓰고, 각 동사의 상짝을 쓰시오.

Раздался последний звонок. Поезд *тронулся*. Запоздавшие пассажиры *кинулись* к вагонам. Из окон *кричали* последние прощальные слова, в воздухе *мелькали* платки и шляпы. Толпа провожающих двигалась по перрону вслед за медленно плывшими вагонами. Поезд быстро набирал скорость. Некоторые из провожающих бежали вдоль поезда, *махали* руками, *толкали* друг друга. Но скоро и они стали отставать. Только какая-то девочка лет пятнадцати бежала не оглядываясь всё быстрее, быстрее, а когда платформа вдруг кончилась, она остановилась и неподвижно смотрела вслед поезду, потом села прямо на платформу, *всхлипнула* и горько заплакала, вздрагивая всем телом.

연습문제 427 다음 문장을 읽고 동사의 원형을 쓰고, 이 동사의 상짝을 쓰시오.

1. Топор осторожно стучал по сучьям, колёса скрипели, лошадь фыркала (*Тург.*).
2. Ветер швырнул в лица лыжников облако снежной пыли (*Аж.*).
3. В окно заглядывал юный солнечный луч (*М.Г.*).
4. Звёзды так приветливо, так дружески мигают с небес (*Гонч.*).

연습문제 428 다음 문장을 읽고 동사의 시제와 상을 정하시오. 접미사 **-ну-**를 가진 동사의 원형을 쓰고, 이 동사의 상짝을 쓰시오.

1. Но наконец она вздохнула И встала со скамьи своей (*П.*).
2. Утихло всё. Татьяна спит (*П.*).
3. Встаёт заря во мгле холодной; На нивах шум работ умолк. С своей волчихою голодной Выходит на дорогу волк (*П.*).
4. Журча ещё бежит за мельницу ручей, Но пруд уже застыл (*П.*).
5. Без тебя я замёрз бы на дороге (*П.*).

연습문제 429 다음 동사의 과거시제 형태를 만드시오. 이 동사에 해당되는 상짝을 쓰시오.

вскрикнуть, спрыгнуть, вспыхнуть, достигнуть, исчезнуть, возникнуть, замёрзнуть, остынуть, завянуть, расстегнуть, выкинуть, выдернуть, вздрогнуть, взглянуть, дотронуться, проникнуть, привыкнуть, отвыкнуть, свергнуть, отвергнуть, умолкнуть, погаснуть, высохнуть, окрепнуть, погибнуть, оглохнуть.

연습문제 430 다음 동사를 가지고 5개의 문장을 만드시오.

заснуть — засыпа́ть, вынуть — вынимать, отдохнуть — отдыхать, проснуться — просыпаться; вернуть — возвращать, столкнуть(ся) — сталкивать(ся), вернуть(ся) — возвращать(ся), обернуть(ся) — оборачивать(ся), повернуть(ся) — поворачивать(ся).

연습문제 431 완료상 동사와 불완료상 동사를 분리하고 각 동사의 상짝을 쓰시오.

стукнуть, мелькнуть, мокнуть, сверкнуть, сохнуть, крепнуть, кивнуть, мёрзнуть, чихнуть, стынуть, улыбнуться, шепнуть, упрекнуть.

연습문제 432 괄호 안에 주어진 동사를 문맥에 맞게 넣으시오.

Из окна было видно, как налетел последний раз ветер, … деревья в саду, … в отворенное окно и … Дождь прекратился. Только с крыши и мокрых листьев … звонкие капли. Вспорхнула какая-то птица. Небо начало …

(качать, качнуть; дуть, дунуть; стихать, стихнуть; капать, капнуть; проясняться, проясниться)

◆◆

상짝이 없는 동사들

러시아어에서는 상짝을 가지지 않는 몇몇 동사들이 있다.

예를 들어, 완료상 동사 гря́нуть'요란하게 울리다', состоя́ться'성립되다, 행해지다'는 관련되는 불완료상 동사가 없다. 그리고 불완료상 동사 уча́ствовать'참가하다', состоя́ть'성립되다, 이루어지다'는 관련되는 완료상 동사가 없다.

◆◆◆

불완료상 동사가 없는 완료상 동사

의미상 관련되는 불완료상 동사가 없는 완료상 동사의 예로는 접미사 **-ну**-를 가진 몇몇 동사들과 이 외에 몇몇 동사들이 있다: ри́нуться'돌진하다', хлы́нуть'막 쏟아져 나오다', гря́нуть'요란하게 울리다', отпря́нуть'껑충 뛰어 비키다', встрепену́ться'날개를 퍼덕이다'; очути́ться'갑자기 나타나다', пона́добиться'필요하게 되다', состоя́ться'행해지다', стать'시작하다', заблуди́ться'길을 잃다'.

[주] 동사 заблуждаться'불완, 잘못 생각하다'는 동사 заблудиться'완, 길을 잃다'의 상짝이 아니다. 이 동사들은 서로 다른 어휘의미이다:
Мы заблуди́лись в лесу́. '우리는 숲에서 길을 잃었다.'
Вы заблужда́етесь. '당신은 잘못 생각하고 있다.'

연습문제 433 관련되는 불완료상 동사를 가지지 않는 완료상 동사를 찾고, 이 동사들의 시제를 정하시오.

1. Где-то рядом со страшным треском рухнуло дерево (*Аж.*).
2. Пусть сильнее грянет буря! (*М.Г.*).
3. Гроза грянула над лесом, зашептали деревья глухо, грозно (*М.Г.*).
4. Темницы рухнут, и свобода Вас примет радостно у входа, И братья меч вам отдадут (*П.*).
5. Море вздуется бурливо, Закипит, подымет вой, Хлынет на берег пустой. Разольётся в шумном беге, И очутятся на бреге В чешуе, как жар горя, Тридцать три богатыря (*П.*).
6. Россия вспрянет ото сна. И на обломках самовластья Напишут наши имена! (*П.*).

연습문제 434 다음 동사를 가지고 5개의 문장을 만드시오.

очутиться, очнуться, хлынуть, заблудиться, понадобиться.

완료상 동사가 없는 불완료상 동사

불완료상 동사와 의미적으로 상관이 되는 완료상 동사가 없는 동사들은 예를 들어, сто́ить '...가치가 있다', зна́чить '의미하다', име́ть '가지다', облада́ть '소유하다', принадлежа́ть '...에 속하다', состоя́ть '성립하다', содержа́ть '함유하다' 등이 있다.

그리고 заве́довать '관리하다', наблюда́ть '관찰하다', отрица́ть '부정하다', отсу́тствовать '결석하다', приве́тствовать '인사하다', разгова́ривать '대화하다', руководи́ть '지도하다', прису́тствовать '출석하다', управля́ть '지배하다', утвержда́ть '확신하다', уча́ствовать '참가하다' 등도 상관이 되는 완료상 동사가 없다.

[주1] 동사 утверждать는 어떤 의미에서는 상관적인 완료상 동사 утвердить가 있고 (утверждать в должности, утвердить в должности '승인하다'), 어떤 경우에는 상관적인 완료상 동사가 없다(Я это смело утверждаю. '나는 이것을 주저하지 않고 확신하다.').

[주2] '생각하다'의 의미로 사용된 동사 полагать는 상짝의 완료상 동사가 없다. 그러나 이 동사에서 파생된 단어 предполагать '불완, 가정하다'는 상짝 предположить '완'이 있다.

[주3] 동사 участвовать '참가하다'는 대응되는 완료상 동사가 없지만, 불완료상적인 의미의 어결합으로 사용되는 принимать участие '참가하다'는 완료상적인 의미의 принять участие가 있다.

연습문제 435 다음 동사의 상을 정하시오. 관련되는 완료상 동사를 가지지 않는 불완료상 동사를 지적하시오.

предчувствовать, почувствовать, действовать, содействовать, разговаривать, уговаривать, содержать, поддержать, увидеть, предвидеть, состоять, постоять.

연습문제 436 관련되는 완료상 동사를 가지지 않는 다음의 불완료상 동사를 가지고 문장을 만드시오.

зависеть от, походить на, нуждаться в, принадлежать к, участвовать в, соответствовать чему-нибудь, предшествовать чему-нибудь.

연습문제 437 다음 동사를 가지고 문장을 만드시오.

состоять из, состоять в, состояться.

연습문제 438 주어진 문장의 보기와 같이 동사 содержит, содержится를 가지고 문장을 만드시오.

1. Эта книга содержит много полезных сведений из истории земли.
2. В этой книге содержится много интересных и полезных сведений об истории земли.

◆◆◆

완료상과 불완료상 동사가 한 형태인 동사

문맥에 따라서 완료상으로도 불완료상으로도 사용되는 몇 안되는동사 그룹이 있다. 그러한 동사의 예로는 **велéть** '명령하다', **жени́ть(ся)** '결혼하다', **обещáть** '약속하다', **казни́ть** '사형에 처하다', **рáнить** '상처를 입히다', **образовáть** '구성하다', **испóльзовать** '이용하다', **исслéдовать** '연구하다', **атаковáть** '공격하다', **арестовáть** '체포하다', **телеграфи́ровать** '전보를 치다' 등이 있다.

1. Он всегдá выполня́л всё, что **обещáл**. '그는 항상 약속한 모든 것을 이행했다.'
2. Он **обещáл** помóчь нам и помóг. '그는 도와주기로 약속했고 도와주었다.'

   첫 번째 문장에서 동사 **обещáть** '약속하다'는 불완료상의 의미로 사용된 것이고, 두 번째 문장에서는 완료상의 의미로 사용된 것이다. **обещáю**는 문맥에 따라서 현재시제 의미로도 될 수 있고 단일미래시제의 의미로도 될 수 있다. 완료상의 의미로도 불완료상의 의미로도 될 수 있는 동사들 중에서는 대부분 접미사 **-ова-**와 **-ирова-**를 가지고 있다: **миновáть** '곁을 지나가다', **образовáть** '구성하다', **организовáть** '조직하다', **испóльзовать** '이용하다', **исслéдовать** '연구하다', **телеграфи́ровать** '전보를 치다', **ликвиди́ровать** '해소하다', **национализи́ровать** '국유화하다', **электрифици́ровать** '전력화하다'

🔍 **[주1]** 이 그룹의 몇몇 동사들에서부터 접미사 -ыва-, -ива-에 의한 불완료상 동사가 만들어진다(организовывать, образовывать).

🔍 **[주2]** 완료상의 의미를 강조하기 위하여 이 그룹의 몇몇 동사들은 간혹 접두사를 가지고 사용된다(сорганизовать, пообещать, пожениться(ся)").

🔍 **[주3]** 동사 телеграфировать는 «давать телеграмму '전보를 치다'», «дать телеграмму '전보를 칠 것이다'»의 의미로 사용된다. 구어체에서는 일반적으로 이 어결합이 특히 동사가 완료상으로 사용되는 경우에 사용된다: Вчера я дал телеграмму '어제 나는 전보를 쳤다.', завтра я дам телеграмму. '내일 나는 전보를 칠 것이다.'

연습문제 439 다음 문장을 읽고 동사의 시제를 정하시오.

1. Я использую этот материал, когда буду работать над докладом.
2. Наши рабочие успешно используют новые методы работы и благодаря этому перевыполняют нормы.
3. Когда кончатся экзамены, мы организуем лыжные соревнования студентов нашего института.
4. В лыжных соревнованиях, которые мы организуем каждый год, участвуют почти все студенты.

연습문제 440 괄호 안에 주어진 단어를 이용하여 필요한 시제를 넣으시오.

1. Сестра ... о своём приезде, и мы встретим её.
2. Сестра обычно ... о своём приезде, и мы встречаем её.

(телеграфировать, дать телеграмму, давать телеграмму)

연습문제 441 동사 обещать, ранить, организовать, исследовать, ликвидировать, национализировать를 가지고 문장을 만드시오. 동사 상의 사용법을 설명하시오.

동사 상의 사용법

동사 상의 기본 의미

1. 완료상 동사들은 지속적인 행위의 종결과 일정한 결과의 달성을 나타낼 수 있다:

   написа́ть '(처음부터 끝까지) 다 쓰다', **прочита́ть** '(처음부터 끝까지) 읽다', **пригото́вить** '(충분히) 준비하다', **сде́лать** '(처음부터 끝까지) 다 하다', **объясни́ть** '설명하다', **рассказа́ть** '(처음부터 끝까지) 다 이야기하다', **реши́ть** '결정하다', **вы́лечить** '(완전하게) 치료하다', **отдохну́ть** '충분히 쉬다'

   해당되는 불완료상 동사들은 이들의 종결성을 가리키지 않고 행위의 지속성을 나타낸다 (писа́ть, чита́ть, готови́ть, де́лать, объясня́ть, расска́зывать, реша́ть, лечи́ть, отдыха́ть)

2. 완료상 동사들은 행위의 발생순간을 가리킬 수 있다:

   пойти́ '걸어가기 시작하다', **пое́хать** '차를 타고 가기 시작하다', **полете́ть** '날아가기 시작하다', **полюби́ть** '사랑하기 시작하다', **почу́вствовать** '느끼기 시작하다', **понра́виться** '마음에 들기 시작하다', **поли́ться** '흐르기 시작하다', **защуме́ть** '소리를 내기 시작하다', **закрича́ть** '외치기 시작하다', **засмея́ться** '웃기 시작하다', **запла́кать** '울기 시작하다', **заболе́ть** '아프기 시작하다', **заинтсрссова́ться** '흥미를 갖다', **расссрди́ться** '화를 내다', **уви́дсть** '보다', **услы́шать** '듣다', **обра́доваться** '기뻐하다'

   이 동사들에서 접두사가 없는 동사들은 불완료상 동사들인데, 이들은 지속적인 행위와 상태를 표현한다.

3. 완료상 동사들은 행위 순간을 표현할 수 있다:

   махну́ть '손을 흔들다', **толкну́ть** '밀다', **пры́гнуть** '뛰어 오르다', **шагну́ть** '행진하다', **бро́сить** '던지다', **схвати́ть** '쥐다', **вскочи́ть** '뛰어오르다'

   짝의 불완료상 동사들은 маха́ть, толка́ть, пры́гать, броса́ть 등이다.

4. 완료상 동사들은 시간 속에서 비지속적인, 제한적인 행위를 표현할 수 있다:

погуля́ть '잠시 산책하다', **полежа́ть** '잠시 누워있다', **поспа́ть** '잠시 자다', **посиде́ть** '잠시 앉아있다', **поигра́ть** '잠시 놀이하다', **почита́ть** '잠시 읽다', **постоя́ть** '잠시 서 있다', **помолча́ть** '잠시 침묵하다', **походи́ть** '잠시 걷다', **побе́гать** '잠시 뛰다' 등

이 모든 동사들은 접두사 по-를 가진다.

대응되는 접두사가 없는 불완료상 동사들은 지속적이고 비제한적인 행위와 상태를 나타낸다: **гуля́ть, лежа́ть, спать, сиде́ть** 등

연습문제 442 이탤릭체로 된 동사의 상을 정하시오. 완료상의 의미를 설명하시오.

1. Ученик *решал* задачу, но не *решил* её.
2. Друг долго *учил* меня играть в шахматы, но так и не *научил*. Я до сих пор не умею играть в шахматы.
3. Это стихотворение я никак не могу запомнить. Я *учил* его, но ещё не *выучил* и не могу прочитать его наизусть.
4. Мой друг *сдавал* вчера экзамен, но не *сдал*, потому что плохо подготовился.
5. Он *помогал* нам, но не смог помочь.
6. Друзья *уговаривали* его выступить на собрании, но он отказался. Его не удалось *уговорить*.
7. Мы *отдыхали* полчаса, но не *отдохнули*, потому что времени было слишком мало.
8. Уже тепло, снег *тает*. В поле снега уже нет, а в лесу снег еще не *растаял*, лежит кое-где под деревьями.

연습문제 443 괄호 안에서 필요한 상의 동사를 넣으시오.

1. Мы … её спеть нам эту песню, но она не соглашалась. Мы, наконец, … её, и она спела нам эту песню (уговаривали, уговорили).
2. Мы долго … на тёмной улице нужный нам дом. Мы … нужный дом, вошли и поднялись на второй этаж (разыскивали, разыскали).
3. В воскресенье мы не занимались, мы весь день … Мы хорошо … и теперь можем продолжать работу (отдыхали, отдохнули).
4. Мой брат целые дни проводил на реке. Он … там рыбу. Однажды он … большую щуку (ловил, поймал).
5. Лодка перевернулась на середине реки, и один из пассажиров … Милиционер спас ребёнка, который … (тонул, утонул).
6. Врачи долго … его и наконец … . Теперь он совершенно здоров (лечили, вылечили).

연습문제 444 괄호 안에서 필요한 상의 동사를 넣으시오. 그리고 왜 그 상을 사용하였는지 설명하시오.

1. Мой друг долгое время … английский язык (изучал, изучил).
2. Мы сидели и внимательно слушали. Преподаватель … значение и употребление новых слов (объяснил, объяснял).
3. Я пришёл к концу собрания. Друзья всё ещё … этот вопрос (обсуждали,

обсудили).
4. Она … недолго, через пять минут мы вышли из дома (одевалась, оделась).
5. Учительница сидела за столом и … ученические тетради (проверила, проверяла).
6. Друг не мог пойти со мной в кино, потому что … к семинару (готовился, подготивился).

연습문제 445 행위 발생 순간의 의미를 가진 상의 동사를 괄호 안의 동사를 사용하여 넣으시오.

1. На углу он попрощался с нами и … направо, а мы … налево (пошёл, пошли, шёл, шли).
2. Дорога была трудная, поэтому путешественники … медленно (пошли, шли).
3. Она увидела письмо и … от радости (засмеялась, смеялась).
4. Дети увидели отца и … к нему (побежали, бежали).
5. Соседи весь вечер … за стеной, у них были гости (зашумели, шумели).
6. Вдруг … дождь, и мы решили вернуться домой (пошёл, шёл).
7. От леса до реки мы … целый час полем (пошли, шли).
8. Появилось солнце, и сразу роса … на траве и на листьях (заблестела, блестела).
9. Вдруг … сильный встср, сразу стало холодно (подул, дул).
10. Ослепительно сверкала молния и … гром (загремел, гремел).

연습문제 446 접두사 по-를 가진 동사 또는 이 접두사를 가지지 않은 동사를 넣으시오.

1. Мы … немного, встали и пошли дальше (посидели, сидели).
2. Она всё воскресенье … дома, потому что была нездорова (посидела, сидела).
3. Он … и ответил на мой вопрос (подумал, думал).
4. Вечером после ужина мы долго … в саду (погуляли, гуляли).
5. Она взяла книгу, … её в руке и положила на место (подержала, держала).
6. Во время антракта мы … минут десять и пошли в буфет (потанцевали, танцевали).
7. Дети выбежали из дома, … немного по двору и побежали на улицу (побегали, бегали).
8. Он не пошёл с нами в кино и весь вечер … в читальном зале (позанимался, занимался).

일정한 시간의 경과 속에서 계속되는 행위를 표현하기 위한 동사 상의 사용법

일정한 시간의 경과 속에서 계속되는 행위에 대하여 말할 때 불완료상뿐만 아니라 완료상도 사용될 수 있다:

불완료상	완료상
Я **чита́л** э́ту кни́гу два дня.	Я **прочита́л** э́ту кни́гу за два дня.
'나는 이 책을 이틀동안 읽고 있었다.'	'나는 이틀 걸려서 이 책을 다 읽었다.'

Я **писа́л** письмо́ це́лый ве́чер.
'나는 편지를 저녁 내내 쓰고 있었다.'

Я **написа́л** все э́ти пи́сьма за оди́н ве́чер.
'나는 하루 저녁에 이 모든 편지들을 다 썼다.'

Этот дом **стро́или** четы́ре ме́сяца.
'이 집을 사개월동안 짓고 있었다.'

Этот дом **постро́или** за четы́ре ме́сяца.
'사개월 걸려서 이 집을 다 지었다.'

불완료상 동사를 사용할 때 시간의 양을 나타내는 단어는 전치사 за 또는 в를 사용하지 않고 대격으로 된다: писа́л пи́сьма **весь ве́чер**'저녁 내내 편지들을 쓰고 있었다', **чита́л кни́гу неде́лю**'일주일 동안 책을 읽고 있었다'.

그리고 완료상 동사를 사용할 때 시간의 양을 나타내는 단어는 전치사 за 또는 в를 가지고 대격으로 된다: прочита́л кни́гу **за неде́лю**'일주일 동안 책을 다 읽었다', написа́л все пи́сьма **за один ве́чер** (또는 **в оди́н ве́чер**) '하루 저녁만에 모든 편지들을 다 썼다'

[주] 전치사 в는 일반적으로 짧은 기간 동안에 끝난 집중적인 행위에 관하여 언급할 때 사용된다: собра́ться в **полчаса́**'30분만에 집합하다', подготи́виться **в одну́ неде́лю**'일주일만에 준비하다'.

비 지속적인 행위를 나타내고 접두사 **по-**를 가진 완료상 동사는 예외다. 이들에서 시간의 양을 나타내는 단어는 전치사가 없는 대격으로 된다: помолча́л **мину́ту** '잠시동안 잠자코 있었다', погуля́л **час**'한 시간 동안 산책했다'

일정한 시간을 가득 채우는 행위를 표시하는 접두사 **про-**를 가지고 만든 완료상 동사들도 전치사 없이 대격으로 된다:

Мы прогуля́ли **всё воскресе́нье** в па́рке. '우리는 공원에서 일요일 내내 산책을 했다.'
Брат **прорабо́тал** на заво́де **пять лет**. '형제는 공장에서 5년 동안 일했다.'
Она́ **всю жизнь** прожила́ в дере́вне. '그녀는 전 생애를 시골에서 살았다.'

몇몇 불완료상 동사에서 시간의 양을 나타내는 단어들은 만약 이 동사들이 반복되는 행위를 표현하면 전치사 **за** 또는 **в**를 가진 대격으로 놓인다.

Я всегда́ успева́л собра́ться в доро́гу **за оди́н день**. '나는 항상 하루 만에 여행할 채비를 차리곤 했다.'
Он съеда́л свой за́втрак **в пятна́дцать мину́т**. '그는 15분만에 아침 식사를 다하곤 했다.'
Я доезжа́л до институ́та **за полчаса́**. '나는 30분 걸려 대학에 도착하곤 했다.'

연습문제 447 다음 질문에 답하시오.

A

1. Сколько времени вы гуляли вчера после ужина? (час).
2. Сколько времени студент собирал материал для доклада? (неделя).

3. Сколько времени вы ехали сюда? (сутки).
4. Как долго вы будете готовиться к этому зачёту? (неделя).

в.

1. За сколько времени вы выучили новые слова из этого текста? (час).
2. За какой срок вы выполнили ваш план? (месяц).
3. За сколько времени можно доехать отсюда до центра (двадцать минут).
4. За сколько времени вы прошли это большое расстояние? (полтора часа).
5. За сколько времени вы научились так хорошо кататься на коньках? (одна неделя).
6. За сколько времени вся земля покрылась снегом? (одна ночь).
7. За сколько времени чертёжник вычертит все детали этой машины? (неделя).
8. За сколько времени весь снег в поле растаял? (несколько дней).

연습문제 448 이탤릭체로 된 단어에 해당되는 질문을 하시오. 동사의 상을 정하시오.

1. Я писал письмо *час*. Я написал письмо *за час*.
2. Мы читали этот тескт *неделю*. Мы прочитали этот текст *за неделю*.
3. Мы отдыхали в доме отдыха *неделю*. Мы хорошо отдохнули в доме отдыха *за неделю*.
4. Я буду готовиться к докладу *десять дней*. Я подготовлюсь к докладу *за десять дней*.
5. Мы будем изучать эту тему *целый месяц*. Мы должны изучить эту тему *за месяц*.
6. Мы ехали до центра города *час*. Мы доехали до центра города *за час*.

연습문제 449 불완료상 동사를 완료상 동사로 바꾸고, 필요한 전치사를 사용하시오.

보기: Студент *читал* текст полчаса.
Студент *прочитал* текст за полчаса.

1. Чайковский писал оперу «Пиковая дама» срок дней.
2. Автор пять лет собирал материал для этого исторического романа.
3. Мы готовились к зачёту две недели.
4. Инженер переделывал проект четыре месяца.
5. Профессор отвечал на все эти вопросы полтора часа.
6. Экскурсанты осматривали выставку четыре часа.
7. Студент двадцать минут записывал на плёнку пересказ текста.

연습문제 450 어떤 문장에서 불완료상 동사를 접두사 по- 또는 про-를 가진 완료상 동사로 교체할 수 있는지 지적하시오. 양 접두사를 모두 사용할 수 있는 경우를 지적하시오.

1. В книжном магазине было много народу, мы *стояли* в очереди двадцать минут.
2. В магазине я вдруг увидел своего друга, он *стоял* в очереди.
3. Вчера мы *занимались* фонетикой два часа.
4. Эти студенты *жили* в Москве два года.
5. Она *танцевала* весь вечер.
6. Мой сосед целую неделю *лежал* в больнице.

7. Перед сном я полчаса *гулял* около дома.
8. Вчера я опоздал на урок. Когда я пришел, все студенты и преподаватель уже *сидели* в аудитории.
9. За столом *сидели* друзья, они беседовали о последних новостях.
10. Этот старый учитель *работал* в школе сорок лет.
11. Моя тетрадь куда-то исчезла. Я *искал* её, но не нашёл.
12. После обеда мы *спали* два часа.

◈◈

행위의 반복과 일회성을 나타내기 위한 동사 상의 사용법

1. 러시아어에서는 행위의 반복과 일회성이 동사의 상으로 표현된다.

불완료상	완료상
Я **ложи́лся** спать в оди́ннадцать часо́в, а **встава́л** в семь. '나는 11시에 잠자리에 들고, 7시에 일어나곤 했었다.'	Я **лёг** спать в оди́ннадцать часо́в, а **встал** в семь. '나는 11시에 잠자리에 들고, 7시에 일어났다.'
Мы **начина́ли** рабо́ту в 9 часо́в. '우리는 9시에 일하기 시작하곤 했다.'	Мы **на́чали** рабо́ту в 9 часо́в. '우리는 9시에 일을 시작했다.'
Я **встаю** ра́но. '나는 일찍 일어난다.'	Я **вспа́ну** ра́но. '나는 일찍 일어날 것이다.'
Я **бу́ду встава́ть** ра́но. '나는 일찍 일어날 것이다.'	

[역주] 불완료상 동사는 과거, 현재, 미래시제의 반복적인 행위를 나타내고, 완료상 동사는 과거, 미래의 일회적인 행위를 나타낸다.

2. встава́ть '일어나다', ложи́ться '눕다', сади́ться '앉다', начина́ть '시작하다', брать '취하다', дава́ть '주다', открыва́ть '열다', закрыва́ть '닫다' 등의 단어들은 반복을 표시하는 특별한 단어가 없이도 스스로 행동의 반복을 표현할 수 있다. 그리고 관련되는 완료상 동사들은 일회적인 짧은 행위를 표시한다: встать, лечь, сесть, нача́ть, взять, дать, откры́ть, закры́ть 등

상기의 불완료상 동사들과 행위 반복을 표시하는 단어들이 사용될 수도 있다:

Обы́чно я ложи́лся спать в оди́ннадцать часо́в. '보통 나는 11시에 잠자리에 들곤 했다.'

Мы **всегда́** начина́ем рабо́ту в 9 часо́в. '우리는 항상 9시에 일을 시작한다.'

3. 스스로 반복적인 행위를 표현하지 못하는, 지속적인 행위를 나타내는 불완료상 동사들이 있다(чита́ть '읽다', писа́ть '쓰다', гуля́ть '산책하다', игра́ть '놀다', занима́ться '일하다' 등). 이 동사들은 반복을 나타내는 상황어를 사용해야 한다.

Мы **ка́ждый ве́чер** гуля́ли в па́рке.'우리는 저녁마다 공원에서 산책하곤 했다.'

По утра́м я чита́ю газе́ты.'아침마다 나는 신문들을 읽는다.'

4. 아래의 부사와 명사가 행위 반복을 나타낼 수 있다: всегда́'항상', иногда́ '이따금', ино́й раз '때때로', ча́сто '자주', ре́дко '드물게', и́зредка '가끔', поро́й '때때로', по времена́м '이따금', время от вре́мени '이따금', постоя́нно '부단하게', всё время '줄곳', обы́чно '보통', обыкнове́нно '보통', ежедне́вно '매일', ежеминýтно '매분', понимýтно '끊임없이', еженеде́льно '매주', ежеме́сячно '매월', ка́ждую минýту '매분마다', ка́ждый день '매일', ка́ждую неде́лю '매주', ка́ждый ме́сяц '매월', по воскресе́ньям '일요일마다', по утра́м '아침마다', по вечера́м '저녁마다' 등.

5. 불완료상 동사 중에서 반복되는 행위만 표시하고, 지속적인 행위를 표시하지 않는 동사들이 있다: приходи́ть '오다', случа́ться '일어나다', быва́ть '자주 있다', застава́ть '만나다'. 이들 동사들은 현재형에서 발화의 순간에 발생하는 행위를 표시할 수 없다. 왜냐하면 이들 동사들은 반복적인 행위만을 표시하기 때문이다.

Ме́жду ни́ми **случа́ются (быва́ют) ссо́ры**.'그들 사이에서는 말다툼이 자주 일어난다.'

В свобо́дное вре́мя он **прихо́дит** к нам в го́сти.'한가할 때 그는 자주 손님으로 우리 집에 온다.'

Ве́чером я **застаю́** его́ до́ма.'저녁에 나는 집에서 그를 만난다.'

6. 불완료상 동사들로 표현되는 반복되는 행위들이 종결적이고 결과적일 수 있다.

Она́ **сдава́ла** экза́мены то́лько на отли́чно.'그는 항상 시험에 A를 받았다.'

Он всегда́ **добава́лся** хоро́ших результа́тов.'그는 항상 좋은 결과를 달성하였다.'

항상 종결된 행위의 반복을 나타내는 불완료상 동사들이 있다: прочи́тывать '(처음부터 끝까지 여러 번) 읽다', выу́чивать '(철저하게 여러 번) 학습하다', выле́чивать '(철저하게 여러 번) 치료하다'.

Утром он прочи́тывал газе́ту и уходи́л на рабо́ту.'아침에 그는 신문을 처음부터 끝까지 여러 번 읽고 일터로 떠나곤 했다.'

7. 어떤 불완료상 동사들은 행위 시작의 반복을 표현할 수 있다: заболева́ть '(반복해서) 아프기 시작하다', закýривать '(반복해서) 담배를 피우시 시작하다', замолка́ть '(반복해서) 침묵에 빠지다', запева́ть '(반복해서) 노래부르기 시작하다':

Он всегда́ **заболева́ет** по́сле купа́льня, емý нельзя́ купа́ться.'그는 항상 수영을 하고나면 자주 병이 난다, 그는 수영해서는 안 된다.'

8. 반복되는 행위의 연속적인 것은 불완료상 동사에 의하여 표현되고, 일회적인 행위의 연속적인 것은 완료상 동사에 의하여 표현된다:

Я **встава́л** ра́но у́тром, **умыва́лся**, **де́лал** заря́дку, **за́втракал** и **шёл** в университе́т. '나는 아침 일찍 일어나 세수하고 체조한 다음 대학으로 가곤했다.'

Я **встал** ра́но у́тром, **умы́лся**, **сде́лал** заря́дку, **поза́втракал** и **пошёл** в университе́т. '나는 아침 일찍 일어난 후, 세수하고 나서, 체조하고 그리고 대학으로 출발했다.'

연습문제 451 다음 두 문장의 의미상의 차이를 설명하시오.

A

1. Девушка открыла книгу и начала читать. Девушка открывала книгу и начинала читать.
2. В три часа мы кончили работу и пошли домой. В три часа мы кончали работу и шли домой.
3. Она взяла книгу в библиотеке. Она брала книги в библиотеке.
4. Я купил газету в киоске на углу нашей улицы. Я покупал газеты в киоске на углу нашей улицы.
5. От него я узнал все новости. От него я узнавал все новости.

B.

1. Я возьму книгу в библиотеке. Я буду брать кники в библиотеке.
2. Мы кончим заниматься в 3 часа. Мы будем кончать заниматься в 3 часа.
3. Во время перерыва мы откроем окно. Во время перерыва мы будем открывать окно.
4. Я положу ключ в ящик стола. Я буду класть ключ в ящик стола.
5. Ребёнок проснётся с рассветом. Ребёнок будет просыпаться с рассветом.

연습문제 452 다음 문장을 읽고 불완료상 동사의 사용을 요구하는 단어를 지적하시오. 이 단어를 가지고 3 문장을 만드시오.

1. Наше движение было довольно медленно. Мы часто останавливались и отдыхали (*Арс.*).
2. Она улыбалась редко, но зато её улыбка всегда поражала (*Л.Т.*).
3. Я получал от отца ежемесячно по короткому письму (*Тург.*).
4. Он подошёл к ручью, напился и долго умывался (*Чех.*).
5. Вставал я каждый день до восхода солнца, ложился рано (*Чех.*).
6. Дождь стучал в окна всю ночь (*Чех.*).
7. Дул южный ветер. Временами начинал падать крупный мокрый снег (*Пауст.*).
8. С конца улицы изредка доносилась едва слышная музыка (*Чех.*).
9. Ночь была чёрная, сырая, непрерывно дул ветер (*М.Г.*).
10. Иногда слышался из какого-нибудь отдалённого озера крик лебедя (*Чех.*).

연습문제 453 다음 문장에서 왜 불완료상 동사가 사용되었는지 설명하시오.

1. Теперь по целым часам она играла в теннис, по два раза в день купалась, вставала ранним утром, когда на листьях ещё горели большие капли росы (*А.Т.*).
2. Я путешествовал без всякой цели, без плана; останавливался везде, где мне нравилось, и отправлялся тотчас далее, как только чувствовал желание видеть новые лица (*Тург.*).
3. Иногда, и довольно часто, я вставал рано. (Я спал на открытом воздухе, на террасе, и яркие косые лучи утреннего солнца будили меня). Я живо одевался, брал подмышку полотенце и книгу французского романа и шёл купаться ... Я ложился в тени на траве и читал (*Л.Т.*).
4. Небо расчищалось, солнечные лучи играли в лужах, на освежённой зелени висели капли, срывались и сверкали на солнце (*Кор.*).

연습문제 454 다음 문장에서 불완료상 동사는 완료상 동사로, 완료상 동사는 불완료상 동사로 바꾸고, 이 경우에 문장의 의미가 어떻게 바뀌게 되는지 설명하시오.

1. Мы встретились рано утром на вокзале.
2. Она поднялась на второй этаж и позвонила.
3. Сестра завтракала и шла на работу.
4. Девушка положила книгу перед собой и начала читать.
5. Учитель входил в класс, и сразу наступала тишина.
6. Она надела новое платье и куда-то ушла.
7. Преподаватель ответил на вопросы студентов.
8. Студенты записали пересказ текста на плёнку.

연습문제 455 다음 문장을 읽고 1) 동사의 상을 정하고, 상의 의미를 지적하시오. 2) 모든 동사를 관련되는 다른 상의 동사로 바꾸시오. 문장의 의미가 어떻게 바뀌는지 설명하시오.

1. Рано утром Марья Ивановна проснулась, оделась и тихонько пошла в сад (*П.*).
2. Лиза села за письменный столик, взяла перо, бумагу и задумалась (*П.*).
3. Утром Павел молча пил чай и уходил на работу, в полдень являлся обедать, за столом (он и мать) перекидывались незначительными словами, и он исчезал до вечера (*М.Г.*).
4. Вечером она (мать) зажгла лампу и села к столу вязать чулок. Но вскоре встала, вышла в кухню, заперла дверь и вернулась в комнату. Опустила занавески на окнах, взяла книгу с полки, снова села к столу, оглянулась и наклонилась над книгой (*М.Г.*).

연습문제 456. 괄호 안의 동사를 사용하여 필요한 상의 동사를 넣으시오. 불완료상 동사의 사용을 필요로 하는 시간의 상황어를 지적하시오.

1. Вчера я … рано утром. Я всегда … так рано (вставал, встал).
2. Когда мы жили летом в деревне, мы … спать очень рано. Они … спать и сразу заснули (ложились, легли).
3. Она … писать письмо, положила ручку и встала. Каждый день она … работу в три часа и уходила домой (кончила, кончала).
4. Изредка … к нам мой старый школьный друг. Сегодня он кончил работу раньше

обычного и … к нам (заходил, зашёл).

5. Родители регулярно … мне посылки. Последнюю посылку они … мне неделю тому назад (прислали, присылали).
6. Она не могла работать спокойно, поминутно … и … ходить по комнате. Она уже давно … и … работать (вставала, встала; начинала, начала).
7. Он всегда во-время …мне книги, которые брал у меня. Я не помню, … ли он мне эту книгу (возвращал, возвратил).
8. Он давно уехал к себе на родину. Время от времени я … от него письма. Я надеюсь, что … от него письмо к Первому мая (получаю, получу).

연습문제 457 톨스토이 장편소설 «부활»의 발췌문을 읽고 텍스트에서 이야기되어진 모든 것이 어떻게 일어나게 되었는지 다시 말하시오.

Жизнь его (Нехлюдова) в этот год в деревне, у тётушек шла так: он вставал очень рано, иногда в три часа, и до солнца шёл купаться в реку под горой, иногда ещё в утреннем тумане, и возвращался, когда ещё роса лежала на траве в цветах. Иногда по утрам, напившись кофе, он садился за свое сочинение или за чтение источников для сочинения, но очень часто, вместо чтения и писания, опять уходил из дома и бродил по полям и лесам. Перед обедом он засыпал где-нибудь в саду, потом за обедом веселил и смешил тётушек своей весёлостью, затем ездил верхом или катался на лодке и вечером опять читал или сидел с тётушками. Часто по ночам, в особенности лунным, он не мог спать только потому, что испытывал слишком большую, волнующую радость жизни, и, вместо сна, иногда до рассвета ходил по саду со своими мечтами и мыслями.

동사원형의 상의 사용법

1. 다음의 행위의 시작, 계속, 끝을 표현하는 동사 다음에 불완료상 동사원형만 사용된다: начина́ть '**불완**, 시작하다' — нача́ть '**완**', стать '**완**, 시작하다', продолжа́ть '**불완**, 계속하다', конча́ть '**불완**, 끝내다' — ко́нчить '완', перестава́ть '**불완**, 중단하다' — переста́ть '**완**', прекраща́ть '**불완**, 중지하다' — прекрати́ть '**완**', броса́ть '**불완**, 포기하다' — бро́сить '**완**', принима́ться '**불완**, 착수하다' — приня́ться '**완**'.

   Он **на́чал гото́вить** дома́шнее зада́ние. '그는 숙제를 하기 시작했다.'

   В э́то вре́мя мы обы́чно **начина́ем гото́вить** зада́ние. '이 시간에 우리는 항상 과제를 하기 시작하다.'

   На у́лице мы **продолжа́ли обсужда́ть** э́тот вопро́с. '길에서 우리는 계속해서 이 문제를 토론했다.'

   К сожале́нию, он **переста́л посеща́ть** заня́тия кружка́. '유감스럽게도 그는 동아리에 참여하는 것을 그만두었다.'

Он с гото́вностью **при́нялся (на́чал, стал) помога́ть** нам.'그는 쾌히 우리를 돕는 일에 착수했다.'

Он всегда́ с гото́вностью **принима́лся (начина́л) помога́ть** нам.'그는 항상 쾌히 우리를 돕는 일에 착수하곤 했다.'

2. 다음의 동사 다음에는 불완료상 원형만이 사용되다: привыка́ть '**불완**, 익숙해지다' — привы́кнуть '**완**', отвыка́ть '**불완**, 습관이 없어지다' — отвы́кнуть '**완**', приуча́ть '**불완**, 익히다' — приучи́ть '**완**', отуча́ть '**불완**, (악습 등을) 그만두게 하다' — отучи́ть '**완**', учи́ться '**불완**, 배우다' — научи́ться '**완**', надоеда́ть '**불완**, 싫증나게 하다' — надое́сть '**완**', наску́чить '**완**, 귀찮게 하다', устава́ть '**불완**, 피로하다' — уста́ть '**완**', избега́ть '**불완**, 피하다', понра́виться '**완**, 마음에 들다', полюби́ть '**완**, 좋아지다', разлюби́ть '**완**, 싫어지다':

Я посте́пенно **привыка́ю** ра́но **ложи́ться** и ра́но **встава́ть**.'나는 점차로 일찍 자고 일찍 일어나는 것에 익숙해지고 있다.'

Я **привы́к** ра́но **ложи́ться** и ра́но **встава́ть**.'나는 일찍 자고 일찍 일어나는 것에 익숙해졌다.'

Он всё бо́льше **отвыка́ет говори́ть** по-англи́йски.'그는 점점 더 영어로 말하는 습관이 없어지고 있다.'

Он совсе́м **отвы́к говори́ть** по-англи́йски.'그는 영어로 말하는 습관이 **완**전히 없어졌다.'

Мать **приуча́ет** дете́й **мы́ться** холо́дной водо́й.'어머니는 아이들에게 차가운 물로 씻는 것을 익히게 하고 있다.'

Мать **приучи́ла** дете́й **мы́ться** холо́дной водо́й.'어머니는 아이들에게 차가운 물로 씻는 것을 익히게 했다.'

Больно́й обы́чно ско́ро **устава́л сиде́ть**.'환자는 보통 앉아있는 것에 곧 피곤해했다.'

Больно́й **уста́л сиде́ть**.'환자는 앉아 있는 것에 지쳤다'

Она́ **избега́ет отвеча́ть** на таки́е вопро́сы.'그녀는 그런 문제들에 대답하는 것을 피한다.'

Мне **понра́вилось лови́ть** ры́бу у́дочкой.'나는 낚시대로 물고기 잡는 것이 마음에 들었다.'

[주1] 완료상 동사 полюбить '좋아지다'와 понравиться '마음에 들다' 다음에는 항상 불완료상 동사원형이 사용되지만, 대응되는 불완료상 동사 뒤에는 불완료상 동사뿐만 아니라 완료상 동사도 사용될 수 있다.
Я люблю́ говори́ть с ним. Мне **нра́вится говори́ть** с ним.'나는 그와 말하는 것을 좋아한다.'
Я люблю́ поговори́ть с ним. Мне **нра́вится поговори́ть** с ним.'나는 그와 잠시 동안 이야기하며 시간을 보내기 좋아한다.'

[주2] 완료상 동사 избежать '피하다' 다음에는 동사원형이 사용되지 못한다. 그러한 경우에 동사와 관계있는 명사가 사용된다.
Я избега́л встреча́ться с ним.'나는 그와 만나는 것을 피하고 있었다.'

Я **избежа́л встре́чи** с ним. '나는 그와의 만남을 피했다.'

[주3] 완료상 동사 забыть, успеть, удаться 다음에는 완료상 동사원형만 사용된다.
Я забы́л спроси́ть об э́том. '나는 이것에 대해서 물어보는 것을 잊었다.'
Мы **успе́ли пригото́вить** зада́ние. '우리는 과제를 준비하기에 충분한 시간이 있었다.'
대응되는 불완료상 동사 다음에는 완료상, 불완료상 모두 사용된다.
Я иногда́ **забыва́л принести́** уче́бник. — Я иногда́ **забыва́л приноси́ть** уче́бник. '나는 간혹 교과서를 가져오는 것을 잊곤 했다.'
Он всегда́ **успева́ет выполня́ть** зада́ние. — Он всегда́ **успева́ет вы́полнить** зада́ние. '그는 항상 과제를 수행하고 있다.'

연습문제 458 필요한 상의 동사를 넣으시오. 불완료상 동사원형이 사용되어있는 동사와 완료상 동사원형이 사용되어져 있는 동사를 쓰시오.

1. Ученица стала лучше … русский твёрдый звук л (произносить, произнести).
2. Учитель начал … новый материал (объяснить, объяснять).
3. Вчера вечером у нас было собрание, но я всё-таки успел… домашнее задание (выполнять, выполнить).
4. Когда ты кончишь …, вымой посуду и убери со стола (завтракать, позавтракать).
5. Он так спешил на лекцию, что даже забыл … (завтракать, позавтракать).
6. В деревне она привыкла … с восходом солнца (встать, вставать).
7. Я рад, что мне удалось … билет на этот интересный концерт (покупать, купить).
8. Он очень занят сейчас, поэтому он перестал … репетиции хора (посетить, посещать).
9. У кого она научилась так хорошо … платья? (шить, сшить).
10. Дежурный принялся … комнату (убрать, убирать).
11. Мать устала … на бесконечные вопросы ребёнка (отвечать, ответить).
12. Мне надоело … этот вопрос (обсудить, обсуждать).
13. Она почему-то избегает … с нами (встретиться, встречаться).
14. Он окончил университет, но продолжал … английский язык (изучить, изучать).

3. 소망, 의향을 나타내는 단어(хоте́ть '원하다', стара́ться '노력하다', пыта́ться '시도하다', обеща́ть '약속하다'), 권고를 나타내는 단어(проси́ть '요청하다', угова́ривать '설득하다', сове́товать '충고하다') 그리고 필요를 나타내는 단어(на́до '필요하다', ну́жно '필요하다', необходи́мо '필요하다, 해야만 한다', до́лжно '해야 한다') 다음에서는 동사의 의미에 따라 완료상이나 불완료상 동사원형이 사용될 수 있다.

만약 원형으로 표현되는 행위가 반복적인 행위라면 불완료상 동사가 사용되고, 일회적인 행위라면 일반적으로 완료상 동사가 사용된다.

불완료상	완료상
Я **хочу́ получа́ть** э́тот журна́л. 'нанун 이 잡지를 얻고 싶다.'	Я **хочу́ получи́ть** э́тот журна́л. '나는 이 잡지를 꼭 얻고 싶다.'
Я **наде́юсь встреча́ться** с ва́ми ча́сто. '나는 당신과 자주 만나기를 기대한다.'	Я **наде́юсь** скóро снóва **встре́титься** с ва́ми. '나는 곧 다시 당신과 만나기를 기대한다.'
Он **обеща́л писа́ть** нам из санотóрия. '그는 요양소에서 우리에게 편지하겠다고 약속했다.'	Он **обеща́л написа́ть** нам из санотóрия. '그는 요양속에서 우리에게 꼭 편지하겠다고 약속했다.'

만약 원형으로 표현되어 있는 일회적인 행위가 짧은 시간이면 완료상 동사만 사용되고(хочу́ взять '가지고 싶다', дать '주다', получи́ть '받다', откры́ть '열다'), 원형으로 표현되는 행위가 지속적이고 무제한이면 불완료상 동사가 사용된다.

Я **хочу́ изуча́ть** ру́сский язы́к. '나는 러시아어를 배우고 싶다'

Друзья́ **обеща́ли помочь** мне. '친구들은 나를 도와준다고 약속했다.'

[역주] 위의 첫 번째 문장은 꾸준하게 지속적으로 러시아어를 공부하고 싶다는 의미이고, 두 번째 문장은 짧은 시간 동안 도와주겠다는 의미이다.

희망하는 바가 행위결과이라면 완료상 동사가 사용된다.

Я **хочу́ изучи́ть** ру́сский язы́к. '나는 철저하게 러시아어를 배우고 싶다.'

Врач **хóчет вы́лечить** больнóго. '의사는 환자를 치료해서 낫게 하고 싶어한다.'

연습문제 459 다음 두 문장의 의미상의 차이를 설명하시오.

1. Вам надо принимать это лекарство. Вам надо принять это лекарство.
2. Нужно класть вещи на место. Нужно положить вещи на место.
3. Мы должны встретиться в университете. Мы должны встречаться в университете.
4. Она хочет лечь спать рано. Она хочет ложиться спать рано.
5. Я хочу получить эту газету. Я хочу получать эту газету.
6. Брат обещал написать мне из дома отдыха. Брат обещал писать мне из дома отдыха.

연습문제 460 다음 문장을 읽고 원형동사의 상을 정하시오. 왜 이 상이 사용되었는지를 설명하시오.

1. Она не верила ему и хотела теперь понять его тайные мысли (*Чех.*).
2. Я попросил перевозчика пустить лодку вниз по течению (*Тург.*).
3. В Одессе я пробуду, вероятно, ещё с месяц. К этому времени работу думаю закончить (*Гайд.*).
4. К вечеру все так уставали, что с трудом добирались до городка. Тогда Коля решил брать с собой кое-какие продукты, и по два-три дня они не возвращались

домой (*Пауст.*).

5. Мы решили остановиться у первого же дома, где увидим свет в окнах (*Пауст.*).
6. Темнело рано. В пять часов надо было уже зажигать лампу (*Пауст.*).
7. Человек по натуре своей — художник. Он всюду, так или иначе стремится вносить в свою жизнь красоту (*М.Г.*).

연습문제 461 다음 문장을 읽고 원형동사의 상의 사용을 설명하시오. 행위반복을 표현하고 있는 이탤릭체로 된 단어가 어떤 동사에 속하는지에 주의하시오.

1. Я *иногда* хотел ответить на твоё письмо, но у меня не было времени.
2. Она просила хотя бы *иногда* отвечать на её письма.
3. *Обычно* он мог ответить на вопросы преподавателя, но молчал.
4. Он *каждый раз* хотел получить на экзамене отличную отметку и огорчался, если получал «хорошо».
5. Он хотел *всегда* получать отличные отметки.
6. Я вижу, что *иногда* он хочет помочь нам, но не решается предложить свою помощь.
7. Я хочу *раз в неделю* посещать лекции по истории искусства.
8. Мне хотелось *иногда* по воскресеньям уезжать из города.
9. Мы хотим встречаться друг с другом *по понедельникам*.

연습문제 462 괄호 안에서 필요한 상의 동사를 넣으시오.

1. Я хочу ... вам, почему я не пришел вчера (объяснять, объяснить).
2. Я надеюсь скоро ... к здешнему холодному климату (привыкать, привыкнуть).
3. Студент старается ... этот план к сроку (выполнить, выполнять).
4. Она пробовала ... свою мысль по-русски, но это ей не вполне удалось (выразить, выражать).
5. Врач, который лечит этого больного, сказал, что он надеется ... его быстро (лечить, вылечить).
6. Он просил меня... его с нашим преподавателем (знакомить, познакомить).
7. Больному стало лучше, он надеется скоро ... (выздоравливать, выздороветь).
8. Друзья хотят до самого ужина ... в шахматы (играть, сыграть).
9. Я хочу поскорее ... ответ на своё письмо (получать, получить).

부정할 때 동사원형의 상의 몇몇 사용법

1. 행위를 수행하게 하려는 권유나 의향을 표현하는 동사 다음에서 부정과 함께 사용하는 불완료상 동사원형의 사용법

만약 행위를 수행하게 하려는 권유나 의향을 나타내는 동사 **проси́ть** '요청하다', **сове́товать** '충고하다', **реши́ть** '해결하다', **обеща́ть** '약속하다' 뒤에 부정사 **не**가 오면 대개의 경우 원형은 불완료상 동사이다. 부정으로 사용되지 않는 경우와 부정으로 사용되는 두 경우를 비교하세요.

Врач **посове́товал** больно́му **приня́ть** снотво́рное.
'의사는 환자에게 수면제를 복용하도록 충고하였다.'

Врач **посове́товал** больно́му **не принима́ть** снотворного.
'의사는 환자에게 수면제를 복용하지 않도록 충고하였다.'

Он **уговори́л** меня́ **оста́ться**.
'그는 나에게 남아있도록 설득했다.'

Он **уговори́л** меня́ **не остава́ться**.
'그는 나에게 남아있지 않도록 설득했다.'

Мы **реши́ли уе́хать** по́сле экза́менов домо́й.
'우리는 시험을 친 후에 집으로 가기로 결정했다.'

Мы **реши́ли не уезжа́ть** по́сле экза́менов домо́й. '우리는 시험을 친 후에 집으로 가지 않기로 결정했다.'

Мы **договори́лись встре́титься** за́втра. '우리는 내일 만나기로 약속했다.'

Мы **договори́лись не встреча́ться** за́втра. '우리는 내일 만나지 않기로 약속했다.'

[주] 자의적이 아니라 우연한 행위로 인한 경고를 표현하는 경우에만 동사 проси́ть '요청하다', сове́товать '충고하다' 뒤에서 완료상 동사원형이 부정과 함께 사용될 수 있다:
Прошу́ тебя́ не проговори́ться (не сказа́ть) как-нибудь случа́йно об э́том. '우연이든 어떻든지 간에 이 일에 관하여 입밖에 내지 않도록 해 주세요.'
Прошу́ тебя́ никому́ не говори́ть об э́том. '이것에 대하여 아무에게도 말하지 않도록 해 주세요.'

2. 행위의 불필요성을 나타내는 단어 뒤에서 부정과 함께 불완료상 동사원형의 사용

단어 **не на́до** '필요없다', **не ну́жно** '필요없다', **не сле́дует** '...해서는 안된다', **не сто́ит** '...할 가치가 없다' 다음에는 항상 불완료상 동사원형이 사용된다.

Мне ну́жно (надо) купи́ть э́тот учéбник.
'나는 이 교과서를 구입해야 한다.'

Мне **не́ ну́жно (не надо) покупа́ть** э́тот учéбник. '나는 이 교과서를 구입하지 않아도 된다.'

Этот фи́льм интере́сный, его́ сто́ит посмотре́ть. '이 영화는 재미있다. 그 영화를 볼 필요가 있다.'

Этот фи́льм неинтересный, его́ **не сто́ит смотре́ть**. '이 영화는 재미가 없다. 그 영화를 볼 필요가 없다.'

Вам слéдует обрати́ться к нему́ с э́тим вопро́сом. '당신은 그에게 이 문제를 물어보아야 한다.'	Вам **не слéдует обращáться** к нему́ с э́тим вопро́сом. '당신은 그에게 이 문제를 물어볼 필요가 없다.'

불완료상 동사원형은 행위의 불필요를 나타내는 단어 дово́льно '충분하다', достáточно '충분하다', хвáтит '충분하다', нéзачем '필요없다', бесполéзно '무익하다', врéдно '해롭다' 다음에 사용된다.

Достáточно (дово́льно, хвáтит) **обсуждáть** э́тот вопро́с: всё ужé я́сно. '모든 것이 이미 분명하니까 이 문제의 논의는 충분하다.'

Тебé **нéзачем** (не ну́жно) **уезжáть**. '너는 떠날 필요가 없다.'

Ему́ **врéдно кури́ть**. '그는 담배 피우는 것이 해롭다.'

Бесполéзно учи́ть его́ пéнию: у него́ о́чень плохо́й слух. '그에게 노래를 가르치는 것은 헛된 일이다: 그는 귀가 매우 무디다.'

3. нельзя 뒤에서 원형 동사의 상의 사용법

단어 нельзя́는 두 개의 의미를 가지고 있다.

① 단어 нельзя́가 '금지되어 있다', '허용될 수 없다', '필요 없다'로 사용될 경우에는 이 단어 뒤에 불완료상 동사가 사용된다.

Нельзя́ входи́ть в ко́мнату в пальто́ и в шáпке. '외투를 입고 모자를 쓰고 방으로 들어가는 것은 금지되어 있다.'

② '불가능하다'의 의미로 사용될 경우에는 완료상 동사가 사용된다.

Э́то письмо́ **нельзя́ прочитáть**: оно́ напи́сано на незнако́мом языкé. '이 편지는 읽기가 불가능하다. 편지는 알 수 없는 언어로 쓰여져 있기 때문이다.'

В ко́мнату **нельзя́ войти́**, потому́ что у нас нет ключá. '우리는 열쇠가 없기 때문에 방 안으로 들어가기가 불가능하다.'

그러나 '불가능하다'의 의미로 사용된 단어 нельзя와 함께 완료상 외에 계속된 행위를 나타내는 약간의 불완료상이 오는 경우가 있다.

Здесь о́чень шу́мно, поэ́тому здесь **нельзя́ (невозмо́жно) занимáться**. '이곳은 매우 소란하다. 이 때문에 계속 공부하기가 불가능하다'

В саду́ **нельзя́ (невозмо́жно) бы́ло гуля́ть**: там лежáл глубо́кий снег. '정원에서는 산책하기가 불가능했다: 그곳에는 눈이 많이 내려 있었다.'

연습문제 463 다음 문장을 읽고 원형동사의 상을 정하고, 이 상의 사용을 설명하시오.

1. Он решил до осени инкуда не уезжать из Ленинграда (*Пауст.*).
2. Мы сговорились честно работать с утра до обеда и не соблазнять в это время друг друга рыбной ловлей (*Пауст.*).
3. Продолжать этот разговор было бесполезно (*Чех.*).
4. Женя шла со мной рядом по дороге и старалась не глядеть на небо, чтобы не видать падающих звёзд, которые почему-то пугали её (*Чех.*).

연습문제 464 원형 앞에 소사 не를 넣고 동사의 상을 바꾸시오.

보기: Брат попросил меня **сказать** об этом матери.
Брат попросил меня **не говорить** об этом матери.

1. Друг убедил меня купить эту новую книгу.
2. Я решил ответить на это письмо.
3. Она решила сшить себе новое платье.
4. Он обещал вернуться домой до восьми часов вечера.
5. Я просил его познакомить меня с этим человеком.
6. Мы уговорили её уехать.
7. Мы условились встретиться завтра после занятий.
8. Сосед обещал разбудить меня рано утром.
9. Она просит зажечь свет.
10. Мы решили пригласить гостей.

연습문제 465 주어진 문장을 원형동사의 상을 바꾸어서 부정문으로 바꾸시오.

보기: Больному **нужно принять** это лекарство.
Больному **не нужно** принимать это лекарство.

1. Вам нужно остаться сегодня после занятий.
2. Эту книгу стоит прочитать.
3. Завтра мне надо встать рано.
4. Нужно вызвать врача.
5. На этом вопросе следует остановиться.
6. Надо послать сестре телеграмму о нашем приезде.
7. Нам нужно встретиться сегодня вечером.
8. На это следует обратить внимание.

연습문제 466 두 문장의 의미상의 차이를 설명하시오.

	완료상	**불완**료상
1.	Эту записку нельзя прочитать.	Эту записку нельзя читать.
2.	В комнату нельзя войти.	В комнату нельзя входить.
3.	На этот вопрос нельзя ответить.	На этот вопрос нельзя отвечать.
4.	Окно нельзя открыть.	Окно нельзя открывать.
5.	Об этом нельзя забыть.	Об этом нельзя забывать.
6.	Этот вопрос нельзя решить так скоро.	Этот вопрос нельзя решать так скоро.
7.	Здесь нельзя поймать ни одной рыбы.	Здесь нельзя ловить рыбу.
8.	Здесь нельзя отдохнуть.	Здесь нельзя отдыхать.

연습문제 467 문장을 읽고 원형동사의 상을 정하시오. 주어진 문장에서 단어 **нельзя**가 어떤 의미를 가지는지 설명하시오.

1. Здесь нельзя заниматься (работать): очень шумно.
2. Река ещё не замёрзла, нельзя кататься на коньках.
3. Они были слишком далеко, их голоса уже нельзя было слышать.
4. В соседней комнате очень шумно, поэтому здесь нельзя читать.
5. О таких пустяках нельзя долго помнить.
6. Нельзя было предвидеть все трудности.
7. По этой дороге нельзя идти.

연습문제 468 괄호 안에 주어진 단어를 이용하여 필요한 상의 동사를 넣으시오.

1. На другую сторону реки нельзя..., потому что у нас нет лодки (переправляться, переправиться).
2. До нашего дома нельзя... на трамвае: туда не идёт трамвай (доехать, доезжать).
3. Нельзя было сразу... имена всех наших новых знакомых (запомнить, запоминать).
4. Мать сказала девочке: «Это чужие вещи, их нельзя ...» (брать, взять).
5. Скала была гладкая и почти отвесная, на неё нельзя было... (взобраться, взбираться).
6. Это очень трудный экзамен, к нему нельзя ... за одну неделю (готивиться, подготовиться).
7. Нельзя так легкомысленно ... к своим обязанностям (относиться, отнестись).
8. Эту книгу сейчас нельзя ... ни в одном магазине, её можно только взять в библиотеке (купить, покупать).
9. Нельзя ... на занятия, надо приходить вовремя (опоздать, опаздывать).
10. Был густой туман, уже в трёх шагах ничего нельзя было ... (рассмотреть, рассматривать).

과거시제에 있어서 동사 상의 특수한 사용법

불완료상

1. 과거시제 형태에서 불완료상 과거는 행위가 이루어졌는지 안 이루어졌는지 화자가 알고 싶을 때 사용될 수 있다.

— Вы **чита́ли** э́ту кни́гу? '당신은 이 책을 읽었습니까?'

— Да, я **чита́л** э́ту кни́гу. '예, 저는 이 책을 읽었습니다.'

대답에서는 이 행위의 수행 여부가 확인되어 있다.

화자에게 행위 결과가 관심이 있으면, 완료상 동사가 사용된다.

— Вы **прочита́ли** э́ту кни́гу?'당신은 이 책을 다 읽었습니까?'

— Да, я **прочита́л** кни́гу и могу́ верну́ть её вам.'예, 저는 책을 다 읽었고 그 책을 당신에게 돌려 드릴 수 있습니다.'

사실 확인 시에 사용하는 불완료상 동사는 구어체에 특징적이다.

— Кто́-нибудь **звони́л** мне вчера́?'어제 누구든지 나에게 전화한 사람이 있었습니까?'

— Да, кто-то **звони́л** вам вчера́ ве́чером.'예, 어제 저녁에 누군가 당신에게 전화했습니다.'

— Вы **смотре́ли** э́тот фильм?'당신은 이 영화를 보았습니까?'

— Да, я **смотре́л** э́тот фильм.'예, 저는 이 영화를 보았습니다.'

— Ты **убира́ла** сего́дня ко́мнату?'오늘 너는 방을 청소했느냐?'

— Да, я **убира́ла** сего́дня ко́мнату.'예, 오늘 저는 방을 청소했습니다.'

2. 만약 행위가 발생하였고 종결되었다는 사실이 화자에게 알려져 있지만, 화자는 단지 행위자나 대상에 대해서만 물어보는 것이라면, 대화체에서는 종종 불완료상 동사가 사용된다.

— Кто сего́дня **убира́л** ко́мнату?'누가 오늘 방을 청소했나요?'

— Ко́мнату **убира́ла** я.'방을 제가 청소했어요.'

— Что она́ **пе́ла**?'그녀는 무슨 노래를 불렀나요?'

— Она́ **пе́ла** ру́сскую наро́дную пе́сню.'그녀는 러시아 민요를 불렀어요.'

— О чём он **расска́зывал**?'그는 무엇에 관하여 이야기했나요?'

— Он **расска́зывал** о свое́й пое́здке.'그는 자신의 여행에 대하여 이야기했어요.'

인용된 예문들에서는 행위들이 언급되어 있을 뿐이고, 행위가 어떠한지에 대해서는 말이 없다. 문장에서 행위결과가 언급되어 있으면 완료상 동사들이 사용된다.

Кто так хорошо́ **сшил** вам э́тот костю́м?'누가 당신에게 이 옷을 그렇게 잘 지어주었나요?'

Кто так пло́хо **убра́л** сего́дня ко́мнату?'누가 오늘 방을 그렇게 깨끗하지 못하게 청소했나요?'

3. 일정한 방향을 가지는 구체적인 행위를 표시하는 어떤 동사들은 과거시제형태에서 일회적인 왕복행위를 표시할 수 있다(**открыва́ть** '열다', **закрыва́ть** '닫다', **брать** '취하다', **дава́ть** '주다', **встава́ть** '일어나다', **ложи́ться** '눕다', **сади́ться** '앉다', **поднима́ться** '오르다', **приходи́ть** '오다', **уходи́ть** '떠나다', **входи́ть** '들어가다', **выходи́ть** '나가다').

Я **открыва́л** окно́.'나는 창문을 열었다가 닫았다.'

Почему́ кни́га така́я гря́зная? Кто её **брал**?'왜 책이 그렇게 더럽느냐? 누가 그 책을 가져갔다가 돌려주었느냐?'

К вам кто-то **приходи́л**. '누군가가 당신에게 왔었느냐?, 즉 왔다가 갔느냐?'

상응하는 완료상 동사는 행위 결과가 말을 한 순간에 존재하는 것을 표시한다.

불완료상	완료상
Я **открыва́л** окно́. '나는 창문을 열었었다. 즉, 나는 창문을 열었다가, 닫았다.' (발화의 순간에 창이 닫혀있다는 말이다.)	Я **откры́л** окно́. '나는 창문을 열었다.' (발화의 순간에 창문이 열려있다는 말이다.)
Друг **брал** у меня́ э́ту кни́гу. '친구는 나에게서 이 책을 빌려갔었다.' (발화의 순간에 책이 나에게 있다는 말이다.)	Друг **взял** у меня́ э́ту кни́гу. '친구는 나에게서 책을 빌려갔다.' (발화의 순간에 책이 친구에게 있다는 말이다.)

연습문제 469 다음 문장을 읽고 이탤릭체로 된 동사가 불완료상 동사로 사용되었는지를 설명하시오.

1. Учитель *читал* вслух рассказ, ученики слушали.
2. Вы *читали* этот рассказ?
3. Из соседней аудитории доносился шум. Там студенты *обсуждали* какой-то спорный вопрос.
4. Этот вопрос мы уже один раз *обсуждали*.
5. Вы мне уже *показывали* эту фотокарточку.
6. У нас в клубе по субботам *показывали* фильмы.
7. Девушки сидели на берегу и *пели*.
8. Какую песню они сейчас *пели*?
9. Кто меня *звал*? Вы меня *звали*?
10. Его долго *звали*, а он всё не шёл.
11. Этот костюм *шил* хороший портной.
12. Она сидела у стола и *шила*.

연습문제 470 다음 문장을 읽고 이탤릭체로된 동사의 상의 사용을 설명하시오.

1. Это была не моя книга, я *брал* её у друга. Вот эта книга, я *взял* её у друга.
2. Я только что *поднимался* на пятый этаж, мне не хочется ещё раз идти туда. Друзья поднялись на пятый этаж и ждут нас там.
3. Зачем вы *вставали* с постели? Вы больны, вам надо лежать. Зачем вы *встали* с постели? Ложитесь сейчас же в постель.
4. Я заметил, что без меня в мою комнату кто-то *входил*. В комнате кто-то есть. Я видел, как кто-то *вошёл* в комтнату.

연습문제 471 괄호 안에 있는 단어를 이용하여 필요한 상의 동사를 넣으시오.

1. Вот то место, где мы … во время нашей прогулки (отдыхали, отдохнули).
2. Та книга, о которой я тебе …, сейчас продаётся во всех книжных магазинах (говорил, сказал).

3. Когда я вернулся домой, мне сказали, что кто-то … мне по телефону (звонил, позвонил).
4. Я весь день ждал его звонка. Он … поздно вечером (звонил, позвонил).
5. Вы … мне об этом слишком поздно, я ничем не могу вам помочь (говорили, сказали).
6. Раздался громкий стук в дверь, … мой сосед (стучал, постучал).
7. Вдруг кто-то громко … в дверь, и все вздрогнули (стучал, постучал).
8. У меня нет сейчас этой книги, я … её в библиотеке (брал, взял).
9. Откуда у тебя эта книга? Где ты её …? (брал, взял).
10. Я давно собирался посмотреть этот фильм и вчера наконец … (смотреть, посмотреть).

완료상 동사의 완료적 의미

대부분의 완료상 동사들은 과거시제 형태에서 발화의 순간에 이루어진 행위결과가 발화의 순간에도 존재한다는 것을 나타낼 수 있다. 이 의미를 완료상 동사의 완료적 의미라고 한다.

Вы откры́ли окно́, поэ́тому в ко́мнате сквозня́к. '당신은 창문을 열어 놓았다 (말하는 순간에 열려있다는 것을 의미한다). 이 때문에 방이 통풍이 잘 된다.'

Ко мне из Санк-Петербу́рга **прие́хала** сестра́. '누나는 상트 뻬쩨르부르그에서 나의 집에 왔다.' (누나는 상트 뻬쩨르부르그에서 와서 지금 우리 집에 와 있다는 것을 의미함.)

이러한 의미적 특성 때문에 완료의 의미를 가진 완료상 동사들은 문장에서 현재시제 동사들과 함께 사용될 수 있다.

Я **потеря́л** ру́чку и пишу́ тепе́рь карандашо́м. '나는 펜을 잃어버려서 지금 연필로 쓰고 있다.'

Она **забы́ла** а́дрес и не мо́жет посла́ть письмо́. '그녀는 수소를 잊어서 편지를 보낼 수 없다.'

행위 시작의 의미를 가진 완료상 동사들은 과거시제 형태에서 발화 순간에 계속되는 행위를 나타낼 수 있다. 이 경우에 현재시제 동사와 함께 사용할 수 있다.

Этот студе́нт **заболе́л** и не посеща́ет ле́кций. '이 학생은 아프기 시작했고 강의에 참석하지 못하고 있다.'

Он **рассерди́лся** и не разгова́ривает со мной. '그는 화가 났고 나와 대화를 하지 않고 있다.'

행위 시작의 의미를 가진 완료상 동사들의 과거시제를 관련되는 불완료상 동사의 현재시제로 바꿀 수 있다. 그러나 이 경우에 행위 발생순간에 관한 개념은 사라진다.

Пошёл дождь, и мы не мóжем идтú гуля́ть. '비가 내리기 시작했다. 그래서 우리는 산책하러 갈 수 없다.'	**Идёт** дождь, и мы не мóжем идтú гуля́ть.'비가 오고 있다. 그래서 우리는 산책하러 갈 수 없다.'
Он óчень **заинтересовáлся** э́тим вопрóсом и сейчáс дýмает тóлько об э́том. '그는 이 문제에 매우 흥미를 가지기 시작했고 지금 이것에만 생각하고 있다.'	Он óчень **интересýется** э́тим вопрóсом и сейчáс дýмает тóлько об э́том. '그는 이 문제에 매우 흥미를 가지고 있고 지금 이것에만 생각하고 있다.'

완료적 의미를 가진 완료상 동사들은 과거에 관하여 말할 때도 사용될 수 있다. 그 때 이 완료상 동사들은 불완료상 동사들과 함께 나란히 올 수 있다.

Пошёл дождь, и мы не моглú идтú гуля́ть.'비가 오기 시작했다. 그래서 우리는 산책하러 갈 수 없었다.'

Он **заинтересовáлся** э́тим вопрóсом и дýмал тóлько об э́том.'그는 이 문제에 흥미를 가지지 시작했고 이것에 대해서만 생각했다.'

완료적 의미에서 완료상 동사의 사용은 구어체에 특징적이지만 서술적인 텍스트에서와 묘사할 때도 가능하다.

Осень. Лес **опустéл**. Вéтер качáет верхýшки deréвьев. Лúстья **пожелтéли** и пáдают.'가을이다. 숲은 황폐해졌다. 바람은 나무가지 끝을 흔들어대고 있다. 잎들은 누렇게 변해버렸고 떨어지고 있다.'

연습문제 472 이탤릭체로 된 동사의 상을 정하시오. 상의 의미를 설명하시오.

1. Я один, сижу у окна; серые тучи *закрыли* небо, солнце сквозь туман кажется жёлтым пятном (*Л.*).
2. Вы очень милый человек, — продолжал Гагин, — но почему она вас так *полюбила* — это я, признаюсь, не понимаю (*Тург.*).
3. Теперь зима; мороз *запушил* стёкла окон; в тёмной комнате горит одна свеча (*Тург.*).
4. Солнце *село*; звезда *зажглась* и дрожит в огнистом море заката (*Тург.*).
5. Поздняя осень. Грачи *улетели*. Лес *обнажился*; поля *опустели* (*Н.*).

연습문제 473 형용사로 표현되어 있는 술어를 동사 과거시제 형태로 바꾸시오.

보기: Небо *тёмное*, сейчас пойдёт дождь.
Небо *потёмнело*, сейчас пойдёт дождь.

1. Улица *пуста*, кругом тихо.
2. Листья на деревьях *жёлтые* и уже падают.
3. Я *голоден* и с удовольствием поужинаю с вами.

4. Он *болен* и лежит в постели.
5. Теперь мы с ним *знакомы*, и я могу обратиться к нему с этой просьбой.
(познакомиться, проголодаться, опустеть, заболеть, пожелтеть)

연습문제 474 이탤릭체로된 동사를 행위시작의 의미를 가진 완료상 동사로 바꾸시오.

보기: В коридоре *шумят*, и я плохо вас слышу.
В коридоре *зашумели*, и я плохо вас слышу.

1. Мой друг *интересуется* археологией и теперь часто ездит в экспедиции.
2. *Идёт* дождь, и дети должны сидеть дома.
3. Мне *нравится* эта книга, и я хочу купить ее.
4. Она *болеет* и поэтому не может выступать завтра на концерте.
5. Я увидел её во дворе в 7 часов и подумал: «Куда она *идёт* так рано?»
6. Она *сердится* и не хочет говорить с нами.
7. Он *грустит*, потому что давно нет писем из дома.
8. Звонок *звенит*, пора кончать работу.
9. У меня голова *болит*, не могу больше работать.

부정할 때 과거시제 동사 상의 사용법

부정할 때 과거시제에서는 자주 불완료상 동사들이 사용되고, 대응되는 긍정문이나 의문문에서는 완료상 동사가 사용된다.

Ты **взял** мою́ ру́чку? '너 내 펜 가져갔어?'
— Нет, я **не брал** твое́й ру́чки. '아니, 나 너의 펜 안가져갔는데'
— Да, э́то я взял. '그래, 나 가졌갔어.'

Кто **сказа́л** ему́ об э́том? '누가 이것에 대하여 너에게 말했어?'
— Не зна́ю, я **не говори́л**. '놀라, 나는 말하지 않았어.'

Он уже́ **пришёл**? '그는 벌써 도착했어?'
— Нет, он ещё **не приходи́л**. '아니, 그는 아직 도착하지 않았어.'

1. 전혀 기대하지 않았던 일을 단호하게 부정할 때 불완료상 동사들이 사용된다.

Я **не брал** ва́ших веще́й. '나는 당신의 물건을 가져가지 않았습니다.'

Мы никако́й телегра́ммы **не получа́ли**. '우리는 어떤 전보도 받지 않았습니다.'

2. 발화할 때 행위가 예상되고 발생해야 하지만 아직 발생하지 않았을 때, 완료상 동사와 불완료상 동사가 모두 사용된다. 이 경우에 서로 상을 바꾸어도 문장의 의미가 바뀌지 않는다.

Почтальóн принёс газéты? '우체부가 신문을 가져왔어요?'

— Нет, ещё **не принёс.** '아니요, 아직 가져오지 않았는데요.'

— Нет, ещё **не приноси́л**. '아니요, 아직 가져오지 않았는데요.'

Ты ужé получи́л отвéт на письмó? '너는 벌써 편지에 대한 답을 받았느냐?'

— Нет, ещё **не получи́л**. '아니요, 아직 받지 않았어요.'

— Нет, ещё **не получа́л**. '아니요, 아직 받지 않았어요.'

3. 부정되는 행위가 예상되었고 그 행위가 발생했어야 하는데 발생하지 않았고 발화의 순간에 더 이상 기대되지 않으면, 일반적으로 완료상 동사가 사용된다.

   Почемý ты **не пришёл** вчерá на лéкцию? '왜 너는 어제 강의에 오지 않았어요?'

   Он обещáл позвони́ть мне вчерá вéчером, но почемý-то **не позвони́л**. '그는 어제 저녁에 나에게 전화하겠다고 약속했다, 그러나 무슨 이유인지 전화하지 않았다.'

   Я дóлго ждал письмá, но так и **не получи́л** егó. '나는 오랫동안 편지를 기다렸다, 그러나 끝내 편지를 받지 못했다.'

4. 만약 문장에서 행위가 오랫동안 일어나지 않은 것에 대하여 언급할 때, 불완료상 동사가 사용된다.

   Друзья́ молчáли. Ни тот, ни другóй **не начинáл говори́ть**. '친구들이 오랫동안 침묵했다. 이 친구도 저 친구도 말문을 열지 않았다.'

   Я давнó **не получáл** от негó пи́сем. '나는 오랫동안 그로부터 편지를 받지 않았다.'

   장기적인 행동의 부재는 종종 부사 дóлго와 давнó에 의하여 강조된다.

   Он дóлго **не писáл** мне. '그는 오랫동안 나에게 편지를 쓰지 않았다.'

   Я давнó **не получáл** от негó пи́сем. '나는 오랫동안 그로부터 편지를 받지 않았다.'

연습문제 475 부정 동사의 상을 정하고, 동사 상의 사용을 설명하시오.

1. Не давая перебивать себя, она рассказала то, что она ещё никогда никому не рассказывала (*Л.Т.*).
2. Она встала, оделась, сошла вниз. Ещё никто не просыпался в доме (*Тург.*).
3. До самого отъезда в деревню я никуда не выходил из дома (*Л.Т.*).
4. Почтовый поезд ещё не приходил. На запасном пути стоял длинный товарный поезд (*Чех.*).
5. Вероятно, отец телеграмму об их выезде не получил и поэтому лошадей на

станцию он за ними не прислал (*Гайд.*).

6. Деревянная платформа скоро опустела, а отец встречать их так и не вышел (*Гайд.*).
7. Я долго не отвечал на твоё письмо; я все эти дни думал о нём (*Тург.*).
8. Писем от тебя ещё не получал, жду сегодня (*Гайд.*).
9. Река долго не замерзала; от её зелёной воды подымался пар (*Пауст.*).
10. Река ещё не замёрзла, и её свинцовые волны грустно чернели в однообразных берегах (*П.*).

연습문제 476 괄호 안의 동사를 이용하여 필요한 상의 동사를 넣으시오.

1. Не понимаю, зачем он пришёл сюда? Его никто не ... (звал, позвал).
2. Снег ещё не ..., лежит кое-где в лесу (таял, растаял).
3. Его ждали, а он всё не ... (приехал, приезжал).
4. О каком письме вы говорите? Я не ... никакого письма (получал, получил).
5. Мы ещё не ..., давайте посидим ещё немного (отдохнули, отдыхали).
6. Он сам решил взяться за это дело, никто его не ... (заставил, заставлял).
7. Он долго не ..., но наконец мы его уговорили (согласился, соглашался).
8. Я ничего о нём не знаю, мы давно не ..., он мне давно не ... (встречались, встретились, звонил, позвонил).

미래시제에서 동사 상의 특수한 사용법

어떤 경우에 미래시제 형태를 하고 있는 완료상 동사들은 현재나 미래에 행위를 실현할 가능성을 표현하기 위하여 사용된다.

То́лько он **поймёт** меня́. (поймёт = сможет понять) '그 사람만 나를 이해할 수 있을 것이다. / 이해할 수 있다.'

Он **реши́т** любу́ю зада́чу из э́того зада́чника. (решит = может решить) '그는 이 문제집의 문제에서 어떤 문제라도 풀 수 있을 것이다. / 풀 수 있다.'

이 의미에서 미래시제 형태를 한 완료상 동사들은 **всегда́** '항상', **в любо́е вре́мя** '언제라도' 등과 함께 사용될 수 있다.

Он **всегда́ помо́жет** дру́гу в тру́дную мину́ту. '그는 어려운 순간에 항상 친구를 도와줄 수 있다.'

Он **в любо́е вре́мя придёт** на по́мощь. '그는 어떤 때라도 도와주러 올 수 있다.'

부정할 때 미래시제 형태를 하고 있는 완료상 동사들은 현재나 미래에서 결과 달성의 불가능성을 표현할 수 있다.

Он **не поймёт** э́того. (не может или не сможет понять) '그는 이것을 이해할 수 없다.'

Ты **не реши́шь** э́той зада́чи. (не можешь или не сможешь решить) '너는 이

과제를 해결할 수 없다.'

만약 발화의 순간에 발생하는 행위결과 달성의 불가능성에 대하여 말하면, 자주 강조소사 никак이 사용된다.

Я **ника́к не откро́ю** дверь. (не могу открыть)'나는 아무리해도 문을 열 수가 없다.'

Ника́к не пойму́, чегó она́ хóчет. (не могу понять)'나는 아무리해도 그녀가 무엇을 원하는지 이해할 수가 없다.'

행위수행의 불가능성이 어떤 사람에게도 보편적으로 관계되는 것이라면, 동사는 단수 2인칭 형태를 띤다.

Не поймёшь, что здесь напи́сано.'여기에 쓰여져 있는 것을 아무도 이해하지 못한다.'

이 형태는 속담에서도 사용된다.

Слеза́ми го́рю **не помо́жешь.**'운다고 해서 슬픔이 해결되지 않는다.'

[주] 결과 달성의 불가능성은 완료상 동사원형을 가진 무인칭 문장에서도 표현된다.
Ему́ **не поня́ть** э́того.'그는 이것을 이해할 수 없다.' / Тебé **не реши́ть** э́той зада́чи.'너는 이 과제를 해결할 수 없다.'

연습문제 477 다음 문장을 읽고 단일미래시제가 해당 문장에서 어떤 의미로 사용되어 있는지 설명하시오.

1. Не всякий вас, как я, поймёт (*П.*).
2. Никого не было. Да и кто пойдёт сюда в полночь? (*Чех.*).
3. Человек, который привык бояться, всегда найдёт причину для страха (*М.Г.*).
4. Я никак не разберу, что вы за человек.
5. Много других ещё примеров мне в голову приходит, да всё не перескажешь (*Тург.*).
6. «Нам придётся здесь ночевать, — сказал он с досадою, — в такую метель через горы не переедешь» (*Л.*).
7. Создаёт человека природа, но развивает и образует его общество. Никакие обстоятельства жизни не спасут и не защитят человека от влияния общества, нигде не скрыться, никуда не уйти ему от него (*Бел.*).

연습문제 478 해당 속담을 어떻게 이해하시오?

1. Слезами горю не поможешь.
2. Лёжа хлеба не добудешь.
3. Без труда не вынешь и рыбку из пруда.
4. Решетом воды не наносишь.
5. Слово не воробей: вылетит — не поймаешь.
6. Из песни слова не выкинешь.
7. Одной рукой узла не завяжешь.

연습문제 479 아래 보기에서와 같이 **мочь** 또는 **смочь**와 동사원형의 결합 대신에 단일 미래시제 형태를 사용하여 문장을 다시 만드시오.

보기: Ты **не можешь решить** эту задачу.
Ты **не решишь** эту задачу.

1. Ты не сможешь поднять этот чемодан.
2. Я не могу взобраться на эту гору.
3. Помогите мне, пожалуйста, я никак не могу отпереть дверь.
4. Ты не сможешь подготовиться к экзамену за два дня.
5. Ребёнок не может понять этот рассказ.
6. Не каждый может выполнить эту работу так хорошо, как она.
7. Я никак не могу найти свою ручку.
8. Он никак не может привыкнуть вставать рано.
9. Он давно учит это стихотворение, и всё никак не может выучить.
10. Только он может ответить на этот вопрос.

명령법에서 동사 상의 사용법

1. 어떤 일회적인 행위를 수행하려는 요청을 표현하려면 일반적으로 완료상 동사들이 사용된다.

Да́йте мне, пожа́луйста, ва́шу ру́чку.'당신의 펜을 나에게 주십시오.'

Возьми́те ва́ши тетра́ди.'당신의 노트들을 가져가십시오.'

Откро́йте кни́ги.'책들을 펴십시오.'

Принеси́те мел.'분필을 가져오십시오.'

Покажи́те фотогра́фии.'사진들을 보여주십시오.'

2. 명령형 불완료상 동사 들은 행위를 시작하도록 촉구하는 경우에 사용된다. 이 때 행위자는 일반적으로 행위가 시작되어야 하는 것을 안다. 예를 들어, 학생들이 받아쓰기를 준비하고 있고, 텍스트를 들었을 때 선생님이 «Пиши́те!» 라고 말하는 경우가 그러하다.

또 학생들이 책을 펴고 있고 선생님이 이들 중의 한 명에게 «Чита́йте!» 라고 말하는 경우도 마찬가지다.

Что же вы молчи́те? **Говори́те**! '왜 침묵하세요? 말하세요!'
Что же вы не берёте кни́гу? **Бери́те**! '왜 책을 가져가지 않죠? 가져가세요!'

행위 촉구를 강조할 때 소사 **ну**와 **же**를 사용하기도 한다.

— **Ну**, говори́те **же**! '자, 말하세요!'

이미 수행되고 있는 행위의 특성을 변경시키려는 요청을 표현하려 할 때 불완료상 동사가 사용된다.

Чита́йте ме́дленнее. '더 천천히 읽으세요.'

Говори́те гро́мче. '좀 더 크게 말하세요.'

Пиши́те аккура́тнее. '좀 더 정확하게 쓰세요.'

불완료상 동사들은 보통 초청을 표현할 때 사용된다:

Проходи́те, раздева́йтесь, сади́тесь, пожа́луйста. '어서 방에 들어와서 외투를 벗고 앉으세요.'

Приходи́те к нам сего́дня обе́дать. '점심 식사나 하도록 오늘 우리 집에 오세요.'

만약 완료상 동사가 사용되면 일반적인 초청이 아니라, 집요한 부탁이나 명령을 나타낸다.

Разде́ньтесь, пройдите в ко́мнату и **ся́дьте**. '외투를 벗고 방에 들어와 앉으세요.'

요청할 때 불완료상 동사가 완료상 보다 더욱 정중하다. 그러나 완료상이 더 정중할 때도 있다. 예를 들어,

만약 문장 **Да́йте** мне ва́шу ру́чку. '나에게 당신의 펜을 주세요.'에서 완료상 동사를 불완료상 동사로 바꾸어 **Дава́йте** мне ва́шу ру́чку. 라고 하면 무례한 표현이 된다. 불완료상 동사를 사용하면 여러 번 반복하여 계속해서 달라는 표현이 된다.

부정할 때 명령법 동사 상의 사용법

부정으로 명령할 때는 짧은 일회적인 행위라 하더라도, 일반적으로 불완료상 동사가 사용된다. 이 때 부정하지 않으면 완료상 동사가 사용된다.

Откро́йте, пожа́луйста, окно́. '창문을 열어주세요.'

Не открыва́йте, пожа́луйста, окна. '창문을 열지 마세요.'

Дайте ребёнку молока́. '아이에게 우유를 주세요.'

Не дава́йте ребёнку молока́. '아이에게 우유를 주지 마세요.'

완료상 부정 명령은 행위자가 자기도 모르게 행할 수 있는 바람직하지 않은 행위를 한번 경고할 때 사용된다.

Не упади́те: здесь ско́льзко. '넘어지지 마세요. 여기는 미끄러워요.'

Не забу́дь запере́ть дверь. '문 잠그는 것을 잊지 마세요.'

강한 경고일 때는 смотри́, смотри́те를 사용한다.

Смотри́, не забу́дь. '분실하지 않도록 조심해'
Смотри́, не потеря́й. '잃어버리지 않도록 조심해'
Смотри́те, не опозда́йте. '지각하지 않도록 않도록 조심해'
Смотри́, не простуди́сь. '감기 걸리지 않도록 조심해'

그래서 명령법에서 부정과 함께 행위자의 의지와 관계없이 이루어지는 바람직하지 못한 행위를 나타낼 수 있는 다음의 완료상 동사들만 사용된다: **опозда́ть** '지각하다', **забы́ть** '잊다', **потеря́ть** '분실하다', **заболе́ть** '병에 걸리다', **простуди́ться** '감기에 걸리다', **зарази́ться** '감염되다', **упасть** '떨어지다', **урони́ть** '떨어뜨리다', **разби́ть** '깨뜨리다', **слома́ть** '깨다', **утону́ть** '빠지다', **заблуди́ться** '길을 잃다', **испа́чкаться** '온통 더럽혀지다', **ошиби́ться** '실수하다' 등.

경고를 표현할 때 가끔 불완료상 동사들도 사용된다. 이것은 이전에 발생하였던 원하지 않는 행위를 반복함으로 인하여 경고하는 경우에 사용된다. 이 때 단어 **смотри́**를 사용할 수 있다.

Смотри́те, не опа́здывайте больше! '더 이상 지각하지 않도록 조심하세요!'
Смотри́те, не боле́йте. '아프지 않도록 조심하세요.'

어떤 경우에서 불완료상 동사는 행위를 이행하지 않도록 요청하는 경우에 사용되고, 완료상 동사는 바람직하지 않은 행위를 경고할 때 사용된다.

불완료상	완료상
Не бери́ мою́ тетра́дь. '내 노트를 가져가지 마세요.'	**Не возьми́** случа́йно мою́ тетра́дь. '우연이라도 내 노트를 가져가지 마세요.'
Не говори́ никому́ об э́том. '이것에 대하여 아무에게도 말하지 마세요.'	Смотри́, **не скажи́** случа́йно кому́-нибудь об э́том. '우연이라도 이것에 대하여 아무에게도 말하지 마세요.'

연습문제 480 다음 문장을 읽고 명령형 동사의 상을 정하시오.

1. *Оставьте* меня в покое, прошу вас (*Чех.*).
2. «*Позволь* мне уехать из города, — сказала она наконец» (*Чех.*).
3. *Не говорите* ей обо мне ни слова (*Л.*).
4. «Что же мы стоим! — сказала она. — *Садитесь*! Вот сюда, к столу. Здесь светлее» (*Пауст.*).
5. «Смотри, *не упади* в реку! — крикнул ему вслед Ильюша» (*Тург.*).
6. *Не спрашивай* меня о том, чего уже нет (*П.*).

연습문제 481 긍정문을 부정문으로 바꾸시오. 이 경우에 명령법 동사의 상을 바꾸시오.

보기: Откройте окно. — Не открывайте окна.

1. Зажгите, пожалуйста, свет.
2. Отправьте завтра телеграмму.
3. Сотрите с доски.
4. Спросите её, почему она не пришла вчера.
5. Покажи профессору свою работу.
6. Закройте дверь в коридор.
7. Примите это лекарство.
8. Купи себе такую ручку.
9. Скажи об этом всем.
10. Поставьте сюда чемодан.

연습문제 482 괄호 안의 동사를 이용하여 명령형으로 된 필요한 상의 동사를 넣으시오.

A

1. Почему ты так редко пишешь мне? ..., пожалуйста, чаще (писать, написать).
2. ..., пожалуйста, который час? (говорить, сказать).
3. Вас плохо слышно, ... громче (говорить, сказать).
4. Здесь очень душно, будьте добры, ... окно (открывать, открыть).
5. Какой у вас журнал? ... мне, пожалуйста (показывать, показать).
6. Все открыли книгу? Друг Петров, ... пожалуйста, текст (читать, прочитать).
7. ... это лекарство два раза в день (принимать, принять).

B.

1. Не ... свет: ещё светло (зажигать, зажечь).
2. Не ... принести книги, которые ты мне обещал (забывать, забыть).
3. Никогда не ... того, что ты не можешь выполнить (обещать, пообещать).
4. Здесь яма, будьте осторожны, не ... в неё (падать, упасть).
5. Оденьтесь потеплее, смотрите, не ... (простуживаться, простудиться).
6. Не ... окно, а то будет холодно (открывать, открыть).

복습 연습문제

연습문제 483 다음 문장을 읽고 동사 상의 사용을 설명하시오. 텍스트를 다시 말하시오.

Воробей

Я возвращался с охоты и шёл по аллее сада. Собака бежала впереди меня. Вдруг она уменьшила свои шаги и начала красться, как бы зачуяв перед собой дичь. Я глянул вдоль аллеи — и увидал молодого воробья с желтизной около клюва и пухом на голове. Он упал из гнезда (ветер сильно качал березы аллеи) и сидел неподвижно, беспомощно растопырив едва прораставшие крылышки.

Моя собака медленно приближалась к нему, как вдруг, сорвавшись с близкого дерева, старый черногрудый воробей камнем упал перед самой её мордой — и весь взъерошенный, искажённый, с отчаянным и жалким писком прыгнул раза два в направлении зубастой, раскрытой пасти.

Он ринулся спасать, он заслонил собою свою детище ... но всё его маленькое тело трепетало от ужаса, голосок одичал и охрип, он замирал, он жертвовал собою!

Каким громадным чудовищем должна была ему казаться собака! И всё-таки он не мог усидеть на своей высокой, безопасной ветке ... Сила, сильнее его воли, сбросила его оттуда.

Мой Трезор остановился, попятился ... Видно и он признал эту силу. Я поспешил отозвать смущённого пса — и удалился, благоговея.

Да, не смейтесь. Я благоговел перед той маленькой, героической птицей, перед любовным её порывом. Любовь, думал я, сильнее смерти и страха смерти. Только ею, только любовью держится и движется жизнь (*Тург.*).

연습문제 484 다음 고리끼의 장면소설 «어머니»의 발췌문을 읽고 동사들의 상을 정하시오. 상의 사용을 설명하고 이탤릭체로 된 동사들의 상짝을 쓰시오.

Иногда мать *поражало* настроение буйной радости, вдруг и дружно овладевавшее всеми. Обыкновенно это было в те вечера, когда они читали в газетах о рабочем народе за границей. Тогда глаза у всех *блестели* радостью, все *становились* странно, как-то по-детски счастливы, *смеялись* весёлым, ясным смехом, ласково *хлопали* друг друга по плечам.

— Молодцы товарищи-немцы, — кричал кто-нибудь, точно опьянённый своим весельем.

— Да здравствуют рабочие Италии! — *кричали* в другой раз ...

Все мечтательно, с улыбками на лицах, долго говорили о французах, англичанах и шведах, как о своих друзьях, о близких сердцу людях, которых они уважают, живут их радостями, *чувствуют* горе.

В тесной комнате *рождалось* чувство духовного родства рабочих всей земли. Это чувство *сливало* всех в одну душу, волнуя мать; хотя оно было непонятно ей, но *выпрямляло* её своей силой, радостной и юной, охмеляющей и полной надежд.

연습문제 485 다음 문장을 읽고 상의 사용을 설명하고 동사들의 시제를 정하시오.

Был один из последних дней осени, может быть, последний день.

Вчера и позавчера ещё показывалось солнце. Зелёная озимь ещё тянулась к солнцу. В голых рощах щебетали птицы. Хрупкий ледок у берегов речек к полудню бесследно растаивал. Ещё носилась в воздухе паутина, кружились над бурьянами какие-то мошки.

А сегодня с утра подул резкий северный ветер. Всё замерло на полях и в рощах: ни птичьего голоса, ни пастушьего окрика. Тяжёлые тучи низко плывут над землёю. Вот-вот повалит снег, закружит его метелью по полям, ударят морозы ... (*Овеч.*)

연습문제 486 혁명 전 시절에 지하운동을 한 어떤 노동자의 이야기에서 발췌한 것을 읽고, 다음 텍스트에서 사용된 모든 동사들이 왜 불완료상 동사가 사용되었는지 설명하시오.

Когда наступала темнота и на улицах зажигались огни, в переулок, где я жил, пробирались мои товарищи. Они нарочно не сразу подходили к моему жилищу, а кружили, переходили с одной стороны переулка на другую, и только когда убеждались, что никто не следит за ними, стучались ко мне. У меня собирался тайный рабочий кружок. Я уводил своих гостей в полутёмную комнату, окно которой выходило в тупик, и ставил на столик маленькую лампочку под зелёным колпачком. За столиком усаживался наш руководитель, и мы начинали беседу...

연습문제 487

Я сказал мальчикам, что заблудился, и подсел к ним. Они спросили меня, откуда я, помолчали, посторонились. Мы немного поговорили. Я прилёг под обглоданный кустик и стал глядеть кругом.

연습문제 488 괄호 안에 주어진 상짝에서 필요한 동사를 골라서 쓰시오.

СЛУЧАЙ В ЗООПАРКЕ

Вот что ... (случалось, случилось) в один из осенних вечеров 1941 года в Московском зоопарке.

Крылатые и четвероногие жители зоопарка уже спали. Вдруг ... (раздавался, раздался) пронзительный вой сирены. (Гудели, Загудели) ... также гудки паровозов, фабрик, заводов. На весь зоопарк ... (звучали, прозвучали) слова из громкоговорителя:

— Граждане, воздушная тревога!

И сразу всё (волновалось, заволновалось): ... (кричали, закричали) птицы ... (метались, заметались) звери.

По дорожкам парка торопливо зашагали люди. Они ... (всматривались, всмотрелись) в тёмное небо, Вот где-то загудело, завыло, и земля ... (дрожала, дрогнула) от взрыва.

Эта ночь была особенно тревожной.

То в одном, то в другом конце зоопарка ... (падали, упали) зажигательные бомбы. Люди не ... (успевали, успели) погасить одну бомбу, как ... (падала, упала) и ... (загоралась, загорелась) другая.

Одна из зажигательных бомб ... (падала, упала) к слонам. Она лежала на земле и шипела. С рёвом шарахнулись от неё перепуганные слоны, но ... (случилось, случалось) то, чего никто не ожидал. Один слон ... (отбегал, отбежал) в сторону, ... (брал, взял) хоботом песок и ... (бросал, бросил) его в огонь. Потом — ещё и ещё. Огонь стал ... (уменьшаться, уменьшиться). Тогда все слоны, как по команде, ... (начинали, начали) водой и песком ... (гасить, погасить) пламя.

Так слоны ... (помогали, помогли) ... (гасить, погасить) бомбу.

동사 시제의 특수한 사용법

러시아어에서는 하나의 문법시제가 이따금씩 다른 시제의 의미로 사용될 수 있다. 현재시제는 미래시제와 과거시제의 의미로 사용될 수 있고, 단일미래시제는 현재시제와 과거시제의 의미로 사용될 수 있고, 완료상 과거시제는 간혹 미래시제의 의미로 사용된다.

현재시제

동사 현재시제가 과거시제와 미래시제의 의미로 사용될 수 있다.

1. 화자가 과거에 일어난 사건을 지금 발화의 순간에 이루어지는 것과 같이 생생하고 명료하게 나타내고 싶을 때 사용된다.

Возвраща́юсь я вчера́ ве́чером с рабо́ты, **иду́** по на́шему переу́лку, вдруг **слы́шу** за свое́й спино́й знако́мый го́лос... '어제 저녁 퇴근 후 내가 돌아가면서, 우리 골목길을 따라 걸어가고 있는데, 갑자기 나의 등 위에서 낯익은 목소리가 들려왔다...'

이 예에서 시간의 상황어 вчера́ ве́чером이 과거시제를 나타내고 있다.

과거시제의 의미로 현재시제가 사용되는 것은 구어체, 예술작품 그리고 학술문체에서 광범위하게 사용되고 있다.

2. 동사의 현재시제는 이따금 화자가 미래의 행위의 실현에 강한 확신을 표현하고 싶을 때 미래의 의미로 사용된다.

Я уезжа́ю че́рез неде́лю. '나는 일주일 지나서 출발하겠다.'

За́втра я весь день **занима́юсь**, а ве́чером **иду́** в го́сти. '내일 나는 하루 종일 공부하고, 저녁에 손님으로 초대되어 방문할 것이다.

인용된 예문들에서 시간의 상황어 че́рез неде́лю, за́втра, ве́чером은 미래시제를 나타낸다.

러시아어에서 미래의 의미로 사용된 현재시제는 비교적 드물게 사용되고 그것도 모든 동사가 다 사용되는 것은 아니다. 무엇보다도 자주 운동동사가 사용된다(иду́, лечу́, переезжа́ю). 그러나 접두사가 없는 부정태 동사의 현재시제(хожу́, лета́ю)는 일반적으로 미래시제의 의미로 사용되지 않는다.

연습문제 489 과거에 일어난 사건을 묘사하기 위하여 현재시제가 사용된 문장, 그리고 현재시제가 미래시제의 의미로 사용된 문장을 지적하시오.

1. Первый день я провёл скучно; на другой день утром въезжает во двор повозка ... А! Максим Максимыч! ... Мы встретились как старые приятели (*Л.*).
2. Он послезавтра переезжает в нашу деревеньку и будет жить со мной на одной квартире (*Тург.*).
3. Я решила бесповоротно. Жребий брошен, я поступаю на сцену. Завтра меня уже не будет здесь. Я ухожу от отца, покидаю всё, начинаю новую жизнь ... Я уезжаю, как и вы, в Москву (*Чех.*).

미래시제

합성미래시제는 다른 시제의 의미로 결코 사용되지 않는다.

단일 미래시제는 이따금 현재시제나 과거시제의 의미로 사용된다.

1. 단일미래시제는 다음의 경우에 현재시제의 의미로 사용된다.

a) 반복되고 교체되는 행위를 표시할 때:

Сего́дня мне всё время меша́ют: то кто́-нибудь **войдёт**, то **зазвони́т** телефо́н. '오늘 줄곧 나를 방해하고 있다: 어떤 사람이 들어오지를 않나, 전화가 오지를 안나.'

b) 일반적으로 습관적인 행위를 표시할 때:

Утро я обы́чно провожу́ так: **вста́ну** ра́но, часо́в в 7, и сра́зу **иду́** на ре́чку, **вы́купаюсь** и **возвраща́юсь** домо́й. Около восьми́ **поза́втракаю**, пото́м **возьму́** книгу́ и **ухожу́** в лес. '아침을 나는 보통 이렇게 보낸다: 일찍 7시에 일어나서, 곧바로 강으로 가서 미역을 감고 집으로 돌아온다. 8시경에 아침을 먹은 다음 책을 들고 숲 속으로 들어간다.'

2. 단일미래시제가 다음의 경우에는 과거시제의 의미로 사용된다.

a) 과거에 교체되고 반복되었던 행위를 나타낼 때:

Ночь была́ ти́хая, сла́вная, са́мая удо́бная для езды́. Ве́тер то **прошелести́т** в куста́х, **закача́ет** ве́тки, то совсе́м **замрёт**. '밤은 여행하기에 조용하고, 멋지고, 정말 편안했다. 바람은 때로는 관목 숲에서 사각사각 소리를 내며 가지를 흔들어대기도 하고, 때로는 쥐죽은 듯이 조용했다.'

b) 과거에 일반적으로 발생하였던 행위를 나타낼 때:

Бы́ло у него́ (Бе́ликова) стра́нное обыкнове́ние — ходи́ть по на́шим кварти́рам. **Придёт** к учи́телю, **ся́дет** и молчи́т ... **посиди́т** э́так мо́лча час-другóй и **уйдёт**. (*Чех.*) '그는 (벨리꼬프는) 아파트를 따라 이 집 저 집을 돌아다니는 이상한 습관이 있었다. 선생님 집을 찾아가서 묵묵히 앉아 있다가 ... 묵묵히 한 두 시간 앉자 있다가 가 버리는 것이었다.'

c) 순간적이고 예상치 못한 행위를 나타낼 때 (일반적으로 소사 **как**과 함께 사용된다.)

Герáсим глядéл, глядéл да **как засмеёся** вдруг (*Тург.*). '게라심은 계속해서 지켜보고 있다가 갑자기 웃음을 터뜨렸다.'

Он **как пры́гнет**, а бры́зги во все стóроны **как полетя́т** (*В. Кат.*) '그는 갑자기 물 속으로 뛰어 들었더니 물보라가 양 사방으로 튀었다.'

d) 과거에 행동의 완전한 부재를 나타낼 때:

Всё было ти́хо, волнá **не поды́мется**, листóк не **шелохнётся** (Акс.). '모든 것이 조용했다. 파도도 일지 않았고, 나뭇잎은 조금도 움직이지 않았다.'

연습문제 490 단일 미래시제의 사용을 설명하시오. 어떤 문장에서 단일 미래시제가 다른 시제의 의미로 사용되어 있는지 설명하시오.

1. Сейчас пройдёт дождь, всё в природе освежится и легко вздохнёт (*Чех.*).
2. Крутом не слышалось почти никакого шума ... лишь изредка в близкой реке с внезапной звучностью плеснёт большая рыба, и прибрежный тростник слабо зашумит, едва поколебленный набежавшей волной (*Тург.*).
3. Путь с каждым часом становился всё хуже и хуже. Изредка сани наедут на молодую ёлку, тёмный предмет оцарапает руки, мелькнёт перед глазами, и поле зрения опять становится белым, кружащимся (*Чех.*).
4. Солнце стоит неподвижно над головой и жжёт траву. Воздух перестал струиться. Ни дерево, ни вода не шелохнутся, над деревней и полем лежит невозмутимая тишина (*Гонч.*).
5. Уж тает снег, бегут ручьи, В окно повеяло весною ... Засвищут скоро соловьи, И лес оденется листвою ... (*Плещ.*).
6. Буря мглою небо кроет, Вихри снежные крутя. То, как зверь, она завоет, То заплачет, как дитя, То по кровле обветшалой Вдруг соломой зашумит, То, как путник запоздалый, К нам в окошко застучит (*П.*).

연습문제 491 다음 문장을 읽고 동사의 시제를 정하시오. 현재시제와 미래시제의 사용을 설명하시오.

1. У меня всё уже готово. Я после обеда отправляю свои вещи (*Чех.*).
2. Вскоре позвонил Данила Иванвич и сообщил, что гости выезжают минут через пятнадцать (*Ант.*).
3. Часовой сидит у стены и сторожит дверь; только изредка подойдёт он к углу, посмотрит и опять отойдёт (*Гайд.*).
4. Роняет лес багряный свой убор, Сребрит мороз увянувшее поле, Проглянет день, как будто поневоле. И скроется за край окружных гор (*П.*).
5. Татьяна то вздохнёт, то охнет; Письмо дрожит в её руке (*П.*).

과거시제

완료상 과거시제는 미래시제의 의미로 사용될 수 있다:

Жéня стоя́ла пéред Ольгой, а та ей говори́ла: «Я **поéхала** с вещáми, а ты приберёшь кварти́ру ... Потом запри́ дверь» (*Гайд.*).'제냐는 올가 앞에 서 있었다, 그리고 그녀에게 말했다: «나는 짐을 챙기고 갈테니 너는 아파트를 정돈해 놓고 ... 문을 잠궈라.»'

그런 의미로 사용된 과거시제는 몇몇 동사들에서만 사용된다. (구어체에서는 종종 동사 пошёл, поéхал이 이 의미로 사용된다: «Ну, я **пошёл**. Я поéхал, верну́сь через час. '자 나는 갑니다. 나는 가서 한 시간 후에 돌아오겠어요.'»)

단어 бывало와 было와 결합한 동사의 여러가지 시제

불완료상 동사 과거시제, 현재시제 그리고 단일미래시제는 단어 бывáло와 결합하여 오래 전에 발생하여 일반적으로 반복되는 행위를 나타내기 위하여 사용된다.

По прáздникам он, **бывáло**, **приходи́л** к нам.'명절이면 그는 우리에게 찾아오곤 했다.'

Сиди́т он, **бывáло**, у нас и расскáзывает чтó-нибуль интерéсное. '그는 앉아 있다가 무언가 재미있는 것을 말하곤 했습니다.'

Придёт он, бывáло, к нам, **ся́дет** и **начнёт** расскáзывать что-нибудь.'그는 우리에게 찾아와서 무언가 말하기 하곤 했다.'

위의 의미로 사용된 단어 бывáло와 단어 бы́ло를 구별해야 한다. 단어 было는 실행되지 못했거나 중단된 행위를 표시하기 과거시제 동사와 함께 사용된다.

Он споткну́лся и **упáл бы́ло**, но удержáлся за вéтку.'그는 발에 걸려 넘어질 뻔 했으나 나무가지로 지탱했다.'

Мы **пошли́ бы́ло** в кинó, но не достáли билéтов и верну́лись. '우리는 영화를 보러 갔었으니 표를 구하지 못해서 돌아왔다.'

연습문제 492 단어 бывало와 было가 문장의 의미에 어떤 의미를 첨가하는지 설명하시오.

1. Учился он жадно, довольно успешно и очень хорошо удивлялся; бывало, во время урока вдруг встанет, возьмёт с полки книгу, высоко подняв брови, с натугой прочитает две-три строки и, покраснев, смотрит на меня, изумленно говоря: «Читаю, ведь...» (*М.Г.*).
2. Сколько людей поверяли ей (Татьяне Борисовне) свои домашние,

задушевные тайны, плакали у неё на руках. Бывало, сядет она против гостя, обопрётся тихонько на локоть, с таким участием смотрит ему в глаза, так дружелюбно улыбается, что гостю невольно придёт мысль: «Какая же ты славная женщина, Татьяна Борисовна! Дай-ка я тебе расскажу, что у меня на сердце...» (*Тург.*).

3. Я отвернулся и прошёл было мимо, но она мне крикнула вслед, что у неё есть что-то для меня. Эти слова меня остановили и я вошёл в её дом (*Тург.*).
4. Он взял уже было и шляпу в руки, но как-то так странно случилось, что он остался ещё несколько времени (*Г.*).

연습문제 493 다음 문장을 읽고 현재시제와 단일 미래시제의 사용을 설명하시오.

Бывало, как досыта набегаешься внизу по земле, на цыпочках прокрадёшься наверх, в классную, смотришь — Карл Иванович сидит себе один на своем кресле и с спокойно-величавым выражением читает какую-нибудь из своих любимых книг. Иногда я заставал его в такие минуты, когда он не читал: очки спускались ниже на большом орлином носу, голубые, полузакрытые глаза смотрели с каким-то особенным выражением, а губы грустно улыбались. В комнате тихо, только слышно его равномерное дыхание и бой часов.

Бывало, он меня не замечает, а я стою у двери и думаю: «Бедный, бедный старик! Нас много, мы играем, нам весело, а он — один-одинёшенек, и никто-то его не приласкает. Правду он говорит, что он сирота». И так жалко станет, что, бывало, подойдёшь к нему, возьмёшь за руку и скажешь «Lieber Карл Иванович!» Он любил, когда я ему говорил так; всегда приласкает, и видно, что растроган (*Л.Т.*).

연습문제 494 다음 문장을 읽고 동사의 시제와 상을 정하시오. 현재시제와 미래시제 동사의 사용을 설명하시오.

Я всё искал уединённых мест. Особенно полюбил я развалины оранжереи. Взберусь, бывало, на высокую стену, сяду и сижу там таким несчастным, одиноким и грустным юношей, что мне самому становится себя жалко.

Вот, однажды, сижу я на стене, гляжу вдаль и слушаю колокольный звон... Вдруг что-то пробежало по мне — ветерок не ветерок и не дрожь, а словно дуновение, словно ощущение чьей-то близости... Я опустил глаза. Внизу, по дороге, в легком сереньком платье, с розовым зонтиком на плече, поспешно шла Зинаида. Она увидела меня, остановилась и подняла на меня свои бархатные глаза (*Тург.*).

형동사

러시아어에는 동사의 특수한 형태로 형동사가 있다.

Среди́ по́ля стоя́л комба́йн, **зако́нчивший** рабо́ту.'작업을 마친 컴바인이 들판 가운데 서 있었다.'

На строи́тельстве кана́ла применя́лись но́вые маши́ны, **выпуска́емые** на́шей промы́шленностью. '우리 산업에 의하여 생산되는 새 기계들이 운하 건설에 사용되었다.'

Но́вые нау́чные ме́тоды, **разрабо́танные** учёными, проверя́лись на пра́ктике.'학자들에 의하여 연구되었던 새로운 과학적인 방법들이 실제로 시험되었다.'

형동사는 동사와 형용사의 성질을 가지는 그런 동사 형태이다.

형동사는 구어체에서는 거의 사용되지 않지만 문어체에서나 학술적인 문체에서는 매우 자주 사용된다.

형동사의 동사적 특성

1. 형동사는 동사와 같이 타동성과 자동성이 구별된다. чита́ть '읽다', выполня́ть '이행하다', люби́ть '사랑하다'에서 만들어진 형동사 **чита́ющий** '읽고 있는', **выполня́ющий** '이행하고 있는', **лю́бящий** '사랑하고 있는'는 타동사의 특성의 의미를 보존하고 있다: чита́ть кни́гу — ма́льчик, **чита́ющий** кни́гу. '책을 읽고 있는 소년'; выполня́ть план '계획을 이행하다' — **выполня́ющий** план '계획을 이행하고 있는'; люби́ть отца́ — ма́льчик, **лю́бящий** отца́ '아버지를 사랑하고 있는 소년'.

   그리고 동사 чита́ть '읽다', выполня́ть '이행하다', люби́ть '사랑하다', 그리고 형동사 чита́ющий '읽고 있는', выполня́ющий '이행하고 있는', лю́бящий '사랑하고 있는' 등은 다른 대상으로 이행되는 행위를 나타낸다. 이들은 전치사 없는 대격을 요구한다.

   동사 идти́ '걸어가다', сиде́ть '앉다', отдохну́ть '쉬다'는 자동사이고 형용사 иду́щий '걸어가고 있는', сидя́щий '앉아 있는', отдохну́вший '쉬었던'도 자동사다.

2. 형동사는 동사와 같이 소사 **-ся**를 가질 수 있다.

купа́ться '목욕하다' — **купа́ющийся** '목욕하고 있는'
встреча́ться '만나다' — **встреча́ющийся** '만나고 있는'
занима́ться '종사하다' — **занима́ющийся** '종사하고 있는'

-ся를 가진 형동사는 **-ся**를 가진 동사와 같이 자동사이다.

3. 형동사는 동사와 동일한 격을 요구한다. 예를 들어, 동사 занима́ться '종사하다'는 조격을 요구하고 형동사 занима́ющийся '종사하고 있는'도 조격을 요구한다 (студе́нт, занима́ющийся ру́сским языко́м '러시아어를 공부하고 있는 대학생'; студе́нт, занима́вшийся ру́сским языко́м '러시아어를 공부했던 대학생'); 또한 руководи́ть кружко́м '동아리를 지도하다' — руководя́щий кружко́м '동아리를 지도하고 있는'; тре́бовать выполне́ния '이행을 요구하다' — тре́бующий выполне́ния '이행을 요구하고 있는'; дости́гнуть цели '목표에 달성하다' — дости́гший цели '목표에 달성하였던'.

형동사는 동사와 동일한 전치사를 요구한다: наде́яться на успе́х '성공을 기대하다' — наде́ющийся на успе́х '성공을 기대하고 있는', ве́рить в побе́ду '승리를 믿다' — ве́рящий в побе́ду '승리를 믿고 있는'

4. 형동사에는 동사의 상이 보존되어 있다: 동사 чита́ть '읽다', люби́ть '사랑하다'는 불완료상이고, 형동사 чита́ющий '읽고 있는', лю́бящий '사랑하고 있는'도 불완료상이다. 동사 прочита́ть '읽다', полюби́ть '사랑하다'는 완료상이고 형동사 прочита́вший '읽었던', полюби́вший '사랑하였던'도 완료상이다.

5. 형동사는 현재시제와 과거시제만 있다: чита́ющий '읽고 있는'은 형동사 현재이다. (ма́льчик, чита́ющий кни́гу는 '책을 읽고 있는'를 의미하다; ма́льчик, чита́вший кни́гу는 '책을 읽었던'을 의미한다.)

동사와는 달리 형동사 미래는 없다.

형동사의 형용사적 특성

1. 형동사는 형용사와 같이 какой? какая? какое? какие?에 답할 수 있고 형용사와 같이 대상의 자질을 표시한다.

На дворé шумя́т **игрáющие** в мяч дéти.'마당에서 공놀이를 하고 있는 아이들이 떠들고 있다.'

Мой друг, **живу́щий** в Москвé, чáсто пи́шет мне.'모스끄바에 살고 있는 나의 친구는 나에게 자주 편지를 쓴다.'

2. 형동사는 형용사와 같이 성, 수, 격 변화를 하고 피 한정어와 성, 수, 격이 일치한다.

Я получи́л письмó от дрýга, **живу́щего** в Москвé. '나는 모스끄바에 살고 있는 친구로부터 편지를 받았다.'

друга가 남성 단수 생격 형태이고, живущего도 남성 단수 생격 형태이다.

연습문제 495 형동사와 이 형동사가 관계되는 단어에 밑줄을 치시오. 흥동사의 상과 시제를 정하고, 이들의 성, 수, 격을 정하시오.

1. За обедом вернувшийся Петя рассказывал свои новости (*Л.Т.*).
2. Переулок был весь в садах, и у заборов росли липы, бросавшие теперь при луне широкую тень (*Чех.*).
3. Поднимался ветерок, и стало серо, мрачно. Наступила пасмурная минута, предшествующая обыкновенно рассвету, полной победе света над тьмой (*Л.Т.*).
4. Испуганные выстрелом птицы с криком поднялись в воздух.
5. Здесь ярко горели высокие, качаемые ветром электрические фонари (*А.Т.*).

형동사구

형동사가 자신에 종속되어 있는 단어를 가지고 있으면 이를 형동사구라고 한다.

На дворé шумя́т игрáющие **в мяч** дéти.'마당에서 공놀이를 하고 있는 아이들이 떠들고 있다.'

Живу́щие **в Москвé** друзья́ чáсто пи́шут мне.'모스끄바에 살고 있는 친구들이 나에게 자주 편지한다.'

형동사 игрáющие는 보어 в мяч를 가지고, 형동사 живу́щие는 장소의 상황어 в Москвé를 가진다. 형동사가 종속어를 가질 때 이를 형동사구라고 한다. 인용된 예에서 игрáющие в мяч와 живу́щие в Москвé는 형동사구이다.

형동사구는 피한정어 앞에 놓일 수도 있고 피한정어 다음에 놓일 수도 있다.

만약 형동사구가 피한정어 다음에 놓이면 형동사구는 쉼표로 구별된다:

Друзья́, **живу́щие в Москвé**, чáсто пи́шут мне.'모스끄바에서 살고 있는 친구들은 자주 나에게 편지를 한다.'

На дворе́ шумя́т де́ти, **игра́ющие в мяч**.'마당에서 공놀이를 하고 있는 아이들이 떠들고 있다.'

형동사가 종속어를 가지지 않으면 그 형동사는 일반적으로 피한정어 앞에 놓인다:

Мать положи́ла **усну́вшего** ребёнка в крова́тку.'어머니는 잠든 아이를 작은 침대에 눕혔다.'

연습문제 496 형동사구에 밑줄을 긋고 이 형동사구가 관계되는 명사를 지적하시오.

1. Листки, призывавшие рабочих праздновать Первое Мая, почти каждую ночь наклеивали на заборах (*М.Г.*).
2. Утро было прекрасное, солнце освещало вершины лип, пожелтевших уже под свежим дыханием осени (*П.*).
3. Вот на пешеходной тропинке, вьющейся около дороги, виднеются какие-то медленно движущиеся фигуры (*Л.Т.*).
4. Дальный берег, освежённый и омытый грозой, рисовался в прозрачном воздухе. Всюду смеялась жизнь, проснувшаяся после бурной ночи (*Кор.*).

연습문제 497 나음 문장을 읽고 텍스트에서 형동사구를 찾으시오.

Руки, умеющие нежно ласкать ребёнка, руки, которые рубят уголь, водят поезда, строят дома и заводы, пашут землю и бережно ухаживают за своими станками, голосуют за мир!

Нежные руки людей, на кончиках пальцев которых трепещет музыка, и милые руки, врачующие человеческую боль, голосуют за мир!

Умные руки, умеющие создавать величайшие ценности человеческого труда, голосуют против войны, за доброе будущее тех, кто честно зарабатывает свой хлеб! (*Шол.*).

연습문제 498 형동사구를 만드시오.

A. 보기: Мы видим летящий самолёт.

Мы видим самолёт, **летящий на юг**.

1. Мы видим играющих детей.
2. Мать любуется спящим ребёнком.
3. Художник рисует сидящую девушку.
4. Все смотрят на бегущего спортсмена.
5. В читальном зале много занимающихся студентов.
6. В парке много отдыхающих москвичей.

B. 보기: Мы говорили о выполненной работе.

Мы говорили о работе, **выполненной нами на прошлой неделе**.

1. Я исправил замеченные ошибки.
2. Мы долго спорили о прочитанной книге.
3. Студенты пересказали прослушанный текст.
4. Студент повторил забытый материал.
5. Они говорили о результатах законченных экспериментов.

6. Я дал другу купленные пластинки.
7. Она нашла потерянную книгу.

능동 형동사와 피동 형동사

러시아어에는 능동 형동사와 피동 형동사가 있다.

능동 형동사는 행위를 일으키는 대상을 표시하는 단어에 관계된다.

Друг, **прочита́вший** но́вую кни́гу, рассказа́л нам её содержа́ние. '새 책을 다 읽었던 친구가 우리에게 그 책의 내용을 말했다.'

형동사 прочитавший는 행위를 일으키는 사람을 나타내는 명사 друг에 관계된다.

피동 형동사는 다른 대상의 행위를 받는 대상을 표시하는 단어에 관계된다.

Кни́га, **прочи́танная** дру́гом, заинтересова́ла слу́шателей. '친구에 의하여 다 읽혀졌던 책은 독자들을 흥미롭게 하였다.'

피동 형동사 прочи́танная는 명사 кни́га에 관계된다. 이 문장에서 кни́га는 다른 대상의 행위를 받는 대상이다.

연습문제 499 능동 형동사 구에는 한줄로 밑줄을 치고, 피동 형동사 구에는 두줄로 밑즐을 치라. 능동 형동사와 피동 형동사의 사용상의 차이를 설명하시오.

1. Вечера, организуемые в нашем институре, обычно проходят очень весело. Друзья, организующие новогодний вечер, просили меня выступить в концерте самодеятельности.
2. Мы беседовали с писателем, написавшим повесть о студентах. Всем очень понравилась повесть, написанная этим писателем.
3. Снег, покрывший за ночь улицы и крыши, сверкал на солнце. Приятно видеть улицы и крыши, покрытые снегом.
4. Архитектор, создавший проект этого здания, получил премию. В центре города возвышается прекрасное здание, созданное по проекту известного архитектора.
5. Экскурсанты осмотрели фабрику, изготовляющую шёлковые ткани. Ткани, изготовляемые на этой фабрике, пользуются большим спросом у покупателей.
6. Луна, освещавшая дорогу, скрылась в эту минуту за тучей. Степь, освещаемая луной, походила на море.

형동사 조성법

능동 형동사 조성법

능동 형동사 현재시제

능동 형동사 현재시제는 현재시제의 어간에 다음의 접미사를 부가하여 만들어진다:

a) **-ущ-**, **-ющ-**: 1식 활용동사에서 만들어진다.

писáть — пи́ш-ут — пи́ш-**ущ**-ий '쓰고 있는'

читáть — читá-ют — читá-**ющ**-ий '읽고 있는'

b) **-ащ-**, **-ящ-**: 2식 활용동사에서 만들어진다.

молчáть — молч-áт — молч-**áщ**-ий '침묵하고 있는'

говори́ть — говор-я́т — говор-**я́щ**-ий '말하고 있는'

[역주] 능동 형동사 현재시제는 현재형 어간에서 만들어지는데 1식 활용동사어간에서 만들어지는 경우와 2식 활용동사 어간에서 만들어지는 두 가지가 있다.
1식 활용동사 어간에서 만들어지는 경우로는 현재형 어간의 끝이 경자음 또는 쉿소리(ж, ч, ш, щ)로 끝나면 접미사 -ущ-를 부가하고, 연자음으로 끝나면'연자음성 + -ущ-'가 결과적으로 -ющ로 된다.
писать — пиш-ут — пиш-**ущ**-ий
читать — читай-ут — читай-**ущ**-ий — читающий
2식 활용동사 어간에서 만들어지는 경우로는 현재형 어간의 끝이 경자음 또는 쉿소리(ж, ч, ш, щ)로 끝나면 접미사 -ащ-를 부가하고, 연자음으로 끝나면 '연자음성 + -ащ-'가 결과적으로 -ящ-로 된다.
молчать — молч-ат — молч-**ащ**-ий '침묵하고 있는'
говорить — говор'-ат — говор'-**ащ**-ий — говорящий '말하고 있는'

연습문제 500 나음 문장에서 이탤릭체로 된 형동사의 남성단수주격 형태를 쓰고, 그 형동사가 만들어지는 동사를 복수 3인칭 형태로 쓰고, 괄호 안에는 그 동사의 원형을 쓰시오.
보기: ***поющий* — *поют (петь)***

1. И уносятся вдаль, к лесу, звонкие молодые голоса, *поющие* песню (*Н.О.*).
2. Всё небо усыпано весело *мигающими* звёздами (*Чех.*).
3. Внезапно раздался топот *скачущей* лощади (*Тург.*).
4. И вот, наконец, в блеске утренней зари от одного края моря до другого открылась страна, *сияющая* разноцветными стенами гор (*Пауст.*).
5. Народ — не только сила, *создающая* все материальные ценности, он — единственный и неиссякаемый источник ценностей духовных... (*М.Г.*).
6. Подлинная красота языка, *действующая* как сила, создаётся точностью, ясностью, звучностью слов, которые оформляют картины, характеры, идеи книг. (*М.Г.*).

연습문제 501 다음에 주어진 동사들에서부터 능동 형동사 현재시제 형태를 만드시오.

A.

1. работать, слушать, думать, знать, возвращаться
2. спрашивать, рассказывать, разговаривать
3. беседовать, действовать, использовать, радоваться
4. гаснуть, сохнуть, тонуть, гнуться
5. говорить, помнить, ездить, строить, заботиться

B.

1. писать, искать, плакать, пахать, таять, смеяться, надеяться
2. звать, ждать, брать
3. давать, создавать, признавать, вставать
4. колоть, бороться
5. пить, лить, шить, бить
6. мыть, рыть, петь
7. жить, плыть
8. береть, стеречь, жечь, печь, влечь
9. нести, вести, расти, цвести
10. дышать, слышать, держать
11. кричать, стучать, молчать
12. спать
13. смотреть, видеть, зависеть, ненавидеть, терпеть, вертеться
14. идти, бежать, ехать

능동 형동사 과거시제

능동 형동사 과거시제는 원형동사 어간 또는 과거시제어간에서 다음의 접미사를 부가하여 만들어진다.

a) **-вш-**

писа́ть — писа-ть — писа-**вш**-ий '쓰고 있었던'

чита́ть — чита-ть — чита-**вш**-ий '읽고 있었던'

[역주] 동사원형 어간이 모음으로 끝이 나면 동사원형 어간에 과거시제 접미사 -вш-와 어미 **-ий**를 부가하여 만들어진다. 예를 들어, **писать**의 과거시제 어간 **писа-**에 능동형동사 과거시제 접미사 -вш-와 어미 **-ий**를 부가하여 최종적으로 **писавший**가 만들어진다.

b) **-ш-**

нести́ — нёс — нёс-ш-ий '나르고 있었던'

спасти́ — спас — спас-ш-ий '구하고 있었던'

[역주] 동사원형 어간이 자음으로 끝이 나면 동사원형 어간에 과거시제 접미사 -ш-와 어미 **-ий**를 부가하여 만들어진다. 예를 들어, **нести**의 과거시제 어간 **нёс-**에 능동형동사 과거시제 접미사 -ш-와 어미 **-ий**를 부가하여 최종적으로 **нёсший**가 만들어진다.

동사 과거시제 어간이 동사원형 어간과 다를 경우, 능동 형동사 과거 형태는 일반적으로 과거시제 어간에서 만들어진다:

поги́бнуть — поги́б — поги́б-**ш**-ий '멸망하고 있었던'
расти́ — рос — рос-**ш**-ий '자라고 있었던'
берéчь — берёг — берёг-**ш**-ий '소중히 하였던'
стерéть — стёр — стёр-**ш**-ий '닦아내었던'

예외 1

свéргнуть — сверг — свéргнувший '던져서 떨어뜨렸던'
исчéзнуть — исчез — исчéзнувший '사라졌던'

예외 2

과거시제에서 어간이 모음으로 끝나고, 현재시제에서 어간이 -д와 -т로 끝나면 과거시제 어간에서 만들어지는 것이 아니라 현재형 어간에서 만들어진다.

вёл — вед-у́т — ведший '인도하였던'
расцвёл — расцвет-у́т — расцвéтший '꽃이 피었던'

예외 3

идти́의 능형과는 шéдший이다.'걸어갔던'

연습문제 502 다음 문장에서 형동사들을 뽑아 쓰고 이 형동사들이 조성되는 동사들의 원형을 쓰시오.

1. Для уральского рабочего, снявшего офицерскую форму, радостно было возвратиться на родной рудник к своей мирной професии *(Пол.)*.
2. Среди поля стоял закончивший работу комбайн.
3. Поздно. За окнами давно уже прошла молодёжь, возвращавшаяся из кино с последнего сеанса.
4. Иногда мать поражало настроение бурной радости, вдруг и дружно овладевавшее всеми (*М.Г.*).
5. С неспокойной душой ехал Мартынов по опустевшим, притихшим, ожидавшим с часу на час зимы полям (*Овеч.*).
6. На карте СССР новыми знаками, новыми красками, новыми наименованиями отразились глубокие общественные изменения, происшедшие в стране (*Мих.*).

연습문제 503 다음 동사들에서부터 농동 형동사 과거시제를 만드시오.

A.

выполнять, создавать, дать, видеть, мыть, ждать, встретиться, бороться, интересоваться, усиливаться, сверкнуть, махнуть, вернуться

B.

1. лечь, мочь, беречь, пренебречь, увлечься

2. ползти, нести, расти
3. есть, сесть, пропасть, украсть
4. вести, цвести, мести, произвести, изобрести
5. идти
6. стереть, умереть, запереться
7. погаснуть, погибнуть, достигнуть, промокнуть, засохнуть, исчезнуть, свергнуть

피동 형동사 조성법

피동 형동사는 타동사에서만 조성된다.

피동 형동사 현재시제

피동 형동사는 현재시제 어간에서 다음의 접미사를 가지고 만들어지는데 1식 활용동사에서 만들어지는 방법과 2식 활동 동사에서 만들어지는 방법으로 나누어진다:

1. **-ем-**: 1식 활용동사에서 만들어 짐

   чита́ть — чита-ем — чита-ем-ый '읽혀지고 있는'

   1식 활용동사의 현재시제 어간, 예를 들어, 동사 **читать**의 현재시제 어간 **чита-**에 피동 형동사 현재시제 접미사 **-ем-**와 어미 **-ый**를 부가하여 최종적으로 **читаемый**가 만들어진다.

2. **-им-**: 2식 활용동사에서 만들어 짐

   люби́ть — люб-им — люб-им-ый'사랑 받고 있는'

   2식 활용동사의 현재시제 어간, 예를 들어, 동사 **люби́ть**의 현재시제 어간 **либ-**에 피동 형동사 현재시제 접미사 **-им-**와 어미 **-ый**를 부가하여 최종적으로 **люби́мый**가 만들어진다.

   어근 да-, зна-, ста- 뒤에 접미사 -ва-를 가지고 있는 동사는 원형 어간에서 만들어진다.

   дава́ть — (даём) — дава́емый '주어지고 있는'

   признава́ть — (признаём) — признава́емый '인정되고 있는'

동사 **нести́** '운반하다', **вести́** '안내하다', **иска́ть** '찾다' 그리고 **влечь** '끌다'에서부터 만들어지는 피동 형동사는 접미사 **-ом-**으로 만들어지고 현대 러시아어에서 드물게 사용된다. 이 피동 형동사는 접미사 **-ом-** 위에 강세가 떨어지는 특징이 있다:

несты́ — несо́мый '휴대되고 있는'

вести́ — ведо́мый '안내되고 있는'

иска́ть — иско́мый '찾게 되는'

влечь — влеко́мый '끌려지는'

동사 пить '마시다', бить '때리다', мыть '씻다', шить '바느질하다', лить '붓다', брать '쥐다', ждать '기다리다', писать '쓰다' 등은 피동 형동사 현재 형태가 만들어지지 않는다.

어떤 동사에서는 능동 형동사 현재형태를 만들 수는 있지만, 사용되지는 않는다(이 종류의 동사는 стро́ить '건설하다', проси́ть '요청하다', говори́ть '말하다', учи́ть '가르치다', плати́ть '지불하다', корми́ть '먹이다' 등을 예로 들 수 있다.)

연습문제 504 형동사를 쓰고, 형동사가 만들어진 동사의 복수 1인칭과 동사원형을 쓰시오.

1. События, описываемые в этой книге, происходили лет тридцать тому назад.
2. Видно, что писатель хорошо знает жизнь, изображаемую им.
3. В этом журнале есть статья по рассматриваемому вопросу.
4. Проблема, исследуемая автором, очень важна.
5. Две статьи, публикуемые в журнале, посвящены вопросам эстетики.
6. Я получаю журнал «Новое время», издаваемый в Москве.

연습문제 505 동사의 피동 형동사 현재시제를 쓰시오.

1. решать, обсуждать, окружать, наблюдать
2. устраивать, испытывать, заканчивать
3. создавать, признавать, издавать
4. волновать, критиковать, использовать, организовать
5. любить, ценить, мучить, переводить, произносить
6. видеть, ненавидеть
7. слышать
8. гнать

연습문제 506 해당 문장에서 사용된 동사들에서 능동 형동사와 피동 형동사 현재시제를 형성하시오.

보기: Завод выполняет план.
Завод, **выполняющий** план.
План, **выполняемый** заводом.

1. Рабочие посещают клуб.
2. Газета публикует объявления.
3. Переводчик переводит статью.
4. Преподаватель проверяет письменные работы.
5. Ученики любят учителя.
6. Завод производит станки.

7. Студент сдаёт экзамен.
8. Человек познаёт мир.
9. Луна освещает море.
10. Овраг пересекает поле.
11. Ветер гонит сухие листья.

◆◆◆

피동 형동사 과거시제

피동 형동사 과거시제는 동사원형 어간 또는 과거시제 어간에서 다음의 접미사에 의하여 만들어진다:

1. -нн-, -т-

прочита́ть — прочита́-л — прочи́та-нн-ый '읽혀 졌던'

ви́деть — ви́де-л — ви́де-нн-ый '보여 졌던'

взять — взя-л — взя́-т-ый '취하여 졌던'

[역주] 동사원형 어간이 모음으로 끝나면 동사원형 어간에 피동 형동사 과거 접미사 -нн-와 어미 -ый를 부가하여 만들어진다. 예를 들어, 동사 прочитать의 모음으로 끝나는 원형어간 прочита에 피동 형동사 과거시제 접미사 -нн-과 어미 -ый가 부가되어 прочитанный가 만들어진다.
접미사 -т-에 의하여 만들어지는 경우는 조금 뒤에 따로 설명할 것이다.

2. -ённ-, -енн-

принести́ — принёс — принес-**ённ**-ый '가져오게 되었던'

спасти́ — спас — спас-**ённ**-ый '구조되었던'

изучи́ть — изучи́л — изу́ч-**енн**-ый '연구되었던'

встре́тить — встре́тил — встре́ч-**енн**-ый '만나졌던'

[역주] 동사원형 어간이 자음 또는 -и-로 끝나면 접미사 -ённ-, -енн-에 의하여 만들어진다. 예를 들어, 동사 принести의 원형어간 принёс에 접미사 -ённ-과 어미 ый를 부가하여 최종적으로 принесённый가 만들어진다.

현재 또는 단일미래 어간으로 끝나고 과거어간이 모음으로 끝나고 현재 또는 단일미래어간이 д나 т로 끝나는 경우에는 현재 또는 단일미래어간에서 만들어진다.

привести́ — приведу́т — приведённый '인도되었던'

изобрести́ — изобрету́т — изобретённый '발명되었던'

접미사 -нн-을 가지고 만들어진 능동 형동사 과거 형태는 일반적으로 몇 단어의 예외를 제외하고 현대 러시아어에서는 불완료상 동사에서부터 만들어지지 않는다: **ви́денный** '보게 되었던', **слы́шанный** '듣게 되었던', **чи́танный** '읽게 되었던'

-ить로 끝나는 동사에서부터 피동 형동사 과거형태를 만들 때에 다음의 자음교체가 발생한다:

т — ч	встре́тить '만나다'	— встре́ченный '만나졌던'
	заме́тить '눈치채다'	— заме́ченный '눈치챘던'
т — щ	возврати́ть '돌려주다'	— возвращённый '돌려줬던'
	освети́ть '비추다'	— освещённый '비추었던'
д — ж	оби́деть '화나다'	— оби́женный '화나게 되었던'
	разбуди́ть '깨우다'	— разбу́женный '깨워졌던'
д — жд	освободи́ть '해방하다'	— свобождённый '해방되었던'
	предупреди́ть '경고하다'	— предупреждённый '경고되었던'
з — ж	сни́зить '낮추다'	— сни́женный '낮추어졌던'
	изобрази́ть '묘사하다'	— изображённый '묘사되었던'
с — ш	повы́сить '높히다'	— повы́шенный '높혀졌던'
	бро́сить '던지다'	— бро́шенный '던져졌던'
ст — щ	опусти́ть '낮추다'	— опу́щенный '낮추어졌던'
	вы́растить '재배하다'	— вы́ращенный '재배되었던'
б — бл	осла́бить '약하다'	— осла́бленный '약해졌던'
	употреби́ть '사용하다'	— употреблённый '사용되었던'
п — пл	купи́ть '구입하다'	— ку́пленный '구입되었던'
	укрепи́ть '강하다'	— укреплённый '강하여졌던'
в — вл	поста́вить '세우다'	— поста́вленный '세워졌던'
	испра́вить '정정하다'	— испра́вленный '정정되었던'
ф — фл	разграфи́ть '줄을 긋다'	— разграфлённый '줄이 그어졌던'
м — мл	утоми́ть '지치다'	— утомлённый '지쳤던'
	накорми́ть '양육하다'	— нако́рмленный '양육되었던'

접미사 -т-를 가진 피동 형동사 과거

다음의 경우에서 피동 형동사 과거 접미사 -т-를 가진다.

1. 접미사 **-ну-**를 가진 동사에서:

свéргнуть '타도하다' — **свéргнутый** '타도되었던'

поки́нуть '버리다' — **поки́нутый** '버려졌던'

заверну́ть '감싸다' — **завёрнутый** '감싸졌던'

2. **-оть**로 끝나는 동사에서:

приколóть '핀으로 꽂다' — **прикóлотый** '핀으로 꽂혀졌던'

распорóть '풀다' — **распóротый** '풀어졌던'

прополóть '찢다' — **пропóлотый** '찢어졌던'

3. **-ереть**로 끝나는 동사:

заперéть '닫다' — **зáпертый** '문이 닫혀졌던'

вы́тереть '닦다' — **вы́тертый** '닦아졌던'

4. 대부분의 단음절 동사에서:

бить '두드리다' — **би́тый** '두들겨 맞게되었던'

мыть '씻다' — **мы́тый** '씻기어졌던'

прожи́ть '오래 살다' — **прóжитый** '오래 살게 되었던'

взять '쥐다' — **взя́тый** '쥐어졌던'

снять '벗기다' — **сня́тый** '벗겨졌던'

заня́ть '점유하다' — **зáнятый** '점유되었던'

поня́ть '이해하다' — **пóнятый** '이해되었던'

동사 гнать '쫓다', знать '알다', брать '쥐다'에서부터는 피동 형동사 과거시제가 만들어지지 않는다. 동사 изгнáть '추방하다'에서부터 만들어진 피동 형동사 과거시제는 **и́згнанный** '추방되었던'이고, 동사 узнáть '알다'에서부터 만들어진 것은 **у́знанный** '알게 되었던'이고, 동사 избрáть '선출하다'에서부터 만들어진 것은 **и́збранный** '선출되었던'이고 그리고 동사 дать '주다'에서부터 만들어진 것은 **дáнный** '주어진'이다.

연습문제 507 피동 형동사 과거시제를 발췌하고 이들이 만들어진 동사원형을 쓰시오.

Мы можем представить себе карту будущих лет. Обновлённая по генеральному плану Москва, леса в степи, осушенное Полесье, побеждённые пустыни Средней Азии, полностью освоенные целинные земли Зауралья, величайшие в мире гидростанции, постренные на сибирских реках, новые искусственные «моря», первоклассные заводы у Байкала, электрифицированные магистрали поперёк всей Средней Азии. На необозримых просторах наш народ, молодёжь, что сейчас подрастает, создаст чудесный мир новых городов, могучей техники, невиданных богатств (*Мих.*).

연습문제 508 남성 주격 형태의 형동사를 발췌하고, 이들이 만들어진 동사의 원형을 쓰시오.

1. Всё больше становилось книг на полке, красиво сделанной Павлу товарищем-столяром (*М.Г.*).
2. Первыми словами первых советских людей, обращенными к другим народам, были слова о мире — с ними родилась наша республика (*И.Э.*).
3. Как вольно дышит грудь, как бодро движутся члены, как крепнет весь человек, охваченный свежим дыханием весны (*Тург.*).
4. Деревья слабо шумят, облитые тенью (*Тург.*).
5. Внизу глубоко подо мной поток, усиленный грозой, шумел (*Л.*).
6. Тихо было в этот ранний час в сонном городе, засыпанном снегом (*Горб.*).

연습문제 509 다음 동사들에서부터 피동 형동사 과거시제를 만드시오.

1. указать, сделать, продумать, выработать, показать, вызвать, сдать, признать
2. видеть, рассмотреть, преодолеть
3. изучить, изменить, купить, заметить, исправить, победить, наградить, прекратить, остановить
4. принести, привезти, спасти, потрясти
5. изобрести, произвести, подмести, перенести, найти
6. увлечь, испечь, пересечь, сберечь, подстричь, сжечь
7. мыть, мять, сшить, выпить, спеть, закрыть, понять, забыть, начать, одеть
8. свергнуть, достигнуть, выдвинуть, покинуть, застегнуть, перевернуть, упомянуть
9. стереть, запереть
10. изгнать, дать

형동사 조성표

동사	상	능동형동사		피동형동사		주
	불완료상	현재시제	과거시제	현재시제	과거시제	
타동사	чита́ть ви́деть слу́шать	чита́ющий ви́дящий слу́шающий	чита́вший ви́девший слу́шавший	чита́емый ви́димый слу́шаемый	чи́танный ви́денный —	대부분의 불완료상 타동사로부터 피동 형동사 과거시제는 사용되지 않는다.
	완료상					
	прочита́ть уви́деть прослу́шать	— — —	прочита́вший уви́девший прослу́шавший	— — —	прочи́танный уви́денный прослу́шанный	완료상 동사는 어떤 현대 시제 형태도 조성하지 않는다.
자동사	불완료상					
	éхать	éдущий	éхавший	—	—	자동사는 피동 형동사를 조성하지 않는다.
	완료상					
	приéхать	—	приéхавший	—	—	

그러므로 어떤 동사는 형동사의 네가지 모든 형태를 다 가지고, 어떤 동사는 세 가지만 가지고 , 어떤 동사는 두 가지, 어떤 동사는 한 가지만 가진다.
주: 동사 **слышать**로부터는 피동 형동사 과거시제를 조성할 수 있지만(**слышанный**), 동사 **слушать**로부터는 불가능하다. 동사 **видеть**로부터는 (**виденный**)가 가능하지만, 동사 **смотреть**로부터는 불가능하다.

연습문제 510 주어진 문장에서 사용된 동사들에서부터 능동 형동사와 피동 형동사 과거시제를 만들고 일정한 명사를 가지고 형동사구를 쓰시오.

보기: Читатель возвратил книгу.
Читатель, **возвративший книгу.**
Книга, **возвращённая читателем.**

1. Докладчик внёс предложение.
2. Собрание приняло решение.
3. Художник нарисовал портрет.
4. Колхозники посеяли рожь.
5. Учёный открыл закон.
6. Геологи нашли железную руду.
7. Портной сшил костюм.
8. Студент сдал экзамен.
9. Артист спел арию.
10. Друг забыл книгу.
11. Солдат зарядил винтовку.
12. Сапёры вырыли окопы.

연습문제 511 주어진 동사들에서부터 모든 형동사를 만들고 표의 도식에서 이들을 쓰시오.

보기

동사원형	현재시제	능동 형동사		피동 형동사	
		현재	과거	현재	과거
создавать	создают	создающий	создавший	создаваемый	—
отдыхать	отдыхают	отдыхающий	отдыхавший	—	—
открыть	—	—	открывший	—	открытый
лечь	—	—	лёгший	—	—

동사: изучить, идти, организовать, смеяться, выполнять, гулять, принести, вести, стать, свергать, свергнуть, признавать, вставать, увлечь, съесть, спать, любить, видеть, ехать, бороться.

형동사 격변화

형동사는 형용사처럼 격변화된다.

1. 능동 형동사 현재시제와 과거시제는 어미에 강세가 없이 쉿소리로 끝나는 어간을 가진 형용사, 예를 들어, 형용사 хоро́ший, о́бщий 등의 어미변화와 동일하게 격변화된다. 격변화된다(хороший, общий — хорошего, общего 등과 마찬가지로 читающий, читавший — читающего, читавшего 등으로 변화된다.)

2. 피동 형동사 현재시제와 과거시제는 모든 격에서 경자음으로 끝나는 어간을 가진 형용사, 예를 들어, кра́сный와 동일한 격변화를 한다(кра́сный — кра́сного 등과 같이 прочи́танный — прочи́танного 등으로 변화된다.)

소사 **-ся**를 가진 형동사에서 소사 **-ся**는 항상 어말의 어미 뒤에 놓인다: занима́ющийся, поднима́ющийся

격	단수	
	남성과 중성	여성
주	приближа́ющийся пра́здик, приближа́ющееся ле́то	приближа́ющаяся зима́
생	приближа́ющегося пра́здика, приближа́ющегося ле́та	приближа́ющейся зимы́
여	приближа́ющемуся пра́здику, приближа́ющемуся ле́ту	приближаю́щейся зиме́
대	приближа́ющийся праздик 또는 приближаю́щегося челове́ка, приближающееся ле́то	приближа́ющуюся зиму
조	приближа́ющимся пра́здиком, приближа́ющимся ле́том	приближа́ющейся зимо́й
전	о приближа́ющемся пра́здике, о приближа́ющемся ле́те	о приближа́ющейся зиме́
	복수	
주	приближа́ющиеся экза́мены	
생	приближа́ющихся экза́менов	
여	приближа́ющимся экза́менам	
대	приближа́ющиеся экза́мены, приближа́ющихся люде́й	
조	приближа́ющимися экза́менами	
전	о приближа́ющихся экза́менах	

모음으로 끝나는 경우에도 **-ся**를 붙인다.

연습문제 512 점으로 되어 있는 부분 대신에 필요한 격의 형동사를 넣으시오.

летящий

1. Мы видим … самолёт.
2. Мы говорили о … самолёте.
3. Мы любуемся … самолётом.
4. Туристы смотрят на Москву из окон … самолёта.
5. Я смотрю на … птиц.
6. Мы видим … голубя.
7. Мы сидим в … вертолёте.

играющий

1. Я слышу голоса … детей.
2. Я подхожу к … детям.
3. Мы подходим к … девочке.
4. Мать зовёт … мальчика.
5. … дети не замечают нас.

улыбающийся

1. Художник рисует … девочку.
2. Он разговаривает с … девушкой.
3. Он дарит цветы … девушке.
4. На этой фотографии мы видим … мальчика.
5. Она фотографирует … детей.

полученный

1. Мы говорили о … телеграмме.
2. Он передал мне … телеграмму.
3. Она интересуется … письмом.
4. Дети рады …. подаркам.
5. Он доволен … результатом.
6. Они рассказали о … письмах.

прочитанный

1. Он вернул в библиотеку … книгу.
2. Студент рассказал … текст.
3. Мы говорили о … книгах.
4. Друзья спорили о … романе.
5. Она рассказала о … статье.

연습문제 513 점으로 되어 있는 부분에 괄호 속의 형동사 구를 이용하여 넣으시오.

A.

(письмо, полученное вчера)

1. Я ещё не послал ответа на …
2. Я тебе ещё не читал …
3. Все очень обрадовались …
4. Он не сказал мне о …
5. Она интересуется …

B.
(река, протекавшая под горой)

1. Путники отдыхали у …
2. Мы купались в …
3. Дети бежали к …
4. Внизу я увидел …

C.
(дом, стоящий на берегу реки)

1. Мы живём в …
2. Машина повернула к …
3. Флаг развевается над …
4. Из окон … открывается прекрасный вид.

D.
(девушки, поднимавшиеся по лестнице)

1. Послышались голоса …
2. Мы поздоровались с …
3. Я пошёл вниз, навстречу …

형동사구와 한정적 종속문

형동사구는 주격 또는 전치사 없는 대격 접속어 который를 가진 한정적 종속문과 동일한 의미를 가진다. 형동사구는 항상 접속어 который를 가진 한정적 종속문으로 교체할 수 있다.

1. Дом, **стоя́щий на горе́**, ви́ден издалека́.'산 위에 있는 집이 멀리서 보인다.' — Дом, **кото́рый стои́т на горе́**, ви́ден издалека́.
2. Де́ти, **игра́вшие во дворе́**, подбежа́ли к нам. '마당에서 놀았던 아이들이 우리에게 달려왔다.' — Дети, **кото́рые игра́ли во дворе́**, подбежали к нам.
3. Туча, **гони́мая си́льным ве́тром**, быстро приближается.'강한 바람에 의하여 몰려온 먹구름이 빠르게 다가온다.' — Туча, **кото́рую го́нит си́льный ве́тер**, бы́стро приближа́ется
4. Ма́льчик, **увлечённый игро́й**, не заме́тил нас.'놀이에 몰두하였던 소년이 우리를 눈치채지 못했다.' — a) Ма́льчик, **кото́рый был увлечён игро́й,** не заме́тил нас. b) Ма́льчик, **кото́рого увлекла́ игра́**, не заметил нас.

[역주1] 1 문장에서 который는 선행사와 성, 수가 일치하고, 격은 который가 속하여 있는 문장에서 어떤 역할을 하느냐에 따라 결정된다. 선행사인 дом의 남성, 단수 형태인 который에서 주어의 역할을 하므로 최종적인

형태는 который의 남성단수주격으로 결국 который가 된다. 동사는 단수 3인칭 현재시제 형태가 되어야 하므로 стоит이다.

[역주2] 2 문장에서 선행사 дети가 복수이고 'который'는 문장에서 주어의 역할을 한다. 그래서 которые가 되고 능동 형동사 과거이기 때문에 시제는 과거로 되어 играли가 되었다.

[역주3] 3 문장에서 피동 형동사를 한정적 종속문으로 변형시키는 방법은 두 가지다. 첫째, который를 주격으로 사용하면 피동문이기 때문에 피동 형동사 단어미(гонима)를 술어로 사용하고, 보어는 조격 형태 그대로 된다. 둘째, который를 대격으로 만들면, сильный ветер는 주어로 되고, 인칭 동사를 사용한다.

[역주4] 4 문장에서도 두 가지로 바꿀 수 있다. 첫째, 종속문을 피동문으로 바꾸는 경우와, 둘째로 종속문을 능동문으로 바꾸는 경우가 있다.

한정 종속문을 형동사로 교체하는 방법

한정 종속문을 형동사로 교체하는 것은 다음의 조건에서 가능하다.

1. 접속어 кото́рый가 주격이든지 아니면 전치사가 없는 대격일 경우
2. 종속문의 술어가 현재 또는 과거시제의 동사이든지 아니면 피동 형동사 단어미로 표현되어 있을 경우

Дай мне кни́гу, **кото́рая лежи́т** на столé.
= Дай мне кни́гу, **лежа́щую** на столé.
Дай мне кни́гу, **кото́рую ты прочита́л**.
= Дай мне кни́гу, **прочи́танную** тобо́й.
Дай мне кни́гу, **кото́рая тобо́й прочи́тана**.
= Дай мне книгу, **прочи́танную тобо́й**.

교체는 다음의 순서로 이루어진다:

1. 접속어를 제거하라.
2. 종속문의 술어를 동일한 시제와 상의 형동사구로 교체하라. 이 때 접속어가 주격으로 되어 있고 종속문의 술어가 인칭동사이라면 능동 형동사로 교체되고, 접속어가 대격으로 되어 있으면, 피동 형동사구로 교체되고, 한정 종속문의 주어는 조격 보어로 교체된다.
3. 형동사를 피한정어와 성, 수, 격에서 일치시켜라.

1. Мы должны́ за́светло добра́ться **до дере́вни, кото́рая нахо́дится за э́тим ле́сом**.	Мы должны́ за́светло добра́ться **до дере́вни, находя́щейся за э́тим ле́сом**. '우리는 어둡기 전에 이 숲 너머에 있는 시골마을까지 도달해야 한다.'
2. Путе́шественники с трево́гой следи́ли **за дождём, кото́рый уси́ливался с ка́ждой мину́той**.	Путеше́ственники с трево́гой следи́ли **за дождём, уси́ливавшимся с ка́ждой мину́той**. '여행객들은 시시각각으로 세차게 내렸던 비를 주시하고 있었다.'
3. a) В лесу́ бы́ло мно́го **дере́вьев, кото́рые повали́ла бу́ря**. b) В лесу́ бы́ло мно́го **дере́вьев, кото́рые бы́ли пова́лены бу́рей**	В лесу́ бы́ло мно́го **дере́вьев, пова́ленных бу́рей**. '숲에는 폭풍으로 넘어진 많은 나무들이 있었다.'

[역주1] 1 문장에서 접속어 которая는 주격이고 종속문의 술어동사는 인칭동사 находится로 되어 있다. 이것은 종속어가 종속문에서 주체적으로 사용되었다는 의미이기 때문에 능동 형동사로 교체되어야 한다. 그리고 종속문의 술어 인칭 동사가 현재시제이기 때문에 능동 형동사 현재시제로 교체되어야 한다. 종속문의 술어 동사 находится의 능동 형동사 주격은 находящийся이다. 그리고 피한정어인 선행사 деревни가 여성 단수 생격이기 때문에 이것에 일치되어야 하고 따라서 находящейся로 되었다.

[역주2] 2 문장에서 접속어 который는 주격이고 종속문의 술어가 인칭형 과거시제 (усиливался)로 되어 있기 때문에 능동 형동사 과거시제 형태로 교체되어야 한다. 동사 усиливался의 능동 형동사 과거시제 기본형은 усиливавшийся이다. 그리고 피한정어인 선행사가 남성 단수 조격이기 때문에 형동사가 이것과 일치되어야 하기 때문에 усиливавшимся로 되었다.

[역주3] 두 문장 중 첫 번째 문장에서 종속어는 대격이다, 따라서 피동 형동사구로 바꾸어야 하고, 두 번째 문장에서 종속어는 주격이다. 그러나 술어가 피동 형동사 단어미로 되어 있는 것으로 봐서, 이 문장도 피동 형동사구로 바꾸어야 하는 구문이다. 따라서 상기의 두 문장은 아래 문장으로 변경시킬 수 있다. 이 때 한정 종속문의 주어가 피동 형동사구의 조격 보어로 바뀐다는 점에 유의해야 한다.

연습문제 514 한정 종속절을 형동사 구로 바꾸시오.

A.

1. Летом мы жили в доме, который стоит на самом берегу Волги.
2. В лесу раздаются голоса девушек, которые собирают ягоды.
3. Со мной в одном купе едет колхозница, которая возвращается с сельскохозяйственной выставки.
4. Скажи другу, который ждёт меня, что я сейчас приду.

B.

1. Рабочие, которые перевыполнили норму, получили премию.
2. Я встретился со студенткой, которая приехала недавно из моего родного города.
3. Наш дом отдыха стоял в парке, который спускался к реке.
4. Мы вышли на поляну и увидели охотников, которые сидели вокруг костра.

연습문제 515 한정 종속절을 형동사 구로 바꾸시오.

1. Тучи, которые быстро надвигаются с севера, скоро закроют солнце.
2. Мы любовались морем из окна поезда, который мчался по берегу.
3. Все радовались прекрасной погоде, которая установилась в начале мая.
4. Я лежу под деревом и смотрю на облака, которые медленно плывут по бледно-голубому небу.
5. Экспедиция двинулась дальше, несмотря на метель, которая началась утром.
6. Звонко раздавалась песня девушек, которые возвращались с поля.

연습문제 516 한정 종속절을 형동사 구로 바꾸시오.

A.

1. Я аккуратно отвечаю на письма, которые получаю от брата.
2. Вопрос, который мы обсуждаем на сегодняшнем семинаре, очень важен.
3. Перед нами лежит долина, которую пересекает река.
4. Впереди река, которую мы плохо видим из-за тумана.
5. Эту местность часто посещают туристы, которых привлекает красота здешней природы.

B.

1. Нужно послать ответ на телеграмму, которую мы получили вчера.
2. Он сегодня опять забыл книгу, которую обещал мне ещё на прошлой неделе.
3. Студент хорошо ответил на вопросы, которые задал ему преподаватель.
4. Я никогда не забуду впечатления, которое произвела на меня эта встреча.
5. Мы увидели нашу лодку, которая была прибита волнами к берегу.
6. Книгу, которую я взял у тебя, я верну в понедельник.

연습문제 517 한정 종속절을 형동사 구로 바꾸시오. 능동 형동사와 피동 형동사의 사용에 주의하시오.

1. Студент, который написал упражнение, начал переводить текст.
2. Преподаватель проверил упражнение, которое написал студент.
3. Студентка, которая рассказала текст, не сделала ни одной грамматической ошибки.
4. В тексте, который рассказала студентка, не было новых слов.
5. Учёный, который закончил работу, опубликовал в журнале интересную статью о ней.
6. Мы прочитали в журнале статью о работе, которую недавно закончил учёный.
7. Студенты, которые сдали экзамены, уже уехали в дом отдыха.
8. Студенты разговаривали об экзаменах, которые они только что сдали.
9. Группа, которая выполнила задание, может отдыхать.
10. Преподаватели интересуются заданием, которое выполнила эта группа.

연습문제 518 한정 종속절을 형동사 구로 바꾸시오. 능동 형동사와 피동 형동사의 사용에 주의하시오.

1. Первая мысль, которая пришла ей в голову, была о том, что надо как можно скорее и незаметнее уехать из этого городка.
2. Вдоль перегородки, которая отделяла мою комнату от конторы, стоял огромный кожаный диван.

3. Он сидел у себя в комнате и перечитывал письма, которые получил вчера.
4. Утро было прекрасное, солнце освещало вершины лип, которые уже пожелтели под свежим дыханием осени.
5. К утру дождь прошёл, но небо было в тяжёлых серых тучах, которые летели с юга на север.

형동사 단어미 형태

능동 형동사는 장어미형뿐이지만, 피동 형동사는 성질 형용사와 마찬가지로, 장어미형과 단어미형이 있다.

장어미형	단어미형
Решё**нн**ый вопро́с.'해결되었던 문제'	Вопро́с решё**н**.'문제가 해결되었다.'
Прочи́та**нн**ая кни́га.'읽었던 책'	Кни́га прочи́та**на**.'책이 읽혀졌다.'
Освещё**нн**ое окно́.'밝게 비추인 창'	Окно́ освеще**но́**.'창이 밝게 비추어져 있다.'
Откры́**т**ые о́кна.'열려진 창들'	Окна откры́**ты**.'문들이 열려있다.'

피동 형동사 단어미형은 접미사 **-н-** (прочита́ть — прочи́тан, написа́ть — напи́сан), **-ен-** (**-ён-**) (реши́ть — решён, вы́полнить — вы́полнен), -т- (откры́ть — откры́т, заня́ть — за́нят)를 가진다.

피동 형동사 단어미는 형용사 단어미와 동일한 어미를 가진다: #(남성), -а(여성), -о(중성), -ы(복수). 명사와 성과 수에서만 일치한다.

피동 형동사 단어미는 형용사 단어미와 같이 격변화하지 않는다. 문장에서 이들은 피동구문에서 술어의 역할로 나타난다:

Зада́ние **вы́полнено** студе́нтом.'과제는 대학생에 의하여 수행된다.'

Зада́ние **бы́ло вы́полнено** студе́нтом.'과제는 대학생에 의하여 수행되었다.'

Зада́ние **бу́дет вы́полнено** студе́нтом.'과제는 대학생에 의하여 수행될 것이다.'

Дверь **откры́та**.'문이 열려 있다.'

Дверь **была́ откры́та**.'문이 열려 있었다.'

Дверь **бу́дет откры́та**.'문이 열려 있을 것이다.'

피동 형동사 현재 단어미형은 러시아어에서 몇몇 단어에서만 만들어진다: люби́ть '사랑하다', уважа́ть '존경하다', цени́ть '가치를 평가하다', храни́ть '보관하다', му́чить '괴롭히다', угнета́ть '박해하다' 등. 그리고 이들도 문어체에서 사용되고 그것도 매우 드물게 사용된다.

Произведе́ния э́того писа́теля **люби́мы** наро́дом.'이 작가의 작품은 국민들에게 애독되고 있다.' (이 문장을 Наро́д **лю́бит** произведе́ния э́того писа́теля.'국민들은 이 작가의 작품을 애독하다.'로 말할 수 있다.)

Он **уважа́ем** все́ми друзья́ми.'그는 모든 친구들에 의하여 존경받는다.' (이 문장을 Все друзья ува́жают его́.'모든 친구들은 그를 존경한다.'로 말할 수 있다.)

연습문제 519 형동사 단어미에 밑줄을 치시오. 문장을 성분에 따라 분석하시오.

1. Этот дом построен в прошлом году. Семья рабочего переехала в только что построенный дом.
2. Все окна раскрыты настежь. В раскрытые окна врывается свежий весенний ветер.
3. Эта книга уже прочитана. Прочитанная книга сдана в библиотеку.
4. На собрании было принято важное решение. Решение, принятое на собрании, было проведено в жизнь.
5. Статья для стенгазеты будет написана завтра. Статья, написанная им, будет помещена в следующем номере стенгазеты.

연습문제 520 주어진 장어미 형태에서 피동 형동사 남성, 여성, 중성 단수 형태와 복수 형태를 쓰시오.

организованный, полученный, отправленный, убеждённый, сокращённый, вымытый, покрытый, одетый, расстёгнутый

연습문제 521 피동 형동사 단어미에 밑줄을 치시오.

1. На всей земле — на море и на суше Настал покой, настала ташина. Повержен враг. Пожар войны потушен. Великая задача решена (*Исак.*).
2. День ранней осени стал днём мира. Есть в этом глубокое значение. Убран и обмолочен хлеб, срезаны тугие гроздья винограда, собраны тажелые яблоки. Плоды труда напоминают человеку о великой ценности мира (*И.Э.*).

연습문제 522 주어진 장어미 형동사에서 단어미 형동사를 만들고 이 단어미 형동사를 가지고 문장을 만드시오.

보기: сданные экзамены — Все экзамены сданы на отлично.

выполненная работа, занятые места, посеянная рожь, запертая дверь, подписанный приказ, достигнутые успехи, замеченная ошибка, сказанное слово, проданные билеты, восстановленный завод, потерянное время

연습문제 523 점으로 되어 있는 부분 대신에 형동사 단어미 또는 장어미를 넣으시오.

написанный

1. Этот доклад … месяц назад.
2. Преподаватель проверил упражнение, … студентами.

3. Упражнение было … без ошибок.
4. Он принёс в редакцию статью, … им.
5. Эта статья … очень интересно.
6. Мы анализировали предложения, … на доске.
7. Я не вижу, что там … .
8. Эта книга … два века назад.
9. Кем … эта книга?

полученный

1. Это письмо … вчера.
2. Я прочитал … письмо.
3. Мне дали … телеграмму.
4. Дети показывали друг другу … подарки.
5. Я думаю, что наша посылка уже … .
6. Мы были двольны … результатами.
7. Он говорил о журналах, им вчера.

изображённый

1. Мне нравится девушка, … на этой картине.
2. Расскажите, пожалуйста, что … на этой картине.
3. Здесь … женщина, стоящая на берегу моря.
4. Здесь … человек, сидящий в лодке.
5. Мне кажется, я знаю человека, … на этой картине.

연습문제 524 주어진 주제와 괄호 안의 단어를 이용하여 짧은 이야기를 만드시오.

1. Я готов к отъезду домой.
   (сдать, получить, заказать, купить, уложить, отправить)
2. Завтра экзамен.
   (прочитать, законспектировать, выписать, выучить, повторить)

연습문제 525 문장을 읽고 피동 형동사 단어미 построен, основан, расположен 등을 사용하여 여러분이 모스끄바에 관하여 알고 있는 것을 말하시오.

В центре Москвы расположен Музей истории и реконструкции города. Он был основан ещё в 1856 году как Музей московского городского хозяйства. Росла Москва — рос и преобразовывался музей.

За годы Советской власти столица нашей Родины неузнаваемо изменилась. Расширены её центральные улицы и площади, возведены целые кварталы новых жилых домов, реконструирован городской транспорт, построены метрополитен, новые мосты и набережные.

Всё это преобразило облик великого города.

Музей пополнился замечательными экспонатами. Они отображают выполнение плана реконструкции Москвы. Музей раскрывает величие Москвы — столицы советского государства.

형동사와 함께 사용하는 소사 не의 정서법

1. 형동사와 함께 사용된 소사 не는 어떤 경우에는 붙여서 쓰고 어떤 경우에는 따로 분리하여 쓴다.

   a) 형동사가 종속어를 가지고 있지 않을 때는 소사 не는 형동사와 붙여서 사용한다.

   b) 종속어를 가지고 있을 때는 분리해서 사용한다:

На столé лежáли **непрочи́танные** кни́ги.'테이블 위에는 읽지 않은 책들이 놓여 있었다.'	На столé лежáли не **прочи́танные ещё мнóю** кни́ги. '테이블 위에는 아직 내가 다 읽지 않은 책들이 놓여 있었다.'
Экспеди́ция шла по **неисслéдованной** мéстности. '학술탐험은 연구되지 않은 지역을 따라 진행되었다.'	Экспеди́ция шла по **не исслéдованной никéм** мéстности. '학술탐험은 어느 누구에 의해서도 연구되지 않았던 지역을 따라 진행되었다.'

2. 형동사가 등급을 표시하는 설명어(óчень '매우', совершéнно '전혀', крáйне '극히', чрезвычáйно '특히' 등)를 가지고 있으면 소사 не는 형동사와 붙여서 사용된다.

   Экспеди́ция шла по **совершéнно неисслéдованной** мéстности. '학술탐험은 전혀 연구되지 않은 지역을 따라 진행되었다.'

   Это был **крáйне необдýманный** постýпок. '이것은 매우 경솔한 행동이었다.'

3 문장이 대비되어 있을 때 소사 не는 형동사와 분리하여 사용된다.

   Это **не закóнченная статья́, а тóлько** чернови́к.'이것은 완성된 논문이 아니라, 초고일 따름이다.'

4. 단어미 형동사와는 항상 분리하여 사용된다.

   Кни́ги **не прочи́таны**.'책들은 읽히지 않고 있다.'

   Мéстность **не исслéдована**. '이 지역은 연구되어 있지 않다.'

연습문제 526 소사 не를 가진 형동사에 밑줄을 치시오. 형동사와 소사 не의 정서법을 설명하시오.

1. На столе лежало несколько нераспечатанных писем.
2. Друзья, два месяца не видевшие друг друга, с нетерпением ждали встречи.
3. Студенты слушают лекцию с неослабевающим интересом.
4. Лодка приближалась к тому месту, где не защищённое от ветра море кипело и металось во мраке (*Кор.*).

5. Этот неизученный край привлекал отважных исследователей.
6. Сквозь незакрытое окно в комнату проникал уличный шум.
7. Окно не закрыто, и в комнату проникает уличный шум.
8. Дверь оказалась не запертой, а открытой настежь.
9. Мать, не уснувшая ночью ни на минуту, вскочила с постели (*М.Г.*).
10. Вопрос ещё не изучен, решение не принято.
11. Нерасчищенная дорожка вела к пруду.

연습문제 527 형동사에 보어 또는 상황어를 부가하면서 베껴 쓰시오. 형동사와 소사 **не**의 정서법에 유의하시오.

보기: **Незамеченные**, мы спустились вниз и вышли на улицу.
Никем не замеченные, мы спустились вниз и вышли на улицу.

1. Непрекращавшаяся метель не давала возможности продолжать путешествие.
2. Я познакомился с неопубликованными письмами этого писателя.
3. Тема сочинения осталась нераскрытой.
4. Есть ли ещё здесь незанятые места?

연습문제 528 괄호 속에 있는 소사 **не**를 붙여서 쓰든지 아니면 분할하여 쓰시오.

1. Эти (не) решённые вопросы мучили меня.
2. Друг указал мне на (не) замеченные мною ошибки.
3. Билеты ещё (не) куплены, и вещи (не) уложены.
4. Это (не) законченный портрет, а лишь набросок.
5. Брат, (не) забывший о моей просьбе, привёз мне эти книги.
6. Шумел (не) тронутый лес, которую не было конца.
7. В лесной чаще, почти (не) освещаемой солнцем, всегда полумрак и прохлада.
8. Вокруг нас расстилалась тундра, ярко освещённая (не) заходящим солнцем.

형동사가 형용사와 명사로 이행

A. 어떤 형동사들은 형용사로 될 수 있다. 이 경우에 형동사는 시간의 자질을 상실하고 항구적인 자질을 표시한다. 일반적으로 이것은 형동사들이 비유적인 의미로 사용될 때 나타난다.

형동사	형용사
Пе́ред на́ми река́, **блестя́щая** на со́лнце. '우리 앞에 태양에 반짝이고 있는 강이 놓여있다.'	Зри́телей порази́ла **блестя́щая те́хника** игры́ э́той кома́нды. '이 팀의 탁월한 기술이 관객들을 감동시켰다.'

Ту́чи, рассе́янные си́льным ве́тром, уже не закрыва́ли со́лнца. '세찬 바람에 의하여 흩어졌던 먹구름들이 이미 태양을 가리지 않았다.'

У слу́шателей бы́ли рассе́янные ли́ца.'청중은 산만한 얼굴을 하고 있었다.'

형동사에서 형용사로 전환된 것들은 성질의 의미를 가지고 비교급을 만들 수 있다: подходя́щий моме́нт '적당한 시기', бо́лее подходя́щий моме́нт '더욱 적당한 시기', са́мый подходя́щий моме́нт '가장 적당한 시기'

그리고 형용사로 전환된 형동사들은 일반적으로 형용사로 교체될 수 있다: подходя́щий моме́нт — удо́бный моме́нт '적당한 시기', рассе́янный взгляд — невнима́тельный взгляд '산만한, 부주의한 견해'

в. 형동사는 형용사와 같이 사물이나 사람을 나타낼 수 있고 명사로 전환될 수 있다:

형동사	명사
Студе́нты, **уча́щиеся** на пя́том ку́рсе, должны́ написа́ть дипло́мную рабо́ту. '오학년에서 공부하고 있는 대학생들은 졸업논문을 쓰지 않으면 안 된다.'	**Уча́щиеся** гото́вятся к экза́менам. '학생들은 시험을 준비한다.'
В го́спиталь привезли́ **бойцо́в**, **ра́ненных** во вчера́шнем бою́. '어제 전투에서 부상을 입었던 병사들을 병원으로 수송하였다.'	В го́спиталь привезли́ **ра́ненных**. '병원으로 환자들을 수송하였다.'

피동 형동사에서 조성된 형용사의 정서법

1. 피동 형동사에서 조성된 형용사들에서는 만약 이 형용사들이 접두사 또는 접미사 **-ова-**, **-ирова-**를 가지고 있으면 두 개의 **н**을 가진다: взволн**о́ва**нный го́лос '흥분된 목소리', **за**пу́танный отве́т '혼란한 대답', лин**о́ва**нная бума́га '선이 그어진 종이', квалифиц**и́рова**нный рабо́чий '숙련된 노동자'

2. 피동 형동사에서 만들어진 형용사들에서는 만약 이 형용사들이 접두사 또는 접미사 **-ова-**, **-ирова-**를 가지고 있지 않으면 한 개의 **н**을 가진다: ра́не**н**ый солда́т '상처 입은 군인', учё**н**ый сове́т '학술협의회', рва́**н**ая оде́жда '찢어진 옷' пу́та**н**ый отве́т '조리가 맞지 않은 대답', кипячё**н**ая вода́ '끓인 물'

[주1] 형용사 да́нный (вопро́с) '주어진 (문제)', жела́нный (друг) '마음에 드는 (친구)', неожи́данная (встре́ча) '의외의 (만남)'는 이들이 비록 접두사를 가지고 있지 않지만 н이 둘이다.

[주2] 형동사 ра́ненный '상처 입은' (н이 둘임)와 형용사 또는 명사 ра́неный '상처 입은, 부상자' (н이 하나임)를 구별하는 것에 유의하세요. 형동사는 설명어를 가진다: солда́т, ра́ненный **пу́лей** '총알에 의하여 부상당한 군인'; солда́т, ра́ненный **в бою́** '전투에서 부상당한 군인'. 명사나 형용사는 설명어를 가지지 않는다: ра́неный солда́т '부상당한 군인'; привезли́ ра́неных '부상당한 군인들을 수송해왔다'

3. 형동사에서 조성된 형용사는 단어미 형태로 н을 둘 가진다. 그러나 형동사 단어미 형태로는 н이 한 개다.

형동사 단어미형	형용사 단어미형
Войска́ бы́ли **сосредото́чены** в го́роде. '군대가 도시에 집결되었다.'	Ли́ца слу́шателей бы́ли **сосредото́ченны**. '청중의 얼굴들이 집중되었다.'
Они́ бы́ли **уве́рены** в свои́х си́лах. '그들은 자신들의 힘을 확신하였다.'	Его́ отве́ты бы́ли чётки и **уве́ренны**. '그의 대답들은 명료했고 확고했다.'
Ту́чи бы́ли **рассе́яны** ве́тром. '먹구름들이 바람으로 흩어졌다.'	Ученики́ бы́ли **рассе́янны**. '학생들은 산만했다.'

연습문제 529

1. Взволнованные сообщением люди. Взволнованные голоса.
2. Открытая дверь. Открытый взгляд.
3. Потерянный вид. Потерянная книга.
4. Скучающее выражение лица. Скучающие люди.
5. Цветущий сад. Цветущее здоровье.
6. Начинающий писатель. Сотрудник, начинающий работу в 9 часов.
7. Знающие свои задачи люди. Знающие инженеры.
8. Образованный вчера комитет. Образованный человек.
9. Натянутые струны. Натянутые отношения.

연습문제 530 주어진 단어들 중에서 각 단어를 가지고 두 문장씩 만들어라. 명사의 의미로 쓰인 단어를 가지고 한 문장을 만들고, 형동사의 의미로 쓰인 또 다른 문장을 만들어라.

보기: Дети, **учащиеся** в первом классе, не сдают экзаменов (형동사).
Учащиеся младших классов уже уехали в пионерские лагеря.
трудящиеся, заведующий, командующий, прошедшее, новорожденный

연습문제 531 이탤릭체로 된 단어의 정서법을 설명하라.

1. *Крашеный* пол был только что вымыт.
2. Мы увидели дом с только что *покрашенной*, блестящей на солнце крышей.
3. Русские *учёные* оказывают всестороннюю помощь народному хозяйству.
4. Во время работы я столкнулся с многими ещё *не изученными* вопросами.

5. Мы ели *варёное* мясо с *жареной* картошкой и *солёными* огурцами.
6. Я не могу есть этот пересоленный суп.
7. Дайте ребёнку *кипячёное* молоко.
8. Заводу нужный *квалифицированные* рабочие.
9. Я был на вечере, *организованном* студентами второго курса.
10. За дверью слышались *взволнованные* голоса.
11. Мне нужна *линованная* бумага.

Его *неуверенные*, *путаные* ответы не удовлетворили преподавателя.

연습문제 532 점으로 된 부분 대신에 нн 또는 н를 넣어라.

1. Мы ели компот из суше...ых яблок. Сено было высуше...о и убра...о. Неси в дом высуше...ое белье.
2. На все вопросы он дал чёткие, увере...ые ответы. Его ответы были чётки и увере...ы. Друзья были увере...ы в своих силах.
3. Командир, ране...ый в руку, продолжал руководить боем. Солдаты несли ране...ых на носилках. Многие мои товарищи в этом бою были ране...ы.
4. Все были встревоже...ы этим новым известием. В комнату вошла встревоже... ая мать.

부동사

부동사는 동사와 부사의 자질을 함께 가지는 동사의 형태(читая, прочитав, сидя)이다.

부동사의 동사 자질

1. 부동사에서는 동사에서와 같이 타동사 성질과 자동사 성질이 구별된다. 타동사 читáть '읽다', люби́ть '사랑하다'에서 조성된 부동사 читáя, любя́는 타동사적인 특성을 지니고 있다: читáть кни́гу '책을 읽다', Он сидéл в садý, читáя кни́гу '책을 읽으면서 그는 정원에 앉아 있었다.'; люби́ть отцá '아버지를 사랑하다'. любя́ отцá. 동사 сидéть '앉아 있다', отдыхáть '휴식하다'는 자동사이고, 이 동사에서 조성된 부동사 си́дя, отдыхáя도 자동사이다.

2. 부동사는 동사와 같이 소사 -ся (-сь)를 가질 수 있다: встречáться — встречáясь, занимáться — занимáясь.

   -ся를 가진 부동사는 -ся를 가진 동사와 같이 자동사이다.

3. 부동사는 동사와 동일한 격을 요구한다: интересовáться мýзыкой — интересýясь мýзыкой, доби́ться успéха — доби́вшись успéха

4. 부동사에는 동사의 상이 보존된다. 동사 бесéдовать '대화하다', улыбáться '미소짓다'는 불완료상이고, 부동사 бесéдуя, улыбáясь도 부동사이다. (Они́ сидéли за столóм, спокóйно **бесéдуя**. '그들은 대화를 하면서 조용히 식탁에 앉아 있었다.' Он слýшал, **улыбáясь**. '그는 미소를 지으면서 들었다.') 동사 побесéдовать '잠시 이야기하다', улыбнýться '미소짓다'는 완료상이고, 부동사 побесéдовав, улыбнýвшись도 완료상이다. (**Побесéдовав**, они разошли́сь.'잠시 이야기한 후에 그들은 뿔뿔이 흩어졌다.' **Улыбнýвшись**, он отвéтил на мой вопрóс.'미소를 지은 후 그는 나의 질문에 대답을 했다.')

부동사의 부사 자질

부동사에서는 부사에서와 같이 성, 수, 격 변화를 하지 않고 문장에서 상황어로 된다.

Он говори́л, **волну́ясь**. '그는 흥분하면서 말했다.'

Сдав экза́мены, мы уе́дем на пра́ктику.'시험에 패스한 후에 우리는 실습하러 갈 것이다.'

Жела́я скоре́е уе́хать, он торопи́лся зако́нчить рабо́ту.'좀 더 빨리 떠나기를 원했기 때문에 그는 서둘러서 일을 마쳤다.'

부동사는 항상 동사-술어와 관계되고 부가적인 행위를 표시한다.

불완료상 부동사와 완료상 부동사의 사용법

불완료상 동사로부터 만들어진 부동사는 부동사로 표현되는 부가적인 행위와 술어 동사에 의하여 표현되는 본 행위가 동시에 발생할 때 사용된다:

Друзья́ возвраща́ются домо́й, ве́село **разгова́ривая**.'친구들은 즐겁게 대화를 하면서 집으로 돌아가고 있다.'

Друзья́ возвраща́лись домо́й, ве́село **разгова́ривая**. '친구들은 즐겁게 대화를 하면서 집으로 돌아가고 있었다.'

Друзья́ бу́дут возвраща́ться домо́й, ве́село **разгова́ривая**. '친구들은 즐겁게 대화를 하면서 집으로 돌아갈 것이다.'

완료상 동사로부터 만들어진 부동사는 부동사로 표현되는 행위가 술어 동사에 의하여 표현되는 본 행위의 시작 전에 완성될 때 사용된다:

Зако́нчив рабо́ту, он отдыха́ет.'일을 마치고 그는 쉬고 있다.'

Зако́нчив рабо́ту, он отдыха́л.'일을 마치고 그는 쉬고 있었다.'

Зако́нчив рабо́ту, он бу́дет отдыха́ть.'일을 마치고 그는 쉴 것이다.'

부동사는 스스로 시간을 표현하지 않는다. 부동사 구문의 시제는 본동사의 시제에 의하여 결정된다.

[주] 어떤 경우에는 완료상 부동사가 본 동사에 선행하는 행위를 표현하지 않는다: Он лёг, укрывшись одеялом.'그는 누워서 이불을 덮었다.' Она вышла, хлопнув дверью.'그녀는 문을 쾅 닫으면서 나갔다.'

부동사와 본동사로 표현된 행위는 항상 동일한 행위자, 즉 주어에 관계된다. 예를 들어

Войдя́ в ко́мнату, он зажёг свет. '방안으로 들어갔을 때 그는 불을 켰다.'라고 말할 수 있다. 왜냐하면 부동사 войдя에 의하여 표현된 행위와 본동사 зажёг에 의하여 표현된 행위는 동일한 인물에 의하여 수행된다. 그러나 Когда́ он вошёл в ко́мнату, там зажёгся свет. '그가 방 안으로 들어갔을 때 그곳에서 불이 켜져 있었다.'의 문장에서 종속절을 부동사구로 교체할 수 없다. 왜냐하면 주절과 종속절에서 주어가 서로 다르기 때문이다.

연습문제 533 다음 문장을 읽고 불완료상 부동사와 완료상 부동사의 사용을 설명하라.

1. Читая статью, я выписываю незнакомые слова. Прочитав книгу, я сдам её в библиотеку.
2. Поднимаясь по лестнице, они громко разговаривали. Поднявшись на четвертый этаж, они позвонили.
3. Расставаясь, они обещали писать друг другу. Расставшись два года тому назад, они не написали друг другу ни одного письма.
4. Отдыхая прошлым летом в Крыму, он заехал в Ялту. Отдохнув, он продолжал работу.
5. Возвращаясь из театра домой, я встретил друга. Возвратившись домой, я увидел на своём столе письмо.

부동사구

부동사에 종속되어 있는 보어 또는 상황어들이 부동사에 관계될 수 있다.

Ко́нчив **рабо́ту**, он уе́хал. '일을 마친 후에 그는 떠났다.'

Лю́ди бесе́довали, си́дя **вокру́г стола́**. '사람들은 테이블 주위에 앉아서 대화를 나누고 있었다.'

부동사 ко́нчив은 보어 рабо́ту를 가진다.

부동사 си́дя는 장소의 상황어 вокру́г стола́를 가진다.

종속어를 가지고 있는 부동사를 부동사구라고 한다.

위의 예문에서 어결합 ко́нчив рабо́ту와 си́дя вокру́г стола́를 부동사구라고 한다.

부동사구는 쉼표로 구분된다: Мать, **закры́в окно́**, ме́дленно опусти́лась на стул. (*М.Г.*) '어머니는 창을 닫고 나서 천천히 앉았다.'

종속어를 가지지 않는 부동사도 보통 부동사의 전후를 쉼표로 구분한다.

Брат, **просну́вшись**, бы́стро вскочи́л с посте́ли.

연습문제 534 고리끼의 장편소설 «어머니»에서 발췌한 것에서 부동사구에 밑줄을 치시오. 발췌한 것을 다시 말하시오.

Листки, призывавшие рабочих праздновать Первое Мая, почти каждую ночь наклеивали на заборах, они появлялись даже на дверях полицейского управления, их каждый день находили на фабрике. По утрам полиция, ругаясь, ходила по слободе, срывая и соскабливая лиловые бумажки с заборов, а в обед они снова летали на улице, подкатываясь под ноги прохожих.

Из города прислали сыщиков; они, стоя на улицах, щупали глазами рабочих, весело и оживлённо проходивших с фабрики на обед и обратно. Всем нравилось видеть бессилие сыщиков, даже пожилые рабочие, усмехаясь, говорили друг другу:

— Что делают, а?

Всюду собирались кучки людей, горячо обсуждая волнующий призыв. Жизнь вскипала, она в эту весну для всех была интереснее, всем несла что-то новое.

연습문제 535 고리끼의 작품에서 만든 문장을 읽고 부동사구에 질문을 하시오.

1. Мать, стараясь не шуметь посудой, наливала чай и вслушивалась в плавную речь девушки.
2. Павел встал и начал ходить по комнате, заложив руки за спину.
3. Узнав новость, он быстро вскочил, лицо его побледнело.
4. Чай пили долго, стараясь сократить ожидание.
5. Он шёл медленно, крепко опираясь на палку.
6. Павел, овладев собой, стал говорить проще, спокойнее.
7. Порою он останавливался, не находя слов.
8. Окончив ужин, все расположились вокруг костра; перед ними, торопливо поедая дерево, горел огонь, сзади нависла тьма, окутав лес и небо.
9. Подлинную историю трудового народа нельзя знать, не зная устного народного творчества.
10. Литератор, работая, одновременно превращает и дело в слово и слово — в дело.

연습문제 536 괄호 속에 주어진 부동사구를 가지고 두 문장 중 한 문장을 만들어라.

보기: Паровоз гудел. Раздавался гудок паровоза (подъезжая к станции).

Подъезжая к станции, паровоз гудел.

1. Его охватило волнение. Он взволновался (услышав новость).
2. Работа продолжалась. Студенты продолжали работу (пообедав и отдохнув полчаса).
3. Она захлопнула дверь. Дверь захлопнулась (выходя из дома).
4. Перчатки пропали. Я потерял перчатки (возвращаясь домой).
5. Мы решили собраться у него. Было принято решение собраться у него (узнав о его приезде).
6. Он не мог ответить на письмо. У него не было возмозности ответить на письмо (не имея адреса).

부동사 조성

불완료상 동사로부터의 부동사 조성

불완료상 부동사는 불완료상 현재시제어간에서 접미사 **-а(-я)**를 가지고 만들어진다.
читá-ют — читá-я '읽으면서', нес-ýт — нес-я́ '운반하면서', занимá-ют-ся — занима-я-сь '일하면서', слы́ш-ат — слы́ш-а '들으면서'

예외: 어근 да-, зна-, ста- 뒤에 접미사 -ва-를 가진 동사는 예외적으로 원형어간에서부터 만들어진다:
давá-ть — давá-я '주면서', узнавá-ть — узнавá-я '인지하면서', вставá-ть — вставá-я '일어나면서'

불완료상 부동사로서 접미사 -учи(-ючи)를 가진 고어형이 있다: и́дучи, игрáючи, глядючи, жалéючи. 현대 러시아어에서는 일반적으로 이러한 형태는 사용되지 않는다. 현대 러시아어에서는 동사 быть의 부동사인 бýдучи만 사용된다(бýдучи студéнтом, бýдучи в гóроде).

어떤 동사들은 불완료상 부동사가 전혀 만들어지지 않거나 아니면 현대 러시아어에서 사용되지 않는다.

1. 현재시제어간에서 모음을 가지지 않는 동사: ждать '기다리다' — ждут, рвать '잡아당기다' — рвут, терéть '문지르다' — трут, пить '마시다' — пьют 등.
2. -чь로 끝나는 동사: печь '굽다', жеть '태우다', беречь '소중히 하다', мочь '가능하다' 등.
3. 접미사 -ну-를 가진 동사: сохнуть '마르다', мокнуть '젖다', гаснуть '꺼지다' 등.
4. 기타 писать '쓰다', плясать '춤추다', пахать '경작하다', резать '자르다', петь '노래하다' 등.

연습문제 537 다음 동사들에서 불완료상 부동사를 만드시오.

понимать, работать, читать, возвращаться, переписываться; держать, слышать, кричать, плакать, краснеть, бледнеть, владеть, уметь; организовать, критиковать, существовать, радоваться; любить; строить, стоять, спешить, дорожить; нести, вести, везти, идти; брать, звать; жить, плыть; бороться, смеяться, бояться; давать, создавать, признавать, расставаться.

연습문제 538 부동사 구를 만드시오.

보기: Они гуляли в парке и разговаривали.
Гуляя в парке, они разговаривали.
Разговаривая, они гуляли в парке.

1. Преподаватель слушает нас и исправляет наши ошибки.
2. Я возвращался домой и думал об этом разговоре.
3. Мой друг лежал на диване и читал газету.
4. Дети бегали по двору и играли в мяч.
5. Мои друзья сидели за столом и занимались.

연습문제 539 다음 문장을 읽고 부동사를 쓰시오. 부동사가 만들어진 동사의 원형과 복수 3인칭 현재시제를 쓰시오.

1. Под голубыми небесами Великолепными коврами, Блестя на солнце, снег лежит (*П.*).
2. Держа кувшин над головой, Грузинка узкою тропой Сходила к берегу (*Л.*).
3. Она скользила меж камней, Смеясь неловкости своей (*Л.*).
4. Старинная башня стояла, Чернея на чёрной скале (*Л.*).
5. Колыхаясь и сверкая, Движутся полки (*Л.*).

완료상 동사로부터 부동사 조성법

완료상 부동사는 원형어간 또는 과거시제 어간에서부터 접미사 **-в** 또는 드물게 **-вши** (모음 뒤에), **-ши** (자음 뒤에)를 가지고 만들어진다.

прочита́-ть '읽다' — прочита́-л — прочита́-в 또는 прочита-вши '읽고 나서';
откры́-ть '열다' — откры́-л — откры́-в 또는 откры́-вши '열고 나서';
взя́-ть-ся '착수하다' — взя́-л-ся — взя́-вши-сь '착수하고 나서';
принес-ти́ '가지고 오다' — принёс — принёс-ши '가지고 온 후에' (드물게 사용)
влез-ть '기어오르다' — влёз — влёз-ши '기어오른 후에' (드물게 사용)

만약 원형어간과 과거시제 어간이 서로 다르면 두 가지 형태의 완료상 부동사가 가능하다:
окре́пну-ть '강화하다' — окре́пну-в 그리고 окре́п — окре́п-ши;
вы́сохнуть '바싹 마르다' — вы́сохну-в 그리고 вы́сох — вы́сох-ши;
стере́-ть '문지르다' — стере́-в 그리고 стёр — стёр-ши;
запере́-ть '잠그다' — запере́-в 그리고 за́пер-ши

간혹 완료상 부동사가 완료상 어간에서부터 접미사 **-а**, **-я**를 가지고 만들어지는 경우가 있다. 그러므로 접미사로 판단하지 말고 해당 부동사가 어느 동사에서부터 만들어진 것인지 일일이 확인해야 한다:

прочéсть'읽다' — прочт-ýт — прочт-я́;

прийти́ '도착하다' — прид-ý — прид-я́ 그리고 пришéд-ши (드물게 사용)

привести́ — привед-ýт — привед-я́ 그리고 привéд-ши (드물게 사용)

принести́ '가지고 오다' — принес-ýт — принес-я́ 그리고 принёс-ши (드물게 사용)

встрéтиться '만나다' — встрéт-ят-ся — встрéт-я-сь 그리고 встрéти-вши-сь

прости́ться́ '헤어지다' — прост-я́т-ся — прост-я́-сь 그리고 прости́-вши-сь (드물게 사용)

уви́деть '보다' — уви́дят — уви́д-я 그리고 уви́де-в 또는 уви́де-вши

услы́шать'듣다' — услы́ш-ат — услы́ш-а 그리고 услы́ша-в 또는 услы́ша-вши

연습문제 540 다음 문장을 읽고 완료상 부동사를 발췌하고 이 부동사가 만들어진 동사의 원형을 쓰시오.

1. Мы расстались, пожелав друг другу счастливого пути и успехов.
2. Покончив с работой, я ещё раз напился чаю, завернулся в одеяло и, повернувшись спиной к огню, сладко уснул (*Арс.*).
3. Левинсон ехал немного впереди, задумавшись, опустив голову (*фад.*).
4. Выйдя из машины, Таня почувствовала крайнюю усталость.
5. Они разошлись, не договорившись, недовольные друг другом (*Шол.*).
6. Раздевшись, она крепко потёрла румяные щеки маленькими, красными от холода руками (*М.Г.*).
7. Возвратясь в комнату, мать тревожно заглянула в окно (*М.Г.*).
8. Мать, закрыв окно, медленно опустилась на стул (*М.Г.*).

연습문제 541 다음 동사들로부터 완료상 부동사를 만드시오.

дать, взять, понять, признать, изучить, сказать, засмеяться, проснуться; обидеться; возвратиться, проститься; прочесть, произвести, расцвести, найти, приобрести, произнести; вытереть, запереться; увлечься, пересечь; погаснуть, остынуть, окрепнуть, исчезнуть.

연습문제 542 두 개의 술어를 가진 문장을 부동사 구 또는 부동사를 가진 문장으로 바꾸시오.

보기: Отец позавтракал и ушёл на работу.
Позавтракав, отец ушёл на работу.

1. Она умылась и вышла в сад.
2. Дети бегали по двору и играли в мяч.
3. Мать накормила детей и уложила их спать.

4. Я внимательно слушал и старался не пропустить ни одного слова.
5. Мальчик оттолкнул лодку от берега и прыгнул в неё.
6. Мы долго стояли на берегу и провожали глазами удалявшуюся лодку.
7. Путешественники заблудились и были вынуждены переночевать в лесу.
8. Студенты сдали все экзамены и разъехались на каникулы.
9. Он боялся опоздать и почти бежал.

연습문제 543 주어진 동사들에서부터 가능한 곳에 부동사를 만드시오. 불완료상 부동사와 완료상 부동사를 따로따로 적으시오.

взяться, принимать, уставать, привыкнуть, увлечься, беречь, овладеть, зависеть, писать, звать, ждать, мокнуть, промокнуть, пить, лечь, жечь, найти, нарисовать, присутствовать, заинтересоваться.

부동사와 종속문

문장에서 시간, 원인, 조건 등의 상황어의 역할을 하는 부동사 구문들은 시간, 원인, 조건 등의 종속절에 일치될 수 있다.

부동사구와 이에 상응하는 종속절은 서로 교체될 수 있다.

부동사구를 종속절로 교체하는 방법:

1. 부동사 구문의 의미에 따라 어떤 종속절로 변형시킬지를 생각할 것.
2. 의미에 맞는 알맞은 접속어를 선택한 다음, 주절의 주어를 접속어 다음에 쓴다.
3. 그 다음에 주절의 시제에 따라 동사를 동일한 시제의 동사로 변형시킨다.

1. **Возвращáясь домóй**, мы дрýжески бесéдовали. '집으로 돌아갈 때 우리는 다정하게 대화를 나누고 있었다.'	**Когдá мы возвращáлись домóй**, мы дрýжески бесéдовали.
2. **Не поня́в вопрóса**, студéнт не смог отвéтить на экзáмене. '문제를 이해하지 못했기 때문에 대학생은 시험문제에 대답하지 못했다.'	Студéнт не смог отвéтить на экзáмене, **потомý что он не пóнял вопрóса**.
3. **Примени́в нóвый мéтод**, бригáда мóжет перевы́полнить нóрму. '새로운 방법을 적용하면 작업반은 작업량을 초과 달성할 수 있다.'	**Если бригáда примéнит нóвый мéтод**, онá мóжет перевы́полнить нóрму.

[역주1] 1 문장은 부동사를 시간의 종속절로 변형시키는 문제이다. 접속사 когда를 사용하고 이 접속사 다음에

주절의 주어 мы를 사용한다. 그리고 주절의 시제인 과거시제에 일치시켜 возвращались를 넣는다.

[역주2] 2 문장은 원인의 상황적 종속절로 변형시키는 문제이다. 원인으로 접속어 потому что를 사용할 경우에 종속절은 반드시 문장의 뒤에 놓인다. 이 경우에 주의할 부분은 주절의 주어인 студент를 먼저 쓰고, 그 다음에 종속절에서는 대명사 он을 사용해야 한다. 종속절의 시제는 주절의 과거시제에 일치시킨다.

[역주3] 3 문장은 조건절의 종속문으로 변형시키는 문장이다. 이 경우에도 주의할 것은 주절의 주어 бригада를 먼저 사용하고, 주절에서는 대명사 она를 사용해야 하는 점이다.

Услы́шав шум на у́лице, она́ подошла́ к окну́. '길에서 소음을 들었을 때 우리는 창으로 다가갔다.' 또는 '길에서 소음을 들었기 때문에 우리는 창으로 다가갔다.'

Когда́ она́ услы́шала шум на у́лице, она́ подошла́ к окну́.

Она́ подошла́ к окну́, **потому́ что услы́шала шум на у́лице**.

[역주] 윗 문장은 의미에 따라 시간의 상황적 종속절과 원인의 상황적 종속절로 변형시킬 수 있다.

부사절을 부동사 구문으로 교체하는 방법

종속절을 부동사구로 교체하는 것은 주절과 종속절에서 동일한 사람이나 사물을 나타내는 단어가 주어인 경우에만 가능하다. 만약 주절과 종속절의 주어가 여러가지 사물이나 여러가지 사람을 나타내면 교체가 불가능하다. 예를 들어, Когда́ мы возвраща́лись домо́й, шёл дождь. '우리가 집으로 돌아갈 때 비가 내리고 있었다.'의 문장에서 교체는 불가능하다.

종속절을 부동사로 교체하는 것은 다음의 방식으로 한다:

1. 접속사를 제거하라.
2. 종속절의 술어동사는 동일한 상의 부동사로 교체된다.
3. 종속절의 주어는 제거되든지 아니면 종속절의 주어가 대명사로 표현되어 있으면 주절 속으로 그대로 옮겨진다.

Когда́ пу́тники уви́дели на горизо́нте грозову́ю тучу, они́ приба́вили ша́гу. '여행객들이 지평선 위에서 먹구름을 보았을 때 그들은 걸음을 재촉했다.'

Уви́дев на горизо́нте грозову́ю ту́чу, пу́тники приба́вили ша́гу.

[역주] 종속절의 접속사 когда와 주어를 제거하고 종속절의 동사가 완료상 동사이기 때문에 완료상 부동사 увидев으로 만들고 종속절의 주어 путники를 주절의 주어로 옮긴다.

연습문제 544 종속절을 부동사구로 바꾸시오.

A: 보기: **Когда они работали**, они молчали.
Работая, они молчали.

1. Я не мог приехать к вам, потому что не знал вашего адреса.
2. Когда мы возвращались с собрания, мы продолжали обсуждать этот вопрос.
3. Когда я отдыхаю после занятий в своей комнате, я обычно читаю или слушаю музыку.
4. Студент не мог отвечать правильно, так как не понимал вопросов.
5. Когда мы говорим по-русски, мы иногда делаем ошибки.
6. Когда студенты сдавали экзамен, они волновались.
7. Мы спорили об этом, когда шли в университет.
8. Когда моя сестра училась в школе, она особенно интересовалась биологией.
9. Когда я жил зимой в доме отдыха, я каждый день ходил на лыжах.
10. Сестра долго не писала мне, потому что сердилась на меня.

B. 보기: **Когда мы прочитали текст**, мы начали учить новые слова.
Прочитав текст, мы начали учить новые слова.

1. Когда мой брат окончил университет, он поступил в аспирантуру.
2. Когда я получил это письмо, я сразу написал ответ.
3. Она ушла домой, потому что почувствовала себя плохо.
4. Студент ответил плохо, потому что он не выучил метериал.
5. Когда брат вернётся с работы, он позвонит тебе.
6. Когда она увидела нас, она сразу подошла к нам.

연습문제 545 종속절을 부동사구로 바꾸시오.

1. Когда друзья встречались, они рассказывали друг другу все новости.
2. Когда он отдохнул, он собрался уходить.
3. Он ушёл, потому что почувствовал себя лишним.
4. Так как мы не имели никаких известий об экспедиции, мы начали беспокоиться о её судьбе.
5. Если я вернусь пораньше, я смогу зайти к тебе.
6. Если бы он знал ваш адрес, он обязательно написал бы вам.
7. Когда он рассказывал что-нибудь смешное, он сам всегда оставался серьёзным.
8. Все смеялись, когда слушали его рассказ.
9. Мы спешили домой, потому что боялись надвигающейся грозы.
10. Если он пообещал приехать, он обязательно приедет.

부록

동사 접두사의 기본 의미

접두사	접두사 의미	주
в- (во-)	1. 운동의 방향(내부) a) войти́ / входи́ть } в ко́мнату вложи́ть / вкла́дывать } письмо́ в конве́рт воткну́ть / втыка́ть } лопа́ту в зе́млю b) вступи́ть / вступа́ть } в профсою́з вовле́чь / вовлека́ть } кого́-либо в рабо́ту	접두사 в-를 가지고 있는 동사에 종속되어 있는 명사는 종종 전치사 в를 수반한다. (войти в комнату) 반대의미를 가진 동사는 일반적으로 접두사 вы-를 가지고, 그리고 이 동사에 종속되어 있는 명사는 전치사 из를 수반한다. (выйти из комнаты)
	2. 어떤 운동 또는 상태로의 몰두 вду́маться / вду́мываться } в смысл, в слова́ вслу́шаться / вслу́шиваться } в разгово́р, в го́лос	이 동사는 소사 -ся하고만 사용된다.
	3. 위로의 운동 вкати́ть / вка́тывать } пово́зку на́ гору влезть / влеза́ть } на де́рево	반대의미를 가진 동사는 접두사 с를 가진다. (скати́ть с горы́, слезть с де́рева)
вз- (взо-, вс-)	1. 위로의 운동 войти́ / всходи́ть } на крыльцо́ взобра́ться / взбира́ться } на де́рево взлете́ть / взлета́ть } взлете́ла ста́я птиц	
	2. 결과(행위의 완성, 완료) вспаха́ть / (паха́ть) } по́ле, уча́сток вскипяти́ть / (кипяти́ть) } во́ду, молоко́	이 의미에서 접두사 вс-는 상짝을 만드는데 쓰인다.

접두사	접두사 의미	주
вы-	1. 내부에서 외부에로의 운동방향 вы́йти / выходи́ть } из ко́мнаты вы́лить / вылива́ть } во́ду из стака́на 2. 결과 вы́учить (учи́ть) } стихотворе́ние, слова́ вы́сохнуть (со́хнуть) } Появи́лось со́лнце, и трава́ вы́сохла. вы́стирать (стира́ть) } пла́тье, бельё вы́сушить (суши́ть) } бельё вы́спаться / высыпа́ться } Я по́здно лёг спать и не вы́спался.	이 의미에서 접두사 вы-는 상짝을 만드는데 쓰인다. 동사 вы́спаться는 소사 -ся하고만 사용된다.
до-	1. 한계까지 행위도달 a) дое́хать / доезжа́ть } до грани́цы доплы́ть / доплыва́ть } до бе́рега дочита́ть / дочи́тывать } кни́гу (до 101-й страницы, до середины) b) дописа́ть / дopи́сывать } письмо дослу́шать / дослу́шивать } расска́з 2. 어려움에도 불구하고 행위결과를 이룸 дозва́ться { Его́ с трудо́м дозва́лись, Я до́лго тебя́ буди́л, но не мог добуди́ться добуди́ться. достуча́ться { Он стуча́л, стуча́л и наконе́ц достуча́лся: дверь откры́ли. дозвони́ться кому́-либо по телефо́ну	행위영역은 전치사 до를 수반하는 명사에 의하여 표시된다. 이 의미를 가진 동사는 접두사 до-와 소사 -ся를 가진 타동사나 자동사에서부터 만들어진다.

접두사	접두사 의미	주
за-	1. 대상의 너머로 향하는 행위방향 забежа́ть, забега́ть } за де́рево заткну́ть, затыка́ть } топо́р за по́яс 2. 도중에 일어나는 부수적 운동 забежа́ть, забега́ть } в магази́н на обра́тном пути́ зайти́, заходи́ть } к другу́ по пути́ в институ́т 3. 심층부로의 운동 또는 어떤 한계 너머로의 운동 зайти́, заходи́ть } далеко́ в лес заплы́ть, заплыва́ть } далеко́ забро́сить, забра́сывать } мяч на кры́шу 4. 사물을 무엇으로 덮거나 빈 곳을 채우는 것 засы́пать, засыпа́ть } семена́ землёй заве́сить, заве́шивать } окно́ простынёй зали́ть, залива́ть } бума́гу черни́лами зарасти́, зараста́ть } Доро́га заросла́ траво́й. 5. 지나친 행위 засиде́ться, заси́живаться } в гостя́х зарабо́таться заговори́ться { Мы заговори́лись и не заме́тили, что уже́ наступи́ла ночь. 6. 행위 시작 зашуме́ть закрича́ть запе́ть засмея́ться	해당 의미를 가진 동사 뒤에는 전치사 за를 가진 명사가 사용된다. 이 동사는 접두사 за-와 소사 -ся에 의하여 만들어진다. 소사 소사 -ся가 없이 사용되지 않든지 다른 의미를 가진다 이 동사는 일반적으로 완료상 동사이다.
из- (ис-, изо-)	1. 내부로부터의 운동 및 추출 извле́чь, извлека́ть осќолок, по́льзу из чего́-либо	

접두사	접두사 의미	주
	исключи́ть исключа́ть } ученика из школы 2. 행위의 극한적인 충만, 완전한 소진 исходи́ть избе́гать } весь лес, весь сад исписа́ть изре́зать } всю тетра́дь, всю бума́гу	이 동사의 불완료상 동사는 일반적으로 사용되지 않는다.
на-	1. 사물의 표면으로의 행위 방향 нае́хать наезжа́ть } на де́рево, на ка́мень наткну́ться натыка́ться } на стол набро́сить набра́сывать } пальто́ на пле́чи накле́ить накле́ивать } ма́рку на конве́рт 2. 행위의 충만 a) 사물의 부정확한 양에 대한 행위 확산 накупи́ть накупа́ть } книг наруби́ть дров напе́чь пиро́гов нарва́ть цвето́в b) 행위의 완전한 만족 напи́ться молока́ нае́сться пиро́гов насмотре́ться { на что́-либо 또는 на кого́-либо набе́гаться нагуля́ться наигра́ться 3. 행위의 종결성 написа́ть (писа́ть) } письмо́ напеча́тать (печа́тать) } статью́ в газе́те нарисова́ть (рисова́ть) } портре́т	이 의미를 가진 접두사 на는 타동사에 부가된다. 동사 뒤의 보어는 항상 생격이다 비교: купить книги и накупить книг 이 그룹의 모든 동사는 접두사 на-와 소사 -ся에 의하여 만들어진다. 소사 -ся가 없이는 사용되지 않는지 다른 의미를 가진다. a)와 b) 그룹의 모든 동사는 일반적으로 완료상 동사이다. 이 의미에서 접두사 на는 상짝을 만드는데 사용된다.

접두사	접두사 의미	주
	начерти́ть (черти́ть) } чертежи́ научи́ть (учи́ть) } дру́га игре́ в ша́хматы (игра́ть в ша́хматы) накорми́ть (корми́ть) } ребёнка	
недо-	끝까지 수행되지 못한 행위의 부족 недовы́полнить недовыполня́ть } план недооцени́ть недооце́нивать } си́лы, возмо́жности недосоли́ть недоса́ливать } суп	반대 의미를 가지는 동사는 접두사 пере-를 가진다: перевы́полнить план, переоцени́ть си́лы, пересоли́ть суп
над- (надо-)	1. 행위는 사물의 크기의 증대(높이 또는 길이의 증대), 부가부분의 병합의 목적을 가진다. надстро́ить надстра́ивать } дом, эта́ж надвя́зывать надвяза́ть } чуло́к 2. 모든 사물에 미치는 불완전한 행위 надкуси́ть надку́сывать } я́блоко надломи́ть надла́мывать } ве́тки	
о- (об-, обо)	1. 사물 주위의 운동 또는 우회 a) обойти́ обходи́ть обежа́ть обега́ть } вокру́г де́рева b) обойти́ обходи́ть объе́хать объезжа́ть } боло́то, го́ру 2. 행위가 모든 대상 또는 많은 대상으로 확산됨 обега́ть обежа́ть } весь сад объе́здить объезжа́ть } все города́ обойти́ обходи́ть } все знако́мые места́ в го́роде	이 동사 뒤에 오는 직접 보어는 자주 대명사 весь와 함께 사용된다.

접두사	접두사 의미	주
	опросить } всех студентов опрашивать обшить } всю семью обшивать 3. 사물을 다른 물건으로 둘러싸는 것 обсадить } дом цветами обсаживать обшить } платок кружевами обшивать обступить } Ученики обступили учителя. обступать 4. 행위의 실수 ослышаться (неправильно что-либо услышать) оговориться } (сказать нечаянно не то, что надо) оговариваться оступиться } Он оступился и упал оступаться	이 그룹의 동사는 접두사 o와 소사 -ся에 의하여 만들어진다.
	5. 사물을 어떤 것으로 또는 누구로 되게 하다 또는 스스로 어떤 것이나 누구로 된다. обогатить } (сделать богатым) обогащать обогатиться } (сделаться, стать богатым) обогащаться осчастливить (сделать счастливым) осиротеть } (стать сиротой) овдоветь (стать вдовой) ослепить } (сделать слепым) ослеплять оглушить } (сделать глухим) оглушать 6. 행위의 완수, 결과 окрепнуть } (стать крепче, крепким) (крепнуть) ослепнуть } (стать слепым) (слепнуть) оглохнуть } (стать глухим) (глохнуть) ослабеть } (стать слабым) (слабеть)	이 동사는 형용사와 명사의 어간에서 만들어진다. 이 의미에서 접두사 o-는 상짝을 만드는데 사용된다.

접두사	접두사 의미		주
от- (ото-)	사물로부터의 운동, 행위 방향, 사물로부터의 이탈		
	a) отойти́ отходи́ть	от огня́, от до́ма	접두사 от-를 가진 동사에 속하여 있는 명사는 자주 전치사 от와 함께 사용된다: отойти́ от окна, отвяза́ть ло́шадь от де́рева
	отплы́ть отплыва́ть	от бе́рега	
	отодви́нуть отодвига́ть	стака́н от себя́	
	отложи́ть откла́дывать	кни́гу в сто́рону	
	b) оторва́ть отрыва́ть	пу́говицу от пальто́	반대의 의미를 가진 동사는 자주 접두사 при-를 가지는 경우가 많다. 이 동사에 속하여 있는 명사는 전치사 к와 함께 사용된다: привяза́ть ло́шадь к де́реву; придви́нуть кни́гу к себе́; привы́кнуть к кому́-нибудь, к чему́-нибудь
	отвяза́ть отвя́зывать	ло́шадь от де́рева	
	откле́ить откле́ивать	ма́рку от конве́рта	
	c) отучи́ть отуча́ть	кого́-либо от куре́ния	
	отвы́кнуть отвыка́ть	от кого́-либо, от чего́-либо	
пере-	1. 사물을 통하여, 사물의 한쪽 방향에서 또 다른 방향으로의 행위 방향		
	перейти́ переходи́ть	че́рез у́лицу, у́лицу	이 동사에 속하는 명사는 전치사와 함께 사용되든지 아니면 전치사 없는 대격으로 사용된다. перейти через улицу와 перейти улицу는 의미가 동일하다.
	перепры́гнуть перепры́гивать	че́рез руче́й, руче́й	
	2. 한 장소에서 또 다른 장소로 이동		
	перее́хать переезжа́ть	на другу́ю кварти́ру	
	пересели́ться переселя́ться	из го́рода в дере́вню	
	пересе́сть переселя́ться	со сту́ла на дива́н	
	переста́вить переставля́ть	цветы́ с окна́ на стол	
	3. 행위의 새로운 수행		
	переписа́ть перепи́сывать	письмо́, сочине́ние, упражне́ние	
	перечита́ть перечи́тывать	кни́гу, письмо́	
	перерабо́тать перераба́тывать	статью́ докла́д	

접두사	접두사 의미	주
пере- 계속	перестро́ить перестра́ивать } дом 4. 대상을 부분으로 나눔 перереза́ть перерва́ть } верёвку, ни́тку перепили́ть перепи́ливать } де́рево, бревно́ 5. 행위의 지나침, 규준 초과 пересоли́ть переса́ливать } суп перевари́ть перева́ривать } карто́фель перевы́полнить перевыполня́ть } план переоцени́ть переоце́нивать } си́лы, возмо́жности переутоми́ться переутомля́ться 6. 모든 사물에 대한 행위의 점차적 파급 пересмотре́ть все фи́льмы перечита́ть все кни́ги перемы́ть все ча́шки перелома́ть все игру́шки переби́ть всю посу́ду 7. 행위의 상호성 перепи́сываться с друзьями перегова́риваться переклика́ться } в лесу́, на прогу́лке	
под (подо-)	1. 사물 아래쪽으로의 행위방향 подложи́ть подкла́дывать } поду́шку под го́лову подста́вить подставля́ть } ведро́ под струю́ воды́ 2. 접근 подойти́ подходи́ть } к до́му подплы́ть подплыва́ть } к бе́регу подтащи́ть подта́скивать } ве́щи в ваго́ну	이 그룹의 동사에 속하는 명사는 전치사 к와 함께 사용된다. 반대 의미를 가진 동사는 접두사 от-를 가진다: отойти от дома 그리고 이 동사에 속하는 명사는 전치사 от와 함께 사용된다.

접두사	접두사 의미	주
	3. 아래에서 위로의 행위 방향 подбро́сить / подбра́сывать } мяч подпры́гнуть / подпры́гивать } подскочи́ть / подска́кивать } 4. 부가 подли́ть / подлива́ть } воды́ подсыпа́ть / подсы́пать } муки́ подбро́сить / подбра́сывать } дров в ого́нь 5. 행위의 숨겨진, 가리워진 수행 подслу́шать / полслу́шивать } разгово́р подстере́чь / подстерега́ть } врага́ подговори́ть / подгова́ривать } кого́-либо что́-либо сде́лать	이 그룹의 동사 뒤에 오는 보어는 일반적으로 생격으로 된다.
пред- (предо-)	어떤 것의 예보 предсказа́ть / предска́зывать } пого́ду предви́деть / предчу́вствовать } опа́сность, несча́стье предусмотре́ть / предусма́тривать } собы́тия предстере́чь / предостерега́ть } кого́-либо от опа́сности	
пре-	1. 행위의 지나침 또는 높은 등급 преувели́чить / преувели́вачить } успе́хи, тру́дности преуме́ньшить / преуменьша́ть } успе́хи, тру́дности превы́сить / превышать } власть превзойти́ / превосходи́ть } довое́нный у́ровень	

접두사	접두사 의미	주
	2. 상태의 변화 превратить, превращать } воду в лёд преобразовать, преобразовывать } хозяйство преобразиться, преображаться } Страна преобразилась.	
при-	1. 접근, 결합 a) прийти, приходить } домой, к другу, в институт приехать, приезжать } в деревню, в город, к друзьям принести, приносить } книгу другу b) привязать, привязывать } лошадь к дереву пришить, пришивать } пуговицы к платью привинтить, привинчивать } коньки к ботинкам приклеить, приклеивать } марку к конверту c) прибавить прибавлять приписать приписывать пристроить пристраивать 2. 행위의 불완전함 привстать, привставать } (т.е. немного встать) присесть, присаживаться } (т.е. сесть ненадолго) прилечь (лечь ненадолго) приоткрыть, приоткрывать } (т.е. слегка открыть)	반대 의미를 가진 동사는 접두사 у-를 가진다: уйти, уехать, унести 전치사 к를 수반하는 명사가 이 동사에서 사용된다. 반대 의미를 가진 동사는 일반적으로 접두사 от-를 가진다: отвязать лошадь, отвинтить коньки, отклеить марку. 그리고 전치사 от와 함께 사용된다. 접근, 결합, 추가의 의미를 가진 접두사 와 함께 사용되는 동사에는 다음의 추상적인 의미를 가진 동사가 사용된다: привыкнуть, привыкать } к климату приучить, приучать } детей к порядку призвать, призывать } народ к борьбе прислушаться, прислушиваться } к шуму
про-	1. 사물에 의한 운동, 사물을 관통하는 운동, 침투 протечь, протекать } Вода протекала сквозь дыру в крыше провалиться, проваливаться } под лёд	이 그룹의 동사는 자주 전치사 сквозь 또는 через와 함께 사용된다.

접두사	접두사 의미	주
про- 계속	прони́кнуть } Сла́бый свет проника́л че́рез проника́ть } ма́ленькое окно́.	
	2. 행위의 완전함(행위가 사물 전체에 미침) проду́мать } отве́т на вопро́с, план выступле́ния проду́мывать } проби́ть } Пуля пробила стекло. пробива́ть } прочу́вствовать сказа́нное причи́танное просуши́ть } оде́жду просу́шивать }	동사 прочувствовать는 완료상만 가진다.
	3. 사물 옆을 통과하는 행위 прое́хать } ми́мо ста́нции проезжа́ть } пролете́ть } Пу́ля пролете́ла ми́мо. пролета́ть } промча́ться { Автомоби́ль промча́лся ми́мо нас.	
	4. 행위가 일정한 시간과 공간을 차지함 проболе́ть ме́сяц пролежа́ть ме́сяц в посте́ли прожи́ть в дере́вне неде́лю прожда́ть кого́-либо це́лый час простое́ть по́лчаса в о́череди	이 동사는 일반적으로 불완료상을 가지지 않는다.
	пройти́ два киломе́тра прое́хать 60 киломе́тров	이 동사에서 불완료상 동사의 조성이 가능하다.
	5. 과실 행위 проспа́ть } Он проспа́л и опозда́л на ле́кцию. просыпа́ть } прозева́ть { Мы увлекли́сь разгово́ром и прозева́ли свою́ остано́вку. проболтаться { Он не до́лжен был говори́ть э́того и всё-таки проболта́лся. промахну́ться Он вы́стрелил, но промахну́лся.	
	6. 행위의 완료 прочита́ть } кни́гу (чита́ть) } прозвене́ть } Прозвене́л звоно́к. (звене́ть) } пропе́ть } Мы пропе́ли оди́н купле́т. (петь) }	이 의미에서 접두사 про-는 상짝의 조성에 쓰인다.

<table>
<tr><th>접두사</th><th>접두사 의미</th><th>주</th></tr>
<tr><td>раз-
(рас-)
разо-)</td><td>1. 부분으로 나눔
раздели́ть
разделя́ть
разби́ть
разбива́ть
разруби́ть
разруба́ть
разре́зать
разреза́ть
распили́ть
распили́вать</td><td>이 동사에서는 전치사 на를 가진 명사가 사용된다: разбить на группы, разделить на отряды, разрезать на части</td></tr>
<tr><td></td><td>2. 분리
разви́нуть
развига́ть
разогна́ть
разгонять
разъединить
разъединять</td><td>반대 의미를 가진 동사는 접두사 с-, со-를 가진다: сдвинуть, согнать, соединить, свести</td></tr>
<tr><td></td><td>3. 여러 방향으로, 여러 장소로 행위 확산
разброса́ть
разбра́сывать
разложи́ть
раскла́дывать
расста́вить
расставля́ть</td><td></td></tr>
<tr><td></td><td>4. 한 장소에서 여러 방향으로 운동 방향
разойти́сь
расходи́ться — по своим комнатам
разъе́хаться
разъезжа́ться — по домам</td><td>접두사 раз-를 가진 자동사는 항상 소사 -ся를 가진다.
반대 의미를 가지는 동사는 접두사 с-와 소사 -ся를 가진다: сойтись, съехаться</td></tr>
<tr><td></td><td>5. 이미 이루어진 행위에 반대되는 행위
развяза́ть
развя́зывать — узел
распеча́тать
распеча́тывать — письмо
расстегну́ть
расстёгивать — пальто
разде́ться
раздева́ться
разлюби́ть — что-нибу́дь, кого́-нибудь</td><td>반대 의미를 가진 동사는 종종 접두사 за-와 다른 접두사 по-를 가진다: завязать, запечатать, завернуть, застегнуть; полюбить</td></tr>
</table>

<table>
<tr><th>접두사</th><th>접두사 의미</th><th>주</th></tr>
<tr><td>раз-
계속</td><td>6. 점차적으로 증대되는 행위
расшуме́ться
раскрича́ться
разболе́ться
разгоре́ться
разгора́ться

7. 행위의 완전함
рассмотре́ть, рассма́тривать } лицо, картину
расспроси́ть, расспра́шивать } о чём-либо
разузна́ть, разузнава́ть } о чём-либо

8. 행위 결과, 완료
разбуди́ть
(буди́ть)
рассерди́ть
(серди́ть)
развесели́ть
(весели́ть)
раста́ять
(та́ять)</td><td>이 동사는 소사 -ся가 없이 사용되지 않는다. 이들은 일반적으로 불완료상을 가지지 않는다.

동사 расслышать, разругать, разбранить로부터 불완료상은 사용되지 않는다.

이 의미에서 접두사 раз-는 상짝을 조성하는데 쓰인다.</td></tr>
<tr><td>с-(со-)</td><td>1. 사물의 표면으로부터 멀어짐
стере́ть, стира́ть } пыль с ме́бели
смы́ть, смыва́ть } грязь
сорва́ть, срыва́ть } Ве́тер сорва́л шля́пу с головы́.

2. 아래쪽으로의 운동 방향
сойти́, сходи́ть } с ле́сницы
съе́хать, съезжа́ть } с горы́

3. 결합
сдви́нуть, сдвига́ть } столы́
соста́вить, составля́ть } столы́</td><td>이 동사에서 전치사 с를 가진 명사가 자주 사용된다.

반대 의미를 가진 동사는 접두사 вз-를 가지거나 (взойти на лестницу, взбежать на крылицо) 아니면 в-를 가진다(въехать на гору, влезть на дерево).</td></tr>
</table>

접두사	접두사 의미	주
с- 계속	связа́ть / связывать } верёвку с верёвкой сцепи́ть / сцепля́ть } ваго́ны	반대 의미를 가진 동사는 일반적으로 접두사 раз-를 가진다: раздви́нуть столы́, расцепи́ть ваго́ны 등.
	4. 여러 방향에서 한 점, 한 장소로 모이는 운동방향 сойти́сь сходи́ться съе́хаться съезжа́ться сбежа́ться сбега́ться	반대 의미를 가진 동사는 접두사 раз-를 가진다: разойти́сь, расходи́ться, разбежа́ться, разбега́ться, разъе́хаться, разъезжа́ться
	5. 행위의 상호성 сговори́ться / сгова́риваться } с ке́м-либо пойти́ куда́-либо, сделать что-либо созвони́ться / созва́ниваться } по телефо́ну с кем-либо	이 동사는 항상 소사 -ся와 함께 사용된다.
	6. 모사 срисова́ть срисо́вывать списа́ть списывать	
	7. 행위의 결과, 완료 сде́лать (де́лать) спря́тать (пря́тать) спеть (петь) слома́ть (лома́ть)	이 의미에서 접두사 с-는 상짝을 조성하는데 쓰인다.
	8. 행위의 일회성 (왕복행위) сходи́ть / ходи́ть } в магази́н, в кино́ своди́ть / води́ть } ребёнка к врачу́	
у-	1. 멀어짐 убра́ть / убира́ть } ве́щи в шкаф уйти́ уходи́ть	반대 의미를 가진 운동동사는 접두사 при-를 가진다: прийти́, принести вещи, привезти детей с дачи

접두사	접두사 의미	주
у- 계속	унести́ / уносить } ве́щи в другу́ю ко́мнату	
	2. 행위가 사물의 모든 표면으로 확산됨 уста́вить / уставля́ть } весь стол посу́дой уве́шать / уве́шивать } сте́ны карти́нами устла́ть / устила́ть } пол ковра́ми	
	3. 장애에도 불구하고 행위의 완수 уговори́ть угова́ривать упроси́ть / упра́шивать } С трудо́м уговори́л (упроси́л) его́ пойти́ к врачу́.	이 동사는 일반적으로 단어 едва́, с трудо́м과 함께 사용된다.
	усиде́ть } Пого́да была́ так хороша́, что я не мог усиде́ть до́ма. уцеле́ть } По́сле бомбёжки в го́роде уцеле́ло лишь не́сколько домо́в.	동사 усто́ять, усиде́ть, уцело́ть는 불완료상을 가지지 않는다.
	4. 행위의 견고성 усе́сться уса́живаться уле́чься укла́дываться	접두사 у-는 이 의미에서 상짝을 조성하는데 쓰인다.
	5. 일회성 уви́деть (ви́деть) услы́шать (слы́шать) ужа́лить (жа́лить)	
	6. 형용사로부터 타동사의 조성 улу́чшить улучша́ть уско́рить ускоря́ть уясни́ть уясня́ть удлини́ть удлиня́ть уху́дшить ухудша́ть	이 모든 동사는 타동사이다.

부록

몇몇 비생산적으로 사용되는 동사로부터 형태 조성방법

표에는 기본적으로 접두사가 없는 동사들이 주어져 있다. 접두사가 없는 동일한 동사와 접두사가 있는 동일한 동사는 모든 형태들이 동일하게 조성된다. 이 때문에 동사 **принести́** '가져가다'에서부터 조성되는 형태를 찾기 위해서는 동사 **нести́** '가져가다'를 보면 되고, 동사 **убежать** '도망하다'에서부터 조성되는 형태를 찾기 위해서는 동사 **бежа́ть** '달리다'를 보면 된다.

그러나 만약 예를 들어, 동사 **пасть** '떨어지다', **деть** '치우다', **влечь** '끌다'등과 같이 접두사가 없는 동사가 별로 사용되지 않으면, 표에서 좀 더 자주 사용되는 접두사를 가진 동사가 주어져 있다(예를 들어, **упа́сть** '완. 떨어지다', **оде́ть** '(옷을) 입히다', **разде́ть** '(옷을) 벗기다', **привле́чь** '끌어 당기다', **увле́чь** '데려가다' 등.)

만약 無 접두사 동사의 형동사 형태가 별로 사용되지 않으면, 그 형태는 단어의 앞에 짧은 하이픈 표시를 해 두었다. 이것은 이 위치에 이런 저런 접두사가 올 수 있다는 것을 표시한다. 예를 들어, **бережённый** '소중히 보관되어진' 형태는 드물게 사용되지만, **сбережённый** '완, 소중히 보관되어진' 형태는 보다 자주 사용된다. **зва́нный** '초대되어진'는 거의 사용되지 않지만 **при́званный** '사명을 가진', **со́званный** '초대되어진', **на́званный** '명명되어진'는 자주 사용된다.

無 접두사 불완료상 동사로부터 조성된 피동 형동사 과거시제는 (예를 들어, **вя́занный** '묶여진', **печённый** '구워 만든', **рва́нный** '찢어진' 등) 현대 러시아어에서는 대부분의 경우에 형용사, 예를 들어, **вя́заная ко́фта** '털실로 짠 자켓', **печёное я́блоко** '구운 사과', **рва́ная оде́жда** '해진 옷'로 바뀌었다.

드물게 사용되는 명령법 형태는 표에 제시되어 있다. 명령법 형태가 부정으로 자주 사용되는 경우에는 동사 앞에 소사 **не**를 괄호 안에 넣었다.

원형	과거시제	능동형 동사과거	피동형 동사과거	현재 또는 단일미래시제	명령법	능동형동사 현재시제	피동형동사 현재시제	부동사
бежáть	бежал, -ла	бежáвший	—	бегý, бежи́шь	беги́	бегýщий	—	—
берéчь	берёг, берегла	(берёгший)	(бережённый)	берегý, бережёшь	береги́	берегýщий	—	—
бить	би́л, -ла	би́вший	бы́тый	бью, бьёшь	бей	бью́щий	—	—
блестéть	блестéл, -ла	блестéвший	—	блещу, блести́шь, лéщешь	(блести́)	блестя́щий блéщущий	—	блестя́
блистáть	блистáл,- ла	блистáвший	—	блистáю, блистáешь	(блистáй)	блистáющий	—	блистáя
болéть	болéл, -ла	болéвший	—	болéю, болéешь болéт, боля́т	(не) болéй	болéющий	—	болéя
борóться	борóлся, -лась	борóвшийсь	—	борю́сь, бóрешься	бóри́сь	бóрющийся	—	боря́сь
боя́ться	боя́лся, -лась	боя́вшийся	—	бою́сь, бои́шься	бóйся	боя́щийся	—	боя́сь
брать	брал, -лá	брáвший	—	берý, берёшь	бери́	берýщий	—	беря́
быть	был, -лá	бы́вший	—	бýду, бýдешь	будь	бýдущий	—	бýдучий
брить	брил, -ла	бри́вший	бри́тый	брéю, брéешь	брей	бреющий	(брéемый)	брéя
велéть	велéл, -ла	велéвший	—	велю́, вели́шь	вели́	—	—	веля́
везти́	вёз, везлá	вёзший	—	везý, везёшь	вези́	везýщий	(везóмый)	везя́
вертéть	вертéл, -ла	вертéвший	—	верчý, вéртишь	верти́	вертя́щий	—	вертя́
вести́	вёл, велá	вéдший	—	ведý, ведёшь	веди́	ведýщий	ведóмый	ведя́
взойти́	взошёл, взошлá	взошéдший	—	взойдý, взойдёшь	взойди́	—	—	взойдя́
взять	взял, -лá	взя́вший	взя́тый	возьмý, возьмёшь	возьми́	—	—	взяв
ви́деть	ви́дел, -ла	ви́девший	ви́денный	ви́жу, ви́дишь	—	ви́дящий	ви́димый	ви́дя
висéть	висéл, -ла	висéвший	—	вишý, виси́шь	(виси́)	вися́щий	—	вися́
воздви́гнуть	воздви́г, -ла	воздви́гший	воздвигнутый	воздви́гну, -ви́гнешь	воздви́гни	—	—	воздви́гнув
войти́	вошёл, шлá	вошедший	—	войдý, войдёшь	войди́	—	—	войдя́
восставать	восставал, -ла	восставший	—	восстаю, восстаёшь	восставай	восстающий	—	восставать
восстáть	восстáл, -ла	восстáвший	—	восстáну, восстáнешь	восстáнь	—	—	восстáв

врать	врал, -ла́	вра́вший	—	вру, врёшь	(не) ври	вру́щий		
встава́ть	встава́л, -ла	встава́вший	—	встаю́, встаёшь		встаю́щий	—	вставая́
встать	встал, -ла	вста́вший	—	вста́ну, вста́нешь	встань	—	—	встав
вы́йти	вы́шел, -ла	вы́шедший	—	вы́йду, вы́йдешь	вы́йди	—	—	вы́йдя
вы́честь	вы́чел, -ла	вы́чевший	вычтенный	вы́чту, вы́чтешь	вы́чти	—	—	вы́чтя
вяза́ть	вяза́л, -ла	вязаа́вший	(-вязанный)	вяжу́, вя́жешь	вяжи́	вя́жущий	—	—
вя́знуть	вяз, -ла	вязнувший	—	вя́зну, вя́знешь	(вя́зни)	вя́знущий	—	—
вя́нуть	вял, -ла	вя́нувший	—	вя́ну, вя́нешь	(вянь)	вя́нущий	—	—
га́снуть	гас, -ла	га́снувший	—	га́сну, га́снешь	(га́сни)	га́снущий	—	—
ги́бнуть	гиб, -ла	ги́бнувший	—	ги́бну, ги́бнешь	(ги́бни)	ги́бнущий	—	—
гло́хнуть	гло́х, -ла	гло́хший	—	гло́хну, гло́хнешь	(гло́хни)	гло́хнущий	—	—
гнать	гнал, -ла́	гна́вший	—	гоню́, го́нишь	гони́	гоня́щий	гони́мый	гоня́
горе́ть	горе́л, -ла	горе́вший	—	горю́, гори́шь	гори́	горя́щий	—	горя́
греме́ть	греме́л, -ла	греме́вший	—	гремлю́, греми́шь	греми́	гремя́щий	—	гремя́
грести́	грёб, гребла́	грёбший	—	гребу́, гребёшь	греби́	гребу́щий	—	гребя́
грызть	грыз, -ла	гры́зший	—	грызу́, грызёшь	грызи́	грызу́щий	—	грызя́
гуде́ть	гуде́л, -ла	гуде́вший	—	гужу́, гуди́шь	(гуди́)	гудя́щий	—	гудя́
дава́ть	дава́л, -ла	дава́вший	—	даю́, даёшь	давай	даю́щий	дава́емый	давая́
дать	дал, -ла́	да́вший	данный	дам, дашь, даст, дади́м, дади́те, даду́т	дай	—	—	дав
держа́ть	держа́л, -ла	держа́вший	—	держу́, де́ржишь	держи́	держа́щий	—	держа́
дви́гаться	дви́гался, -лась	дви́гавший	—	дви́гаюсь, дви́гаешься, дви́жусь, дви́жешься	дви́гайся	дви́гающийся дви́жущийся	—	дви́гаясь
дойти́	дошёл, -шла́	доше́дший	—	дойду́, дойдёшь	дойди́	—	—	дойдя́

1. 괄호 속에는 드물게 사용되는 형태이다.
2. 동사 быть의 단수 3인칭은 есть이고, 복수 3인칭은 суть이다; суть는 드물게 사용된다.

원형	과거시제	능동형동사과거	피동형동사과거	현재 또는 단일미래시제	명령법	능동형동사 현재시제	피동형동사 현재시제	부동사
доказа́ть	доказа́л, -ла	доказа́вший	дока́занный	докажу́, дока́жешь	докажи́	—	—	доказа́в
достава́ть	достава́л, -ла	достава́вший	—	достаю, достаешь	достава́й	достаю́щий	достава́емый	достава́я
дости́гнуть	дости́г, -ла	дости́гший	дости́гнуый	дости́гну, дости́гнешь	дости́гни	—	—	дости́гнув
дрема́ть	дрема́л, -ла	дрема́вший	—	дремлю́, дре́млешь	дремли́	дре́млющий	—	дремля́
дрожа́ть	дрожа́л, -ла	дрожа́вший	—	дрожу́, дрожи́шь	(не) дрожи́	дрожа́щий	—	дрожа́
дуть	дул, -ла	ду́вший	(-ду́тый)	ду́ю, ду́ешь	дуй	ду́ющий	—	ду́я
дыша́ть	дыша́л, -ла	дыша́вший	—	дышу́, ды́шишь	дыши́	ды́шащий	—	дыша́
есть	ел, е́ла	е́вший	—	ем, ешь, ест, еди́м, еди́те, едя́т	ешь	едя́щий	—	—
е́хать	е́хал, -ла	е́хавший	—	е́ду, е́дешь	—	е́дущий	—	—
жать (дави́ть)	жал, -ла	жа́вший	(-жа́тый)	жму, жмёшь	жми	жму́щий	—	—
жать(хлеба́)	жал, -ла	жа́вший	(-жа́тый)	жну, жнёшь	жни	жну́щий	—	—
ждать	ждал, -ла́	жда́вший	—	жду, ждёшь	жди	жду́щий	—	—
жечь	жёг, жгла́	жёгший	—	жгу, жжёшь	жги	жгу́щий	—	—
жить	жил, жила́	жи́вший	—	живу́, живёшь	живи́	живу́щий	—	живя́
журча́ть	журча́л, -ла	журча́вший	—	журчу́, журчи́шь	(журчи́)	журча́щий	—	журча́
забы́ть	забы́л, -ла	забы́вший	забы́тый	забу́ду, забу́дешь	забу́дь	—	—	забы́в
зави́сеть	зави́сел, -ла	зави́севший	—	зави́шу,зави́сишь	(зави́сь)	зави́сящий	—	зави́ся
зайти́	зашёл, зашла	заше́дший	—	зайду́, зайдёшь	зайди́	—	—	зайдя́
заказа́ть	заказа́л, -ла	заказа́вший	зака́занный	закажу́, зака́жешь	закажи́	—	—	заказа́в
занять	заня́л, -ла	заня́вший	за́нятый	займу́, займёшь	займи́	—		заня́в
застава́ть	застава́л, -ла	застава́вший	—	застаю́, застаёшь	застава́й	застаю́щий	—	застава́я

заста́ть	заста́л, -ла	заста́вший	—	заста́ну, заста́нешь	заста́нь	—	—	заста́в
застря́ть	застря́л, -ла	застря́вший	—	застря́ну, застрянешь	застря́нь	—	—	застря́в
зати́хнуть	зати́х, -ла	зати́хший зати́хнувший	—	зати́хну, зати́хнешь	зати́хни	—	—	зати́хнув
звать	звал, -ла́	зва́вший	(-званый)	зову́, зовёшь	зови́	зову́щий	—	зовя́
звене́ть	звене́л, -ла	звене́вший	—	звеню́, звени́шь	звени́	звеня́щий	—	звеня́
звуча́ть	звуча́л, -ла	звуча́вший	—	звучу́, звучи́шь	(звучи́)	звуча́щий	—	звуча́
зя́бнуть	зяб, -ла	зя́бший, зябнувший	—	зя́бну, забнешь	(зя́бни)	зя́бнущий	—	зя́бнув
идти́	шёл, шла	ше́дший	—	иду, идёшь	иди́	иду́щий	—	идя́
избе́гнуть	избе́г, -ла	избе́гший избе́гнувший	—	избе́гну, избе́гнешь	(избе́гни)	—	—	избе́гнув
иска́ть	иска́л, -ла	иска́вший	—	ищу́, и́щешь	ищи́	и́щущий	искомый	ища́
исче́знуть	исче́з, -ла	исче́знувший	—	исче́зну, -нешь	исче́зни	—	—	исче́знув
каза́ться	каза́лся, -лась	каза́вшийся	—	кажу́сь, ка́жешься	(кажи́сь)	ка́жущийся	—	—
кипе́ть	кипе́л, -ла	кипе́вший	—	киплю́, кипи́шь	(кипи́)	кипя́щий	—	кипя́
класть	кла́л, -ла	кла́вший	—	кладу́, кладёшь	клади́	кладу́щий	—	кладя́
клевета́ть	клевета́л, -ла	клевета́вший	—	клевещу́, -ве́щешь	(не) клевещи́	клеве́щущий	—	клевеща́
колеба́ться	колеба́лся, -лась	колеба́вшийся	—	коле́блюсь, коле́блешься	(не) коле́блись	коле́блющийся	—	коле́блясь
коло́ть	коло́л, -ла	коло́вший	колотый	колю́, колешь	коли́	ко́лющий	—	—
красть	крал, -ла	кра́вший	(-краденный)	краду́, крадёшь	кради́	краду́щий	—	крадя́
кре́пнуть	креп, -ла кре́пнул, -ла	кре́пнувший	—	кре́пну, кре́пнешь	(кре́пни)	кре́пнущий	—	кре́пнув
крича́ть	крича́л, -ла	крича́вший	—	кричу́, кричи́шь	кричи́	крича́щий	—	крича́
крыть	крыл, -ла	кры́вший	крытый	кро́ю, кро́ешь	крой	кро́ющий	—	кро́я

원형	과거시제	능동형 동사과거	피동형 동사과거	현재 또는 단일미래시제	명령법	능동형동사 재시제	피동형동사 현재시제	부동사
ла́ять	ла́ял, -ла	ла́явший	—	ла́ю, ла́ешь	лай	ла́ющий	—	лая
лгать	лгал, -ла́	лга́вший	—	лгу, лжёшь	(не) лги	лгу́щий	—	лгав
лежа́ть	лежа́л, -ла	лежа́вший	—	лежу́, лежи́шь	лежи́	лежа́щий	—	лёжа
лезть	лез, -ла	ле́зший	—	ле́зу, ле́зешь	лезь	ле́зущий	—	—
лете́ть	лете́л, -ла	лете́вший	—	лечу́, лети́шь	лети́	летя́щий	—	летя́
лечь	лёг, легла́	лёгший	—	ля́гу, ля́жешь	ляг	—	—	—
лить	лил, -ла́	ли́вший	(-лиый)	лью, льёшь	лей	лью́щий	—	—
ма́зать	ма́зал, -ла	ма́завший	(-мазанный)	ма́жу, ма́жешь	мажь	ма́жущий	—	—
маха́ть	махал, -ла	маха́вший	—	машу́, ма́шешь	маши	ма́шущий	—	маха́я
мёрзнуть	мёрз, -ла	мёрзнувший	—	мёрзну, -нешь	мёрзни	мёрзнущий	—	мёрзнув
ме́ркнуть	мерк, -ла	ме́ркший ме́ркнувший	—	ме́ркну, -нешь	(ме́ркни)	меркнущий	—	меркнув
мести́	мёл, мела́	(-ме́тший)	метённый	мету́, метёшь	мети́	мету́щий	—	(метя́)
моло́ть	моло́л, -ла	моло́вший	молотый	мелю́, ме́лешь	мели́	ме́лющий	—	(меля́)
молча́ть	молча́л, -ла	молча́вший	—	молчу́, молчи́шь	молчи́	молча́щий	—	мо́лча
мочь	мог, -могла́	мо́гший	—	могу́, мо́жешь	—	могу́щий	—	—
мыть	мыл, -ла	мывший	мытый	мо́ю, мо́ешь	мой	мо́ющий	—	—
мять	мял, -ла	мя́вший	мятый	мну, мнёшь	мни	мну́щий	—	—
наде́ть	наде́л, -ла	наде́вший	надетый	наде́ну, -нешь	наде́нь	—	—	наде́в
наде́яться	наде́ялся, надеялась	наде́явшийся	—	наде́юсь, наде́ешься	наде́йся	наде́ющийся	—	наде́ясь
надое́сть	надое́л, -ла	надое́вший	—	надое́м, -доёшь, -дое́ст, -доеди́м, -доеди́те, -доедя́т	—	—	—	надое́в
найти́	нашёл, шла	наше́дший	найденный	найду́, найдёшь	найди́	—	—	найдя́
наказа́ть	наказа́л, -ла	наказа́вший	наказанный	накажу́, -кажешь	накажи	—	—	наказа́в

наставáть	наставáл, -ла	наставáвший	—	настаёт	(наставáй)	настаю́щий	—	наставáя
настáть	настáл, -ла	настáвший	—	настáнет	(настáнь)	—	—	настáв
начáть	нáчал, лá	начáвший	нáчатый	начну́, начнёшь	начни́	—	—	начáв
недоставáть	недоставáло	недоставáвший	—	недостаёт	—	недостаю́щий	—	—
ненави́деть	ненави́дел, -ла	ненави́девший	—	ненави́жу, ненави́дишь	—	ненави́дящий	ненави́димый	ненави́дя
нести́	нёс, неслá	нёсший	(-несённый)	несу́, несёшь	неси́	несу́щий	несóмый	неся́
оби́деть	оби́дел, -ла	оби́девший	оби́женный	оби́жу, оби́дишь	(не) оби́дь	—	—	оби́дев
обня́ть	обня́л, -ла	обня́вший	(обня́тый)	обниму́, обни́мешь	обними́	—	—	обня́в
обойти́	обошёл, обошлá	обошéдший	обойдённый	обойду́, обойдёшь	обойди́	—	—	обойдя́
обуть	обу́л, -ла	обу́вший	обу́тый	обу́ю, обу́ешь	обу́й	—	—	обу́в
объя́ть	объя́л, -ла	объя́вший	объя́тый	обойму́, -ймёшь (объéмлю, -объéмлешь)	(обойми́)	—	—	объя́в
обязáть	обязáл, -ла	обязáвший	обя́занный	обяжу́, обя́жешь	обяжи́	—	—	обязáв
одéть	одéл, -ла	одéвший	одéтый	одéну, одéнешь	одéнь	—	—	одéв
окрéпнуть	окрéп, -ла	окрéпший	—	окрéпну, -нешь	окрéпни	—	—	окрéпнув
опровéргнуть	опровéрг, -ла	опровéргший	опровéргнутый	опровéргну, -нешь	опровéргни	—	—	опровéргнув
орáть	орáл, -ла	орáвший	—	ору́, орёшь	(не) ори́	ору́щий	—	
оставáться	оставáлся, -лась	оставáвшийся	—	остаю́сь, остаёшься	оставáйся	остаю́щийся	—	оставáясь
остáться	остáлся, -лась	остáвшийся	—	остáнусь, остáнешься	остáнься	—	—	остáвшись
отвéргнуть	отвéрг, -ла	отвéрший, отвéргнувший	отвéргнутый	отвéргну, отвéргнешь	отвéргни	—	—	отвéргнув
отня́ть	отнял, отняла	отня́вший	óтнятый	отниму́, отни́мешь	отними́	—	—	отня́в
отойти́	отошёл, -шла	отошедший	—	отойду́, -йдёшь	отойди́	—	—	отойдя́
отрéчься	отрёкся, отреклась	отрёкшийся	—	отреку́сь, отречёшься	отреки́сь	—	—	отрёкшись

원형	과거시제	능동형동사과거	피동형동사과거	현재 또는 단일미래시제	명령법	능동형동사 현재시제	피동형동사 현재시제	부동사
отстава́ть	отстава́л, -ла	отстава́вший	—	отстаю́, отстаёшь	(не) отстава́й	отстающий	—	отстава́я
отста́ть	отста́л, -ла	отста́вший	—	отста́ну, -та́нешь	отста́нь	—	—	отста́в
отча́яться	отча́ялся, отча́ялась	отча́явшийся	—	отча́юсь, отча́ешься	(отча́йся)	—	—	отча́явшись
оши́биться	оши́бся, -лась	ошиби́вшийся	—	ошибу́сь, -бёшься	(не) ошиби́сь	—	—	ошиби́вшись
пасть	па́л, -ла	па́вший	—	паду́, падёшь	(пади́)	—	—	пав
паха́ть	паха́л, -ла	паха́вший	—	пашу́, па́шешь	паши́	па́шущий	—	паха́я
па́хнуть	па́хнул –ла пах, -ла	па́хнувший	—	па́хну, па́хнешь	(па́хни)	па́хнущий	—	—
перестава́ть	перестава́л, -ла	перестава́вший	—	перестаю́, -таёшь	перестава́й	перестаю́щий	—	перестава́я
переста́ть	переста́л, -ла	переста́вший	—	переста́ну, переста́нешь	переста́нь	—	—	переста́в
петь	пел, -ла	пе́вший	(-пе́тый)	пою́, поёшь	пой	пою́щий	—	—
печь	пёк, пекла́	пёкший	(-печённый)	пеку́, печёшь	пеки́	пеку́щий	—	—
писа́ть	писа́л, -ла	писа́вший	пи́санный	пишу́, пи́шешь	пиши́	пи́шущий	—	—
пить	пил, -ла́	пи́вший	(-пи́тый)	пью, пьёшь	пей	пью́щий	—	—
пла́кать	пла́кал, -ла	пла́кавший	—	пла́чу, пла́чешь	плачь	пла́чущий	—	пла́ча
плести́	плёл, плела́	(плётший)	(-плетённый)	плету́, -тёшь	плети́	плету́щий	—	плетя́
плыть	плыл, -ла́	плы́вший	—	плыву́, -вёшь	плыви́	плыву́щий	—	плывя́
подве́ргнуть	подве́рг, -ла	подве́рший подве́ргнувший	подве́ргнутый	подве́ргну, -нешь	подве́ргни	—	—	подве́ргнув
подня́ть	подня́л	подня́вший	по́днятый	подниму́, -мешь	подними́	—	—	подня́в
познава́ть	познава́л, -ла	познава́вший	—	познаю́, -наёшь	познава́й	познаю́щий	познаваемый	познава́я
позна́ть	позна́л, -ла	позна́вший	по́знанный	позна́ю, -наешь	позна́й	—	—	позна́в

пойти́	пошёл, —шла́	пошедший	—	пойду́, пойдёшь	пойди́	—	—	пойдя́
ползти́	полз, ползла́	ползти	—	ползу́, —зёшь	ползи́	ползу́щий	—	ползя́
поня́ть	понять	понять	по́нятый	пойму́, —мёшь	пойми́	—	—	поня́в
помо́чь	помочь	помочь	—	помогу́, помо́жешь	помоги́	—	—	—
посла́ть	послать	послать	по́сланный	пошлю́, -лёшь	пошли́	—	—	посла́в
пренебре́чь	пренебречь	пренебречь	—	пренебрегу́, пренебрежёшь	пренебреги́	—	—	пренебрёгши
привле́чь	привлечь	привлечь	—	привлеку́, привлечёшь	привлеки́	—	—	привлёкши
привы́кнуть	привыкнуть	привыкнуть	—	привы́кну, -нешь	привы́кни	—	—	привы́кнув
признава́ть	признавать	признавать	—	признаю́, -наёшь	признава́й	—	—	признава́я
призна́ть	признать	признать	при́знанный	призна́ю -на́ешь	призна́й	признаю́щий	признаваемый	призна́в
прийти́	прийти	прийти	—	приду́, придёшь	приди́	—	—	придя́
приказа́ть	приказать	приказать	—	прикажу́, -ка́жешь	прикажи́	—	—	приказа́в
принадле-жа́ть	принадле-жать	принадле-жать	—	принадлежу́, принадлежи́шь	(принадлежи́)	принадлежа́щий	—	принадлежа́
приня́ть	принять	принять	при́нятый	приму́, при́мешь	прими́	—	—	приня́в
приобрести́	приобрести	приобрести	при́обретённый	приобрету́, приобретёшь	приобрети́	—	—	приобретя́
продава́ть	продавать	продавать	—	продаю́, -даёшь	продава́й	продаю́щий	продаваемый	продава́я
прода́ть	продать	продать	про́данный	прода́м, -да́шь, -да́ст, -дади́м, -дади́те, -даду́т	прода́й	—	—	прода́в
производи́ть	производи́л,-ла	производи́вший-		произвожу́, произво́дищь	производи́	производя́щий	производи́мый	производя́

원형	과거시제	능동형동사과거	피동형동사과거	현재 또는 단일미래시제	명령법	능동형동사 현재시제	피동형동사 현재시제	부동사
произвести́	произвёл, произвела́	произве́дщий	произведённый	произведу́, произведёшь	произведи́	—	—	произведя́
произноси́ть	произноси́л, произноси́ла	произноси́вший	—	произношу́, произно́сишь	произноси́	произнося́щйи	произноси́мый	произнося́
произнести́	произнёс, произнесла́	произнёсший	произнесённый	произнесу́, произнесёшь	произнеси́	—	—	произнеся́
произойти́	произошёл, произошла́	происше́дший	—	произойдёт	—	—	—	произойдя́
пройти́	прошёл, -шла́	проше́дший	про́йденный	пройду́, -дёшь	пройди́	—	—	пройдя́
проче́сть	прочёл, -чла́	—	прочтённый	прочту́, -чтёшь	прочти́	—	—	прочтя́
пря́тать	пря́тал, -ла	пря́тавший	—	пря́чу, пря́чешь	прячь	пря́чущий	—	пря́ча
расстава́ться	расстава́лся, -лась	расстава́вшийся	—	расстаю́сь, расстаёшься	расста́вайся	расстаю́щийся	—	расстава́ясь
расста́ться	расста́лся, -лась	расста́вшийся	—	расста́нусь, расста́нешься	расста́нься	—	—	расста́вшись
расти́	рос, росла́	ро́сший	—	расту́, растёшь	расти́	расту́щий	—	—
рвать	рвал, -ла́	рва́вший	(-рва́нный)	рву, рвёшь	рви	рву́щий	—	—
ре́зать	ре́зал, -ла	ре́завший	ре́занный	ре́жу, ре́жешь	режь	ре́жущий	—	—
ропта́ть	ропта́л, -ла	ропта́вший	—	ропщу́, ро́пщешь	(не) ропщи́	ро́пщущий	—	(ропща́)
рыть	рыл, -ла	ры́вший	(-ры́тый)	ро́ю, ро́ешь	рой	ро́ющий	—	роя
све́ргнуть	сверг, -ла	све́ргший све́ргнувший	све́ргнутый	све́ргну, -нешь	све́ргни	—	—	све́ргнув
свисте́ть	свисте́л, -ла	свисте́вший	—	свищу́, свисти́шь	свисти́	свистя́щий	—	свистя́
сесть	сел, -ла	се́вший	—	ся́ду, ся́дешь	сядь	—	—	сев
сиде́ть	сиде́л, -ла	сиде́вший	—	сижу́, -ди́шь	сиди́	—	—	си́дя

сказа́ть	сказа́л, -ла	сказа́вший	ска́занный	скажу́, -жешь	скажи́	—	—	сказа́в
скака́ть	скака́л, -ла	скака́вший	—	скачу́, скачешь	скачи́	ска́чущий	—	—
скрипе́ть	скрипе́л, -ла	скрипе́вший	—	скриплю́, -пи́шь	(не) скрипи́	скрипя́щий	—	скрипя́
сле́пнуть	слеп, -ла	сле́пнувший	—	сле́пну, -нешь	(сле́пни)	сле́пнущий	—	—
слы́шать	слы́шал, -ла	слы́шавший	слы́шанный	слы́шу, -шишь	—	слы́шащий	слы́шимый	слы́ша
смея́ться	смея́лся, -лась	смея́вшийсь	—	смею́сь, смеёшься	сме́йся	смею́щийся	—	смея́сь
смо́лкнуть	смолк, -да	смо́лкший смо́лкнувший	—	смо́лкну, смо́лкнешь	смо́лкни	—	—	смо́лкнув
смотре́ть	смотре́л, -ла	смотре́вший	—	смотрю́, смо́тришь	смотри́	смотря́щий	—	смотря́
снять	снял, сняла́	сня́вший	сня́тый	сниму́, сни́мешь	сними́	—	—	сняв
создава́ть	создава́л, -ла	создава́вший	—	создаю́, создаёшь	создава́й	создаю́щий	создава́емый	создава́я
созда́ть	созда́л, -ла	созда́вший	со́зданный	созда́м, -да́шь, создади́м	созда́й	—	—	созда́в
сознава́ть	сознава́л, -ла	сознава́вший	—	сознаю́, сознаёшь	сознава́й	сознаю́щий	сознава́емый	сознава́я
сойти́	сошёл, -шла́	соше́дший	—	сойду́, сойдёшь	сойди́	—		сойдя́
со́хнуть	сох, -ла	со́хший	—	со́хну́, со́хнешь	(со́хни)	со́хнущий	—	(со́хнув)
спасти́	спас, -ла́	спасший	спасённый	спасу́, спасёшь	спаси́	—	—	спасши
спать	спал, -ла́	спа́вший	—	сплю, спишь	спи	спящий	—	спа́в
стать	стал, -ла	ста́вший	—	ста́ну, ста́нешь	стань	—	—	став
стере́чь	стерёг, стерегла́	стерёгший	—	стерегу, стережёшь	стереги́	стерегу́щий	—	—
сти́хнуть	стих, -ла	сти́хший	—	сти́хну, сти́хнешь	(сти́хни)	—	—	сти́хнув
стона́ть	стона́л, -ла	стона́вший	—	стону́, сто́нешь	(не) стони́	сто́нущий	—	—
стоя́ть	стоя́л, -ла	стоя́вший	—	стою́, стои́шь	стой	стоя́щий	—	сто́я

원형	과거시제	능동형동사과거	피동형동사과거	현재 또는 단일미래시제	명령법	능동형동사 현재시제	피동형동사 현재시제	부동사
стричь	стриг, -ла	стри́гший	стри́женный	стригу́, -рижёшь	стриги́	стригу́щий	—	—
стуча́ть	стуча́л, -ла	стуча́вший	—	стучу́, -чишь	стучи́	стуча́щий	—	стуча́
сы́пать	сы́пал, ла	сы́павший	(-сы́панный)	сы́плю, сы́плешь	сыпь	сы́плющий	—	сы́пля
тая́ть	та́ял, -ла	та́явший	—	та́ю, та́ешь	(та́й)	та́ющий	—	та́я
тере́ть	тёр, -ла	тёрший	тёртый	тру, трёшь	три́	тру́щий	—	—
терпе́ть	терпе́л, -ла	терпе́вший	—	терплю́, те́рпишь	терпи́	те́рпящий	терпи́мый	терпя́
течь	тёк, текла́	тёкший	—	теку́, течёшь	(теки́)	теку́щий	—	—
ткать	ткал, тка́ла	тка́вший	(-тка́нный)	тку, ткёшь	тки́	тку́щий	—	—
торча́ть	торча́л, -ла	торча́вший	—	торчу́, торчи́шь	торчи́	торча́щий	—	торча́
трясти́	тряс, трясла́	трясший	—	трясу́, трясёшь	тряси́	трясу́щий	—	тряся́
узнава́ть	узнава́л, -ла	узнава́вший	—	узнаю́, узнаёшь	узнава́й	узнаю́щий	узнава́емый	узнава́я
узна́ть	узна́л, -ла	узнавший	у́знанный	узна́ю, узна́ешь	узна́й	—	—	узна́в
уйти́	ушёл, ушла́	уше́дший	—	уйду́, уйдёшь	уйди́	—	—	уйдя́
умере́ть	у́мер, умерла	уме́рший	—	умру́, умрёшь	умри́	—	—	умере́в
умо́лкнуть	умо́лк, -ла	умо́лкший умо́лкнувший	—	умо́лкну, умо́лкнешь	умо́лкни	—	—	умо́лкнув

упа́сть	упа́л, -ла	упа́вший	—	упаду́, упадёшь	(не) упади́	—	—	упа́в
устава́ть	устава́л, -ла	устава́вший	—	устаю́, устаёшь	устава́й	устаю́щий	—	устава́я
уста́ть	уста́л, -ла	уста́вший	—	уста́ну, уста́нешь	(уста́нь)	—	—	уста́в
ути́хнуть	ути́х, -ла	ути́хший ути́хнувший	—	ути́хну, ути́хнешь	ути́хни	—	—	ути́хнув
уче́сть	учёл, учла́	—	учтённый	учту́, учтёшь	учти́	—	—	учтя́
хлопота́ть	хлопота́л, -ла	хлопота́вший	—	хлопочу́, хлопо́чешь	хлопочи́	хлопо́чущий	—	хлопоча́
хоте́ть	хотел, -ла	хотевший	—	хочу́, хо́чешь, хо́чет, хоти́м, хоти́те, хотя́т	(хоти́)	хотя́щий	—	—
хохота́ть	хохота́л, -ла	хохота́вший	—	хохочу́, хохо́чешь	хохочи́	хохо́чущий	—	хохоча́
цвести́	цвёл, цвела́	цве́тший	—	цвету́, цветёшь	цвети́	цвету́щий	—	цветя́
чтить	чтил, -ла	чти́вший	—	чту, чтишь, чтут	чти	чту́щий	чти́мый	чтя
шепта́ть	шепта́л, -ла	шепта́вший	—	шепчу́, ше́пчешь	шепчи́	ше́пчущий	—	шепча́
шить	шил, -ла	ши́вший	(-ши́тый)	шью, шьёшь	шей	шью́щий	—	—
шуме́ть	шуме́л, -ла	шуме́вший	—	шумлю́, шуми́шь	шуми́	шумя́щий	—	шумя́
щебетать	щебета́л, -ла	щебета́вший	—	щебечу́, щебе́чешь	(щебечи́)	щебе́чущий	—	щебеча́
щекота́ть	щекота́л, -ла	щекота́вший	—	щекочу́, щеко́чешь	щекочи́	щеко́чущий	—	щекоча́
щипа́ть	щипа́л, -ла	щипа́вший	(-щи́панный)	щи́плю, щи́плешь	(щипли́)	щи́плющий	—	щипля́

부사

부사는 불변 품사이다. 문장에서 부사는 무엇보다도 자주 동사에 관계된다: **внимáтельно** слýшать '주의 깊게 듣다', рабóтать **вмéсте** '함께 일하다', читáть **вслýх** '소리 내어 읽다', прийти́ **вéчером** '저녁에 도착하다', встрéтить **дрýжески** '친하게 만나다', сидéть **ря́дом** '곁에 앉다'.

그리고 부사는 다음 품사에도 관계된다.

a) 형용사: **óчень** интерéсный '매우 재미 있는', **почти́** готóвый '거의 준비된';

b) 부사: **совершéнно** вéрно '전적으로 옳게', **óчень** бы́стро '매우 빠르게';

c) 명사: чтéние **вслух** '소리 내어 읽는 것', ездá **верхóм** '말을 타고 가는 것', дрýжба **навéки** '영원한 우정', дорóга **впрáво** '오른쪽으로 가는 길', прыжóк **вперёд** '앞으로 도약하는 것'

의미에 따라 부사는 다음의 기본적인 그룹으로 나누어진다.

1. 행위양태의 부사는 как?의 질문에 대답한다.

Учени́к читáет **вслух**. '학생은 소리 내어 읽는다.'

Он читáет **грóмко**, произнóсит словá **отчётливо** и **прáвильно**. '그는 큰 소리로 읽고, 단어들을 분명하고 바르게 발음한다.'

Нáша бригáда рабóтает **по-нóвому**. '우리 작업반은 새로운 방법으로 일한다.'

Он **дрýжески** помóг мне. '그는 우정으로 나를 도왔다.'

Они́ **хорошó** говоря́т по-рýсски. '그들은 러시아어로 잘 말한다.'

2. 시간의 부사는 когда?의 질문에 대답한다.

Лéтом мы отдыхáли на ю́ге. '여름에 우리는 남쪽에서 쉬었다.'

Я придý **вéчером**. '나는 저녁에 도착할 것이다.'

Сегóдня у нас семинáр. '오늘 우리는 세미나가 있다.'

Скóро начнýтся экзáмены. '곧 시험이 시작될 것이다.'

3. 장소의 부사는 где? куда?, откуда?의 질문에 대답한다.

Мои́ кни́ги лежáт **здесь**, а тетрáди **там**. '나의 책들은 여기에 놓여 있고, 노트들은 저쪽에 놓여 있다.'

Я положи́л кни́ги **сюдá**, а тетрáди **тудá** '나는 책들은 이쪽으로 놓았고, 노트들은 저쪽으로 놓았다.'

Я взял кни́ги **отсю́да**, а тетра́ди **отту́да**.'나는 책들은 이쪽에서 가졌고, 노트들은 저쪽에서 가졌다.'

4. 정도와 등급의 부사는 сколько? насколько? сколько раз? во сколько раз?의 질문에 대답한다.

Он **мно́го** рабо́тает.'그는 많이 일한다.'

Брат **намно́го** ста́рше меня́.'형은 나보다 나이가 훨씬 많다.'

Он **вдво́е** ста́рше тебя́.'그는 너보다 두 배로 나이가 많다.'

Я **два́жды** проси́л его́ об э́том.'나는 그에게 이것에 대하여 두 번 요청했다.'

5. 목적의 부사는 зачем? для чего?의 질문에 대답한다.

Заче́м он сде́лал э́то?'무슨 목적으로 그가 이것을 했느냐?'

Он сде́лал э́то **назло́** всем.'그는 모든 사람들에게 악의를 품고 이것을 했다.'

Он **наро́чно** толкну́л стол.'그는 일부러 테이블을 밀었다.'

6. 원인의 부사는 почему? отчего? по какой причине?의 질문에 대답한다.

Была́ си́льная мете́ль. **Поэ́тому** по́езд опозда́л.'강한 눈보라가 불었다. 이 때문에 기차가 지각했다.'

Спросо́нок я не смог ничего́ поня́ть.'잠에 취해서 나는 아무 것도 이해하지 못했다.'

Он сказа́л э́то **сгоряча́** и пото́м сам жале́л об э́том.'나는 이것을 흥분하여 말하고 나서 스스로는 이것에 대하여 가엾게 여겼다.'

-о로 끝나는 행위양태의 부사

-о로 끝나는 행위양태의 부사(хорошо́, пра́вильно, интере́сно)는 상응하는 형용사와 구별해야 한다.

형용사들은 항상 이들과 성, 수, 격과 일치되는 명사에 속하고 какой? какая? какое? какие (장어미 형용사) каков? какова? каково? каковы? (단어미 형용사)의 질문에 대답한다.

Студе́нт дал **пра́вильный** отве́т.'대학생은 바른 대답을 했다.'

У меня́ **интере́сная** кни́га.'나는 흥미로운 책을 가지고 있다.'

Отве́т **пра́вилен**.'대답은 바르다'

Кни́га **интере́сна**. '책은 흥미롭다.'

-o로 끝나는 행위양태의 부사는 결코 명사에 속하지 않는다. 일반적으로 이들은 동사에 관계되고 **как?**의 질문에 대답한다.

Студéнт отвéтил **прáвильно**. '대학생은 바르게 대답했다.'
Онá расскáзывает **интерéсно**. '그녀는 재미있게 이야기한다.'

형용사 단어미	부사
Вопрóс **я́сен**. '문제는 분명하다'	Он **я́сно** отвéтил на вопрóс. '그는 문제에 대하여 분명하게 대답했다.'
Расскáз **интерéсен**. '이야기는 흥미롭다.'	Он расскáзывает **интерéсно**. '그는 재미있게 이야기한다.'
Решéние **прáвильно**. '해결은 올바르다.'	Учени́к отвéтил **прáвильно**. '학생은 올바르게 대답했다.'
Озеро **спокóйно**. '호수는 고요하다.'	Рекá течёт **спокóйно**. '강은 고요하게 흐른다.'
Дорóга **прямá**. '길은 똑바르다.'	Мы идём **пря́мо**. '우리는 똑바르게 걸어간다.'
Задáча **легкá**. '과제는 쉽다.'	Он **легкó** реши́л задáчу. '그는 과제를 쉽게 해결했다.'
Ученики́ **внимáтельны**. '학생들은 주의를 기울인다.'	Ученики́ слýшают **внимáтельно**. '학생들은 주의를 기울여 듣는다.'

연습문제 546 이탤릭체로 된 단어들 중에서 어떤 단어들이 동사에 관계되는지, 어떤 단어들이 명사에 관계되는지 지적하시오. 어떤 단어가 형용사인지, 어떤 단어가 부사인지 정하시오.

1. *Тиха* украинская ночь. *Прозрачно* небо (*П.*).
2. *Ясно* утро. *Тихо* веет тёплый ветерок (*Ник.*).
3. Как лес *хорош* поздней осенью! (*Тург.*).
4. Москва! Москва! Люблю тебя, как сын, как русский, *сильно*, *пламенно* и *нежно* (*Л.*).
5. На севере диком стоит *одиноко* на голой вершине сосна (*Л.*).

연습문제 547 괄호 속에 주어진 형용사, 또는 이들로부터 만들어진 -o로 끝나는 부사를 사용해서 질문에 답하고, 강세를 치시오.

1. Каков был его ответ. Как он ответил? (точный и краткий).
2. Как дорога поднималась вверх? Каков был подъем? (крутой).
3. Каков наш путь? Как мы идём? (прямой).
4. Как мы шли? Какова была ночь? (тихий).
5. Какая эта работа? Как нужно выполнить эту работу? (срочный).
6. Какова его болезнь? Как он болен? (тяжёлый).

부사 비교급

성질 형용사로부터 조성된 부사는 비교급을 가진다.

부사 비교급은 형태상으로 형용사 비교급과 다르지 전혀 차이가나지 않는다.

형용사 비교급	부사 비교급
Здесь течéние **быстрée**, чем там. '이곳의 물살이 저곳보다 더 빠르다.'	Здесь рекá течёт **быстрée**, чем там. '이곳의 강은 저 곳보다 더 빠르게 흐른다.'
Сегóдня вéтер **сильнée**. '오늘 바람이 더 강하다.'	Сегóдня вéтер дýет **сильнée**. '오늘 바람은 더 세게 분다.'
Этот расскáз **интерéснее**, чем тот. '이 이야기는 저 이야기보다 더 흥미롭다.'	Он расскáзывает **интерéснее**, чем я. '이 사람이 저 사람보다 더 재미있게 이야기한다.'

형용사 비교급은 명사에 속하고 какой? какая? какое? какие?의 질문에 대답한다.

부사 비교급은 항상 동사에 속하고 보통 как?의 질문에 대답한다.

부사 비교급은 형용사 비교급과 같이 접두사 **по-**를 가질 수 있다: потúше '좀 더 조용히', порáньше '좀 더 일찍'. 접두사 **по-**는 비교급에 '좀 더'의 의미를 부여한다: Говорú потúше '좀 더 조용히 말해라.'.

부사 최상급은 비교급과 대명사 **всех**로 만들어진다:

Он говорúт по-рýсски **лýчше всех** в нáшей грýппе. '그는 우리 그룹에서 러시아어를 가장 잘 말한다.'

Этот учени́к реши́л задáчу **рáньше всех**. '이 학생은 과제를 가장 빨리 풀었다.'

연습문제 548 비교급 부사에는 한 줄로 밑줄을 치고, 비교급 형용사에는 두 줄로 밑줄을 치시오.

1. Уж небо осенью дышало, уж реже солнышко блистало, Короче становился день (*П.*).
2. Мы стали заметно подниматься в гору. И чем дальше ехали, тем подъем становился круче, тем резче дул ветер (*С.-М.*).
3. ... Солнце поднималось всё выше, вливая своё тепло в бодрую свежесть вешнего дня. Облака плыли медленнее, тени их стали тоньше, прозрачнее (*М.Г.*).
4. Детство кончилось. Очень жаль, что всю прелесть детства мы начинаем понимать, только когда делаемся взрослыми. В детстве всё было другим. Светлыми и чистыми глазами смотрели мы на мир, и всё нам казалось гораздо более ярким.

    Ярче био солнце, сильнее пахли поля, громче был гром, обильнее дожди и выше трава. И шире было человеческое сердце, острее горе и в тысячу раз загадочнее была земля, родная земля — самое великолепное, что нам дано для жизни. Её мы должны возделывать, беречь и охранять всеми силами своего существа (*Пауст.*).

서술 부사

러시아어에서는 무인칭문에서 술어의 역할로 사용되는 특별한 부사의 그룹이 있다. 그러한 부사를 술어 부사라고 한다.

Сего́дня **хо́лодно**. '오늘은 춥다.'

Де́тям **ве́село**. '아이들은 즐거워한다.'

Ну́жно зако́нчить рабо́ту. '일을 마쳐야 한다.'

서술 부사는 다음을 나타낼 수 있다:

1. 인간의 상태와 감정(тепло́ '따뜻하다', жа́рко '덥다', хо́лодно '춥다', бо́льно '아프다', ве́село '유쾌하다', ра́достно '기쁘다', ску́чно '지루하다', гру́стно '슬프다', интере́сно '재미있다', тру́дно '어렵다', легко́ '쉽다', смешно́ '우습다', сты́дно '부끄럽다', оби́дно '불쾌하다', доса́дно '화가 나다', прия́тно '즐겁다', лень '싫어하다', жаль '유감이다', жа́лко '유감이다'):

   Мне **хо́лодно**. '나는 춥다.'

   Детям **ве́село**. '아이들은 즐겁다.'

   Нам **жаль** расстава́ться. '우리가 작별하다니 유감이다.'

   Ему́ **лен** принима́ться за рабо́ту. '그는 일을 하기 싫어한다.'

2. 자연 및 주변 환경의 상태 (светло́ '밝다', темно́ '어둡다', тепло́ '따뜻하다', хо́лодно '춥다', жа́рко '덥다', прохла́дно '시원하다', со́лнечно '청명하다', моро́зно '매우 춥다', просто́рно '넓다', свобо́дно '자유롭다', те́сно '좁다', пу́сто '텅 비다', ду́шно '답답하다', ти́хо '조용하다', шу́мно '소란하다', пло́хо '나쁘다', хорошо́ '좋다' 등.):

   Сего́дня **моро́зно** и **со́лнечно** '오늘은 매우 춥지만 청명하다'.

   В ко́мнате **светло́**, **тепло́** и **ую́тно**. '방에는 밝고 따뜻하고 편안하다'

   На дворе́ уже́ **темно́**. '마당에는 이미 어둡다.'

   В ваго́не бы́ло **те́сно**, **ду́шно** и **шу́мно**. '차량 안은 좁고, 답답하고 소란하다.'

   Ве́чером в лесу́ **сы́ро**. '저녁에 숲이 축축하다.'

3. 행위 필연성, 가능성 그리고 불가능성 (ну́жно '필요하다', на́до '필요하다', необходи́мо '필연적이다', обяза́тельно '반드시', мо́жно '가능하다', нельзя́ '불가능하다, 해서는 안된다', невозмо́жно '불가능하다'):

Ну́жно написа́ть письмо́. '편지를 쓰야 한다.'

Телегра́мму **необходи́мо** отпра́вить сего́дня. '오늘 꼭 전보를 보내야 한다.'

Мо́жно войти́? '들어가도 될까요?'

Здесь **нельзя́** кури́ть. '여기에서는 담배 피워서는 안된다.'

4. 행위 시간 (ра́но '이르다', по́здно '늦다', пора́ '할 때다', вре́мя '...할 때다'):

Уже́ **по́здно** идти́ гуля́ть. '벌써 산책하기에는 늦었다.'

Мне **пора́** домо́й. '나는 집으로 갈 때다.'

Де́тям **вре́мя** спать. '아이들은 잠 잘 시간이다.'

사람을 나타내는 명사나 대명사는 술어 부사로 사용되면 여격으로 된다.

Мне хо́лодно. '나는 춥다.'

Ребёнку ве́село. '아이는 즐겁다.'

술어 부사는 현재시제에서 연사 동사 없이 사용된다:

Сего́дня **хо́лодно**. '오늘은 춥다.'

В ко́мнате **светло́**. '방에는 밝다.'

과거시제와 미래시제를 나타내기 위해서는 연사 **быть**가 사용된다. 과거시제에서 연사 быть는 중성으로 된다: Вчера́ **бы́ло хо́лодно**. '어제 추웠다.' В ко́мнате **бы́ло светло́**. '방에는 밝았다.' За́втра **бу́дет хо́лодно**. '내일은 추울 것이다.'

간혹 연사의 의미로 동사 **станови́ться(불완료상)**, **стать(완료상)**, **Стало хо́лодно**. '추워졌다.' **Стано́вится тепло́**. '따뜻해지다' 등이 사용된다.

술어 부사와 결합하여 동사는 원형으로 된다:

Мне **ну́жно посла́ть** телегра́мму. '나는 전보를 보내야 한다.'

До ста́нции **мо́жно дойти́** пешко́м. '역까지 걸어서 갈 수 있다.'

Нам **пора́ е́хать**. '우리는 가야할 시간이다.'

Студе́нтам **инте́ресно слу́шать** ле́кцию. '대학생들은 강의 듣는 것이 재미있다.'

Ему бу́дет **тру́дно вы́полнить** э́то зада́ние. '그는 이 과제를 수행하는 것이 어려울 것이다.'

-о로 끝나는 술어 부사는 -о로 끝나는 행위양태의 부사들과 같이 비교급을 가진다.

◈◈
비교급:

В лесу́ **тепле́е**, чем в по́ле. '숲에는 들판에서보다 더 따뜻하다.'

Сего́дня **холодне́е**, чем вчера́. '오늘은 어제보다 더 춥다.'

◈◈
최상급:

Ему́ бы́ло **веселе́е всех**. '그는 가장 즐거웠다.'

Холодне́е всего́ бы́ло в по́ле. '들판에서 가장 추웠다.'

연습문제 549 다음 문장을 읽고 부사를 지적하시오.

1. Легко на сердце от песни весёлой, Она скучать не даёт никогда (*Леб-К.*).
2. Весело пробираться по узкой дорожке, между двумя стенами высокой ржи (*Тург.*).
3. Было уже довольно темно (*Л.*).
4. Надо было вернуться домой (*П.*).
5. Становилось жарко, и я поспешил домой (*Л.*).
6. Солнце уже спряталось в тёмной туче..., в ущелье стало темно и сыро. (*Л.*).
7. Солнце село, и мне пора идти домой (*Тург.*).
8. В парке было тихо, пустынно (*Фад.*).
9. Кругом ничего не видно (*Л.*).

연습문제 550 다음 문장을 읽고 이탤릭체로 된 부사를 가지고 문장을 만드시오.

1. Ночь была ясная и холодная. Звёзды *ярко* горели на небе; мерцание из отражалось в воде. Кругом было *тихо* и *безлюдно*, не было *слышно* даже всплесков прибоя. Красный полумесяц взошёл *поздно* и *задумчиво* глядел на уснувшую землю (*Арс.*).
2. Шоссе было сухо, прекрасное апрельское солнце *сильно* грело, но в канавах и в лесу ещё снег (*Чех.*).
3. Ещё с раннего утра всё небо обложили дождевые тучи; было *тихо*, не *жарко* и *скучно* ... (*Чех.*).
4. На реку было *страшно* смотреть. От быстро бегущей воды кружилась голова (*Арс.*).
5. Дождя не было, но было очень *ветрено* и *холодно*. Близились сумерки (Фад.).
6. В парке было *темно*, *холодно*, *мокро* (*Фад.*).
7. Одинокий огонь спокойно мигал в темноте, и возле него уже не было *видно* людей (*Чех.*).
8. Не *весело* и не *скоро* прошёл день (*Тург.*).

연습문제 551 다음 문장을 읽고 부사와 형용사 비교급을 지적하시오.

1. Всё *мрачней* и *ниже* тучи опускаются над морем (*М.Г.*).

2. Ветер между тем час от часу становился *сильнее* (*П.*).
3. К вечеру становится всё *холоднее* (*Кор.*).
4. Они всё *ближе* и *ближе* подходили к району боёв: всё *слышнее* становились тяжелые вздохи орудий и *явственнее* обозначались их вспышки ... (*Фад.*).
5. Становилось *веселее*, голоса звучали *громче* (*М.Г.*).
6. Чем *дальше* к морю, тем всё *шире*, *спокойней* Волга (*М.Г.*).
7. Им удалось выбраться к реке. Здесь, на открытом месте, двигаться было ещё *труднее*. Жгучий ветер пронизывал насквозь (*Аж.*).

대명 부사

대명 부사는 행위의 특질이나 성질을 명명하는 것이 아니라 다만 그것을 지시할 뿐이다.

대명 부사는 모든 부사들과 동일한 그룹으로 나누어진다. 대명사들과 같이 대명 부사들은 의문, 관계, 지시, 부정 그리고 한정 부사로 된다.

부사	의문-관계부사	지시부사	부정부사	불확정부사
장소	где, кудá, откýда	там, тудá, оттýда, здесь, тут, сюдá, отсю́да	нигдé, никудá, ниоткýда, негде, нéкуда, нéоткуда	гдé-то, кудá-то, откýда-то, где-нибудь, кудá-нибудь, откýда-нибудь, кóе-гдé
시간	когдá	тогдá	никогдá нéкогда	когдá-то, нé-когда, когдáнибудь, когдá-либо
행위 양태	как	так	никáк	кáк-то, кáк-нибудь, кáк-либо, кóе-кáк
수량	скóлько наскóлько	стóлько настóлько	нискóлько	нéсколько
원인	почемý	потомý		почемý-то, почемý-нибудь, почемý-либо
목적	зачéм	затéм	нéзачем	зачéм-то, зачéм-нибудь, зачéм-либо

[주1] 정도와 등급의 부정 부사 **нисколько**와 **несколько**는 대응하는 수량어 **несколько**와 **нисколько**와 구별해야

한다.

부사는 동사, 형용사 또는 부사에 속하고 행위나 자질의 정도를 가리킨다:

Я нисколько не устал. '나는 전혀 지치지 않았다.' **Я несколько устал.** '나는 약간 지쳤다.' **Работа несколько трудна для меня.** '일은 나에게 약간 어렵다.'

수량어 **несколько**는 대상의 일정한 양을 가리킨다:

У меня осталось несколько минут свободного времени. '나는 몇 분간의 자유시간이 남아 있었다.'

В комнате было несколько человек. '방안에는 몇명의 사람이 있었다.'

[주2] 부사 **некогда**는 두 가지 의미를 가진다: 어떤 의미에서 이 부사는 부정 부사이다(**Мне некогда отдыхать.** 나는 쉴 시간이 없다.); 또 다른 의미로는 불확정 부사이다(**Я некогда жил здесь.** '나는 언젠가 이곳에 살았다.') .

연습문제 552 다음 문장을 읽고 장소부사를 지적하시오.

1. Алексей оглянулся на большое здание управления и сразу увидел: оттуда в их сторону бежала девушка в белом платье (*Аж.*).
2. Отсюда, сверху, через просторные окна хорошо были видны мерцающие огни ночного города (*Ант.*).
3. Кой-где из-под снега выглядывали кустарники (*Л.*).
4. Мы вольные птицы, пора, брат, пора. Туда, где за тучей белеет гора. Туда, где синеют морские края, Туда, где гуляет лишь ветер да я! (*П.*).
5. И тот, кто с песней по жизни шагает, Тот никогда и нигде не пропадёт (*Леб.-К.*).
6. Вы стали выше, Ленинские горы, Здесь корпуса стоят, как на смотру, Украшен ими наш великий город, Сюда придут студенты поутру (*Долм.*).

관계 부사와 지시 부사

관계 대명 부사 где, куда́, отку́да, когда́, как, ско́лько, почему́, заче́м는 관계 대명사와 같이 종속복문에서 접속어로 사용된다:

Я не зна́ю, **где** он живёт. '나는 그가 어디에 살고 있는지 모른다.'

Мне изве́стно, **куда** он пошёл (**отку́да** он прие́хал, **когда́** он прие́хал). '나는 그가 어디로 갔는지 (그가 어디에서 왔는지, 그가 언제 도착했는지 등) 알고 있다.'

지시 대명 부사는 지시 대명사와 같이 종속 복문에서 지시어로 사용될 수 있다:

Я был **там**, где он живёт. '나는 그가 살고 있는 그 곳에 있었다.'

Я пойду́ **туда́**, где он живёт. '나는 그가 살고 있는 곳으로 갈 것이다.'

Я уйду́ **тогда́**, когда́ он вернётся. '나는 그가 돌아올 때 떠날 것이다.'

Я пришёл сюда́ не **зате́м**, что́бы спо́рить с ва́ми. '나는 이쪽으로 온 것은 당신과 논쟁하기 위한 것이 아닙니다.'

부정 부사

1. 소사 **ни**를 가진 부정부사(**нигдé** '어디에도', **никудá** '어디로도', **ниоткудá** '어디에서도', **никогдá** '한번도', **ниско́лько** '전혀')는 부정 인칭문에서 사용된다. 이 부사를 가진 문장에서 동사는 항상 부정 소사 **не**를 가진다: **нигдé не** **нашёл** '어디에서도 발견하지 못했다'; **никудá не ходи́л** '어디로도 가지 못했다'; **никогдá не был** '결코 가지 않았다'; **никáк не мог** '아무리 해도 할 수 없었다'; **ниско́лько не устáл** '전혀 지치지 않았다'. 강세는 소사 **ни**에 결코 떨어지지 않는다.

2. 소사 **не**를 가진 부정 부사(**нéгде** '장소가 없다', **нéкуда** '갈 곳이 없다', **нéоткуда** '어디에서도 올 곳이 없다', **нéкогда** '시간이 없다', **нéзачем** '이유가 없다')는 무인칭문에서 사용된다. 이 부사를 가진 문장에서 동사는 소사 **не**가 없는 동사원형으로 된다. 사람을 나타내는 명사나 대명사는 여격으로 된다. 강세는 항상 소사 **не**에 떨어진다:

   Ему **нéгде** расположи́ться.'그는 자리를 잡을 곳이 없다.'

   Нéкуда положи́ть вéщи.'물건을 둘 곳이 없다.'

   Нéкогда пойти́ в теáтр.'영화구경 갈 시간이 없다.'

   Тебé **нéзачем** éхать в гóрод.'너는 도시로 갈 이유가 없다.'

소사 **не**를 가진 부사는 행위를 위한 장소, 시간 또는 목적의 부재로 인한 행위의 불가능성을 가리킨다.

연습문제 553 왼쪽 칸과 오른쪽 칸의 문장을 읽고, 부정부사의 강세에 유의하시오. 왼쪽 칸과 오른쪽 칸 문장의 의미상의 차이를 설명하시오.

1. Я никогдá не читал этой книги.	Мне нéкогда было читать эту книгу
2. Мы нигдé не останавливались.	Нам нéгде было останавливаться.
3. Он никудá не пошёл в воскресенье.	Ему нéкуда было пойти в воскресенье.
4. Я ниоткýда не жду писем.	Мне нéоткуда ждать писем.

연습문제 554 다음 질문에 부정적인 대답을 하시오.

1. Когда вы были в Санк-Петербурге?
2. Куда вы ездили в воскресенье?
3. Где же нам заниматься?
4. Куда нам пойти сегодня вечером?
5. Куда вы пойдёте сегодня вечером?
6. Когда вы ездили на Чёрное море?
7. Где вы работали пять лет назад?

연습문제 555 주어진 문장을 부정 부사를 가진 동의 문장으로 바꾸시오.

1. У меня нет времени заниматься этим делом.
2. Здесь нет места, чтобы поставить чемодан.
3. Нет необходимости спрашивать об этом.
4. Не было места, где можно было спрятаться от дождя.

연습문제 556 필요한 소사 **не** 또는 **ни**를 선택하시오.

1. Когда пошёл дождь, мы были в поле, и нам (не, ни) куда было спрятаться.
2. Он (не, ни) когда не отказывается помочь другу.
3. Я сегодня вечером (не, ни) куда не пойду.
4. Сегодня я занят, мне (не, ни) когда гулять.
5. Я не пойду с тобой, мне (не, ни) зачем туда идти.
6. Я тебя везде искал и (не, ни) где не мог найти.
7. Все места были заняты, сесть было (не, ни) где.

불확정 부사

대부분의 불확정 부사는 의문부사에서 불확정 소사 -**то**, -**нибудь** (-**либо**) 그리고 **кое**- 부가하여 만들어진다: где́-то, где́-нибудь; куда́-то, куда́-нибудь; когда́-то, ко́гда-нибудь; ко́е-где, ко́е-ка́к.

소사 -**то**, -**нибудь** 그리고 -**либо**는 대명사와 함께 사용되는 것과 같이 부사와 함께 사용된다.

-**то**를 가진 부사는 화자에게 알려지지 않고 불확정적인 것에 대하여 언급할 때 사용되지만 일반적으로 행위의 불확정적인 장소, 시간, 원인 또는 목적에 대하여 언급할 때 사용된다:

Кни́га лежи́т **где́-то** в шкафу́. '책은 책장의 어디엔가 놓여있다.'

Он **почему́-то** запа́здывает. '그는 웬일인지 지각하고 있다.'

Она́ **заче́м-то** откры́ла дверь. '그녀는 무엇 때문인지 문을 열었다.'

소사 -**нибудь**와 -**либо**를 가진 부사는 일반적으로 화자에게 화정되어 있지 않거나 구별이 되지 않는 행위장소, 시간, 원인 또는 목적에 대하여 언급할 때 사용된다.

Положи́ ве́щи **куда́-нибудь**. '물건을 어느 곳이든지 간에 놓아두세요.'

Если он **почему́-нибудь** опозда́ет, то мы не бу́дем ждать. '무슨 이유인지 모르지만 그가 지각하면 우리는 기다리지 않을 것이다.'

Когда́ она́ **заче́м-нибудь** открыва́ла дверь, в ко́мнату врыва́лся холо́дный ве́тер. '무슨 이유인지 모르지만 그녀가 문을 열자마자 차가운 바람이 방안으로 흘러 들어오곤 했다.'

소사 **-либо**를 가진 불확정 부사와 소사 **-нибудь**를 가진 불확정 부사는 동일한 의미를 가진다. 소사 **-либо**를 가진 부사는 구어체에서는 잘 사용되지 않고, 문어적인 뉘앙스를 가진다.

연습문제 557 왼쪽 칸과 오른쪽 칸의 문장을 비교하고, 불확정 부사의 사용을 설명하시오.

1. Дети *куда-то* убежали.	Пойдёмте *куда-нибудь* погулять.
2. *Когда-то* давно он приезжал к нам.	*Когда-нибудь* он приедет к нам.
3. Она *почему-то* не пришла.	Если ты *почему-нибудь* не сможешь прийти, обязательно позвони мне.

연습문제 558 다음 문장을 읽고 불확정 부사의 사용을 설명하시오.

1. …*Кой-где* на липах висят последние золотые листья (*Тург.*).
2. Со станции доносился шум поезда; кричали *где-то* сонные петухи (*Чех.*).
3. Я люблю Россию до боли сердечной и даже не могу помыслить себя *где-либо*, кроме России (*С.Щ.*).
4. Не поехать ли нам *куда-нибудь*? (*Чех.*).
5. По небу плыли разорванные облака: *кое-где* виднелось синее небо (*Арс.*).
6. Сугроб вдруг провалился под ним, и он почувствовал, что летит *куда-то* вниз (*Аж.*).
7. Нет причин волноваться, они скрылись *где-нибудь* в подходящем месте (*Аж.*).
8. *Где-то* рядом со страшным треском рухнуло деверо (*Аж.*).
9. Иногда я уходил из дому и до позднего вечера бродил *где-нибудь* (*Чех.*).
10. Если я уеду *куда-нидудь*, то с каждой большой станции буду посылать вам открытые письма (*Чех.*).
11. *Когда-нибудь* заедем к ним (*П.*).
12. *Где-то*, *когда-то*, давно-давно… я прочёл одно стихотворение. Оно скоро позабылось мною, … но первый стих остался у меня в памяти (*Тург.*).

연습문제 559 점으로 되어 있는 부분 대신에 소사 -то 또는 -нибудь를 넣으시오.

1. Я когда-… слушал эту песню.
2. Он куда-… положил свой билет и теперь не может его найти.
3. Не пойти ли нам куда-… погулять?
4. Когда-… в свободное время зайти ко мне.
5. Она почему-… не пришла сегодня.
6. Новые жильцы зачем-… переставили мебель в комнате.
7. Если ты почему-… не сможешь прийти, сообщи об этом.
8. Если вы когда-… ещё будете в нашем городе, обязательно останавливайтесь у нас.
9. Я приду к тебе когда-… после экзаменов.
10. Когда-… давно в нашем городе жил один известный художник.
11. Летом мы поедем отдыхать куда-… на юг.
12. Если тебе зачем-… понадобится моя помощь, напиши мне об этом.
13. Встретимся ли мы когда-…?

장소 부사

где?	куда?	откуда?
тут, здесь ‘여기에’	сюда́ ‘여기로’	отсю́да ‘여기서부터’
там ‘저곳에’	туда́ ‘저기로’	отту́да ‘저기서부터’
нигде́ ‘아무데도’	никуда́ ‘어디로도’	ниотку́да ‘아무데서도’
не́где ‘장소가 없다’	не́куда ‘갈 곳이 없다’	не́откуда ‘어디서도 올 곳이 없다’
где́-то ‘어딘가’	куда́-то ‘어디론가’	отку́да-то ‘어디에선가’
где́-нибудь ‘어딘가’	куда́-нибудь ‘어디론가’	отку́да-нибудь ‘어디에선가’
где́-либо ‘어딘가’	куда́-либо ‘어디론가’	отку́да-либо ‘어디에선가’
везде́, всю́ду, повсю́ду ‘도처에’	—	отовсю́ду ‘도처에서’
до́ма ‘집에’	домо́й ‘집으로’	—
сле́ва ‘왼쪽에서’, нале́во ‘왼쪽으로’	нале́во ‘왼쪽으로’ вле́во ‘왼쪽으로’	—
спра́ва ‘오른쪽에서’, напра́во ‘오른쪽으로’	напра́во ‘오른쪽으로’, впра́во ‘오른쪽으로’	—
впереди́ ‘앞에’	вперёд ‘앞으로’	—
позади́ ‘뒤에’ сза́ди ‘뒤에’	наза́д ‘뒤로’	сза́ди ‘뒤로부터’
наверху́ ‘위에’	наве́рх ‘위로’, вверх ‘위로’	све́рху ‘위로부터’
внизу́ ‘아래에’	вниз ‘아래로’	сни́зу ‘아래서부터’
внутри́ ‘가운데에’	внутрь ‘가운데로’	изнутри́ ‘가운데서부터’
снару́жи ‘표면에’	нару́жу ‘표면으로’	снару́жи ‘표면에서부터’
далеко́ ‘멀리’	далеко́ ‘멀리’	издалека́ ‘멀리에서’
вдали́ ‘멀리에’	вдаль ‘멀리’	и́здали ‘멀리서부터’
везде́ ‘도처에’, всю́ду ‘도처에’		отовсю́ду ‘여기저기서부터’

연습문제 560 다음 문장을 읽고 장소 부사에 대한 질문을 하시오.

1. В прошлое воскресенье мы решили остаться дома.
2. Домик снаружи покрасили голудой красной.
3. Мы поднялись на гору и сверху осмотрели местность.
4. Справа и слева в два человеческих роста возвышались сугробы (*Аж.*).
5. Направо и налево чернели мрачные, таинственные пропасти (*Л.*).
6. На другой день утром ударил крепкий мороз. Вода всюду замёрзла (*Арс.*).
7. Я подошёл к краю площадки и посмотрел вниз, голова у меня чуть-чуть не закружилась: там внизу казалось темно и холодно, как в гробе (*Л.*).

연습문제 561 괄호의 부사를 사용하여 질문에 대한 답을 쓰시오.

1. Где будет собрание? Куда придут студенты? (здесь, сюда).
2. Куда нам нужно идти? Где находится театр? (справа, направо).
3. Где работали люди? Откуда шли люди? (всюду, отовсюду).
4. Где ехала машина? Куда поехала машина? (впереди, вперёд).
5. Где показался корабль? Куда смотрели путешественники? Откуда путешественники смотрели на город? (вдаль, вдали, издали).

시간 부사

다음의 부사들은 когда?의 질문에 대답을 하는 부사들이다: зимóй '겨울에', веснóй '봄에', лéтом '여름에', óсенью '가을에', ýтром '아침에', днём '낮에', вéчером '저녁에', нóчью '밤에', вчерá '어제', сегóдня '오늘', зáвтра '내일', позавчера '그저께', послезáвтра '모레', однáжды '어느날', давнó '오래 전에', недáвно '최근에', рáньше '이전에', прéжде '전에', тепéрь '이제', сейчáс же '방금', срáзу '단번에', тóтчас '즉시', спервá '먼저', сначáла '처음에는', потóм '나중에', рáно '일찌기', пóздно '늦게', скóро '곧', вскóре '오래지 않다', вóвремя '적기에', всегдá '항상', обычно '보통', постоя́нно '부단히', иногдá '때로는' 등.

다음의 부사는 сколько времени?의 질문에 대답하는 부사들이다: дóлго '오랫동안', недóлго '잠깐' 등.

다음의 부사는 на какое время?의 질문에 대답하는 부사들이다: надóлго '오랫동안', ненадóлго '잠깐', навсегдá '영구히', навéки '영원히' 등.

다음의 부사는 как часто?의 질문에 대답하는 부사들이다: чáсто '자주', рéдко '드물게', поминýтно '끊임없이', вжеминýтно '매분', ежечáсно '매시간', ежеднéвно '매일',

еженеде́льно '매주', ежеме́сячно '매월', ежего́дно '매년' 등.

불완료상 동사들은 행위의 계속이나 반복을 나타내는 몇몇 부사들과 함께 사용된다: всегда́ '항상', никогда́ '이따금', постоя́нно '끊임없이', обы́чно '보통', обыкнове́нно '통상', иногда́ '이따금', всё вре́мя '줄곧', непреры́вно '쉴 새 없이', ча́сто '자주', ре́дко '드물게', помину́тно '시시각각', ежеминýтно '매분', ежедне́вно '매일', еженеде́льно '매주', ежеме́сячно '매월', ежего́дно '매년', до́лго '오랫동안' 등.

Друзья́ **всегда́ помога́ли** мне. '친구들이 나를 항상 도와주곤했다.'
Я **никогда́ не забыва́л** об э́том. '나는 이것에 대하여 결코 잊지 않았다.'
Я **постоя́нно напомина́л** дру́гу об э́том. '끊임없이 친구에게 이것에 대하여 상기시켰다.'
Снача́ла мы **занима́лись** ру́сским языко́м **ежедне́вно**. '처음에 우리는 매일 러시아어를 공부했다.'
Дверь **помину́тно открыва́лась**. '문은 시시각각 열렸다.'

연습문제 562 다음 문장을 읽고 시간 부사에 대한 질문을 하시오.

1. Наше движение было довольно медленно. Мы часто останавливались и отдыхали (*Арс*.).
2. Он вставал очень рано, иногда в три часа (*Л.Т.*).
3. Только изредка набегал прохладный ветерок с востока (*Л.*).
4. Огни в деревушке на холме давно погасли один за другим (*Кор*.).

정도와 등급 부사

동사, 형용사, 부사와 함께 사용되는 정도와 등급 부사의 사용법

부사	동사와 사용	형용사와 사용	부사와 사용
о́чень	о́чень уста́л о́чень измени́лся о́чень удиви́лся о́чень волну́ется	о́чень рад о́чень интере́сный о́чень тру́дный о́чень краси́вый	о́чень ра́но о́чень бы́стро о́чень тру́дно о́чень мно́го
мно́го	мно́го рабо́тает		

부사	동사와 사용	형용사와 사용	부사와 사용
	мно́го зна́ет мно́го чита́ет мно́го помога́ет		
ма́ло	мало рабо́тает ма́ло занима́ется ма́ло помога́ет ма́ло измени́лся		
немно́го	немно́го порабо́тал немно́го поговорил немно́го почита́л	немно́го тру́дный немно́го прохла́дный немно́го вели́к немно́го широ́к	немно́го бы́стро немно́го ра́но немно́го поздне́е немно́го праве́е
чуть-чуть (чуть)	чуть уста́л чуть-чуть отдохну́л	чуть сла́дкий	чуть-чуть побо́льше чуть ра́ньше
слегка́	слегка́ шуми́т	слегка́ уста́лый	
совсе́м	совсе́м (соверше́нно) забы́л	совсе́м но́вый совсе́м гото́в	совсе́м тепло́
соверше́нно	соверше́нно не ждал	соверше́нно пусто́й соверше́нно прав	соверше́нно ве́рно соверше́нно пра́вильно
сли́шком	Я сли́шком уста́л, что́бы идти́ гуля́ть. Он сли́шком измени́лся, что́бы его́ мо́жно бы́ло узна́ть.	сли́шком дли́нный сли́шком коро́ткий сли́шком высо́кий сли́шком у́зкий	сли́шком по́здно сли́шком бы́стро сли́шком мно́го сли́шком далеко́
почти́	почти́ ко́нчил почти́ не уста́л почти́ забы́л	почти́ чёрный почти́ бе́лый почти́ но́вый почти́ гото́в	почти́ одина́ково почти́ чи́сто почти́ жа́рко
достаточно	доста́точно отдохну́л доста́точно привы́к доста́точно спал доста́точно ел	доста́точно си́льный доста́точно кре́пкий доста́точно широ́кий доста́точно большо́й	доста́точно светло́
вдво́е	сложи́ть вдво́е	вдво́е бо́льше	вдво́е бо́льше
втро́е	увели́чить втро́е	втро́е ши́ре	втро́е бли́же
вчётверо	—	вчётверо то́лще	вчётверо скоре́е
гора́здо	—	гора́здо лучше гора́здо интере́снее гора́здо ва́жнее	гора́здо ра́ньше гора́здо ча́ще гора́здо бли́же
два́жды	два́жды просил	—	—
три́жды	три́жды приезжа́л	—	—
четыре́жды	четыре́жды помога́л	—	—

연습문제 563 어결합을 모국어로 번역하시오.

1. Очень лёгкий, слишком лёгкий, достаточно лёгкий, совсем лёгкий;
2. совсем забыл, почти забыл, немножко забыл;
3. очень изменился, мало изменился, чуть изменился, совершенно изменился, слишком изменился, почти не изменился.

연습문제 564 점 대신에 부사 очень 또는 много를 넣으시오.

1. Мне … понравился кинофильм.
2. Сегодня я … работал и поэтому … устал.
3. Мой младший брат … читает.
4. Он … помогал мне в этой работе.
5. Я … люблю музыку.
6. Студент … волновался во время экзамена.
7. Нам … мешает шум в соседней комнате.
8. Лекарство … помогло больному.
9. Я … хочу встретиться с тобой.
10. В этот вечер мы … танцевали.

연습문제 565 다음을 읽고 정도와 등급의 부사를 지적하시오.

1. Я сидел и глядел кругом и слушал. Листья чуть шумели над моей головой … Слабый ветер чуть-чуть тянул по верхушкам (*Тург.*).
2. Я подошёл к краю площадки и посмотрел вниз, голова у меня чуть-чуть не закружилась (*Л.*).
3. До вечера оставалось не более получаса, а заря едва-едва зажигалась (*Тург.*).
4. Наш костёр почти совсем угас (*Арс.*).
5. Река чуть светлела и катилась почти бесшумно (*Фад.*).
6. Обед продолжался довольно долго (*Тург.*).
7. Вдруг немного впереди нас, в темноте, зажглось несколько огоньков (*Тург.*).
8. Чуть дышит ветерок, уснувший на листах (*П.*).

연습문제 566 다음 문장을 읽고 텍스트에서 부사들을 찾으시오. «Но всё-таки… всё-таки впереди огни!»의 말씀을 어떻게 이해했나요?

ОГОНЬКИ

Как-то давно, тёмным осенним вечером, случилось мне плыть по угрюмой сибирской реке. Вдруг на повороте реки, впереди под тёмными горами, мелькнул огонёк.

Мелькнул ярко, сильно, совсем, совсем близко…

— Ну, слава богу! — сказал я с радостью.

Близко ночлег!

Гребец повернулся, посмотрел через плечо на огонь и опять апатично налёг на вёсла.

— Далече!

Я не поверил: огонёк так и стоял, выступая вперед из неопределённой тьмы.

Но гребец был прав: оказалось, действительно, далеко.

Свойство этих ночных огней — приближаться, побеждая тьму, и сверкать, и обещать, и манить своею близостью. Кажется, вот-вот еще два-три удара веслом, — и путь кончен... А между тем — далеко.

И долго еще мы плыли по тёмной, как чернила, реке. Ущелья и скалы выплывали, надвигались и уплывали, оставаясь назади и теряясь, казалось, в бесконечной дали, а огонёк всё стоял впереди, переливаясь и маня, — всё так же близко и всё так же далеко.

Мне часто вспоминается теперь и эта тёмная ночь, река, затенённая скалистыми горами, и этот живой огонёк. Много огней и раньше и после манили не одного меня своею близостью. Но жизнь течёт все в тех же угрюмых берегах, а огни ещё далеко. Опять приходится налегать на вёсла...

Но всё-таки... всё-таки впереди огни! (*Кор.*).

소사

소사는 개별적인 단어나 전체 문장에 여러가지 의미적인 뉘앙스를 부여하는 보조어이다. **Даже** он не мог отве́тить на э́тот вопро́с.'그 사람조차도 이 질문에 대답할 수 없었다.'에서 소사 даже는 단어 он을 구분하고 강조 의미를 가진다; Все ждут **то́лько** тебя́.에서 소사 только는 제한적인 의미를 가지고 단어 тебя에 속한다; **Ведь** ты свобо́ден сего́дня ве́чером.에서 ведь는 강조의미를 가지고 문장 전체에 걸린다.

소사는 독립적인 의미를 가지지 않는다. 이 때문에 소사는 문장성분이 될 수 없고 이들에게는 질문을 할 수 없다.

1. 의문소사: **ли (ль)**, **разве**, **неужели**

Ско́ро **ли** прие́дет твой брат? '너의 형은 곧 올 것인가?'

Ра́зве твой брат не прие́дет? '정말 너의 형은 오지 않을 것인가?'

Неужéли твой брат не приедет? '정말 너의 형은 오지 않을 것인가?'

소사 **ра́зве**와 **неуже́ли**는 의문의 의미 외에 의심, 불신 또는 놀람의 감정적인 뉘앙스를 가진다.

소사 **ли**는 의문문의 어떤 한 단어와 관련되고 항상 묻고자 하는 단어의 바로 뒤에 놓인다:

Прие́дет **ли** брат?'형은 올 것인가?'

Ско́ро **ли** прие́дет брат?'형은 곧 올 것인가?'

소사 **ра́зве**와 **неуже́ли**는 문장 전체에 걸리고 일반적으로 문장의 앞에 위치하지만 문장의 가운데도 올 수 있다.

Твой брат **ра́зве** не прие́хал?'정말 너의 형은 오지 않을 것인가?'

2. 감탄소사: **что за**, **как**, **ну и**.

이들은 항상 문장의 앞에 위치한다.

Что за кни́гу я прочита́л!'나는 얼마나 멋진 책을 읽었던가!'

Как ве́село пою́т пти́цы! '새들이 참으로 즐겁게 노래하고 있구나!'

Ну и уста́л я сего́дня! '나는 오늘 정말 피곤했다!'

3. 강조소사: **даже, и, же (ж), ведь, ни**

Это **да́же** ребёнок понима́ет. '이것은 어린아이조차 이해한다.'
Это **и** ребёнок понима́ет. '이것은 어린아이조차 이해한다.'

강조소사 даже와 и는 동일한 의미를 가지고 항상 관계되는 낱말의 앞에 놓인다.
소사 же와 ведь는 의미가 유사하다:
Я **же** тебе говори́л. '너에게 말한 것은 나야'
Ведь я тебе́ говори́л. '내가 너에게 말하지 않았던가'

소사 **ведь**는 문장 전체와 관련되고 문장에서 일정한 위치는 가지지 않는다: **Ведь** он ничего́ не зна́ет об э́том. Он **ведь** ничего́ не зна́ет об э́том. Он ничего́ **ведь** не зна́ет об э́том. Он ничего́ не зна́ет **ведь** об э́том. '그는 이 일을 전혀 모르고 있지 않은가'

소사 **же**도 문장 전체에 관련될 수 있다:
Он **же** ничего́ не зна́ет об э́том. '그는 이 일을 전혀 모르고 있지 않은가'
Я **же** ему́ говори́л. '나는 그에게 말했던 건데'
Помоги́те **же** ему́. '그를 도와주세요.'
Не мог **же** я отказа́ться. '나는 거절할 수가 없었다.'

소사 **же**는 절대 문장 앞에 오지 않는다. 만약 소사 **же**가 한 단어에 관련되면, 소사는 항상 이 단어 다음에 놓인다:
Он вернётся **сего́дня же**. '나는 오늘 돌아 올거다.'
У меня́ **тако́й же** портфе́ль '나는 똑같은 서류 가방을 가지고 있다.'
Тебе́ же поручи́ли э́то, а не мне. '이것은 너에게 위임되었던 거야, 내가 아니고.'

소사 **ни**는 부정을 강조한다:
Не могу́ ждать **ни** мину́ты. '나는 잠시도 기다릴 수가 없다.'
Не успе́л написа́ть **ни** стро́чки. '한 줄도 쓸 수가 없었다.'

4. 제한소사: **то́лько, лишь, лишь то́лько.**

Он вернётся **то́лько (лишь)** к ве́черу. '그는 저녁 때가 되어서야 돌아올 것이다.'
Я **то́лько (лишь)** просмотре́л статью́. '나는 논문을 대충 훑어 보았을 뿐이야.'

소사 **то́лько**, **лишь** 그리고 **лишь то́лько**는 동의적이다. 이들 중 가장 많이 사용되는 것은 **то́лько**이다. 제한 소사는 항상 관련되는 단어 앞에 온다.

Я **то́лько просмотре́л** статью́, но не успе́л внима́тельно прочита́ть её. '나는 논문을 훑어 보았을 뿐, 그 논문을 주의 깊게 읽지는 못했다.'

Я просмотре́л **то́лько статью́**, а докла́д не успе́л просмотре́ть. '나는 논문만을 보았을 뿐, 보고서는 읽지 못했다.'

5. 지시소사: **вот, вон, это.**

이들은 문장 앞에 오고 문장 전체에 관련된다.

Вот наш дом. '바로 여기가 우리 집이다.'

Вон идёт твой брат. '바로 저기에 너의 형이 가고 있다.'

Послы́шались зво́нкие голоса́, смех. '낭랑한 목소리와 웃음 소리가 들여왔다.'

Это де́ти верну́лись из шко́лы. '아이들이 학교에서 돌아왔다.'

6. 부정 소사 **не**는 항상 부정되는 단어 앞에 온다:

Он **не придёт** сего́дня. '그는 오늘 오지 않는다.'

Он придёт **не сего́дня**. '그가 오는 날은 오늘이 아니다.'

Не он придёт сего́дня. '오늘 오는 자는 그가 아니다.'

연습문제 567 문장을 읽고 소사들을 가리키고 이들의 의미를 설명하시오.

1. Вот и фонтан; она сюда придёт (*П.*).
2. И слышно в тишине степной Лишь лай собак да коней ржанье (*П.*).
3. Вон даль голубая видна (*Майк.*).
4. Но даже на краю небес Всё тот же был зубчатый лес (*Л.*).
5. Что же мне так больно и так трудно? Жду ль чего? жалею ли о чём? (*Л.*).
6. Не пылит дорога, Не дрожат листы... Подожди немного, Отдохнёшь и ты (*Л.*).
7. «Разве у вас нет друзей?» — спросил Королёв (*Чех.*).
8. «Саша, дорогой мой, — сказала она, — а ведь вы больны!» (*Чех.*).
9. Блеснул яркий свет, потом покойный зелёный — это лампу накрыли абажуром (*Чех.*).
10. Наташа с утра этого дня не имела ни минуты свободы и ни разу не успела подумать о том, что прдстоит ей (*Л.Т.*).
11. Что за прелесть эта моя Наташа! (*Л.Т.*).

연습문제 568 문장을 읽고 장소 부사에 따라 문장의 의미가 어떻게 바뀌게 되는지 설명하시오.

A.

1. Эта задача трудна даже дял него. Даже эта задача трудна для него.

2. Он не прочитал даже учебника. Он даже не прочитал учебника.
3. Даже он ещё не начинал работу. Он даже не начинал ещё работу.

B.

1. Я только прочитал стихотворение. Я прочитал только стихотворение.
2. Мы будем здесь только работать. Мы только здесь будем работать. Только мы будем здесь работать.
3. Он ответил только на этот вопрос. Только он ответил на этот вопрос.
4. Мы только вчера гуляли в парке. Мы вчера гуляли только в парке. Мы вчера только гуляли в парке. Только мы вчера гуляли в парке.

C.

1. Я сегодня не получил письма. Я не сегодня получил письмо.
2. Мы не играли вчера в волейбол. Мы играли не вчера в волейбол. Мы играли вчера не в волейбол. Не мы играли вчера в волейбол.
3. У меня не журнал. Журналл не у меня.

소사의 정서법

1. 소사 **-то**, **-либо**, **-нибудь**, **кое-**, **-таки**, **-ка**는 짧은 하이픈(-)을 통해 만들어진다: что-то, что-нибудь, что-либо, кое-что, всё-таки, раскажи-ка 등.

2. 소사 **бы (б)**, **ли (ль)**, **же (ж)**는 분리하여 사용된다:

   Отдохнул бы ты. '너는 좀 쉬면 좋을텐데.' Скоро ли он придёт? '그는 곧 도착할꺼야?' Он придёт сегодня же. '그는 바로 오늘 올꺼야.'

3. 소사 **не**와 **ни**는 어떤 경우에는 결합하여 사용되고, 어떤 경우에는 분리하여 사용된다.

결합하여 사용하는 소사 не

1. 만약 소사 не가 없이 단어가 사용되지 못하면 소사 не는 결합하여 사용된다: небре́жность '부주의', недоуме́ние '의혹', несча́стный '불행한', необъя́тный '무한한', нельзя́ '할 수 없다', неожи́данно '뜻밖에', ненави́деть '미워하다', недоумева́ть '의혹을 가지다'

2. 만약 소사 **не**의 도움으로 새로운 단어 — 명사, 형용사 또는 부사 — 가 만들어지면 소사 не는 결합하여 사용된다(그런 새로운 단어는 일반적으로 소사 не가 없이

사용되는 동의어를 가진다): несча́стье '불행', непра́вда '거짓', непого́да '나쁜 날씨', неприя́тель '적', неве́рный '틀린', невесёлый '우울한', нетру́дный '쉬운', недалеко́ '가까운', несме́ло '수줍은'

3. 전치사 없이 사용되는 부정 대명사(не́чего сказа́ть '말할 것이 없다', не́кого посла́ть '보낼 사람이 없다')와 함께 사용되고 부정 부사(не́где спря́таться '숨을 곳이 없다', не́куда идти́ '갈 곳이 없다', не́когда гуля́ть '산책할 시간이 없다')와 함께 사용되면 소사 не는 결합하여 사용된다.

4. 종속어를 가지지 않는 완전한 형동사와 함께 사용되면 소사 не는 결합하여 사용된다: непрочи́танная кни́га '다 읽지 않았던 책', незако́нченная рабо́та '끝나지 않았던 일', неиссле́дованная ме́стность '미개척지'.

연습문제 569 소사 не를 제외하고 사용되지 않는 이탤릭체로 된 단어를 뽑아 쓰시오. 이 단어를 가지고 문장을 만드시오.

1. К вечеру я почувствовал *недомогание*.
2. Всю прошлую неделю мне *нездоровилось*.
3. Я *недоумевал*, почему тебя так долго не было.
4. Это случилось в *ненастную* осеннюю ночь.
5. Брат пишет, что на праздники приедет к нам *непременно*.
6. Мы возьмём в дорогу только самое *необходимое*.
7. Весь вечер он был рассеян, на вопросы отвечал *невпопад*.
8. В детстве они были *неразлучными друзьями*.
9. Не рассказывай мне *небылицы*.
10. «Какой ты *непоседа*!» — сказала бабушка маленькому внуку.
11. Адрес на конверте был написан небрежным почерком.
12. Я *нечаянно* толкнул стол и разбил вазу.

연습문제 570 소사 не 없이 사용될 수 없는 형용사를 선택하여 명사와 함께 사용하시오.

명사: услуга, остров, простор, аплодисменты, боль, работник, впечатление, силы, дружба

형용사: неоценимый, необозримый, нестерпимый, неизгладимый, несмолкаемый, необитаемый, нерушимый, неутомимый, неисчерпаемый

연습문제 571 장어미 형용사와 명사의 어결합을 단어미 형용사와 명사의 결합으로 바꾸시오.

보기: неизлечимая болезнь — болезнь неизлечима.

1. непроходимая тайга;
2. невыносимая жара;

3. неутомимые путешественники;
4. неисчерпаемые силы народа;
5. неудержимое стремление вперёд;
6. необозримые пространства страны;
7. неистощимые запасы полезных ископаемых.

연습문제 572 이탤릭체로 된 단어들을 소사 не를 가진 의미가 유사한 단어들로 바꾸시오. (교체 단어는 아래에 제시되어 있다.)

1. Новая работа оказалась *трудной*.
2. Мой сосед — человек *молчаливый*.
3. Эта речка *узкая*, переплыть её *легко*.
4. Кто-то *робко* постучал в дверь.
5. Послышался *тихий* стук в дверь.
6. Почему у тебя такой *грустный* вид?
7. К вечеру больной почувствовал себя плохо.
8. Сон больного был *тревожный*.
9. Все атаки *противника* были отбиты.
10. Нельзя так *грубо* разговаривать с друзьями.
11. Он не терпит *лжи*.

교체단어: невесёлый, неспокойный, нелёгкий, негромкий, неширокий, неразговорчивый; невежливо, несмело, нехорошо, нетрудно; неприятель, неправда.

분리하여 사용하는 소사 не

1. 동사, 부동사, 형동사 단어미형, 수사, 전치사, 접속사와 함께 사용되면 소사 не는 분리하여 사용된다.

2. 대조에서 명사, 형용사, 부사, 형동사 장어미 형와 함께 사용되면 소사 не는 분리하여 사용된다:

   Он нам **не** приятель, а враг. '그는 우리에게 친구가 아니라 적이다.'

   Дéвушки спéли не весёлую пéсню, а грýстную. '아가씨는 즐거운 노래가 아니라 우울한 노래를 불렀다.'

   Эта дерéвня не далекó, а совсéм блúзко отсю́да. '이 시골 마을은 이곳에서 멀지 않고 매우 가까이 있다.'

3. 형용사 비교급과 부사와 함께 사용되면 소사 не는 분리하여 사용된다:

   Эта задáча **не труднée**, чем предыду́щая. '이 과제는 앞의 과제보다 어렵지 않다.'

Сего́дня мы рабо́тали **не ху́же**, чем вчера́. '오늘은 우리가 일했던 것은 어제보다 나쁘지 않았다.'

4. 전치사 없이 사용되는 부정 대명사 некого, нечего를 제외하고 모든 대명사들과 함께 사용되면 소사 не는 분리하여 사용된다:

Это **не моя́** кни́га. '이것은 내 책이 아니다.'

Не все ко́нчили рабо́ту. '모든 사람들이 일을 마치지는 않았다.'

Мне **не с кем** посове́товаться. '나는 조언할 사람이 없다.'

Говори́ть бы́ло **не́ о чем**. '말할 무엇이 없었다.'

5. 종속어를 가지는 형동사 장어미 형과 함께 사용되면 소사 не는 분리하여 사용된다:

не прочи́танная мно́ю кни́га '내가 읽지 않았던 책'

не отдыха́вшие с утра́ путеше́ственники '아침부터 쉬지 않았던 여행객들'

не прекращающийся в течение целой недели дождь '일주일 꼬박 그치지 않고 있는 비'

연습문제 573 다음 문장을 읽고 소사 не의 정서법을 융합 소사인지 분리 소사인지 설명하시오.

1. Неправду я не потерплю ни в ком (*Кр.*).
2. Не зная броду, не суйся в воду (*Посл.*).
3. Дальше, пересекая дорогу, тянулись жёлтые немигающие огни деревни (*Фад.*).
4. Тянулась глубокая осень, уже не сырая и дождливая, а сухая, ветреная и морозная (*Акс.*).
5. Только что прошёл дождь, трава была мокрая, так что сесть было не на что.
6. Скучен день до вечера, коли делать нечего (*Посл.*).
7. Немало я знаю рассказов мудрёных и чудных (*Л.*).
8. Уже и сумерки, а песни всё не утихали (*Г.*).
9. И вся полна негодованием, к ней мать идёт (*П.*).
10. Почти не уменьшая хода, машина круто развернулась (*Гайд.*).

연습문제 574 괄호 속에 있는 소사 не를 융합으로 쓰든지 아니면 따로 쓰든지 하시오.

1. Она была (не) весёлая, как вчера, а печальная. Она была (не) весёлая и бледная.
2. (Не) приятель продолжал наступать. Нет, он вовсе (не) приятель мне.
3. Несколько дней продолжалась (не) погода, которая задержала меня. Меня задержала (не) погода, а болезнь.
4. Меня мучило (не) терпение. В этом деле нужно (не) терпение, а решительность.
5. (Не) опытный человек ничем не сможет помочь нам в этом деле. Он оказался (не) опытным, а начинающим инженером.

연습문제 575 괄호 속에 있는 소사 не를 융합으로 쓰든지 아니면 따로 쓰든지 하시오.

1. Я плыл из Гамбурга в Лондон на (не) большом пароходе (*Тург.*).
2. Зной был (не) стерпим по-прежнему (*Тург.*).
3. Весь следующий день он бродил, (не) находя себе места (*Фад.*).
4. К беде (не) опытность ведёт (*П.*).
5. (Не) подкупный голос мой был эхо русского народа (*П.*).
6. Тревога, смутная, (не) ясная, всё крепче охватывала мальчиков, и шумливый, (не) спокойный лес показался им чужим и враждебным (*Гайд.*).
7. Листья чуть шумели над моею головой. То был (не) весёлый, смеющийся трепет весны, (не) мягкое шушуканье, (не) долгий говор лета, (не) робкое и холодное лепетание осени, а едва слышная, дремотная болтовня (*Тург.*).
8. Володя сидел сложа руки и в позе, (не) имеющей ничего схожего с позой рыболова (*Л.Т.*).

결합하여 사용하는 소사 ни

전치사 없이 사용되는 부정 대명사 никтó, ничтó, никакóй, ничéй와 부정 부사 (нигдé, никудá, ниоткудá, никогдá, нискóлько, ничýть)와 함께 사용되면 소사 ни는 결합하여 사용된다.

이 대명사와 부사는 부정문에서 사용된다:

Никтó не опоздáл. '어느 누구도 지각하지 않았다.'

Ничегó не случúлось. '아무 것도 발생하지 않았다.'

Он **никогдá** не опáздывает. '그는 한번도 지각하지 않는다.'

Егó **нигдé** нé было. '그는 어디에도 없었다.'

분리하여 사용하는 소사 ни

1. 전치사와 함께 사용하는 부정 대명사 никто, ничто, никакой, ничей에서 소사 ни는 분리하여 사용된다:

   Он меня́ **ни** о чём не спрáшивал. Я **ни** у когó не просúл пóмощи.

2. 소사 **ни**가 부정을 강조하기 위하여 부정문에서 사용되면 소사 ни는 분리하여 사용된다:

   Нет **ни** минýты свобóдной. '일 분의 자유 시간도 없다.'

   Мы не продвúнулись вперёд **ни** на шаг. '우리는 한 걸음도 앞으로 나아갈 수 없었다.'

3. 소사 ни가 부정문에서 병립 접속사의 역할로 사용되면 소사**ни**는 분리하여 사용된다:

Его́ не́ было **ни** во дворе́, **ни** в саду́.'그는 마당에도 정원에도 없었다.'

Я не нашёл **ни** его́, **ни** тебя́.'나는 그도 발견하지 못했고, 너도 발견하지 못했다.'

연습문제 576 다음 문장을 읽고 소사 **не**와 **ни**의 정서법을 설명하시오.

1. Ни одна звезда не озаряла трудный путь (*Л.*).
2. Нигде жилья не видно на просторе (*Фет.*).
3. Я ничего не сказал о случившемся со мной ни брату, ни приятелю (*Л.Т.*).
4. Я подошёл к берегу и огляделся. Ни справа, ни слева, ни на воде, ни на берегу никого не было, Не было ни жилья, ни людей, не было ни рыбаков, ни косарей, ни охотников (*Гайд.*).
5. Не весело и не скоро прошёл день (*Тург.*).
6. Голая степь; ни деревца, ни кустика по дороге (*Л.Т.*).
7. Ни о чём, совершенно ни о чём не надо было думать, кроме как о рассказе, который я написал (*Пауст.*).
8. Была совершенная тишина: никто не говорил ни слова (*Акс.*).
9. Помнишь: мы не ждали Ни дождя, ни грома. Вдруг застал нас ливень Далеко от дома (*Майк.*).
10. Исчезло и скрылось существо, никем не защищённое, никому не дорогое, ни для кого не интересное (*Г.*).

간투사

1. 간투사는 감정과 촉구를 표현하는 단어이지만 이들을 명명하지는 않는다:

   a) **Ах**, как хорошó на Вóлге! '아, 볼가강이 얼마나 좋은가!' 이 문장에서 간투사 ах는 기쁨과 환희를 표시하지만 이 감정을 명명하지는 않는다.

   b) **Бá**! Знакóмые всё лúца! (*Гриб.*). '야, 모두가 아는 얼굴이구만!' 이 문장에서 간투사 ба는 놀람을 표현한다.

   c) **На**, возьмú э́ти кнúги. '이봐, 이 책들을 가지시오.' 이 예에서 간투사 на는 물건을 잡을 것을 촉구하는 것을 표시한다.

   d) **Тс**! Не шумúте. '소용히 좀 해 주시오' 간투사 тс는 침묵을 촉구하는 것을 표시한다.

2. 간투사는 여러 가지 감정을 표현할 수 있다: 기쁨, 환희, 열광, 놀람, 안타가움, 유감, 두려움, 증오, 고통 등.

   Ах, какáя сегóдня погóда! '아, 오늘 정말 날씨 좋네!' (**기쁨, 열광**).

   Ох, как мне э́то надоéло! '아, 나는 이것이 정말 지겨웠다!' (**유감**).

   Ой, боíось! '아, 걱정되네요!' (**두려움**).

   Эх ты! Как же ты забы́л? '야! 너가 어떻게 잊었어?' (**비난**).

   Фу, как здесь грязно! '쳇, 여기는 정말 더럽네!' (**증오**).

   Ура! Нáша komáнда победúла! '만세! 우리 팀이 이겼어!' (**환희**).

감정을 표현하는 다음의 간투사들은 자주 사용한다: ах, ох, ух, эх, ой, ай, ого, ага, фу, ба, увы, ура.

Ах, как здесь хорошó! '아, 여기는 정말 좋아요!' (**기쁨**).

Ах, как стрáшно бы́ло на рекé в бýрю! '아 폭풍이 치는 강은 너무 무서웠어요!' (**놀라움**).

Ах, как жаль, что тебя́ с нáми нé было. '아, 너가 우리와 함께 하지 못했다니 정말 안됐어.' (**안타까움**).

Ах, зачéм ты э́то сдéлал? '저런 너가 왜 이것을 했어?' (**비난**).

감정을 표현하는 어떤 간투사들은 뜻이 같다: урá! (**환희, 기쁨**), увы́! (**안타까움**), ба! (**놀람**), спасúбо! (**감사**)

3. 간투사들은 행동에 대한 여러 가지 촉구를 표현할 수 있다:

a) 부르는 소리에 응답하게 하는 호소 (**алло**, **ау**, **эй**)

b) 무엇을 잡으라고 하는 촉구 (**на**, **нате**)

c) 도움에 대한 호소 (**караул**)

d) 조용히 하라는 호소 (**тс**, **чш**, **шш**, **цыц**)

e) 행동의 요구 또는 행동을 중지하라는 요구 (**марш**, **стоп**, **вон**, **но**, **тпру**, **брысь**)

f) 의성어들: **бук**! **бац**! **хлоп**! **трах**! **динь-динь-динь**! **мяу**, **кукареку**, **гав-гав**! **ха-ха-ха**! **апчхи**!

4. 간투사들은 일반적으로 문장성분이 아니다.

Ну **тебя́**! На **тебе́ кни́гу**. Нате **вам книги**. Вон **отсю́да**! Айда́ **на Во́лгу**. Спаси́бо **тебе́**.

[주] 이따금 간투사가 문장에서 술어도 될 수 있고(Еду, еду в чистом поле, колокольчик динь-динь-динь ...'깨끗한 들판에서 달린다, 달린다, 좋은 딸랑딸랑거리고...' (П.)) 아니면 주어도 될 수 있다(Далече грянуло ура '만세 소리가 더 멀리 울렸다.' (П.)).

5. 다른 단어들이나 어결합들은 만약 이들이 최초의 의미를 상실하고 감정이나 촉구를 명명하지 않으면서도 이들을 표현하기 시작하면, 이들이 간투사로 될 수 있다.

Господи! '주여!', Боже мой! '아니 저런!', Батюшки! '그거 큰일이군!', Матушки! '놀래라!', Чёрт возьми! '빌어먹을 뒤져버려라!'

6. 간투사 다음에는 일반적으로 쉼표를 친다: 만약 간투사가 특별하게 힘을 주어 발음되면, 간투사 다음에 감탄부호가 온다: Ура! На́ша кама́нда победи́ла!. '만세! 우리 팀이 이겼어!'

연습문제 577 다음 문장을 읽고 간투사를 가리키고 이들이 무엇을 표현하는지 말하시오.

A.

1. Светает… Ах! как скоро ночь минула (*Гриб*.).
2. Ах, боже мой! упал! убился! (*Гриб*.).
3. Ах! голова горит, вся кровь моя в волненьи (*Гриб*.).
4. Отстал я от хороших людей, ах, как отстал! (*Чех*.).

B.

1. Увы! Всё гибнет: кров и пища! (*П*.).
2. Ага! сам сознаёшься, что ты глуп (*П*.).
3. Ох, пошлите за доктором! (*Тург*.).

4. Тссс… Она спит… спит… Пойдём, родная (*Чех.*).
5. Гав! Гав! — ревел басом Милорд, огромный чёрный пёс, стуча хвостом по стенам и мебели (*Чех.*).
6. «Тпррр», — сдерживал кучер лошадей (*Чех.*).

찾아보기

저자

이용권

한국외국어대학교 노어과 학사
고려대학교 노어노문학과 석사, 박사
현 부산대학교 노어노문학과 교수
박사학위 논문 「현대 노어의 新語 語彙構造 연구」
'러시아어 모국어 학습자의 한국어 발음교육',
'언어원리 불변성 문제 연구',
'범주화의 고전이론과 원형이론 비교 연구',
'러시아어 다의어 의미확장 연구' 등 다수

정통 러시아어 문법 형태론

1판 1쇄 발행 _ 2012년 3월 15일
1판 3쇄 발행 _ 2021년 2월 20일

저 자 • 이 용 권
발 행 인 • 정 현 걸
발 행 • 신 아 사
인 쇄 • 내경프린팅
출판등록 • 1956년 1월 5일 (제9-52호)
주 소 • 서울특별시 은평구 녹번동 28-36번지 2F
전 화 • (02)382-6411 • 팩스 (02)382-6401
홈페이지 • www.shinasa.co.kr
E - MAIL • shinasa@chol.com

ISBN 978-89-8396-768-8 (93790)

정가 20,000원